現代企業法の理論と課題

謹しんで
中村一彦先生に捧げます

執筆者一同

〔執筆者紹介〕（掲載順）

酒巻俊雄	（さかまき・としお）	早稲田大学名誉教授 名古屋経済大学副学長
正井章筰	（まさい・しょうさく）	早稲田大学法学部教授
尾崎安央	（おさき・やすお）	早稲田大学法学部教授
川島いづみ	（かわしま・いづみ）	早稲田大学社会科学部教授
佐藤敏昭	（さとう・としあき）	名古屋経済大学教授
林　勇	（はやし・いさむ）	大阪産業大学流通学部助教授
泉田栄一	（いずみた・えいいち）	新潟大学法学部教授
瀬谷ゆり子	（せや・ゆりこ）	三重大学人文学部教授
白石裕子	（しらいし・ひろこ）	大東文化大学法学部教授
河内隆史	（かわち・たかし）	神奈川大学法学部教授
宇田一明	（うだ・かずあき）	札幌学院大学法学部教授
石山卓磨	（いしやま・たくま）	日本大学法学部教授
松嶋隆弘	（まつしま・たかひろ）	日本大学法学部助教授
栗山徳子	（くりやま・のりこ）	駿河台大学法学部教授
中村信男	（なかむら・のぶお）	早稲田大学商学部教授
李　黎明	（り・れいめい）	中国・北京大学法学部助教授
王　舜模	（わん・すんもう）	韓国・慶星大学校法政大学副教授
大久保拓也	（おおくぼ・たくや）	日本大学法学部助手
酒巻俊之	（さかまき・としゆき）	日本大学経済学部助教授
志村治美	（しむら・はるよし）	立命館大学名誉教授 京都学園大学法学部教授
上村達男	（うえむら・たつお）	早稲田大学法学部教授
庄子良男	（しょうじ・よしお）	筑波大学大学院企業法学研究科教授
河村博文	（かわむら・ひろふみ）	九州国際大学法学部教授

中村一彦先生

現代企業法の理論と課題

中村一彦先生古稀記念

編　集

酒巻俊雄　志村治美

信　山　社

刊行の辞

中村一彦先生は編者二人にとっても学界における先輩であり長い間の友人ですが、私どもが学界に登場した頃には、すでに会社支配の法的研究や企業の社会的責任に関する、極めて現代的視点から企業活動を把握し分析されようとする優れた論稿を発表しておられ、華ばなしい活動をされていたことを鮮明に記憶しています。その視点が、古稀の年齢を過ぎた現在に至るまで変わることなく継続し、多くの御論稿で同時代の多くの学説や判例の動向に厳しい批判を展開され、今後の企業活動にとって不可欠な一つの指標を示してこられたことに、改めて敬意を表したいと思います。

他方、先生は新潟大学を退官されてから、現在の大東文化大学に移籍され、爾来、私どもが東京を中心として毎月一回（年一〇回）開催しております東京商事法研究会に参加され、ともに研究の機会を持つことになりました。先生は、研究会では現在、最長老のお一人ですが、殆ど毎回参加され研究報告をされるだけでなく、若手の研究発表にも有益な質疑・助言などを通じて研究者の育成にも寄与され、ご学恩を受けた者も多いと思います。そのお蔭で、研究会のメンバーもインターカレッジで一二〇名を超え、また今年の五月には二〇〇回記念の大会開催を予定できるまでに発展致しました。このことは、先生が研究者としてだけでなく、教育者としても優れた資質をお持ちであることを物語っています。

そこで、先生が一九九八年に古稀を迎えられたことをお祝いし、当初は、研究会のメンバーを中心に、その他同門の先生方や教えを受けた方々などの参加を得て、先生の従来の研究に近い形で株主総会の本質をめぐる基本問題を分析・検討する論文集の刊行を企画致しました。ただ、所与の論題でありましたため、各執筆者の負担も大きかったこともあってか、なかなか企画が進行せず、改めてより広範に「現代企業法の理論と課題」を扱う論文集として再企画し刊行に至ったのが本書です。

このように当初の予定より刊行が大幅に遅れましたのは、いつに編者の怠慢と責任であることを付記して、先生および早くに原稿を提出された執筆者の方々にもお詫びしたいと存じます。時期的には遅れましたが、本書がこのように表題に相応しい立派な多くの論稿を集成して刊行できましたのは、ひとえに執筆して下さった諸先生方のご協力の賜物と感謝致します。

また、出版事情が困難な現状にあって、こうした大部の論文集の出版をお引き受け頂き、刊行に至るまで種々ご尽力頂いた信山社の袖山貴氏にも、心からお礼を申しあげる次第です。

平成一四年一月六日

編者　酒巻俊雄
　　　志村治美

現代企業法の理論と課題　目　次

現代企業法の理論と課題

1 企業再編と親子会社統治機構の課題

酒巻俊雄

はじめに

わが国で昭和四九年以降続けられてきた会社法の全面改正作業の一環として、近時は企業の国際競争力の強化・効率的経営を目的に、企業結合法制の整備に重点を置いた一連の改正が実現されたことは、周知の通りである。すなわち、平成九年には会社合併手続の簡素・合理化をはかり、また平成一一年には株式交換・株式移転による純粋持株会社（完全親会社）の創設・新設、子会社情報等の開示強化に関する改正を行い、さらに平成一二年五月に会社分割制度を新設する改正を行った。その結果、前記の全面改正時に公表された七つの基本的検討項目[1][2]について一応の成果が得られたことから、新たに今後の経済社会の更なる変革に的確に対応しうるよう、企業統治の実効性の確保、高度情報社会への対応、企業の資金調達手段の改善および企業活動の国際化への対応という四つの視点から、会社法制の大幅な見直しが行われることとなった（平成一二年九月六日・法制審議会商法部会決定）。現在、これらの観点から抜本的な改正作業が進められ、その一応の成果が本年（平成一三年）四月一八日に法務省民事局参事官室から「商法等の一部を改正する法律案要綱中間試案」（以下、中間試案という）として公表され、関係各界の意見照会が求められた。その基本的構想や各種問題に対する世論の動向を参酌して法案が作成され、来年の通常国会に提出される予定となっている。他方、これと並行して議員立法による商法改正の動きもあり、与党三等の提案にかかる金庫株の解禁（自己株式取得規制の見直し）や法定準備金の減少手続等に関する商法改正が本年六月に成立し、一〇月一日より施行された。さらに、同じく議員立法による企業統治関係商法改正法案が、本年五月三〇日に国会に提出され、継続審議とされて今秋の臨時国会で成立することが予想されるほか、中間試案の一部前倒し立法として、株式の種類・新株予約権・株主総会のＩＴ化等を含む商法改正法案が国会に提出されている。

本稿では、近時の一連の改正で実現したいわゆる企業結合法制のもとでの、企業再編やグループ形成手段の多様化による企業の選択の実態や、それに伴う親子会社関係の形成・範囲に平成一三年の改正がもたらした変化、それと中間試案の提案する連結計算書類作成段階での子会社範囲との調整、さらにこれらの親子会社間における企業統治機構とその機能の問題点ないし課題を、中間試案の提案する商法特例法上の大会社に関する運営・管理機構の選択肢とも関連させながら検討してみることにしたい。その際、議員立法と中間試案の立場との有機的・実質的関連にも配慮し、問題の本質を考察することにする。

（1）　この経緯と昭和五六年・平成二年および平成五年までの改正内容と問題点、さらには当時の重要課題についての論議・資料等の詳細に関しては、酒巻俊雄＝阪埜光男編「会社法全面改正の動向と課題」判例タイムズ八三九号一―二二四頁参照。

(2) 会社法全面改正の基本的検討項目として、法務省民事局参事官室は、昭和五〇年「会社法改正に関する問題点」において、企業の社会的責任、株式制度の改善策、株主総会制度の改善策、取締役および取締役会制度の改善策、株式会社の計算・公開、企業結合・合併・分割、最低資本金制度および大小会社の区分の七項目を公表し、爾後、議員立法などの一部の例外を除き、この課題を順次実現する方向で、これまで七回の会社法の改正を行ってきた。

一 企業再編手段の多様化・弾力化と企業による選択

1 従来からの持株会社の設立方法や会社分割とその問題点

平成九年の独占禁止法の改正により純粋持株会社の設立および転換が解禁され、その方向で平成一一年の商法改正時に株式交換・株式移転の方法による純粋持株会社の創設・新設が認められ、また平成一二年の改正で会社分割制度が新設されることになった。ただ、商法上は、持株会社という用語がないので、完全親会社の語が用いられている。もっとも、従前から事業持株会社は数多く存在していたが、ここで純粋持株会社とは、子会社の株式保有を通じて子会社の支配・管理のみを目的とする会社である。いわばグループ企業の上に立って統一的指揮のもとに、その傘下に属するグループ企業の経営を統合し、必要に応じて再編をはかり、効率的経営を実現する手段である。

もとより従来から存在する既存の制度を利用して純粋持株会社を設立することも可能である。例えば、事業子会社の設立に向けて旧会社の営業全部を現物出資したり、財産引受の方法で譲渡するか、あるいはまず金銭出資で子会社を設立しておいて設立後二年内に旧会社の営業全部を譲渡するという事後設立の方法で、旧会社が抜け殻化し持株会社になるという、いわゆる抜け殻方式がある。ただ、これらの方式によるときは、原則として裁判所の選任する検査役の調査を要することや、債務の譲渡について個々の債権者の同意を要するなど営業譲渡に伴う煩瑣な手続を経なければならない。このほか公開買付けの方法で買収する方式、第三者割当増資方式などもあるが、多額の資金を要することや全株取得が困難であるなどの欠点がある。これらの難点を克服する目的で、平成一一年の改正において新たに純粋持株会社を設立する二つの方法を導入し、さらに平成一二年の改正では会社分割制度が新設されたという経緯がある。

2 純粋持株会社の創設・新設─完全親子会社関係の形成

(a) 株式交換による完全親会社の創設

これは既存の会社間で完全親子会社の関係を形成する場合である。例えば、親会社となるべき会社Aと子会社となる会社Bは、株式交換契約を締結し、この株式交換契約書につきそれぞれの会社の株主総会の特別決議による承認を受けなければならない（商三五三条一項・四項）。株式交換契約書の記載事項は法定されている（同条一項一号─七号）。子会社となる会社が複数であるときは、それぞれA会社との間に株式交換契約を締結して手続を進めることになる。この手続も契約書の記載事項も、吸収合併の場合に準じて組織法的に構成されている。

したがって、上記の承認総会の会日の二週間前より株式交換の日の後六ヵ月を経過する日まで、株式交換契約書、交換による株式割当の説明書、貸借対照表、損益計算書を本店に備置き、株主の閲覧・謄写に供する（商三五四条）。これも合併の場合と同様に事前開示および事後開示の機能を果たさせるためである。六ヵ月の期間は交換無効の訴えの提起期間（商三六三条）に対応する。総会による株式交換の承認がなされると、契約書に定めた「株式交換の日」（商三五三条二項六号）に、B会社株主の有するB社株式はA社に移転し、A社が株式交換に際して発行する新株の割当を受けることによって、その日にA社株主となる。また、株式交換の決議に反対した株主には一定の要件のもとに会社に対する株式買取請求権が認められる。その結果、A社はB社の発行済株式総数の一〇〇％を有する完全親会社となり、B社はその完全子会社となる。登記事項に変更を生ずるので、それぞれ変更登記をすることを要する。

完全親会社の資本は、原則として完全子会社に現存する純資産額を上限とし、かつ株式交換に際して発行する株式の額面総額を下限として増加されるが（商三五七条）、平成一三年の改正で額面株式が廃止されたことに伴い、下限としての額面総額の制限はなくなった。また、合併の場合と同様に規模の小さな会社との間では、簡易株式交換が認められ、この場合は親会社の総会の承認が不要となる（商三五八条）。

(b)　株式移転による完全親会社の設立

これは既存の会社が新たに完全親会社を新設する場合である。その手続も新設合併に準じた組織法的構成となっている。すなわち、既存の会社Bが、株式移転による完全親会社Aの設立を取締役会で決定し、その定款と株主総会の承認を得るための議案を作成する。ついでB社の株主総会で新設会社Aの定款等の法定事項を特別決議によって承認しなければならない（商三六五条三項）。この承認総会の会日の二週間前より株式移転の日の後六ヵ月経過の日まで、株式移転に関する議案の要領、移転による株式割当の説明書、貸借対照表、損益計算書等を本店に備置いて株主の閲覧・謄写に供する（商三六六条）。この期間も移転無効の訴え（商三七二条）の提起期間に対応する。そして、総会で決議した株式移転の日にB会社株主の有するB社株式は、設立したA社に移転し、B社株主はA社が移転に際して発行する株式の割当を受けることで、A社株主となる。株式移転は移転の登記によって効力を生ずる（商三六九条、三七〇条）。完全親会社の資本の額は、原則として完全子会社となる会社に現存する純資産額を上限とし、かつA社が株式移転に際して発行する額面総額を下限として決定されるが（商三六七条）、平成一三年の改正で額面株式が廃止されたことに伴い、下限としての額面総額の制限はなくなった。この場合も反対株主の株式買取請求権とともに（商三七一条三項）、要件等の違反を理由とする移転無効の訴えが認められる。

3　会社分割制度の種類と手続

従来から、会社分割は頻繁に行われてきたが、これまで商法上直接的な分割規定を欠いていたため、会社が事業部門の一部を分離して子会社を設立しようとするときは、一般には子会社の設立過程で分割する事業部門を現物出資するか、あるいは金銭出資で子会社を設立した後、分割する事業部門の営業譲渡を行う事後設立の方法を利用する、いわゆる事実上の分割にとどまった。しかし、これらの方法によるときは、既述のように債務を新会社に移転するには個々の債権者の同意を要したり、また原則として裁判所の選任する検査役による調査を経る必要があるなど、手続が煩瑣で時間がかかるという欠点があった。

それが今回、新設された会社分割制度によるときは、合併の場合と同様に手続も組織法的に構成され、検査役の調査が不要とされるだけでなく、分割される営業の全部または一部も分割計画書や分割契約書の定めるところに従って、一括して法律上当然に他の会社に移転することとなり、手続が簡易化された。

この改正法が定める会社分割の制度には、二つの種類がある。新設分割と吸収分割といわれるものである。このうち新設分割とは、会社Aの営業の全部または一部を株主総会の特別決議によって承認された分割計画書の定めに従って、これから設立する新会社Bに一体として承継させる制度である(商三七三条以下)。これに対し、吸収分割とは、分割会社Aと特定の事業部門を引き継ぐ既存の他の会社Cとの間で締結された分割契約書の定めに従って、その事業部門を他の会社Cが一体として承継する制度で、いわば分割と合併とを一つの手続で実現するものである（商三七四条ノ一六以下）。

いずれの制度を利用する場合にも、承継資産に見合う新会社Bや吸収会社Cの株式が割当てられるが、それを事業を分割した元の会社Aが全株保有する場合と、元の会社Aの株主に持株比率に応じて分配する場合とが認められる。前者の場合には、元の会社Aと新設会社Bとは完全親子会社の関係となるが、後者の場合は、A社株主はB社またはC社の株主ともなるので、前者の場合を分社型ないし物的分割、後者の場合を分割型ないし人的分割とも呼んでいる。

(a)　新設分割の手続

分割会社Aは、分割によって設立する会社Bの定款、B社がA社より承継する債権債務・雇用関係、分割に際して発行する株式の種類・数等の法定事項を記載する分割計画書を作成し、株主総会の特別決議による承認を得なければならない（商三七四条）。この承認総会の会日の二週間前より分割の日の後六ヵ月を経過する日まで、分割計画書、分割による株式割当の説明書、分割会社・新設会社それぞれの負担すべき債務履行の見込みあることの説明書、貸借対照表、損益計算書等を本店に備置いて株主・会社債権者の閲覧・謄写に供する（商三七四条ノ二）。この期間も分割無効の訴えの提起期間（商三七四条ノ一二）に対応する。総会による承認がなされると、会社はその決議の日より二週間内に会社債権者保護手続をとり（商三七四条ノ四）、この手続を経て、分割会社については変更登記、新設会社については設立登記をすることになる。この新設会社の設立登記によって分割の効力が生ずる（商三七四条ノ八・三七四条ノ九）。また分割型の場合は、分割会社の株主に株式割当に関する公告を必要とする（商三七四条ノ七）。

新設会社の資本の額は、分割会社より承継する純資産額を上限とし、かつ新設会社が分割に際して発行する株式の額面総額を下限として決定されるが（商三七四条ノ五）、これも平成一三年の改正で額面株式が廃止されたことに伴い、下限としての額面総額の制限はなくなった。この場合も反対株主の株式買取請求権が認められ（商三七四条ノ三）、また分社型にあっては新設会社が分割会社に比し規模が小さいときは簡易な新設分割が認められ、分割会社の総会の承認が不要となる（商三七四条ノ六）。

(b) 吸収分割の手続

分割会社Aと、その分割部門を承継する既存の会社Bとが、B社がA社より承継する債権債務・雇用契約その他の権利義務に関する事項、承継会社が分割により定款を変更するときはその規定、承継会社が分割に際して発行する新株の総数・種類・数ならびに新株の割当に関する事項等の法定事項を記載する分割契約書を作成・締結し、それぞれの株主総会の特別決議による承認を得なければならない（商三七四条ノ一七）。この承認総会の会日の二週間前より分割の日の後六ヵ月を経過する日まで、分割契約書、分割による新株割当の説明書、各会社の負担すべき債務履行の見込みあることの説明書、各会社の貸借対照表、損益計算書等を本店に備置いて株主・会社債権者の閲覧・謄写に供する（商三七四条ノ一八）。この期間も吸収分割無効の訴えの提起期間（商三七四条ノ二八）に対応する。総会による承認がなされると、各会社はその承認決議の日より二週間内に会社債権者保護手続をとり（商三七四条ノ二〇）、この手続を経て、分割会社A・承継会社Bともに変更登記をしなければならないが、承継会社の変更登記によって吸収分割の効力を生ずる（商三七四条ノ二四・三七四条ノ二五）。この場合も分割型のときは分割会社の株主に対する株式割当に関する公告・通知を必要とする（商三七四条ノ三一・五項）。

承継会社の資本の額は、分割会社より承継する純資産額を上限とし、かつ承継会社が分割に際して発行する株式の額面総額を下限として増加できるが（商三七四条ノ二一）、これも平成一三年の改正で額面株式が廃止されたことに伴い、下限としての額面総額の制限はなくなった。この場合も反対株主の株式買取請求権が認められ（商三七四条ノ三一・五項）、また分社型にあっては一定の要件をみたすとき、いずれの会社においても総会の承認を要しない簡易な分割手続が認められる（商三七四条ノ二二・三七四条ノ二三）。

4　企業による選択の実態と制度上の問題点

以上のような株式交換・株式移転の制度や会社分割制度の導入に加えて、簡易な営業の譲受け（商二四五条ノ五）も規定されたことで手段が多様化し、わが国においても企業再編が非常に進めやすくなった。

これらの新たな制度に共通する特色としては、会社合併と同じく組織法的構成を採っているため検査役の調査が不要とされ、手続的にも時間的にも簡素・合理化されるだけでなく、株式が対価となるので新たな資金を要せず親子会社関係の形成や企業買収の手段としても便宜であることである。さらに会社分割では、営業財産の包括承継（許認可等も承継）が認められるので一層有利である。特に分社化の手続を効率化したことは、企業の優良部門の独立や不採算部門の整理、それらを他会社の事業に統合するなどの事業再編、あるいは企業グループ内での事業統合などを進めるうえで利便性があり、企業再編の手段として活発に利用され始めている(3)。

例えば、既述の株式交換制度を利用して、ソニーが上場子会社三社を完全子会社化し、また日本興行銀行、第一勧業銀行、富士銀行の三行は株式移転の方法で純粋持株会社みずほホールディングスを設立し、その後分割制度を利用して各行の投資部門、法人部門、個人部門などをみずほ投資銀行、みずほコーポレート銀行、みずほ銀行などとして分割統合し、それに信託・証券部門を加えた金融グループとしての部門別の事業再編を計画している。さらに新たな会社分割制度が本年四月一日より施行されたが、早くもＮＥＣがその事業部門の一部キーテレホン、ＰＯＳ端末事業を、同種の事業を行ってきた日通工株式会社に簡易吸収分割の方法で承継させて事業統合をはかり子会社化した事例(4)や、日清製粉が新設分割・吸収分割および営業譲渡の手法などを用いて、従来の営業の全部を五部門の子会社系列に分割して、本体は純粋持株会社化した事例などが現れている。このほか、日興証券、野村証券なども分社型の分割方式で純粋持株会社体制に移行する予定とされている。もっとも、これらの諸事例を検討すると、制度上幾つかの問題点も考えられないではない。

その第一として、純粋持株会社を創設・新設する手段として考案された株式交換・株式移転の制度は、原則として子会社となる会社の現存純資産額を上限として完全親会社の増加資本額または資本額を決定し、資本に組み入れなかった額は親会社の資本準備金として積立てられることである（商三五七条・三六七条）。しかし、いずれの場合も株式の交換・移転はなされるものの、子会社の資産自体は親会社に移転するわけではなく、単に子会社の株式保有を通じて支配権を完全に掌握するだけのことである。現実には、資本・および資本準備金制度は、親会社の完全支配下にあって事業を営む子会社にあってこそ必要な制度であり本来的な機能を営むが、事業体としての実体をもたない純粋持株会社では抱え込んだ多数の株主に対する配当可能利益算定にあたっての巨額の控除項目となるにとどまる。しかも、その場合、現実に移転することのない子会社の現存純資産額は、子会社自体の資本・資本準備金の裏付けとなる資産であるが、同時に完全親会社の資本・資本準備金をも担保していることになり、いわば二重の法人格に対して二重の機能を果たすということになる。戦前の旧財閥の三井本社や三菱本社が、株式会社形態を採らず、合名会社・合資会社の形態を選択したことは、単に保有株式の実態や計算の公開を避けるためだけでなく、この矛盾を回避する結果ともなったといえよう。

その第二は、このような矛盾に加えて、純粋持株会社のもとで多数の事業子会社の分割統合が進められると、子会社の実態や現存資産額の変動にもかかわりなく完全親会社の資本や資本準備金額は不変という問題が生ずる。その意味では資本制度は本来、単独企業の債権者保護を想定した制度であるので、その機能の実質が失われ、異質のものとして機能せしめられている点がさらに解明される必要があろう。

その第三は、株式交換と株式移転制度を比較すると、前者の場合は企業グループの中核たる持株事業会社が、その地位を維持しながら部分的に一部子会社に対して純粋持株会社となる事例が多いと思われるのに対し、後者の場合は既存の会社群の上に純粋持株会社を作り出す事例であるから、純粋持株会社に移転した子会社株式以外に目ぼしい現実の資産が乏しいのが通例であろう。そのため主として子会社から運転資金の提供を受け、また株主に対する配当についても子会社からの配当金や経営指導料等といった財源に依存せざるをえないことになる。

これに対し、事業会社が分社型の会社分割制度を利用して純粋持株会社体制に移行する場合は、完全親会社の視点から資産の留保や子会社に対する不動産の賃貸、知的財産権の利用許可・使用料の徴収、研究・開発部門の留保など、有利な選択の余地が幅広く認められる。おそらく企業グループの上に乗る純粋持株会社を新たに作る場合は株式移転の方法によることもやむをえないが、事業会社が純粋持株会社体制に移行するときは、一般的に会社分割の方法による方が便宜であろう。(5)

その第四は、平成一三年の改正により、法定準備金のうち利益準備金の積立限度を、資本準備金と併せて資本の四分の一までとし(商二八八条)、またその限度を超えた法定準備金額を、利益剰余金と資本剰余金という剰余金原則にもとづく積立財源の差異にかかわりなく、一律に減額して配当財源あるいは自己株式の取得財源とすることを認めたことである(商二八九条二項)。この立法措置は、個別企業のみでなく、特に金融持株会社のような持株会社体制に移行した企業グループに本質とかけ離れた殊更に政策的な利便性を提供することになる。純粋持株会社は、前述のように、処分できない子会社株式以外に現実の目ぼしい資産を有していることが多いであろうから、持株会社の法定準備金を減額した巨額の剰余金部分は、それを裏付ける資産を欠いたまま、結局、子会社からの拠出金によって賄われ、配当財源を確保しなければならないという問題が生ずることになる。

その第五は、株式交換・株式移転の方法で子会社となる会社の株主は強制的に親会社株主の地位に転換され、子会社に対する経営関与が遮断されることである。分社型の会社分割の場合も、親会社株主の分割された事業部門に対する関係は同様である。いずれの場合も持株会社となった親会社株主の権利の弱体化ないし縮減といった事態は避けられない。今後、このようなグループ経営を維持し促進するためには、同時に株主の地位強化または経営行為の公正確保の措置をとることが要請されるであろう。さもなくば企業結合そのものが投資者利益保護の観点からも、社会的に支持されなくなるおそれがある。

その第六は、上記のいずれの方法によるにせよ、親子会社関係が形成されると、現在の登記実務は、定款所定の目的によって会社の権利能力が制限されるとの理解を前提に、親会社の定款の目的条項に子会社事業の具体的内容を含むことを要求している。その結果、多数の子会社を有する親会社の定款の目的条項は、かなり詳細・複雑なものとならざるをえない。

確かに定款所定の目的によって会社の権利能力・行為能力が制限されるか否かをめぐっては、従来から多くの論議を呼んできた。判例は一貫して制限肯定説の立場を採り続けているが、近時の商法理論としてはむしろ制限否定説の方が有力である。(6) 昭和六一年の「商法・有限会社法改正試案」は、比較法的考察をもふまえて、「定款に定める目的によって会社の権利能力は制限されないこと及びその場合における代表権のあり方に関する規定を設けることについては、その方向で検討する」としていた（試案二—7〔注4〕参照）。その意味では商法理論および立法の動向とは別に、登記実務は厳格化しているのが実情である。しかし、子会社の事業が親会社の目的条項に含まれていなくとも、当該子会社の定款の目的条項に含まれているときは、その範囲内での子会社の行為はもとより有効と解される。したがって、企業結合の促進を許容する立場にあっては、親子会社関係における目的条項の取扱いの改善のみでなく、能力外の法理（民四三条）の会社への適用の可否をも改めて問い直すことが必要と思われる。(7)

ともあれ、これらの諸問題の検討はひとまず措き、前記の一連の改正による企業再編手段の多様化により、これまでの各種方式と、株式交換または株式移転、会社分割方式等の組み合わせなども可能となり、企業の選択肢が極めて多様化し弾力化したといえるであろう。特にこれらの諸方式はいずれも株式を対価として利用できるので便宜であり、企業買収の手段として活用される可能性も大きい。それに近時の一〇〇％子会社については連結納税の範囲に含めるとの方針の決定も、持株会社体制への移行を促進する要因となろう。その結果、親会社を中核として、企業グループ内に一〇〇％持株の完全子会社群および議決権株の五〇％超持株の子会社群というような親子会社関係が併存する状況が一層増加することになると思われる。

（3）　会社分割法制は、平成一三年四月一日より施行されたが、六月一一日現在の調査結果によると、会社分割を実施しまたは実施を予定している企業は三五社（非公開会社一社を含む）、件数では三九件にのぼり、そのすべてが分社型による分割を選択している。その選択理由として、「新設会社が分割手続の中で設立され、資本金の支払いが不要」、「事後設立の手続が不要」、「労働者の承継が他方式を採用した場合と比べ容易」などがあげられている。また、その利用方法をみると、分社化が一五件、グループ内の事業統合が一二件、合弁会社設立が三件、持株会社体制への移行が九件となっている。しかも、その半数が株主総会の承認を得ない簡易分割である（週刊経営財務二五二九号二一三頁）。さらに日本経済新聞によると、日立製作所・NEC・川崎製鉄などをはじめとする東証上場企業のうち四三社が分割による事業の分離・統合を決定したと報ぜられている（八月一八日付け朝刊一面）。

（4）　この吸収分割の結果、NECの持株比率は従前の三四・〇五％から五三・三一％となり、日通工株式会社は子会社としてNECニューフロンティア株式会社に商号変更している。同種の事業を統合し、より効率化・大規模化をはかった事例といえよう。

（5）　日清製粉の分割事例では、純粋持株会社となった日清グループ本社の定款の第二条の目的条項をみると、1項で主要な目的を「次の事業を営む会社及びこれに相当する外国会社の株式を保有することによる、当該会社の事業活動の支配・管理」として、子会社の具体的事業内容を列記したうえ、「2項　前号①から⑲に関する研究、開発、調査の受託　3項　不動産の賃貸、管理　4項　知的財産権の取得、維持、管理、利用許諾および譲渡　5項　前各号に附帯または関連する一切の事業」としている。一〇〇年の伝統をもつ会社であるから、地価が大幅に下落しても不動産の含み益が大きいため、これを親会社が全部所有し子会社に賃貸するほか、事業会社時代の知名度が高いので知的財産権の取得・維持・管理・利用許諾等と製品の研究・開発等を担うものとして、完全親会社の立場の有利性が多面にわたって確保されている。

（6） 例えば、最近のものとして、服部栄三編・基本法コンメンタール二〇〇一年版〔第七版〕会社法Ⅰ四頁〔服部栄三〕。

（7） 能力外の法理の母法であるイギリス会社法では、すでに一九八九年法によって能力外の法理も擬制悪意の法理も営利目的の会社については廃棄されており、内部的な機関権限の制約とされているにすぎない（一九八五年会社総括法三五条・同条A・B、七一一条A）。その趣旨で、同法一一〇条一項は一行目的条項(one-line object clause)を定め、会社が営利目的（general commercial company）であることを基本定款に記載すると、一般的能力を有することを認める。アメリカの各州会社法の多くも同様の傾向にあるが、なかでも模範事業会社法〔一九八四年版〕は、目的について定款に別段の定めがないときは、あらゆる適法な事業に従事することができるとし（三・〇一条(a)項）、実質的に目的を定款の必要的記載事項とはしていないことが指摘されている。オーストラリアでも一九八四年以降に設立された会社については目的条項の記載は任意とされ、現行の一九八九年の会社法もこの立場を踏襲している。近く実現が予定されている第二次会社法簡素化法（the Second Corporate Law Simplification Bill）のもとでは、基本定款の作成自体が強制されないこととなり、仮に附属定款に目的事項が列挙されても内部的な機関権限の制約となるにとどまる。定款に目的条項が記載されなくとも、会社の事業内容の記載は年次報告書や目論見書で足りるということであろう。

二　親子会社関係の認定基準の変更

前述の親子会社という用語は支配従属会社と同義語的に用いられる場合が多いが、これまでわが商法は、一方の会社による過半数資本参加を基準として親子会社関係の存在を決定しており（平成一三年改正前商二一一条ノ二第一項・三項）、それを前提とした各種の規制を設けてきた（平成一三年改正前商二一一条ノ二、二四一条三項、二六〇条ノ四第四項・五項、二六三条四項、二七四条ノ三、二七六条、二八一条ノ三第二項一号、二八二条三項、二八五条ノ六第二項、二九三条ノ八、二九四条、二九四条ノ二、三五二条以下、三六四条以下、三七三条以下、商特四条二項、七条三項・四項、一三条二項一号）。したがって、商法上の親子会社とは、これらの規定や計算書類規則の適用に関しては支配従属会社関係のなかの一つの態様を指すものということになる。

もっとも、商法において会社間の支配従属関係が問題となるのは、このような親子会社関係にもとづく明文の規定が置かれている場合に限られるわけではない。親会社（支配会社）の不当な指示にもとづく子会社（従属会社）の行為によって、子会社自体やその少数株主または債権者等が不利益または損害を被るような場合には、直接に親会社ないし親会社取締役の責任を問いあるいは適切な救済（例えば、法人格否認の法理の適用）を講ずべき必要が生ずる事例もあるであろう。また、総会屋に対する利益供与の禁止（商二九四条ノ二）を潜脱する目的で、国内の子会社または海外子会社を通じて利益供与をする事例も仄聞した。平成一二年の改正で子会社の計算で利益供与するときも禁止の対象となることが追加規定されたが、その趣旨からも、もともとこれらの場合の子会社の範囲は実質的に捉えられるべきものと思われる。

他方、従来の商法が親子会社関係の認定にあたって、過半数資本参加を基準としたのは、実質的に他会社の法的支配を可能とする持株数であり、また各種規制適用のうえで客観的・画一的な関係把握を可能とするからである。しかも、この過半数の算定にあたって、株主名簿上の名義のいかんにかかわらず実質的な所有関係によって決すべきとすることにはほとんど異論がない。したがって、他人名義でも親会社の計算で取得したものはこれに含め、逆に親会社名義でも他人の計算によるものはこれに含めないことになる。

しかし、議決権を有する株式だけを対象に過半数を算定すべきかについては、これまで説が分かれていた。法的な支配可能性を問題とする以上、過半数算定の基礎となる発行済株式総数には、議決権のない株式は算入すべきではないとするのが（控除説、不算入説）、昭和五六年の商法改正前における通説であった。(8) これに対し、近時は、議決権のない状態にある株式すべてを含めた当該会社の発行済株式総数を基準に親子会社関係を決すべきであるとする説（非控除説、算入説）が有力化していた。ことに昭和五六年の改正によって、従来の自己株式（商二四一条二項）や無議決権優先株（商二四二条）に加えて、相互保有株式（商二四一条三項）、端株（商二三〇条ノ六）、単位未満株（昭和五六年改正法附則一八条）などの議決権を有しないものとされる株式の事例が増大したことから、株式の保有関係が複雑に錯綜する現在の株式会社の実情のもとでは、親子会社や株式の相互保有をめぐる法律関係を明確化し法的安定をはかるうえでも、非控除説によるのを妥当とする見解が主張されていた。(9)

このうち控除説の根拠は、前述したように、法的支配の可能性に重点を置くものであり、また非控除説によると、発行済株式総数の過半数は保有していないが被保有会社を支配しうる状態にある会社が、その被保有会社を強制しあるいは他の会社の協力のもとに、被保有会社について議決権のない株式を多数創り出して、親子会社に関する諸規制を潜脱する弊害を十分抑止しえないと考えるところにある。

これに対し、非控除説の立場では、控除説によると、現在のわが国において展開される複雑な株式保有関係のもとでは、前記の指摘のように、規制がむしろ後退してしまう場合もあり、また法律関係の著しい不安定をもたらすことで、形式的・画一的な基準を用いて規制の明確化をはかろうとした立法趣旨がかえって没却されるおそれすらあることを理由とする。おそらく基本的なあり方としては、比較法的にみても控除説によるのが正当と思われるが、それは従前のように自己株式の取得も無議決権株の発行自体もまれな実態を前提に妥当性をもちえたものであろう。昭和五六年の改正法が比較法的にもあまり類のない前記の相互保有株式や単位未満株などの議決権のない株式部分を通常的にしかも相当量創り出し、さらにその後の改正におけるストック・オプションのための自己株式の取得なども加わって、実務的には非控除説によらなければ法律関係の明確化と法的安定がはかれないとの認識が、これらの主張を生むことになった背景といえよう。

もっとも、非控除説といっても、その内容は必ずしも同一ではない。過半数算定の基礎となる発行済株式総数を、無議決権優先株をはじめすべての議決権のない状態にある株式をも含めた、当該会社が設立および新株発行により発行した株式として登記している株式総数（商一八八条二項五号）を意味するとする見解[10]と、無議決権優先株は原則として算入しないが、相互保有株式や端株・単位未満株の合計数は算入するとする見解[11]とに分かれる。後説によると、無議決権株を発行しているときは、その数の確定が比較的容易であることを理由とするが、所定の優先的配当が受けられず議決権が復活したときは、これを発行済株式総数に算入すべきであるとする。

これに対し、平成一三年の改正法は、従来の「発行済株式総数の過半数」に当たる株式保有という親子会社の認定基準を、他の株式会社の「総株主の議決権の過半数」保有に改めた（商二一一条ノ二）ことが重要である。それとともに、親会社の少数株主に認められる子会社情報を求めるための権利行使の要件も、議決権数を基準とするものに改正された（商二九三条ノ八・二九四条二項）。前記の論争に対する控除説の立場にたつ立法的解決ともいえるが、法的環境の大きな変化に関連することが看過されてはならない。すなわち、同年の改正は、従前の自己株式の取得制限の規制を見直して、目的と数量制限を定めない自由取得を認める（商二一〇条）とともに処分の義務も課さない、いわゆる金庫株の制度を導入した。これは近年の時価会計の導入に伴う株式持合いの解消の受け皿としての大量の自己株式の取得や、また端株や新たな単元未満株の買取請求への対応をも可能とするものであろう。さらに中間試案は無議決権優先株式に関する現行の商法二四二条の規定を削除し、それに代えて種類株式の一種として、発行済株式総数の二分の一までの無議決権普通株式の発行を認めることを提案している（試案第二）[12]。したがって、他会社の無議決権株式の発行状況や金庫株および相互保有株式（商二四一条三項）の保有状況いかんによっては、その会社の総議決権数が大幅に減少する可能性があるので、親子会社の規制対象となる子会社範囲の拡大あるいは少数株主の権利行使の容易化という結果をもたらすことにもなる。ただし、純粋持株会社における完全親子会社関係は、株式数の一〇〇％保有を前提とすることはいうまでもない。

商法がこのように議決権基準を採っても、従来、証券取引法適用会社に強制されてきた連結財務諸表に含まれる連結子会社の範囲とは依然異なる。連結財務諸表原則や証券取引法上の連結財務諸表規則では、株式の持株比率にかかわらず、取締役派遣・融資・取引関係等を通じて財務や経営の方針を実質的に支配していれば支配従属関係が存在するとする支配力基準を採用し（連結財務諸表原則第三2）、また財務諸表規則でも、「親会社とは、他の会社等の財務及び営業又は事業の方針を決定する機関（意思決定機関）を支配している会社をいい、子会社とは当該他の会社等をいう」とするとともに、「親会社及び子会社又は子会社が、他の会社等の意思決定機関を支配している場合における当該他の会社等も、その親会社の子会社とみなす」としている（同規則八条三項）。この点、中間試案は、商法特例法上の大会社に対し、連結計算書類の作成と株主に対する事前送付を義務づけることと（試案第二一・一、四）、その大会社の範囲については当分の間、証券取引法適用会社に限定することを提案している（同一注2）。その場合の連結対象となる子会社の範囲は明確にされていないが、連結財務諸表規則との整合性から、同規則の連結子会社となる可能性が大きい。仮に、そのような立場をとると、監査役および会計監査人の子会社調査権も当然そこまで拡大されることになる（試案第二一・二2）。前記の商法本体の議決権基準とは異なるが、商法上も規制目的に応じて親子会社基準を多様化し、使い分けをする方向が望ましい。比較法的にも、そのような立法例が多い。

（8） 新版注釈会社法（3）二七四頁〔蓮井良憲〕他。
（9） 竹内昭夫「親子会社・相互保有会社と持株基準」商事法務一一一〇号二六頁以下、田代有嗣・親子会社の法律

と実務三〇頁、河本一郎「株式の相互保有と親子会社の認定」判例タイムズ六三三号五頁以下。

(10)　竹内・前掲注(9)二六頁、田代・前掲注(9)三〇頁。

(11)　河本・前掲注(9)八―九頁。

(12)　一般投資家や機関投資家の立場から、通常の投資判断としてこのような株式取得を選択することは考え難い。その必要性は、金融機関に対する公的資金の注入がこれまで無議決権優先株の取得という方法で行われてきたことを考慮すると、再度の注入がなされる場合あるいは現在保有中の無議決権優先株を無議決権普通株に一斉転換する場合に最も大きいといえそうである。中間試案の前倒し実施部分として商法改正要綱に盛り込まれ（要綱第二・第三）、今秋の臨時国会に法案が提出されたのも、そのような緊急性によるものであろうか。

三　親子会社関係における企業統治

親子会社関係が、持株会社による事業統合など従来みられなかった態様で複雑に形成され、企業活動においてグループ経営が一般化するなかで、これらの会社間に的確な企業統治を実現することは極めて困難である。それにもかかわらず、現行商法には親子会社関係を規制するまとまった制度は存在しておらず、また平成一一年の改正によって付加された親会社監査役の子会社調査権の拡大と子会社の業務内容の開示の強化の規定以外に特別の法的手当てもなされていない現状では、これら親子会社間の企業統治は、個別企業を予定した従来からの商法の枠組みのなかで実現されなければならないことになる。ただし、中間試案の構想では、商法特例法上の大会社については、既述のように、連結計算書類の作成が強制されることになっており、それが実現した場合には、これら計算書類の作成方法、連結の範囲に含まれる子会社、これら子会社に対する監査役および会計監査人の調査権、それぞれの監査報告書の記載事項等に大きな影響が及ぶことになる（試案第二一・一、二2・4・6参照）。

1　株主総会の権限と運営

既述のように、会社間に完全親子会社の関係が形成されると、それが株式交換・株式移転のいずれの方法によるものであれ、子会社化された従前の事業会社の株主の地位はすべて自動的に親会社株主の地位に転換され、その権利は子会社の事業運営から遮断されることになる。会社分割が行われ、分社化された子会社の事業部門に対する分割会社の株主の権利も同様である。株主の権利の縮減といわれるゆえんである。

しかも、株主総会の法定された権限は、親会社・子会社ともに基本的に同一である（商二三〇条ノ一〇）以上、現行法のもとで定時総会に提出される議題・議案は、通常、利益処分案（大会社以外の会社については計算書類）の承認と役員の改選の二つであり、ときに役員報酬・退職慰労金の決定・定款変更等の議題が加わるにとどまる。

特に純粋持株会社としての完全親会社における配当財源は、基本的には子会社からの配当金や経営指導料等にすぎないから、親会社の一般株主はこれら収益財源や配当金への配分額などの適正性を確認できないまま利益処分案の承認決議に臨むことになる。法的には親会社の持株に対する配当額は、子会社の取締役会の作成した利益処分案を株主総会が承認することで決定されるが、子会社の総会は一人株主たる親会社の支配するところであり、子会社の取締役の人事権も親会社を通じての親会社取締役会が掌握しているのが通例であろうから、その指示または少なくとも両者の協議にもとづいて親会社の持株に対する配当金および経営指導料等も決定されるとみてよいであろう。したがって、親会社取締役は親会社の株主総会で選任されると、実質的には親子関係にある企業グループの運営に対するほぼ全権ともいうべき極めて強大な権限を有することになる。しかも、中間試案は、商法特例法上の大会社について、各会計監査人および監査役会の全員一致の合意にもとづき貸借対照表・損益計算書の記載および利益処分案を適法とする意見が揃ったときは、決算確定権のみならず利益処分権も取締役会に移管される旨の提案をしている（試案第一八）。確かに会社の機関権限は固定的なものではなく、経済社会や企業実態の変化に応じて適正に配分し直すことは必要であろう[13]。平成一三年の改正や今秋に予定される商法の一部改正および議員立法による企業統治関係法案、さらに中間試案においても定款変更を通じての会社の基礎的変更に関する総会の権限拡大部分と縮小部分とが採り入れられている[14]。ただ、総じて総会の権限縮小は避けられないものの、それは同時に個々の株主の権利強化か、さもなくば取締役の経営行為の公正性を保障する仕組みが確保されない限り、安易に賛成できない。公正性の保障が議員立法で提案する監査役制度の強化や、あるいは不十分な監査委員会制度の導入というのでは、いかにも心もとない。結局、中間試案の提案を支持するには、目下のところ会計監査人の独立性の確保と適正・厳格な会計監査に期待する以外にない。この制度の一層の検討が必要とされよう[15]。

もっとも、現行法のもとで、親会社の総会運営および取締役の経営行為を株主が牽制し経営責任の追及を可能とする目的で、平成一一年の改正時に、子会社の業務内容等の開示強化をはかる一連の規定が追加された。それでも、これらの諸規定が株主による事前牽制の機能を果たす可能性は極めて乏しい。株主提案権（商二五二条ノ二）は、権利行使期間との関係で[16]、これらの子会社情報の入手を待つことはできないし、総会での役員に対する説明請求（商二三七条ノ三）も同様であろう。結局、営業報告書における親会社との関係、重要な子会社の状況その他の重要な企業結合の状況に関する記載（計算書類規則四五条一項三号）等にもとづく説明請求にとどまらざるをえない。その意味では、前記の子会社の業務内容等の開示強化は、精々事後的に親会社取締役の責任追及の補助手段として利用されるのが実情と思われる。

このように親会社による子会社の管理・支配に対する親会社株主の関与が遮断される結果、持株会社の下にすでに分割統合された大規模な子会社の財産処分等は、親会社の総会決議を経ずに子会社段階での意思決定（実質的には親会社取締役会の意思決定）のみで行われることになる。それこそ経済界が望む効率的かつ弾力的な企業再編の手法の妙味というべきかも知れないが、統一的指揮にもとづく企業グループの適正な経営責任のあり方という観点からは、多分に疑問というべきであろう。しかも、事後的な責任追及という迂遠な手段にまつというのではなく、事前に親会社株主の意思を反映させる仕組みか、さもなければ取締役の経営行為の公正を確保する仕組みが、制度的にも早急に整備されなければならない事態と考えられる(17)。

この点、中間試案は、会社が、その有する重要な子会社の株式の全部を譲渡し、または他の株式会社の株式全部を譲り受ける場合には、会社の株主総会の特別決議を得なければならないものとすることを提案している(試案第一二)。実質は子会社財産全部の処分・譲受けであるから、重要な子会社株式の一部の譲渡の場合(同注1)をも含めて、総会の承認を経させることが親会社株主の利益保護の観点からも必要不可欠であろう。それに中間試案の構想する取締役の改選のみを議する定時総会の実質は、まさに取締役の経営行為に対する信認を問う場にほかならない以上、その実質に応じて株主の提案権や質問権も現行制度のそれより、一層広範なものとして構成し直すべきものと思われる。

(13) 産業構造審議会総合部会新成長政策小委員会・企業法制分科会報告書「二一世紀の企業経営のための会社法制の整備」二一頁は、公開会社について利益処分は経営判断事項として、取締役会の権限となすべきことを提言している。公開会社・小規模閉鎖会社の実体の差異を前提とすると、多くの権限の再配分が検討されなければならないであろう。

(14) ただ、平成一三年の改正では、従来、株主総会の専管事項であった定款変更についても、株式分割の場合など株式分割の決定とそれに伴う授権株式数の増加の定款変更は、いずれも取締役会の決議で足りるものとしている(商二一八条二項)。定款に定めた一単元の株式数を減少または廃止する場合の定款変更(商二二一条二項)なども同様である。多分に取締役会が変更権を有するアメリカ法上の附属定款(bylaws)規定のように、定款変更事項の重要度によって総会との権限の配分を考慮したものであろう。

(15) 中間試案においては、商法特例法上の大会社を対象に、取締役の任期を一年とする提案がなされている(試案一八・二）。会計監査人および監査役会の全員一致による適法意見が揃うことを条件とするとしても、利益処分権まで取締役会に移管することにすると、取締役の現行の二年の任期では、通常、年度によって定時総会の決議事項がなくなる可能性もあり、また取締役の信認を問う機会を増やす必要があるからである。しかし、決算の確定・利益処分という行為の本質からすると、会計監査により多くを期待しなければならない問題であろう。

(16)　中間試案では、現行の総会の会日の六週間前までの権利行使を、会日より八週間前までの権利行使とすることを提案している（試案第九・一）。

(17)　酒巻「コーポレート・ガバナンスからみた企業結合法制の整備と課題」債権管理八九号一一二―一一三頁。

2　取締役会の機能と企業統治

(一)　わが国会社法の定める取締役会による業務執行者に対する業務監督（商二六〇条一項）が実効性を欠くのは、業務執行権が代表取締役等業務担当取締役に付与され、彼らも取締役会の構成員であるという自己監督の体制と、被監督者が内部職階制にもとづき他の構成員より上位者であるという矛盾による。それに使用人兼務取締役を多く認めてきたことから、取締役会構成員が多数にのぼることも要因の一つに加えられるであろう。

企業統治の本質を、仮に会社経営における指揮と監督のシステムの問題とすると、[18] わが国の会社機関構造においては、取締役会と監査役制度のあり方が問題となる。したがって、前述したような機関構造に起因する取締役会の機能不全状態を前提に、日本コーポレート・ガヴァナンス・フォーラムは、平成九年に公表した中間報告「コーポレート・ガヴァナンス原則―新しい日本型企業統治を考える」において、長期構想としてアメリカ型の企業統治方式にならい取締役会に社外取締役を導入したうえで、「取締役会の内部機関として、監査委員会を設置する。この委員会は全員社外取締役によって構成され、監査内容は適法性監査およびリスク管理に関連することを対象とする」との立法提言を行った（同原則一四B）。そして、この原則が実現したときは従来の監査役制度は全廃されるとしていたが、その後の最終報告においては会社の内部機構問題として、社外取締役で構成される監査委員会によるか、強化された監査役制度によるかは会社の選択に委ねるとした（平成一〇年最終報告・原則一三B）。

比較法的にみると、フランス法は従来からEU諸国における会社法調整との関係で、取締役会の上に監督機関を置く二層制の機関構造を選択肢として認めてきたが、韓国法も平成一一年（一九九九年）の改正で、会社法上は原則として監査役制度と監査委員会制度との選択を認めることにした。ただ資産規模二兆ウォン以上の会社には証券取引法により監査委員会の設置が強制される。[19]

わが国の実務では、ソニーの改革を皮きりに取締役の員数の削減、社外取締役と執行役員制度の導入を試みる企業が増加しているが、多くの場合、二、三人というような少数の社外取締役の加入は単なる助言者ないし諮問機関の地位にとどまり、また社長が代表取締役として依然、取締役会の最上位に位置し実権がますます集中する現状は、会社の機関構造上からも、アメリカ型というより、執行者の地位が取締役の地位と分離していないイギリス型にむしろ近いとみることもできる。[20]

（二）この点、中間試案は、商法特例法上の大会社に一人以上の社外取締役の選任を義務づけるとともに（試案第一五）、さらに会社の運営・管理機構として、取締役会・代表取締役・監査役（会）という現行の機関構成と権限関係を維持する従来型のほかに、商法特例法上の大会社について、定款をもって取締役会の下部委員会として、社外取締役が過半数を占める監査委員会、指名委員会および報酬委員会の各種委員会を設置し、かつ執行役制度を採用した会社の場合は、監査役制度を廃止し、監査委員会が執行役の職務の執行を監査するという、いわば新型の機構の選択をも認める旨の提案をしている（試案第一九）。

選択肢としては、定款にこの新型の採用を定めないかぎり、従来型が当然適用されることになるので、基本的にはこのいずれかということになる。中間試案は、別に取締役会の下部委員会として、定款の定めまたは取締役会の決議をもって、経営委員会を設置し、取締役会の決議事項の一部の決定を委ねることを許容するが（試案第一四）、この選択は従来型を維持する場合の取締役会の機能の弾力化を企図するものであろう。新型の場合は、業務執行に関する決議事項の多くが執行役の決定に委ねられ、取締役会に残される権限事項は計算書類の承認、株主総会の招集の決定を除くと、主として監督機能に属する事項に限られることになるので（試案第一九・二2）、経営委員会を設置する実益は乏しい。

これに対し、新型の機構における執行役は、アメリカ法上の執行機関であるオフィサー（officer）に相当するものとして、取締役会が選任・解任するが、その権限は取締役会の委託した会社の業務執行を決定し、代表執行役が執行行為を行うという体制であり、業務執行と監督の機能とを分離するアメリカ型に近い制度である。この機構が選択されたときは、現行制度に内在する矛盾の多くが解消するが、反面、監査委員会の権限・役割に関しては、監査役のそれが準用されるので（試案第一九・三1・2）、アメリカにおける監査委員会（audit committee）と形式的には類似するが、機能面では異なる。[21]

実際に、この従来型と新型のいずれの方式が多く選択されることになるかは不明であるが、おそらく国際的な事業展開を企図する企業や、外国で証券を上場しているかまたは上場を計画している企業などが、国際的信用の面から後者の体制を選択する可能性が強いのであろう。もっとも、中間試案では、この新型の機構に関して持株会社体制の下における親子会社関係の特殊性にはなんら触れていない。執行役に経営の実権が集中する機構は、事業会社における効率的経営には資するであろうが、純粋持株会社たる完全親会社にそのまま適用すると、親会社株主の地位の弱体化を一層促進するおそれがあるように思われる。

(18)　イギリスの企業社会における自主規制として望ましい企業統治の実現を提言するキャドベリー報告書のとる立場である（Cadbury Report: the Financial Aspects of Corporate Governance, 1992, para. 2.5.）。

(19) 韓国の会社法上は、監査役制度と監査委員会制度の選択を認めながら、証券取引法で会社の資産規模が二兆ウォン以上の会社については、監査委員会制度が強制される。しかし、監査委員会の権限については監査役の権限規定の準用にとどまるので、現状では形式はともかく実質的には両者にさほどの差異はないように思われる。韓国における近時の会社法改正については、李　範燦「韓国における会社法の最近の動向と課題」商事法務一五七六号二三頁以下参照。中間試案の立場との大きな差異は、執行役制度を欠いている点である。

(20) 酒巻「コーポレート・ガバナンスのアメリカ型とイギリス型」税経通信五四巻一号二三頁以下。

(21) 現在のアメリカの監査委員会の機能については、森田章「取締役制度の改正」企業会計五三巻九号二三頁。

3　親子会社間の監査

ところで、持株会社によるグループ経営が一般化すると、親子会社の関係いかんによっては監査役あるいは監査委員会による子会社の全面的な調査が必要となる。特に純粋持株会社における取締役あるいは中間試案にいう執行役の業務執行は、子会社の支配・管理そのものであるから、監査役あるいは監査委員会としてはその支配下にある子会社の実態を十分に調査・把握しないかぎり、業務執行行為の適法性・適正性を判断しえないからである。このように一〇〇%の株式保有にもとづく完全親子会社の場合はともかくとして、親子会社関係の態様の多様性に応じて、子会社調査の必要性・範囲が異なることはいうまでもない。

このような実態に対応する形で、平成一一年の改正時に親会社監査役の子会社調査権（商二七四条ノ三）の規定も改められた。すなわち、それまでは親会社の監査役は、親会社の監査のため必要な範囲に限って、まず子会社に営業の報告を求め、その報告がないかまたは真偽に疑問のあるときはその範囲において業務財産状況の調査ができるとされていた。それが同年の改正によって、監査役の必要性の判断にもとづき、営業の報告請求とともに業務財産状況の調査権の行使もできることとなった。その子会社調査の方法と結果は、監査役会監査報告書に記載されなければならない（商二八一条ノ三第二項一一号）。その意味で、企業結合およびグループ経営における取締役の業務執行に対する監査役監査の役割は極めて重要といえる。(22)

しかも、この場合の親子会社関係は、既述のように、平成一三年の改正で総株主の議決権の過半数保有という基準に改められたが、それでも支配力ないし影響力基準による連結子会社範囲との調整をどうようにすべきかが問題となる。現行商法上は、これらの子会社に対する調査権は定められていないが、親会社の経営指揮がこれらの子会社をも対象としてなされる以上、事実上の調査は認めざるをえないであろう。中間試案では、既述のように、商法特例法上の大会社の監査役および会計監査人の子会社調査権を連結の範囲に含まれる子会社にまで拡大し、子会社調査の方法および結果を監査報告書に記載することが予定されている（試案第二一・二2・4・6）。監査委員会にも同様の子会社調査権と監査報告書への記載を認めるようである。ここでも監査役監査と監査委員会による監督の機能との違いが明確にされていない。いずれにせよ、グループ経営を監査対象とするときは、これら監査の範囲を適法性監査に限定すると、適切な監査が困難となる。当然、妥当性監査に及ぶものとする必要があろう。また、企業グループが大きい場合、その中核となる親会社の監査役または監査委員会にグループ全体の子会社調査を期待することは到底困難である。その面からも、親会社監査役または監査委員会を中心としたグループの集団監査ないし協調監査の体制づくりが早急に必要となるであろう。

(22)　日本監査役協会の公表した「平成一一年商法改正（親子会社法制）に伴う監査役の実務対応」は、この改正にもとづき、各種事例を想定して子会社調査の方法および結果の記載を例示している。

2 資本市場を指向するコーポレート・ガバナンス原則

――U・H・シュナイダーの見解とその問題点――

正井章筰

はじめに

(1) 現在、日本を含む世界各国で「コーポレート・ガバナンス」（企業統治）に関する議論が続いている。[(1)] コーポレート・ガバナンスの定義に関しては意見が一致していない（後述**一**参照）。「企業」のコーポレート・ガバナンスといっても、主に公開株式会社のそれが対象とされる。多くの国では、法律によって、公開株式会社のコーポレート・ガバナンスを実現していく方法が一般的に採用されている。

(2) これに対して、法律による規制のほかに、政府が設置した委員会、証券取引所、機関投資家および学者などのグループが一定の指針を示し、各会社がそれに倣って自主的にコーポレート・ガバナンス原則または基準（code; Kodex）[(2)]を定めることが、アメリカ合州国、イギリスなどで提唱され、かつ実施されている（後述**三**参照）。ドイツでも、二〇〇〇年に、二つのグループがコーポレート・ガバナンス原則・基準を公表した。一つは、法律家・実務家（経営者）を中心とした「コーポレート・ガバナンス原則委員会」（以下、CG原則委員会という）の提案（以下、CG原則という）であり、[(3)] もうひとつは、経営学者・実務家（経営者）を中心とした「ドイツのコーポレート・ガバナンス基準に関するベルリン提案グループ」（以下、ベルリン・グループという）の提案（以下、ベルリン提案という）である。[(4)] さらに、ドイツ連邦政府は、二〇〇〇年六月に「コーポレート・ガバナンス＝企業経営―企業コントロール―株式法の現代化」という名称の専門家委員会を設置し、二〇〇一年夏までに提案をするように求めている[(5)]（後述**二2**参照）。

(3) 日本においても、経営者と学者の集まりである「日本コーポレート・ガバナンス・フォーラム」が、一九九八年に「コーポレート・ガバナンス原則」を公表した。[(6)] このように盛んとなりつつあるコーポレート・ガバナンス原則・基準の提唱とその採用について、どのように考えるべきであろうか。法律上の規制との違い、その長所・短所について整理・検討することが重要である。本稿では、その手がかりを得るために、ドイツのシュナイダーの見解(7)を素材として―その見解を紹介し―、そこから何が明らかになるのか、そしてどのような問題点があるのかを論じることにしよう。

（1）　コーポレート・ガバナンスについては、きわめて多くの文献がある。

①　邦語文献として、たとえば、中村一彦『企業の社会的責任と会社法』（一九九七、信山社）序論、第一章、第二章、同「企業の社会的責任とコーポレート・ガバナンス」『社団と証券の法理（加藤勝郎先生＝柿崎榮治先生古稀記念）』（一九九九、商事法務研究会）四六一―四八二頁。また、正井章筰「ドイツにおける『コーポレート・ガバナンス原則』」大阪学院大学法学研究二六巻二号（二〇〇〇）一―三九頁で引用の文献参照。

②　最近のドイツ語の文献として、Klaus J. Hopt, Gemeinsame Grundsätze der Corporate Governance in Europa, ZGR 2000, 779-818（ドイツとイギリスとの比較ならびにヨーロッパのコーポレート・ガバナンスについて論じる）.

③　アメリカ合州国の状況については、たとえば、一九九九年五月に開かれた「会社法の次の世紀」と題するシンポジウムの内容を収録した、The Journal of Corporate Law, Vol. 25, No. 1 (2000)（とくに、Carolyn Brancato/ Michael Price, The Institutional Investor's Goals for corporate Law in the Twenty-First Century, pp. 35ff.）参照。最近の邦語文献として、神田秀樹「米国におけるコーポレート・ガバナンスの最新状況」月刊監査役四三七号（二〇〇一）一四―二五頁、日本監査役協会訪米団「米国のコーポレート・ガバナンスと監査役員会」月刊監査役四三九号（二〇〇一）二七―五三頁。このほか、E・アンソニー・ザルーム＝中川英彦＝渋谷年史「（座談会）日米法務問題あれこれ⑨⑩完」取締役の法務八〇号、八一号（二〇〇〇）も参考となる。

④　イギリスについては、たとえば、Corporate Governance, Vol. 8 No. 4 (2000) におけるBob Tricker, Editorial, Corporate Governance—the subject whose time has come, pp. 289-296, 403-405; Denis P. Cassidy,

Whither Corporate Governance in the 21st Century?, pp. 297-302. 後掲注(8)、(43)の文献も参照。

(2) code（ドイツ語ではKodex）の邦訳として、「規範」とする訳が多いようであるが、「法規範」と区別するために、「基準」または「原則」という訳を採用した。

(3) 正井・前掲注(1)で紹介。Grundsatzkommission, Corporate Governance Grundsätze (“Code of best Practice”) für börsennotierte Gesellschaften, DB 2000, 238-241＝AG 2000, 109-113＝http://www.corv.de 二〇〇〇年七月に改訂版が公表された（ごくわずかの修正）。また、Uwe H. Schneider/ Christian Strenger, Die “Corporate Governance Grundsätze” der Grundsatzkommission Corporate Governance (German Panel on Corporate Governance), AG 2000, 106-109参照。

(4) Axel v. Werder u.a., German Code of Corporate Governance= DB 2000, 1573-1581＝AG 2001, 6-15. このグループの構成員は、次の一〇人である。すなわち、Axel v. Werder（ベルリン工科大学教授）; Wolfgang Bernhardt（ライプチッヒ大学名誉教授・企業コンサルタント）; Heinz Dürr (Dürr株式会社の監査役会議長); Clemens Grosche (Matirix Gesellschaft für Unternehmensentwicklung 有限会社の社員で業務執行者); Heinrich A. Graf Henckel v. Donnersmarck (Unicorn Consultants有限会社); Norbert Nelles（持株会社Karstadt/ Quelleの取締役員）; Martin Peltzer（弁護士・公証人）; Klaus Pohle (Schering株式会社の取締役副議長で、ベルリン工科大学名誉教授）; Ernst F. Schröder (Dr. August Oetker合資会社の無限責任社員); Alfons F. Titzrath (Dresdner銀行の監査役会議長)。

この提案の骨子は、次のようになっている（表題を紹介）。

前文、I、コーポレート・ガバナンスの基本構造、II、コーポレート・ガバナンスの中核手続き、一、取締役の人的構成、二、監査役会の情報入手の配慮、三、重要な方針の決定、四、議論の文化の保護、III、取締役に関するガバナンス基準、一、取締役の行動の基本原理、二、取締役の任務、三、取締役の組織、四、意思決定および意思形成、五、個人的な行動、六、取締役の報酬、IV、監査役会に関するガバナンス基準、一、監査役会の行動の基本原理、二、監査役会の任務、三、監査役会の組織、四、監査役会の持分所有者側の人的構成、五、監視の手続き、

六、個人的な行動、七、監査役会の報酬、V、持分所有者および労働者のガバナンス基準、一、持分所有者の権利、二、労働者の共同決定、VI、透明性と監査に関するガバナンス基準、一、計算と開示、二、決算監査、VII、閉鎖会社におけるコーポレート・ガバナンス、VIII、コンツェルンにおけるコーポレート・ガバナンス、コーポレート・ガバナンスに関するベルリン・テーゼ。

本提案について、メンバーによる解説として、Wolfgang Bernhardt/ Axel v. Werder, Der German Code of Corporate Governance (GCCG): Konzeption und Kernaussagen, ZfB 2000, 1269-1279; Martin Peltzer/ Axel v. Werder, Der "German Code of Corporate Governance (GCCG)" des Berliner Initiativkreises, AG 2001, 1-6, je m. Nachw.

（5） Pressemitteilung Nr. 321/00 (http://www.bundesregierung.de/documente/pressmitteilung/ix-1187.htm) による。同専門家委員会の構成員・Theodor Baums（委員長、フランクフルト大学教授）；Paul Achleitner（アリアンツ株式会社）；Karl-Gerhard Eick（ドイツテレコム株式会社）；Ulrich Hartmann (E. ON株式会社）；Herbert Henzler (Mckynsey); Ulrich Hocker (DSW); Hilmar Kopper（ドイツ銀行）；Marcus Lutter（ボン大学教授）；Rolf Nonnenmacher（KPMG); Heinz Putzhammer (DGB); Kim Schindelhauser（Aixtron株式会社）；Gerhard Schmid (MobilCom株式会社）；Hubertus Schmoldt (IGBCE); Werner G. Seifert（ドイツ証券取引所株式会社）；Ludwig Stiegler (MdB); Christian Strenger (DWS Investment GmbH); Margareta Wolf (MdB); Klaus Zwickel (IG-Metall); Hans Martin Bury（連邦法務大臣）；Hans Jörg Geiger（連邦法務省次官）；Caio K. Koch-Weser（連邦財務省次官）；Alfred Tacke（連邦経済・技術省次官）。このうち、Baums, Hartmann, Hocker, Nonnenmacher, Strengerは、前述のCG原則委員会の構成員でもある。

（6）「コーポレート・ガバナンス原則（最終報告）」別冊商事法務二一二号（一九九八）に収録。

（7） Uwe H. Schneider, Kapitalmarktorientierte Corporate Governance-Grundsätze, DB 2000, 2413-2417（以下、Schneiderのみで引用）．シュナイダーは、上述のCG原則委員会の構成員。

一 「コーポレート・ガバナンス」の意義

(1) シュナイダーは、まず、「コーポレート・ガバナンス」の概念は、きわめて異なった意味に用いられているという。シュナイダーによると、その概念は、一つには、英米の法律用語に、二つには、英米の資本市場の用語に由来している。①英米の法律用語においては、たとえば、イギリスのキャドベリー報告書[8]では、一般的に、「コーポレート・ガバナンスは、会社が経営されるシステムである」といい、他のところでは、「コーポレート・ガバナンスは、会社を指揮し、かつコントロールする取締役および株主の責任のシステムまたはマトリックスである」とする。それによって、英米の法律用語では、「コーポレート・ガバナンス」は、まず第一に、企業における法律上の決定組織、とくに最上位の指揮機関の権限および職務を示している。それによると、「良きコーポレート・ガバナンス」とは、最上位の指揮機関の有効な法的組織化（zweckmäßige rechtliche Strukturierung）である。

これに対して、②英米の資本市場の用語においては、「コーポレート・ガバナンス」は別の方法で用いられ、そこでは、異なった考えが相互に結びつけられているとして、シュナイダーは、次のようにいう。すなわち、一方では、投資者としての持分所有者の利益の継続的確保および企業、資本市場の間の関係に応じて、他の「利害関係者」（すなわち、労働者、供給者、顧客など）の利益が問題となる。たとえば、イギリスのハンペル報告書（Hampel Report）[9]（後述三4(b)参照）によると、「良きコーポレート・ガバナンスは、会社の事業に重要な利害を持った利害関係者（ステイクホールダー）が十分に考慮されることを保障するものである」。他方では、企業指揮者、監督機関および経済監査士の関係が重要である。その際、その都度、法と現実が考慮される。経営者が、自己の目的を追求するのではなく、企業の指揮および監督を企業価値の長期的上昇という利益において確保するように仕向けるための個々の規制範囲が取り上げられる。それゆえ、とくに、たとえば、業績に連動する報酬システムおよび資本市場を指向した経営の監視といった「取締役会の真の効率性のための代用手段」[10]が注視されることとなる、と。[11]

(2)　このほかの機関および学者の定義を―シュナイダーに依ることなく―、簡単に紹介すると、以下のようになる。まず、①ＯＥＣＤ（経済協力開発機構）は、「コーポレート・ガバナンスは、企業の活動が導かれ、かつコントロールされるシステムである」とし、「コーポレート・ガバナンスの構造は、取締役会（監査役会）、業務執行者、株主その他の利害関係者といった企業における様々な参加者の権利と責任の分配を明示し、かつ会社の業務に関する決定過程についてのルールおよび手続きを意味する」とする。[12]主に、公開株式会社の構造（内部組織）のあり方を問題としているといえよう。

次に、②ペルツァー＝ヴェルダーは、「コーポレート・ガバナンスは、最適な企業経営とこの経営の最適な監視の理論である」という。[13]また、ペルツァーとヴェルダーがメンバーとなって作成したベルリン提案は、「コーポレート・ガバナンスは、企業の指揮と監視に関する法的および事実上の秩序枠を意味する」とする。[14]これは、日本で―多くの学者・実務家によって―主張されている見解（コーポレート・ガバナンス＝企業の健全性の確保と効率性の確保と解する）と類似している。[15]

さらに、③ホプトは、次のようにいう。すなわち、「コーポレート・ガバナンスは、企業における内部組織と権力構造、一元制度と二元制度における指揮機関の仕事の方法、企業の所有者構造および企業指揮者、株主そして企業に参加した他の者（ステイクホールダー）（とくに労働者および債権者）の間の関係に関わる」と。そして、「一般に、内部的コーポレート・ガバナンス（内部者のコントロール制度）と外部的コーポレート・ガバナンス（外部者のコントロール制度）とに区別される。前者は、資本会社内部の諸力の働きに関係する。それに対し、後者は、企業外部の関係者および市場の諸力、とくに企業コントロール（買収）に関する市場、資本市場および労働市場および─とくにドイツでは─、銀行をねらいとする。内部と外部のコーポレート・ガバナンスの間に開示と決算監査がある……」とする。[16] この見解は上述①のOECDの考えをより具体的に説明し、そして、企業のコントロールを中心にコーポレート・ガバナンスを捉えている点が注目される[17]。

（8）Cadbury Committee, The Financial Aspects of Corporate Governance, 1992. この邦訳は、八田進二＝橋本尚（共訳）『英国のコーポレート・ガバナンス』（二〇〇〇、白桃書房）一頁以下に所収。また、関孝哉「英国コーポレート・ガバナンスの展開（上）（中）（下）」取締役の法務七五、七六、七八号（二〇〇〇）のうち、（上）三八─四六頁では、「エイドリアン・キャドバリー卿に聞く」という副題で、有益なインタビューが掲載。このほか、最近の文献として、伊藤靖史「イギリスにおける株式法改正の動向」商事法務一五六八号（二〇〇〇）五〇─五七頁、海外情報「英国の株式法改正作業の動向」商事法務一五五九号（二〇〇〇）九六─九七頁、上田亮子「英国のコーポレート・ガバナンスにおける機関投資家の役割」国際商事法務二九巻一号（二〇〇一）三二─四〇頁、日本コーポレート・ガバナンス・フォーラム（編）『コーポレート・ガバナンス─英国の企業改革』（二〇〇一、商事法務研究会）。

（9）Hampels Report, Committee on Corporate Governance, 1997. ハンペル卿に対する質問と回答について、関・前掲注(8)取締役の法務七八号五四─六一頁。

（10）The Conference Board Determining Board Effectiveness, 1999, S. 68 (zitiert nach Schneider, aaO.).

（11）Schneider, 2413.

（12）Ad Hoc Task Force on Corporate Governance, OECD PRINCIPLES OF CORPORATE GOVERNANCE, http://www.oecd.org/ドイツ語版については、Ulrich Seibert, OECD Princiles of Corporate Governance-Grundsätze der Unternehmensführung und -kontrolle für die Welt, AG 1999, 337-350.

一九九八年四月に、OECDの「コーポレート・ガバナンスに関する企業部門助言委員会」(Ira M. Millsteinを委員長とする）が同理事会に提出した報告書として、Corporate Governance, Improving Competitiveness and Access to Capital in Global Markets. 邦語文献として、小林量「OECDのコーポレート・ガバナンス原則」月

刊監査役四三一号（二〇〇〇）四―二四頁。また、正井・前掲注(1)二七頁注(7)参照。

(13) Peltzer/ v. Werder, aaO. (Fn. 4), 1-6 (1).

(14) German Code of Corporate Governance (GCCG), Präambel.

(15) 筆者は、企業の健全性の確保＝経営者のコントロールが重要であり、効率性の確保は、第二次的なものと考えている。正井章筰「監査役制度の改革」法律時報七〇巻四号（一九九八）二七―四一頁（二八頁）。

(16) Hopt, aaO. (Fn. 1), 782.

(17) このほか、Sebastian Hakelmacher, Die korpulente Gouvernante II—Corporate Governance mit Aussicht auf KonTraG II—, WPg 2001, 177-187は、「コーポレート・ガバナンスは、良く形成された規律と秩序を意味する」とし、それは、「均整のとれた教育者（korpulente Gouvernante）」と言い換えることができる。教育者という表示は、同時にプログラムである。なぜなら、コーポレート・ガバナンスの議論においては、とくに規律と秩序の教育が問題となるからである」という。しかし、このような言い換え（比喩）が、どれだけの意味があるのか疑問である。

二　法律上の企業組織に代わる表示としてのコーポレート・ガバナンス

シュナイダーは、コーポレート・ガバナンスについて理解が異なることに鑑みて、第一に、ドイツにおけるコーポレート・ガバナンスに関する各委員会は異なった任務を設定していること、第二に、これまでドイツにおいて示された「コーポレート・ガバナンス原則」の考えおよび目標設定が著しく異なっていることを指摘する。

1　古いワインを新しい皮袋に？

シュナイダーは、「コーポレート・ガバナンス」ということばを、法律上の企業組織(gesetzliche Unternehmensverfassung) と解釈する場合、ドイツにおける「コーポレート・ガバナンス」に関する今日の議論[18]は、「新しい皮袋の古いワイン」が問題となるにすぎない、という。新しい概念の使用は、基本的な問題設定をなんら変更するものではなく、コーポレート・ガバナンスに関する英米および各国の議論およびそれと結びついた要求・改革の意見表明は、ドイツでは、長い間、自明なこととして処理されてきた、とする。そして、一五〇年間、「成果を指向した企業指揮および責任のある企業監視」について議論されてきたのではないのか。株式法は、次のような目標を持って、改正から改正へと発展を続けてきたのではないのか、という。つまり、それは、企業機関の間の関係を調整すること、取締役と監査役会の権限および職務を定めること、取締役のコントロールを強化すること、機関構成員の義務を確定すること、株主の権利を定めること、および透明性をもたらすこと、といった目標である[19]。

2　コーポレート・ガバナンス政府委員会の任務

「はじめに」において言及したコーポレート・ガバナンス政府委員会の最初の会合で、ブリィ (Martin Bury) 法務大臣は、次のように述べた。すなわち、「本委員会によって、連邦政府は、企業法の包括的な現代化に向けた作業を開始した。連邦政府は、この歩みによって、金融立地ドイツを強化し、ドイツ企業の競争力をさらに改善し、そして市場の国際化の機会ならびに情報・通信技術の急速な発展を活用するつもりである。コーポレート・ガバナンスのシステムの競争において、指導的役割を主張するために、企業経営および企業コントロールのドイツのシステムは強化されるべきであり、かつそのありうべき欠陥は除去されるべきである。本委員会の仕事の目的は、規制 (Regulierung) を拡充することではなく、それを適応させること (Anpassung) である。その際、国家の法の枠組みと自己規制（Selbstregulierung）の手段の関係を新しく調整することよりも多くのことが問題となる。本委員会の任務は、コーポレート・ガバナンスのドイツのシステムが、どのようにすれば急速な経済的技術的変化に対応することができるか、について具体的な勧告を仕上げることである。その際、委員会は、資本市場の要求を考慮するだけでなく、企業の成果に参加した者（ステイクホールダー）すべての正当な利益を含めるであろう。

委員会は、内部的予防措置（interne Vorkehrung）、資本市場、株主の権利および有効な責任規定によって、企業指揮者の適切なコントロールを確保するという目的を持って、とくに取締役、監査役会、決算監査および株主総会の任務と取り組む。さらに、より多くの透明性、手続きの促進および参加の可能性(Beteiligungsmöglichkeiten)の改善を作り出すために、今日の通信技術、とくにインターネットの利用が、どのような可能性を提供するかが検討されるべきものとされる。

さらに、たとえば、若い成長企業の取引所への上場が、株式法の柔軟化（Flexibilisierung）によって容易になるかどうか、そして、外国の取引所への二重の上場認可または外国の取引所にのみ上場することによって、ドイツの株式会社にどのような結果が生じるか、が考察されるべきものとされる」[20]と。

(18) 最近の分析として、Carsten P. Claussen/ Norbert Bröcker, Corporate-Governance-Grundsatz in Deutschland-nützliche Orientierungshilfe oder regulatorische Übermaß?, AG 2000, 481-491; Eckart Sünner, Effizienz von Unternehmensorgan als Grundsatz der Corporate Governance, AG 2000, 492-498.

(19) Schneider, 2413.

(20) Pressemitteilung Nr. 321/00, aaO.（Fn. 5）による。

三　コーポレート・ガバナンス原則

1　異なった試み

(1)　シュナイダーは、コーポレート・ガバナンス原則を設定する試みについて、次のように整理している。すなわち、ドイツ国内および外国において、さまざまな団体・機関によって公表されたコーポレート・ガバナンス原則が、どのような目的に役立つのかという問題が提起される。同原則は、たとえば、アメリカ合州国とカナダでは、企業、取引所および機関投資家によって、[21] イギリスおよび他のヨーロッパ諸国では一連の委員会および団体によって、[22] 国際的なレヴェルでは、たとえば、OECD（前述1、後述2参照）によって、それぞれ表わされた。ドイツにおいても、前述のように、ようやく二〇〇〇年一月に、CG原則委員会によって、同年六月に、ベルリン・グループによって、それぞれ公表された。このような「良きコーポレート・ガバナンスの原則」、「最良の行動基準」などは、通常、立法政策上の提案ではない、と。

(2)　シュナイダーによると、これらのコーポレート・ガバナンス原則・基準は、立法政策上の提案ではないという共通点を別にすると、第一に、目標設定が異なり、第二に、内容が異なり、第三に、適用の要求が異なる。そして、シュナイダーは、目標設定および内容に関して言えば、三つの考えが区別されねばならない、という。すなわち、

①　発展途上国に関する最低限の基準という考え（後述**2**）、

②　経営学によって形成された行動の勧めという考え（後述**3**）、

③　国際的な資本市場に導かれた考え（後述**4**）、がそれである、と。[23]

2　発展途上国に関する最低限の基準

一九九九年五月のＯＥＣＤ理事会によって承認された「ＯＥＣＤコーポレート・ガバナンス原則[24]」は、法的、制度的および秩序政策的企業組織に関する最低限の基準を叙述している。それは、株主の権利、株主の平等取り扱いの原則、利害関係者（ステイクホールダー）の役割、開示と透明性および取締役会（監査役会）の責任について取り組んでいる。[25]同原則は、産業国家がすでに満たしている法政策上の要求を含んでいる。シュナイダーの理解では、同原則は、西側の産業国家ではなく、アジア、ラテンアメリカおよび東ヨーロッパを目標としている。しかし、同原則が、まず、上場企業について論じていること、また「質問と回答[26]」からも明らかなように、原則は、西側の産業国だけでなく、アジアなどの国にも向けられている、というのが精確である。

3　現代の経営理論による行動の勧め

シュナイダーによると、ベルリン提案は、補充の機能を持っている。それは、企業の指揮と監視に関する拘束力のない「勧め（Empfehlungen）」と「行動の手引き（Handlungs-Anleitungen）」を公式化している。[27]ベルリン提案のいう「企業の指揮および監視に関する正規の原則」の目標は、「企業経営の質と透明性」を高めることにある。[28]同提案は、監査役会の役割を—これまでの法律学の多くの見解およびＣＧ原則委員会の提案と比べると—、低く評価している。すなわち、ベルリン提案は、取締役が株式会社の明確な経営の中心であるとし、「取締役の行動が企業の成果を決定する。……監査役会による取締役のコントロールに関する規制は、重要ではあるが、それが規制の中心となってはならず、かつコーポレート・ガバナンスの理解を支配することは許されない[29]」とする。

（21）（22）　文献・資料につき、正井・前掲注（1）二六三頁—二六五頁参照。
（23）　Schneider, 2413f.

(24) 前掲注(12)参照。
(25) Schneider, 2414.
(26) 「質問と回答」八では、「コーポレート・ガバナンス原則は、ＯＥＣＤに参加していない国にも重要ですか」という問いに対し、「同原則は、まさに変化の中にある多くの市場および経済にとって有益な典拠(point of refernce; source d'inspiration) となる。……」と答えている (file:// C:/ MyDocuments/ THE OECD PRINCIPLES OF CORPORATE GOVERNANCE. htm99/11/05)。
(27) Schneider, 2414.
(28) ベルリン提案の序文における表現 (DB 2000, 1573=AG 2001, 6f.)。同提案の骨子は、前掲注(４)参照。
(29) 「コーポレート・ガバナンスに関するベルリン・テーゼ(5)」(DB 2000, 1581=AG 2001, 14)。

4　資本市場を指向するコーポレート・ガバナンス原則

シュナイダーによると、上述の**2**および**3**の原則・基準に対して、ＣＧ原則委員会は別の点から出発する。すなわち、第一に、国際的資本市場における変化および機関投資家の影響力の増大であり、第二に、とくにアメリカ合州国および委員会における議論であり、第三に、ドイツの上場企業における「手作りの(hansgemacht)」行動の必要性である。同原則によると、コーポレート・ガバナンスは、「成果を指向した企業の指揮および責任のある企業監視」に関する秩序枠 (Ordnungsrahmen) を表わすものである。したがって、「良きコーポレート・ガバナンス」は、法律上の企業組織より以上のものである。良きコーポレート・ガバナンスは、第一に、企業の指揮および監視の組織全体を問題とする。第二に、指揮と監視が、投資者およびその他のステイクホールダーの基準となる利益へと導くことを考える。そして、第三に、それは、規制の秩序(Regelungsordnung)だけでなく、実務における実施も検討する、という。[30]

次に、シュナイダーは、「資本市場を指向したコーポレート・ガバナンス原則」が作成されることになった背景、その必要性およびドイツの特殊性などについて、詳しく述べている（a）—（f）。以下、それを要約することにしよう。

(a)　国際的資本市場の期待

(1)　機関投資家、とくに英米の公的基金（Publikumsfond）および年金基金（Pensionsfond）の急激な成長は、株主構成の変化をもたらした。[31] 公的基金の世界における投資額は、現在、約一二兆二〇〇〇億ドルと見込まれている。アメリカ合州国では、毎年、約四八四〇億ドルが、公的基金に新しく集まっている。年金基金の世界での投資額は、約一四兆ドルにのぼる。[32]

(2)　秩序政策的に議論されるべき効果、とくに英米の機関投資家の大規模な投資資金の効果は、たとえば、ボーダフォンによるマンネスマンの公開買い付けの時点（二〇〇〇年一月）で、マンネスマンに、英米の機関投資家が四〇％資本参加しており、機関投資家全体では七八・八％に達していたということである。[33] 一時的に、英米の基金は、ダイムラークライスラーに三〇％から四〇％、ドイツテレコムに約三〇％、それぞれ資本参加していた。さらに、大規模なオランダ、スイスおよびスウェーデンの基金がそれに加わる。なぜなら、これらすべての国において、老齢年金（Altersversorgung）は、その主要な部分を、株式での運用に依拠しているからである。[34]

(3)　機関投資家は、企業を多様な株式分析にしたがって評価しているだけではない。むしろ、投資の決定に際して、「ソフトな要素」、とくに良きコーポレート・ガバナンスもまた評価しているのである。たとえば、①二〇〇〇年のマッキンゼイ（McKinsey）の調査は、投資者は、良きコーポレート・ガバナンスを持った企業には、一八％から二〇％、より多く出資する容易ができている、ということを明らかにした。[35] そこでは、経営者の過半数が「独立した取締役」から構成されており、それらに、業績に連動した報酬が支払われ、かつ経営者自らが資本参加をしていること、そして定期的にそれを評価し、かつ投資者の良きコーポレート・ガバナンスへの要求に理解をもっていることが、とくに重要なこととみなされた。また、② カルパース(CalPERS:カリフォーニア州職員退職年金基金)は、一九八七年から一九九五年までの間で、六二の企業の相場の変動を調査した。これらの企業の株式は、カルパースとコーポレート・ガバナンスの問題について最初に会談する前の五年間は、S&P五〇〇指数を一五%下回っていた。その後、その相場の変動は画期的に改善した。つまり、次の五年では、それらの企業は、その指数を平均三三%上回ったのである。[36]

(4) このような機関投資家の期待は、すべての国において、「良きコーポレート・ガバナンス」に関する徹底的な議論をもたらした。資本市場にとって重要な、成果を指向した企業経営の確保が注目を浴びている。その際、「良きコーポレート・ガバナンス」について世界的に統一されたモデルはないのだということを、はっきりと認識しなければならない。むしろ、各国は、異なる文化的、社会的、そしてとくに法的諸関係にもとづいて、その独自のモデルを発展させてきた。それゆえ、国際的に活動している機関投資家は、その投資を決定する前に、きわめて注意深く、各国の企業の「コーポレート・ガバナンス」を比較している。

(5) もっとも、機関投資家が、最近、ドイツ企業の「コーポレート・ガバナンス」を調べたとき、一連の理解困難な点が存在した。[37] すなわち、

① ドイツのコーポレート・ガバナンスに対する機関投資家の評価は、一方では、一定の理解の前提によって—とくに多くの外国の株式法における広い定款の自由によって—影響を受けている。ドイツ株式法二三条五項[38]と比較することのできる規定は、たとえば、イギリスおよびアメリカ合州国の各州の会社法にはない。まさに、このことが、これらの国において、コーポレート・ガバナンスの議論へと導いたのである。

② 他方、高度に抽象的なドイツの立法が理解を困難なものとした。すなわち、多数の不確定な法概念、強行

的株式法と資本市場法との関係、ドイツの監査役会制度、共同決定、そしてとくに企業によって承認された「最良の行動基準（Code of best Practice）」の欠如である。(39)

(b)　国際的議論

CG原則委員会は、コーポレート・ガバナンスに関する、国際的な――とくにアメリカ合州国およびイギリスにおいてなされている――議論の視野においても、取り扱う必要があると考えた。

(i)　アメリカ合州国

アメリカ合州国では、二〇年以上も前から、コーポレート・ガバナンスに関して徹底した議論がなされてきている。それは、法律の改正をもたらした。しかし、とくに今日では、「良きコーポレート・ガバナンスに関する中核的原則（core principles for good Corporate Governance）」が、広く承認されている。たとえば、「ブルーリボン委員会（Blue Ribbon Committee）」の報告書(40)は、二億ドルを超える時価総額をもった上場企業の監査委員会の効率性を改善するために一〇の勧告を提示した。もっとも、アメリカ企業のすべて、または多数によって受け入れられた、一般的に認められるコーポレート・ガバナンス原則は存在しない。

(ii)　イギリス

イギリスでは、コーポレート・ガバナンスに関する議論は、ロンドン証券取引所や諸団体などによる多くの委員会の設置をもたらした。それらの委員会の仕事は、補充的な「自主規制」が必要であるという考えを表現しており、それは、会社法における広範な形成の自由および監督官庁の活動性の欠如が原因となっている。すなわち、

①　前述の「キャドベリー報告書」は、「最良の行動基準（Code of Best Practice）」を公表した。それは、単一の管理機関（取締役会）を堅持している。つまり、取締役と監査役会とが分離された二元的制度は拒否されている。外部の管理機関構成員およびその監視機能の重要性が強調される。管理機関の機能的構成が要求される。そ

して、管理機関構成員の専門的適性および経験が要求され、管理機関は、十分に独立していなければならない、とされる。それには、包括的な情報請求権および外部の助言者の意見を聞く権利が与えられる。管理機関は、業務執行のとくに重要な措置を、その同意に服させる権利を持たなければならない。最後に、管理機関の定期的な業績評価が要求される。それには、内部的な財務コントロールの有効性に関する毎年の報告が含まれる、という。

② 一九九八年の「グリーンベリー報告書（Greenbury Report）」は、主に、取締役会構成員および業務執行者の報酬について取り扱った。「太った猫（fat cat）」の過度の報酬支払いを批判し、そして、報酬の開示を要求した。(41)

③ 一九九八年の「ハンペル報告書」は、まず、「キャドベリー報告書」の提案による経験について報告する。新しい規制、その実施およびその監視による指揮レヴェルでの官僚化が問題とされた。本報告書は、基本的に、キャドベリー報告書の考えを支持している。さらに、一連の「コーポレート・ガバナンス原則」を公式化した。その中に、管理機関内部の委員会（とくに監査委員会、報酬委員会および指名委員会）の設置および構成に関する検討が含まれる。(42)

④ 一九九九年の「ターンバル報告書（Turnbull Report）」は、企業の内部コントロールの改善に関する提案を含んでいる。取締役会による内部コントロールの制度は、「経営の日課（business routine）」に属する。すなわち、「これらの政策および手続きは、行動および財務のコントロール（適切な会計記録を含む）、法令の遵守および不法行為（fraud）のリスクを最小限にすることを含む財産の保護を含むべきである」という。(43)

⑤ ロンドン取引所は、キャドベリー報告書とグリーンベリー報告書の主要な成果をまとめて、いわゆる「統合基準（Combined Code）」に仕上げた。(44) この統合基準は、「良きコーポレート・ガバナンスの原則」と「最良の行動基準」から構成されている。その際、統合基準は、「柔らかい法（Soft-Law）」、つまり、拘束力のない規制装置

(Regelwerk) にすぎないより以上のものである。しかし、それは、法律上の規制の対象ではない。むしろ、二〇〇〇年末以後は、統合基準を承認することが、ロンドン証券取引所に上場する企業の認可の要件である。[45]

(c) 立法政策上の必要性

シュナイダーは、ドイツには、第一に、定款およびそれに対応した業務規程による取締役と監査役会の権限および任務の具体化、第二に、不確定な法概念—たとえば、「通常の、かつ誠実な業務指揮者の注意」（株式法九三条一項一文）—の具体化が必要である、と主張し、第三に、とくに機関投資家が持分所有者としてのその権利を行使することができるように、〔企業経営の〕透明性の確保および情報提供任務の履行が重要である、という。[46]

(d) 二つの結論

立法政策とは別に、シュナイダーによると、二つの結論が生じる（これは、CG原則委員会によって「コーポレート・ガバナンス原則」へと仕上げられた）。すなわち、国際的な資本市場を目指す企業は、第一に、ドイツのコーポレート・ガバナンスのモデルの特殊性について、外国の投資家に情報を伝えなければならない。さらに、ドイツのコーポレート・ガバナンスのモデルが、英米法系の国々において取り上げられた問題—たとえば、監査役員の独立性と適格性—を、どのように扱っているかについて答える義務を負っている。業績に連動した報酬制度および委員会の設置が取り扱われるべきである。第二に、機関の任務の具体化、機関構成員の義務、持分所有者およびその他のステイクホールダーとの関係における会社の義務について、一連の行動期待に答える義務を負っている。その際、とくに国際的な投資家の行動期待もまた考慮されねばならない。たとえば、利益相反の取り扱いが明らかにされるべきである、という。[47]

(e) モデルの性格および得点表（Scorecard）による検証

(1) しばしば、「最良の行動基準」を、すべての企業に、同じように公式化する方法がとられる。そのことは、個々の企業の特殊性を考慮しない一般的に要請された基準（allgemeine gehaltene Kodex）へと導くことになる。これに対して、ＣＧ原則委員会は、企業の個々の特殊性に適応されるべきモデル原則を提案した。この方法で、金融機関および生命保険会社が、製造会社とは異なった監査役会の委員会を設けなければならないことが顧慮され、さらに、コンツェルン企業であるか、同族企業であるか、といったことが考慮される。

(2)　それにもかかわらず、企業によって承認されたさまざまなコーポレート・ガバナンス原則を評価することができるように、「財務分析および財産管理ドイツ協会のコーポレート・ガバナンス研究グループ（Arbeitskreis Corporate Governance der Deutschen Vereinigung für Finanzanalyse und Asset Management e. V.（DVFA）」は、コーポレート・ガバナンスの実務に関する基準・評価方法を発展させた[48]。このようにして、機関投資家、財務アナリストおよび企業は、企業のコーポレート・ガバナンスを評価する可能性を持つことになる[49]。

(f)　実　施

(1)　コーポレート・ガバナンス原則においては、立法政策上の提案が重要なのではなく、企業が自ら作成した行動規則が重要なのだということが明らかになった。その拘束力は、企業および企業の経営者が承認し、かつ自らに義務づけることによって与えられる。これに対して、ドイツでは、自主規制基準（Kodizes）は、ほとんどうまくいかない、という異議が出された。つまり、かつてのインサイダー取引に関する指針および公開買い付けに関する基準は、実務において挫折した、という[50]。シュナイダーも、そのことは正当である、とし、インサイダー取引に関する指針と公開買い付けに関する基準が挫折した理由は、利害の対立が激しかったことによる、とする。これに対して、コーポレート・ガバナンス原則においては、異なる評価がなされるべきである、という。その理由として、シュナイダーは、企業がコーポレート・ガバナンス基準を承認しないとき、また、それに違反したときは、その企業を資本市場が、「懲らしめる（abstrafen）」であろう、とする[51]。シュナイダーは、市場の圧力によってコーポレート・ガバナンス原則・基準が採用・遵守されることを期待している。

(2) イギリスでは、前述のように。コーポレート・ガバナンス原則の遵守がロンドン証券取引所によって上場会社に要請された。これに倣って、コーポレート・ガバナンス原則の承認を上場認可の要件とすることが提案された。シュナイダーは、このような「イギリス・モデル」をドイツに移すことはできない、とし、次のような理由を挙げる。すなわち、第一に、上場認可の拒否は、会社だけでなく、株主にも損害を与えるであろう。第二に、上場認可の拒否または上場廃止は、少なくとも、公定市場および規制市場において、均衡性の原則(Grundsatz der Verhältnismäßigkeit)[52]に違反するゆえに、憲法上、疑問となるかもしれない。第三に、ドイツでは、その審査を実施するために必要な人的装備を取引所が持っていないという問題があるだけでなく、各取引所が別々の原則を上場認可の要件とするという危険も存在するであろう（その問題は、もちろん国際的な領域においても生じる）。

シュナイダーは、コーポレート・ガバナンス原則を、上場認可の要件とすることには反対しつつ、しかし、次のことが提案されるという。すなわち、①コーポレート・ガバナンス原則の承認をインデックス（株価指数）採用銘柄への受け入れの条件とすること、②コーポレート・ガバナンス原則を承認したか否か、どのようにそれが実施されているか、またはなぜコーポレート・ガバナンス原則が承認されなかったのか、ということを状況報告書(Lagebericht)[53]に記載する義務を企業に負わせること。それによって、「従うか、それとも説明するか (comply or explain)」という原則が実現されるであろう、という[54]。

(30) Schneider，2414.

(31) 機関化の効果につき，Uwe H. Schneider, Auf den Weg in der Pensionskorporatismus, AG 1990, 317-326 など。機関投資家の期待とその議決権行使について，Dieter Fddersen/Peter Hommelhoff/Uwe H. Schneider (Hrsg.)，Corporate Governance, 1996, 316-345における，Wolfgang Gode, Theddor Baum, Robert A.G.

Monksなどの論文・意見も参照。

(32) シュナイダーによると、ドイツのダックス（ＤＡＸ）三〇指数採用会社の時価総額（Marktkapitalisierung）は、約一兆ユーロである。それは、一年間にアメリカ合州国の公的基金に流入する資金よりも少ない（Schneider, 2414)。

(33) ボーダフォンによるマンネスマンの買収について、正井・前掲注(1)二六一頁、同「ドイツの取締役員および監査役員の民事責任」姫路法学三一・三二合併号（二〇〇一）三五頁、三九頁注(8)、四〇頁注(11)参照。

(34) なお、ＥＵ委員会は、二〇〇〇年一〇月に、年金運用の自由化に向けて、域内共通の投資ルールを作成する方針を決定した。運用資産に占める株式の割合を七割、外貨建て資産の割合を三割まで認める内容とされる（二〇〇五年までに実施の予定）。ドイツでは、現在、株式および株式類似商品の組み入れ比率を三五%に規制。ドイツ政府は、年金の改革法案を議会に提出している。この改革により、ドイツの企業年金の掛金は、二〇〇二年の九四億ユーロから、二〇〇八年には、一六一億ユーロに増えると予想されている（株式市場への流入額は三一億ユーロから一五四億ユーロへと拡大し、さらに七割が株式で運用されるとすると、三〇〇億ユーロ強となると試算される）（日本経済新聞二〇〇〇年一〇月三〇日九面による）。

なお、ドイツでは、国家による法律上の年金（基礎保障）（gesetzliche Rente/ Basissicherung）の割合が八二%で、任意の準備（Freiwillige Vorsorge）一五%、義務的な付加保険（Obligatorische Zusatzversicherung）三%と国の保障の割合が高い（イギリスは、各々六五%、一〇%、二五%）。二〇〇一年三月初めの時点で法案はまだ成立していないが、Der Spiegel, 7/2001, 90-100によると、年金改革によって、法律上の年金につき、実際には、保険料の支払い額はいっそう増加するのに対し、給付額はさらに少なくなる。年金基金に関して、Die Zeit, 8. 3. 2001, S. 25 (Marc Brost/ Elisabeth Niejahr); S. 25f. (Joachim Fritz-Vannahme)も参照。

(35) McKinsey, Investor Opinion Survey, Juni 2000 (zitiert nach Schneider, 2415).

(36) Schneider, 2415.

(37) Vgl. David Charny, The German Corporate Governance System, Columb. Bus. L. Rev., 1998, pp. 145

−166 (154ff.); Mark J. Roe, German Codetermination and Securities Markets, Columb. Bus. L. Rev., 1998, pp. 167-181; Hopt, aaO (Fn. 1), 798ff.

(38) 株式法二三条五項＝「定款には、本法が明文をもって許しているときに限り、本法の規定と異なる定めをすることができる。定款の補充的規定は許される。ただし、本法に決定的規定がある場合は、この限りでない」。

(39) 以上、Schneider, 2414f.

(40) ブルーリボン委員会は、一九九七年に、証券取引委員会（SEC）によって設置された。Report and Recommendations of the Blue Ribbon Committee on improving the Effectiveness of Corporate Audit Committee, 1997.(www.nyse.cmcontentpublicationsNT0001873E.htm).同委員会の勧告・解説の概観として、柿崎環「アメリカにおける監査委員会の新たな開示規制」國学院大学紀要三九巻（二〇〇一）一五三―一七八頁（一五五頁以下）、など参照。

(41) Report of a Study Group chaired by Sir Richard Greenbury (1995). 八田＝橋本（共訳）・前掲注(8)一一三頁以下。「太った猫」＝裕福な人の意（マスコミなどが経営者の高額な報酬を批判するときに用いられた表現）。これに対するグリーンベリー卿の反論として、前掲注(8)取締役の法務二六号六九頁。

(42) Committee on Corporate Governance-Final Report, 1998＝www.bankofengland.co.uk. 八田＝橋本（共訳）・前掲注(8)一七三頁以下。前掲注(9)参照。

(43) Consultation Draft, Internal Control: Guidance for Directors of Listed Companies Incorporated in the United Kingdom, 1999. 本報告書については、八田信二「内部監査とコーポレート・ガバナンス」企業会計五三巻一号（二〇〇一）八二―八八頁（八五頁以下）（引用の文献参照）。なお、最近の動きについて、海外情報「英国の会社法改正作業の動向」商事法務一五五九号（二〇〇〇）九六―九七頁、海外情報「英国の会社法改正の最近の動向とEU統一会社法」商事法務一五八八号（二〇〇一）四〇―四一頁。

(44) The London Stock Exchange Limited, 1998. この邦訳として、八田＝橋本（共訳）・前掲注(8)二三八頁以下。

(45) Schneider, 2416. 統合基準の内容の紹介・分析として、河村賢治「英国公開会社法における取締役会の機能」早稲田法学七六巻二号（二〇〇〇）二三一—二六六頁。また、「統合基準」までの歩みと同基準の内容の概観として、海外情報「ロンドン証券取引所における合体規則の採用」商事法務一五〇四号（一九九八）三四—三五頁。

(46) Schneider, aaO.

(47) それゆえ、CG原則委員会は、株主および事業所委員会（Betriebsrat）の特別の行動規則は見合わせた。なぜなら、これらについては、国際的に取り扱われていないからである、とする（vgl. Schneider, 2416)。

(48) DVFA, Scorecard for German Corporate Governance, Dreieich 2000＝http://www.dvfa.de

(49) Schneider, 2416.

(50) Roland Köstler, Grundsätze der Unternehmensführung und -kontrolle in der Diskussion, Mitbestimmung 5/2000, 34f. たとえば、CG原則委員会のメンバーとして、SGLCarbon株式会社の取締役議長Robert Koehlerが入っている。しかし、同社は、ドイツの公開買付けに関する自主規制基準を認めていない（H.H., AG-Report, AG 2000, R. 476, 478-480 (478)による）。インサイダー取引に関する自主規制について、前田重行「西ドイツにおける内部者取引の自主規制について」『現代商法学の課題（中）（鈴木竹雄先生古稀記念）』（一九七五、有斐閣）八五一—八八四頁が検討する。

(51) Schneider, aaO.

(52) 均衡性の原則（比例原則とも邦訳）とは、憲法によって保護された個人の権利に対する公権力の介入は、そのために用いられた手段が、その措置の目的がそれを正当化するよりも強いものであることは許されず、かつその介入が広く及ぶものであってはならない、ということである。(Creifelds, Rechtswörterbuch, 13. Aufl., 1996, 1335による)。詳しくは、ボード・ピエロート＝ベルンハルト・シュリンク（永田秀樹＝松本和彦＝倉田原志（訳））『現代ドイツ基本権』（二〇〇一、法律文化社）九四頁以下、三〇四頁以下。

(53) 状況報告書は、資本会社の事業の経過および状態を表わした報告書である。それは、「事実上の諸関係に対応した像（Bild）が伝達されるように叙述されねばならない。その際、将来の展開のリスクにも言及しなければならない」

（商法二八九条一項）。取締役は、状況報告書を作成後、遅滞なく監査役会に提出しなければならない（株式法一七〇条一項）。

(54)　Schneider, aaO.

四　評価と実施方法

(1)　シュナイダーによると、実務では、コーポレート・ガバナンス原則の受け入れに反対する見解がある。その理由として、コーポレート・ガバナンス原則が官僚化および〔企業の〕行動の自由の一層の制限をもたらし、初めは自主規制として考えられたことが、法律で定められる可能性が生じるからである、という。この批判に対し、シュナイダーは、費用はわずかであり、かつ〔資本市場などからの〕期待を拒否することができないという反論が出されうる、とする。[55]しかし、これは必ずしも反論になっていないように思われる。

(2)　シュナイダーは、コーポレート・ガバナンス原則について、内容が異なる二つのモデル（つまり、CG原則委員会の原則とベルリン・グループ提案）が公表されたことによって、一定の不明確さが生じたとし、二つのモデルは、まったく出発点が異なっているということを強く指摘した、という。[56]しかし、この点について、それほど詳しく論じられてはいない。

(3)　コーポレート・ガバナンス原則を承認するか否か、そしてそれにしたがって行動するか否かの決定を迫られている上場企業は、国際的資本市場の期待に導かれるべきであろう、とシュナイダーは主張する。[57]その期待の内容が問題である。

(4)　また、シュナイダーによると、商法三四二条により設置された「ドイツ会計基準委員会(Deutsche Rechnungslegungs Standards Committee (DRSC)）」[58]のやり方に倣って、コーポレート・ガバナンス原則を基準化（Standardisierung）することは、正当でない、とする。その理由として、「コーポレート・ガバナンス基準化委員会」を設置することは大げさであるのみならず、憲法上も疑わしい、といい、むしろ、取引所専門委員会のやり方で、独自の「コーポレート・ガバナンス委員会」（本委員会に、さまざまな利益代表が参加すべきであろう）を設けることで十分である、と主張する。[59]

（55） Schneider, 2417.

（56） Schneider, aaO.

（57） Schneider, aaO.

（58） ＤＲＳＣについては多くの文献がある。次の文献のみ挙げる。Edgar Löw, Deutsche Rechnungslegungs Standards Committee, ZBB 2001, 19-29 m. Nachw.（同委員会の目的、任務および二〇〇〇年八月までに出された五つの会計基準を概説）。また、多くの邦語文献のうち、木下勝一「『ドイツ会計基準委員会』の設立の現代的意義」会計一五七巻二号（二〇〇〇）六五—九〇頁参照。

（59） Schneider, aaO. 同時に、シュナイダーは、ドイツでの行動を調整することによって、現在、統一的なＥＵ金融市場の発展を阻害しうる法的、行政的な障害を確認するために、ＥＵ構成国内の基準を調査しているＥＵ委員会に対する関係での立場も強化される、という（aaO.）。

おわりに

(1) シュナイダーは、ドイツのコーポレート・ガバナンス原則について、イギリス、アメリカ合州国の議論にも言及しつつ、検討を加えている。有益な指摘が多い。シュナイダーは、資本市場を指向したコーポレート・ガバナンス原則を、各企業が自主的に採用することを勧めている。この主張の根拠として、現在の資本市場の実態と同原則の採用による実際上の効果を援用する（前述三4）。すなわち、機関投資家が、上場会社に対し、コーポレート・ガバナンス原則を採用するように勧めているという実態がある。これは、大口の出資者（投資家）としての機関投資家は、会社の業績の悪化（またはその見込み）に対処するために、株式を売却しようとしても―その会社の発行済み株式に対する持株の割合が高くなっているため―、事実上、困難となったことによる。積極的に会社の経営に注文をつけて、業績を上げる（または損失を少なくする）ように働きかけることによって、機関投資家自身の運用成績を上げようとしているのである。

(2)　もっとも、「市場の期待を無視できない」とか、「市場が懲らしめるであろう」という表現などから、シュナイダーは、根本的に、資本「市場」の力を高く評価している。この考えは、市場が公正であることが前提となる。その実現にはアメリカ合州国の証券取引委員会（ＳＥＣ）のような強力な―政府などから独立して職権を行使することができる―市場監督機関が存在していることが必要である。しかし、ドイツには連邦証券取引監督庁(BAWe) は存在するものの、権限および監視体制はきわめて弱い。[59a]

ところで、「市場」の期待とは、市場参加者または参加しようとする者の期待であるといえよう。より具体的には、個人、法人（金融機関を含む）、機関投資家（外国人投資家を含む）および政府などである。[60] 市場に最も影響力を持っているのは、現在では機関投資家である。そうであるとすると、結局、機関投資家にとって都合のよいコーポレート・ガバナンス原則が作成されることになるのではないか。つまり、コーポレート・ガバナンス原則の内容を会社経営者と機関投資家だけで決定してよいのかという根本的な問題が生じる。もっとも、ドイツでは、これまでいくつかの株主の団体[61]が株主の利益を代表して活動していることから、同原則に法人株主のみならず、個人株主の主張も―ある程度―反映させることができるように思われる。日本では、このような株主団体は育っていないため、問題が深刻となる。

(3) シュナイダーは、証券取引所がコーポレート・ガバナンス原則を定め、それを上場要件とすること（イギリス方式）については―いくつかの問題点・弊害を指摘して―、反対する[62]（前述三4(f)）。

(4) コーポレート・ガバナンス原則の長所として、同原則は法律と異なって柔軟性があり、それによって過剰な法的規制を避けることができる点が指摘される。[63] 会社法の任意法規化の問題と関連する。[64]

(5) また、コーポレート・ガバナンス原則の承認・実施などを、状況報告書に記載する義務を企業負わせるというシュナイダーの主張については議論の余地がある。

(6) 「良きコーポレート・ガバナンス原則」とはどのようなものをいうのかが問題である。シュナイダーのいうように、各企業において自分に適合する原則を探求するしかない。しかし、企業がコーポレート・ガバナンス原則を採用・公表するだけでは実効性が伴わないおそれがある。企業自らが採用・宣言したコーポレート・ガバナンス原則に違反したときはどうなるのか。その原則に違反した場合の制裁が定められていないと、単なる「飾り」にすぎないことになる。また、たとえ定められていても制裁の程度が弱いものであれば、やはり実効性に疑問符が付くであろう。すなわち、同原則は、企業の自主規制宣言であるから、その違反に国家法上の刑事罰・行政罰が科されることはない。それでは、私的制裁として、株主・債権者から、同原則違反を理由に、企業または経営者に対して損害賠償を請求することができるのか。これも困難であろう。なぜなら、請求する側は―判例・多数説によると―、違反と損害発生との間の因果関係および損害額を立証しなければならないからである。すなわち、コーポレート・ガバナンス原則（たとえば、社外取締役を取締役会の過半数とするという原則）の違反と損害（たとえば、代表取締役の不当な貸付による債権回収の不能）との間の因果関係の立証は不可能に近いであろう。

シュナイダーのように、自主規制宣言を遵守しなければ、市場が、その企業を「懲らしめるであろう」という

「予想」または「期待」が唯一の担保ということでは十分でないと考える。[65]

(59a) たとえば、日経ビジネス二〇〇一年九月三日号一三〇―一三一頁（Alfred kueppers）が実態を伝える。なお、BAWeの年次報告書（二〇〇一年七月二〇日提出）につき、AG-Report, AG 2001, R282f. 参照。

(60) 所有者別の持株比率について、正井・前掲注(1)二九三―二九四頁参照。ドイツ政府は、とくに一九八〇年から、貯蓄奨励金の交付、税負担の軽減などにより、個人の株式所有を奨励してきた。その効果が現れてきている。吉川満「株投資優遇、ドイツで奏効」日本経済新聞二〇〇一年三月一五日二九面参照。

(61) ドイツの株主団体の実態について、布井千博「ドイツにおける株主団体の組織と活動（上）（中）（下）」判例時報一六四四、一六四五、一六四六号（一九九八）が詳しく有益である。

(62) なお、証券取引所の自主規制をめぐる議論について、志谷匡史「市場間競争と自主規制の在り方」インベストメント五三巻二号（二〇〇〇）二―二〇頁参照。

(63) Claussen/ Bröcker, aaO (Fn. 18), 491.

(64) これに関連して、神作裕之「コーポレート・ガバナンスと会社法の強行法規性」ジュリスト一〇五〇号（一九九四）一三〇―一三五頁、黒沼悦郎「会社法ルールの任意法規化と競争」商事法務一六〇三号（二〇〇一）四二―五〇頁参照。

(65) この点に関連して、日本では、かつて（一九八〇年代後半）、上場会社が新株発行を伴う資金調達をする場合に、調達後、会社が一定の配当性向を維持することなどを公約した。しかし、それが守られなかった事例が多かったことが想起される（日本経済新聞一九九〇年一二月一八日七面、など参照）。

（二〇〇一年三月一五日）

(追記) 脱稿から九ヶ月余り経過した。次に、脱稿前を含めて、この間の動きと文献に簡単に言及する。

(1) ドイツ連邦政府によって設置されたコーポレート・ガバナンス委員会（本文注（5）参照）は、二〇〇一年七月一一日に―包括的で、詳細な―報告書を提出した。それは、単行本(Baums (Hrsg.), Bericht der Regierungskommission Corporate Governance-Unternehmensführung-Unternehmenskontrolle-Modernisierung des

Aktienrechts, 2001)（約二六〇頁）として刊行される前に、インターネットにより提供されている（http://www.otto-schmidt.de/corporate governance. htm)。そこでは、第一章　法律による規制とコーポレート・ガバナンス基準（=自主規制)、第二章　指揮機関（取締役と監査役会)、第三章　株主と投資者、第四章　企業金融、第五章　情報技術と開示、第六章　計算と監査について詳しく論じられている。今後、本報告書を基礎として、法的規制および自主規制のあり方が検討されることになる。報告書は一大雑把な印象として一、イギリスおよびアメリカ合州国における実務・理論の影響を強く受けているように思われる。この概要の紹介として、商事法務一六〇二号および一六〇三号（二〇〇一）（海外情報)。その後、報告書の勧告を受けて、連邦法務大臣は、早くも二〇〇一年九月初めに、「ドイツのコーポレート・ガバナンス基準政府委員会(Regierungskomission Deutscher Corporate Governance Kodex）を設置した（委員一三名で構成される。その内訳は、経済界代表一〇名、学者二名、労働組合代表一名のようである)。また、二〇〇一年一一月二六日付けで、連邦法務省は、報告書の勧告の一部を取り入れて、「さらなる株式法および会計法の改正、透明性と開示に関する法律の参事官草案（Referentenentwwrf eines Gesetzes zur weiteren Reform des Aktien-und Bilamzrecht, zu Transparenz und Publizität)」を提出した（計算に関する部分はＤＲＳＣの提案にもとづいている）（ZIP2001, 2192f. (Ulrich Seibert) による)。

二〇〇〇年一一月にブリュッセルで、第一回のコーポレート・ガバナンスに関するヨーロッパ会議（First European Conference on Corporate Governance）が開かれた。報告の概要は、http://www.ivb-ida.comで入手できる。そこでの議論を踏まえた研究であるChristoph Teichmann, Corporate Governance in Europa, ZGR2001, 645-679が参考となる。それより前の九月には、「コーポレート・ガバナンス一ヨーロッパの視野」と題するシンポジウムが開催されている。そこでの報告（S. Grundmann/ P.O. Müllbert, M. Lutter, P. Hommelhoff, P. Davies, E. Wymeerschによる）は、ZGR2/2001に収録。また、Joachim Schulze-Osterloh, Das deutsche Gesellschaftsrecht im Banne der Globalisierung, ZIP2001, 1433-1440は、コーポレート・ガバナンスと会計法について論じる。なお、経営学者によるコーポレート・ガバナンス原則（指針）の実態調査として、Bernhard Pellens/ Franca Hillebrandt/ Björn Ulmer, Umsetzung von Corporate-Governance-Richtlinien in der Praxis, BB2001,

1243-1250がある。

(2) 邦語文献として、奥島孝康（監修）・酒井雷太（訳者代表）『OECDのコーポレート・ガバナンス原則』（二〇〇一、金融財政事情研究会）、吉田直『競争的コーポレート・ガバナンスと会社法』（二〇〇一、中央経済社）、新山雄三『論争コーポレート・ガバナンス』（二〇〇一、商事法務研究会）、吉森賢『日米欧の企業経営—企業統治と経営者—』（二〇〇一、放送大学教育振興会）、石山卓磨「英国のコーポレート・ガバナンス論の展開」『現代企業法の新展開（小島康裕教授退官記念）』（二〇〇一、信山社）三一―六〇頁、関孝哉「英国マイナース報告書と機関投資家のガバナンス責任」商事法務一五九四号（二〇〇一）四―一三頁。また、二〇〇一年一一月に、日本コーポレート・ガバナンス・フォーラムと日本コーポレート・ガバナンス委員会が、『改訂コーポレート・ガバナンス原則』を発表した（商事法務一六一二号（二〇〇一）八―二三頁に収録。この解説として、上村達男「改訂コーポレート・ガバナンス原則の特徴」商事法務一六一二号四―七頁）。

（二〇〇一年一二月一八日稿）

3　コーポレート・ガヴァナンスにおける株主の役割と株主総会

尾崎安央

はじめに

株主はその保有する株式の発行会社に対してさまざまな権利を有している。そのような権利を総称して株主権というが、コーポレート・ガヴァナンス(1)の局面における株主権の意義・機能を考えるとき、その中心となるのが議決権（商二四一条一項）を代表とする共益権である。(2)共益権の行使は、議決権のように、株主総会と結びつくことが少なくない。しかし、株主代表訴訟提起権（商二六七条）や取締役の違法行為に対する差止請求権（商二七二条）などのように、株主総会とは必ずしも結びつかないものもある。(3)そして、後者の、株主総会とは必ずしも結びつかない諸権利がコーポレート・ガヴァナンス上きわめて強力なツールとなることは疑いないところである。ときに株主総会を通じたものよりも実効性がある場合が少なくない。

ところで、株主総会は、伝統的に株式会社の最高意思決定機関と位置付けられ、法的に最重要視されてきた。(4)他方、その形骸化もつとに指摘されてきたところであり、(5)株主総会不要論は依然として根強い。とりわけ大規模公開株式会社の株主総会では指摘される通りの形骸化・儀式化の実態があるといわれ、(6)そのような公開型株式会社のコーポレート・ガヴァナンスにおける株主総会の存在意義が改めて問われているといえよう。(7)これに対して、コーポレート・ガヴァナンスの局面における株主重視は、株主総会の無機能化や形骸化がいわれながらも、依然として多くの支持を集めている。これからも、そのことは変わらないであろう。将来、株主総会の権限がさらに縮小されることがあるとしても、コーポレート・ガヴァナンスにおける「株主」の役割の方は軽視・無視されることはありえず、逆にますます重視されるのではないかと想像される。そうだとすると、商法におけるコーポレート・ガヴァナンスのあり方を検討しようとするとき、「株主」と「株主総会」とを区別して論じることが有益であろう。そして、株主権という視点から改めて、株主総会の存在意義を検討してみることにも意義があると考える。

(1) コーポレート・ガヴァナンスの議論において、何を、またどのように論じるかについては確たるものはないようである。同じくコーポレート・ガヴァナンス論の名のもとに、たとえば、会社経営者は誰(何)のために経営すべきなのかが議論されたり、会社は誰が支配しているのかといった、ある意味で社会学的な関心が論じられたり、会社経営者の行動をチェック・モニターする仕組み、とりわけ不正を防止・是正する仕組みの議論であったり、あるいは経営サイドからより効率的経営の追求にふさわしい経営機構のあり方を模索する問題提起がなされたりしている。ただ、そのようないずれの文脈においても、「株主」(shareholders)が重要な利害関係人として位置付けられてきたことは否定できない。

(2) 平成一三年六月二九日公布・一〇月一日施行の商法改正において新たに導入された単元株制度(商二二一条)では、単元未満株には議決権が認められていない(商二四一条一項但書。なお、平成一三年一一月に可決・成立した商法改正では、無議決権株式を包含する「議決権制限株式」の制度が導入された（改商二二二条一項）。もっとも、六月公布の商法改正で廃止された単位株制度のもとでは単位未満株には議決権以外の共益権も制限されていたことからすると、単元未満株は単位未満株よりも制限が緩いようにみえる。しかし、株主提案権などの少数株主権は提案資格が「議決権基準」に改正されたため（六ヵ月前から引続き「総株主の議決権」の三％以上を有する株主。商二三〇条ノ二第一項）、制限が厳しくなった面もある。ただ、単独株主権については、単元未満株主も議決権以外のものは有すると考えられるので（座談会「金庫株解禁等に伴う改正商法の問題点と実務対応」商事一六〇二号（二〇〇一年）二二頁［前田雅弘発言］参照）、そのガヴァナンス道具（ツール）としての重要度はいっそう高まったといえよう。

（3）　鈴木竹雄『新版会社法全訂第五版』九〇―九一頁（一九九四年、弘文堂）。

（4）「株主総会は法律上は会社の主権者である株主によって構成される最高の機関である」（鈴木・前掲書（注3）一五八頁）。

（5）　鈴木・前掲書（注3）一五八―一五九頁。また、株主総会決議は会社支配者の決定を会社の意思とするための形式的手続でしかなく、総会は多数意思形成の場所としての機能を実質的に失っており、一般株主の利益は多数決の形成に加わること自体にはなく、ただ討議の過程において質問・発言をし、会社から情報開示を受けることなどの点に認められるにすぎないとの指摘もある（今井宏『株主総会の理論』（一九八七年、有斐閣）七頁）。

（6）　公開型株式会社の株主総会の実状につき、商事法務研究会編「株主総会白書～二〇〇〇年版～」商事一五七九号（二〇〇〇年）参照。なお、拙稿「公開型株式会社の株主総会～二〇〇〇年版株主総会白書を読んで～」商事一五八二号（二〇〇〇年）四頁。

（7）　主要国の株主総会の権限等について、比較的要領よくまとまった最近の文献として、商事一五八四号（二〇〇一年）四頁以下参照。

一　アメリカ法における公開型株式会社の株主・株主総会

1　ＡＬＩ原理における株主と株主総会

近時のコーポレート・ガヴァナンスの議論においてたびたび引用される米国法律協会（ＡＬＩ）『コーポレート・ガヴァナンスの諸原理：分析と勧告』[8]においては、興味深いことに、株主および株主総会の位置付けは必ずしも明確でない。これがヨーロッパ各国の報告書やＯＥＣＤレポートなどでは、株主・株主総会への言及が比較的多いことに気づく。[9]ＡＬＩの「分析と勧告」において株主に関して言及されるのは、会社支配権の移転における承認に関するものくらいである（6.01(b)）。株主総会については、むしろ無視あるいは軽視しているようにさえ見える。この点に関して、前田重行教授は、同プロジェクトの責任者の一人であるアイゼンバーク教授から得られた回答として、次のような理由を述べられている。①「株主による会社経営者に対する監督は公開会社では十分な効果を持たない」こと、②「委任状機構や取締役の毎年の選任要求および特別の理由なしに取締役の解任を認めること等の議論の多い問題についてコンセンサスが得られないということ」、③「委任状機構や株主提案権に関する規制は連邦法の問題であるのに対して、本『分析と勧告』の対象は、主として州会社法に向けられていること」[10]。たしかに、公開型株式会社における「株主総会」による経営コントロールにはたしかに限界があるともいえる。しかし、だからといってこのような会社における「株主」による経営コントロールが全く意味を持たないわけではないであろう。現にこの「分析と勧告」の審議過程で最も議論が紛糾した「救済」をめぐる手段の一つとして株主代表訴訟制度が重要視されていることからすれば、ＡＬＩ原理でも（株主総会ならぬ）株主による代表訴訟提起という直接的行動はきわめて重要なコントロール手段であると認識されていることは明らかである。そればかりか、公開型株式会社では証券市場を通じた経営コントロール（たとえば「出口からの退出」（＝株式等の売却））を無視することができないとするならば、アメリカ法においても、公開会社については「株主」（という投資家群）のガヴァナンス上の役割は大いに評価されていると考えられるのである。要するに、「株主総会を通じての株主の役割」に限定してその無機能化をいうことは意味があるにしても（その結果、株主総会の意義について消極的な見解となる可能性が高い）、株主総会以外の手段を通じての株主権行使は必ずしも機能していないわけではない（形骸化していない）。むしろ期待の方が大きいともいえるのである。

2　アメリカ法における株主の「所有主」性

アメリカ法においては、株式会社を人工的なものと捉える考え方が一般のようである。[11] 法人格付与について、州政府が所定の手続きを履践した「株主・投資家」に対して「法人としての特典」の付与（concession）や権限授与（grant）などを行うことにより、当該株式会社自身が独自の法人格を有することになる（incorporated）と説かれる（授権説）。イギリス植民地時代の国王勅許状（royal charter）に由来するとされるこの理論によれば、「株主」は、その勅許状あるいは授権を「受ける者たち」として捉えられることになると解される。法人構成員らに授権されて組織される法人たる株式会社は、法人格を付与された株主の所有客体（モノ）と観念されるであろう。おそらくこのような歴史的背景があって、会社は株主のものという観念が生まれてきたものと思われる。しかし、それが公開型株式会社にまで妥当するかはさらに検討を要すると考える。

3　会社の目的（the objective and conduct of the corporation）と株主重視

前掲のＡＬＩ『分析と勧告』によれば、会社とは、①会社〔固有〕の利潤（profit）と株主ら（shareholders）の利益（gain）とを増進させるように営利事業活動を行うこと（the conduct of business activity）を目的とする（"economic objective"）のと同時に、②たとえ会社（固有）の利潤と株主らの利益とがそれによって増進されないとしても、（i）自然人と同程度に法を遵守しなければならず、また（ii）責任ある営利事業活動の遂行にとって適正なものであると合理的に考えられる「倫理上のさまざまな考慮（ethical considerations）」をすることが認められ、さらには（iii）慈善事業等への寄付などの目的（public welfare, humanitarian, educational, and philanthropic purposes）に対して合理的な程度の資源を提供してもよいものであると定義されている。[12] 営利企業たる株式会社にこのような非営利活動が許容されているのは、会社というものが営利追求を目的とした経済的組織であるばかりか、社会的な存在（"a social as well as an economic institution"）でもあると認識されているからであろう。このように社会的責任を果たすべきものとされる株式会社組織ではあるが、ＡＬＩ『分析と勧告』においても、それがなお基本的には営利団体であるという、事の本質は不変である点に注目しなければならない。というよりも、（i）にいう「利潤追求における法律遵守」は法治国家においては当然のことであるし、また（ii）にいう「倫理上のさまざまな考慮」や（iii）の「慈善行為等」は「してもよい（may）」とされるにとどまっていることからすれば、会社とは、むしろ、営利追求を固有の存在意義とした「独立の法主体」として構想されていると理解することが妥当であるように思われる。ただし、そのように解したとしても、その法的実体（実在）の中身がよくわからない。株主との関係も明確でない。けだし、法技術的意味における「法主体（legal entity）」といっているだけのように思われるからである。

もっとも、会社の営利追求目的の一つに、「株主の利益」の増進が掲げられている点は注目しなければならないであろう。[13] しかし、よく株式会社は株主のものともいわれるが、「シェア・ホルダーの利益」を極大化させることが会社の目的とされていることから直ちに「シェア・ホルダー」を会社の所有者（owners）と位置付けることと結びつくのかは疑問である。そこには若干の論理の飛躍があるように感じられる。このレトリックによれば、「社会の利益」を増進することも会社の目的なので、「社会自体」が会社の所有者だということになりはしないであろうか。むしろ、後述するように、たとえばシェア・ホルダーを「シェア(share)」という「金融商品」の「保有者(holders)」に過ぎないと捉えることができるならば、その「金融商品」は「会社の利益」と連動しているのが通常であり、[14]かかるシェアの価値を極大化させるには、会社の利潤の極大化で足りるはずである。[15]その場合、株主の利益増進それ自体に独自の経済的・法的意義があるようには思われないのである。

4　若干の考察

思うに、株主は自分の会社を自由にできるという伝統的理解は、初期段階の株式会社や閉鎖的な株式会社には妥当するにしても、現在の公開型株式会社にも果たしてそのまま妥当するのかに疑問があるように思われる。会社が「株式公開」(going public)をした段階で株主群に大衆投資家が加わることとなるが、彼らは法人格を受けた者でも原始契約の締結者でもないし、むしろ単なる投機行為として参加する場合が少なくない。バーリ＝ミーンズにおいてもそうであったが、アメリカでは、会社支配を株式保有に結びつけて考えることが伝統であったようであるが、そのバーリとドッドとの論争が示すように、[16]現象面から見る限り、大規模公開型株式会社においては、その(大衆)株主による支配が無機能化していることはアメリカにおいても確かなようである。そして、そのような直接的な経営参加意欲に乏しい無機能化した株主層を大量に抱える公開後の株式会社を前提にした「公開型株式会社論」が激しく争われてきたのであり、そこでは、公開型株式会社は、非公開のそれとは別物ではないかという問題提起がなされていたともいえるのである。ある意味で、会社は株主のものという標語は経営者にとっての努力目標なのかもしれない。むしろ、会社利益の極大化こそが目的というべきものではなかろうか。アメリカでは、経営者は株主のためにのみ経営すべきか否かという議論はあったとしても、[17]公開型株式会社の株主総会に「実質」を求める契機は必ずしも見られなかったように思われるのである。現に、株主には証券流通市場を通じたガヴァナンスや直接的訴訟による救済手段が機能しているとされる国がアメリカである。最近の機関投資家株主の台頭も、抱えるポートフォリオの量的な問題等から「ウォール・ストリート・ルール」が使えない場合があったことによるとの指摘もある。[18]アメリカ企業の株主は株主総会というパイプを通じてそのガヴァナンス・パワーを発揮する必要性が乏しいとするならば、株主総会の権限がきわめて狭いということも、頷けるような気がする。これが流通市場を有している公開型株式会社の法規制の一般的な在り様あるいは方向性を示しているのかもしれない。

(8) *American Law Institute*, Principles of Corporate Governance: Analysis and Recommendations (1994). 証券取引法研究会訳編『コーポレート・ガバナンス』(一九九四年、以下『分析と勧告』)。
(9) これらも当初は本稿で検討する予定であったが、紙幅の関係で別の機会に譲る。
(10) 前掲『分析と勧告』(注8) 一二三頁［前田重行］。
(11) わが国の法人理論につき、四宮和夫＝能見善久『民法総則』(第五版、一九九九年、弘文堂) 七二―七三頁参照。
(12) もっとも、その営利目的は「会社の目的」であって役員等を名宛人にしたものではないともコメントされている (f•d71))。
(13) 前掲『分析と勧告』(注8) 九五頁以下［龍田節］。なお、古いアメリカの判例であるが、see Dodge v. Ford Motor Co., 204, Mich. 459, 170 N. W. 668 (1919) (利益の極大化は会社の義務的なかつ究極の目的である)。
(14) この点で、会社の業績と連動せず、むしろ子会社の業績と連動した「トラッキング・ストック」などが登場していることが注目される。トラッキング・ストックについては、たとえば、大杉謙一「トラッキング・ストック」法教二五〇号 (二〇〇一年) 五四頁参照。

(15) 前掲『分析と勧告』(注8)一〇一頁［龍田］(会社が利潤を挙げることが、とりもなおさず株主の利益になることを前提にしている)。
(16) この有名なバーリとドッドの論争につき、最近の文献として、森田章『会社法の規制緩和とコーポレート・ガバナンス』(二〇〇〇年)二三頁以下参照。
(17) この点につき、たとえば、中村一彦『企業の社会的責任―法学的考察』(一九七七年、同文館出版)参照。
(18) 森田・前掲書(注16)一〇頁。

二 公開型株式会社のコーポレート・ガヴァナンスにおける株主および株主総会の意義

1 普通株主「優遇」の法的根拠

商法上のコーポレート・ガヴァナンスにおいて、なぜ、伝統的に株主が重要視されてきたのであろうか。株主が会社の所有者・所有主だからであろうか。改めて考えてみたい。

思うに、再三述べるように、公開型株式会社の株主を想定すると、彼らを企業の「所有主」(owner) というにはいささか抵抗を覚える。そのような会社の株主は大衆投資家が多く含まれる点で社債権者などと比較することが可能であろうが、この株主と称する投資者は、流通市場の整備等もあって「退出の自由」(市場での株式売却)が高度に保障されているうえに、年に一回は直接に経営者と「対話」する機会(すなわち、株主総会)が法的に保障されているなど、明らかに優遇されているのである。それも経営者を解任したり(商二五七条)[19]、会社を解散させたり(商四〇四条二号、四〇五条)する権限さえ持つ投資者である。[20] 保護が厚すぎないかという疑問は当然ありうるであろう。わが国の従来からの通説的理解（株主社員説・所有権説）による「株主は企業の所有主」であるとの答えは、大規模公開会社における一般株主が単なる投資家通過集団であり、単純に「企業所有者」とはいい難い側面があることからすれば、説得力に欠けるように感じられる。むしろ、株主も単なる企業への資金投下者（投資者・投機家）にすぎないとの理解に立てば、優遇されている理由の説明としては、「普通株式」という金融商品の「組成」に他ならないというほかはないように思われる。すなわち、元本（払込金）は原則として返戻不能、金利（配当）は計算上配当可能利益があり総会で利益処分案が承認された限りで支払われるにすぎないが、資金運用者の選解任権が付いている等の内容をもつ「金融商品」ということであり、各種優遇策（privileges）はリスク等とのトレード・オフの関係にあると理解されるのである。公開型株式会社における一般の普通株式保有者の地位を考えるとき、そのような「シェア」の「ホルダー」は企業倒産リスクについて最も劣後的地位に置かれる部外者（outsiders）である。株主が企業経営の適切な運営等にきわめて大きな利害関係を持つステーク・ホルダー（stakeholders）の一人であるとすれば、そのリスク負担に見合うだけの法的な優遇策が当該投下資本提供者に認められてよいであろう。その優遇策の一つが、再三述べるように、投下資本の運用責任者（ファンド・マネージャー）たる「取締役」を選任できること（あるいは解任できること）や基礎的変更（fundamental changes）の同意権（特別決議）などにあると解することも、あながち突飛なことではないと考える。かかる優遇策（投資者保護）を通じて、企業投資の活性化を図る政策的意図があるともいえるかもしれない。

もっとも、このような理解に対しては、次のような疑問が容易に浮かぶ。第一に、企業従業員（employees）は「失業リスク」という点で順調な会社経営にきわめて大きな利害関係を持つ者であり、そのような会社従業員よりも株主という投資家の方が法制度上優遇される理由が明確にされなければならないのではないか、という疑問である。たしかに、手持ちの余裕資金でゲームをするプレーヤー（シェア・ホルダー）と生活をかけた労働者（エンプロイー）とでは、後者の方が法的に優遇されるべきであるともいえる。しかし、株式会社とは、商法的には、その根源的財政基盤を投資家による出資で支えるスキームであるとすれば、根源的出資者を制度的に最優遇しない限り会社組織は成り立たないのかもしれない。企業従業員の保護は別の法律（労働法）などによるほかはないとすれば、ここに商法的コーポレート・ガヴァナンス論の限界があるということであろう。

第二に、前述のように、普通株式を歴史的に定型的「仕組み」を持っていたに過ぎない金融商品、すなわち、議決権をはじめとする共益権と利益配当請求権をはじめとする自益権とが付いている金融商品と捉えるならば、なぜそのように「定型化」しなければならないのかという疑問である。企業への資金投入は必ずしもエクイティーに限るものではない。社債もあれば、各種株式、さらにはこれらの組み合わせ（ハイブリッド金融商品）もありうる。思うに、それらの中で普通株式という「定型化」をすることのメリットは、たとえば「仕組み」理解に関する取引コスト（transaction cost）の節約を可能にする点に求められよう。普通株式と名乗っていれば誰でもわかる歴史的に有名な「仕組み」商品である。具体的効果としては、複雑なデリヴァティヴ商品とは違って、株式の取得勧誘においては「仕組み」の説明義務が免除され、また投資家に対しては企業情報等の提供（開示）だけで十分なケアーが施されていると解されることになる。しかし、任意の契約でこれに近い金融商品を作り出すことは可能であり、逆に限りなく社債等に近い種類株式を作り出すことも可能であることはよく知られているところである。限りなく普通株式に近い金融商品ならば株主権に準じた権利を与えてよいであろうし、逆のケースではそもそも議決権がないという種類も認められているのである（商二四二条。なお、平成一四年四月一日からは、二二二条一項）。定型性は株式というものの歴史的伝統を受け継ぐものであるが、その定型性のメリットという観点からさらに検討する必要があるように思われる。

2　コーポレート・ガヴァナンスにおける株主総会の意義

公開型株式会社における株式を経済的にながめれば、そして一定率の配当を維持するという実務を前提にする限り、それはリスクに見合う意味で経営者（ファンド・マネージャー）選出権等のさまざまな法律上の優遇策が伴っている「永久劣後変動利付債」に近いともいえる。[21] かりに普通株式をそのようなものとして捉えることができるならば、株主総会とは、いわばこのような「債権（債券）」を保有する者らの集会、ある種の「債権者集会（あるいは『社債』権者集会）」にほかならないともいえよう。そうだとすれば、証券保有者相互の意思疎通が十分でないと考えられる社債権者集会があまり機能しないとの同じように、相互に知らない投資家同士の集合体である公開型株式会社の株主総会が形骸化するのはむしろ必然でさえある。そして、社債の場合にプロフェッショナルの社債管理会社を設けた趣旨から演繹すれば、株主総会におけるプロフェッショナルである機関投資家の活躍への期待が高まるのも頷ける気がする。もとより、機関投資家自身は形式上自らが「株主」という形態をとる点で自らが社債権者ではない社債管理会社とは異なるが、機関投資家の究極の実質的投資主体を考えるならば、機関投資家自身も実は「株主」ではない。実質株主は保険契約者であったり、労働者であったりするのである。機関投資家は、その限りでは、多様な利害関係人にとっての会社に対する意見表明の「導管」（vehicle）に過ぎないともいえるであろう。そして、株主権（たとえば取締役らの解任権）は、この場合には、機関投資家というパイプを通じて保険契約者や労働者などに実質上それら権限を認めることを意味する。他方、機関投資家にとっても、投資先の会社の取締役解任権等を行使できる機会を持つことで、自らが義務を負う資金提供者に対する責任[22]をヘッジすることが可能となる。すなわち、そのような「劣後権利者の集会」においては、債務不履行リスク（default risk）を超えた支払不能リスク（insolvent risk）や倒産リスク（bankrupt risk）の回避が最大の目的になるであろうが、現行商法による権限分配によれば、取締役（経営者）、つまりファンド・マネージャーあるいは投資顧問的地位にある者の選任・解任を決議することがそのヘッジ手段となるのである。そのような投資家保護手段を実現するには「株主総会」という場が必要とされる。株主総会はその株主権の行使との関係で必要とされるべきものである。もっとも、さらにいえば、株主提案権などを通じて資金運用計画へのコミットメントも可能とする強力な権限が付与されており、それは、単なるリスク回避という消極的利益保全活動にとどまらない、積極的経営関与を可能とする法的スキームになっている。その決議内容いかんでは、ときにリスク拡大の危険が伴う権限行使になりかねないものである。そして、その決議の責任を負担するほど一般株主層は相互の意思疎通が図れているように思われないことからすると、個人株主（集団）が行使するにせよ、機関投資家が行使するにせよ、少なくとも公開型株式会社を想定する限り、商法が「金融商品」たる普通株式に与えている定型的権利（法定権）の中身を立法論的に再検討する必要があるように思われる。[23]

(19)　公開型株式会社法制において、取締役の選任権を総会に付与することの合理性の有無は検討に値する問題であると考える。株主を含む投資家は結果としての「経営成績」をながめて投資判断をするならば、それはあくまでも受動的であり、その経営適任者を自らリクルートできるほどの専門性や知識を持ち合わせているとは通常は考えられないことからすれば、積極的行動はむしろ望ましくない。専門家に人選を依頼する方が合理的であり、総会決議はその承認の意義しかないのが実態ではなかろうかと思う。そうだとすると、その人選まで含めて人事を経営者の責任とし、選任において重大な過失がない限り免責するという形で選任責任を法定する立法も理論的には考えられるであろう（総会決議不要）。むしろ、株主総会の「お墨付き」があることで経営者責任を曖昧にするおそれはこれで解消される。ちなみに、社債権者（集会）には取締役解任権は与えられていない。彼らが自らのリスクをヘッジするには、商法が与える定型的な救済策のほかには、契約（とその履行強制）による自衛に頼るしかない。折り合いがつかなければ買わなければよいのである（これは株式でも同じであるが、株式の場合は後に経営者を交代させるという対応策が現在は法的に許容されているのである）。公開型株式会社の実体をファンド（fund）と捉え、そのファンド全体の運用責任を経営者にのみ求め、株主はその者らへの事後的な責任追及や場合によっては事前（や進行中）の行為の差し止めなどの権限行使を通じて監視機能を発揮し、究極的には流通市場を通じた「退出」を含む市場のガヴァナンス機能に期待する方が合理的なのかもしれない（そのようなツールのいくつかは既に現行商法・証券取引法に用意されている）。なお、「株主総会」は、上に述べたアイデアでは、単なる情報収集あるいは対話の場にすぎなくなるであろう。要は、本文にも述べるように、株主総会は様々な株主権の行使の一手段にすぎないと捉え、他方、ガヴァナンスの主体はあくまでも「株主」だということを意識すべきであるということである。公開型株式会社にあっては、株主は市場離脱や直接的責任追及という他に採り得べき手段がある限りで、株主総会の存在意義は相対的に低下するのは必然であろう。ただ、立法論あるいは法政策的には、株主総会の権限として取締役（ファンドマネージャー）や監査役（エイジェンシー・コスト削減の一手段）の選解任権を残すか、定款変更・営業譲渡等の基礎的変更（投資の基礎的条件の変更）への同意権などを残存させるか否かを、「投資金融商品」としての株主の属性として「定型的」に認めるかどうかを決することの問題は残る。社債を見る限り契約等に委ねてもよいように思われるが、商法で定型的に許容しても法政策的にはもとより許されるであろう。

(20) いわゆる閉鎖的株式会社においては自主解散という選択肢はありうることであろう。しかし、多くのステーク・ホルダーを抱える公開型株式会社において、一投資者群にすぎない株主がその多数をもって会社（たとえば、従業員らにとっては「生活の糧を獲得する場」）を「一方的に」解体させることの是非はむしろ問題であるように思われる。

(21) 永久劣後債については、江頭憲治郎「永久社債に関する諸問題」西原寛一先生追悼・企業と法（下）二五三頁（一九九五年）参照。

(22) 森田・前掲書(注16)七八頁参照。

(23) ちなみに、社債管理会社は発行会社が選任する(商二九七条)。社債権者のために様々な権利を有しているが(商三〇九条、三〇九条ノ二)、発行会社の取締役等の解任権ばかりか、責任追及権もない(業務財産調査権につき、商三〇九条ノ三)。

むすびに代えて

公開型株式会社の株主総会には、通過集団たる「投資者」集会として、従来の「所有主」集会とは違った新たな存在意義が与えられるべきであろう。もっとも、株主総会を、株主というステーク・ホルダーの権利の、最大かつ最強の行使手段としてながめれば、その存在意義は決して否定できない。基本的に、存置論に賛成する。しかし、このパイプを通じた株主権（議決権など）の行使は平常的には淡々となされるものであり、必要があるときに活性化されればよいものともいえる。そうだとすると、株主総会は多くの場合、粛々と進行し終了してよいと考えられる。株主総会は「機能」はしないものなのである。それが形式化していても「形骸」という病理的呼称を与えるのは適切でない。ただ、会社にとっては、それはいつ何時機能し始めるかわからないものであるがゆえに、日常的にコストをかけて維持し続けなければならないものなのである。[24] むしろ検討すべきは、そのような場を通じて行使できる株主権（機関としての株主総会の権限）の中身である。「金融商品としての普通株式」(equity) の内容を立法論的に改めて検討する必要があるように思われるのである。

(24) 拙稿・前掲(注6)一二頁参照。繰り返しになるが、どのような権利の発動の場とすべきかについては、あくまでも法政策の問題である。検討の結果、リスク負担との関係で、取締役の選解任権を認める、合併契約書の承認権を認める、あるいは利益処分案の承認権を認めるという、現行法と同じ内容になることもありえよう。しかし、その帰結は、株主権の発現の場としての株主総会はいかにあるべきかの検討を経たものである点に違いがあるのである。

4　子会社の少数派株主の権利

川島いづみ

はじめに

平成一一年、株式交換および株式移転の制度の新設や金銭債権等の時価評価を可能とする「商法等の一部を改正する法律」が成立した。平成九年の独占禁止法改正によって、純粋持株会社が解禁されたものの、当時の会社法のもとでは持株会社の形成が必ずしもスムーズに行えないとの認識から、これを容易にする制度として構想されたのが、株式交換と株式移転の制度である。株式交換と株式移転は、完全親子会社関係が円滑に創設されることを意図して設けられる制度であって、これによって形成される子会社には少数派株主は存在しない。しかしながら、引き続き法制審議会商法部会は、企業分割法制の検討に着手しており、また、平成一一年四月には、通産省のＭＢＯ研究会が「ＭＢＯ導入の意義とその普及に向けての課題」と題する提言を公表するなど、法改正の流れは確実に企業の結合・再編を促す方向へ向かっていた。純粋持株会社解禁以降のこうした法改正の流れを受けて、親子会社の関係ないしは支配・従属会社の関係はますます普遍化し、これらの会社関係が内包する問題も一層顕在化し、増加するものと予想される。

子会社（または従属会社）[1]に少数派株主が存在する場合に、親子会社間の取引や子会社と他の子会社（以下、兄弟会社という）間の取引等によって、その少数派株主の利益が侵害されるおそれのあることは、従来からしばしば指摘されてきた。親会社が株式所有を裏付けとして事実上の影響力を行使し、子会社の利益よりも親会社や結合企業内の他の会社の利益を優先させたために、子会社の利益が侵害され、子会社の少数派株主や債権者の利益が犠牲にされる事態が考えられるからである。この問題については、これまでにも学界において多くの研究が行われ、優れた成果をあげている。[2]今回の商法改正作業においても、このような子会社の株主の立場を勘案して、法制審議会商法部会が平成一〇年七月にとりまとめた「親子会社法制等に関する問題点」（以下「問題点」という）では、子会社の株主の権利について、親会社に関する一定の権利を行使することができることとすべきであるとの意見が、親会社の株主の権利と並んで取り上げられた。すなわち、子会社の株主が親会社の情報の閲覧・謄写を請求できるとすること（親会社の情報開示）、親会社の取締役の子会社に対する行為により子会社に損害が生じた場合に、親会社またはその取締役の子会社に対する損害賠償責任を法定すること（親会社等の責任）が提案され、また、子会社の監査役に親会社に対する調査権限を認めることについても意見が求められていた。

ところが、これに対して寄せられた各界の意見をみると、親会社および子会社の株主等の権利・権限については、大学等の研究機関や日弁連・税理士会等の大半が、その拡大を図るべきであるという積極意見であるのに対して、経済団体、金融機関等のほとんどはこれに反対の意見であった。[3]特に子会社の株主の権利等については、現行法のもとで子会社の株主保護に関し具体的な問題が生じていないことや子会社の株主に親会社に対する権利を認める理論的根拠がないことが理由とされた。このような意見照会の結果を反映して、法制審議会が法務大臣に答申した「商法等の一部を改正する法律案要綱」（以下「要綱」という）では、子会社の業務内容の開示に関して親会社の株主等に一定程度の権利・権限を認める規定は採用されたものの、子会社の株主の権利等については、「要綱」には盛り込まれず、これに基づく立法によって創設された持株会社その他の親会社とその子会社との間の実務における運用等を観察しながら、必要があればまた取り上げて審議の対象とするということで、今回の改正では見送るという判断がなされた(4)。この「要綱」が、そのまま「商法等の一部を改正する法律案」に引き継がれ、平成一一年改正商法となっている。

しかしながら、企業の結合・再編を促す一方で、それによって生ずるであろう問題への対処をなおざりにするとすれば、法制度上のひずみを拡大し、グローバル・スタンダードにも悖ることになろう。それゆえ、子会社の株主にどのような権利を認めるべきかについては、早晩再検討を迫られることになろうし、またそうでなければならないと考える。現行法のもとで子会社の株主保護に関し問題は生じていないという認識自体、疑問であるといわざるをえない。そこで本稿では、まず、現行法上子会社の株主は、親会社の行為等によって利益が侵害されたときどのような対処ができるか(一)を概観した後、子会社の少数派株主の権利に関してどのような立法が必要とされるか(二)、さらに、子会社の少数派株主が自らの利益を守るために有用であると思われる株式買取請求権について(三)、検討することにする。なお、紙幅の関係もあり、本稿での検討は、結合企業の運営過程で生じる問題を対象とし、企業の結合・再編の過程における問題、および、運営の過程に関しても競業規制に関係する問題は、直接的には取り上げないことにする。

(1)　支配会社が株式保有を背景に従属会社に影響力を行使しうる状況は、商法の親子会社の定義（商法二一一条ノ二第一項）に限定されるものではない。平成一一年四月以降実施された新しい連結財務諸表制度では、連結の範囲について、国際的な動向に合わせて、持株以外の要素を加味した支配力基準が採用された。従属会社の少数派株主の利益が侵害される問題を考える際も、実質的に親会社の影響力を計ることのできる基準によって、親子会社関係ないし支配・従属関係が決定されるべきである。

(2) 近年における優れた研究成果として、江頭憲治郎・結合企業法の立法と解釈(有斐閣、一九九五年)、高橋英治・従属会社における少数派株主の保護(有斐閣、一九九八年)がある。これまでの研究業績については、早川勝「企業結合」昭和商法学史(岩崎稜先生追悼論文集)(日本評論社、一九九六年)四八七頁以下を参照。

(3) 原田晃治他「「親子会社法制等に関する問題点」に対する各界意見の分析」商事法務一五〇六号(一九九八年)四頁以下。

(4) 前田庸「商法の一部を改正する法律案要綱(案)の解説(下)」商事法務一五一九号(一九九九年)五頁。

一　現行法における子会社の少数派株主の権利

現行法のもとで、子会社の少数派株主は、どのような権利を行使して自己の利益を守ることができるのであろうか。まず、この点を検討してみることにしよう。

1　子会社の株主総会に関する権利

親会社(または支配会社)が、その持株によって子会社の株主総会で議決権を行使する場合、親会社の利益のためにその議決権を自由に行使できることは、通説的見解の認めるところである。[5] 昭和五六年商法改正によって特別利害関係人の議決権排除の制度は廃止されており、親会社は、特別の利害関係を有する決議事項についても、議決権の行使から除外されることはない。勿論、決議について親会社が特別の利害関係を有する場合に、その議決権行使により著しく不当な決議がなされたときは、決議取消の訴えの対象になる(商法二四七条一項三号)。また、学説によっては、子会社の利益を犠牲にして親会社が利益を図る決議を、多数決濫用の法理によって否定することも考えられよう[(6)]。たとえば、子会社の重要な営業の一部を不当な対価で親会社や兄弟会社に譲り渡すことや、経営に行き詰まった兄弟会社の営業の全部を、やはり不相当な対価で当該子会社が譲受けることを認める総会決議などは、取消の対象となると考えられる。特別利害関係を有する株主の議決権行使が決め手となって決議が成立した場合には、当該決議の内容が公正であったことの立証責任を被告会社（当該子会社）側に課すべきであるとする解釈論も展開されている[(7)]。加えて、新株発行、減資、合併等については、個別に不当決議の是正規定も設けられている。とはいえ、会社の取引活動の決定に株主総会が関与しうるのは、営業譲渡など限られた場面についてだけであり、決議の効力を争って不当な取引を無効としうる事態も、限られたものにならざるをえない。

2　子会社取締役に対する責任追及等

子会社の取締役が、親会社（または支配会社）の不当な指図や過った指揮にしたがって業務執行を行い、故意または過失により子会社に損害を生じさせたときは、取締役としての善管注意義務または忠実義務に違反して会社に損害を生じさせたものとして、当然会社に対する損害賠償責任を負う（商法二六六条一項五号）。会社がこの責任の追及を怠るときは、少数派株主は株主代表訴訟を提起することができる。また、株主が、このような事態を事前に察知するときは、会社に回復すべからざる損害を生ずるおそれのある場合であれば、取締役の行為を差し止めることも可能である（商法二七二条）[(8)]。差止の対象には、善管注意義務のような一般的な規定に違反する行為も含むと解されるからである[(9)]。

しかしながら、差止の実効性に疑問がもたれていることに[(10)]加えて、株主がこのような事態を事前に知りうる可能性は、一般にはきわめて稀にしか存在しないと思われる。実際には、事後に知りうる手立ても充分でないのが実情である。計算書類規則によれば、営業報告書には親会社との関係その他の重要な企業結合の状況、貸借対照表には支配株主に対する所定の金銭債権・債務、損益計算書には支配株主との取引による取引高（営業取引とそれ以外の取引）が、それぞれ記載される。子会社の少数派株主は、これらを手がかりに、親会社との取引内容等に疑念がある場合には、株主総会で取締役・監査役に説明を求め（商法二三七条ノ三）、さらに、所定の持株要件を充たしていれば、帳簿閲覧請求権（商法二九三条ノ六）や検査役選任請求権（商法二九四条）を利用して、取締役の義務違反により会社に損害が生じたことを立証しなければならない。ただし、これらいわゆる経理検査権は行使要件がかなり限定されていて利用自体が難しいうえに、帳簿閲覧請求権の対象は当該会社（および平成一一年改正によって子会社）の会計の帳簿・書類に限られるし、検査役の調査対象も当該会社（および平成一一年改正によって子会社）の業務・財産状況に限定される。同様に、子会社の監査役や会計監査人には、親会社に対する調査権限は認められていない。したがって、親子会社間の取引や結合企業内の他の会社との取引については、充分な調査ができないおそれが強い。

3　親会社に対する責任追及

子会社取締役に対する責任追及では、もし代表訴訟に勝訴できたとしても、結局子会社が回復しうる金額は、取締役個人の資力によって限定されることになる。子会社の損害を回復するには、問題の取引等によって利益を得ている会社に対して、責任を追及することこそ重要である。そこで、学説は、親会社（および支配会社）に対して、損害賠償を請求するための解釈論を展開してきた。

まず、親会社を子会社の事実上の取締役と捉え、あるいは取締役の意義を実質的に捉えることによって、商法の取締役に関する規定を適用しようとする見解がある。[(11)] これらの見解に対しては、商法上、法人取締役は認められていないこと、取締役の実質的把握についての規定を欠くこと、それゆえどのような要件で責任が認められるのか明確でないことなどの批判がある。[12] 裁判例には、親会社の代表取締役について、子会社の事実上の取締役にあたるとして商法二六六条ノ三第一項の責任を認めたもの[13]はあるが、親会社自体の責任をこれによって肯定したものは、目下のところ見受けられない。

第二に、出資返還禁止の原則による見解がある。すなわち、親会社が不公正な対価による取引によって子会社から利益を得た場合に、不文の原則としての出資返還禁止の原則に違反する隠れた利益処分と捉えて、親会社はその利益を子会社に返還する義務を負う（商法二九〇条二項の類推適用）と解する見解である。[14] この場合、子会社の株主は、行為の前であれば、取締役に対し行為の差止を請求し（商法二七二条）、行為の後であれば、取締役の会社に対する責任を代表訴訟により追及する（商法二六六条一項一項の類推適用または五号、二六七条以下）こともできる。しかしながら、法文を有するドイツにおいてすら、出資返還禁止の原則は、有限会社においては、資本金額に対応する会社資産の返還しか禁じていない、とする批判がある。[15] 子会社取締役に無過失責任（商法二六六条一項一号責任）を課すことになる点が厳しすぎるという批判もある。[16]

第三に、不法行為責任による構成がある。これには、親会社およびその取締役を民法七一九条二項の教唆者と捉え、商法二六六条ノ三と民法七一九条二項の適用により、子会社取締役と親会社およびその取締役とが子会社株主に対して連帯して損害賠償責任を負うと解する見解[17]と、親会社が派遣した取締役が子会社に対して責任を負うときには、親会社に対して、民法四四条または民法七一五条を根拠として不法行為責任または使用者責任を問うことができるとする見解がある。[18] この学説に対しては、不法行為責任を肯定する結論を導くことは困難であるとする見解[19]がある他、債権侵害に基づく不法行為という構成の限界を指摘する見解もある。すなわち、親会社による債権侵害と構成する結果、当該取引をなすことが子会社取締役の任務懈怠に該当することを認識しつつ親会社取締役が教唆・通謀した場合（債権侵害の故意がある場合）にしかその責任を問えないため、子会社保護としては不十分であるという指摘である。[20]

第四に、親子会社間の取引が親会社に特に有利な条件でなされたときに、親会社は、株主の権利の行使に関し子会社から財産上の利益を供与された（商法二九四条ノ二第一項）と解釈し、子会社取締役に供与利益の弁済責任（商法二六六条一項二号）、親会社には受供与額の返還義務（商法二九四条ノ二第三項）が生ずると解する見解がある。[21] この説に対しては、利益供与の禁止規定が会社の親子関係を主たる規制対象とするものではないことを指摘する見解が多い。また、この説によっても、子会社が有限会社の場合には対応できないこと、また請求額が、当該子会社の被った損害額ではなく、供与した額に限られることが、限界として指摘される。[22] 子会社取締役が違法行為（株主への利益供与）を行うことによりその責任が発生し、それに連動して親会社の責任が発生する点も、親会社に対する規制としては弱すぎるといわれる。[23]

このように、現行法の解釈論によって、親会社（支配会社）に対する損害賠償請求を肯定することは、理論的に難点があるか、一定の範囲でしか可能でないことになる。そこで学説は、立法による解決の途を提言しているわけであるが、立法による手当てが実現するまでは、これら現行法に関する解釈論を活用して、可能な限りの対処をしていかざるを得ないわけである。したがって、立法による解決を模索すると同時に、現行法の解釈をより緻密なものにしていくことも重要であるといえよう。

（5） 議決権が公的性質をもち、全体としての会社の利益ないしは会社自体の利益のために行使されるべきであるとする見解として、田中耕太郎・改訂会社法概論下（岩波書店、一九五五年）三五四・三五八頁、松田二郎・株式会社法の理論（岩波書店、一九六二年）三〇・三〇二頁。

（6） 昭和五六年改正以後は、多数決濫用による著しく不当な決議も決議取消事由になると解する見解が強い。喜多了祐「株主総会における特別利害関係理論の再構成」商事法務九一九号（一九八一年）二七頁、龍田節「株主総会」

企業会計三三巻九号（一九八一年）六七頁。

(7) 神田秀樹「資本多数決と株主間の利害調整（五）」法学協会雑誌九九巻二号（一九八二年）二九〇頁、岩原紳作・新版注釈会社法(5)（有斐閣、一九八六年）三二七頁。

(8) 蓮井良憲「親子会社」新商法演習2会社(2)（有斐閣、一九七四年）二三五頁。行為の継続中であっても、差止の対象となると解される。東京地決平成二年一二月二七日判例時報一三七七号三〇頁。

(9) 長浜洋一・株式会社法〔第3版〕（有斐閣、一九九五年）二五六頁、北沢正啓・会社法〔第五版〕（青林書院、一九九八年）四六四頁。

(10) 蓮井・前掲書（注8）二三七頁。

(11) たとえば、青木英夫「コンツェルン指揮と責任」私法二八号（一九六六年）一九八頁、同「事実上の取締役とコンツェルン関係」獨協法学二八号（一九八九年）一頁、同・結合企業法の諸問題（税務経理協会、一九九五年）、酒巻俊雄「親子会社間の取締役の責任」取締役の責任と会社支配（成文堂、一九六七年）四四頁、服部育生「事実上のコンツェルンにおける従属会社の保護（三・完）」名古屋大学法政論集八七号（一九八一年）三九一頁。

(12) 蓮井・前掲書（注8）二四〇頁、大隅健一郎「親子会社と取締役の責任」商事法研究下（有斐閣、一九九三年）一二一頁。

(13) 京都地判平成四年二月五日判例時報一四三六号一一五頁。

(14) 田代有嗣・新版親子会社の法律（商事法務研究会、一九七九年）四一八頁以下、田中誠二「子会社の債権者保護の法理」金融商事判例五九四号（一九八〇年）二二頁、長浜洋一・株主権の法理（成文堂、一九八〇年）一九〇頁。なお、田代・前掲書四二〇頁。

(15) 江頭憲治郎・会社法人格否認の法理（東京大学出版会、一九八〇年）三九二頁。

(16) 江頭・前掲書（注2）一〇二頁。

(17) 田中誠二・三全訂会社法詳論上巻（勁草書房、一九九三年）六六二頁、大隅・前掲書（注12）一二二頁。

(18) 江頭・前掲書（注15）四一〇―四一一頁。

(19) 大隅「会社の親子関係と取締役の責任」前掲書(注12)一〇七頁。
(20) 大和正史「子会社の少数株主・債権者の保護」ジュリスト一一四〇号(一九九八年)二三頁。不法行為と構成することでは根本的な解決にならないとする見解として、蓮井・前掲書(注8)二三九頁。反対に、この限りで責任が認められることを妥当とする見解として、柴田和史「子会社管理における親会社の責任(上)」商事法務一四六四号(一九九七年)七頁。
(21) 大和正史「利益供与の禁止規定について」関西大学法学論集三二巻三=四=五号(一九八二年)六四五頁以下、田代有嗣・親子会社の法律と実務(商事法務研究会、一九八三年)二一九頁以下、関俊彦・新版注釈会社法(9)(有斐閣、一九八八年)二五五頁以下、岸田雅雄「ケースで学ぶ会社法のエッセンス⑦」法学教室一七二号(一九九五年)三四頁。
(22) 柴田・前掲(注20)七頁、大和・前掲(注20)二三頁。
(23) 江頭・前掲書(注2)一〇二頁。

二 結合企業に関する立法論と子会社の少数派株主

1 立法論の展開

子会社の少数派株主にどのような権利を認めるべきかという立法論は、結合企業についてどのような法規制を採用すべきであると考えるかにかかわる問題である。以下、必ずしも現行商法の親子会社の定義に限定されないという趣旨で、支配会社・従属会社という表現を用いることにする。(24)

学説は、企業結合に関する立法によって、従属会社の少数派株主や債権者の保護を図るべきであるとする点で、おおむね一致しているが、その立法を、ヨーロッパ型の規制方式を参考にして行うべきであると考えるか否かについて、見解の相違がみられる。ここにいうヨーロッパ型の規制方式とは、ドイツ法のコンツェルン規制やヨーロッパ会社法案のコンツェルン法を範として、包括的な規定を設けようとするものであるが、ドイツ法における契約コンツェルンを中核とする規制を参考とすべきであると考えるか否かで、とりわけ見解の違いがあるといえよう。ドイツ法では、支配会社の指図によって従属会社の少数派株主・債権者が被る損害について予め支配会社に補償措置を講じさせ（補償措置を盛り込んだ支配契約の締結）、その代わりに従属会社に対する不利益指図を容認するが、かかる措置を講じない場合には不利益指図を行うことを禁止する。

ヨーロッパ型の従属会社保護規制を妥当とする見解は、ドイツにおいて体系的コンツェルン規制が採用されたのは、支配従属会社間における利益・不利益の調整が事実上不可能であること、つまり両会社の利益ないし成果を区別して独立に算定しえないという認識を基礎とするものであって、それゆえ、わが国において契約コンツェルン規制の導入をまったく考慮の外におくことは問題であるとする。[25] そして、議決権を基礎に他の会社の業務執行に対して支配的影響力を行使しうる場合に支配従属関係があるものとして、支配会社が従属会社の業務執行に介入するときに取締役と同様の責任を負わせることが妥当であるとし、このような責任規制の実効性を確保するために、第九ディレクティブ案に従った従属報告書の作成・開示により、支配・従属会社間の関係の開示および監査の充実を図るべきことを提唱する。[26]

このようなヨーロッパ型の規制に対して、他方には、ドイツの契約コンツェルン規制はわが国の実情に沿わず、むしろアメリカの規制も参考とすべきであるとする見解が存在する。[27] アメリカ法においては、従属会社の少数派株主保護を目的とする包括的な規制を設けず、取締役の忠実義務の一場面として、取締役会社間の取引や会社機会の理論の展開の中で、問題の解決が図られている。支配従属関係や取締役の会社に対する利害関係が広く開示されるとともに、自己取引等の承認が利害関係のない取締役のみで構成される取締役会でなされないときは、当該取引が公正妥当なものであるかについて立証責任が転換され、従属会社少数派株主による損害賠償請求が容易になっている。これに対して、わが国においては、アメリカ法で認められる支配株主等の忠実義務が認められていないことや、判例法の発展に相違があることから、個別規定の追加・修正が必要になり、支配会社自体が損害賠償責任を負う旨の規定を設けることや、種々の調査権限や立証責任の転換、代表訴訟の提起権などについて規定を設けることが提案される。具体的には、実質的基準に基づき支配・従属会社を定義して、支配会社等の従属会社との競業避止義務、従属会社との通例でない取引から生ずる損害に対する責任、過失に基づく影響力の行使に対する責任を法定することと、これらの規制の実効性を確保するために、支配会社に対する監査役の報告聴取権と業務財産の調査権、業務検査役選任請求権の単独株主権化、非公開従属会社の株主保護のための株式買取請求権等を認めることが提案されている。(28)

このように、立法の参考とすべき対象をヨーロッパ型の規制とするかアメリカ型とするかという点で、学説には明確な見解の対立がみられる。しかしながら、ヨーロッパ型の規制を標榜する見解においても、まずは個別規定の修正によって弊害の是正を図り、後に包括的な規制へとこれを発展させるという、より現実的な主張が現れてきており、(29)当面の具体的な立法提案の段階になると、基本的にどのような規制が必要とされるかについて、それ程の見解の相違が存在するわけではないといえよう。

2　支配会社の責任に関する包括規定

支配会社の責任に関する規定を設けるべきであるとする点で、立法論を展開する学説の見解は一致している。第一に、支配企業（および、学説により大株主）が支配的な影響力を行使して従属会社の業務執行に介入した場合に、支配会社に、従属会社または第三者に生じた損害を賠償する責任を負わせる、あるいは取締役と同様の責任を負わせる、という見解がある。(30)この場合、支配会社は、利益相反指図をした場合ばかりでなく、従属会社の利益になると考えてなした影響力の行使が過っていた場合にも、責任を負うことになる。「影響力の行使」とは、従属会社取締役の意思形成に対して因果関係をもつすべての行為を含むとされる。[31] さらに、支配的な影響力の行使と従属会社の損害との間の因果関係が不明確であることが予想されるため、「会社が損害を被ることにより大株主が利益を得る場合には、会社の損害は当該大株主の影響力の行使により生じたものと推定」する旨の規定を設けることも提案されている。[32] 第二に、従属会社が支配会社または支配会社の他の従属会社との通例でない取引により損害を被ったときは、支配会社は、その損害額につき賠償する責任を負い、また、支配会社が影響力を行使するにつき過失があり、従属会社がグループ外企業との取引等の結果損害を被った場合に、支配会社はその損害額につき賠償責任を負う、との規定を設けるべきであるとする見解がある。[33] ここにいう「通例でない取引」とは、取引条件が不公正であるという意味であり、支配会社・従属会社間または兄弟会社間において不公正な条件で取引が行われ、従属会社に損害が生じた場合に、支配会社が責任を負うというものである。第一の見解は、支配企業が従属会社の業務執行に介入するときに取締役と同様の責任を負わせる、ヨーロッパ型の規制を参考とするものであり、第二の見解は、不公正な取引が行われて損害が生じた場合に支配会社の責任が問題となる、アメリカ型の規制を参考とするものである。支配会社が過失による影響力の行使について責任を負うとする点では、両者は一致している。「問題点」では、親会社の取締役の子会社に対する行為により子会社に損害が生じた場合に、親会社またはその取締役が損害賠償責任を負う、との案（第三4(2)）が示されていた。

問題となるのは、支配会社が責任を負う際の要件である。つまり、支配会社の責任を無過失責任と構成するのか、あるいは主観的免責要件や一種のセイフ・ハーバーを認めるのかである。とりわけ、第一の見解に立つ場合には、この点を明らかにする必要があろう。これについて、支配会社のはたらきかけに従って従属会社が法律行為・措置をなし、これによって従属会社に損害が生じた場合に、支配会社は従属会社の損害を賠償する責めに任ずるが、独立した会社の合理的な取締役であっても同じ法律行為・措置をなしたであろう場合は、この限りでない、との規定を設けることを主張する見解がある。[34] しかしこの見解に対しては、独立した会社の合理的な取締役という想定は果たして可能であろうか、という疑問が呈されている。わが国では、子会社取締役の独立性が強いといっても、あくまでも子会社という枠内での独立性であって、子会社あるいはグループ企業としての立場を離れて独自の判断を行うと想定するのは現実的でない、といわれる。[35]

他方、第二の見解においては、支配会社は取引条件の不公正が立証されれば当然に責任を負うとされ、主観的免責要件を認めない。支配会社について主観的免責を認めない理由としては、取引条件が公正・通例的か否かの判断基準となりうる可能性のあるものが多数あることから、主観的要件に基づく免責を許すと、支配会社が他の基準によったことに過失はないと主張することにより、容易に損害賠償責任を免れうることになりかねないことが挙げられている。[36] 支配・従属会社間取引あるいは兄弟会社間取引によって従属会社が被った損害について、支配会社が負担する責任の本質は、第一次的には、結合企業内における公平な損害（ないしは利益）配分の回復にあると思われるので、責任要件は「公正さ」に集約されるべきであると考える。[37] この点では、基本的に、第二の見解を支持したい。

なお、支配会社の取締役についても同様に責任を免れないものと解すべきであるが、子会社が多数存在する場合には、当該子会社の管理に関与していたか否かは考慮される必要がある。[38] 従属会社の取締役については、従来の取締役の責任の枠組みで対処しうるものと考えられる。

3　支配会社の責任の追及

支配会社の責任は、原則的には、損害を被った従属会社が追及することになるが、従属会社取締役に対して支配会社が強い影響力をもつことからして、従属会社取締役にこれを期待することは現実的ではない。そこで、従属会社の株主に、代表訴訟により支配会社等の責任を追及する権利を付与すべきであるとの見解が、学説においては有力である。(39)「問題点」においては、子会社の株主の株主代表訴訟についてなお検討する、とされていた。この代表訴訟も、取締役の提訴懈怠の可能性に基づく点で、通常の株主代表訴訟と同様の構造をもつ。

この代表訴訟における従属会社の損害の立証について、立証責任の転換規定を設けるべきであるとする見解も主張されている。すなわち、支配・従属会社間の取引条件等の公正が争われる訴訟における、従属会社の損害の立証責任につき、原告である従属会社少数派株主に、当該取引によって従属会社に損害が生じたことの「一応の証拠」の提出を求め、少数派株主がこれを提出するときは、支配会社が、それにもかかわらず取引条件が公正であったと証明する責任を負担すべきであるという見解である。(40)このような立証責任転換の考え方は、英米の判例法において認められており、責任追及に実効性をもたせるために有効である。

さらに、代表訴訟提起に際しての株主の訴訟資料・証拠の収集手段が問題になる。現行法上の業務・財産状況の検査役選任請求権や帳簿閲覧権では、調査の対象に限界があることは、二において指摘したとおりであり、なんらかの改善策が必要である。立法論としては、業務・財産状況検査役の検査対象を支配会社・兄弟会社にまで拡大することと、株主の帳簿閲覧請求権の対象を支配会社等の帳簿・書類に拡大することが考えられる。「問題点」では子会社の株主に親会社の情報の閲覧・謄写等を認める案（第三4(1)）が示されていたが、現在のところ、帳簿閲覧権の機能状況や支配会社の抵抗感、あるいは企業秘密保護との兼ね合いから、検査役の調査制度の改正を支持する見解が、学説においては有力である。(41)

4　開示と監査

前述のように、支配会社等の責任を規定し、また従属会社少数派株主が代表訴訟でその責任を追及する途を開いても、まずはじめに、従属会社の少数派株主が、支配・従属会社間の取引や結合企業内の取引が不公正に行われていることに気付かなければ、これらの手段を利用することはできない。そのため、恒常的な開示と監査の充実が不可欠になる。

学説においては、子会社の取締役に親会社による支配的影響力行使の実態を明らかにする資料の作成を命じ、これを子会社の監査役が監査し、その監査結果を監査報告書において公表させること[42]や、従属会社の取締役に支配企業のはたらきかけにより行った行為や措置についての報告書（従属報告書）を作成させ、これを監査役等に報告する制度[43]が提案されている。これらの学説が念頭に置いていると思われるのは、ドイツ株式法の従属報告書である。他方、計算書類規則の若干の改正と監査対象の一定の拡大によっても、従属報告書の作成・監査がなされるのと同様の効果がもたらされるのではないかとする見解も存在する。[44]

計算書類による開示の拡充とともに、従属会社の監査役（および大会社の場合会計監査人）の権限を再検討することも必要である。結合企業法制に関する立法論を展開する学説の多くが、従属会社の監査役に、支配会社・兄弟会社に対する報告聴取権や営業報告請求権[45]、あるいは、裁判所の許可や検査役を介しての調査権[46]を提案している。「問題点」においても、子会社監査役（および会計監査人）に、親会社に対する営業報告請求や業務・財産状況の調査権限を認める案（第三5）が提案されていたが、裁判所の関与等を要求する制度の方が、現状では受け入れられやすいかと思われる。従属会社の監査役のうち少なくとも一人は、少数派代表監査役、つまり従属会社少数派株主の利益を守るための監査活動を行う監査役とすべきで、支配会社の議決権行使が禁止されている従属会社の総会決議により選任されるべきであるとする見解[47]も主張されている。しかしながら、これに対しては、適切な人材の確保は容易でないであろうし、監査役の権限が強化されるとすれば、営業秘密等の取得のために利用されるおそれが大きい[48]、との指摘もある。少数派代表の監査役を設けるべきかという問題は、取締役会および監査役（会）の構造と役割をどのように構想すべきかという、コーポレイト・ガバナンスの観点からも、さらに議論を深めるべき性格の問題であるといえよう。

(24)　支配会社・従属会社の定義については、他の会社の業務執行に対して支配的影響力を行使しうる場合、具体的には取締役の過半数を事実上選任しうる場合に支配従属関係があるものとし、議決権付株式の二五％以上を保有する場合に支配従属関係を推定するという見解が有力である（森本滋「企業結合」竹内昭夫＝龍田節編・現代企業法講座2企業組織（東京大学出版会、一九八五年）一三一頁・一三八頁、江頭憲治郎＝岸田雅雄「結合企業」別冊商事法務八七号（一九八六年）六一頁）。これに対し、最近では、二五％を疑問とする見解（高橋・前掲書（注2）一二八頁）や、推定規定は三分の一超が現実的とする見解（大和・前掲（注20）二六頁）も現れている。

(25)　森本・前掲書（注24）一三二頁。同旨、野田博「伝統的な会社と企業結合法」商事法務一四〇〇号（一九九五年）一六頁以下。なお、高橋・前掲書（注2）一一九頁は、契約コンツェルン規制導入の可能性を認めつつも、それはしかるべき事実上のコンツェルン規制をつくりあげた後に、この規制の適用除外を望む経済界の要望に応じて検討すべき二次的な立法課題であるとする。

(26)　森本・前掲書（注24）一三一―一三二頁。

(27)　江頭・前掲書（注2）一五頁以下。包括的なコンツェルン規制に懐疑的な見解については、シンポジウム「企業結合」私法三七号（一九七五年）九一頁以下、前田重行「企業の結合・分割に関する立法上の問題点」ジュリスト増刊商法の争点（第二版）一九六頁等。議論の整理は、早川・前掲書（注2）四九〇頁以下。

(28)　江頭・前掲書（注2）九五頁・三一三頁以下。

(29)　福島洋尚「企業組織形態としてのコンツェルンと会社法―ドイツにおける「コンツェルン組織法」について―」南山法学一九巻四号（一九九六年）三一頁、高橋・前掲書（注2）一一九頁。

(30) 森本・前掲書(注24)一三一頁、江頭＝岸田・前掲(注24)六一頁。
(31) 江頭＝岸田・前掲(注24)六二頁。
(32) 江頭＝岸田・前掲(注24)六一頁。
(33) 江頭・前掲書(注2)一〇三頁。
(34) 高橋・前掲書(注2)一三五頁以下。第一の見解において、支配会社の責任の主観的要件を明確に論ずる論稿は少ない。たとえば、取締役と同様の責任を負うという場合に、取締役と同様の主観的要件で責任を負うという趣旨か否かは必ずしも明白ではない。
(35) 大和・前掲(注20)二四頁。
(36) 江頭・前掲書(注2)一〇〇頁。
(37) 同様に、責任要件は当該行為等の「公正」さによって構成されるほかなく、主観的要件による免責を認めるべきでないとする見解として、大和・前掲(注20)二五頁。
(38) 大和・前掲(注20)二五頁。
(39) 森本・前掲書(注24)一三八頁、江頭＝岸田・前掲(注24)六二頁、江頭・前掲書(注2)一〇三頁。なお、江頭・前掲書(注2)一〇四頁は、従属会社が支配会社・兄弟会社の責任を追及する訴訟を提起する場合に従属会社を代表する権限は、監査役に賦与されるべきであるとする。
(40) 江頭・前掲書(注2)一四八—一四九頁。なお、同一四九頁注26に、この考え方に立つ裁判例の紹介がある。同旨、大和・前掲(注20)二五頁。
(41) 従属会社の株主が検査役の選任を請求し、検査役の調査結果の報告を受けた裁判所が、会社の利益を考慮しつつ必要な限りで株主等に調査結果を開示する、という案を提案するものとして、江頭・前掲書(注2)一五三—一五四頁、江頭憲治郎他「『親子会社法制等に関する問題点』をめぐって」商事法務一五〇〇号(一九九八年)四三頁(江頭発言)。同様に、帳簿閲覧権には現在の機能状況からして多くを期待できないので、検査役の調査制度によるべきとする見解として、大和・前掲(注20)二五頁。

(42)　森本滋「親子会社法制をめぐる諸問題」商事法務一五〇〇号（一九九八年）五二頁。
(43)　高橋・前掲書（注2）一三二頁以下。
(44)　江頭・前掲書（注2）一一九頁以下参照。
(45)　江頭・前掲書（注2）一二八頁以下、大和・前掲（注20）二五頁。
(46)　江頭＝岸田・前掲（注24）、江頭・前掲書（注2）一二八頁、森本・前掲（注42）五二頁、江頭他・前掲（注41）五二頁（江頭発言）。
(47)　高橋・前掲書（注2）一三一頁。なお、新山雄三・株式会社法の立法と解釈（日本評論社、一九九三年）二九五頁。
(48)　大和・前掲（注20）二五頁。

三　少数派株主の株式買取請求権

1　従来の学説の状況

少数派株主の株式買取請求権は、とくに閉鎖会社において、株主間の内部紛争を解決する方法として従来から提唱されており、近時は、結合企業に関する法規制との関係でも、買取請求権の立法化が提案されている。従来からの学説の議論は、大別すれば、次のような場面に分けることができよう。

第一に、閉鎖会社において、少数派株主に投下資本を回収して会社から離脱を図る方法として、株式買取請求権を認めるべきであるとする見解が、従来から有力に主張されている。[49] どのような場合に買取請求を認めるべきであるかについては、無条件でこれを認めるべきであるとする見解[50]から、株主間の信頼・共同関係が破綻した場合に、解散判決に代わるものとして、会社に対する株式買取請求を認めるべきであるとするもの[51]までバリエーションがある。買取請求の対象についても、会社による買取を論ずるものと、他の株主（多数派株主）による買取を論ずるもの、他の株主による株式買取と解散とを連動させるものなどがある。これらの議論は、必ずしも結合企業の特性を考慮して展開されてきたものではないが、従属会社が閉鎖会社である場合には、結合企業内の関係にも妥当することになる。実際にも、閉鎖的な小規模企業において、結合企業が利用される例は多いようである。

第二に、結合企業の形成過程における株式買取請求権が論じられる場合がある。すなわち、学説には、支配会社が従属会社の株式の九〇%あるいは九五%以上を有し、絶対的な支配従属関係が認められる場合には、従属会社の少数派株主の利益を保護するために、支配会社に対する株式買取請求権を認めることが必要であり、他方、価額の公正さが確保されるかぎり、支配会社に株式売渡請求権を認めることも考慮されてよい、とする見解がある。(52) イギリス法やカナダ法では、企業の買収・結合の過程において、株式買付者が対象会社の株式の九〇%以上を取得した場合、株式買付者には残存株主の株式を強制的に買い取る売渡請求権があり、これに対応して、残存株主の側からの株式買取請求権が認められている。フランス法では、九五%以上の株式を取得した者に対して、残存株主の側から買取を要求することができる。第二の議論は、これらを参考に、わが国でも結合企業の形成過程における株式買取請求権を認めようとするものであるが、その前提として、いわゆる少数派株主の締め出し(少数派持株の強制買取規定)の是非を検討する必要があろう。

そして、第三に、近年では、結合企業関係にある会社の運営の中で、支配会社による少数派持株の買取義務が議論されるようになった。すなわち、従属会社が支配会社との通例的でない取引等により損害を被った場合に、支配会社の損害賠償責任を法定し、これにつき従属会社少数派株主(社員)の代表訴訟提起権を認め、また立証責任の転換を図るべきであるとする見解(前述の第二の見解)において、たとえそのような立法措置等を講じても、支配会社によって同様の加害が繰り返されるおそれは否定できないところから、一定の要件が満たされる場合に、支配会社に従属会社少数派株主の株式買取義務を負わせることが提案されている。(53) また、従属会社少数派株主の利益を守るための監査を行う機関として、「少数派代表監査役」の創設を提唱する学説においても、支配企業による強力な支配によりこの監査システムが機能しない場合には、従属会社の少数派株主の株式を適正価格で買い取る義務が支配企業に課されるべきであるとして、株式買取請求権の創設を提案している[54]。以下、これらの見解も含めて、結合企業関係にある会社の運営の局面における、従属会社少数派株主の株式買取請求権について検討してみる。

2　従属会社少数派株主の株式買取請求権

先にみたように、結合企業関係にある会社の運営の局面において、従属会社少数派持株の支配会社による買取を提案する見解は、いずれも、結合企業規制と連動させて、株式買取請求権を構想している。すなわち、支配会社の通例的でない取引によって従属会社少数派株主が被る損害について、支配会社の損害賠償責任の法定とこれに関する少数派株主の株主代表訴訟および立証責任の転換等を提唱する見解においては、支配会社が従属会社に対して損害賠償責任を負う事態がすでに生じ、かつ今後も同様のことが繰り返されるおそれがある等、従属会社少数派株主の保護のために必要があるときに、少数派株主（社員）が、単独株主権として、支配会社に対して株式の買取を訴えにより請求できることとし、少数派株主の勝訴判決により、他の少数派株主にも、支配会社に対する株式買取請求権が発生するとされる[55]。また、「少数派代表監査役」を提唱する見解においては、①従属会社が支配会社の一事業部門となり、②従属会社の少数派代表監査役が職務を遂行しえない場合、支配会社が従属会社の株式買取義務を負うとすべきである、との提案がなされている。この見解においては、従属会社の少数派株主が、支配企業の支配的影響力の行使により、従属会社に損害が生じたにもかかわらず、不利益補償がなされていないことを証明する場合にも、従属会社の監査システムが無機能化した場合とみなして、裁判所が支配企業に株式買取を命じうるとする規定を設けることが提案され、この買取義務については、有限会社にも準用すべきであるとされている。(56)

前者の見解は、支配会社が従属会社に損害を与えたことの証明を要する点で、予防的な性質の制度ではなく、支配会社の加害行為に対する制裁の性格をもつとされる。(57)そして、損害の要件を課すことの意義を考えて、対象となる従属会社を非公開会社に限定しない。後者の見解では、①の要件に該当しないことが、東京・大阪両証券取引所の子会社上場の認定基準となっていることへの言及があり、対象は非上場会社に限定する趣旨と思われるが、不利益補償がなされていない場合の買取請求権については、前者の見解と同趣旨のもののようである。(58)後者の見解が主張する「少数派代表監査役」は、傾聴に値する提言ではあるが、結合企業の実態を勘案すると、人材の確保や実効性の点で、前述のように、なお疑問が残るといえよう。したがって、「少数派代表監査役」と連動する制度として支配企業の株式買取義務を位置付けることにも、にわかに賛成することはできないといわざるを得ない。これに対して、支配会社が従属会社に対して損害賠償責任を負う事態がすでに生じ、かつ今後も繰り返されるおそれが高い場合に、訴えによって、従属会社株主に株式買取請求権を認めることは、きわめて妥当な解決方法であると考える。

もともと閉鎖的な会社においては、株主間に往々にして組合的な人的結合関係があるところから、株主の支配的な利益の保護が問題となるが、その前段階として、株主が出資に見合った経済的な利益を公正に享受すべきことは、会社制度の基本的な要請であると考えられる。したがって、支配会社・従属会社間または兄弟会社間における不公正な取引によって従属会社に損害が発生し、これについて支配会社が賠償義務を負うという事態が生じており、しかも今後も同様の事態が繰り返されるおそれが高いときは、株主間の経済的公正を図る観点からも、従属会社少数派株主が持株の買取請求により、会社から離脱する途を確保すべきである。

誰が少数派持株を買い取るべきかについては、当該従属会社による買取と支配会社による買取という、二つの選択肢が考えられる。支配会社による買取を構想する見解は、買取による救済が支配会社の加害行為に対する制裁としての性質をもつこと、(59)あるいは、かかる状況を招いたのが支配会社であり、それによる利益を享受しているのも支配会社であること、実際にも小規模閉鎖会社の内部紛争の大部分が多数派による少数派持分の買取によって解決されていることを(60)理由として挙げる。従来の閉鎖会社に関する議論においては、厳格な資本維持原則と自己株式取得禁止原則の存在も、当該会社による買取を認める障害とされていた。(61)しかしながら、自己株式の取得・消却に関する規制は、近年著しく緩和されてきており、かなりの範囲での買取が可能であると考えられる。また元来、合併や営業譲渡の際の反対株主の株式買取請求権には、資本による制約もないことからすれば、株式買取請求権の性質に若干の相違があるとはいえ、この場合にも、資本による制約ということ自体、優先的に考慮すべき事項とは必ずしもいえないかもしれない。(62)もっとも、従属会社にはすでに不公正な取引によって損害が生じており、従属会社による株式買取には限界があるという事態も予想される。他方、支配会社に買取義務を負わせることは、いわば従属会社への追加出資を強制することになるが、支配会社の資金が常に潤沢であるとは必ずしも限らないであろう。

従属会社少数派株主の側からみれば、会社から離脱する以上、だれが買い取るかは問題ではなく、むしろ買取がスムーズに進むことが重要であるものと思われる。したがって、株式買取の義務は、当該会社または支配会社が負うものとし、裁判所が、少数派株主の持株割合や当該会社および支配会社の財務内容を勘案し、より実現の容易な買主を選択して買取を命ずるというような、柔軟な買取制度を構想することも検討できるのではないかと思われる。(63)

3　株式交換による救済の可能性

従属会社株主の株式買取請求権は、恒常的に不利益な立場に置かれるおそれのある少数派株主にとって、かかる状況を打開し経済的な利益を確保するための有益な手段である。しかしながら、これによって少数派株主は、結局出資した会社から排除されることになるので、当該会社やその属する企業グループの将来の利益に参加することはできなくなる。たとえば、将来有望な事業機会が支配会社や兄弟会社に奪われた場合、かかる侵害行為が行われなければ有したであろう株式の価格を算定することは容易ではないであろうし、それが算定できたとしても、その事業が将来生ずるであろう利益まで加味することは難しいものと思われる。革新的な技術をもつベンチャー企業の創業者が、その技術の商品化の過程で他から資本を受け入れ、事業の拡大の結果少数派になってしまった場合などを考えてみると、出資に見合った公正な経済的利益の配分に加えて、自ら考案した技術が生み出すであろう将来の利益に参加し続けたいと望むことは、あながち理由のないこととはいえないであろう。

このような考慮から、イギリス法系の学説の中には、従属会社少数派株主の救済方法として、少数派株主を企業グループの利益に参加させること、より具体的には、少数派株主が有する従属会社の株式と支配会社の株式とを交換できるオプションを与えることを主張する見解がある(64)。これによれば、少数派株主は、企業グループの利益に将来的にも参加することが可能な上、従属会社の事業機会が奪われた場合に生ずるであろう損害額の立証問題からも解放されることになる。平成一一年改正商法のもとでは、株主総会の特別決議によって、完全子会社となるべき会社の少数派株主に対して、完全親会社となる会社の株式と持株を交換すること（反対の場合には株式買取請求によって会社から離脱すること）を強制できるようになる。従属会社少数派株主に支配会社の株式との交換を請求できる権利を与えるという発想は、少数派株主の側にも、かかる株式交換のイニシアチブを与えようとするものといえる。支配会社にとっても、株式買取を要求されるよりは、経済的な負担は少なくて済むはずである。

もちろん、このような解決方法は、株主間の信頼関係が破綻したような場合には利用できないであろうし、前述の株式買取請求権と同様に、裁判所の判断でかかる交換請求を認めるとしても、要件や手続等、なお検討すべき事柄は多い。とはいえ、このような解決方法の可能性を検討することも、結合企業内における株主間の利害調整手段の一つとして、有益なものではないかと思われる。

(49)　酒巻俊雄・閉鎖的会社の法理と立法（日本評論社　一九七三年）一四九頁・二六五頁、浜田道代・アメリカ閉鎖会社法（商事法務研究会、一九七四年）三〇頁、青竹正一・小規模閉鎖会社の法規整（文眞堂、一九七九年）三一九頁以下、宍戸善一「閉鎖会社における内部紛争の解決と経済的公正」法学協会雑誌一〇一巻一一号（一九八四年）一八三七頁以下。なお、株式買取請求権の検討として、川島いづみ「少数派株主の保護と株主間の利害調整(四・完)」専修法学論集八三号（二〇〇一年）三六頁以下。

(50)　浜田・前掲書（注49）三三九頁、同「株主の無条件株式買取請求権」商事法務九八二号（一九八三年）五九頁以下、同九八四号（一九八三年）五九頁以下。

(51)　青竹・前掲書（注49）三二〇頁。

(52)　森本・前掲書（注24）一三三頁。

(53)　江頭・前掲書（注2）三一七頁以下。これを支持する見解として、大和・前掲（注20）二六頁。

(54)　高橋・前掲書（注2）一二二頁・一三九頁以下。

(55)　江頭・前掲書（注2）三一七―三一八頁。買取価格についても、損害がなければ有したであろう「公正な価格」による場合の裁判の遅延に配慮し、定型的な買取価格の法定が提案されている（同・前掲書三一九頁）。

(56)　高橋・前掲書（注2）一四一頁・二二五頁以下。

(57)　江頭・前掲書（注2）三一三頁。

(58)　高橋・前掲書（注2）一五五頁注60参照。

(59)　江頭・前掲書（注2）三一四頁。

(60) 高橋・前掲書（注2）一四〇頁・二二七頁。

(61) 宍戸・前掲（注49）一八三七頁。

(62) イギリス法系の会社法においては、株主の利益が不公正に侵害された場合、株主の申請によって、裁判所が適当と思量する救済命令を与えることができるものとされているが、裁判所が与えることのできる命令の例示としては、株式買取命令と並んで、資本減少を命ずる命令も掲げられている。川島いづみ「少数派株主に対する不公正な侵害行為等の救済制度―カナダ会社法における制度の展開（一）」民商法雑誌九八巻五号（一九八八年）一頁以下、同「少数派株主の保護と株主間の利害調整（一）」専修法学論集七〇号（一九九七年）一頁以下参照。

(63) イギリス法系の会社法における少数派株主救済制度では、株式買取命令について、裁判所の判断により状況に応じて、親会社（多数派株主）、当該会社、または、結合企業内の他の会社（兄弟会社）に対して、柔軟に買取が命じられている。川島いづみ「結合企業における少数派株主保護とイギリス法上の不公正な侵害行為の救済制度」早稲田法学七三巻三号（一九九八年）二六八頁以下。

(64) T.W. Walde, Parent-Subsidiary Relations in the Integrated Corporate System : A Comparison of American and German Law, (1974) 9 J. Int. Law & Ec. 355, at p. 491; N.C. Sargent, Corporate Groups and the CorporateVeil in Canada : A Penetrating Look at Parent-Subsidiary Relations in the Modern Corporate Enterprise, (1988) 17 Mani. L.J. 155, at p. 174 ; K. Yeung, Corporate Groups: Legal Aspects of the Management Dilemma, (1997) LMCLQ 208, at pp. 267-268.川島・前掲（注63）二七九頁以下。

5　株主総会の活性化とＩＲ活動

佐藤敏昭

はじめに

最近になって株主総会の運営に変化の兆しが見えてきた。(1)利益供与事件の摘発が徹底されたことによって特定の株主に対する利益供与禁止への高まりが名実ともに起こり、一方、従業員株主を動員した株主総会の運営に対しても裁判所の厳しい見解が出されてきた。(2)そして何よりもこのような経過の中で経営者である代表取締役自身にコーポレートガバナンスに対する関心と理解が深まってきたことが、株主とのコミュニケーション向上あるいはディスクロージャー拡充の原動力となっているように思われ、このような時期だからこそＩＲ活動が注目されてきているのであろう。従前から議論されてきた株主総会の活性化問題は右の環境整備を経てようやく体制が整い、さらにＩＲ活動を通じて息を吹き込まれるという新たな段階に入り始めているということができよう。

本稿では新局面を迎えた株主総会の活性化に資するためのＩＲ活動はいかにあるべきかを主題に、ＩＲ活動の位置づけや株主総会との関係を検討した上で、ＩＲ活動内容としてのディスクロージャーおよびコミュニケーションの問題点ならびに方策を検討していくことにする。ただ、ＩＲ活動は基本的に運用論であって、法律問題が直接に絡んでくる場面は少ないように思われる。この点についてはなるべく商法や証券取引法との関連を意識しながら述べていくことにしたい。

主題との関係で整連しておくべき重要な点は、コーポレートガバナンスと株主総会との関係である。公開会社の株主総会にコーポレートガバナンスの役割を与えようとすることには無理があるといわれている。(3) むしろ取締役等の選解任問題については会社機関の一元制・二元制の議論の中で消化しようとするのが近時のコーポレートガバナンス論の傾向であるが、最終的には株主総会に属する機能として残さざるを得ないのであれば、(4) 例えば主要株主の責任論としてアプローチすることもできる。この点を、ＩＲ活動と株主総会との関係を述べる前に簡単に触れておくことにする。

株主総会に関する議論全体からコーポレートガバナンスに関する部分を控除すると、ＩＲ活動に関連のある部分はおよそアカウンタビリティー、ディスクロージャー、コミュニケーションといった三つの問題に集約されてくる。ＩＲ活動はこれらすべてに幅広く関連するものであり、ややもすると焦点がぼやけてしまうきらいもあるが、できるだけ個別具体的な検討を進めていくつもりである。なお、本稿が対象とする会社は公開会社である。

（1） 中村直人「一般株主対応型の株主総会の運営」商事一五二四号二七頁（平一一年）以下に詳しい。
（2） 四国電力事件・最判平八・一一・一二　資料版商事法務一五三号一七一頁および住友商事事件・大地判平一〇・三・一八　資料版商事法務一六九号一一一頁。
（3） 例えば、森本滋「コーポレイトガバナンスと商法改正」川又良也先生還暦記念『商法・経済法の諸問題』一一四頁（商事法務研究会、平六年）。

（4）　多数説。例えば、稲葉威雄「株主総会の開示機能――開かれた総会に向けて」味村最高裁判事退官記念『商法と商業登記』二一〇頁（商事法務研究会、平一〇年）。

一　ＩＲ活動の位置づけ

1　ＩＲ活動の意義

ＩＲ（Investor Relations）とは、投資家と会社との関係である。現在、一般にＩＲというと、いわゆる「ＩＲ活動」を意味することがほとんどであり、会社内容の理解促進・会社イメージの向上・株価の安定などを目標に、説明会を開催したり、アニュアルレポートや会社案内を作成送付したりして、投資家とか証券アナリストとの関係を向上させる活動ということができる。つまり、商法や証券取引法における株主もしくは投資家に対する開示義務・説明義務といった法規制の分野というよりも、経営者による会社価値創造のための投資家に対する情報戦略の分野（いわば経営自助努力の領域）として位置づけられよう。(5) したがって、ＩＲ活動そのものに法律論が直接絡んでくる場面はあまり多くないが、取締役および監査役のアカウンタビリティーとの関係（広義では忠実義務・善管注意義務の問題）、あるいは株主総会との関係において、商法や証券取引法上の問題が生じる可能性がある。

他方、ＰＲ（Public Relations）の語がある。これは社会一般と会社との関係をいうが、ＰＲ活動といえば、販売促進・広報といった営業活動のほか、環境問題や社会貢献に対する会社の姿勢・考え方を広く社会一般に理解してもらう活動といえる。(6) ＰＲが社会一般の幅広い層に対する関係に比べ、ＩＲはそのうちの一般投資家に対する関係であるからより深いコミュニケーションが望まれてくる。さらに株主は、一般投資家の中から所有者の一部となった者なので、もっと会社活動に関する説明が必要になる（広い意味では社債権者も含まれる）。ところが実態上、一般投資家と株主間についてこのような段階的な差異は見られない。すなわち、資本市場をもつ公開会社においては、一般投資家と一般株主は、主要株主ないし安定株主が負担する資本以外の資本部分を頻繁に入れ替わり担う構造になっており[7]（株主は閉鎖会社と違って資本市場を通じての退社がきわめて容易であるので）、アカウンタビリティーの対象として一般株主は一般投資家と事実上格別に異なるものではないという評価が、とくに個人株主の場合に認められる。[8] むしろ直接開示と間接開示の差はあるにしても、情報量の面からは証券取引法上の開示規制が商法の開示規制よりも内容的には先行して拡充されているから、株主と一般投資家の情報量は逆転している。[9] したがって、一般個人株主と個人レベルの一般投資家に対する開示関連のＩＲ活動は実質的にはほぼ同様に取り扱ってもよいものと思われる。

2　ＩＲ活動の実態

次に、ＩＲ活動の実態を最近の調査でみておこう。[10] 上場会社の中でＩＲ活動を既に「実施している」会社は一九七〇社中八六五社で四三・九％あり、「今後実施したい」二三七社（一二・〇％）を含めると半数以上となる。そして資本金規模の大きい会社ほどＩＲ活動への認識・理解が深い結果となっている。[11]

ＩＲ活動として効果的と思われる方策については、「アナリスト取材への対応」六九・三％、「決算説明会」五三・四％、「国内向けの決算を除く会社説明会」四〇・〇％、「アニュアルレポートの送付」三八・〇％、「国内広報ニュース・リリースの配布」三二・三％、「株主通信の送付」三一・二％、「工場・研究所見学」二〇・一％の順となっている（重複回答）。

実際に行ったＩＲ活動の対象としては、「証券アナリスト」八五・四％、「国内機関投資家」五五・五％、「株主」四八・二％、「海外機関投資家」三七・四％、「マスコミ関係」三四・六％の順である（重複回答）。また、実際に行ったＩＲ活動の内容としては、「会社説明会」七一・一%、「アニュアルレポートの送付」五二・四%、「工場・研究所の見学」二三・七%、「株主通信の送付」二三・七%、「財務公告の掲載」一〇・三%となっている（重複回答）。

この調査では、効果的と思われる方策と、実際に行ったＩＲ活動の選択肢が必ずしも一致しておらず、誰に対して何を行ったかの連関も遮断されているので評価は難かしいが、およそ次の点が推測される。プラス面としては① 証券アナリストに対するＩＲ活動が定着している。② 会社説明会がある程度開催されている。③ アニュアルレポートの作成送付が浸透している。逆にマイナス面としては④ 株主通信の作成送付がやや滞っている（アニュアルレポートが代替しているのかもしれない）。⑤ 株主に対するＩＲ活動がやや低調である。全体に、コストパフォーマンスを意識するあまり証券アナリスト等に対する間接的なＩＲ活動に片寄っているのではないだろうか。反面、一般株主や一般投資家に対する直接的なＩＲ活動はそれに見合う形で停滞しているものと思われる。おそらく、ディスクロージャーの法規制以外の部分と、ＩＲ活動の広報機能との関係が必ずしも整理されていないことによる混乱とも解されるが、株主・投資家をはじめとするステイクホールダーズとの直接的コミュニケーションがこれからの目標(12)であるという視点からすると改善の余地があろう。

一方、ＩＲ先進国の米国ではＩＲ活動はディスクロージャー面でもっと積極的かつ活発である。全米ＩＲ協会（National Investor Relations Institute; NARI）の調査によれば、(13)「ソフト情報（後掲Ⅲ2参照）をアナリストや投資家に提供している」会社が七一%ある。そしてソフト情報をニュースリリースで流したり、ＳＥＣにファイリングする会社が増えている。電子メディアによるＩＲ活動も活発である。証券アナリストや機関投資家を主としたものであるが（最近ではマスコミや証券会社にも広がっている）、これらに対し電話会議形式の質疑応答によるＩＲ活動を進めているという。インターネットのホームページを持つ会社の八六%がＩＲのセクションを持っており、四半期決算、製品・サービスに関する詳細情報、ＳＥＣへの提出書類、経営陣の経歴、主なイベントの予定などが提供されている。

3　ＩＲ活動とコーポレートガバナンスとの関係

昨今は、ＩＲ活動をコーポレートガバナンスに関連づけてとりあげる傾向にある。[14] ところが、ＩＲ活動との関連でとりあげられる場合に混乱がみられることがある。すなわち、ＩＲ活動の内容としてとりあげられるコーポレートガバナンスは対外投資回収性に端を発したものであり、投下資本に対していかに経営効率をあげるべきかすなわち会社の繁栄（prosperity）がその目的とされている。株主資本利益率（ROE; Return On Equity）に代表される指標を用い、経営効率向上のためにはどのような意思決定およびチェックのメカニズムが必要なのかを考えていくことを命題としている。[15] 他方、企業不祥事あるいは経営者の暴走をいかにくい止めるかに端を発し、経営管理機構やディスクロージャーを通じてこれにいかに応えていくかを命題とするアプローチがある。大別すれば、コーポレートガバナンス論には以上二つの潮流があるものと思われる。法律論になじむコーポレートガバナンス論は後者である（後者はさらに米国型と英国型に分けられる）。[16] 後者は会社の外部（株主を含む）から会社の内部（会社自体）に働きかけるベクトルの議論が中心であって、経営者の判断の下に行われる経営活動の一環として位置づけられるガバナンス論ではないように思われる。したがって、ディスクロージャーやアカウンタビリティーとの関係はともかく、法律論としてのコーポレートガバナンスとＩＲ活動との一線は劃するべきであろう。そして、法律論としてのコーポレートガバナンス論の焦点は取締役（就中経営者である代表取締役）や監査役の選解任にあり、これは株主総会や取締役会あるいは監査役会のあり方の問題に関連するものと思われる。とりわけ株主総会とコーポレートガバナンスとの関係は本稿主題に関連する事柄でもあるので、これについて簡単に述べておきたい。

近時のコーポレートガバナンスの法的議論は、会社機関のあり方が即テーマになっているといえよう。取締役・取締役会、監査役（会）あるいは個々の株主（権）に関する議論が専らの中心であり、株主総会にはガバナンス機能を期待することは難かしいと考えるのが多数であろう。(17) 事実、わが国商法もその変遷をみると一貫して株主総会の権限を縮小しつつ、他方で株主権の強化と開示拡充を果してきている。それでもなお、株主総会は私有財産制度を担保する最後の制度として維持せざるを得ないと考えられている。

最近のＯＥＣＤのコーポレートガバナンス原則（素案）(18) はその前文において「あらゆる支配株主（Controlling Shareholders）の存在は会社に少なからず影響を与える。また機関投資家もその株式保有によりコーポレートガバナンスについて大きな発言権を発揮するようになった。個人株主は議決権（governance rights）の行使に積極的ではないが、支配株主や経営陣から公平な扱いを受けるべきである」旨述べており、個人株主の利益が尊重されていることがわかる。ただし、この前文からも推し計れるとおり、原則案にいう公平な取扱いとは自益権に関するものであって、共益権とりわけ取締役等に関する選解任の議決権を指しているのではないものと考えられる。ともあれ、このような個人株主の利益保護のためにも、コーポレートガバナンスを充実し、その中心課題が取締役等の選解任であるとするならば、それは株主総会の問題として位置づけて検討する過程を避けるべきでない。現在の取締役等の選解任問題は、株主総会を除いた会社機関を一元制にするか二元制にするのかの議論の中で取扱われているが、これとて結局、取締役等の候補者は身内の中で手当する域を出ていないのであって、本来は株主総会プロパーの議論であるはずである。この議論のステップを飛び越さずに、株主総会に属する機能としての取締役等の選解任についてこれを責任論としてみるならば、実質的にその議決権行使の権限を持っている者が責任を負うべきであろう。その責任を負う者は法人を中心とする主要株主群ではないだろうか。一般個人株主の無関心さの実態と、株式持合の上に経営者の安定化機能を担っている主要法人株主の実態（「責任なき支配[19]」の状態）は分けて考える必要がある。

株式持合が減少傾向にあるとはいえ[20]、独禁法の持株会社解禁やこれを受けた商法上の親子会社関連法制の改正によって企業グループ再編が進み、その頂点となる親会社に対するコーポレートガバナンスの必要性はより高まっていくものと思われ、主要法人株主による取締役等の選解任に関する議決権行使はより実効あるものとしていくべきであろう。社会的影響度および実態的見地から公開会社においては立法論としても例えば、定款の記載によって取締役等の選解任に関する議決権を主要法人株主に集中させガバナンス機能を発揮させることができれば、一般個人株主に対する公平性もある程度促進されるのではないだろうか。けだし、コーポレートガバナンスが右の牽制効果によって向上する結果、ひいては自益権としての株主利益還元も期待されるように思われるからである。なお、このように取締役等の選解任について主要株主に議決権を集中させる場合でも、一般株主の自益権に直接関連する議案の議決権については、米国型を採用することなく全株主の固有権として維持すべきものと思われる。いずれにせよ株主権そのものを画一的に考えるのではなく、実態から導かれる分化を志向するべきであろう。

以上を要するに、株主総会を通じたコーポレートガバナンスについては、一般株主の保護を前提に主要株主の責任を強化するアプローチが実効性につながるものと思われる。すなわち一般株主に対してはアカウンタビリティーやディスクロージャーの問題として、主要株主に対してはコーポレートガバナンスの問題として振り分けすることができる。このような観点からＩＲ活動とコーポレートガバナンスとの関係をみていくと、結局、法律論の立場からは、主要株主に対し任意にコーポレートガバナンスのＩＲ活動を行うことは妨げないが、一般株主（ないし一般投資家）に対するＩＲ活動内容の一部としてコーポレートガバナンスを位置づけようとするのは本末転倒になるものと思われる。

(5)　我国においてＩＲ活動に対する関心が高まった直接のきっかけは、一九八〇年代後半のエクイティファイナンスの急拡大であるといわれる。転換社債やワラント債を発行したものの株価が上昇しない場合のテコ入れ策としてＩＲ活動が着目されてきた（渡辺茂『ＲＯＥ革命』一一九頁（東洋経済新報社、平六年）参照）。
(6)　渡辺・前掲注（5）一二一頁。
(7)　上村達男教授はこの状況について、株主は買いのポジョンを持つ投資家であり、株主総会はマーケットの瞬間の静止画像ととらえている（上村達男「公開会社の法理と株主の経営監督機能」蓮井良憲・今井宏先生古希記念『企業監査とリスクの法構造』二四八頁（法律文化社、平六年））。
(8)　全国証券取引所協議会編「平成九年度株式分布状況調査」一三頁（平一〇年）によれば、一般の個人株主は頭数からみると株主の九割以上を占める。しかし、一般個人株主の関心は専ら自益権とりわけキャピタルゲインに集中している。
(9)　この意味でも公開会社法の立法が検討されるべきであろう。
(10)　一九九八年版「株主総会白書」商事一五一〇号六四頁以下（平一〇年）。なお、本調査の回答会社数は一九七一社（回答率八二％）である。
(11)　前掲実態調査注（10）六六頁。
(12)　遠藤博志「コーポレート・ガバナンス重視の広報」経済広報九八年一〇月号一二～一三頁（経済広報センター）。
(13)　海外ＩＲ事情「最近の全米ＩＲ協会調査から」ＩＲ―ＣＯＭ二一号一一頁。
(14)　例えば渡辺恒「インベスター・リレーションズとコーポレート・ガバナンス」商事一五一八号一九頁以下（平一一年）。
(15)　ちなみに一九九八年一月に公表された英国ハンペル委員会の最終報告書Committee on Corporate Governance: Final Reportの第一章一の一には前者のスタンスをとることが明示されている。報告書全体の内容は、キャドベリー委員会報告書およびグリーンベリー委員会報告書の引き継ぎ検討事項もあり、報告書自体はかなり広範なものとなっている。その背景にはEUのアジア・ロシア向け対外投資の回収性の問題があったように思われる。なお、ハンペル委員会報告書の翻訳として、八田進二＝橋本尚「英国ハンペル委員会報告書――コーポレート・ガバナンス規程」駿河台経済論集八巻二号一七七頁（平一一年）がある。

(16) 酒巻俊雄「コーポレート・ガバナンスのアメリカ型とイギリス型」税経通信九九年一月号二三頁以下（平一一年）参照。

(17) 例えば、奥島孝康ほかパネルディスカッション「会社はだれのものか――日本的経営システムとコーポレートガバナンス」奥島孝康編『会社はだれのものか』八頁〔奥島発言〕（きんざい、平九年）など。

(18) Ad hoc Task Force on Corporate Governance "Draft OECD Principles of Governance" Feb. 1999.

(19) 上村・前掲二四七～二四八頁参照。

(20) 井上英昭「株式持合いの最近の動きについて」ニッセイ基礎研レポート九八年一〇月号九～一四頁参照。なお、平成一一年一月二七日付日経新聞によれば、自民党金融再生トータルプラン推進特別調査会において、持合株式解消のための制度の検討に着手することになった。

二　ＩＲ活動と株主総会の関係

1　株主総会の活性化を阻んできた要因の解消

前節で検討したように、例えば主要株主によるガバナンス機能の実効性を担保しながら、一方で取締役および監査役（または会計監査人）によるアカウンタビリティーが保障され、かつコミュニケーションの向上があれば株主総会は活性化する余地がある（株主総会がコーポレートガバナンスに対して機能しえないのではないかという問題と、株主総会の活性化は別問題である）。株主総会の活性化は会社運営自体の透明性向上につながると同時に、評判の良い（good reputation）会社として評価されることで株価の上昇にもつながり、ひいては株主の利益に還元されていく。そしてＩＲ活動はこれら一連の促進剤としての役割がある。

ところが、周知のとおり、公開会社の株主総会はこれまで相変わらずのシャンシャン総会であった。最近になって変化の方向がみられるが[21]、株主総会の活性化を阻んできた要因は何なのかについて検討しておくことにしよう。これまで公開会社の株主総会の活性化すなわち一般株主の参加を阻んできた主な要因として次の三点があげられるであろう。

(a)　法人株主を中心とする株式持合構造の下では、株主総会での決議事項は取締役が提出する議案のとおり形式追認するだけであるから(あらかじめ議決権行使書あるいは委任状の大部分が会社側の手中にあるので)、議論は意味がないとの印象を一般株主に与えてきた。

(b)　取締役が自己保全のため特定の株主に利益供与を行ったり(商二九四ノ二違反)、従業員株主を動員して一般株主の発言を封じてきた。

(c)　取締役の意識自体が、法的責任が絡むものは必要最低限に済ませ、敢えて余計な事は言うまいとする消極的な姿勢を保ってきた。

(a)はコーポレートガバナンスとのかかわりが深い。前節で検討してきたとおり、本稿では、一般株主に対して株主総会におけるコーポレートガバナンスを期待することは国際的にみても難しく[22]、これは主要株主の責任の問題に譲り、むしろ一般株主に対しては共益権からのアプローチというよりも自益権を中心とした株主利益の保護を優先する考え方が現代の大規模公開会社の実態ないし構造からして現実的である、というスタンスをとっている。したがって、取締役等の選解任や報酬議案を除いた部分を基本的に自益権として考えている(なお、利益処分は商法監査特例法一六条一項により報告事項)。株主以外の者に対する新株・転換社債・ワラント債の有利発行（商二八〇ノ二②、三四一ノ二③、三四一ノ八⑤)などの決議は自益権そのものであるから、株主総会における一般株主の審議を丁寧に行う必要がある（なお、定款をもって新株・転換社債・ワラント債の発行を株主総会の決議とする旨を定めている場合（商二八〇ノ二①、三四一ノ二②、三四一ノ八②）も同様）。さらに、会社組織を大幅に変更するための決議すなわち定款変更（商三四二）、営業譲渡・譲受（商二四五）、資本減少（商三七五）、解散（商四〇五）などの決議も自益権そのものあるいはそれ以上に機会原価（opportunity cost）を伴う事柄となるので一般株主の関与は欠かせないものと思われるが、[23] 立法動向としては逆の方向にあるようである。

(b)については、昭和五六年商法改正から二十年を経過してようやく事態に変化がみられるようになった。利益供与関連の不祥事が続いたことにより厳しい糾弾が行われ、経営者としてもこれを他山の石とすると同時に、コーポレートガバナンスへの理解が急速に広がっていった。この中でこれまでの会社ご都合主義的な株主総会の運営に対する厳しい見方が判決上も見られるようになってきた。四国電力事件では最高裁が「従業員株主らを他の株主よりも先に入場させて株主席の前方に着席させる会社の措置は適切なものではなかった」との考え方を示し、また住友商事事件では大阪地裁が「従業員株主らの協力を得て一方的に株主総会の議事を進行させ、これにより株主の質問の機会などがまったく奪われてしまうような場合には、決議の方法が著しく不公正であるという場合もあり得る」との考え方を示した。同事件の控訴審である大阪高裁[24]ではさらに厳しく「一般株主の株主権行使を不当に阻害する行為」を行った場合は違法としている。これら判決の影響もあって顧問弁護士が従業員株主を使った総会運営をやめるよう指導しているとも聞く。こうして、利益供与による特殊株主の利用はもとより従業員株主を使った株主総会運営の統制も幕を閉じることになるのであろう。

(c)についていては、少なくとも公開会社においては、会社は株主をはじめとするステイクホールダーズのために運営すべきものとの認識が浸透していくに連れ、一般株主との積極的対話が再び重要と考えられるようになってきた。さらに(b)にみるとおり、利益供与禁止の高まりと、従業員株主動員による株主総会の統制を廃止する面からのバックアップもあり、経営者自身が一般株主に対するコミュニケーション向上を計るようになってきた。これらが最近のＩＲ活動を後押しする格好となっているのであろう。現段階では(a)の問題を別にすれば、株主総会活性化の障害要因は解消しつつある。残された課題は代表取締役以下が一般株主および一般投資家に対するディスクロージャー、コミュニケーションにいかに取り組んでいくのかの姿勢問題につきる。ここにＩＲ活動を株主総会との関連で展開する今日的意義が認められる。法律論としてはいずれも積極的な姿勢と法的責任との引き合いが争点となるが、この点につき以下に敷衍しておこう。

2　株主総会とＩＲ活動の関係に関する若干の商法上の問題

よく米国の株主総会が活性化していることが引き合いに出されるが、その理由のひとつとして我国に比べ決議事項が少ないこと[25]があげられる。法的責任に絡むわずかの部分が終了すれば、あとはコミュニケーションと任意のディスクロージャーをどの程度行えばよいのかに集中すればよいし、そもそも報酬なども基本的にオープンにする精神的土壌もあるから、株主総会の活性化が実現できるのであろう。換言すれば、米国ではＩＲ活動の場として株主総会が位置づけられているといえよう。我国の場合このような相違はあるにしても、株主総会ではあくまでも法的部分を取扱い、その終了後開催される株主懇談会においてＩＲ活動を実施する例が増えてきている[26]。両者の相違を彼我の企業風土の差として割り切ることもできるが、国際的な情報公開の流れの中で、必要最低限で済ませるという姿勢は少なくとも近時上昇をみせている外国人株主に対しては理解されづらい面があるので、活性化を図っていくならば、ＩＲ活動をセパレートする方式よりも一体化させる方式をとることが本来である（ただ現実問題としては、特殊株主の存在もあり、株付けをされている会社ではどうしても慎重になってしまうのであろう）。

ともあれＩＲ活動を株主総会と関連づけしていく場合に、商法上検討しておくべき点が二、三あるように思われる。まず、説明責任の問題である。商法二三七条ノ三第一項は取締役および監査役の説明義務を定めるが[27]、その但書において、株主の質問内容が会議の目的事項に関係しない内容、説明することによって株主共同の利益を著しく害する内容および調査を要する内容の場合は説明に及ばないとしている。また、株主が相当の期間前に書面によって質問を通知してきた場合は、調査が必要との理由で説明を拒むことはできない（同条第二項）。

ここでの問題は、会議の目的事項に関係しない内容の範囲をどの程度に考えるかであろう。公開会社であれば（ほとんど商法上の大会社の適用を受けるが）、① 毎年報告するかまたは承認を得るべき貸借対照表、損益計算書、営業報告書、利益処分案または損失処理案に関連する事項、② 以上の附属明細書に関連する事項、③ 監査報告書に関連する事項、④ 株式消却特例法五条二項の報告に関連する事項、⑤ 1(a)に掲げた決議事項のほか株主総会決議議案全般——が具体的な説明義務の範囲と解される。これ以外となればそれ程判断に苦しむケースはないのではないだろうか（言うまでもなく株主総会は法律解釈論を議論する場ではないのでこれも除かれる）。したがって説明義務に関する法的責任についてはどれも当り前のことばかりなので神経質になり過ぎることはあまり意味がなく、もしこのようなことが原因でＩＲ活動に支障が出ているとするならば、こちらをむしろ問題とすべきであろう。

次に問題となる点は株主総会の議長である。商法二三七条ノ四第一項は、株主総会の議長は定款に定めるか、定めていない場合は株主総会において選任するとしている。実務上は定款において代表取締役社長を招集者および議長とする旨定めていることが多い[28]。会社業務の執行責任者が一年間の集大成の場として株主総会で業務遂行状況を報告し[29]、その運営を仕切りたいと考える気持はわからないでもないが、報告の役割と株主総会の運営を司さどることは別である。議長が司会をしながら業務報告をし、決議承認を求め、質問にも回答するという体制には限界がある。このような体制を続ける限り、短時間で済まそうとする心理は当然働くであろうから、株主総会をＩＲ提供の場とすることを阻害する要因となる。株主総会の議長は定款において、例えば総務担当の取締役とするか、または株主との関係では業務執行とは別の立場にある監査役とするか等々の再考が必要である。いずれにせよ少なくとも代表取締役社長が議長となるべきではない。そして質問に対する回答も代表取締役社長のほか営業・経理・人事など分野別に各担当取締役が丁寧に回答するような運用が望まれる(30)。

ＩＲ活動を株主総会との関連で推進していこうとするには、株主に出席の機会を充分に与えなければならない。法人株主はともかく個人株主が一人につき何銘柄の株式を保有しているのかの調査は見当たらないが、複数銘柄を保有するケースが多いものと推測できる。ところがよく言われるように株主総会を「他社の開催日時と合わせる」会社が四割強もあり、逆に「集中日をできるだけ避ける」会社および「一般株主出席を考慮」した会社はそれぞれ五％と三％強にすぎず(31)、株主総会開催日の集中が依然問題とされよう。開催場所についても一般株主が出席しづらい交通利便の悪い場所での開催は同様の問題が指摘される。本店の所在地に物理的スペースがないとかＩＲ活動のための設備との兼ね合いから借会場を手当てする場合もあろうが、それにしても交通利便は考慮に入れる必要があろう。前述したとおりとくに個人株主を尊重することがコーポレートガバナンスの時代にあって国際的にも重要課題となっている折から、開催日の集中問題が取締役の義務違反には直接つながらないにしても社会的批判が一層厳しくなる可能性もないわけではなく、これからの課題と思われる。しかし、この問題の根源は決算期が三月決算にあまりにも多く集中していることにある。この理由は1(b)のとおりであるが、例えば季節商品を扱う会社等で必ずしも三月決算とせずに他の決算期の方がよい場合もあるであろう。このような会社ではＩＲ活動の問題として決算期の変更が開催日集中の問題以上に検討に値するのではないだろうか。

(21)　前掲注（10）実態調査一一二～一一三頁によれば、平成九年と一〇年の比較において所要時間が四五分超の会社が一割以上増加しており、うち九〇分超の会社がその半分を占めている(平成九年では皆無に等しかった)。この主たる要因は、一般株主の発言の機会を設けているからであって、特殊株主の発言の影響によるものは少ない。

(22) 例えば山下友信「経済構造の変化と株主総会の行方——一九九八年株主総会白書を読んで」商事一五一三号（平一一年）。
(23) なお、取締役の利益相反取引に関する責任免除の特殊決議（商二六六⑥）はコーポレートガバナンスマターの問題として位置づけられるように思われる。
(24) 大阪高判平一〇・一一・一〇資料版商事法務一七七号二五三頁。
(25) 基本的には取締役の選解任と大幅な定款変更等が決議事項。例えば利益処分は決議事項でない。現象面を含めた日米の相違については、森田章「株主総会はどうなるのか——日米を比較して」監査二四一号三三頁以下（昭六三年）参照。
(26) 前掲（注10）実態調査六七頁によれば、会社と株主とのコミュニケーションの活性化を狙いとする株主懇談会の「開催に前向き」であるか、あるいは既に「開催している」会社が一割近くにまで増加した。
(27) この説明義務は会計監査人には及ばないが、立法論として説明責任を負わしめる方向の検討が必要に思われる（なお、商法監査特例法一七条二項参照）。
(28) 商事法務研究会編「定款規定の事例分析」別冊商事法務一三二号一〇七～一〇八頁、一一二～一一五頁（平三年）によれば、誰を議長にしているかだけの調査はないが、招集権者を代表取締役社長としている例が七三八社中九割以上を占める。残りは、「代表取締役」「会長」「会長または社長」「社長または副社長」となっており、いずれにせよ経営トップが招集権者兼議長となっている。
(29) 平成一〇年から一一年にかけて執行役員制を採用する会社が急増している。このような会社の業務報告も依然として代表取締役が行うのであれば執行役員制をとったことの意味が薄まるように思われる。取締役の説明義務との関係で検討が望まれる。
(30) 執行役員制を採用している会社では、各部門の執行役員が回答すべきと思われる。
(31) 前掲注（10）実態調査三四頁。

三　株主総会関連のＩＲ活動の内容

ＩＲ活動を株主総会との関連で展開するについては、二つの分野がとりあげられるであろう。第一は株主総会の開催前・当日・開催後にいかなるＰＲ方法・運営方法・フォローアップを実施すべきかについての分野である。第二は同様にいかなる内容を情報提供すればよいのかの分野であり、これは主として商法や証券取引法による開示規制以外にどのような情報提供が可能なのかといった任意の情報提供あるいは既に開示された情報の中でとくにポイントとなる事項の要約や説明のあり方が命題となる。以下では、第一および第二についてその問題点や具体的方策等について検討することにする。

1　ＩＲ活動を考慮した株主総会の運営

ＩＲ活動の立場からみて最も好ましい株主総会の運営方法として、株主総会を公開することがあげられよう。既に「公開している」会社が三％ある一方、「公開する予定はない」とする会社が前年比二％増の九一％となっている。[32] とくに不詳事など問題を起した会社ほど積極的にマスコミに対し公開すべきと考えられるが、現実にはおそらく特殊株主に対する材料提供あるいは株主代表訴訟のきっかけとなることを配慮してこのような状況になっているものと思われる。国際的市場経済の時代にあってディスクロージャーの思想が「隠す文化」よりも優先され、逆にガラス張りの経営が長期的には得策であることを認識すべきではないだろうか。

株主総会のビジュアル化にも注目すべきである。とくに営業報告をビデオやＯＨＰを使用して行うことは株主の理解を促進させる効果がある。ところが実態は八割強の会社がビジュアル化に消極的であり、その理由として「費用対効果への疑問」、「機器トラブルのおそれ」などがあげられている。[33] 費用対効果については、どちらかというと効果すなわちIR活動の価値を低く見ているからであり、機器トラブルについては、何も株主総会に限らず営業取引の場面その他すべて同じくいえることであるから（欧米における株主総会のビジュアル化の実施例もある）、理由にはなりにくい。

このような実態をみると、株主総会との関連において総論ではIR活動に賛成であっても各論では消極的な状況といえる。[34] しかし、最近になって約四割の会社が営業報告のビジュアル化など「株主総会への工夫を検討して」おり、[35] また、IR活動担当者の陣容がやや拡大し、担当の取締役も社長や副社長へと上級役員へシフト（二〇％）してきているので、[36] 展望としては悲観的ではない。ただ、株主総会担当者とIR活動担当者との認識ギャップは相当にあるものと思われ、まずIR活動担当取締役と株主総会担当取締役との意見交換が充分になされることが急務であろう。

二2で触れた株主懇談会を株主総会と切り離して開催することも次善策として有効である。本来は本体である株主総会においてツーウェイコミニケーションがなされるべきであるが、セパレート方式の方が実際にやりやすいのであればそれを選択するのもよいかもしれない。いずれにせよ対話型の形態が望まれ、その中に充分な会社説明や株主との質疑応答が実体としてなければならない。評判の良い会社となり、ひいては株価の上昇も狙うのであれば、長期的な視点に立って一般個人株主に対する印象を良くすることが重要である。どのみち株主懇談会は、株主とのコミュニケーション強化の方策であるから、この意味でももっと開催されるべきであろう。[37] 株主懇談会の性格は基本的に会社説明会と変わらない。株主懇談会を株主総会終了後に同会場で引き続き開催する場合でも、決議事項はないわけであり、証券アナリスト、マスコミなど外部の者の参加を自由に認めることがIR活動をより推進することになろう。ちなみに、内容によっては証券アナリストに対して個別に担当者が会社説明をするよりも、証券アナリスト自身が株主懇談会における質疑の中で公表された会計数値の裏づけを確認できる場合もあろうし、マスコミも代表取締役以下の幹部全体が実際にどのようなスタンスで業務執行をしているのか直に伺い知ることもできる。株主懇談会における説明や質疑が真実であり事実であることが前提であるが、仮にマイナス情報であっても誠実な姿勢であればマスコミからは好意的な受け止め方をされるように思われる。

株主総会に関連するＩＲ活動は、開催当日の事柄だけではない。株主総会の前後の日常的なＩＲ活動が充実されることが重要であろう。ホームページの開設、アニュアルレポート等の作成・送付などの手段によって情報提供していけば、株主の質問も内容の濃いものとなろう（場合によっては当を得た質問が出され、これに回答する中で会社にとって有益なアイデアが出る可能性もある）。公開会社の決算短信（各種経営比率のほか次期の業績予想や役員の異同なども記載される）をベースにした決算説明会が取引所の記者クラブで株主総会の開催よりも四、五十日早く行われている。株主総会の終了後開催される株主懇談会においても、決算短信の内容を要約し、ポイント事項を絞った説明を添えることも一策として考えられる。またＩＲ活動の観点からすると、株主総会決議通知も必要最低事項の記載だけでなく、なんらかの工夫が求められるであろう。

2　株主総会に提供すべきＩＲ的情報

株主総会または株主懇談会（以下とくに両者の区別をしない）にＩＲ活動として情報を提供するに際しては、Ａ商法上の計算書類および附属明細書や証券取引法上の有価証券報告書等に記載されている内容のうちとくに一般株主が関心をもつ情報について要点をわかりやすく説明すること、Ｂ商法や証券取引法上の義務規定に関しない部分すなわち任意に情報提供できるものとして何が考えられるかを検討すること――以上の二点が命題となる（以下これらに関する情報を「ＩＲ的情報」という）。

Ａについては、まずわかりやすい情報をわかりやすく提供することが肝要である。コミュニケーションは相手の理解力（perception）を知った上でないとうまくいかない。一般株主を愚者（nitwit）として見るわけではないが、一般株主は必ずしも会計の専門家ではなく、例えば広範な有価証券報告書の記載事項を自から読み込み、分析するほどの取り組み姿勢にはないという問題が生じてこよう[38]。したがって、強制開示書類の中でとくに株主が関心を持ちそうな事項についてポイントを絞り、たとえ既に公表されているものでも改めてわかりやすい説明が必要となろう。法定開示書類として記載されている内容はどうしても木で鼻をくくった表現となってしまうので、この点からも丁寧な説明が肝要に思われる。

それでは具体的にAの既発表情報のうちどのような情報が一般株主の関心事となるのであろうか、関心事と思われるＩＲ的情報として次の事項があげられる。

〈商法関連〉

- 会計方針の変更の内容（計算規三）
- 営業損益の内容とそのポイント（計算規三九）
- 経常損益の内容とそのポイント（計算規三八、四一）
- 特別損益の内容（計算規四二）
- 当期未処分利益または損失の内容（計算規四四）
- 研究開発を含めた主要事業の内容（計算規四五①一）
- 部門別の当該年度の営業の経過と成果（計算規四五①二、②）
- 親会社との関係、重要な子会社の状況その他の重要な企業結合の状況（計算規四五①三）
- 営業成績、財産状況の推移（計算規四五①四）
- 会社が対処すべき課題（計算規四五①五）

・後発事象の内容（計算規四五①九）
・社債、借入金の内容（計算規四七①二）
・固定資産の取得・処分の内容（計算規四七①三）
・担保権、保証債務の内容（計算規四七①四、五）
・合併契約、営業譲渡契約その他重要な契約の内容（参考規①八、九）

〈証取法関連〉

基本部分は右の商法関連情報にほぼ包含されるが、これにプラスする項目として次の三点があげられよう。

・ストックオプション制度の状況（開示通達五―一二―二）
・配当政策の考え方（開示通達五―一二―四）
・リスク情報の内容（開示省令第二号様式「記載上の注意１一般的記載事項(B)」）

次に、Ｂについて検討することにしよう。

株主にとってはＡよりもＢがどちらかというと関心事と思われるが、反面、会社にとってはＢのＩＲ的情報は任意情報でありこれを提供したことが責任につながる場合があるという問題が生じる。例えば、不確定情報を提供したが、その通りにならなかった場合に責任を問われる可能性もある。したがってＢは慎重に検討されるべきであるが、情報としてはむしろ価値があることも事実である。このような任意情報としてのＩＲ的情報にはどのようなものが考えられるのか、これを以下に掲げておこう。

(a)　将来予測情報　　企業情報をハード情報（過去の事実として動かし難い情報）とソフト情報（将来に向けられた不確定要素を有する情報）とに分ける考え方があるが[39]、この分類にいうソフト情報についてこれをどう取扱うべきか。現行計算書類規則四五条一項五号は会社が対処すべき課題を営業報告書に記載する旨定めているが、実際には直接開示書類であるからかそのほとんどが抽象的かつ簡素な課題の記載に止まっている。「課題」を積極的に拡張解釈して将来予測情報を記載する例は見当たらない。一方、英国の取締役報告書では将来予測情報が記載され（八五年法第七附則六(b)）、またキャドベリー報告書（四・五三）においても将来に向けられた情報の重要性が認識されている。(40) 会計の国際調和の観点からすると、業績予測（projection）を数値として表わすかどうかは別にしても、既に証券取引所による決算短信の中で一部将来予測情報が開示されていることもあり、商法上も何らかの形で将来予測情報の開示規制が実現する可能性があるように思われる。各社が中長期計画をたてるときはまず社内管理資料として予測損益計算書、予測貸借対照表を作成しているのが一般であるから、あるいはこの数字が信頼性をもつかどうかの監査問題が今後の議論の中心となるのかもしれない。(41)

(b) リスク情報　証券取引法五条一項の定めにより有価証券届出書を提出しようとする発行者は、企業内容等の開示に関する省令八条に基づき、同省令の第二号様式の適用を受ける。同様式の「記載上の注意1、一般的記載事項(B)」には、リスク情報開示の要請がある。すなわち、財政状態・経営成績の異常な変動／特定の取引先・製品・技術等への依存／特有の法的規制・取引慣行・経営方針／重要な訴訟事件等の発生／役員・大株主・関係会社等に関する重要事項等、投資の危険度に関する投資者の判断に重要な影響を及ぼす可能性のある事項を一括してわかりやすく記載することとされている。いずれも発行開示上の記載事項であるが流通市場においても、有価証券報告書への記載問題に加え、自主的開示の方法・手段の問題として受け留める必要性があるのではないだろうか。米国では店頭登録時の目論見書の中のリスクファクターの箇所において様々のリスク情報が積極的に開示されている。(42) これは逆に開示をしていかないと訴訟のターゲットになってしまう面があるからである。この意味でリスク情報は任意情報であっても責任論との関係においては積極的に提供しやすい情報ということができるであろう。

(c)　各種の経営指標比率　　株主資本利益率（Return on Equity; ROE）をはじめ総資産利益率（Return on Assets; ROA）、経済付加価値（Economic Value Added; EVA）、投資利益率（Return on Investment）などの比率については、同業他社との比較など詳細な分析内容と目標水準設定が有用に思われる。

(d)　経営戦略　　これが株主にとって最も関心の高いアイテムと思われる。(c)の目標設定に向ってどのような経営戦略・経営戦術をとるべきなのか、企業秘密に係るものだけに、どの程度情報提供すべきなのか配慮しなければならないことが多いが、ある程度具体的なものが提供されれば、株主としても得心がいくであろう。

以上みてきたとおり、ＢのＩＲ的情報に関する事項は、たとえ開示書類による情報提供ではなくとも提供したことによる責任がついてまわる。この意味において実務上はセーフハーバールールの設定や経営判断原則の確立がされない限り運用は難かしいのかもしれない。だが、実務サイドの工夫次第ではある程度実現できるアイテムもあるように思われ、ＩＲ活動の実務に期待したいところである。

(32)　前掲注（10）実態調査六八頁。
(33)　前掲注（10）実態調査六八～六九頁。
(34)　ＩＲ協議会の調査によれば「株主総会をＩＲ活動の一環と考えている」会社が六七％、「一環と考えているが未対応」の会社が二二％で合計九割弱の会社が両者の一環性を認めている。ＩＲ―ＣＯＭ一七号一一頁（平九年）。
(35)　東京証券取引所上場管理室「コーポレートガバナンスに関するアンケート」証券五九七号八三頁（平一〇年）。なお、この調査の回答会社数は一一三七社。
(36)　ＩＲ―ＣＯＭ一六号一三頁（平九年）。
(37)　証券取引法では平成一二年より中間決算が予測主義から実績主義に変更される。これは事実上ワン・イエアー・ルールがハーフ・イエアー・ルールに変更されることを意味するであろう。商法との調整はともかく、株主懇談会を二回開催することが余儀なくされるのではないだろうか。

(38) 有価証券報告書による開示規制は適時開示情報として会社自体に対し開示による牽制効果を狙ったものとも考えられる。その対象は一般投資家全体であり、この中には機関投資家も間接的にはアナリストも含まれるので、詳細な会社情報提供はもとより歓迎されるべきことである。なお、適時開示情報は決算情報のほか決定事項情報、発生事項情報などがある。
(39) 尾崎安央「企業のソフト情報の開示規制とその問題点(1)——米連邦における議論を参考にして」早稲田法学六七巻一号五六頁(平三年)。
(40) 詳細は尾崎安央「文章による企業財務情報の開示——営業報告書開示の充実に向けて」長浜洋一先生還暦記念『現代英米会社法の諸相』三一六〜三一七頁(成文堂、平八年)参照。
(41) この意味では会社の継続性(going concern)に関する監査意見の問題となるであろう。
(42) 小池一弘「アメリカにおけるリスク情報の開示」(平一一年)二二頁以下に詳しい。

おわりに

冒頭で述べたとおり、IR活動はその大部分が運用論である。IR活動に法律論が直接絡むのは、アカウンタビリティーとディスクロージャーの局面であって、とくに任意に情報提供した場合の責任論が問題となる。その余の部分はコミュニケーション論であるから、これはIR活動の実務に依存せざるを得ない。また、株主総会の活性化も、活性化させるための法的措置はほぼ終了し[43]、運用論が残っているだけということもできる[44]。この意味では本稿全体が必ずしも法律論として構成されていない。

ところで最近になって、実務が法律に先行するという現象が起こっている。例えば、任意に執行役員制を採用する会社が著しく増加し、これに対する法的手当が必要といわれる程までになっている。その当否は別にしても、実務が歩むべき道は法律で方向性を決められなくても任意に選択していくという、やや従前とは異った実務のスタンスが既にみられるのではないだろうか。本稿主題の株主総会の活性化についてみても、いよいよ法的整備を含めた環境整備が終わり、任意のＩＲ活動というツールを手立てとして長年の閉塞から脱皮しようとしている。したがって、ここ当分の間は、ＩＲ活動の実務を一気に拡充させる機会とみるべきであろう。

(43)　例えば、平成一〇年一二月に利益供与禁止罪に対する罰則の再強化が行われた。

(44)　ただ、**一3**で述べた取締役等の選解任に関する主要株主への議決権集中の可能性の可否などは、株式本質論の再検討を含む議論となる。このような根本的な議論も必要と思われる。

（平成一一年五月五日稿）

6 大株主からの包括委任状

林　勇

はじめに

書面投票制度は、昭和五六年（一九八一年）商法改正（施行日、昭和五七年一〇月一日）により、資本の額が五億円以上または負債総額が二〇〇億円以上であり、かつ、議決権を有する株主の数が一、〇〇〇人以上の株式会社に適用される（商特二一条の二、二一条の三）が、この要件を満たす会社であっても、上場会社が総株主に対して、委任状勧誘をしたときは、本規則は適用されないものとされている（昭五六改附二六条）。

ところで、書面制度導入時に本制度（議決権行使書）を利用した場合の問題点の一つとして、従来の委任状勧誘と違い、株主総会における動議に対応できないことが指摘されていた。すなわち、動議は一般に、議案やその修正案のような実質的動議と、質疑打切りなどの手続的動議に大別され[1]、動議が提出されたとき、その採否を議長が必ず総会に諮らなければならないものと、議長の裁量に委ねられているものに区別されるが、このうち総会場において休憩、質疑打切り、あるいは採決の方法等のいわゆる議事進行に関する動議には、書面投票制度下の議決権行使書では対応できないことから[2]、実務では議決権行使書を利用することに躊躇する会社もあったところである[3]。議長の裁量に委ねられていない動議に対応するためには、会社としては、協力的な大株主の出席が望まれるところであるが、出席に代え議案に対する賛否を含め修正提案および全ての動議について、議決権行使を委任する旨の包括的な委任状により対応することが多くの会社で行われており、当然に株主の代理出席権は書面投票制度のもとでも問題はないとされている[4]。そのため、書面投票制度が現在ではほぼ完全に定着する一方で、多くの大会社では「上場株式の議決権の代理行使の勧誘に関する規則（以下、「委任状勧誘規則」という。）」に則り勧誘しているかどうかは別として、一部の大株主から包括委任状の提出を受け、株主総会に万全の体制で臨んでいるのが現状である。

もとより、包括委任状については、その重要性はともかく、弊害も指摘されていることから[5]、本稿では、包括委任状と密接に関係している書面投票制度実施後における動議と包括委任状利用の実態を概観し、その上で、今後の包括委任状利用の在り方について、株主総会との関係をも含め検討する。

一　書面投票制度導入当時の状況

1　包括委任状の意義・性質、利用される背景

昭和五六年の改正法は一定の大会社につき、ごく僅かの株式しか保有しない株主あるいは遠方の株主に、株主

総会への出席を期待することは事実上困難であることから、株主総会に出席しない株主が書面によって議決権を行使することができる途を開いた。昭和五六年改正法前でも会社が議決権の代理行使に関する委任状の勧誘をすれば、株主総会に出席しない株主も、会社から送付される委任状用紙を返送することによって、ある程度の意思を株主総会に反映できることとなっていた。ところが、会社による委任状の勧誘は、決議の成立に必要な定足数確保のために行なわれるのであって、すべての議案になされるわけではなかった。また、証券取引所に上場されている会社が、議決権の代理行使を勧誘する場合には、委任状勧誘規則により委任状用紙および参考書類に関して規制がなされているが、この規制も会社が委任状の勧誘をしないかぎり適用とはならない。昭和五六年当時、委任状は印紙税の対象となっており、返送された委任状の印紙税は一通二〇〇円であることから、株主数が多い会社にとって委任状を勧誘することは、多大な費用負担を招いていた。さらに、委任状の賛否の記載に反してなされた議決権代理行使の効力についても、学説上見解が一致していなかったことから、この不備を補うため書面投票制度が設けられたとされている(6)。

会社が株主に対し委任状用紙を送付して議決権の代理行使を勧誘するのは、議決権行使の代理人選定を斡旋すべき旨の一種の媒介に関する契約の申し込みであり、株主が委任状用紙に記名捺印または署名して会社に返送すると、これにより会社の申込に対する承諾があったものとして当該媒介契約が成立し、その上で会社がこれに基づき代理人を選定すれば、その者と株主との間に議決権の代理行使に関する委任契約が成立すると解されている(7)。株主が議決権を代理行使するには、代理権を証する書面（いわゆる委任状）を会社に差し出すことを要する（商二三九条二項但書）が、この趣旨は株主総会における権利行使が集団的に行なわれることから、会社の事務処理の簡素化を図るため、代理権の授与を書面によって証明させようとするものであり、代理権授与を書面行為と定めたものと解するのが通説である(8)。

これに対し、書面投票制度の下での議決権行使書面は、株主総会の議案に対する賛否の記載がなされるだけであり、予測できない議事進行等に関する動議については、対応が不可能な体裁となっている。また、議事進行等に関する動議については、株主総会に出席した株主および代理人（議決権の代理行使者）で判断すべきことから、書面投票制度を採用した会社においては、株主総会において議事進行等に関する動議が提出された場合に、従来白紙委任として扱われていた委任状がないことから大きな議論を呼んだ。(9)

そこで、この問題に対する対処方法として、当時、次の三つの考え方が議論されていた。すなわち、①議決権行使書面に議案に対する賛否のみならず、議事進行に関する動議について代理人または議長に白紙委任する旨を記載させる。(10) ②一部の株主から議決権行使書面に加えて、議事進行上の動議に関する議決権行使のための代理権授与を認める委任状の交付も受ける。(11) ③一部の株主から議決権行使書面に代えて包括委任状の交付を受ける、というものであった。このうち、①については、議案の審議に参加していない者が、議事進行の動議に関し議長に一任することは、書面投票制度の性格にそぐわないとして、(12) また、②については、書面投票は「株主総会に出席しない株主」によるものと規定されているのに（商特二一条の三第一項）、委任状を提出しているときは、代理人により出席していることとなることから、矛盾であると、(13) 学説上疑義が提起された。その結果、実務においても①・②の方式の採用を躊躇せざるをえなかったため、③の包括委任状のみを利用する方法が採られることとなったものである。(14)

こうした状況を背景として、昭和五六年商法改正後、実務では会社が一部の大株主から株主総会の議決権行使一切について、包括的な代理権の授与のための委任状の交付を受け、株主総会に臨んでいることが一般的に行なわれてきている。このような包括的な代理権に関する委任状を包括委任状と呼んでいる。(15) なお、本稿でいう包括委任状とは、将来開催される数回の株主総会についての代理権を認めたものではなく、株主総会ごとに授与されたものをいう（商二三九条三項）。

包括委任状の様式については、特に統一されたものがあるわけではない。実務で使用していると思われる形式を見てみると、タイトルは「委任状」、記載内容は「平成○年○月○日開催の△△△株式会社第○回定時株主総会に出席して議決権を行使する一切の件」として、議案や個別的な事項を指示する様式にはなっておらず、また、代理人欄も白紙にして、会社に提出しているのが実態である。(16)

2　書面投票制度適用会社による委任状勧誘

昭和五六年商法改正後、議決権ある株主が一、〇〇〇人以上であるため書面投票制度の適用を受ける大会社にあっては、当分の間、書面投票制度に代えて委任状勧誘を行なえるものとされていることから（昭五六改正附則二六条）、書面投票制度または委任状勧誘制度のいずれを採用したのか、その選択実態を見れば、会社の対応姿勢が窺えよう。

書面投票制度導入直後の一九八三年株主総会白書（旬刊商事法務九九〇号。以下同じ。）によれば、議決権ある株主が一、〇〇〇名以上であるため書面投票制度の適用を受ける大会社八二一社の内、書面投票制度を採用した会社は八六社（一〇・四％）、会社の費用負担（印紙税）が増えるにもかかわらず全株主に対し委任状勧誘を行なった会社は、七三五社（八九・五％）となっていた。書面投票制度を採用した八六社においても特定の株主に対し委任状勧誘を行なった会社は三〇社となっている。(17) 翌年の一九八四年株主総会白書（一〇二五号）によれば、議決権ある株主が一、〇〇〇名以上であるため書面投票制度の適用を受ける大会社一、一五五社の内、書面投票制度に代えて全株主に委任状勧誘を行なった会社は二〇七社（一七・九％）、書面制度を採用した会社は九四六社（八一・九％）となっており、一年で委任状勧誘を行った会社と書面制度を採用した会社の数が逆転している。一九八五年以降の株主総会白書では、書面投票制度を採用したか否かのアンケート項目は削除されている。書面投票制度を採用することによって特段問題が生じることもなく、会社の費用負担も軽減されることから、書面投票制度は昭和五六年商法改正後約二年間で実務に定着したということなのであろう。現在において書面投票制度適用会社が全株主に対し委任状勧誘を行なうのは稀であり、会社経営権の争奪あるいは当初より委任状勧誘を行なっているごく僅かの会社に限られる。

二　動議の実態

1　動議の実態（昭和五六年商法改正施行前と改正後）〈資料1〉

書面投票制度を導入することにより、実務上大きな問題として取り上げられた動議の実態を見てみると、昭和五六年改正前の一九八二年株主総会白書（九五六号）によれば、六六九社の内、動議が有ったとする会社は二九四社（四三・九％）、動議の内容は「議案の修正」五社、「議事進行」二七七社、「その他」一六社となっている。さらにその前年の一九八一年株主総会白書（九二二号）では六〇九社の内、動議が有ったとする会社は三八四社（六三・一％）、動議の内容は「議案の修正」四社、「議事進行」三六五社、「その他」一五社なっている。

改正直後の一九八三年株主総会白書（九九〇号）によれば、一、〇三一社の内、動議が有ったとする会社は八四社（八・一％）、動議の内容は「議案の修正」五社、「議事進行」七〇社、「その他」九社となっている。また、その翌年の一九八四年株主総会白書（一〇二五号）では、一、三〇九社の内、動議が有ったとする会社は一一六社（八・九％）、その内容は「議案の修正」一〇社、「議事進行」八四社、「その他」二二社となっている。

昭和五六年商法改正前に比べ動議が有ったとする会社は激減し、動議の内容として大幅に減少したのが「議事進行」に関する動議である。これは昭和五六年商法改正により利益供与禁止規定（商二九四条ノ二）が新設されたことに伴い、いわゆるプロ株主主導による株主総会の運営が困難になったことと関連しているものと考えられる。昭和五六年商法改正後も、一時期プロ株主が株主総会を撹乱させる手段として、質問よりも優先的に指名を受けることができ、かつ議長が判断に迷いやすいところから、動議を連発する光景も見られたが、最近では会社側の対応も浸透したこと、および、プロ株主の発言が著しく低下したこともあり、動議が濫用気味に使われることがあまりないといわれている。(18)

また、最近五年間（一九九六年〜二〇〇〇年）の動議提出の有無について、動議が無かったとする会社は九八％程度となっており、昭和五六年改正直後の九〇％程度から八％程度減少している。直近の二〇〇〇年株主総会白書（一五七九号）によれば、一、九三五社の内、動議が無かった会社は一、八九三社（九七・八％）、動議が有ったとする会社は四五社（二・三％）、動議の内容は「議長不信任」が四社、「議案の修正」が一二社、「議事進行」が一八社、「休憩」が三社、「その他」が八社となっている。昭和五六年商法改正後に比べ動議内容にも変化が見られるとともに、総会当日の議案の修正動議については書面投票制度下で否とカウントされるのが一般的であることから、(19)今後、議事進行上の動議はさらに少なくなるであろう。

2　動議の提出者

株主総会において動議を提出者した株主は誰なのかが、株主総会の運営上大きな意味を持つが、これを調査した資料として、プロ株主が株主総会を主導していた一九八一年株主総会白書（九二二号）のアンケートによれば、動議の提出が有った会社六〇九社の内、動議を出したのが「特殊株主のみ」二八六社（四七・〇％）、「一般株主のみ」七六社（一二・五％）、「特殊株主・一般株主両方」一九社（三・一％）、「無回答」二二八社（三七・四％）となっている。この調査以降動議を提出した株主の調査は、株主総会白書においては行なわれていないことおよび他の資料も見当たらないことから、最近の動議の提出者は正確には把握できないが、提案権を行使した株主(商二三二条ノ二)からの動議が多いものと考えられる。

三　包括委任状の利用状況

1　大株主からの包括委任状の提出の有無および提出通数〈資料2〉〈資料3〉

(一)　包括委任状の提出の有無

こうした動議の少なさにもかかわらず、現状では手続的な動議への備えとして議決権行使書が利用できないため、依然、大株主からの包括委任状を予めとりつけておき、これをもって手続的動議に対処しているのが大会社における株主総会実務の実態である。

動議対応のためにどの程度の会社が、包括委任状を利用しているかに関する調査が始まった一九八四年株主総会白書(一〇二五号)によれば、大株主からの包括委任状の提出の有無について、調査対象会社一、二九九社の内、提出有は五七三社(四四・一%)、提出無と無回答が七二六社(五五・九%)となっており、その翌年の一九八五年株主総会白書(一〇五九号)では、調査対象会社一、三四一社の内、提出有は六九六社(五一・九%)、提出無社と無回答が六四五社(四八・一%)となっている。最近の二年間の状況を見ても、一九九九年株主総会白書(一五四四号)では、調査対象会社二、〇二一社の内、提出有は八五九社(四二・五%)、提出無は九二四社(四五・六%)であり、二〇〇〇年株主総会白書(一五七九号)では、調査対象会社一、九三五社の内、提出有は八三〇社(四二・九%)、提出無は九一〇社(四七・〇%)となっている。

このように、一九八四年株主総会白書の調査当時から直近の二〇〇〇年株主総会白書の調査結果まで、全体的には提出通数には大きな変動はみられず、包括委任状は会社が毎年ほぼ同じ株主から提出を受けているものと思われる。約半数の会社が包括委任状の提出が無かったとするが、提出が無かった会社においては、オーナー会社あるいは親会社が株主であれば格別、実務上は動議に対応するために、一般的には会社経営者側を支持する法人大株主に出席を依頼し、その法人の役職員が株主でなくとも議決権の行使が可能とされる職務代行通知書により[20]、株主総会場における議案の審議経過を担保しているのが実情である。同族会社にあっては、一族の代表者が他の大株主の委任状を預かり出席していることも考えられる。

（二）　包括委任状の提出通数

つぎに、大株主からの包括委任状が会社に提出が有ったとする会社における包括委任状の提出通数を見てみると、一九八四年株主総会白書（一〇二五号）によれば、提出有五七三社の内、提出通数一通が一九二社、二通が一一三社、三通が七一社、四通が四九社、五通が三六社、六通から一〇通が一一一社、一一通以上が一社という状況である。翌年の一九八五年株主総会白書（一〇五九号）では、提出有六九六社の内、提出通数一通が二三二社、二通が一三六社、三通が一一八社、四通が五二社、五通が三五社、六通から一〇通が一〇四社、一一通以上が三〇社となっている。

最近の二年間は一九九九年株主総会白書（一五四四号）では、提出有八五九社の内、一通が二五〇社、二通が一五五社、三通が一一四社、四通が八一社、五通が六一社、六通が三六社、七通が三五社、八通が二四社、九通が三八社、一〇通が一六社、一一通以上が四九社であり、二〇〇〇年株主総会白書（一五七九号）では、提出有八三〇社の内、一通が二三三社、二通が一五九社、三通が一一六社、四通が七一社、五通が六九社、六通が二七社、七通が二五社、八通が二四社、九通が三七社、一〇通が二〇社、一一通以上が四九社となっている。いずれの調査年度においても一通から五通以下の会社が七五%超となっており、この事実より、出席株主数に比してごく僅かの株主から包括委任状の提出を受けていることが分かる。

ところで、委任状勧誘が悪用されることを防止するため、証券取引法一九四条は、上場株式に関する議決権の代理行使の勧誘は政令の定めるところに従うとしており、これを受けて「上場株式の議決権の代理行使の勧誘に関する規則」が制定されている。同規則では、上場会社の株式につき自己または第三者にその議決権を代理行使させることを勧誘するときは、同規則に則った参項書類を添付するよう要求している[21]。ただし、発行会社またはその役員のいずれでもない者が行なう勧誘で、かつ勧誘を受けるものが一〇人未満である場合には、例外として同規則に則った参項書類の添付は不要である。二〇〇〇年株主総会白書(一五七九号)によれば、大株主から提出された包括委任状があったとする会社八三〇社の内、「勧誘規則に則り参考書類を別添付」とした会社は一三七社(一六・五%)、「勧誘規則に則らなかった」会社は六四二社(七七・三%)、「委任状がなかった」会社は九社(一・一%)、「無回答」が四二社(五・一%)となっている。「勧誘規則に則らなかった」と回答した会社は、勧誘者を総務課長など役員でない者とし、かつ被勧誘者を一〇名未満としたか、あるいは長年の株式持合いによる慣行に従い、大株主から自発的に包括委任状を提出しているものと考えられる[22]。

2　大株主から提出された包括委任状株式数の議決権を有する株式総数に対する割合〈**資料4**〉

株主総会議事運営上会社にとって一番の問題となるのは、会社経営者側の議決権株式数であり、出席できない会社経営者側株主より提出された包括委任状の株式数が、議決権を有する株式総数に対する割合がどの程度集められるかである。もとより、会社経営者側としては、より多くの株式数を集められれば良いが、無作為に大株主に依頼することも出来ず、かつ相互保有株式の持合いにもおのずから限界がある。会社の経営者側が、安心して株主総会を運営するには、総会当日出席すると予想される、会社原案に反対を表明している株主の株式数を上回る株式数を確保することが必要となろう。

大株主から提出された包括委任状株式数の議決権を有する株式総数に対する割合は、一九八七年株主総会白書（一一二九号）から調査が始まっているが、一、四三五社の内、六八九社（四八・〇%）が回答し、七四六社（五二・〇%）が提出無しあるいは無回答となっている。回答が有った会社の状況を見ると、包括委任状株式数の議決権を有する株式総数に対する割合は、一〇%以下が二〇三社（二九・五%、「回答した会社の%」以下同じ）、二〇%以下が一八四社（二六・七%）、三〇%以下が一一二社（一六・三%）、四〇%以下が六一社（八・九%）、五〇%以下が三二社（四・六%）、五〇%超が九七社（一四・一%）となっている。最近の二年間は、一九九九年株主総会白書（一五四四号）では二、〇二二社の内、八五一社（四二・一%）が回答し、提出無の会社は八三三社（四一・二%）、無回答が三三八社、であるが、回答が有った会社において、包括委任状株式数の議決権を有する株式総数に対する割合は、一〇%以下が二六〇社（三〇・六%）、二〇%以下が二〇三社（二三・九%）、三〇%以下が一二四社（一四・六%）、四〇%以下が七二社（八・五%）、五〇%以下が五九社（六・九%）、六〇%以下が九二社（一〇・八%）、六〇%超が四一社（四・八%）となっている。二〇〇〇年株主総会白書（一五七九号）では、一、九三五社の内、八二一社（四二・四%）が回答し、提出無の会社は一、一〇五社、無回答が九社（〇・五%）であるところ、回答が有った会社において、包括委任状株式数の議決権を有する株式総数に対する割合は、一〇%以下が二四六社(三〇・〇%)、二〇%以下が二〇二社（二四・六%）、三〇%以下が一一六社（一四・一%）、四〇%以下が六八社（八・三%）、五〇%以下が六七社（八・二%）、六〇%以下が八五社（一〇・四%）、六〇%超が三七社（四・五）となっている。

いずれにしても、調査を開始してから回答した会社において、議決権を有する株式総数に対する割合を三〇%

以下とする会社の割合がほぼ七〇%となっている。会社によっては、この割合を、出席株主が過半数にして三分の二以上の賛成を要する特別決議において全株主が出席したとしても特別決議が承認可決できるように、六〇%超のレベルで確保している会社もここ二年間で四%程度見られる。

ところで、一般的に不特定多数の株主を有する公開会社にあっては、特別決議を承認条件とする株主総会においては、外国人株主の増加あるいは株式相互保有の解消により、会社経営者側の大株主の株式が分散化したこともあり、定足数を確保するために苦慮しているケースもある。二〇〇〇年株主総会白書(一五七九号)によれば、議決権行使書等の返送率を高める方策を採っている会社は、調査対象会社一、九七〇社の内、特に何もしていない会社は七六九社(三九・〇%)となっており一、一九四社(六〇・一%)が何らかの方策をとっている。[23]

3　包括委任状の議決権代理行使者〈**資料5**〉

会社に提出された包括委任状について、会社が議決権代理行使者(受任者)を誰にするかは、大きな問題を孕む。例えば、動議が提出された場合に、議長(会社)の意図する趣旨を汲み取って動議に対応する必要があることから、包括委任状の議決権代理行使者の選任は慎重にならざるを得ない。もとより、議案の審議にあっては会社原案に賛成の意思表示が必要となる。

ところで会社が委任状を勧誘しながら、株主から返送された委任状の一部につき代理人の選定をなさず、委任状を総会に提出しなかった場合にも、直ちには決議取消の原因とはならないが、株主が委任状に賛否の記載をしないで送付した場合でも、その委任状は有効であり、かつ賛否の判断を代理人にゆだねたものと解される。[24] 現在会社が勧誘する委任状の内容は「平成〇年〇月〇日開催の〇〇〇〇株式会社の第〇回定時株主総会に出席して、右の議案につき私の指示(〇印で表示)に従って議決権を行使すること。ただし、議案に対し賛否の表示をしない場合および原案に対し修正案が提出された場合は白紙委任します。」としているのが一般的な内容である。

かつて、会社が勧誘した委任状において会社が選任した受任者が、株主が議案の賛否を表示しない白紙委任状を会社原案に否と表示して賛成しなかった事例が、一九七〇年（昭和四五年）にあった。(25) 本件は会社が勧誘した委任状を受任者が委任者の意思と反する行為を行ったものとされるが、一般的な包括委任状においても同様の問題が発生する可能性は否定できない。

四　包括委任状の弊害と利用上の問題点

1　大株主による弊害〈**資料6**〉

公開会社における株主総会運営上、包括委任状は定着し実務の慣行になっているが、包括委任状はもっぱら動議に対応するためだけに目的を限定すれば、特に問題とはならない。ところが、実際の包括委任状の形式が、単に議事進行上の動議のみの代理権を付与するにとどまらず、議案をも含め議決権行使を白紙委任している内容となっている点に問題が生じる。包括委任状の株式数如何によっては、株主総会の議事運営の円滑な運営を図る目的以外にも、会社経営者側による株主総会支配の手段ともなり得るとの指摘もある。(26)

ところで、我国の株式保有については、諸外国に比べ株式相互保有の多さの問題が常に指摘されているが、会社経営者側による株主総会支配の弊害も、株式相互保有に起因していることである。

バブル崩壊以降、株式相互保有による影響が、会社経営におよぼす問題として顕著に表れ、政・財界において株式相互保有の解消に向けた様々な対策が検討されているところであり、徐々にではあるが株主構成にも変化が現れている。ちなみに、株式相互保有問題の解消に向けた措置が、自己株式消却およびストック・オプションのための自己株式取得、会計原則における取得原価主義から時価主義への移行など、矢継ぎ早に実施されている。また、金庫株制度の容認や、単位株制度を廃止して株式投資単位を自由に設定できるようにする単元株制度も創設された。さらに今後、我が国における年金制度との関係から日本版四〇一Kによる個人株主の増加が予想されることから、株主構成が変化していくと考えると、株式相互保有の問題も早晩、解消されていくものと思われる。

2　包括委任状利用上の問題点

包括委任状の代理行使者が委任者の意思に反し議決権を行使した場合には、前述三、3のごとく問題が生じる。そこで、株主総会議事進行上の動議対応と議案に関する賛否との分離が必要となろうが、この問題は、すでに書面投票制度を採用するにあたって我が国で議論されたところである。これに対し現在考えられる方策としては、議決権行使書および包括委任状の欠陥を補い、委任者が安心して受任者に任せられる書面を作成することができないかが検討されるべきであろう。

すなわち、現在の包括委任状の書式を委任状勧誘規則による様式に代え、委任者が議案の賛否を明確に意思表示できるようなものとしながら、かつ動議に対応するための白紙委任文言をも併記することとすれば、これにより委任者は自らの意思に反する議決権の代理行使を行われるリスクを回避できることとなろう。たしかに、現在の包括委任状は一切の議決権を白紙委任しており、会社経営者側にとっては非常に使い勝手のよい内容となっているることは否めないが、委任者が議案に対する賛否を表示するものとされれば、会社経営者側にとっても、白紙委任と異なり受任者が委任者の意思に反して議決権の代理行使をしても後日の証拠資料ともなるだけに、リスクは相対的に小さくなる。もっとも、この場合、会社が会社原案を修正することも有り得ることから、そのための方策として、議案の修正動議については「修正案等が提出された場合は、会社原案の趣旨に沿って議決権を行使することの。」等の文言を記載しておくことが考えられる。ところでフランスでは、一九八三年の法改正において、書面投票用紙により株主が議決権を行使し得る旨の規定が設けられることとなった。フランスの書面投票制度は、議決権行使書面と委任状とが同一書面となっており、各議案に対する賛成あるいは反対・棄権について会社側提案と株主側提案について詳細に指示ができる上に、議場における修正動議が提出された場合にも、その処理方法について株主が事前に指示できるように制度面の工夫が施されており、修正動議が出た場合に備えて、①議長に一任する、②棄権する、または③代理人に委任するといういずれかの選択肢を選んで書面に記入できるようになっている。[27]我が国において包括委任状利用の弊害解消を検討する上で、示唆に富む立法例といえるであろう。

おわりに

動議が提出された場合、実務では明らかに違法な動議（例えば、配当可能利益を超える配当金増額の修正動議）は別として、適法性について疑義のある動議[28]（例えば、配当金額の配当可能利益内の増額あるいは減額）は、後日の紛争を避けるため、これを議長が積極的に取り上げて、議場で採決（否決）するのが、一般的な取扱いである。ともあれ、株主総会終了後の事務として、株主総会終了後直ちに決議通知を発送することになるが、決議通知は会社提案の全議案につき、総会当日に承認可決されることを前提として、事務手続が進められている。もとより、各議案について賛否が伯仲している場合には、株主総会終了を待って決議通知を作成せざるを得ず、株主数如何によっては事務処理に数日を要することとなる。しかも動議により会社提案議案の修正あるいは延会・継続会となった場合、大きな問題点として、有配会社の配当金支払処理が挙げられる。すなわち、配当金の支払については、既に会社提案の金額が確定することを見込んで、株主総会の翌日には株主が指定した金融機関の口座に振り込まれるよう、諸手続が総会終結前の段階で終了しているところから、配当金額の変更あるいは延会・継続会になった場合に、既に事務手続が終了している配当金の口座振込みを止めることはほぼ不可能であると指摘されている。要するに、こうした問題を含め様々な事態の発生を懸念して包括委任状が実務上利用されてきたのであろう。

ところで、平成一三年四月一八日、法制審議会会社法部会は、会社法制の大幅な見直しを内容とする商法等の一部を改正する法律案要綱中間試案（以下「中間試案」という）を取りまとめた。[29]この中間試案によれば、企業統治の実効性確保のための方策として、株主総会制度の抜本的な見直しと高度情報化社会への対応として議決権行使等の電子化（ＩＴ化）も検討項目の一つとしてあがっている。

中間試案「第十八　商法特例法上の大会社の利益処分案等の確定等　一　大会社における利益処分案の確定」によれば、商法特例法上の大会社の利益処分案等の確定について、会計監査人及び監査役の適法意見があるときは、利益処分案について株主総会の承認を要しないこととされていることから、これが実現すれば、配当金額（利益処分案）が株主総会の承認を要しないこととなるので、株主総会運営上の動議を考慮することなく、配当が行えることとなる。それゆえ、包括委任状の必要性そのものが相対的に低下するであろう。

また、同試案「第二十五　株式会社の公告の電子化等　五　株主総会に出席しない株主の電磁的方法による議決権の行使等」において、現行の議決権行使書面に加え取締役会の決議をもって、株主総会に出席しない株主が電磁的記録によって議決権を行使する旨を定めることができる旨が提案されている。さらには「同四　電磁的方法による株主の代理人の代理権の証明」によれば、電磁的方法による株主の代理人の代理権証明も取締役会の決議をもって、株主が代理権を証する電磁的記録を会社に提供することによって代理人に議決権を行使させることができる旨の提案内容となっている。こうした電子的手段の利用容認は現行法制に特段の変更を加えようとするものではないであろうが、(30) それでも、フランス法のように議案に対する議決権行使と動議に対する委任が一体となった議決権行使書面の採用も併せ実現されるならば、包括委任状の問題点は発展的に解消されることとなるであろう。

（1）　実質的動議とは議案に関する動議であるが、総会で株主に提出できる動議は招集通知に記載された議題または議案の修正であり、この修正動議は、無制限に提出できるわけではなく、招集通知に記載された会議の目的事項たる事項から一般的に予見できる範囲を超えることはできない（大隅健一郎＝今井宏『会社法論中巻〔第三版〕』一一一頁（一九九二年　有斐閣）。

実質的動議の主な修正動議としては、①利益処分案、②定款変更、③取締役、監査役の選任、④取締役、監査役の退職慰労金贈呈の決定、⑤取締役、監査役の報酬額の決定等である。

手続的動議とは、総会の運営や議事進行に関する動議であり、動議の種類として、①議長の不信任（信任または交代）、②総会の延期・続行（商二四三条）、③休憩、④議案審議順序の変更、⑤検査役の選任（商二三八条）、⑥会計監査人の出席（商特一七条②）、⑦取締役等選任の場合の一括審議、⑧質疑打切り、続行、⑨採決方法、⑩質疑時間の制限または延期がある（中央三井信託銀行証券代行部編『株主総会のポイント』一二一頁（二〇〇一年　財経詳報社））。

（2）　議場に諮らなければならない動議としては、実質的動議と手続的動議の内、法令または定款において決定すべき事項とされたものである、①総会の延期・続行、②検査役の選任、③会計監査人の出席要求と、議長の信任・不信任または交替の動議をいう（東京弁護士会会社法部『株主総会ガイドライン〔改訂第四版〕』三五四頁（一九九八年　商事法務研究会））。

（3）　藤原祥二「書面投票制度の採用状況と将来の展望」商事法務九九五号一六頁。

（4）　山本直孝「書面投票制度採用上の留意点」商事法務一〇〇六号一九頁。

（5）　前田重行「株主総会における包括委任状の利用について(上)」法曹時報四六巻三号（一九九四年）四二一頁。

（6）　大隅＝今井・前掲（注1）六八頁。

（7）大隅＝今井・前掲（注1）六五頁。
（8）竹内昭夫「会社法講義　株主総会〔三〕―議決権の代理行使」法学教室七五号四二頁。大隅＝今井・前掲（注1）六二頁。
（9）鴻常夫・稲葉威雄ほか『株主総会　改正会社法セミナー二』二七一頁以下（一九八四年有斐閣）。
（10）稲葉威雄・鴻常夫ほか「座談会　改正商法下の株主総会(下)」ジュリスト七七〇号一一八頁（前田庸氏発言）。
（11）竹内昭夫「会社法講義　株主総会〔四〕―書面投票、議事および決議」法学教室七九号八六頁。
（12）河本一郎教授は「委任状の場合は自然人が会議に参加しているのに対し、書面投票というのはあくまでも、ある議案について意思をある方向で出しているだけである。審議の経過に参加していない。だから、議事進行の動議に関しても議長に一任するというのは書面投票の性格に合わないのではないかと、いまのところ考えているのです。」として反対意見を表明している（鴻ほか・前掲（注9）二七四頁以下）。
（13）鴻ほか・前掲（注9）二七八頁（稲葉威雄氏発言）。稲葉威雄ほか編『〔新訂版〕実務相談株式会社法二』六八一頁（元木伸氏執筆）（一九九二年　商事法務研究会）。
（14）前田・前掲（注5）四二六頁。
（15）前田・前掲（注5）四二二頁。
（16）前田・前掲（注5）四二三頁。様式については、中央三井信託銀行証券代行部編・前掲（注1）六〇頁、二三三頁参照。
（17）筆者注、包括委任状と考えられる。
（18）株主総会白書二〇〇〇年版」商事法務一五七九号九五頁。
（19）森本滋「書面投票制度の制度的意義と機能」『上柳克郎先生還暦記念・商事法の解釈と展望』一一三頁（一九八四年　有斐閣）。大隅＝今井・前掲（注1）七二頁。
（20）最判昭和五一年一二月一四日、民集三〇巻一一号一〇七六頁。様式については、中央三井信託銀行証券代行部編・前掲（注1）二三二頁参照。

(21)　大隅＝今井・前掲（注1）六六頁。
(22)　「株主総会白書二〇〇〇年版」商事法務一五七九号七八頁。
(23)　「株主総会白書二〇〇〇年版」商事法務一五七九号一〇二頁によれば、議決権行使書等の返送率を高める方策として、大株主に連絡・依頼が九四六社（四八・九％「回答した会社、重複回答を含む」以下同じ）、外国人株主向け資料を作成が七五社（三・九％）、常任代理人に依頼が八二社（四・二％）、会社説明会等を実施が七社（〇・四％）、招集通知の発送を早めた会社が二五三社（一三・一％）、招集通知発送前にお願い文書を送付した会社が一一社（〇・六％）、招集通知とともにお願い文書を同封した会社が七六社（三・九％）、招集通知発送後にお願い文書を送付した会社が四四社（二・三％）、電話で依頼した会社が三五八社（一八・五％）、勧誘会社に依頼が二〇社（一・〇％）、その他が七九社（四・一％）となっている。特に一九九九年（平成一一年）株主総会白書と比較した場合、会社数は現状においては少ないものの、勧誘会社に依頼した会社数は一〇社から二〇社に倍増しており、今後もこの傾向は強まることはあっても弱まることはないと考えられる。
　なお、林勇「株主総会における議決権行使の促進策」商事法務一五二五号八八頁以下参照。
(24)　大隅＝今井・前掲（注1）六六頁。
(25)　商事法務研究五四五号三四頁によれば、ニュース「日本カーリットで継続会を開く」☆受任者の乱心☆「日本カーリット（本社東京、東京一部上場、資本金一〇億円、城輝之社長）は、昭和四五年一一月二八日（土曜日）、決算案の承認と取締役一〇名の任期満了改選の二議案を定時株主総会に提案したが、一号議案を可決し、二号議案の審議に入ったとき、株主議決権の代理行使委任状の受任者である同社の総務部副部長が右の白紙委任状を否と行使したため（受任数は、株主数一四五二名、株式数一一、八〇一、四三〇株といわれる）、会場が混乱し、結局、総会は継続会となった。会社側は、翌日が日曜日であったため、三〇日（月曜日）に継続会を開き、それまで再度三五名の大株主から委任状を受けて、第二号議案の役員改選議案を原案どおり可決した。」
　なお、竹内・前掲（注8）四六頁参照。
(26)　前田重行「株主総会における包括委任状の利用について(下)」法曹時報四六巻五号（一九九四年）八九一頁以

下。

(27) 梅本剛正「フランスにおける株主総会に関する規整」商事法務一五八四号三五頁。

(28) 東京弁護士会会社法部・前掲(注2)三六七頁。

(29) 平成一三年四月一八日法務省民事局参事官室「商法等の一部を改正する法律案要綱中間試案」商事法務一五九三号二八頁以下。

(30) 黒沼悦郎「アメリカにおける株主総会に関する規制―デラウエア州法を中心として」商事法務一五八四号一三頁によれば、既に電子的送信による議決権の行使を行っているアメリカでは、株主は代理人を通じて議決権を行使することができることから、書面投票制度とはなっていない。電子的送信による議決権の委任は、デラウエア州一般会社法では、委任状に特定の形式を要求しておらず、株主が有効な委任状を付与すること手段を列挙しているにすぎない。一九九八年の改正では情報技術の進展に対応し委任状付与の手段としてテレグラム、ケーブル、その他の電子的送信の手段となっており、電子的送信は、株主によって授権されたことを示す情報を含むか、その情報とともに提出しなければならないとされている。また、コピー、ファクシミリ、遠距離通信、その他の信頼しうる委任状の複製物が委任状を認められており、近年多くの法域で同様の立法がなされているとしている。

ただし、山田尚武「株主総会の電子化に向けた課題」商事法務一五五九号四九頁によれば、アメリカの主要な株式会社の実務例で、ファクシミリによる投票を認めている例は見当たらないとしている。

〈資料１〉 動議提出の有無（重複回答）

社数，（　）内％

	00年総会白書	99年総会白書	98年総会白書	97年総会白書	96年総会白書	95年総会白書	94年総会白書	93年総会白書	92年総会白書	91年総会白書
議長不信任についてあり	4(0.2)	5(0.2)	1(0.1)	2(0.1)	3(0.2)	5(0.3)	4(0.2)	4(0.2)	4(0.2)	5(0.3)
議案の修正についてあり	12(0.6)	12(0.6)	12(0.6)	7(0.4)	6(0.3)	7(0.4)	10(0.5)	12(0.7)	8(0.5)	12(0.7)
議事進行についてあり	18(0.9)	23(1.1)	24(1.2)	28(1.5)	18(1.0)	16(0.9)	23(1.3)	26(1.5)	24(1.5)	20(1.2)
休憩についてあり	3(0.2)	1(0.0)	2(0.1)	1(0.1)	—	1(0.1)	2(0.1)	1(0.1)	6(0.4)	7(0.4)
その他についてあり	8(0.4)	10(0.5)	7(0.4)	5(0.3)	5(0.3)	5(0.3)	4(0.2)	18(1.0)	10(0.6)	18(1.1)
なかった	1,893(97.8)	1,977(97.8)	1,928(97.9)	1,888(98.0)	1,847(98.3)	1,841(98.5)	1,794(97.9)	1,670(96.2)	1,593(96.7)	1,606(96.3)
無回答	2(0.1)	2(0.1)	2(0.1)	2(0.1)	2(0.1)	3(0.2)	2(0.1)	5(0.3)	3(0.2)	—
計	1,935 (100)	2,022 (100)	1,970 (100)	1,927 (100)	1,879 (100)	1,869 (100)	1,832 (100)	1,736 (100)	1,648 (100)	1,668 (100)

	90年総会白書	89年総会白書	88年総会白書	87年総会白書	86年総会白書	85年総会白書	84年総会白書	83年総会白書	82年総会白書	81年総会白書
議長不信任についてあり	4(0.3)	1(0.1)	5(0.3)							
議案の修正についてあり	9(0.6)	7(0.5)	5(0.3)	7(0.5)	12(0.9)	8(0.6)	10(0.8)	5(0.5)	5(0.7)	4(0.7)
議事進行についてあり	19(1.2)	34(2.2)	36(2.4)	37(2.6)	68(4.9)	87(6.4)	84(6.4)	70(6.8)	277(41.4)	365(59.9)
休憩についてあり	2(0.1)	1(0.1)								
その他についてあり	14(0.9)	27(1.8)	8(0.5)	9(0.6)	22(1.6)	23(1.7)	22(1.7)	9(0.9)	16(2.4)	15(2.5)
なかった	1,523(96.6)	1,463(95.0)	1,464(96.1)	1,378(95.8)	1,249(89.8)	1,226(90.6)	1,187(90.7)	904(87.7)	370(55.3)	228(37.4)
無回答	6(0.4)	7(0.5)	6(0.4)	7(0.5)	40(2.9)	9(0.7)	6(0.5)	43(4.2)	5(0.7)	2(0.3)
計	1,577 (100)	1,540 (100)	1,524 (100)	1,438 (100)	1,391 (100)	1,353 (100)	1,309 (100)	1,031 (100)	669 (100)	609 (100)

出典：商事法務・株主総会白書より作成。以下〈資料５〉まで同じ。

〈資料２〉大株主からの包括委任状の提出通数

社数，（　）内％

	00年総会白書	99年総会白書	98年総会白書	97年総会白書	96年総会白書	95年総会白書	94年総会白書	93年総会白書	92年総会白書
1通	233(12.0)	250(12.4)	287(14.6)	263(13.6)	255(13.6)	255(13.6)	250(13.6)	252(14.6)	233(14.2)
2通	159(8.2)	155(7.7)	179(9.1)	165(8.6)	155(8.2)	172(9.2)	158(8.6)	155(9.0)	139(8.5)
3通	116(6.0)	114(5.6)	120(6.1)	130(6.7)	133(7.1)	121(6.5)	105(5.7)	91(5.3)	100(6.1)
4通	71(3.7)	81(4.0)	75(3.8)	66(3.4)	63(3.4)	76(4.1)	58(3.2)	56(3.2)	53(3.2)
5通	69(3.6)	61(3.0)	60(3.0)	54(2.8)	58(3.1)	65(3.5)	54(2.9)	57(3.3)	47(2.9)
6通	27(1.4)	36(1.8)	33(1.7)	38(2.0)	38(2.0)	40(2.1)	35(1.9)	39(2.3)	28(1.7)
7通	25(1.3)	35(1.7)	38(1.9)	38(2.0)	34(1.8)	27(1.4)	29(1.6)	29(1.7)	31(1.9)
8通	24(1.2)	24(1.2)	31(1.6)	32(1.7)	34(1.8)	30(1.6)	19(1.0)	21(1.2)	23(1.4)
9通	37(1.9)	38(1.9)	44(2.2)	50(2.6)	31(1.6)	44(2.4)	37(2.0)	42(2.4)	40(2.4)
10通	20(1.0)	16(0.8)	26(1.3)	16(0.8)	29(1.5)	17(0.9)	21(1.1)	16(0.9)	10(0.6)
11通以上	49(2.5)	49(2.4)	70(3.6)	56(2.9)	69(3.7)	62(3.3)	47(2.6)	51(2.9)	36(2.2)
小計	830(42.9)	859(42.5)	963(48.9)	908(47.1)	899(47.8)	909(48.6)	813(44.4)	809(46.7)	740(45.2)
提出なし	910(47.0)	923(45.6)	758(38.5)	764(39.6)	741(39.4)	734(39.3)	702(38.3)	648(37.4)	653(39.9)
無回答	195(10.1)	240(11.9)	249(12.6)	255(13.2)	239(12.7)	226(12.1)	317(17.3)	274(15.8)	245(15.0)
合計	1,935 (100)	2,022 (100)	1,970 (100)	1,927 (100)	1,879 (100)	1,869 (100)	1,832 (100)	1,731 (100)	1,638 (100)

	91年総会白書	90年総会白書	89年総会白書	88年総会白書	87年総会白書	86年総会白書	85年総会白書	84年総会白書
1通	233(14.1)	221(14.1)	235(15.3)	243(16.0)	223(15.5)	241(17.5)	221(16.5)	192(14.8)
2通	137(8.3)	120(7.7)	139(9.0)	129(8.5)	141(9.8)	130(9.4)	136(10.1)	113(8.7)
3通	102(6.2)	95(6.1)	81(5.3)	90(5.9)	88(6.1)	112(8.1)	118(8.8)	71(5.5)
4通	64(3.9)	67(4.3)	56(3.6)	56(3.7)	57(4.0)	52(3.8)	52(3.9)	49(3.8)
5通	54(3.3)	48(3.1)	45(2.9)	39(2.6)	40(2.8)	43(3.1)	35(2.6)	36(2.8)
6通	36(2.2)	27(1.7)						
7通	25(1.5)	19(1.2)	109(7.1)	119(7.8)	90(6.3)	82(5.9)		
8通	22(1.3)	36(2.3)					104(7.8)	111(8.5)
9通	42(2.5)	41(2.6)						
10通	10(0.6)	19(1.2)	42(2.7)	32(2.1)	39(2.7)	31(2.2)		
11通以上	42(2.5)	32(2.0)					30(2.2)	1(0.1)
小計	767(46.3)	725(46.3)	707(46.0)	708(46.6)	678(47.2)	691(50.1)	696(51.9)	573(44.1)
提出なし	728(43.9)	683(43.6)	648(42.2)	615(40.5)	565(39.4)			
無回答	163(9.8)	159(10.1)	181(11.8)	195(12.8)	192(13.4)	688(49.9)	645(48.1)	726(55.9)
合計	1,658 (100)	1,567 (100)	1,536 (100)	1,518 (100)	1,435 (100)	1,379 (100)	1,341 (100)	1,299 (100)

〈資料3〉包括委任状に対する委任状勧誘規則適用の有無

社数，（　）内％

	00年総会白書	99年総会白書	98年総会白書	97年総会白書	96年総会白書	95年総会白書	94年総会白書	93年総会白書	92年総会白書
勧誘規則に則り参考書類を別添付	137(7.1)	161(8.0)	173(8.8)	161(8.4)	261(13.9)	223(11.9)	164(9.0)	178(10.3)	159(9.7)
勧誘規則に則らなかった	642(33.2)	639(31.6)	668(33.9)	640(33.2)	567(30.2)	600(32.1)	595(32.5)	588(34.0)	534(32.6)
委任状がなかった	1,114(57.6)	816(40.4)	728(36.9)	756(39.2)	767(40.8)	742(39.7)	643(35.1)	643(37.1)	598(36.5)
無回答	42(2.2)	406(20.1)	401(20.4)	370(19.2)	284(15.1)	304(16.3)	430(23.5)	322(18.6)	347(21.2)
計	1,935 (100)	2,022 (100)	1,970 (100)	1,927 (100)	1,879 (100)	1,869 (100)	1,832 (100)	1,731 (100)	1,638 (100)

	91年総会白書	90年総会白書	89年総会白書	88年総会白書	87年総会白書	86年総会白書	85年総会白書	84年総会白書
勧誘規則に則り参考書類を別添付	154(9.3)	104(6.6)	104(6.8)	111(7.3)	68(4.7)	90(6.5)	83(6.2)	90(6.9)
勧誘規則に則らなかった	566(34.1)	584(37.3)	570(37.1)	566(37.3)	580(40.4)	584(42.3)	604(45.0)	507(39.0)
委任状がなかった	577(34.8)	594(37.9)	625(40.7)	593(39.1)	494(34.4)			
無回答	361(21.8)	285(18.2)	237(15.4)	248(16.3)	293(20.4)	705(51.1)	654(48.8)	702(54.0)
計	1,658 (100)	1,567 (100)	1,536 (100)	1,518 (100)	1,435 (100)	1,379 (100)	1,341 (100)	1,299 (100)

〈資料４〉大株主から提出された包括委任状株式数の議決権を有する株式総数に対する割合(%)

社数，(　) 内％

	00年総会白書	99年総会白書	98年総会白書	97年総会白書	96年総会白書	95年総会白書	94年総会白書
10以下	246(12.7)	260(12.9)	289(14.7)	269(14.0)	257(13.7)	249(13.3)	226(12.3)
20以下	202(10.4)	203(10.0)	217(11.0)	198(10.3)	196(10.4)	215(11.5)	206(11.2)
30以下	116(6.0)	124(6.1)	150(7.6)	161(8.4)	154(8.2)	148(7.9)	138(7.5)
40以下	68(3.5)	72(3.6)	77(3.9)	72(3.7)	71(3.8)	85(4.5)	70(3.8)
50以下	67(3.5)	59(2.9)	78(4.0)	73(3.8)	66(3.5)	68(3.6)	50(2.7)
60以下	85(4.4)	92(4.5)	107(5.4)	108(5.6)	113(6.0)	100(5.4)	92(5.0)
60超	37(1.9)	41(2.0)	45(2.3)	41(2.1)	49(2.6)	42(2.2)	31(1.7)
小　計	821(42.4)	851(42.1)	963(48.9)	922(47.8)	906(48.2)	907(48.5)	813(44.4)
提出なし	1,105(57.1)	833(41.2)	696(35.3)	718(37.3)	683(36.3)	650(34.8)	600(32.8)
無 回 答	9(0.5)	338(16.7)	311(15.8)	287(14.9)	290(15.4)	312(16.7)	419(22.9)
合　計	1,935 (100)	2,022 (100)	1,970 (100)	1,927 (100)	1,879 (100)	1,869 (100)	1,832 (100)

	93年総会白書	92年総会白書	91年総会白書	90年総会白書	89年総会白書	88年総会白書	87年総会白書
10以下	233(13.5)	222(13.6)	252(15.2)	226(14.4)	228(14.8)	210(13.8)	203(14.1)
20以下	189(10.9)	181(11.1)	186(11.2)	181(11.6)	153(10.0)	178(11.7)	184(12.8)
30以下	137(7.9)	127(7.8)	118(7.1)	105(6.7)	114(7.4)	115(7.6)	112(7.8)
40以下	74(4.3)	66(4.0)	66(4.0)	52(3.3)	55(3.6)	62(4.1)	61(4.3)
50以下	62(3.6)	64(3.9)	73(4.4)	59(3.8)	60(3.9)	51(3.4)	32(2.2)
60以下	89(5.1)	80(4.9)	75(4.5)	77(4.9)			
60超	27(1.6)	28(1.7)	30(1.8)	32(2.0)	99(6.4)	98(6.5)	97(6.8)
小　計	811(46.9)	768(46.9)	800(48.3)	732(46.7)	709(46.2)	714(47.0)	689(48.0)
提出なし	539(31.1)						
無 回 答	381(22.0)	870(53.1)	858(51.7)	835(53.3)	827(53.8)	804(53.0)	746(52.0)
合　計	1,731 (100)	1,638 (100)	1,658 (100)	1,567 (100)	1,536 (100)	1,518 (100)	1,435 (100)

〈資料５〉大株主からの包括委任状の議決権代理行使者（書面投票会社）

社数，（　）内％

	00年総会白書	99年総会白書	98年総会白書	97年総会白書	96年総会白書	95年総会白書	94年総会白書	93年総会白書	92年総会白書
議長	73(3.8)	85(4.2)	114(5.8)	104(5.4)	92(4.9)	89(4.8)	48(2.6)	55(3.2)	46(2.8)
議長以外の役員	16(0.8)	15(0.7)	14(0.7)	15(0.8)	17(0.9)	19(1.0)	9(0.5)	18(1.0)	13(0.8)
職員（部課長等）	552(28.5)	580(28.7)	636(32.3)	597(31.0)	587(31.2)	591(31.6)	583(31.8)	561(32.4)	504(30.8)
顧問弁護士	38(2.0)	37(1.8)	38(1.9)	44(2.3)	33(1.8)	41(2.2)	39(2.1)	43(2.5)	43(2.6)
OB株主	39(2.0)	27(1.3)	33(1.7)	41(2.1)	44(2.3)	41(2.2)	41(2.2)	45(2.6)	38(2.3)
子会社等の役員	56(2.9)	64(3.2)	56(2.8)	53(2.8)	55(2.9)	60(3.2)	61(3.3)	65(3.8)	61(3.7)
その他	48(2.5)	48(2.4)	62(3.1)	54(2.8)	60(3.2)	58(3.1)	46(2.5)	46(2.7)	42(2.6)
小　計	822(42.5)	856(42.3)	953(48.4)	908(47.1)	888(47.3)	899(48.1)	827(45.1)	833(48.1)	747(45.6)
包括委任状なし	1,105(57.1)	846(41.8)	733(37.2)	727(37.7)	711(37.8)	684(36.6)	612(33.4)	565(32.6)	482(29.4)
無回答	8(0.4)	320(15.8)	284(14.4)	292(15.2)	280(14.9)	286(15.3)	393(21.5)	333(19.2)	409(25.0)
合　計	1,935 (100)	2,022 (100)	1,970 (100)	1,927 (100)	1,879 (100)	1,869 (100)	1,832 (100)	1,731 (100)	1,638 (100)

	91年総会白書	90年総会白書	89年総会白書	88年総会白書	87年総会白書	86年総会白書	85年総会白書	84年総会白書
議長	54(3.3)	34(2.2)	34(2.2)	27(1.8)	28(2.0)	38(2.8)	39(2.9)	30(2.3)
議長以外の役員	9(0.5)	7(0.4)	9(0.6)	9(0.6)	9(0.6)	7(0.5)	10(0.7)	10(0.8)
職員（部課長等）	514(31.0)	507(32.4)	495(32.2)	484(31.9)	463(32.3)	476(34.5)	486(36.2)	397(30.6)
顧問弁護士	40(2.4)	33(2.1)	40(2.6)	44(2.9)	40(2.8)	46(3.3)	40(3.0)	29(2.2)
OB株主	44(2.7)	44(2.8)	45(2.9)	37(2.4)	43(3.0)			
子会社等の役員	71(4.3)	61(3.9)	63(4.1)	60(4.0)	51(3.6)			
その他	36(2.2)	30(1.9)	35(2.3)	40(2.6)	43(3.0)	137(9.9)	134(10.0)	116(8.9)
小　計	768(46.3)	716(45.7)	721(46.9)	701(46.2)	677(47.2)	704(51.1)	709(52.9)	582(44.8)
包括委任状なし	502(30.3)	523(33.4)	487(31.7)	473(31.2)	357(24.9)			
無回答	388(23.4)	328(20.9)	328(21.4)	344(22.7)	401(27.9)	675(48.9)	632(47.1)	717(55.2)
合　計	1,658 (100)	1,567 (100)	1,536 (100)	1,518 (100)	1,435 (100)	1,379 (100)	1,341 (100)	1,299 (100)

〈資料6〉所有者別持株比率の推移

社数，（ ）内％

	平成11年	10年	9年	8年	7年	6年	5年	4年	3年
会社数	2,472社	2,426社	2,387社	2,339社	2,277社	2,211社	2,161社	2,120社	2,106社
政府・地方公共団体	0.5%	0.5%	0.5%	0.5%	0.6%	0.7%	0.6%	0.6%	0.6%
金融機関	36.1	39.3	40.2	41.3	41.4	43.5	43.8	44.5	44.7
長銀・都銀・地銀	12.8	14.0	14.6	15.1	15.4	15.9	16.0	16.2	16.3
信託銀行	10.9	11.7	11.1	10.8	10.1	10.6	10.1	10.0	9.7
投資信託	1.6	1.2	1.4	2.0	2.1	2.6	3.0	3.2	3.2
年金信託	3.6	3.8	3.3	2.3	1.8	1.6	1.4	1.1	1.0
生命保険会社	8.3	9.4	10.2	10.9	11.2	12.2	12.7	13.0	13.2
損害保険会社	2.9	3.2	3.3	3.4	3.6	3.7	3.8	4.0	4.0
その他の金融機関	1.2	1.0	1.0	1.0	1.2	1.1	1.2	1.3	1.6
事業法人等	23.7	24.1	24.1	23.8	23.6	23.8	23.9	24.4	24.5
証券会社	0.9	0.7	0.8	1.1	1.4	1.1	1.3	1.2	1.5
個人	26.4	25.4	24.6	23.6	23.6	23.5	23.7	23.9	23.2
外国人（法人＋個人）	12.4	10.0	9.8	9.8	9.4	7.4	6.7	5.5	5.4

	平成2年	1年	昭和63年	62年	61年	60年	59年	58年	57年
会社数	2,078社	2,030社	1,975社	1,924社	1,881社	1,833社	1,806社	1,790社	1,771社
政府・地方公共団体	0.6%	0.7%	0.7%	0.8%	0.9%	0.8%	0.2%	0.2%	0.2%
金融機関	45.2	46.0	45.6	44.6	43.5	42.2	39.6	39.0	38.9
長銀・都銀・地銀	16.4	16.4	16.3	15.9	16.1	21.6	19.9	19.4	19.2
信託銀行	9.8	10.3	9.9	8.4	7.1	—	—	—	—
投資信託	3.6	3.7	3.1	2.4	1.8	1.3	1.1	1.0	1.2
年金信託	0.9	0.9	1.0	1.0	0.9	0.7	0.5	0.4	0.4
生命保険会社	13.2	13.1	13.1	13.2	13.3	13.5	12.7	12.7	12.7
損害保険会社	4.1	4.1	4.2	4.3	4.4	4.5	4.8	4.8	4.9
その他の金融機関	1.8	2.1	2.1	2.8	2.6	2.6	2.2	2.1	2.2
事業法人等	25.2	24.8	24.9	24.9	24.5	24.1	25.9	25.9	26.0
証券会社	1.7	2.0	2.5	2.5	2.5	2.0	1.9	1.9	1.8
個人	23.1	22.6	22.4	23.6	23.9	25.2	26.3	26.8	28.0
外国人（法人＋個人）	4.2	3.9	4.0	3.6	4.7	5.7	6.1	6.3	5.1

出所：全国証券取引所協議会「株式分布状況調査結果について」より作成。

(注) 1．昭和60年度以降は、単位数ベース。2．長銀・都銀・地銀には、昭和60年度以前は信託銀行を含む。3．年金信託は公的年金を含まず。4．外国人は法人と個人の合計。5．上場会社の自己名義分は、各社が属する所有者区分に含まれる。

7　取締役の説明義務に関する一考察
――ドイツ法の示唆するもの――

泉田栄一

はじめに

周知のようにドイツ株式法は、株主の解説請求権（Auskunftsrecht）を定めており（一三一条・一三二条）、わが国の昭和五六年会社法改正法の制定の際に参照された。(1) 同年改正により取締役の説明義務が明文化され（商法二三七条ノ三）、これに関する判例も現在では二一件を数え、判例評釈を通して法律問題もある程度明らかになって来ている。(2) しかしドイツの判例の数をわが国のそれと比較すると前者の数が圧倒的に多く、(3) そこで論じられている内容も、参考となる点が多いように思われる。(4) そこで、本稿では、第一に、ドイツの立法史を簡単に概説し、第二に、ドイツの現行株式法の規制内容と判例を紹介しながら、若干の問題について、わが国の判例と学説をドイツのそれと比較し、解釈論と立法論を展開したいと思う。

（1） ドイツとの比較的考察については、菅原「株主の解説請求権の法律的考察」『企業法発展論（商法研究Ⅱ）』四四八頁以下、山村『株主の説明請求権』六頁以下、末永『会社役員の説明義務』一頁以下、森本「会社役員の説明義務の機能と限界」『法学論叢』一一六巻一～六号五四五頁以下、同「会社役員の説明義務の目的——西ドイツの議論との比較」商事九七七号二頁以下が詳しい。ドイツの株主総会の規制と実態については森本「西ドイツの株主総会」『株主総会のあり方』三頁以下を参照されたい。

（2） 事件ごとの判例と判例評釈は以下の通りである。

① 東京建物事件〔1〕東京地判昭和六〇・九・二四判時一一八七号一二六頁、〔2〕東京高判昭和六一・二・一九判時一二〇七号一二〇頁、〔3〕最判昭和六一・九・二五商事一〇九〇号九二頁。判決〔1〕の判例評釈として神崎「取締役の説明義務」商事一〇六〇号二頁、中村（一）『会社法判例の研究』七五頁、山村・金商七三八号四六頁、北村・商事一一八八号二六頁、尾崎・法セ三七五号七七頁、西尾（信）・判タ三七巻九号一四頁、岩瀬・慶応大学法学研究六四巻六号一二二頁、中曽根・早稲田法学六二巻一号一八七頁がある。判決〔2〕の判例評釈として神田・ジュリ九七〇号一〇二頁、末永・『株主総会の法理』七一頁、沢野・会社判例百選〔六版〕六二頁がある。判決〔3〕の判例評釈として戸川・名古屋大学法政論集一二〇号四二七頁、中村（一）『会社法基本判例』八一頁、今井「株主総会における説明義務」商事一〇九二号二頁、坂井・長崎県立国際経済大学論集二一巻二号六五頁、奥島・法セ三二巻四号九二頁がある）。

② 日立製作所事件〔4〕東京地判昭和六二・一・一三判時一二三四号一四三頁、〔5〕東京高判昭和六二・五・二八資料版商事三九号八六頁。判決〔4〕の判例評釈として末永・前掲（注2）八七頁、内田・昭和六二年度主要民事判例解説二一四頁、松井・金商七七一号五〇頁、丹羽・税経通信四二巻一三号二二八頁、神前・ジュリ九五四号一二二頁がある）。

③ ブリヂストン事件判決〔6〕東京地判昭和六三・一・二八判時一二六三号三頁、〔7〕東京高判昭和六三・一

二・一四判時一二九七号一二六頁。〔8〕最判平成四・一〇・二九民集四六巻七号二五八〇頁判決〔6〕の判例評釈として河本・ジュリ九〇六号三八頁、加美・金商七九四号三九頁、中村（一）『会社法判例の研究』九九頁、森本・判評三五六号二二二頁、末永・前掲（注2）一五三頁、前田（重）・昭和六三年度重要判例解説九五頁、石山・税経通信四四巻一号二五〇頁、大杉・ジュリ九七六号一〇九頁、水沼・判タ七〇六号二三八頁、奥島・法セ四〇二号一二〇頁がある。判決〔7〕の判例評釈として久保利・JICPAジャーナル一巻一号五二頁、末永・前掲（注2）一七一頁、別府・法律のひろば四四巻四号七四頁、前田（重）・昭和六三年度重要判例解説九五頁、石田・金商八二八号四七頁、須藤・判タ七三五号二五二頁、森・法セ四一四号一〇六頁、青竹・法学教室一〇三号九六頁がある）。

④　ヤマトマネキン事件判決〔9〕京都地判平成元・八・二五判時一三三七号一三三頁、〔10〕大阪高判平成二・三・三〇判時一三六〇号一五二頁。判決〔10〕の判例評釈として加美・金商八七七号四一頁、黒沼・ジュリ一〇二六号一四三頁、村岡・判タ七九〇号一七四頁、永井『平成会社判例一五〇集』（以下単に『一五〇集』として引用）八四頁がある）。

⑤　野村証券事件判決〔11〕東京地判平成元・九・二九判時一三四四頁一六三頁、〔12〕東京高判平成二・七・三資料版商事七八号一〇〇頁。判決〔11〕の判例評釈として中村（一）『会社法判例の研究』八七頁、末永・前掲（注2）一〇一頁［判決〔12〕の判例評釈を含む］、米山『一五〇集』八〇頁がある）。

⑥　大ト一事件判決〔13〕大阪地判平成元・一〇・四資料版商事六八号一一一頁。本件判例評釈には末永・前掲（注2）一二二頁がある）。

⑦　九州電力事件判決〔14〕福岡地判平成三・五・一四判時一三九二号一二六頁。この判決の判例評釈として河本・商事一二五二号二頁、落合・ジュリ一〇八五号一〇三頁、末永・前掲（注2）一三四頁、高橋・九州産大商経論叢三三巻四号一一一頁、早川『一五〇集』八六頁がある）。

⑧　東京電力事件判決〔15〕東京地判平成四・一二・二四判時一四五二号一二七頁。この判例評釈として小林・青山法学論集三五巻三・四合併号一三七頁、三木・判タ八五二号一八六頁、別府・私法リマークス一九九四（上）一二〇頁、加美・判評四一七号二二一頁、坂本・金商九二五号五一頁、三木・判タ八五二号一八六頁、込山『一五〇

集』八二頁がある)。
⑨　日本交通事件判決（〔16〕松江地判平成六・三・三〇資料版商事一三四号一〇一頁、〔17〕広島高裁松江支部判平成八・九・二七資料版商事一五五号四八頁、〔18〕松江地判平成七・二・一五資料版商事一五五号八四頁、〔19〕広島高裁松江支部判平成八・九・二七資料版商事一五五号一〇四頁。〔17〕の判例評釈として石山『一五〇集』八八頁がある。）
⑩　佐藤工業事件判決（〔20〕東京地判平成八・一〇・一七判タ九三九号二二七頁）。
⑪　南都銀行事件判決（〔21〕奈良地判平成一二・三・二九金商一〇九〇号二〇頁）。

紙面の関係で以下では括弧の数字と頁数で判例を引用する。なお説明義務違反を主張したものの、株主資格が否定され、損害賠償請求が認められなかった事例として東京三洋電機事件判決（東京地判昭和六〇・一二・一二商事一〇七一号四〇頁）が、同様の理由で決議取消の訴が否定された事例として丸井事件判決（東京地判昭和六三・一・二八資料版商事四七号八八頁、東京高判昭和六三・六・二八資料商事五二号五四頁）がある。

（3）　現行株式法一三一条および一三二条に関する判例として連邦通常裁判所の判例として以下の三件がある。

〔1〕BGH, Urt. v. 29. 11. 1982, BGHZ 86, 1=DB 1985, 1836, 1836, DB 1983, 273, 277, AG 1983, 75=NJW 1983, 878

〔2〕BGH, Urt. v. 9. 2. 1987, BGHZ 101, 1=AG 1987, 344（原審判決〔29〕、控訴審判決〔33〕）

〔3〕BGH, Urt. v. 15. 6. 1992, AG 1992, 450,（原審判決〔43〕、控訴審判決〔50〕）

なお、BGH, Urt. v. 19. 6. 1995, AG 1996, 462,（SSI事件：第1審判決：LG Ingolstadt, AG 1991, 24, 控訴審判決；OLG München I, AG 1991, 358, 上告審判決；BGHZ 122, 211=AG 1993, 422, SSI II事件：差戻し後の原審判決：OLG München 1, AG 1994, 418）. 本件は、株式法一三一条と関係はなくはないが、主として二九三条四項の解説請求権と二五三条の決議無効の問題に関するので、存在のみを指摘しておく。

連邦憲法裁判所判例として次の二件がある。

〔4〕BVerfG, Beschl. v. 20. 9. 1999, AG 2000, 72,（Scheidemandel AG事件）

〔5〕 BVerfG, Beschl. v. 20. 9. 1999, AG 2000, 74, (Daimler-Benz AG事件。原審判決〔66〕、控訴審判決〔69〕)。

下級審の判決ないし決定として以下の八四件の判例がある。

〔6〕 LG Heilbronn, Beschl. der KfH. v. 6. 3. 1967, AG 1967, 81, mit Am. von Henn.

〔7〕 LG Frankfurt/Main. Beschl. v. 16 Mai 1966, AG 1968, 24.

〔8〕 LG Dortmund, Beschl. v. 5. Juni 1967, AG 1967, 236.

〔9〕 OLG Düsseldorf, Urt. v. 16. Nov. 1967, AG 1968, 19.

〔10〕 OLG Düsseldorf, Beschl. v. 28. Nov. 1967, AG 1968, 23.

〔11〕 OLG Hamburg, Beschl. v. 11. April 1969, AG 1969, 150.

〔12〕 OLG Hamm, Beschl. v. 11. April 1969, AG 1969, 295.（株式合資会社に関する）

〔13〕 OLG Celle, Beschl. v. 9. 7. 1969, NJW 1969, 2054.

〔14〕 OLG Karsruhe, Beschl. v. 10 März 1969, AG 1969, 296.

〔15〕 OLG Hamburg, Beschl. v. 12. Dez. 1969, AG 1970, 50.

〔16〕 OLG Hamburg, Beschl. v. 6 Nov. 1970, AG 1970, 372.

〔17〕 KG, Beschl. v. 11. Feb. 1972, AG 1973, 25=DB 1972, 1914.

〔18〕 OLG Karlsruhe, Urt. v. 30, Mai 1972, AG 1973, 28.

〔19〕 Bay ObLG, Beschl. v. 8. 5. 1974, AG 1974, 224.

〔20〕 Bay ObLG, Beschl. v. 17. 12. 1974, AG 1975, 78.

〔21〕 Bay OLG, Beschl. v. 25. 6. 1975, AG 1975, 325, mit Am. von Wälde.

〔22〕 LG München 1, Beschl. v. 10. 3. 1980, AG 1981, 79, (Paulaner AG事件)

〔23〕 OLG Bremen, Beschl. v. 20. 10. 1980, AG 1981, 229.

〔24〕 OLG Frankfurt, Beschl. v. 18. 2. 1982, AG 1981, 232, (Deutshe Bank AG事件)

〔25〕 OLG Frankfurt, Beschl. v. 22. 7. 1983, AG 1984, 25=DB 1983, 2184,（Deutshe Bank AG事件）
〔26〕 LG Dortmunt, Beschl. v. 26. 8. 1983, AG 1984, 83,（RWE事件）
〔27〕 LG Frankfurt, Urt. v. 22. 2. 1984, AG 1984, 192.
〔28〕 OLG Celle, Urt. v. 7. 9. 1983, AG 1984, 266,（Pelikan事件）
〔29〕 LG Frankfurt, Urt. v. 4. 7. 1984, AG 1984, 296,（Deutshe Bank AG事件）
〔30〕 LG München 1, Beschl. v. 1. 4. 1985, AG 1987, 26.
〔31〕 OLG Köln, Beschl. v. 26. 4. 1985, AG 1986, 24,（有限会社に関する）
〔32〕 LG Dortmund, Beschl. v. 25. 10. 1985, AG 1987, 21,（RWE事件）
〔33〕 OLG Frankfurt, Urt. v. 15. 4. 1986, AG 1986, 233,（Deutsche Bank事件。〔29〕の控訴審判決）
〔34〕 LG München 1, Beschl. v. 16. 4. 1986, AG 1987, 185.
〔35〕 OLG Düsseldorf, Beschl. v. 22. 7. 1986, AG 1987, 22=DB 1987, 2512,（RWE事件）
〔36〕 LG Dortmund, Beschl. v. 9. 1. 1987, AG 1987, 190.
〔37〕 LG Dortmund, Beschl. v. 19. 2. 1987, AG 1987, 189,（RWE事件）
〔38〕 LG Mainz, Beschl. v. 13. 7. 1987, AG 1988, 169,（Kupferberg & Cie KG a. A.事件。株式合資会社に関する）
〔39〕 OLG Düsseldorf, Beschl. v. 5. 11. 1987, AG 1988, 53,（RWE事件。〔37〕の抗告審決定）
〔40〕 LG Frankfurt, Urt. vom 15. 2. 1989, AG 1989, 331,（Nestlé Deutschland AG事件）
〔41〕 BayOblG, Beschl. vom 28. 4. 1989, AG 1989, 97,（有限会社に関する）
〔42〕 OLG Karsruhe, Beschl. vom 29. 6. 1989, AG 1990, 82（Asea Brown Boveri AG事件）
〔43〕 LG Mannheim, Urt. v. 23. 10. 1989, AG 1991, 26,（ASEA BBC AG事件）
〔44〕 OLG Zweibrücken, Beschl. v. 11. 12. 1989, AG 1990, 496.
〔45〕 LG Berlin, Beschl. v. 17. 1. 1990, AG 1991, 34,（Springer/Kirch事件）

〔46〕 LG Köln, Beschl. v. 2. 4. 1990, AG 1991, 38.
〔47〕 LG Braunschweg, Urt. v. 6. 4. 1990, AG 1991, 36,（VW-Devisenskandal事件）
〔48〕 LG Köln, Beschl. v. 2. 4. 1990, AG 1991, 38,（ddp事件）
〔49〕 LG Frankfurt, Urt. v. 6. 11. 1990, AG 1991, 206,（Deutshe Bank AG事件。なお〔33〕参照）
〔50〕 OLG Karlsruhe, Urt. v. 7. 12. 1990, AG 1991, 144,（〔43〕の控訴審判決）
〔51〕 LG Köln, Beschl. v. 6. 2. 1991, AG 1991, 280,（Deutsche Depeschen-dienst AG事件）
〔52〕 OLG Düsseldorf, Beschl. v. 17. 7. 1991, AG 1992, 34=DB 1991, 2532,（Deutsche Depeschen-dienst AG事件）
〔53〕 OLG Frankfurt, Beschl. v. 24. 2. 1992, AG 1992, 460.
〔54〕 LG Düsseldorf, Beschl. v. 25. 3. 1992, AG 1992, 461,（Feldmühle Nobel AG事件）
〔55〕 OLG Stuttgard, Urt. v. 7. 5. 1992, AG 1992, 459.
〔56〕 OLG Stuttgard, Urt. v. 8. 5. 1992, AG 1992, 460.
〔57〕 BayOblG, Beschl. v. 21. 5. 1992, AG 1992, 457,（Nold/Allianz事件）
〔58〕 OLG Frankfurt, Beschl. v. 21. 8. 1992, AG 1992, 461.
〔59〕 LG Berlin, Besch. v. 22. 4. 1993, AG 1994, 40,（Allianz AG Holding事件）
〔60〕 LG Frankfurt, Urt. v. 7. 6. 1993, AG 1993, 520,（Diskus Werke AG/Naxos-Union AG事件）
〔61〕 LG Berlin, Beschl. v. 24. 6. 1993, ZIP 1993, 1632,（Allianz AG Holding事件）
〔62〕 LG München 1, Beschl. v. 24. 6. 1993, AG 1993, 519,（Allianz AG Holding事件）
〔63〕 LG Frankfurt a. M., Beschl. v. 4. 8. 1993, AG 1994, 39,（Commerzbank AG事件）
〔64〕 KG, Besch.. v. 26. 8. 1993, AG 1994, 83=ZIP 1993, 1618 mit Am. von Wenger,（Siemens AG事件）
〔65〕 OLG München, Urt. v. 12. 11. 1993, AG 1994, 375.
〔66〕 LG München 1, Beschl. v. 13. 1. 1994, AG 1994, 380.

〔67〕OLG Hamburg, Beschl. v. 24. 2. 1994, AG 1994, 420.
〔68〕LG Stuttgard, Urt. v. 27. 4. 1994, AG 1994, 425,（Daimler-Benz AG事件）
〔69〕LG Berlin, Urt. v. 26. 5. 1994, AG 1995, 41.
〔70〕KG, Besch. v. 30. 6. 1994, AG 1994, 469=ZIP 1994, 1267,（〔61〕の控訴審決定）
〔71〕BayOblG, Beschl. v. 8. 9. 1994, AG 1995, 328.
〔72〕LG Bonn, Urt. v. 14. 9. 1994, AG 1995, 44.
〔73〕OLG Stuttgard, Urt. v. 15. 2. 1995, AG 1995, 234,（Daimler-Benz AG事件。〔68〕の控訴審判決
〔74〕KG Berlin, Beschl. v. 24. 8. 1995, ZIP 1995, 1585=AG 1996, 131,（Allianz AG Holding事件）
〔75〕KG Berlin, Beschl. v. 24. 8. 1995, ZIP 1995, 1590,（Allianz AG Holding事件）
〔76〕KG Berlin, Beschl. v. 24. 8. 1995, ZIP 1995, 1592=AG 1996, 135,（Siemens事件）
〔77〕BayOblG, Beschl. v. 30. 11. 1995, AG 1996, 180,（Allianz AG Holding事件。〔62〕の控訴審判決）
〔78〕KG, Urt. v. 31. 1. 1996, AG 1996, 421,（VIAG AG事件）
〔79〕BayOblG, Beschl. v. 20. 3. 1996, AG 1996, 322,（Markt-und Kühlhallen AG, Müünchen事件）
〔80〕OLG Müünchen 1, Beschl. vom 26. 4. 1996, AG 1996, 327.
〔81〕OLG Müünchen 1, Beschl. vom 24. 7. 1996, AG 1996, 518.
〔82〕LG Heiderberg, Urt. v. 7. 8. 1996, AG 1996, 523,（Sheidemandel AG事件）
〔83〕BayOblG, Beschl. v. 23. 8. 1996, AG 1996, 516.
〔84〕BayOblG, Beschl. v. 9. 9. 1996, AG 1996, 563,（〔66〕の控訴審決定）
〔85〕LG Berlin, Urt. v. 2. 12. 1996, AG 1997, 183,（Brau und Brunnen AG事件）
〔86〕OLG Braunschweg, Urt. v. 29. 7. 1998, AG 1999. 84,（VW AG事件）
〔87〕LG Müünchen 1, Beschl. v. 4. 9. 1997, AG 1999, 138,（Vereinte Versicherungs AG事件）
〔88〕OLG Dresden, Beschl. v. 1. 12. 1998, AG 1999, 274.

〔89〕 BayObIG, Beschl. v. 22. 3. 1999, AG 1999, 320,（ERC Frankona Rückversicherungs AG事件）

〔90〕 BayObIG, Beschl. v. 14. 7. 1999, AG 1999, 131,（株式合資会社に関する）

なお、六六年一月以後下された三七年株式法一一二条に関する判例として、①LG Mainz, Urt. v. 1. 7. 1966, BB 1966, 917, ②BGH, Urt. v. 30. März 1967, AG 1967, 200=DB 1967, 940, ③OLG Zweibrücken, Beschl. v. 28. 4. 1967, AG 1967, 235, ④OLG Hamburg, Urt. vom 10. Mai 1968, AG 1968, 190, ⑤OLG Koblenz, Urt. v. 13. 10. 1967, BB 1967, 1265（①の控訴審判決）, ⑥OLG, Düsserdorf, Urt. v. 16. Nov. 1967, AG 1968, 19及び⑦OLG Hamburg, Urt. v. 10. Mai 1968, AG 1968, 190. がある。

（4） Groß, Informations-und Auskunftsrecht des Aktionärs, AG 1997, 97は、株式法上の「全」情報義務との関係で株主の情報権と解説請求権を「機能的に」考察することが必要であるとしているが、時間的・枚数的制限のために株式法一三一条及び一三二条の解説請求権（取締役の説明義務）のみを扱う。わが国では取締役と監査役が説明義務を負うが、ドイツでは、株式会社の組織構造がわが国と異なるので、取締役会だけが負い、監査役会は負わない（Groß, AG 1997, 99など通説。Trescher, Die Auskunftspflicht des Aufsichtsrates in der Hauptversammlung, DB 1990, 515f. は通説を批判する）。前者を理解するには、わが国に紹介されていない共同情報権(Kollective Informationsrecht）と単独情報権（Inindividuelle Informationsrecht）の違いを認識する必要がある。本文の後半で簡単に触れることにする。監査役会会長に向けられた個人的質問は会社の事務に関しないとの判例がある。OLG, Stuttgart, AG 1995, 234 [235]. なお、ドイツ有限会社法五一条a及び五一条bは、株式法と類似の解説請求権制度を定めているが、株式法のそれと異なり、必要性の要件を定めていない。

一　ドイツの一九六五年株式法制定以前の法律状態

これに関しては既に多くの研究がなされているので、簡単なアウトラインを示すにとどめる。

（イ）　旧商法典には解説請求権の規定はなかった。約一二万マルクを契約による利益持分と賞与に計上する利益処分案に対し、取締役会・監査役会及びその他の使用人の「三つのグループの各々に」配分される額と監査役会の賞与の計算方法について質問をし、計算方法は説明されたが、具体的な額については説明を拒否されたことから、総会決議の取消の訴を提起した事件において、ライヒ最高裁判所一九一三年四月二二日判決（RGZ 82, 182 =JW 1913, 742）は、取締役会が質問に答えないなら、質問をした株主は「会社の最高機関」としての総会にその質問決議をするよう提案すべきであり、これが可決されると、取締役会の回答義務は法的義務になると解することが、「株式会社の本質（Grundwesen）」から導かれる、「個々の株主が、総会の反対の意思に無関係に、株主が必要と考えたあらゆる質問の回答を要求することが許され、無回答は決議の取消事由となるなら、株主に経営者を麻痺させる手段が与えられる」（一八六頁）、「株式会社にとって解説請求を単独株主権とする考えは断固として否決されなければならない。この種の権利は熟慮を経た理由よりただ全く限られた数において認められている（第二株式法理由書参照）。その数を恣意的に拡大することは許容できない」（一八七頁）として、解説請求権を株主の固有権と判示した原審判決を棄却した。その後のライヒ最高裁判所判例はこの立場を踏襲した（RG Urt. v. 16. Juni 1922, RGZ 105, 40など）。これらの判例の判旨は必ずしも明確なものでなかったため、わが国ではどこにウエイトを置いて読むかで、一般的解説請求権を否定したが、単独株主権としての質問権を否定していないと評価する見解[5]と、判例は一般的解説請求権と質問権とを区別しておらず、単独株主権としての質問権を否定したと評価する見解[6]が生じている。本文引用の文献しか読んでいないので最終的結論は控えるが、後者の見解が素直な理解である。しかしドイツでも見解が分かれており、前者を誤りと必ずしも断定できないように思われる。それはともかくとしてドイツではライヒ最高裁の立場につき賛否両論に分かれたが、反対説が多数説となった。例えば、Horrwitz[7]は、一六年に、ライヒ最高裁の判決は根拠がないとし、「討議権（das Recht auf Debatte）は議決権の付属物であり、解説請求権（das Recht auf Auskunft）は、討議権の付属物（ein Zubehör）である。総会は原則としてある株主が討議に参加することの可否について決議する権利がないように、その者が元来与えられるべき解説を請求しうることの可否について決議する権利もない。……株主の解説請求権が原則として肯定されるべきであるとすると、その行使それ自体だけで会社の利益に反するとして除去されることは許されず、むしろ、その特別な利用が会社の利益を害する場合にのみ排除されることが許される」と主張し、Brodmann[8]も、二八年に、「解説請求権は、……議決権の自明な添え物（selbstverständliches Korollar）である。会社の事務において決定する権利には必然的に、適切な決定のために必要な解説を受ける請求権が結び付いている。それは各株主の単独株主権である」と述べている。他方Pinner[9]は一六年に、法的根拠を示すことなく、「ライヒ最高裁判所が上述の諸判例で採る方法は、……多数派に対し少数派の武装を解除する目標に向かっている。……現行法のこの解釈は是認されることができない」と批判している。これに対し、Nord[10]は、三三年に、解説請求権は議決権の付属物であるという見解は、議決権の過大評価と他の諸要素の過小評価に基づいている。株主は資本提供者として先ず第一に会社の関係を知らされることに利益を有するのであって、会社の経営者は他人資本を管理しているのであるから、資本を委託した者に必要な解説を与えなければならないのであって、無議決権株式に解説請求権が認められるのもこのためであり、付属物理論は真実の一部しか述べていないと主張した。

それ故質問権は議決権に付属するという理論は、当時としてはライヒ最高裁の判決を覆すための理論としての意義を有していた。しかし議決権付属物理論では、議決の対象にならない事項に質問が及ぶことを説明できないし、無議決権株式に質問権が肯定される理由も説明できないことになるので、ドイツの今日の通説は付属物理論を放棄している[11]。他方、株主企業所有者理論も、無限定な解説請求に連なるので、これも支持されていない[12]。

（5） 菅原・前掲（注1）四六二頁以下。ライヒ司法省草案理由書（第一草案）は、「総会での解説請求の新規定は、総会での解説請求に対する単独株主の権利を疑いがないようにしている。それによって現在の法律状態の明確化が達成される。目下支配的なライヒ最高裁判所の判例まで遡る法律実務は、解説が与えられるべきか否かの決定を総会の多数にさせているが、しかし、単独株主の解説請求に対する固有権を否定しないで、多数決によるそのような固有権の侵害の場合にはその取消を認めている」（Nord, Ist das Auskunftsrecht des Aktionärs Zubehör des Stimmrechts? in ZBH 1933, 35より引用）」と述べている。またBarz, Grenzen des Auskunftsrechtes des Aktionärs, BB 1957, S. 1253は、説明を取締役会に主張しうる権限のある機関は、監査役会と—責任解除という枠の中で—総会である。総会は取締役会の説明報告の受取人である。それ故総会は、それに本質的であると思われる解説を、多数決で要求することができる。この一般的な法命題から生じる解説請求権それ自体は、株式法一一二条とは無関係である。後者の解説請求権は、会社の事務に対する株主の共同決定権であって、総会の決議によっても制限されることはできない。それゆえ、ライヒ最高裁判所は、一一二条と根本的に関わった若干の判例（RGZ 167, 151）で、総会が十分と表示しても、株主の解説請求権は終わらないと主張していると述べているが、この説は菅原説を根拠付けるように思われる。なお、わが国の通説（竹内『会社法の理論Ⅲ』一九〇頁、前田重行『株主総会の研究』二〇〇頁以下など）は、質問権を会議体の一般原則上当然その構成員に認められる権利であると考えるため、この点に関するドイツの議論に余り関心を示してこなかった。妥当な態度とは言えない。

（6） 末永・前掲（注1）二四頁以下。ドイツでこのような立場に立つ見解としてReinicke, Das Auskunfsrecht des Aktionärs, in Beiträge zur Aktienrechtsreform, 1959, S. 118ff., Ebenroth/Minoudis, Die struturelle Ausgestaltung des Auskunftsrechts im deutschen und griechischen Rechtskreis, AG 1970, 354, [356]などを挙げることができる。この説によれば、質問権が単独株主権として認められたのは、三七年株式法からであるということになる。Ebenroth/Minoudisによると、単独株主権とされなかった実質的理由は、①解説請求権に関連した多数の取消訴訟により会社の活動が麻痺することを恐れたこと、②競争者が営業の秘密を調べるために単独株主権を濫用する可能性に気づいていたことおよび③会社の利益保護のために特定の回答が拒否されなければならないか裁判所が決定を下すことは荷が重すぎると考えられたことに基づく（AG 1970, 357）。

（7）　Horrwitz, Recht des Aktionärs auf Auskunft in der Generalversammlung, JW 1916, S. 887, [888f.].

（8）　Brodmann, Aktienrecht, 1928, S. 343f.

（9）　Pinner, Die Minderheitsrechte der Aktionäre und das Reichsgericht, JW 1916, S. 988 [991].

（10）　Nord, Ist das Auskunftsrecht des Aktionars Zubehör des Stimmrechts?, ZBH 1933, S. 35ff.

（11）　解説請求権は、議決権の付属物ではなく、共同管理権の本質的流出物である（Nitschke/Bartsch, Über Bedeutung und Umfang des Auskunftsrechts, insbesondere im Zusammenhang mit Entlastungsbeschlussen, AG 1969, 95, [97], Erkhard, in Geßler/Hefermehl/Kropff, AktG, 1974, §131 Anm 30 und 35, Henn, Handbuch des Aktienrechts, 1984, S 298f., Barz, Aktiengesetz, Großkomm. 1973, §131 Anm 2.）。LG Köln, AG 1991, 38は、解説請求権は、決議されうべき議事日程のために存在する議決権の付属物ではなく、単に書類が提示される議事日程の場合にも存するので、代理人はこれらの事項につき質問するための特別な代理権を要しないと判示し、OLG Braunschweig, AG 1999, 84, [88]も「解説請求権は、社員権とそれとともに表れる共同管理権の流出物」と判示している。松井・判批・金商七七一号五三頁は、質問権を総会における株主の報告聴取権及び議決権に「付随する権利」という。これに対し森本・前掲『法学論叢』一一六巻一～六号五五五頁は「議決権の補助制度としてのみ理解してはならない」との正当な指摘を行っている。ドイツの表現を日本流に言い換えれば「質問権は、社員権から流出する」ものである。ドイツで議論された問題は、解説請求権が独立した権利なのか、補助権（Barz, BB 1957, 1253, Boesebeck, Auskunftserteilung außerhalb der Hauptversammlung, AG 1963, 91等）なのか、そのような議論は意義がない（Reinicke, a.a.O., S. 119, Fußnote 10, Gadow-Heinichen, Aktiengesetz, Großkomm., 2. Aufl. 1961, §112 Anm. 1, Barz, Aktiengesetz, Großkomm., §131 Anm 2.）のかということであり、最近では、議決権としての情報権が認められるか否か（肯定：LG München 1, AG 1197, 327, [328]、否定：Groß, AG 1997, 97, [101 und 103]）という議論である。

（12）　Fischer, Die „Grundrechte" für den Einzelaktionär und für Minderheiten DB 1958, S. 1263ff. は株主は会

社の実質的所有者であることを根拠に、単独株主権たる無条件の解説請求権を主張した。この見解に近いわが国の説は吉田「新商法下の株主質問権の範囲」商事九八一号一〇二頁であり、企業所有者たる株主の質問権は、企業活動全般にわたるが、商法二三七条ノ三はその範囲を制限したと評価する。これに対しReinicke, a.a.O., S. 120は、株式を取得することにより株主は会社の機関に従うことになるので、この見解は説得的でないと批判し、わが国の学説も、菅原・前掲(注1)四八二頁は、このような見解は組合員や人的会社の社員と同じ地位を株主にも認めようとするもので不当と批判している。今日のドイツでは、社員権と並んで存在する株主の持分所有権または資本の投資家としての性質から解説請求権が派生するものではないと解するのが通説といえよう。Hüffer, AktG, 3. Aufl. 1997, §131 Rn 2.; Saenger, Zum Auskunftsanspruch des Aktionärs über Minderheitesbeteiligungen, DB 1997, S. 145, [148]など。但し最近の下級審判例に株主企業所有者理論に近い説を採用するものが出てきたことについては後述する。

(ロ) 一九三七年株式法一一二条は、学説の多数説を採用し、「各株主に要求により株主総会において審議の目的たる事項と関係のある会社の諸事務に関して解説が与えられなければならない。解説義務はコンツェルン企業との関係にも及ぶ」(一項)と定め、解説請求権を強行法的な単独株主権とした。そして「解説は良心的且つ忠実な回答の諸原則に従わなければなら」ず(同二項)、「会社若しくは参加会社の優越的利益又は民族及び帝国の共同の利益が要求する限りにおいてのみ解説を拒否することができる。取締役会はこの要件が存在するか否かを義務的裁量により決定する」(同三項)と定めた。従って裁判所の審査の対象となるのは、解説拒絶が裁量権の濫用に該当するか否かに限られた[13]。その判断の際に、理由全部が開示されると、会社の秘密が損なわれることになるので、包括的な理由を開示する必要はなかった(BGH, Urt. v. 7. April 1960, BGHZ 32, 159, [168])。一項は、「各株主は、議決権行使の権限があるか否かとは無関係に、解説請求の権限があるので、解説請求権は、議決権の単なる結果とみなされ得ない。解説請求権はむしろ法律により、あらゆる他の株主権と同様に、独立の、各株主に株式に基づいて帰属する権利として承認されている」、「なるほど、解説を行うことは、株主にとって大抵総会における投票のための手がかりを得て、そのようにして決議に関する自主的判断を形成する手段であろうが、そのことは必要ではない[14]」と説明された。これは、無議決優先株に、議決権を除き、普通の株主と同様の権利（総会参加権や解説請求権等）が認められている（同一一六条一項）という事情があるためである。従ってドイツの観念をそのまま受け入れるとわが国でも、解説請求権は、総会参与権の一内容をなし、議決権と並列的に存在する固有権として株主に保障されているという結論になる[15]。しかしわが国ではドイツと異なり、無議決権株には、代表訴訟提起権[16]は認められるが、議決権がないので、出席し討論に加わる権利を有しておらず、従って質問権もないと解する見解が今日では多くなって来ている[17]。比較法的に見ると、無議決権株式に質問権を認めるか否かについて規制は一致していないので政策の問題である[18]。否定説も肯定説も理由付けは可能である。ドイツでは、総会に出席するには届出を要し（株式法一二三条）、出席者名簿に記載されなければならないので（株式法一二九条）、無議決権株主も総会招集通知を受け取った後、同じ手続きを取ると、総会に出席できるシステムになっているから、無議決権株主に総会出席権を認めても支障がないが、仮に無議決権株主に総会出席権を認める説を認めるにしても、わが国の規制は出席に対する配慮が全くなされていない。私が会社の顧問弁護士なら、仮にある説を採用して敗訴しても総会決議は取り消されるとはまず考えられないので、会社に負担のかからない方法を採用しなさいと助言するであろう[19]。反対が推測されるので、法制審議会の委員が消極的になるのは理解できるが、今日のようにグローバル化した社会ではグレー・ゾーンを無くするのが法律家の責務である。無議決権株の発行枠が拡大されているので、ドイツの行き方も捨てがたいと考えるが、来るべき改正作業の際には、どちらの説を採用するにせよ、それが明らかになるよう条文の表現を修正すべきであると考える[20]。

当時解説は議事日程の目的たる事項に限定されていなかったので、議事日程の通知に含まれていなくても、会社の事務が審議の目的たる事項と関係する限り、解説を要し、その関係は狭く解すべきでないとされていたから(BGHZ 32, 159, [168f.].通説)、解説請求権の範囲は相当に広いものであった。[21] そのため、どのような場合に権利の濫用の禁止(民法二四二条)の適用があるかということと、審議事項の適切な判断に必要な知識を提供するという解説請求権の目的に基づく内在的限界の有無が論じられるようになった。[22] 六五年株式法は後述するように、前者を一三一条三項一号で定型化し、後者を一三一条一項で明文化した。また、三項前段はナチスの影響を看取でき、同後段は「自己の事件の裁判官」となることを意味するから、批判を受け、六五年株式法はこれもまた改正した。

解説義務は、総会を著しく遅らせることなく必要な手がかりを提供しなければならないような問題も含むので(RG, Urt. v. 12. 6. 1941, RGZ 167, 151, [169f.])、総会の間必要な職員を待機させておくことが取締役会の責務であるが、[23] 相当の準備を要する質問の場合には、信義則上、質問を行う株主はそのような質問を総会前に取締役会に知らせ、必要な準備を与えることが必要であり、そうでなければ拒否は許される。これに該当するか否かは事案ごとに信義則に従い判断されると解されていた(BGH a.a.O.通説)。従ってこの点はわが国の現行法と実質上相違がなかった。この状態は六五年株式法になっても同様である。[24]

(13) BGHZ 32, 159, [168].もっともBGH, Urt. v. 23. 11. 1961, BGHZ 36. 121は、株主に対する会社の利益の考量の際には裁量を認めるが、そうでない場合には裁量を認めない立場を採用している。なおわが国では、説明の必要性・説明の拒否の存否の判断には取締役の経営上の判断の原則の適用があり、明らかに不合理な判断と認められない限り、その判断を誤りとして総会決議取消事由とすべきでないとする見解が唱えられているが(並木「取締役の説明義務の範囲と判断」『現代商事法の重要問題』一二六頁）、同見解は、わが国の議論をドイツの三七年法段階のレベルに引き戻すものであって、妥当でない。

(14) Schlegerberger-Quassowski, Aktiengesetz, 1937, S. 491.

(15) 山村・前掲（注1）一八八・九頁、末永・前掲（注1）二〇七頁。

(16) 岩原『新版注釈会社法（五）』三二九頁は、決議内容の瑕疵については決議取消訴権を認め、北沢『同（六）』四二七頁は代表訴訟提起権を認める。決議取消訴権を否定するのが従来の多数説（例えば北沢『会社法（五版）』一九〇頁、神崎『商法II（会社法）（三版）』一四五頁、丸山『株式会社法概論（三訂版）』一二〇頁、宮島『会社法概論（補正版）』一二八頁）であるが、岩原説に賛成したい。

(17) 例えば、鈴木竹雄＝竹内昭夫『会社法（三版）』二三二頁、北沢・前掲（注16）一八九頁、稲葉『改正会社法』一三九頁、神崎・前掲（注16）一四五頁、森本・前掲『法学論叢』一一六巻一～六号五五三頁、久留島「株主総会における会社役員の説明義務」『改正会社法の基本問題』一一九頁、丸山・前掲（注16）一一九頁など。ドイツ株式法では議決権を除くその他の権利はこれを有すると明文で定められているが（一四〇条一項）、わが国では、無議決権株主は総会招集通知を受けないとの規定（商法二三二条四項）があることを根拠とする。他方、無議決権株主も総会参与権があるから質問権を有するとする説も有力である。（田中（誠）『三全訂会社法詳論上』五三三頁、菅原『新版注釈会社法（五）』二四四頁、加美『会社法の現代的課題』一三六頁、宮島・前掲（注16）一二八頁、石田「株主の質問と役員の説明」金商六五一号六一頁、末永『会社法』七三頁など）。ドイツには他主占有の優先株二〇株に解説請求を認めた判例がある。（LG München 1., AG 1987, 26.）。

(18) ① イギリスではRe Mackenzie & Co., Ltd[1916] 2Ch 450がこの問題を扱っている。本件事案は以下の通りである。基本定款では、優先株と普通株の各権利と特権は付属定款に定められるとされ、付属定款は、会社が優先配当を六月にわたって行わないのでなければ優先株主は投票の権限がないと定めていた。会社に損失が生じたので、資本減少案を全ての株主に送り、付属定款では優先株式に総会の投票権はないが、計画を承認することを聞くことはうれしいと回状は結んであった。これに答えて一九四七株の優先株主は計画を承認し、二二一〇株の優先株主は計画に反対し、残りの一一四三株の優先株主は中立の回答をした。一五年の二回にわたる総会で資本減少が決議された。第一回の総会には優先株主の誰も総会に出席しなかったが、決議の前に計画に反対する株主の書面が総会で読まれた。第二回の総会の招集通知は、優先株主に送られず、誰も総会に出席しなかった。資本減少を確認する請願（petition）に対し、一八八九株の優先株主が、付属定款所定の承認を受けておらず、優先株主は総会に招集されておらず、計画は優先株主にとって不公正であるとして、反対し、訴訟になった。裁判所は、「これらの事情の下では、第一に、優先株主は投票権限のない総会に招集されなければならないとの規定が付属定款にないということ、そして第二に、優先株主は招集される資格があっても、本件における省略は、各優先株主が総会でなされようとしているものの正確な完全な報告を用意されたから、とるにたりないと考える」と判示した（四五八頁）。従って付属定款に別段の定めがなければ、議決権を有しない社員は、総会に招集される必要はなく、それに出席する権利も有しないと解されている（Pennington's Company Law, 6th. ed., 1990., p. 622）。

② アメリカでは優先株主に議決権が認められるか否かは、会社法、契約であるところの会社の基本定款、付属定款の解釈問題であり、別段の規定がなければ議決権が認められるが、議決権を排除する明文規定があれば、議決権がないというのが判例であるが（Millspaugh v. Cassedy, 181 N. Y. S. 276, [280ff.]; Hazel Atlas Glass Co. v. Van Dyk & Reeves, 8F. 2d. 716, [722], Personal Industrial Bankers, Inc. v. Citizens Budget Co. of Dayton, 80F. 2d. 327, [328f.], certiorari denied McConnaughey v. Personal Industrial Bankers, 298U. S. 674; Allen v. Montana Refining Co. 227 P. 582, [586]; Rice & Hutchins, Inc. v. Triplex Shoe Co. 147A. 317, [3246], Triplex Shoe Co. v. Rice & Hutchin, 152 A 342, [351]）、質問権まで論じた判例を見つけることができなかった。

③ フランスでは無議決優先株（actions à dividende prioritaire sans droit de vote）は一九七八年七月一三日法で認められるようになった（会社法二六九条以下）。同株式は、「総会参加権（droit de participer）及び議決権、当該株式の権利委譲（chef）」のみが明文で剝奪されている（同二六九条―一第二項）。従って総会参加権はないとはいうものの、それ以外の権利、例えば書類閲覧権（同一七〇条）や役員責任追及訴権（同二四五条）等はこれを有し

ている。(Juglardt-Ippolito-Dupichot, Les sociétés commerciales, 2e vol. 10e éd., 1999, p. 389.)。

④ イタリアでは無議決権株に総会参加権（il diritto d'intervento all'assemblea. なお民法典二三七〇条参照）が認められるか否かについては見解が分かれている。肯定説を採る者としてDe GregorioとCampobassoが、否定説を採る者としてFerriとPecatoreがいる（Fiale, Diritto delle società, VI ed. 1998, p. 193）。なお貯蓄株式（azioni di risparmio）を新設した一九七四年法（legge n. 216/1974）の下では、貯蓄株式に総会参加権は認められないと解されていたが（一条／一四条五項参照。なお、Nobili/Vitale, La Riforma delle società per azioni, 1975, p. 420参照）、一九九八年法律命令（D.L）一四五条で改正され、総会参加権が認められるように改められている。

⑤ スペインでは無議決権株式（acciones sin voto）は一九八九年会社法で認められるに至った（同九〇条）。同株式には「議決権を除き」普通の株式と同じ権利が帰属するので（同九二条一項）、質問権は勿論のこと総会招集権（同一〇〇条）も有すると解されている。黒田清彦『新スペイン株式会社法の研究』一二二頁～一二四頁。

(19) 単位未満株主に質問権を認める見解がある（末永・前掲（注1）一七七・一九五・一九六頁）が、昭和五六年附則一八条一項に反し賛成できない（通説）。端株にも質問権は認められない（通説）。

(20) わが国では総会当日にならないと出席株主がわからない制度であるため、九州電力事件では受付付近での資格確認が問題となった（注2判決〔14〕）。ドイツではこのようなトラブルは起こり得ない。ドイツでも環境保護団体は存在している。このような株主が総会保護のための警備員投入費用を総会で質問した事例において、株主の観点からは、総会実施の責任機関が安全措置を強調しすぎると考えるときにも、質問拒否は正当と判示されている。(LG Dortmund, AG 1987, 189.)。なお、東京三洋電機事件判決では、外国人が総会に出席できなかったため法律問題となったが、ドイツ方式では、このような問題も生じない。ドイツの制度は無記名株券が主流であることに起因するが、合理的制度である（同旨、森本・前掲『株主総会のあり方』（注1）一一頁以下）と考えるので、改正作業の際には同制度を検討する価値があると思う。

(21) わが国の現行法の解釈に、三七年ドイツ株式法の通説・判例の立場を採用する者として末永・前掲（注1）一八三・一九八頁がある。なおBGH, Urt. v. 30. 3. 1967, AG 1967, 200=DB 1967, 940. 942.は、締結した契約書を読み上げる請求も解説請求権に入ることを認めている。

(22) 権利濫用に関する議論は、もっぱら利己的利益を追及する場合にそれがあるのか (RGZ 167, 157など)、利己的利益が信義則から是認できないほどにまさるとあるのか (Barz, BB 1957, 1255)、それとも利己的利益のない純粋に嫌がらせ的振る舞いで十分なのか (Gadow-Heinichen, a.a.O., §112 Anm. 6) という争いである。なおBGHZ, 36, 121, [135ff.]参照のこと。②内在的限界肯定論者は、通説(例えばv. Gleichenstein, Zum Auskunftsrecht des Aktionärs, AG 1958, 255, [256]) と反対に、質問者は質問理由を原則として明らかにする必要はないが、質問が審議事項との関係が即座には認められない場合には、株主は関係がある旨を明らかにすべきで、これが行われない場合には取締役会は解説を拒否することができると主張した (Gadow-Heinichen, a.a.O. §112 Anm. 3. これに近い見解としてBarz, BB 1957, 1254.)。

(23) 六五年株式法にも同趣旨の判例がある。(LG München 1, AG 1987, 26.)。

(24) BayObLG, AG 1975, 325によれば、総会の時点で取締役会が回答できない場合に、解説請求権はその限界を発見する。そこで、事前通告を要しないが、事前の調査がなければ複雑な問題の回答は期待できないので、事前に通告するのが往々 (manchmal) 行われている。Semler in MünchHdb AG, 1988, §37 Rn 16. OLG Düsserdorf, AG 1992, 34では、質問が行われるとの覚書のある膨大な質問目録が事前に会社に送られており、Selmerの指摘を裏付ける。ドイツでも解説請求権は総会で実際に行使されない限り、生じない。(OLG Celle, AG 1984, 266; LGKöln, AG 1991, 38.)。答えられていない質問がないか株主に質問がなされたとき、最初に提出した質問を繰り返さないことは、質問の推断的放棄とみなされる。(LG Mainz, , AG 1988, 169.同旨、Reuter, Das Auskunftsrecht des Aktionärs—neuere Rechtsprechung zu §131 AktG, DB 1988, 2615, [2616].)。

わが国では、一括回答の有効性とその法的性質が学説で争われた。注2判決〔1〕は一括回答を説明義務の履行行為と把握しているのか必ずしも明確とは言えなかったが、判決〔2〕、〔3〕、〔10〕、〔11〕、〔14〕および〔15〕は、質問事項書の事前送付は、調査を要することを理由に当該事項につき説明を拒絶することを制限する効果しか有せず、株主が総会の場で実際に質問をしない限り(野村証券事件では代理人が出席したが、質問をしなかった)、説明義務は生じないとの立場を採用している。ドイツの通説・判例と同一であり、私もこれに従うが、中村（一）教授の見解（『会社法判例の研究』八〇頁・九三頁）に近いと思われる見解も存在している。この見解によれば、総会前に又は総会中に提出され、総会で回答されない書面の質問は、少なくとも短い形式で口頭で繰り返えすか（Hüffer, AktG §131 Rn. 8）、読み上げられなければならない（LG Köln, AG 1991, 38）。但しドイツでもこれに反対する説が存在している。判決〔16〕（一一一頁）は、議長が事前に提出された質問事項を朗読させた上、取締役をして一括回答させた事案につき、報告事項の追加とみるべきではなく、「原告らが本件質問事項書に記載の質問及び口頭での補足質問を含め質問権を行使した」と解しているが、妥当であると考える。

なお商事法務研究会が毎年公表している「株主総会白書」を検討してみると、総会の前に質問状が送られて来ない会社が多くなって来ており（八四年版白書：六三・五％→九九年版白書：九〇・八％）、二通以上の質問状を受けた会社も減少しているが、巨大会社と小会社とでは違いが見られ、小会社では質問状がほとんど送られてこないのに対し、巨大会社では半数近くが送られてきている。

二　ドイツの一九六五年株式法以後の法律状態

（イ）　現行法である一九六五年株式法は、(25) 若干の変更と共に三七年法を踏襲した。

（a）　重要な改正の第一は、解説に「議事日程の目的たる事項の適切な判断のため必要である限り」（必要性の要件）との限定を加えたことである（一三一条一項）。

まず、バイエルン上級地方裁判所一九九九年三月二二日決定は、(26)「株式法一三一条一項により与えられた権利の意味と目的」を、「株主を議事日程の目的たる事項を判断することができるようにし、それ故総会参加権の適切な行使に必要な具体的情報を提供すること」と解し、「株主は権利の行使にとって本質的な事情を知っているときにのみ社員権を意味深く行使できる」と述べている。しかしその権利の範囲については、論者によって異なっている。Großは、株主総会は議決機関であって、監視機関ではなく、株主の情報権は総会の適切な議決権行使のための補助権であるので、包括的な説明請求権を意味するものではないと主張する。[27] 第二説は、特に議決権行使のためのものであるが、その他の権利を行使するための情報の入手も含まれるとする。[28] このように議論が分かれる理由は、ドイツでは無議決権株式にも質問権が認められているため、これをどのように評価し、構成するかという問題が絡むからである。無議決権株式に質問権があるか否かの上述したわが国の学説の争いは、ここでもドイツの学説のどちらを選択するかという形で発露する。通説は、総会における報告事項についての合理的な理解または決議事項についての議決権行使の合理的な判断の資料の入手のために認められたと解するのに対し、[29] 質問権を自主的監視機能の一環としての一般株主の経営者に対する直接的なコントロールを図るためのものと解したり、[30] 投資判断の資料を得ることを目的とすると主張する見解がある。[31] しかし解説請求権は、会社の利益のためだけでなく、[32] 自己の利益のために行使することができるので、審議と無関係であったり、権利濫用にならない限りで、[33] 監視のための資料や投資判断の資料を得る目的でも権利行使が許されているのであって、[34] これらを主目的と解すべきではないと考える。

六五年法が必要性の要件を新たに加えたのは、上述のように三七年法が無限定であったため、その反省に立って「解説請求権の濫用」を防止し、「総会の秩序ある進行を担保」するためである。[35] わが国では、「株主権一般の行使、さらにいえば株主として利益確保に必要であれば、議題の合理的判断のために必要な事項であり、株主は説明を求めうる」として、日本の方が質問権の行使要件が緩やかとする説があるが、[36] 通説および判例は、上述した質問権の趣旨よりドイツと同様に必要性の要件を肯定しており、[37] 正当である。間口を広げるだけで総会が活性化すると考えるのは幻想であると考える。

改正の結果ドイツ現行法では、旧法とは異なり議事日程との単なる緩い関係では不十分であり、[38] 必要性の要件を満たすことが必要であると解されている。注3で挙げた判例の多くは必要性の有無と回答拒否の正当性の有無を判断したものであり、わが国の研究の格好の素材を提供している。ミュンヒェン第一地方裁判所八六年四月一六日決定（LG München 1, AG 1987, 185, [186]）が示すように必要性の要件を前提とした「上で」、それを広く解するか、狭く解するかが争われているのである。同決定は、株式所有の判断のために解説請求権を行使できると述べた後で、次のように判示している（以下は重要部分の意訳である）。

「(上記立法趣旨）よりベルリン上級地方裁判所（DB 1972, 1915）は、以前の法律状態では通説に相応したこの前提（必要性―筆者注）を『広く且つ狭くなく』考えるための余地はもはやなく、むしろ必要性の存在に対し厳格な要求が置かれたと結論した。……むしろ解説請求権はただ『原則的質問』または『重要な特定の個々の取引』にのみ及ぶ、と。なるほどこの見解をGessler/Eckardt (§131 Rdnr. 33) とKölner Kommentar (§131 Rdnrn. 23 und. 33) は余りに狭いと見なしているが、必要性の判断の際に『狭く理解すべきでない』というGessler/Eckardtの見解（a.a.O.）は、Barz（§131 Anm. 10）によって―本裁判所はBarzの見解を適当と考えるが―否定されている。……この見解は、必要性が、濫用を阻止し、総会の秩序ある進行を担保するために、立法者によって意識的に強化として解説請求権の前提に挿入されたから、『必要性』の法律要件の解釈にも適用できないと考える」と。

必要性の範囲については上述のように見解が分かれているが、[39] その判断については、会社の関係をただ一般的に公知の事実に基づいて知り且つ判断できる客観的株主の観点からなされるべきことについては一致している。[40] わが国の通説・判例もこの立場と同一であり、[41] 正当と考える。必要性の要件のため、ドイツではさらに、質問株主は質問の理由を述べる必要はないが、議長が質問を適当でないと異議を唱えたときには、質問の理由を説明しなければならないとする学説・判例があり、[42] わが国でも同様に解すべきであると考える。上述した決定は、さらに次のように判示している。質問が不明瞭であるということは拒否事由になりえない、疑いと誤解を解き明かすのは、取締役会の責務であるからである。[43] しかし、必要性の要件により質問にも要件が置かれるのであって、「年度決算書及び営業報告書により与えられた情報に関連し、それをさらに押し進めるものでなければならない」。「特定の地域」の飲食店の購入額に対する回答は、「貸借対照表の個々の項目、営業報告書又は取締役会の営業政策をよりよく評価するために必要とはみなすことができない」。また、株主が総会で五〇を超える質問を提出した場合には、[44] 株主に制限の機会を与えるために、少なくとも回答は即座に期待できないという理由をのべて拒絶されるべきであると判示している（LG München1, AG 1987, 185, [188f.]）。[45] 質問が合理的理解と合理的判断の提供を目指すものである以上、取締役も株主もその実現に協力すべきであると解するので、わが国でも同様に解すべきであると思う。[46] またドイツでは、回答は口頭で行われるのが原則であるが、口頭で説明するより、早く且つ確実に知ることができるときには、他の株主にも同様の機会が保証される限り、例外的に準備した記録を総会の間質問株主の閲覧に供する方法によることも許されると解されている。[47] わが国でも同様であるべきであると考える。

（b） 重要な改正の第二は、解説が拒絶された者に議事録で異議をとどめる権利を認めたことである（五項）。異議をとどめた者は総会決議の取消の訴の権限を有することになる（二四五条一号）。しばしば役員は、解説拒絶が株主の票決に影響がなかったことを確認する総会決議を行わせ、同決議が取消事由を取り除くのか議論されたため、「解説の拒絶を理由とされる取消のためには、解説の拒絶がその決議に影響しなかった旨総会又は株主が表示したこと、又は表示することは、重要でない」（二四三条四項）という規定が新設されている。四項は、因果関係のみなし規定ではなく、総会または株主の表示は取消事由を消滅させるものでないということのみを意味している。[48] 解説請求の不当拒絶がなかったなら客観的に判断する株主が異なる決議をしたというように、総会決議と解説請求の不当拒絶との間に因果関係があると、総会の取消事由になるというのが判例である。[49] 不十分な回答に満足した者が後から回答が不十分であるとして取消の訴を提起することは信義則に反する。[50] ある議題の違法な回答拒否は、当該議題に関する決議の取消事由になるに過ぎない。[51]

（c）重要な改正の第三は、解説を拒絶された株主のために解説強制手続を新設したことである（一三二条）。三七年法の下では、解説が拒否された場合、解説を求める訴を提起することができたが、[52] ①通常の民事訴訟法の手続が採られるので、時間がかかると共に、②裁判所は取締役会の裁量権の濫用のみを判断するという限定的権限しかなかったので、①非訟事件手続にすることにより迅速に解決させるとともに、②裁量権の濫用だけでなく、拒否事由の該当性の有無を客観的に判断させようとしたものである。この手続では、一三一条一項の前提が存在するか否かと三項の拒否事由が存在するか否かのみが決定される。[53] 決定は、解説が拒否された総会の後二週間以内（除斥期間）に行われる申立に基づいて行われる（同二項二文）。[54] 申立権者は、総会決議取消の訴と異なり、議事録に異議をとどめた者であることを要しないが（二項一文）、[55] 総会欠席者は申立権を有しない。資格株主は、解説強制手続の権限を与えられていなければ、申立権を有しない。[56] 事件は会社の本店所在地の地方裁判所、場合により判例を統一する必要上、地区統括の地方裁判所の専属管轄である（一項）。[57] 手続では、総会で提出された質問のみが顧慮される。[58]「株主は、株式法一三二条に基づく手続では、取締役会が総会で与えられなければならなかった解説を強制する可能性のみを有する」ので、「解説強制手続でなされた申立が、総会において行われた解説請求に内容的に一致するか判断されなければならないときには、厳格な基準が置かれなければならない」。[59] 決定に対しては、裁判所が、根本的な重要性のある法律問題の解明が期待しうる場合に限り、即時抗告を許容することができ、この場合に限り、即時抗告が許される（三項）。[60] 請求価額は通常一万ドイツ・マルクであるが、複数の質問に対する回答拒否などの特別の場合には増額される。裁判所は誰が費用を負担するのか決定する（五項）。[61] 決定が既判力を持つようになると、決定は取締役会により商業登記所に申告されなければならないが（三項、九九条五項）、公告は行われない。株主勝訴の場合にはその選択で、次の総会か、総会外でも、取締役会は回答をする必要がある（一三二条四項）。後者が選択された場合には、総会外での解説となるので、取締役会は次の総会で請求があれば再び回答を行わなければならないことになる（一三一条四項）。決定は強制執行できる（一三一条四項。民事訴訟法八八〇条参照[62]）。

ドイツでは文献・判例を読む限り、わが国より総会は機能しているという印象を受ける。[63] 演説権（Rederecht）の制限が論じられているのもその左証であろう。[64] 強制解説手続が迅速に行われているのか、疑問を表明する見解も見受けられるが、注3で示したドイツの決定の数が示すように、この制度は機能していると評価してよいと思われる。昭和五六年改正商法の際にはドイツのこの制度に関するデータも蓄積されておらず、わが国にはドイツには存在しない総会屋が存在し、大企業の利益供与禁止（商法四九七条）違反が摘発され続けていることを考慮すると、この制度の導入は、当時としては時期尚早であったと考えられる。しかしこの制度も合理的な制度であることは疑いない。時間とお金をかけて取消の訴を起こし、勝訴してもその結果がでるまでに数年かかり、それから総会で回答されても、株主にとってはその情報が全く無意味になっている事態が予想されるからである。ドイツの決定の多さを考えると、わが国では回答に不満だが、時間・お金をかけても上述の事態となるとしてあきらめている株主がいるのではないかと推測される。しかし平成九年の改正で利益供与に関する罰則と適用範囲が強化され、総会屋も減少傾向にある。[65] 必要性の要件が判例・学説で確立した以上、総会屋の動向を見ながらこの制度導入のタイミングを考えても良い時期にきているのではないかと私は考える。「真の『質問』」（注2判決〔4〕一四六頁）に応える制度を準備しなければ総会の形骸化はもっと進むことが考えられるし、今日のようにグローバルな社会となってくると法整備が高いか否かが外国資本を調達する際に影響を及ぼすと考えられる。金融機関のジャパン・プレミアムや貸借対照表の日本基準の付記と言った事態と同様の現象に総会を追い込むべきではないと考える。

ドイツでは上述のように解説強制手続が採られた結果、決議取消の訴との関係が問題となった。前もって解説強制手続を起こすことを要するか否か学説が分かれたが、連邦通常裁判所が、解説強制手続を前もって起こさなくても、取消の訴を提起できるとする説に賛成してからは、この説が通説・判例となっている。[66] 解説強制手続が既判力を有するようになると、そこで確定した法律効果が基礎となるので、それは、拘束的効力を有することになる。[67]

（d） 第四に、三七年法が定めた拒絶事由の表現を「理性的商人的判断に従えば、少なからざる不利益が生じる恐れ」と改められたほか（同三項一号）、新しい拒絶事由が追加されたことである（同三項二乃至五号）。これらの事由は限定列挙と解するのが通説・判例である。[68] 取締役会は総会で回答拒否の理由を示す必要があるか否かについては見解が分かれている。[69] 拒否理由を上述した強制解説手続で追加することもできる。[70] 拒絶事由を援用するには、回答により不利益が生じるのがもっともであると考えられる若干の事実（einige Plausibilität）を会社は具体的に示す必要がある。[71] この種の不利益が存在するか否かは、一方では解説の有用性と他方では解説によって会社に発生する可能性のある損害を考慮して決められるべきか否かについても争いがある。[72]

（e） そのほか、第五に、解説の及ぶ範囲が「コンツェルン企業に対する関係」から「結合企業に対する株式の法律上および営業上の関係」に及ぶと改められている（一三一条一項二文）。一つは、結合企業の概念（一五条）の新設に伴うものであるが、解説請求権の範囲が拡大されている。また、「関係」は「法律上および営業上の関係」に改められ、「結合企業の状況」には及ばないことが明らかにされている。結合企業における営業上の出来事が会社の状況または会社のこの企業に対する関係に影響しうるほど重大であれば、それは「会社の事務」に当たることになるので、解説請求権の対象となる。[73] 二文は一文の確認規定たる意義を有している。[74]

（f） 第六に、「ある株主に株主たる資格に基づいて総会外で解説を行った場合には、たとえその解説が議事日程の目的たる事項の適切な判断のため必要でない場合も、他の各株主にその要求により総会においてその解説が与えられなければなら」ず、取締役会は、自己負罪になる場合を除いて、解説を拒否できないという規定が新設されている（四項）[75]。第六の改正点は、旧法でも株主平等原則より同様に解するのが多数説[76]であったので、実質的改正を意味するものではない。総会外で解説を行っても、次の総会まで解説しなくて良いから、その間に情報が価値を失っている場合があるし、次の総会で質問がなければ解説する必要がない。総会外の解説が総会で繰り返されなければ、株主平等原則違反とはみなされない[77]。

一三一条は総会決議による解説請求を許容しているか否かについては、議論がある。肯定説は総会は最高機関であって、会社の利益の最終判定者であることを根拠とする[78]。これに対し、否定説は、総会の権限は法律に列挙されており、一三一条三項で定める拒否事由が存在するときにも、解説しなければならないとするのは不当であることを根拠としている[79]。

（ロ） 判例の数が多いのでドイツに特徴的な若干の判例のみを紹介することにする。

（a） ドイツでは株主団体が活動している[80]。これに関連した判例が二件ほど存在している。①LG Heilbronn, AG 1967, 81は、株主団体は、質問権を有し、従って解説請求権の追及権も有する、と判示したのに対し、②OLG Hamburg, AG 1970, 50は、登記済社団形態の株主団体（IFA）は、行為能力がないので、解説強制手続において構成員の手続の代理人として現れることができないと判示し[81]、見解が対立している。

（b） 発言時間の制限を理由に総会決議取消の訴が提起され、憲法問題にまでなった事件として《ダイムラー・ベンツ株式会社事件判決》がある。本件では総会は一〇時一〇分に開始された。議論が開始されたのは一一時四〇分頃である。発言予定者が多いことから、午後三時五〇分以後回答も含めて一〇分に制限したが、六時三〇分以後は更に短縮し五分とし、一度発言した者は三分に制限している。原告は七時四五分に発言をし、五分経過したところで発言を中断され、一分の延長が認められた。一分を経過したところで、発言台の引渡を拒否したところ、会場から退出させられた。発言時間を制限する権限を有するのは、総会ではなく、議長であり、真夜中を越えて翌日まで総会を続けることは許されないので、発言時間を制限することは株式法上適法であり、同規定は憲法（基本法一四条一項）に違反しないとされている。(82)

（c）　連邦通常裁判所まで争われた事件の一つに《ドイツ銀行事件判決(83)》がある。本件（八三年度）総会において原告株主は、償却、価値修正並びに引当金及び自己株式に関したくさんの質問を行った。取締役会は、三年前に一つの秘密準備金は公開準備金になったが、残りは秘密準備金のままであると回答したが、それ以上の回答は拒否した。自己株式取引については八一年の最初の四週間については説明したが、残りについては準備された相応のリストを閲覧するように申し出た。原告は閲覧をしないで、決議に異議をとどめ、取消の訴を提起した。論点となったのは、①回答が秘密準備金の開示に連なり会社に少なからざる不利益が生じるので回答拒否は許されるか、②他の会社に対する資本参加の記載方法、および③自己株式取得の理由の回答の必要性である。地方裁判所とフランクフルト上級地方裁判所は、原告の請求を棄却したが、連邦通常裁判所は、①の回答拒否は正当としたものの、②と③については原告の上告を認めた。(84)

（d）　連邦通常裁判所まで争われたもう一つの事件に《ASEA BBC株式会社事件判決》がある。(85)被告会社（BBC Mannheim）はスイスのバーデンにあるBBC Brown Boveri株式会社（BBCコンツェルンの基幹会社。以下BBC Badenという）の支配に服する企業契約を締結していた。ところが、BBC Badenは、コンツェルンの根本的機構改革をすることにし、スウェーデンの電気企業（ASEA ABB）と各五〇％参加の共同持株会社（ABB ASEA Brown Boveri株式会社）を設立し、被告会社に対する株式を共同持株会社に全部譲渡し、BBC Baden、被告会社および共同持株会社との間で変更契約を締結した。そこで被告会社は八八年の株主総会で企業契約の変更決議を基本資本の九九％以上で可決した（株式法二九五条一項参照）が、二人の株主が、当該決議の無効と取消を求めた。その理由の一つは株式法二九三条四項および二九五条二項の説明義務の不履行であった。LG Mannheimは、他の株主の解説請求が拒否されても、また、強制解説手続（株式法一三二条）の申立を事前に行っていなくとも取消の訴を起こすことができるが、質問は決議能力のない議題のときになされているので、株主は取消の権限はなく、仮に質問が決議事項である議題のときになされたとしても、原告は、因果関係を証明していないとして原告の請求を棄却した。[86] その控訴審であるOLG Karlsruheは、①コンツェルン賦課額の回答拒否という瑕疵があるが、「この議事日程の説明は、次の議事日程に移ることにより終了している。株主が拒否された解説がその点でも重要と考えるのであれば、この議題（次の議題―筆者注）の説明の枠で、その者または他の株主によって提出された解説請求を繰り返すことが、その者により要求されなければならない[87]」が、要求しなかったので、因果関係が切断されていると判示した。他方、②被告株式の補償の質問は議題に関連しているので、回答拒否は違法であるが、多数株主は説明がなくても事情を知っていたので、因果関係は切断されるとして請求を棄却した。[88] 連邦通常裁判所は、上記①は認めたが、②については、「客観的に判断する株主」がそのような事情を知っていたかが決定的基準であり、局外株主は知らなかったから、因果関係の切断を認めることができず、決議は無効である、と判示した。[89]

（e） 日本の九州電力事件に相当する事件として一連の《RWE事件[90]》がある。RWE（ライン・ヴェストファーレン発電所）は巨大な電力会社である。一株主が質問権を行使している。様々な質問をしているが、骨子のみを紹介する。① 八三年判決は、取締役の職務に関連する従たる給与は例外的に解説請求権の対象となる場合もあるが、本件では議題の適切な判断のため必要でないと判示している。② 八五年判決によれば、電気の売上高、取締役会構成員の職業訓練などを質問している。判決は、質問は議論を引き起こすことであるが、「解説請求権の道具はそのために立法者により創造されたものではない」、「解説請求権の目的に背く質問は原則上重大であるから、即時抗告を認め」(AG 1987, 22)ると判示している。③即時抗告を受けた地方上級裁判所は、「株主は総会において他の株主を『味方につけ』、既に確定している決心を納得させるためだけでも解説請求をすることができる」が、「『必要性』のメルクマールには相対的に厳格な要件が置かれなければならない」(AG 1987, 23) として即時抗告を棄却している。④八六年判決によれば、顧客別の売上げ割合、取締役会構成員の付随活動と総所得などが質問されているが、いずれも請求が棄却されている。これに対し、⑤八七年のデュッセルドルフ上級裁判所判決はRWE取締役会構成員の子会社の領域での活動（構成員は二三の子会社、一八の関連会社に職を占めている）による総所得の質問につき、株主は、企業に投資された資本の管理について説明を要求する原則として保護された権利を有しており、役員の免責との関連から回答は必要であるとして即時抗告を認めている (AG 1988, 54)。

(f)　最後に開示指令に関連する七つの判例がある。①ベルリン地方裁判所九三年四月二二日決定 (AG 1994, 40) と六月二四日決定 (AG 1993, 1632) は、同じAllianz 持株会社の九二年度総会での回答拒否が問題であったが、「議決権の少なくとも一〇%を有する他の上場会社に対する資本参加」および「少なくとも一億マルクの市場価値を有するコンツェルンと関係のない会社に対する資本参加」に関する情報については、株主に解説請求権があると判示してから、同様の判例が九六年にかけて立て続けに下され、学説で問題となった。(91) 同裁判所によると、他の資本会社に対する相当の資本参加は、「合理的に考える平均的株主が投資判断するのに客観的に必要な情報である。なぜなら、会社の収益および収益の見込みは、資本参加している……企業の事情によって決定的に影響されるからである」(AG 1994, 40)。そして「上場会社に対する重要な資本参加と譲渡の際に開示すべき情報に関する一九八八年一二月一二日の理事会指令（いわゆる透明性指令）」が定める議決権持分の一〇%は、「資本参加の開示に関する株主の意見形成に必要とみなされうる解釈基準」を形成している。解説請求は、

「この大きさに基づいて当該株式の市場価値を容易に推論できるから」、その額面価額と議決権に及ぶが、「簿価と相場との差額の場合会社の秘密準備金が問題で、会社はそれを開示する義務はないので」簿価には及ばない。さらに、株主の「誠実な意思形成に必要な」情報である限りで、「上述の原則を類推して」上場会社の株式の市価が少なくとも一億マルクであるコンツェルンに属していない財産管理会社の資本参加にも及ぶ（AG 1994, 41）。

② ベルリン上級地方裁判所も三つの決定を下している。その一つは、(i)前記六月二四日決定の即時抗告に対する決定（ZIP 1994, 1267）であり、もう一つは、(ii) Allianzの九三年度総会を扱う九五年八月二四日の決定であり（AG 1996, 131）、そして(iii)九三年八月二六日の決定は、Siemens（電気機械会社）の九二年総会を扱っている（ZIP 1993, 1618）。いずれも地裁の決定を認める。

(i)の九四年六月三〇日決定によると、合理的平均株主のためには、解説が「客観的観点からも株主に既に伝達されている知識の議事日程の判断のための本質的な補充として評価されうることが、補足的に、必要である」。「指令の目的は、真の欧州資本市場の発生に信頼の強化を通して寄与するために、開示の相応の指示により投資者の保護を改良することであるのに対し、解説請求権は総会の議事日程の適切な判断のために必要な事務に関する株主の情報を目的としている。このことは、株主に与えられるべき解説の内容の修正をも正当化する」。そこで会社は、当該会社が直接におよび（または）結合企業を通して間接に所有しているいわゆるドイツ株式インデックス[92]（DAX=Deutsche Aktienindex）に含まれている会社に対する持分とコンツェルンに属さない上場会社に対する二〇（上記持分を除く）の最大持分の額面価額を回答する義務がある。回答すべき持分は、会社の決算日に個々の会社の少なくとも基本資本又は議決権の一〇%に相当するか又は少なくとも一億マルクの上場価値を有する資本参加である。その際会社又は結合企業の計算で第三者によって所有されている持分も計算に入れられなければならない。「欧州共同体指令に挙げられ且つ経営学の見解によれば金融・成果経済的企業評価のために必要なデータを考慮すると、合理的に考える平均的株主は、この種の情報をその投資の判断のために必要と考える。なぜなら、その者は、それにより会社に投資した資本の利用と同時に取締役会の行為を監視することができる」からである（ZIP 1994．1269ff.）。

（ii）の決定によると、「株主は株式に基づく社員権の一部として常に同時に財産権を有しており、資本投資家としての性質において財産状態、金融状態及び収益状態に関する情報を要求することができる」（AG 1996，132）。

そうこうしている内に上記指令は、九四年七月二六日の第二金融市場促進法（〔有価〕証券取引法〔WpHG〕BGBL I 1994，1749ff.）により国内法化された（九五年一月一日施行）[93]。

③　バイエルン上級地方裁判所は九六年八月二三日の決定で、「株主は総会で社会より劣るものに置かれることは許されない」として、（有価）証券取引法（二一条）の制定により一〇％基準は古くなったので、結合企業によって所有される、上場会社に対する、会社の少なくとも基本資本若しくは議決権の五％又は一億マルクの取引所価格を有する持分は回答の対象となると判示した（AG 1996，516）。その際学説の批判に次のように反論している。「株主の解説請求権を、ベルリン上級地方裁判所と異なり、会社に対する株主の説明請求権と見ないときでさえ、取締役会と監査役会の免責の議題にとって一億マルク以上の価値の他の会社に対する会社の資本参加は重要である。……なるほど、一億マルクの限界は直接法律から現れないが、立法者は一般的に規制を行っており、それ故裁判所は、一方では株主の、他方では会社の利益に相応する実際的な解決を発見することを求められている」（AG 1996，517）。同年九月九日の決定も、これを維持し、従って会社は「ドイツのコンツェルンと関係のないいかなる上場株式会社に議決権のある資本の五％以上参加しているのか解説しなければならない」と判示した（AG 1996，563，[564]）。従ってバイエルン上級地方裁判所はベルリン裁判所の構成を放棄していると理解することができる。

これらの決定に好意的な見解もあるが[94]、学説はおおむね批判的であった[95]。他の会社では上記程度の回答が行われていたので、[96] この程度の開示を否定すべきでないと考えるが(日本については証券取引法二七条の二三参照)、透明性指令の実施を正当な理由もないのに四年程遅らせた事情があるためか、[97] ドイツの初期の判例は、指令が国内法化されない前に先取りしてその趣旨を実現しようとしたため、法律論的にかなり荒い議論を展開したとの印象を受ける。そのために批判を受けたのである。例えばHüfferは、個々の株主は経済的所有者(投資家)として原則として包括的な説明を要求できるという伝統的な基本的前提は、株主は委任によりまたはそれと類似に取締役会から説明を要求できるというライヒ最高裁の判例と変わらないことになるが、それは否定されている。委任関係の説明請求権者は―これも正しくないが―せいぜい株主総会であって、総会が決議したときにのみ存在するのであって、取締役会と監査役会は個々の株主の委託で行為しているわけではない。[98] 株式法上の情報権は、共同情報権と単独情報権に分けられる。共同情報権、即ち、取締役の行為の他益性から生じる包括的な説明請求権(独民法六六六条(＝日本民法六四五条)・七一三条参照)は、会社自体に帰属し、社員はこの権利を有しない。これに対し、単独情報権(独民法七一六条(＝日本民法六七三条))は、個々の社員が権利者であって、一三一条の解説請求権がこれに属する。共同情報権は、三つの組織構造から構成されている。取締役会は監査役会に対して包括的な報告義務を負い(株式法九〇条)、総会を限定的決議権限を有する意思形成機関として認める(株式法一一九条)。株主には総会における権利行使が指示される(株式法一一八条)。ところが上記判例は、平均株主は取締役会の行為を監視できると主張する。これは根本的に誤った観念(grundsätzliche Fehlvorstellung)である。取締役会を監視するのは、総会の任務ではなく(株式法一一一条参照)、従って個々の株主の任務でもない。これに対し単独情報権は、機関権限からではなくて、社員権から生じ、その債務者は取締役会ではなくて、会社であり、原則として総会の参加者としての資格でのみ個々の株主に帰属する。取締役会が会社のために与える解説は、総会が共同情報義務に基づいて自由にする情報を補足しなければならない。株式法一三一条一文は、総会の権限は単独情報権のための枠を与えていることを表している。ところが上記判例は同条から包括的な説明請求権を導いている。「解説請求権は、取締役会に対する説明請求権ではなくて、総会で管理権の意味深い行使を可能にすべき補足情報請求権である」と述べている。(99)

誤解を避けるために、①一定の規模の資本参加の開示という上述の要請は、欧州指令が発端であったこと、②上記諸判例後の判例も必要性要件を採用していること、③今日では総会における株主の情報が証券取引法二一条以下に基づき社会が享有する情報より劣ることは許されないとのコンセンサスができていること(100)を確認しておく。

(25) その後、①一九八五年一二月一九日の会社法の同等化のためのヨーロッパ共同体理事会第四、第七及び第八指令を実施するための法律（貸借対照表指令法）二条により、一三一条一項に三文（「会社が商法二六六条一項、二七六条または二八八条に基づく軽減を適用するときには、各株主は、年度決算総会においてこれらの規定の適用のない形式の年度決算書が提出されるよう請求できる」）が追加されている。年度決算書の提出請求は、株式法一三二条の意味の解説請求として取り扱われる。OLG Düsseldorf, AG 1992. 34f.＝DB 1991, 2532. それは、総会で年度決算書が確定しなくても認められるが、その性質上、提出請求と並行した、完全な形式での年度決算書に関係する質問に対する解説請求権は存在しない。そう解さなければ、同じ請求が二重の形式で主張されることになるからである。LG Köln, AG 1991, 280. また、②一九九〇年一一月三〇日の銀行及びその他の金融機関の年度決算書及び連結決算書に関するヨーロッパ共同体理事会指令を実施するための法律（銀行貸借対照表指令法。BGBl. I S. 2570）第二条により、三項の拒否事由に六号が付加されると共に、四項に三文が追加されているが、趣旨に変更はない。Vgl. Decher, Information im Konzern und Auskunftsrecht der Aktionäre gem. §131 Abs. 4 AktG, ZHR 158 (1994), 473ff. insbesondere 485f.

(26) BayObIG, AG 1999, 320. 同旨BayObIG, AG 1996, 180, [181], BayObIG, AG 1996, 322, [323], LG AG Heidelberg, 1996, 523, BayObIG, AG 1996, 516, BayObIG, AG 1996, 563.

(27) Groß, AG 1997, 99f. 解説請求権を一般的に株式所有の判断のための補助とするのは広すぎると指摘するZöllner, in Kölner Komm. z. AktG, 1983, §131 Anm 2はこれに近い。Burgard, Die Offenlegung von Beteiligungen bei der Aktiengesellschaft, AG 1992, 41, [46]; Fußnote 69の記述よりHehermehl及びLutterもこの見解に属すのではないかと推測される。; Möhring, Buchbesprechung von Baumbach-Hueck: Aktiengesetz, NJW 1969, 1473, DERS., Buchbesprechung von Aktiengesetz, NJW 1973, 1172.

(28) Hüffer, a.a.O., §131 Rn 1は、議決権が前面にあるが、取消権と少数株主権の行使も問題であるとする。Semler, MünchHb AG, §37 Rn 2は、解説請求権は株式と結合した共同管理権であり、第一に議決に用いられなければならないが、議決権とは無関係に株主に帰属するという。BGH, AG 1983, 75, [80f.]は、解説拒否権は総会から取締役の義務違反行為を隠すための道具ではないので、「企業に投資された資本の管理についての説明を要求する株主の基本法的に保護された権利」の侵害に終わらないためにも、業務執行の適正性に対する客観的に理由付けられた疑いが存在し、取締役会がこれを知っているか又は知らなければならず、且つ監査役会の有効な関与が期待できないときには、回答が会社に不利と主張できないと判示し、LG München 1, AG 1987, 185, [186]は、「解説請求権は、企業に投資された資本の管理についての説明を要求する株主の基本法的に保護された権利に基づいている（BGH, AG 1983, 75, [80]）。株主は、会社の状態、経営者の能力を知り、会社の将来の見込みを評価できるときにのみ、権利（特に議決権）と会社の株式をもっと取得するか、株式を売る可能性を意義深く利用することができる」と述べている。株主以下の文章はEckardt in: Geßler/Hefermeh, AktG, §131 Anm 1と全く同一である。なお森本・商事（注1）四頁も参照のこと。

(29) 並木・前掲（注13）一一七頁、加美・前掲（注17）一四二頁、内田・昭和六二年度主要民事判例解説二一五頁、丹羽・判批・税経通信四二巻一三号二三〇頁など。判例として注2判決〔17〕五〇頁。わが国で問題となっているのは、報告事項も説明義務に含まれるか否かである。含まれると解するのが通説で（稲葉・前掲（注17）一三九頁、元木『改正商法逐条解説（改訂増補版）』九八頁など。判例として注2判決〔14〕一三八頁）、正当と考えるが、回答を拒否しても取消の訴の対象となりえないので、含まれないとする説もある（吉田・商事九八一号四頁）。報告事項にかかる説明義務違反は、決議の瑕疵と直接関係しないが、利益処分決議等に間接的に影響を与えることがあり得ると考える。ドイツでも決議事項でなくとも解説請求権は認められるとするのが通説・判例（①OLG Hamburg, AG 1969, 150,［151］、②KG, AG 1973, 25［26］、③LG München I, AG 1987, 185,［186］、④OLG Karlsruhe, AG 1990, 82、⑤OLG Karlsruhe, AG 1991, 144,［147］、⑥KG, 1993, 1618.［1619］、⑦KG, ZIP 1994, 1268）である。争われているのは、報告事項の解説請求権の範囲は、決議事項のそれより狭いか（Zöllner, in Kölner Komm., §131 Anm 22）、同じであるか（Eckhardt, in Geßler/Hefermehl/Kropff, a.a.O., §131 Anm 30.）ということである。

(30) 新山「企業の『自主的監視制度』強化の論理と商法改正法の現実」法時五三巻一〇号、三三頁、三八頁。

(31) 末永・前掲（注1）一九五・一九六頁。

(32) Godin-Wilhelmi, Aktiengestez, 3. Aufl, 1967, §131 Anm. 1は、解説請求権を会社の利益のために行使すべきと主張しているが、狭すぎるとして、多くの学者から批判された。

(33) ドイツの旧株式法では権利の濫用を議論する意義は大きかったが、六五年法では大抵の場合、必要性の要件を満たさないか、拒否権行使の要件に該当するため、濫用論は実際上の意義をほとんど有しないものに変化している（Zöllner, in Kölner Komm. §131 Anm. 44., Semler, MünchHdb AG, §37 Rn 28）。とはいうものの、拒否事由は限定列挙と解されているので（通説）、権利濫用による拒絶が許されるか否かが議論されている。拒絶できないとする説（Eckardt in: Geßler/Hefermeh, AktG, 1974, §131 Rn 132など）もあるが、肯定するのが多数説（Barz in Großkomm. §131 Anm. 12, Hüffer, AktG, §131 Rd. 33. など）である。①OLG Hamburg, AG 1970, 372は、識見のある株主が会社と無関係な利益がなければ同じ解説を求めないであろうときには濫用（民法二四二条）がおそらく存在するとし、②OLG Frankfurt, AG 1984, 25,［26］は、もっぱら又は圧倒的に利己的な目的を追求するときには存在するとし、③OLG Karlsruhe, AG 1990, 82は、信義則に従った考慮の場合株主の行動が是認されえないほどに本分と異なった目的の追求が圧倒的であるときに存在する（同旨、Eisenhardt, Gesellschaftsrecht, 8. Aufl. 1999, S. 323f.）とし、④BayObLG, AG 2000, 131,［132］は、事柄に即した解明を向けられていない、もっぱら又は圧倒的に利己的な目的を追求するときには存在すると判示している。なおBGH, Urt. vom 22. 5. 1989, AG 1989, 399は合併決議取消の訴の提起に権利濫用を認めている（Kochs Adler AG/Dürkoppwerke GmbH事件）。またOLG Frankfurt. AG 1991, 206, [207]は、著しく利己的に請求権もなく、当然には請求もできないような給付を会社にさせる目的で取消訴訟を起こす場合には権利濫用がある、と判示している。わが国では質問権の濫用の問題は余り論じられて来なかったが（大隅＝今井・『会社法論中巻（第三版）』八八頁は株主たる利益と関係のない純個人的利益のためになされる場合を権利濫用とし、今井・商事一〇九二号七頁は個人的不満の解消を目的とするような場合には権利濫用とし、河本・商事一二五二号五頁、落合・判批・ジュリ一〇八五号一〇六頁は、九州電力事件の動議は権利濫用によっても基礎付けられるとする）、上述のように、ドイツでは論じるのが普通であるので、濫用要件を検討する際にはその議論は参考となる。わが国では、濫用があった場合、必要性の要件に該当しないから拒否できるという説と一項の「其の他の正当の事由」に該当する、とすると説が考えられるが、前説が正当であろう。

(34) ①OLG, Düsserdorf, DB 1991, 2532, [2533]＝AG 1991, 34, [35]およびKG Berlin, AG 1996, 131, [134]は、濫用にならない限り、質問の動機は問わないと判示し、②LG München 1, AG 1981, 79, LG München 1, AG 1987, 185[186]およびLG Berlin, AG 1991, 34[35§]は、解説請求権を、エゴイスティクに行使でき、株式所有の判断に利用できるとする。通説でもある。Schlaus, Eine Zwischenbilanz zum Aktiengesetz 1965, DB 1972, 374, [376], Semler, in: Müunch Hdb AG, §37 Anm 28.質問者が質問により投機のような別の動機を追及しているか否かを問わない。

(35) Begr. RegE.. Kropff, §131, S. 186,慶応大学商法研究会『西独株式法』二一一頁。

(36) 末永「取締役等の説明義務」『特別講義商法Ⅰ』一九六頁、二〇三頁。

(37) 森本『新版注釈会社法（五）』一三四頁、大隅＝今井・前掲（注33）八七頁など。注2判決〔9〕、〔10〕、〔15〕など。これに反対する判例は見受けられない。必要性のない質問は、会議の目的たる事項に関しないものとして説明が拒否される（今井・商事一〇九二号六頁など）。

(38) Oppenhoff, Fragerecht und Informationsanspruch des Aktionärs und GmbH-Gesellschafters im Konzern, AG 1985, 117, [121]など。判例としてOLG Düsseldorf, AG 1968, 23, [24], OLG Düsseldorf, AG 1987, 21, [23], LG München1, AG 1994, 380, KG, AG 1996, 421, [423].

(39) 解説請求権の範囲を余り狭く考えるべきでなく、広く解すべきであるとする見解としてBaumbach-Heck, Aktiengesetz, 13. Aufl., §131 Anm. 7., Burgard, AG 1992, 41, [46]とOLG Hamburg, AG 1969, 150（ビール・アルコールを含まない飲料製造業でのビールの生産能力は質問の対象となる）があるが、多数説（Zöllner, in Kölner Komm. §131 Anm. 23, Joussen, Auskunftspflicht des Vorstandes nach §131 AktG und Insiderrecht, DB 1994, 2485など）と多くの判例は厳格に解している。KG, AG 1973, 25, [26], OLG Düsseldorf, AG 1987, 21, [23]（相対的に厳格に解すべきとする）、LG München1, AG 1987, 185, [186], OLG Düsseldorf, AG 1992, 34, [36]（「むしろ限度を超える解説請求を避けるために、厳格な基準が置かれなければならない」）KG, AG 1996, 421, [423]. OLG Hamburg, AG 1994, 420. OLG, 1994, 39, [40]は、取締役会および監査役会の構成員の免責が議事日程である総会における寄付金の質問に対し、八九年度の寄付金総額は二百五万七千ドイツ・マルクで（ちなみに貸借対照表利益は二億六千七百万マルクである）、二名の最大受領者は二六万五千マルクと二〇万マルクと回答したが、それ以上の回答を拒否した事案において、文献では、質問の必要性（Erforderlichkeit）と目的適合性（Sachgemäßheit）が議論の前面にあること、株式法一二〇条二項二文により免責は、取締役会および監査役会の構成員に対する賠償責任の放棄に繋がらないので、法的には意義が少なくなったことを指摘し、少なくとも寄付金の総額に対する請求は認められるが、申立人の陳述は本質的に寄付金の慣行に対する一般的批判であるので、より詳細な回答は免責の問題に影響を及ぼさないとして請求を棄却している。KG, AG 1973, 25は、株式法一三一条の解説請求権は三一二条の従属報告書に含まれた個々の事項に及ばないと判示した。これを批判する者としてBunte, Auskunftsrecht der Aktionäre bei berichtspflichtigen Vorgängen?, AG 1974, 374ff.

(40) Eckardt in: Geßler/Hefermeh/Kropff, AktG, §131 Rn 10, Barz, in Großkomm. §131 Anm. 10, Spitz/Dieckmann, Verbundene Unternehmen als Gegenstand des Interesses von Aktionären, ZHR 1994, 447,

[459]), Reuter, DB 1988, 2620など。古い判例では客観的基準によるとしか述べていなかったが(OLG Hamburg, AG 1969, 150, KG, AG 1973, 25, LG München 1, AG 1981, 79, [81], OLG Düsseldorf, AG 1988, 53, [54], OLG Zweibrücken, AG 1990, 496)、OLG Bremen, AG 1981, 229が、「会社の関係を一般的に公示された事実のみに基づいて知り且つ判断できる客観的に考える株主の観点から判断されるべきである」と判示してからはこの表現が定型的に用いられるようになっている。OLG Düsseldorf, AG 1987, 21, [23], OLG Frankfurt, AG 1986, 233, [234], LG Berlin, AG 1991, 34, [35], OLG Frankfurt a. M., AG 1994, 39, BayObLG, AG 1996, 180, [181], BayObLG, AG 1996, 516, BayObLG, AG 2000, 131. これに対しKG 1993, 1618, [1619], KG, AG 1994, 469, KG, 1996, 131, OLG Braunschweig, AG 1999, 84, [88]は「合理的平均株主」、OLG Hamburg, AG 1995, 40, [43], KG 1993, 1618, [1619] OLG Hamburg, AG 1994, 420, LG Heidelberg, AG 1996, 523, [524]は「合理的に考える株主」、BayObLG, AG 1996, 322, [323], BayObLG, AG 1996, 563, BayObLG, AG 1999, 320は「客観的に考える（平均）株主」, KG, AG 1996, 421, [424]は「客観的に判断する株主」という表現を使用している。

(41) わが国の注2判決〔10〕（一五四頁）、〔14〕（一三九頁）、〔16〕（一一二頁）および〔18〕（九五頁）は「合理的な平均的株主」と判示し、〔15〕（一三一頁）、〔17〕（五〇頁）および〔19〕（一〇五頁）は「平均的株主」と判示している。

(42) Barz, in Großkomm. §131 Anm. 10など。OLG Hamburg, 1969, AG 1970, 50.

(43) OLG, Hamburg, AG 1970, 50, [51], 会社が総会で質問に特定の意味を与えたときには、抗告審において、質問に多義的として異議を唱えることができないとした判例がある。OLG Hamburg, AG 1970, 372. 注2判決〔4〕（一四六頁）は、質問が「明瞭である場合にのみ」説明義務は生じると解しているが、不明瞭な質問は、取締役が意味を問うた後という限定が付くと考える。

(44) Eckardt in: Geßler/Hefermeh/Kropff, AktG, §131 Rn 40は、一つの議題に三〇〇の質問をする者は、必要性の枠を放棄し、回答を要求できないとする。OLG Frankfurt, AG 1984, 25, [26]は、自己株式の個々の取得と売却の説明の必要性を疑わないが、概略五、〇〇〇の取引を含み、二五、〇〇〇の報告を要するときには、制限されるとする。ちなみに三七年法に関する判例であるが、契約書を読むことの請求は、四時間一〇分かかる場合には実施不可能であるが、約二時間かかるのであれば実施可能と判示した判例がある。OLG Hamburg, AG 1968, 190. またKG, ZIP 1994, 1267, [1274]では、株主が、昨年(a)二五万マルク以上の所得、(b)二五万マルク以上、五万マルク未満の所得、(c)五万マルクの所得のあったAllianz AG Holdingとその一〇〇%子会社の従業員数を質問した事件で、「個々の国で全く異なる所得関係にある会社の二〇〇を超える内外の子会社に直面して、要求された報告がどうして議事日程の判断のために重要なのかわからない」とし拒否を正当とし、その控訴審であるBayObLG, AG 1996, 181, [183]も、このような請求に総会の間に回答することは取締役会に期待できないから、拒否は正当とし、「取締役会は相当の準備にもかかわらず、総会の間に要求された解説をなすことができないときには、解説請求権は排除される」と判示している。ちなみに上記OLG Frankfurt, AG 1984, 25の原審であるLG Frankfurt, AG 1984, 296では、質問の数が多いため回答が被告の裁量に委ねられたので、初め週ごとに摘要を回答した。しかし総会から不満の意見が表明されたので、回答は打ち切られ、その代わりに回答の準備リストを、他の参加者も閲覧できるとして、原告に閲覧するよう申し出たが、原告はこれを拒否した。リストには、原告が質問した理由が記載されていなかったが、営業報告書にはある程度の記載がなされていたので、それで十分であると判示していた。

(45) Vgl. Reuter, DB 1988, 2616

(46) 一三一条一項の「会社の事務」は広く解釈され、会社と会社の活動に関係するあらゆるものを含むと解するのが判例（LG Heidelberg, AG 1996, 523, [524], BayObLG, AG 1996, 322, [323], BayObLG, AG 1996, 516, [517], BayObLG, AG 1996, 563, [564]など）・通説（Großfeld/Möhlenkamp, Zum Auskunftsrecht des Aktionärs, ZIP 1994, 1425など）である。しかしこのことはこの概念が無意味であることを意味しない。BayObLG, AG 1996, 563, [565]では、金融機関としてその寄託有価証券の顧客に、異なる株式会社の様々な議題に、どのような議決権行使を推奨したのか等の株主の質問は、会社の事務に含まれないと判示した。このようなことが議論される背景には、わが国の会社法では定められていない、株券を寄託している株主に対する金融機関の提案制度（株式法一二八条参照）がある。Groß, AG 1997, 104f. も後者の判例と同じく「会社の事務」に独自の要件としての意義を認める。

(47) BGH, AG 1987, [247f.], Groß, AG 1997, 104.

(48) OLG, Frankfurt, AG 1991, 206, BGH, Urt. v. 22. 5. 1989, NJW 1989, 2689, [2691]. わが国の注2判決〔16〕（一二一頁）および〔18〕（一〇二頁）も因果関係論を使用し、「説明義務違反は、さ程重大なものとはいえず、……説明義務の範囲内で回答していたとしても、右決議の賛否の判断を左右するような問題が露呈した可能性は存しない」として、裁量棄却を言い渡している（判決〔17〕・〔19〕も同じ）。

(49) BGHZ, 36, 121, [140], BGH, AG 1987, 344, OLG Düsseldorf, AG 1968, 19, [20], OLG Celle, DB 1972, 1816, [1820], LG Frankfurt, AG 1984, 192, [194], LG Frankfurt, AG 1984, 296, [298], LG Frankfurt, AG 1993, 520, [521], OLG Stuttgart, AG 1995, 234など, なおLG Berlin, AG 1997, 183, [184] も参照。通説 (Semler, MünchenHb, AG §37 Anm. 44など）もそうであるが、最近の学説の中には、因果関係論を採用しないで、侵害された規範の重要性により判断する説も現れて来ている（Hüffer, a.a.O., §243 Anm. 13.）。この検討は別稿に委ねる。

(50) LG Braunschweig, AG 1991, 36, [37].

(51) BGH, AG 1992, 450, [453], OLG Karlsruhe, AG 1991, 144, [147], OLG München, AG 1994, 375, [376]. わが国の注2判決〔15〕（一三一頁）、学説も同様な見解を採用しており（河本・商事一二五二号四頁、落合・ジュリ一〇八五号一〇五頁など）、正当と考える。

(52) BGH, Ur. v. 7. April 1960, BGHZ 32, 159, [161]. 六五年法の下では解説を求める訴は許されないと解されている。Semler, in MünchHb AG, §37 Anm. 31.

(53) 取締役会が行った解説の正当性が審査の対象となるか否かについては争いがある。否定説が多数説である。Baumbach-Heck, a.a.O., §132 Anm 2, Henn, a.a.O. S., Eckardt in: Geßler/Hefermeh/Kropff, AktG, §132

Rn 27, Zöllner, in Kölner Komm. §132 Anm 5, OLG Dresden, AG 1999, 274, [276], LG Köln, AG 1991, 38. この見解によると、不正な解説は罰則（株式法四〇〇条一・二号）の対象となり、場合により総会決議取消の訴の事由に該当することになる。これに対し、肯定説は、真正な解説でなければ制度は無意味となり、法律の目的と合致しないことを理由に挙げる。Semler, in MünchHdb AG, §37 Anm. 35.

(54) ①申立には弁護士強制がない。OLG Dresden, AG 1999, 274. なお法律相談法（Rechtsratungsrecht）一条一項違反者の株式法一三二条の訴訟行為が問題となった事件で、排除は、将来に向かってのみ効力を有し、秩序違反が確定するか明らかな場合にのみ考慮される。違反者が行った訴訟行為は有効である。他の株主を一三二条の手続で代理する株主は、同法の「他人の」法律業務を行っていないと判示されている。BayObLG, AG 1992, 457, [458]. ②また管轄権のない裁判所に対する申立であっても（本件ではライプチヒ地方裁判所の管轄であったが、ドレスデン地方裁判所に申し立てた）、それが期限内に行われたものであれば、有効な申立である。OLG Dresden, AG 1999, 274f. ほぼ同旨：OLG Celle, JNW 1969, 2054, [2055] = AG 1969, 328, [329]。テレファックスの申立が期限内であれば、裁判所の機械が故障していたため、期限経過後に印刷されたとしても期限を遵守したものと見なされる（本件では、四日に総会が終了し、株主がテレファックスで申立を行ったのは期限ぎりぎりの一八日の二三時四〇分であった。しかし機械が一七日から二一日まで故障していたので、裁判所が申立を知ったのは二一日以降であった）。BayObLG, AG 1995, 328.

(55) LG Mainz, AG 1988, 169, 170. 申立の取り下げの撤回は、民事訴訟法五八〇条、五八一条の前提が満たされるとき、および裁判所又は相手方により引き起こされた錯誤に基づくときには、許される。LG München1, AG 1987, 26f.

(56) BayObLG, AG 1996, 563. 従来の通説は資格株主も申立権を有すると解していたが、近時の通説（Hüffer, AktG, 3. Aufl., §245 Anm. 11など）に従い判例を変更している。

(57) バーデン・ビュルテンベルク州ではマンハイムとシュツットガルトの地方裁判所に、バイエルン州ではミュンヘンI、ニュールンベルク・フュルスの裁判所に（抗告裁判所はBayObLG）、ヘッセン州ではフランクフルト裁判所に、ニーダーザクセン州ではハノーバー裁判所に、ノルトライン―ウェスト・ファーレン州ではデュッセルドルフ、ドルトムント、ケルン裁判所に（抗告裁判所はOLG Düsseldorf）、ラインラントープファルツ州では、即時抗告のみが、その上OLG Zweibrückenに集中されている。Vgl. Semler, in MünchHdb AG, §37 Anm. 31. Fußnote 88.

(58) LG München I, AG 1993, 519.

(59) BayObLG, AG 1996, 181, [182]

(60) OLG Düsseldorf, Beschl. v. 25. 3. 1974, AG 1974, 227. 即時抗告の決定は地方裁判所の専属事項である。Bay ObLG, Beschl. v. 22. 12. 1966, AG 1967, 170. 制限が恣意的であるときを除き、地方裁判所は即時抗告を制限することが許される。OLG Karlsruhe, AG 1969, 296, OLG Düsseldorf, AG 1987, 22, [23]. 会社が総会で質問に特定の意味を与えたときには、抗告審において、株主の質問にもはや多義的として異議を唱えることができない。OLG Hamburg, AG 1970, 372. この手続では非独立の付帯抗告（unselbständige Anschlußbeschwerde）は許される。KG, AG 1973, 25, BayObLG, AG 1996, 563, [564.]. 抗告訴訟における弁護士報酬は原則としてBRAGO一一八条が定める最高報酬評価（10／10）である。OLG Frankfurt/M., AG 1992, 460, [461]。なおLG Heilbronn, AG 1967, 81, [83]も参照のこと。

(61) ①申立には根拠がなかったので、費用は申立人の負担であるが、質問は部分的に相互に関係しているので、個々の質問に一万ドイツマルクの原則額ではなくて、その額の半分とするのが適当とした決定がある。LG Frankfurt/Main, AG 1968, 24, [25]. また、②手続が、後の解説により解決したときには、決定の場合の推定的敗訴者が費用を負担するとした決定がある。LG München 1, AG 1987, 26. ③申立人が複数の申立をしているときには、原則額によらず、増額される。OLG Stuttgard, AG 1992, 460. ④五項七文の「手続の費用」とは裁判費用のみを意味する。KG, Beschl. v. 13. 3. 1969, AG 1969, 149.

(62) 解説を行わないため取締役会構成員に罰金刑を課した事例としてBay ObLG, AG 1975, 78がある。

(63) 「株主総会白書」昭和五六年（八一年）版では、九〇・六％の会社が議案に対し発言した株主はいなかったが（商事九二二号四五頁）、平成五年（九三年）のその数は九一・二％であまり変わりはない。もっとも資本金一千億円超の会社ではその数は六七・八％と下がり、発言者が若干多くなっている。

(64)　Vgl. Quack, Beschränkungen der Redezeit und des Auskunftsrechts des Aktionärs, AG 1985, 145ff., Eisenhardt, a.a.O., S. 326. LG Frankfurt, AG 1984, 192は、緑の党の党員で、市会議員である株主が合計で三〇分も演説し、保安要員により総会の演台から降ろされ、警察に連行され、総会への立入禁止が言い渡された後、釈放された事件である。議長は、総会の適切な実施が不可能なときには、演説時間を制限し、発言を禁止する権限があると判示している。

(65)　株主総会白書によれば、会社が「動向をマークする株主」の人数も減少傾向にある（平成一一年には全くいないとした会社が二五・九％）。それでも資本金が一千億円を超える四社は一五〇人超をマークしている（商事一五四四号五三頁）。平成十二年改正で利益供与の禁止は子会社の計算にも拡大されている。

(66)　BGH, AG 1983, 75. LG Manheim, AG 1991, 26, [28], LG, Brausgweig, AG 1991, 36, [37].

(67)　OLG Stuttgard, AG 1992, 459.

(68)　Steifert, Zum Auskunftsrecht des Aktionärs nach neuem Aktienrecht, AG 1967, S. 1, BayObLG, AG 1996. 322, [323]など。かっての通説的見解は、三項の拒否事由は、企業契約を議題とする総会で認められる解説請求権（株式法旧二九三四項、新二九三条g三項）には適用されないと解していた。BGH, AG 1992, 450, [454]は、この問題に最終判断を下していない。今日では適用されると解するのが通説ではないかと思慮する。Vgl. Emmerich/Sonnenschein, Konzernrecht, 5. Aufl. 1993, S. 238, a.a.O., 6. Aufl., 1996, S. 198.

(69)　不要説：OLG Hamburg, AG 1969, 150, [151], LG Köln, AG 1991, 38, Eckhardt, Gessler/Herfermehl/Kropff, a.a.O., §131 Anm. 80, 必要説，Zöllner, in Kölner. Komm. §131 Anm. 86, Baumbach-Heck, §131 Anm. 12, OLG Karlsruhe, AG 1991, 144, [148]. 必要と解しても、その違反が取消事由となるわけではないので、BGH, AG 1987, 344, [345]は、議論があることを指摘してはいるが、どちらの説を採用するのか明らかにしていない。Selmer, MünchenHb AG, §37 Anm. 30も、同様の理由では、議論は実際的意義を有しないとしている。な

お旧法では裁量権の濫用の有無を裁判所が判断できるよう、理由を示す必要があると解されていた（BGHZ 32, 159, [168]）。

(70) OLG Hamburg, AG 1969, 150, [151], LG Köln, AG 1991, 38. 変更もできる。Selmer, a.a.O., §37 Anm. 30, 裁判所は、会社によって主張されなかった理由を調査する義務を負っていない。KG, ZIP 1994, 1267, [1272], Selmer, a.a.O., §37 Anm. 36.

(71) OLG Hamburg, AG 1994, 420, OLG Düsseldorf, AG 1992, 34, [35f.], KG, ZIP 1994, 1267, [1272]. 学説としてGroßfeld/Möhlenkamp, Zum Auskunftsrecht des Aktionärs, ZIP 1994, 1425, [1427]. OLG, Karlsruhe, AG 1990, 82は、「不利を与えることの単なる適性が決定的であるが、具体的事件との関係で、確実に類する蓋然性が与えられなければならず、多かれ少なかれ僅かな可能性は問題にならない」と判示している。Vgl. Hüffer, a.a. O, §131, Anm. 株主は損害不発生の立証責任を負わない。株主は会社の状況が分からないから、このような立証責任を負うとすると株主は保護されない結果になるからである。OLG, Karlsruhe, AG 1990, 82, [83].

(72) 肯定説：Zöllner §131 Rdnr 35・36, LG Heidelberg, AG 1996, 523, [525], BayObLG, AG 1996, 322, [323]. 否定説：Eckhardt, Gessler/Hefermehl/Kropff, a.a.O., §131 Anm. 86, Godin/Wilhelmi, a.a.O., §131 Anm. 8, Semler, a.a.O., §37 Rdnn 25.

(73) RegEntb. Kropff., S. 185（慶応大学商法研究会『前掲』二二二頁）, Spitze/Diekmann, ZHR 158, 453, KG 1996, 516, [517]など。コンツェルン子企業の監査役と顧問の報酬からの取締役会構成員の総所得は、会社の事務に該当する。OLG Düsseldorf, AG 1988, 53f. なお一七の一〇〇％子会社と一つの九五％子会社の営業結果に対する解説請求は、一三一条および三三七条四項により求められるとした判例がある。OLG Hambrug, AG 1994, 420. この判例は、三三七条四項が「コンツェルン企業の状況」にも及ぶ点で、一三一条一項二文より広い、と明言している。これに対し、KG, ZIP 1993, 1618, [1620]は、結合企業の法律上および経営上の関係には、結合企業の経済的状態も含まれるとする（同旨Zöllner, Kölner Komm. §131 Anm. 29, Decher, ZHR 158, 491.）。

(74) 通説（Ebenroth, Die Erweiterung des Auskunftsgegenstandes im Recht der verbundenen Unternehmen,

AG 1970, 104, [105f.], Spitze/Diekmann, ZHR 158, 448ff. など）・判例（OLG Bremen, AG 1981, 229, [230]）

(75)　①LG Düsserdorf, AG 1992, 461, 解説を総会外でしたか否か、誰に、どのようにしたかという質問は、解説請求ではないので、四項の適用はない。また、②取締役会が支配企業に事実上のコンツェルン関係の枠内で与える情報にも適用がない。LG Düsserdorf, AG 1992, 461, [462]. さらに、③従属企業が支配契約に基づき親企業にその指図に基づいて与える解説にも四項の適用はない（LG München I, AG 1999, 138f.）。

(76)　v. Gleichenstein, AG 1958, 257, Schleyer, Übertragende Umwandlung-verfassungs-und gesetzwidrig?, NJW 1960, 1552, [1556]. 批判的な見解としてBoesebeck, Auskunftserteilung außerhalb der Hauptversammlung, AG 1963, 89ff. なおKarenke, Zum Auskunftsrecht des Aktionärs, AG 1968, 280ff. 参照（株主平等の観点から六五年法を分析している）。

(77)　Vgl. Seifert, AG 1967, 1f. ;Henn, Die Gleichbehandlung der Aktionäre in Theorie und Praxis, AG 1985, 240, [244 und 248]

(78)　Barz, BB 1957, 1253など。わが国で肯定論に立つ見解として末永・前掲注1・一七四頁がある。

(79)　Eckardt in: Geßler/Hefermeh/Kropff, AktG, §131 Anm23, Zöllner, in Kölner Komm. §131 Anm 10, Baumbach=Heck, a.a.O. §131 Rdnr 5, Semler, MünchHdb AG, §37 Anm. 4, Henn, a.a.O., (Fußnote 11) S. 300. なお、Barz, Großkomm. AktG, §131 Anm. 3参照。

(80)　森本「ドイツ有価証券所有保護同盟について」商事七五二号二頁以下参照。

(81)　同旨。Eckardt in: Geßler/Hefermeh/Kropff, AktG, §132 Anm 20, Semler, MünchHb AG, §37.

(82)　①LG, Sttuttgart, AG 1994, 425, ②OLG Stuttgart, AG 1995, 234, ③BVerfG, AG 2000, 74. 結論は同じであるが判決①と判決②の判旨は異なる。①はわが国の議論と同じく、議長には発言時間の制限、発言禁止、会場退去の権限を有し、行使は適法であったとする。②は、発言時間の制限を議長ができるか疑問であるが、議題である免責決議がなされているので因果関係がないから、適法であるとする。ちなみに、②は、因果関係論を批判し、取消原因として株主に対する瑕疵の重大性を問題にする少数説は法律と一致していないとし、多数説を前提としている。

わが国では、東京電力事件注2判決〔15〕が議長の質疑打ち切りと発言時間の制限等の問題を扱い、大ト一事件判決〔13〕は議長の秩序維持及び議事整理権限の行使としての計算書類の内容に関する質問の制限ないし禁止を扱い、佐藤工業事件判決〔20〕は退場命令を扱っている。

(83) 銀行の質問権のために株式法は特別規定を定めていない。Rasch, Die Auskunftsrecht der Banken in ihren Hauptversammlungen, AG 1966, 205f. しかし信用制度法（KWG）二六条aは秘密準備金を認め（株式法施行法三六条参照）、形式命令(Formblatt VO)四条は株式法一五七条一項の総額主義を制限し、株式法施行法一七条一項は同項を信用機関に適用していないという一般企業に見られない規制を行っている。そこで質問が秘密準備金に関連すると、回答の拒否という問題が金融機関では生じる。本文で扱った事件のほかドイツ銀行事件には①七九年度の総会を扱うOLG Frankfurt, AG 1981, 232と②八二年度の総会を扱うOLG Frankfurt, AG 1984, 25=DB 1983, 2184がある。①の事件では、一株主が本件と同様の償却、価値修正、引当金等の質問をし、②の事件では自己株式取引の質問をしている。裁判所は、①では、回答が秘密準備金の開示につながり、会社に不利となることを理由に回答拒否を正当とし、②では、個別報告だけで数時間を要することを理由に回答拒否を正当と判示している。

(84) 第一審では、二名の株主が総会決議の取消の訴を提起した。その内の一名が控訴・上告した。注3〔2〕の諸判決参照。

(85) 注3〔3〕の諸判決。上告に至らなかったもう一つの事件として判決〔42〕がある。後者の事件では判決〔3〕と同じ総会において、女性の株主が、BBC Badenに対し支払ったコンツェルン賦課額を質問したが、拒否され、強制解説手続の申立をした。地方裁判所が会社の拒否を正当としたので、これに対し株主が即時抗告をした事件である。カールスルーエ地方上級裁判所は、議題一は決議を要しない事項であるが、議題一の適切な理解のためにコンツェルン賦課額の回答は必要であり、解説は不利との会社の主張は不十分として原告の請求を認容している（AG 1990, 82f.)。

(86) LG, Mannheim, AG 1991, 26, [28f.]

(87) OLG Karlsruhe, AG 1991, 144,［147］. Godin/Wilhelmi, AaO., §131 Anm. 2は、質問した株主が回答前に総会から退出しても、質問は存続し続ける、と考えるのに対し、Zöllner, Kölner Komm. §131 Anm. 79は、その者が退出したなら、他の株主が質問しない限り、回答しなくてよいとする。ただし他の株主が回答を期待して、自らは質問を繰り返さないことが考えられるので、回答する意思がないときは、遅滞なく総会に知らせるべきであると主張している。地方上級裁判所の見解は、Zöllnerの見解に従ったもので、私は正当と考える。そうでないと議事が進行しないからである。

(88) OLG Karlsruhe, AG 1991, 144,［148］

(89) BGH, AG 1992, 450,［454f.］

(90) ①LG Dortmund AG 1984, 83、②LG Dortmund AG 1987, 21、③OLG Düsseldorf, AG 1987, 22、④LG Dortmund AG 1987, 189、⑤OLG Düsseldorf, AG 1988, 53.

(91) Hüffer, Minderheitsbeteiligungen als Gegenstand aktienrechtlicher Auskunftsbegehren, ZIP 1996, 401,［402］によれば、ベルリン上級地方裁判所に反対の立場を採用したフランクフルト地方裁判所の決定が二件あるとのことである。これらの決定は未読。

(92) DAX会社は、株式資本が十億マルク以上の会社である。例えばDeutsche Bank, Dresdner Bank, Daimler Benz, RWE, Veba等である。AG 1993, 1619. AG 1994, 1270.

(93) 証券取引法は、本文で触れた透明性指令のほかに、「インサイダー取引に関する諸規定の調和のための一九八九年一一月一三日の欧州共同体理事会指令（インサイダー指令）を国内法化している。同法一二条以下はインサイダー規制を行う。そこで株式法上の解説請求権と証券取引法一五条（アドホック開示）と証券取引所法四四条b（中間報告書の公表）の関係が新たな問題として生じている。これについてはJoussen, DB 1994, 2485ff.を参照されたい。

(94) Großfeld/Möhlenkamp, ZIP 1994, 1425ff.「商法二九七条二項によると、コンツェルン決算書は『コンツェルンの財産状態、財務状態および収益状態の実質的諸関係に合致する写像を伝達しなければならない』。解説請求権と貸借対照表法との間の関係が正しく認識されている。なぜなら、計算法と解説請求権の意味は、―なかんずく―社員権の行使に必要な情報を株主に同じように与える事であるからである」、「資本参加に関する広い公開が解説を保持しなければならないときに、企業の共同所有者としての株主が初めて真実である！。資本市場法と会社法は相互に作用している」、「裁判所は指令を決定に入れることによって、欧州法で先に与えられた発展をドイツ法に先取りしている。裁判所の欧州の法発展の洞察はうれしい」（S. 1426）、「Allianz決定は、ドイツの株式会社は小株主により透明になるという、小株主に明白な信号を与えている」（S. 1428）、「一九六五年の立法者は、今日有効な資本市場規定を予見できなかった」（S. 1427）と述べている。我々が注意すべき点は、この主張は、必要性要件を前提とした上で、しかも八六年改正商法の計算規定を踏まえて議論を展開しているということである。

(95) Ebenoroth/Wilken, Zum Auskunftsrecht des Aktionärs im Konzern, in BB 1993, 1818, [1828]; Groß, AG 1997, 97, [106f.]; Hüffer, ZIP 1996, 401ff., DERS, AktG, 3. Aufl., §131 Rn. 19a; Spitze/Diekmann, ZHR 158, 447, [461fff.]; Saenger, DB 1997, 145

(96) Veba株式会社（化学会社）は九二年の総会で、Allianzに対する二〇〇株からDeutsche Bankに対する六九〇〇株まで、DAX会社に対する十三の株式を解説し、Daimler-Benz AGも同じ様な回答を既にしていた。そこで他の会社が行っているのに、何故にAllianzやSiemensでは拒否するのか理解できないと裁判所は指摘している。

(97) Vgl. Emmerich/Sonnenschein, Konzernrecht, 6. Aufl., 1996, S. 102f.

(98) Saenger, DB 1997, 145, [151]も、「株主の独立した、ただ投資家保護の観点に基づく情報権は、株式に基づいて社員権外の財産権は根拠付けられないから、存在しない」と批判する。

(99) Hüffer, ZIP 1996, 401, [404ff.] Groß, AG 1997, 97, [100ff.]もHüfferが行う共同情報権と単独情報権の区別よりHüfferと同じ様な判例批判を行う。

(100) Vgl. Emmerich/Sonnenschein, a.a.O., 6. Aufl., S. 103.

結び

（一）末永教授は、「ドイツの通説の見解は、日本においても採用されるべきであると思う[101]」とされる。しかし、ドイツの通説を何に求めるかは問題である。本稿の検討から明らかなごとく、同教授の見解は、質問権を広げようとする政策的意図が先行する余り、三七年法の議論も、六五年法の解釈も軽視しており、ドイツの今日の通説と異なっていると評価せざるを得なかった。私も総会の活性化を念願する者の一人であるが、活性化は、質問の間口を広げる事によってではなくて、質問は議題と一致したものに限るが、その代わり回答に質問者を満足させる内容を要求することによって、徐々に形成して行くしかないと考えている。

（二）パーティーに君を招待しないと事前に言われ、招待状も来なければ、普通人であったならパーティーに出席しないであろう。イギリスの判例はそのような common sense を受入れ、無議決権株に質問権を認めなかったと考える。アメリカの判例でここまで触れたものがなかったが、イギリス人と思考は同様であろうという仮定の下に、昭和二五年商法改正の際に質問権を認めない政策的判断が下されていると考えるが、所有者を大切にするドイツの行き方も捨てがたい。これをグレーゾーンのままに放置することは妥当でないので、何れの説を採るか明確になるように表現を改めるべきだと提案した。

（三）総会の当日にならないと出席者がわからないという現行法のシステムより、事前に届出をさせるドイツのシステムの方が合理的であること、また強制解説制度も合理的であるので、改正作業の際には検討事項にすべきことを主張した。但し後者はタイミングを見る必要がある。議事録の公平性を確保するにはドイツのように公証人による作成がベストであるが（株式法一三〇条一項）、質問者が少ないわが国の現状の下では、この制度の採用はあまり意義がないと考え、検討事項には上げなかった。

(四) ブリヂストン事件を初め必要性の要件を具体的に検討するまでには至らなかった。持株会社の総会の説明義務の内容およびインサイダー取引と説明義務の関係なども別稿に譲らざるをえなかった。共同情報権と単独情報権の区別を日本でも採用すべきか重要な論点となりうると思われるが、この問題も同様である。総会取消の訴については通説的な因果関係論とは異なる議論が生じているが、この問題も検討するまでに至らなかった。

(101) 末永・前掲(注36)一九六頁。

8　議決権不統一行使の現代的役割

瀬谷ゆり子

はじめに

株主総会の議決権行使においては、株主は一株につき一議決権が与えられる(商二四一条)。そうすると、株主が複数の株式を持っている場合に、その行使に当たりバラバラに行使する、すなわち、一部について議案に賛成し、残りについて反対するというように、議決権を不統一に行使することも可能ではないかと考えられる。もっとも、通常は、意思決定をし実際に議決権を行使するのは同一人なので、複数株式を持っていても不統一に行使することはあまり想定されない。ただ、不統一行使というときには、このような、一人の株主が複数保有する株式を不統一に行使する場合の他に、株主名簿の制度があるために、名簿上の株主と実質株主の相違が生じ、実質株主の意思を議決権行使に反映させる方法として、背後に複数の実質株主を持つ名簿上の株主が、不統一に行使する必要が生ずることがある。とはいえ、不統一に行使されると、会社は事務処理の混乱を招きかねないとして、商法は、不統一行使に関する規定を置いている（商二三九条ノ二）。

それでは、実務面では実際にどのような場面で需要が認められるのであろうか。

二〇〇〇年度の株主総会白書によれば、実際に上場会社において不統一行使を申し出たのは、外国人投資家と信託銀行そして投資委託会社といったものが大半を占めており、大会社ほど行使の例が多い(1)。これらの投資家が議決権行使にあたり意思表示を積極的に行い始めたこと(2)、そしてそれは不統一行使の方法によらざるを得ないことから、近時不統一行使が話題とされるようになったのは周知の通りである(3)。

不統一行使の需要は、発行会社側からの議決権行使の促進を求める要求とも結びつく。わが国では、上場会社において、議決権行使に対する一般株主の関心はあまり高くないことは知られている。しかし、株主総会にはできるだけ多くの株主の意思が集約されることが望ましい。また、そのような理想論以上に、会社としては定足数要件が設けられている特別決議事項を成立させたい場合、まず最低限の出席数を確保したいという現実的な問題がある。最近では、持ち合いの解消が進んでいる会社も多く、これにより安定株主比率が低下している会社では、定足数の確保が深刻であるといわれる。名簿上の株主として、信託銀行等の名義、あるいは証券の保管業務を行う銀行等の名義が多い会社では、今まで必ずしも議決権の行使が芳しくなかったこうした名義人分についても、議決権の行使を促す必要が生じているとされる。

このように会社側から働きかけるにせよ、実質株主側から自発的に行使するにせよ、信託銀行や外国人投資家などによる議決権行使には、株主名簿上の株主が不統一行使せざるを得ないことが多い。公開会社の株式保有形態は、近時ますます複雑になってきている。そのような状態において、不統一行使は、実質株主の意向を株主総会の議決に反映させる手段として、大きな役割を担っていると考えられる。したがって、こうした最近の事情にあわせて、不統一であっても議決権行使がしやすい条件を整備する必要が生じている。

これに対して、本来の意味における不統一行使、すなわち複数株式を保有する株主自身が、議決権をバラバラに行使できるか否かは、別に理論的に検討すべき問題ということができる。したがって、まずその点から検討する。

(1) 商事法務研究会編「株主総会白書二〇〇〇年度版」商事法務一五七九号七四頁（二〇〇〇）。

(2) 外国人株主の多数を占める機関投資家のうち、アメリカの年金基金等は、議決権行使を義務づけがある。またわが国においても、厚生省（現・厚生労働省）が公的年金の運用を株式投資で行う場合の議決権行使に関し、具体的なルールを決めて実施する旨の報道がなされている（日経新聞二〇〇〇年一〇月一六日付け）。

(3) ここ一・二年、不統一行使の総数が減少している。これは信託銀行の保有分について、分別保管されることになり、かつては信託銀行名義で不統一行使していたものが、少なくとも、自行分と信託勘定分は区別して行使することが可能になったことによるとされる（宮島司「株主そして株主総会の復権」商事法務一五四七号六頁（一九九九））。なお、株主総会白書の統計は上場会社を対象とした調査であるから、中小会社における実態は不明である。

一　議決権を不統一行使することの可否

(1)　理論的側面

わが国では、古くから、議決権は統一行使を要請する、との立場がとられていた。学説上も、議決権はその所有株式数に関わらず一人の株主に常に一個であり、ただ分量が所有株式数による、あるいは、議決権の行使は議案について株主が一定の意思を表示することを内容とする人格権的機能の現れであるから、議決権は統一的意思をもって行使されることを要している、あるいは不統一行使は意思表示として矛盾するもので認められないなどとして、不統一行使を否定する見解が主張されていた。[(1)]

しかし、株主の会社事業に対する持分が株式の形で単位化され、その株式一株ごとに一個の議決権が認められていること、そして、総会の決議は株主の頭数によるのではなく、原則として株式の多数によるのであるから、議決権の行使は株主単位によるのではなく、株式単位による、と考えることができる。各株主が一株につき一個の議決権を有するということは、株主の意思の表明が各株式について存することであり、実質上は各株式の議決権行使について一個の意思表示があり、それが集積されて株主によって表明されたものである。そうすると、株主が自己の有する株式の議決権行使によって、総会決議に如何なる影響を及ぼすべきかということが株主の議決権の実体であり、したがってその行使方法は株主にとって自由であるべきである、と考えられる。さらに不統一行使は「意思表示の矛盾」であるとの批判に対しては、個々の議決権行使自体についての意思表示の矛盾ではなく、各議決権行使相互間の矛盾であり、株主は相反する方向になされた議決権の行使によって及ぼされるべき効果を認識して意思表示をしているのであるから、議決権の不統一行使は、決して矛盾する意思表示でもなければ、一定の意味を見ることのできないものでもない、との反論がなされている。[(2)]

(2) 立法の経緯

議決権の不統一行使を認める立法例は、戦後の経済法制のうち、独禁法一〇条二項、一一条一項三号、証券投資信託法二五条などにみることができる。しかし商法がそのような行使を認めたのは、昭和四一年の改正であった。この改正時に、議決権の不統一行使を認める法規定を導入する契機となったのは、A.D.R.（米国預託証券）を巡り、発行会社とアメリカの受託機関との間の契約内容から、不統一行使を認める余地を残しておく必要があるのではないか、との議論が生じたことに発する。[(3)] A.D.RでもE.D.R（欧州預託証券）でも、株主名簿上の株主は受託機関であって、これに対して資金提供者である実質的な株主が存在する。このような、名簿上の株主の背後に実質株主の存在が認められる株式保有形式には、証券投資信託、株券の管理信託なども含まれる。(4) これらは、名目上は一人の株主として名簿上に記載されているが、実際にその背後に潜在的に存在する多数の実質株主について、その意思を議決において尊重する必要性が認められるためである。こうした多数の実質上の株主の存在が認識され、その利益を保護する趣旨から、実質株主がいる場合について形式株主による不統一行使を保障することが求められた。

このように、不統一行使を許容する規定は、名簿上の株主の背後にいる実質株主の利益を保護する需要に応ずる形で導入された。そしてその際、国内的な問題も併せて解決しておくことの必要性も認められた。すなわち、発行会社側からみると、議決権を不統一行使されると、その処理にあたって総会の事務が煩雑化することは否めない。また、場合によっては、総会屋がその持ち分を分散して、多数の配下に代理権を与え総会に乗り込むことも懸念される。そこで、議決権の不統一行使を認めないと、多数の実質株主の意見を議決権行使に反映させられなくなるような、他人の株式を有する者については、確定的に認め、それ以外からの行使は、会社がこれを拒絶できるものとする立法形態がとられたものと解される。

(3)　商法二三九条ノ二の解釈

商法二三九条ノ二の制定は、前述のような、実質株主の存在が認められる場合について、その意思を尊重する必要性によるためだったからか、同条項が理論的にも不統一行使を肯定するものであるかについては、異論がある。すなわち、株主自身がその持株に応じて、一部を賛成、残りを反対というように、本来の意味で不統一に行使することの可否については、依然として見解の相違がある。そもそも不統一行使は理論的には認められないとの立場からは、商法二三九条ノ二の規定は、形式株主の背後に実質株主が存在する場合について、法が例外的に許容したものと解されている。[5] したがって、この立場では、それ以外の株主が不統一行使することは認めない。二項では、名簿上の株主が「他人のために有する場合」には不統一行使を認めているが、そのような株主であっても、一定の手続に従って、実質株主のために行使する場合に限り認められるとする。株主に固有の議決権不統一行使があるわけではないから、たとえ形式株主でも、実質株主のために行使するのではない、あるいはその指図なしの不統一行使は、会社において拒否しなければならない、とされる。

これに対して、不統一行使は理論的にも当然認められるべきものとする立場によれば、同条は、二個以上の議決権があれば、誰でも不統一行使の申出をすることができるという当然のことを掲げ、ただ、会社の利益を考えて、会社がその不統一行使を拒むことができるとしたものと解される。すなわち、同条の新設は、議決権の不統一行使は可能であるが、濫用に対処し、会社の事務処理の便宜をはかるために、法により手続等を定めて不統一行使に対し一定の制限を加えることを認めたものと解される。[6] したがって、不統一行使をするには、あらかじめ会社に対する適切な通知が必要であり、会社は、二項に定める場合以外は、通知があっても不統一行使を拒絶することができる、ということになる。

それでは、通知なしの不統一行使は認められないか、すなわちそのようなときは、会社は拒絶しなければならないものなのか。これについては、不統一行使は法が特に認めたものする立場では、「通知」は不統一行使をすることの要件となるから、通知なしに不統一行使することは拒否しなければならない、との結論につながるであろう。[7] しかし不統一行使は一般に可能であって、商法の規定は会社の便宜のためにあるとするなら、不統一行使により、会社が議決権行使時の煩雑さをいとわずに処理することを否定する必要はない。とりわけ複数株式を保有する株主から不統一行使の申し出があった場合、認めるか否かは、原則として会社側にかかっていることになる。

（1）　田中耕太郎・改訂会社法概論下三五五頁（一九五五、岩波書店）、石井照久・会社法上二三九頁（一九六七、勁草書房）、田中誠二・最新会社法論上三一七頁（一九六五、勁草書房）。
（2）　竹田省「株主の議決権の不統一行使」商法の理論と解釈九三頁（一九六四、有斐閣）、菱田政宏「議決権の不統一行使」商事法務二五八号一七頁（一九六二）、大隅健一郎＝今井宏・会社法論中巻［第三版］五五頁（一九九二、有斐閣）。
（3）　A.D.R.（American Depositary Receipts）の場合、日本の発行会社の原株式は日本の銀行に預けられ、これを見返りとしてアメリカの銀行がアメリカ市場で流通させるためにA.D.R.を発行する。日本の発行会社とアメリカの受託機関との間に締結された契約には、発行会社は、アメリカのA.D.R.所有者の指示に従って行われる受託機関の議決権行使を期待する旨の内容が含まれている。
（4）　そのほかに、かつての株券振替決済制度も含まれる。
（5）　松岡和生「形式株主の議決権の不統一行使」田中誠二先生古稀記念『現代商法学の諸問題』五八八頁（一九六七、千倉書房）。
（6）　今井宏「議決権の不統一行使」証券代行ニュース二六二号二頁（一九九七）。
（7）　松岡・前掲注(7)五九八頁。

二　不統一行使の手続

(1)　通　知

株主が議決権の不統一行使をするためには、総会の会日の三日前までに書面をもって、議決権の不統一をする旨およびその理由を会社に通知しなければならない(商二三九条ノ二第一項)。これは、会社側において、株主による不統一行使を拒否できるとされていることから、そのためにはまず不統一行使の理由の有無を調査する必要があること、そして会社が不統一行使を受け入れる場合には、事前に準備する機会を与えるためのものと解される。このような趣旨により、会日から三日前とは、通知が会社に到達した日と会日の間が正味三日あることを要する、とされる。[1]

会社が委任状の勧誘をしている場合には、株主はその委任状に議決権の不統一行使をする旨および理由を書き、賛否の数を示して三日前までに返送した場合は、不統一行使についての通知と解される。また、不統一行使をする旨の通知は、各総会ごとでなく、あらかじめ包括的な通知をしておくことでも可能である。[2]

(2)　理由の記載

不統一行使をするには、会社にその申出を書面で通知しなければならない。それに対して会社は、信託を引き受けたこと、その他、他人のために株式を有することを理由としないときは、不統一行使を拒むことができる。会社において不統一行使を認めなければならないか否かは、株主側から提出された通知によって判断される。そこに、「他人のために株式を有すること」を示す具体的な事実が記載されていれば、会社はその不統一行使を拒否することはできないことになる。一方、理由の記載がなかったり不備である場合は、株主の側で他人のために株式を有することを示す具体的な事実を示さない限り、会社は不統一行使を拒否することができる。具体的な事実は、不統一行使を望む株主の側で証明することが求められている。

書面投票制度を採る会社では、株主が会社から送られてきた議決権行使書面自体に、不統一行使をする旨及びその理由を記載するとともに、各議案に対して、何株が賛成で何株が反対という記載をして会社に返送した場合にも、この通知とともに議決権の不統一行使がなされたものと解すべきであるとされる。[3] また、会社の勧誘に応じて、株主が議決権代理行使の委任状を前記のような記載で返送してきた場合も、同様に処理できる。

なお、この通知に対する会社の回答期限については、特に規定はない。しかし株主は、不統一行使を拒否されたなら、統一して議決権を行使しなければならなくなる。したがって、その意思決定するための時間は確保してやる必要があるから、できるだけ早く知らせるべきではある。

不統一行使が認められると、不統一になされた議決権行使それぞれが有効な議決権行使となる。一方、会社が不統一行使の拒絶をした場合は、株主は統一行使するほかない。それに反した議決権行使は、すべて無効となると解されている[4]。

（1）今井宏「議決権の不統一行使」証券代行ニュース二六二号八頁（一九九七）。
（2）味村治「改正商法逐条解説」商事法務研究三八五号二七頁（一九六六）。
（3）今井宏・前掲注(1)九頁。
（4）大隅健一郎＝今井宏・会社法論中巻［第三版］五五頁（一九九二、有斐閣）。

三　不統一行使の申出と拒絶

(1)　他人のために株式を有する場合

現行法上、名簿上の株主が「他人のために株式を有する」ことを理由に不統一行使を申し出た場合、会社はこれを拒絶することができない。

この「他人のために株式を有する場合」の具体例として、商法は二三九条ノ二の第二項で「信託を引き受けたこと」を挙げるが、より一般的には、名義上の株主と実質上の株主とが別人で、実質上の株主の意思に従ってその株主権を行使するのを妥当とされる場合[1]、あるいは、複数の株式が法律上一人に帰属しているが、実質的にはそれらの株式が複数人のものと認められ、しかも、それら複数人の間に統一的な意思決定をなしうるような団体関係が存在しない場合などとされる。[2]

外国人株主の議決権行使機関はこれに含まれるとされるが、大会社を中心とした会社実務の効率性を重視すれば、この範囲は限定的なものとなろう。[3] これに対して、実質株主の利益を重視するなら、緩やかに解すべきことになる。[4] 例えば、共有株式については、共有者の一人を権利行使者として定め、その者が議決権行使をする(商二〇三条二項)。そして議決権行使の意思決定にあたり共有者間で意見が相違した場合でも、その過半数をもって決するものとされる(民二五二条)。このように、通常、共有者間では意思表示を統一することが可能であるから、共有代表者はこの場合の「他人のために有する場合」にあたらず、したがって会社はその申出を拒絶できるとも解しうる。[5] しかし複数の者による株式の保有形態では、議決権行使にあたり内部で意見を統一できないが、だからといって団体あるいは共有関係をすぐに解消できないこともある。[6] そのような場合でも、対会社関係では会社の便宜のために、権利行使者を定めその者が権利行使を行う。その場合、議決権行使者に不統一行使を指図できるとすれば、構成員の利益を確保し、議決権行使者の専横を防止することができ、これらの者の間の紛争も防止できる。

(2) 会社による不統一行使拒否の自由

前述のように、「他人のために有する場合」を広く解するなら、それ以外で不統一行使の申出となりうるのは、議決権の一部のみの行使、[7] あるいは議案についての中立的な意思を表示する手段として、一部賛成一部反対するなど、[8] 複数株式を保有する株主による行使などが考えられる。株主側からのこのような申出に対して、現行法上、会社はそれを認めることも、(1)に該当しないことを理由に拒絶することもできる。ただし、会社の拒否権に全く制約はないのかといえば、少なくとも各株主を平等に扱うべきことは必要であろう。[9] さらに、商法が不統一行使の許否について会社に選択権を認めたのは、株主が不統一行使の制度を濫用するのを防止する趣旨と、[10] 迅速な処理を必要とする総会事務の便宜のためであるとすると、拒絶にあたっては、濫用のおそれ、あるいは事務処理上の対応が困難である、という理由が必要であると思われる。

もっとも大規模会社とりわけ書面投票制度を利用しているような会社では、現行制度の下では、事務処理上の対応が困難という理由は正当化されやすいから、(1)に該当しない限り不統一行使を拒絶する旨を明示しておくことは許容されよう。[11] しかし株主数の少ない閉鎖会社では、事務処理上の問題はあまり考えられず、むしろ拒絶する会社側の恣意的な判断が問題になりうる。

(1)　今井宏「議決権の不統一行使」証券代行ニュース二六二号二頁（一九九七）。

(2)　上柳克郎・大阪株懇二一九号八。

(3)　今井宏・前掲注(1)四頁。

(4)　不統一行使を認める実益があるものの例として、菱田政宏・新版注釈会社法(5)二一六頁以下（一九八六、有斐閣）参照。

(5)　大隅健一郎＝今井宏・会社法論上［第三版］五五頁（一九九二、有斐閣）。

(6)　相続株式について後述。

(7)　持株の一部を譲渡したが、買主が名義書換未了のため、あるいは名簿の閉鎖期間中であるため、株主名簿上は、譲渡人が依然として全株保有しているような場合に、譲渡人が、売却後の自己の持株についてのみ議決権を行使したいという場合も不統一行使と見ることができる。これについては、株主名簿制度の趣旨から、会社は拒絶できるとするものと（今井宏・前掲注(1)二頁）、できないとする見解（河本一郎・現代会社法［新訂第八版］三三五頁（一九九九、商事法務研究会））がある。

(8)　このような行使方法については、中立の意思表示として意味があるとされる。菱田政宏・新版注釈会社法(5)二一九頁（一九八六、有斐閣）。

(9)　全くの自由裁量とする説もある（味村治「改正商法逐条解説」商事法務研究三八五号二八頁）。

（10）複数代理人の出席を拒絶しうること（商二三九条四項）と連動して考えられる。

（11）実務では、大規模会社の場合、拒否する傾向にあるようである（阿部一正発言等「条解・会社法の研究5 株主総会」別冊商事法務一六三号一一五頁（一九九五）、参照）。

四 不統一行使の需要

ここで、名簿上の株主側において、不統一行使をする実際の需要について検討してみることにする。

(1) 信託銀行による行使

株式の信託を引き受けた者に、不統一行使が確定的に認められるのは、名簿上の株主は信託の受託者であるが、ほかに委託者である実質株主が存在するためである。受託者が議決権行使する際、仮に自己持分の株式を保有していると、受託分と自己持分について、またすべてが受託分であっても、委託者が複数いる場合にはその間で、意思表示は異なりうるため、不統一行使の必要が生ずることになる。

ところで、最近では個人あるいは会社等の資産の有利な運用のために、信託制度を使う商事信託が活発になってきている。(1) 営業として信託を引き受ける信託銀行が名簿上の株主となっている信託業務にかかる株式については、受託者たる信託銀行が、議案について一定の判断基準により自ら賛否を判断して議決権を行使する場合と、委託者の指図に従い行使する場合がある。誰が議決権行使の指図権者になるかについては、法律に規定があればそれによるが、それ以外は個々の信託契約に定めた規定による。いずれにせよ、締結されている信託契約ごとに異なり、近年、議案に対し棄権あるいは反対の指図がなされることもある。(2) したがって銀行は議決権行使にあたり、これを不統一に行使する余地が生ずることになる。(3)

以下、いくつかの形態における議決権行使について概観する。

① 株式管理信託

株式の管理信託は、老齢や多忙などの事情により証券の管理を自分自身でできない場合、あるいは多種多様の証券を保有するため、安全な管理・保全が必要な場合等に利用される。また、銀行が特定の事業会社と提携して、その株主に対して組織的に信託加入を勧誘することもある。通常、管理信託の管理内容には、信託株式の議決権行使が含まれており、株券及び株主名簿は信託銀行名義に書き換えられる。しかしそうすると銀行自身が独禁法の株式保有制限の適用を受ける可能性が生ずる。そこで、信託契約に議決権行使については「信託銀行は受益者の指図により行使する」旨の規定を置き、独禁法適用の除外とされることがある。そうすると議決権行使は委託者の指図によることになる。なお、委託者が管理の中に議決権行使も含めて委ねたいとするなら、信託銀行が議決権を行使することになるが、その場合も委託者のために行使する義務を負う。

② 証券投資信託

一般的な証券投資信託では、投資信託の委託会社が、多数の投資家から集めた資金を受託会社である信託銀行に信託して株式を取得し、その受託会社を名義株主として株式を保有する仕組が採られている。投資信託の委託会社は、受託会社に対して取得銘柄の指定、売却などを指示できる点で、通常の信託とは異なるが、発行会社の株主名簿には受託会社である信託銀行が登録されているから、信託銀行の持株として表示されているもののうちには、信託銀行の固有持分と投資信託の株式とが含まれることになる。投資信託の株式についての議決権の行使は、平成一二年改正証券投資信託法二二条において、「議決権行使の指図については証券投資信託委託業者が行う」旨定められた。また実際、信託契約や証券投資信託約款で「信託財産に属する株式の議決権行使は委託者の指図によるものとする」というような規定が置かれている。受託会社である信託銀行は、委託者が複数存在すれば、その指図を受けて不統一に議決権を行使することになる。

③ 特定金銭信託

受託者に株式運用資金を預ける信託という法形式を用いながら、委託者が有価証券の売買に関する意思決定を行い、また損益の帰属者にもなるものをいう（委託者兼受益者）。この場合、商法上の株主は受託者であり、委託者兼受益者が実質株主といえる。運用方針は、委託者が受託者に直接指図をするもの（自主運用特金）と、委託者が選んだ投資顧問会社が代理して受託者に指図するもの（投資顧問付き特金）がある。したがって議決権は、委託者自身ないしは投資顧問会社が、受託者に議決権行使の指図を行う。名簿上の株主である受託者は、この指図に従い議決権を行使することができるから、ここに不統一行使の必要性が生じうる。

(2) 外国人株主による議決権行使

わが国の上場企業における外国人株主の保有割合は、一九九九年度で一〇％程度とされている。しかし株主名簿上には、外国人株主本人の氏名はあまり出てこない。海外の機関投資家を含む外国人株主は、取得した株式を、現地で国際的に証券の保管業務を行う銀行等の信託機関（グローバル・カストディアン）に寄託し、株主名簿上の名義は、他の投資家等の寄託分も含めて、これら銀行名義となっている。名義人たるグローバル・カストディアン銀行は、複数の実質株主から寄託を受けているので、「他人のために株式を有する」ことになる。そして名義人は議決権行使にあたり、これら複数の実質株主間の判断が異なれば、その異なった意図を議案ごとにとりまとめて、不統一に行使することになる。

ところで外国居住の株主に対して、会社は、原則として、株主権の行使を代理させるため、日本国内に常任代理人をおくことを求めている(4)。この常任代理人には、日本の銀行または証券会社があたるのが普通である。そこで、グローバル・カストディアン銀行が議決権行使をするには、日本国内の常任代理人に行使の指図をすることになる。議決権行使のための総会の招集通知等は、発行会社から常任代理人、さらに現地の名義人から実質株主へと送付され、実質株主の指示は逆の経路で順次伝えられ、最終的に日本の常任代理人が議決権を行使することになる。

外国人株主のうち多くの割合を占める投資信託等の受託者は、経営管理に関心がないことが多く、議決権行使の指示をすることはあまりないため、常任代理人の判断で、通常、決議の議案については棄権しているのが実情であるという。(5) 実務慣行として、常任代理人と株主との間では、特定の発行会社について、議決権を含む株主権の行使に関し、包括的な権限を有するものされていることにもよる。(6) 一方アメリカの年金基金等の機関投資家は、保有している日本企業の株式についても、議決権を行使する動きがある。(7) エリサ法の行政解釈として、年金の運用者には、受益者のために議決権行使する義務があるものとされ、さらにそれは外国株式にも適用されるとの通達が公示されたことによるとされる。(8)

こうした実態のうち、前者については、実質株主の特定が困難であるため、会社側から実質株主への議決権行使の勧誘が行いにくいこと、後者については、外国人株主の議決権行使の仕組が煩雑であるため、時間的余裕がないことが問題点として挙げられる。

(3)　従業員持株制度の場合

従業員持株制度は、近時多くの会社で採用されており、上場会社の場合は、およそ九〇％以上にのぼるとされる。この持株制度では、自社の株式を購入する資金を拠出する従業員が、会社から離れた任意団体として持株会を組織し、これにより運営される。議決権行使は、ほとんどが持株会の理事長が行っている。しかしその背後には、実際の資金拠出者である従業員が存在しており、議決権行使にあたりその間に意見の不一致があれば、不統一行使が認められるべき場合にあたると考えられる。

持株会の運営方法は、会社により異なるが、参加従業員の出資の方法により、証券会社方式と信託銀行形式に大別される。[9] 信託銀行方式では、個々の従業員が信託銀行と、あるいは持株会の理事長が従業員にかわって信託銀行と信託契約を締結する。購入された株式は、受託者である信託銀行名義に書き換えられ、信託財産として管理される。[10] 議決権行使は、受託者である信託銀行が委託者である従業員の指示を受けて行うことになるが、一般的には、持株会の規約で代表者が統一して行使している。もちろんその場合でも、代表者に対して議決権行使の指示を出し、これを受けて代表者が不統一に行使するように指示することは考えられる。

一方の証券会社方式は、会社の外に民法上の組合を作り、持株会が運営の母体となるというもので、直接投資方式と間接投資方式とがある。参加者本人の積立金ですぐに株式を購入する直接投資方式では、従業員の有志が会員となる任意組合の持株会を設立し、その他の従業員はそこへの参加者として組合と個別契約を締結し、株式の買付及び管理を委託するというものである。株式は参加従業員の共有で、管理の目的で持株会に信託される。議決権は、会員が受託者として行使する。一方、いったん持株会に出資され、持株会が株式を購入する間接投資方式では、持株制度に加入する従業員全員が、民法上の組合である持株会の会員になる方式である。持株会は全員が行う株式買付組織であり、株式は会員の共有財産であって、理事長に管理信託する形がとられるため、理事長が受託者として議決権を行使することになる。会社から総会の招集通知が持株会に届くと、それを従業員に通知して意見を聞く、というような処理がなされるところもあるというが、[11] 議決権行使に際しては、規約により理事長に一任されているところが多い。とはいえ、少なくとも受託者は、実質株主である従業員の利益のために議決権行使する義務を負っている。持株会は株式保有だけを目的としていて共同体性が極めて希薄な組織である。参加者の間に議決権の行使にあたり意思の不一致が生ずることもありうる。したがって、少なくとも持株会に届いた招集通知の各参加者への周知と、議決権行使についての指示を求め、意見が不一致の場合には、議決権を不統一に行使すべきであると考える。[12]

(4)　遺産分割協議中の株式

相続財産である株式は、相続人間で遺産分割の協議が整わない間は、相続人間の準共有とみなされる。通常、共有株式については、共有者間から権利行使者を選定して会社に通知し、会社に対する関係では、この者が、議決権行使を含む株主権すべてを行使するものとされる（商二〇三条）。その間に株主総会が開催される場合、会社との関係ではこの権利行使者しか意思表示できない。[13] しかし相続財産の分割協議が整わない場合では、権利行使者を選定する協議、さらには議決権の行使の意思もまとまらない可能性がある。このような場合に、権利行使者が議決権を不統一行使することができれば、各共有者の利益を損なわなくてすむ。[14]

そもそも商法二〇三条二項の権利行使者の決定は、共同相続人の全員一致によらなければならないという見解[15]と、共同相続人の法定相続分における単純多数決でたりるという見解に分かれている。[16] しかし、全員一致によるとすると、意見の不一致があれば権利行使者が決められず、したがって議決権行使そのものができない可能性がある。また多数決によるとするなら、権利行使者は決められても、その行使内容をどのようにするかは、さらに議論が必要である。議決権行使は共有物の管理行為であると解して、持分による多数決によることができるとも解しうる。しかし、議決権行使のうちでも会社の合併や解散等、処分行為に該当すると考えられる議題があり、また単に取締役選任等の議題でも、中小会社では、総会での議決権行使により共有者間の利害に大きな影響を及ぼす可能性がある、あるいは会社の将来を決定的なものにしかねないものもある。処分行為とされるなら、全員一致が必要であるが、賛否いずれかに統一できないこともあろう。

そもそも、法が共有株式の議決権行使のために権利行使者の選定を求めた趣旨は、会社の事務処理の便宜を考慮したところにある。一方、相続株式を準共有することになった相続人は、対会社関係で権利行使するためには、権利行使者を通じて行うほかない。したがって、権利行使者は他人のために株式を有する者として、議決権行使について賛否両論ある場合は、会社に対して不統一に行使をすることを求めることができ、またそれが合理的である。

（1） 早坂文高「個人投資家と信託の役割」ジュリスト一一六四号五六頁（一九九九）、神作裕之「資産流動化と信託」同六四頁、福井修「有価証券に係る信託法上の諸問題」同七五頁等。

（2） 例えば、スクランブル「信託銀行名義の議決権行使」商事法務一五二二号五〇頁（一九九九）、年金基金による株主議決権行使について、商事法務一四九六号四三頁（一九九八）ニュース欄参照。

（3） 実務的側面について、下山祐樹「株式実務と信託」判例タイムズ一〇一二号六五頁（二〇〇〇）、加藤正伯「議決権行使マニュアル［Ⅲ］」商事法務一五八八号三五頁（二〇〇一）等。

（4） 全株懇理事会決定「外国株主に関する統一取扱指針」二。

（5） 常任代理人に関しては、島本茂樹「常任代理人の選任とその権限」判例タイムズ一〇一二号五八頁（二〇〇〇）。なお、実務的な取扱について、川西隆行「外国人株主の議決権行使と議決権の不統一行使への対応」商事法務一三八八号六五頁（一九九五）、清水基実、登輝夫「外国人株主の議決権行使」判例タイムズ一〇一二号六一頁（二〇〇〇）。

（6） 商事法務トピック「株主総会と外国人株主の管理―常任代理人制度の問題点」商事法務一二八八号四二頁（一九九二）。常任代理人との議決権行使に関する契約では、「原則として株主の指示に従って議決権を行使する。ただし、議案の重要性を常任代理人が判断し、本人に連絡する必要がないと判断したときは、議案の案内、報告を本人に転送する必要がない」等と取り決められていることが多いとされる。

（7） 菊池伸「カルパースによる日本企業に対する議決権行使の手続と基準」商事法務一五〇八号九頁（一九九八）。

（8） Employee Retirement Income Security Act of 1974＝いわゆる「エリサ法」の行為準則では、「年金の運用者は、受益者のために議決権を行使する義務を持つ」とされ、さらに、一九九四年年金基金受託者の議決権行使に関するアメリカ労働省の解釈通達（Section2509．94-2）で、海外投資先の総会での議決権行使も、「コスト面で説明がつかないものでない限り、行使すること」とされた（関孝哉「外国人投資家とインベスター・リレーションズ」商事法務一四五八号三六頁（一九九七））。

（9）河本一郎ほか・従業員持株制度一一頁以下（一九九〇、有斐閣）。

（10）この方式の多くは、従業員が任意の団体として組織した持株会に積立てをし、その積立金と場合によっては会社からの奨励金で、受託者である信託銀行が株式の購入を行う金外信託と考えられる。他に、管理有価証券信託、包括信託の方式もある。

（11）たとえば、「共有株式の議決権は持株会理事長がこれを行使する。ただし、参加者は各株式持分に相当する株式の議決権の行使について、あらかじめ株主総会ごとに理事長に対し書面をもって指示を与えることができる」（旧山一証券の場合）、あるいは、「本会が保有する株式の株主総会における議決権は、理事長が行使する。ただし、会員はその持分に相当する株式の議決権行使について、理事長に対し各株主総会ごとに別の指示を与えることができる」（日興証券の場合）などの例がみられる。

（12）牛丸與志夫「従業員持株制度」河本一郎先生還暦記念『証券取引法大系』七三二頁（一九八六、商事法務研究会）。

（13）なお、共同権利者が全員一致して権利行使することは妨げられない。大野正道「株式の共同相続に伴う権利行使方法と名義書換手続き上の留意点」『中小会社法の研究』一五一頁（一九九七、信山社）。

（14）江頭憲一郎発言「条解・会社法の研究２　株式(1)」別冊商事法務一二四号五三頁（一九九〇）。

（15）大野・前掲注（1）一五三頁、江頭健一郎発言「条解・会社法の研究５　株主総会」別冊商事法務一六三号一一九頁（一九九五）。

（16）永井和之「商法二〇三条二項の意義」戸田修三先生古稀記念『現代企業法学の課題と展開』二一二頁（一九九八、文眞堂）、米津照子・新版注釈会社法(3)五〇頁（一九八五、有斐閣）、稲葉威雄発言「条解・会社法の研究５　株主総会」別冊商事法務一六三号一二〇頁（一九九五）。

五　不統一行使に伴う問題点と立法的な課題

(1)　実務的な問題点

実際に不統一行使制度を利用する現場からは、問題点がいくつか示されている。

外国人投資家あるいは信託銀行の場合、招集通知の発送から株主権行使までの時間が足りないとの指摘である。[1]

現行法では、招集通知は株主総会の会日の二週間前に発送されればよいことになっている（商二三九条）。しかし、とりわけ実質株主が外国人である場合、名簿上の株主が実質株主に議決権行使の意向を問うのに時間がかかるだけでなく、英文の招集通知の用意や、関係書類の翻訳に時間も必要とされる。したがって、実質株主の意向を聞いて不統一に議決権行使をするためには、時間的余裕が必要とされるというものである。また、議決権の行使が書面投票により行われることも多いが、その場合には、少ない記載スペースに実質株主の意向を反映できるように、書類の記載にあたっての配慮・工夫が求められるとの指摘がある。[2]

(2)　一株一議決権の原則と不統一行使の自由

現行会社法制度では、役員の選任を始め会社の重要な事項について、株主総会の決議で決める仕組みがとられている。そしてこの決議に参加できる株主は、株主名簿に基づく。株主名簿の制度は、会社と株主間の法律関係を集団的かつ画一的に処理するために採用された合理的な技術的制度であるとされるが、[3]近時、株式はさまざまな形態で保有されており、単純に出資者＝名簿上の株主というわけではない。すなわち株主名簿が、本来の意味で議決権行使すべき者を、正確に示していないこともありうるわけである。株主名簿制度と併せて、株主総会では誰に議決権を行使させるべきか、さらに議論が必要であるとしても、[4]現状において、株主名簿上に現れていない実質株主の意向を株主総会の意思決定に反映させるには、名義株主による不統一行使は効率的な方法である。株主総会の意思決定に、できるだけ多くの株主が参加できる道を開いておくことは、コーポレート・ガバナンスを論ずる上でも求められていると思われる。したがって、会社が不統一行使を拒否できない「他人のために有する場合」は、できるだけ広く解釈するべきである。もっともそのためには、会社の事務処理が対応できるように、不統一行使をする旨の通知は、もっと早い段階で会社に到達させる必要があり、招集通知の発送時期と併せて、前倒しする改正が求められる。

一方、これに該当しない限り、現行法上、会社は不統一行使を拒否できるとするが、拒絶を制約する規定は特にないため、会社はすべて拒絶することができるとも解釈できる。しかし不統一行使が、個々の株主の意思を示す場面があることも認められる(5)。また、そもそも一株一議決権の原則のもとでは、株主による議決権行使の自由は尊重されるべきである。立法形式としては、基本的には不統一行使を認め、不統一行使されると、事務処理が混乱するあるいは制度が濫用される等、合理的な理由がある限りにおいて、会社は拒絶できるという方法が適当であると考える。

(1)　現在、電子的な方法での議決権行使を認める方向で、法改正が検討されている。こうした方法が実現すれば、時間的な余裕が生まれる。
(2)　神田秀樹「特定金銭信託・ファンドトラスト」鴻常夫編『商事信託法制』一九八頁（一九九八、有斐閣）。
(3)　酒巻俊雄「株主総会の意義と権限」判例タイムズ一〇一二号四頁（二〇〇一）。
(4)　例えば、投資信託法二二条二項は、信託財産として保有する株式については、商法二三九条四項の適用外として、名簿上の株主が指図に従い議決権を不統一行使するのではなく、受託者から委任状の交付を受けて直接出席することができる。あるいは、保管振替制度において実質株主名簿を置いていることも、参考となる。
(5)　菱田政宏・新版注釈会社法(5)二一九頁（一九八六、有斐閣）。

9　フランス会社法における議決権契約

白石裕子

はじめに

議決権契約（convention de vote 我が国では一般に議決権拘束契約と呼ばれている）とは、株主が他の株主または第三者との間で、自己の有する株式に関する議決権を、一定の方向に行使すべきことを約する契約を言う。この契約は、議決権行使の自由を保障する民法典の規定（一八四四条一項）と契約自由の原則との関係から、その有効性をめぐって、フランスでは長年にわたり論争が続けられて来た[1]。

また、最近では、企業グループ内で、ある会社の経営を将来に向けて安定させるために、出資会社間で、一定期間あらかじめ定められた方向で議決権を行使する契約を締結したり、その目的を効率よく実行するために、持株会社または共同子会社を設立する動きも盛んである。こうしたグループ企業間の契約および持株会社または共同子会社の設立の有効性もまた、議論の的となっている(2)。

本稿では、フランス会社法における議決権契約について、その歴史的変遷および現状とその問題点を学説および判例の両側面から検討し、我が国では充分に議論が尽くされているとは言いがたいこの問題について、何らかの示唆を見いだす可能性を探ってみたいと考える。

(1) この問題に関する解説書としては、Y. Guyon, Traité des contrats, les sociétés, 2^{e}éd, 1995. pp. 362 et s. Droit des affaires, I. 8^{e}éd. 1994. pp. 308 et s. D. Velardocchio-Flores, Les accords extra-statutaires entre associés, 1993. pp. 103 et s. J-J. Daigre et M. Sentilles-Dupont, Pacte d'actionnaires, 1995. pp.35 et s. B. Espesson, Le maintien du contrôle dans les sociétés commerciales, pp. 226 et s., thèse Lyon III, 1992. M. Germain, Le transfert du droit de vote, Revue de jurisprudence commerciale（以下、RJCと略す）, n° spéc. nov. 1990. pp. 135 et s.我が国における文献としては、次のものがある。菱田政宏『株主の議決権行使と会社支配』（一九六〇年）一二九頁以下。土肥一史「フランス法における議決権自由行使の原則の展開」福岡大学法学論叢二一巻三・四合併号（一九七七年）三三九頁以下。「議決権拘束契約の効果と執行可能性（1）（2）」同論叢同巻二号（一九七六年）八一頁以下。二二巻二号（一九七七年）一九九頁以下。野村秀敏「議決権拘束契約の履行強制―ドイツにおける議論を中心として」一橋論叢一一七巻一号（一九九七年）一四頁以下。

(2) F. C. Saint-Martin, Les sociétés dites《holdings》n°350, thèse Paris II, 1993. M. Cozian et A. Viandier, Droit des sociétés 7^{e}éd. 1994. pp. 607 et s.

一　議決権契約の概要

1　形　態

議決権契約がいかなる形態で締結されるか、すなわち、いかなる名称が用いられているかといえば、それはかなり複雑で多様である。なぜなら、契約当事者は、契約内容を明らかにする議決権契約という名称をできるだけ避けようとするし、[3]裁判所も、しばしば、問題となっている議決権契約を有効にするために、別の名称を与えて、禁止されるべき議決権契約ではないとすることもあるからである。[4]ともかく、概略すれば、次のように分類することができる。

(1)　個人的契約

これは、当事者が、特定の議題につき議論を尽くした後、議決権の方向を合意するものである。礼節の合意(accord de courtoisie) あるいは名誉の約束 (engagement d'honneur) などと称され、[5]一種の紳士協定である。こうした協定は、法的根拠が薄弱で単に道徳に訴えるに過ぎないものであるが、当事者が約束事を尊重することを名誉であると感じる集団に属していることによって、その実効性は保証されると言われている。[6]結局、議決権契約に対する要望が多いという現実にもかかわらず、明示的にこれを認める法規定がなく、裁判所が議決権契約に関する義務を無効とすることはないために、こうした形態の契約が利用されるのである。当事者は、契約に拘束されると自ら認識している。[7]

(2)　組合的契約

これは、当事者が、一定期間、株主団体 (consortium d'actionnaires) を組織し、総会前にあらかじめ集合し、多数決あるいは全員一致により団体の意思を決定し、全員が同一方向で議決権を行使するというものである。このとき、各株主が自ら議決権を行使する場合もあり、特定の株主または一人の代理人に全員の議決権行使を委任する場合もある。こうした組合契約と同時に株主がその保有する株式を自由に処分できないよう取り決めると、議決権組合（syndicat de vote）または株主組合（syndicat de blocage）と呼ばれる。(8)

(3) 社団的契約

これは、当事者が、法的な団体（社団）を設立し、そこに証券を出資し、団体自らがこの証券に関する議決権を行使するというものである。すなわち、当該会社の上位に新たに社団を設立し、その社員の過半数または全員一致により決定された方向で、社団の代表者が統一して議決権を行使するのである。これらの社団には、法人格を有するものとそうでないものがある。具体的には持株会社、事実上の会社として設立される資本参加会社、および株式を共有する株式共有者団体がある。資本参加会社とは、ある会社が他の会社の資本の一〇％以上五〇％以下を保有する場合に、前者は後者の資本参加会社という（商法典二三三—二条）。

以上の形態のほかに、議決権信託（fiducie）の制度をフランスに導入しようという動きがある。これは、一人または数人の受託者が、一定期間、株主から株式の信託譲渡を受け、その議決権を行使する契約をいう。これが実現されれば、議決権の行使を特定の第三者に合法的に移転するための新たな選択枝が加わることになる。(9)

2　当事者

(1) 社員間の契約

これは、安定過半数を確保して、会社の支配権を共同で行使するために締結される。これにより、会社運営の永続的な安定が保障され、競争グループとの共存も可能となり、望ましくないと判断した外部者の参入を阻止することも可能になる。

さらに、少数派が協力して多数派に対抗するためにも締結される。しかし、現実には、少数派はいかに緊密に結合しても、会社の活動に影響力を及ぼすことは、まず不可能であろう[10]。

(2) 社員と第三者間の契約

これは、合併、経営参加権の獲得、あるいは第三者割当による資本増加などの場合に合意がなされる。特に、危機に瀕した会社を救済するために、これらの手続きが必要とされる場合には、株主総会または取締役会などの、その会社の決定機関における議決権行使に関して、あらかじめ合意をしておくことは不可欠である。

(3) D. Velardocchi-flores, op. cit., p.104.
(4) パリ控訴院一九八〇年一〇月二〇日判決、Jurisclasseur périodique, Semaine juridique, édition générale (以下、JCPと略す), 1981, II, 19602. 本件は持株会社に関する訴訟である。後に詳述する。
(5) B. Oppetit, L'engagement d'honneur, Recuil Dalloz (以下、Dと略す), 1979, chronique, p. 107.
(6) Y. Guyon, Traitédes contrats, op. cit., p. 368.
(7) D. Velardocchi-flores, op. cit., p. 105.
(8) P. Kayser, Les syndicats de blocage, Revue critique de droit international privé, 1934, p. 64.
(9) C. Witz, La fiducie en droit privé français, 1981, n°39.
(10) D. Velardocchi-flores, op. cit., p. 106.

二 歴史的沿革

1 一九三七年八月三一日デクレ・ロワ以前

フランスにおける最初の近代的会社法典といわれるものは、一八六七年七月二四日の会社法（旧会社法）であるが、同法には、議決権契約に関する規定は定められていなかった。しかし、現実には多くの議決権契約が締結されており、そのためにこの契約の有効性をめぐる紛争も絶え間なく生じていたが、裁判所は、これを有効とする一連の判例を築き上げていた[11]。議決権契約を無効とする判決が散見され始めるのは、旧会社法の制定からようやく約六十年を経過したころからであるが[12]、それでも、前述の株主組合については、これを有効であると判断していた。但し、この場合、代理人に対する指示は、一回の総会に限定され、あらかじめ包括的な代理権を与えることはできなかった[13]。結局、裁判所の受容する株主組合は、法の認める議決権の代理行使にほかならず、集団的に行われる点が議論の対象となるに過ぎなかった[14]。

2　一九三七年八月三一日のデクレ・ロワ以降

同デクレ・ロワは、「商事会社において、議決権の自由な行使を侵害する目的を持った条項は、主たる規定であろうと付属的規定であろうと、これを無効とする」（二〇条）と定めた。この規定は、裁判所が築き上げてきた判例体系と相いれないものであったが、裁判所はこの規定を無視し、以後も独自の立場から、議決権契約の有効性を判断し続けた[15]。

3　一九六六年会社法（二〇〇〇年に商法典に再編成）以降

同法は、前述のデクレ・ロワを廃止したものの、議決権契約に関しては何らの規定も設けなかった。しかし、このことがいかなる意味を有するかについては争いがある。すなわち、デクレ・ロワの規定に対する反発の意思表示であり、したがって、議決権契約の有効性を認めたものであるとする者[16]、あるいは、単なる不注意であって、依然として法は議決権契約を認めていないとする者がある[17]。確かに、法の沈黙から直ちに議決権契約の有効性を導き出すことはできないが、すべてを無効とするのも、また非現実的である。会社の利益に合致する契約については、これに好意的な学説は多い[18]。ただ、会社の利益という基準が曖昧であり、いかなる契約が有効であるのか、必ずしも明らかではない。

以下、議決権契約の有効性に関して検討を進めて行きたい。

(11) C. Freyria, Étude de la jurisprudence sur les conventions portant atteinte à la liberté de vote dans les sociétés, Revue trimestrielle de droit commercial, 1951, pp. 419 et s.
(12) 一九三三年二月二二日パリ控訴院判決、Recueil Dalloz Hebdomadaire（以下、DHと略す）, 1933, p. 258. 一九二八年三月八日セーヌ商事裁判所判決、Ancien recueil Dalloz Sirey（以下、Sと略す）, 1930, II, p. 21.
(13) R. Roblot et M. Germain, Droit commercial, t. II, n°1248.
(14) Y. Guyon, op. cit., p. 364.
(15) 一九五〇年三月一四日破毀院商事部判決、JCP, II, 5494. 一九五四年一二月一七日パリ控訴院判決、Gazette du Palais（以下、GPと略す）, 1955, I, p. 149.
(16) J. Cl. Vimont, De quelques discordances, lacunes ou ambiguïtés dans la nouvelle loi sur les sociétés commerciales, GP, 1967, II, doct., p. 7.
(17) G. Ripert et R. Roblot, Traité élémentaire de droit commercial, 6ᵉéd. 1968, t. I, n°124.
(18) D. Velardocchio-flores, op. cit., p. 104. M. Jeantin, Les conventions de vote, RJC, nov., 1990, n° spéc., p. 124.

三 議決権契約の有効性

議決権契約は、現実には、かなり日常的に行われており、しかも会社の利益に合致している場合が多い[19]。ところが、現行フランス法は、前述のように、議決権契約が有効であるか否かについて明文規定を置いていない。ただ、この契約と間接的にかかわりをもつ若干の規定が存在するが、これらの規定が逆に混乱を生じさせ、そのために、この契約の有効性をめぐる論争が長い間続いて来たとも言われている[20]。現在は、有効説が多数説であることは疑いないが、以下、これらの規定について検討してみたい。

1 無効説の根拠規定

(1) 民法典一八四四条一項は、「すべての社員は、集団的決定に参加する権利を有する」と定め、社員の総会に出席する権利および議決権を行使する権利を認めている。そして、同条四項では、二項（持分の共有者に関する規定）および三項（用益権および共益権に分割された持分に関する規定）について、定款による別段の定めを認めているのに、一項については、これに反する定款の規定を認めていない。このことは、さらに、法律が定めた限定的な場合以外には、総会に出席する社員の権利を奪うことができないことを明らかにしているとも解し得る。商法典も、株式会社につき、このことを明確にしたうえで（二二五—一二二条）、議決権を排除できる場合を法定している。[21]

しかし、有効説からは、この点に関して、本条は、定款によって議決権を奪ったり、不利益な条件をつけることを禁止しているのであり、議決権行使に関して締結される定款外の個人的な契約をも禁止するものではないとの反論がある。[22]

無効説は、これに対して、議決権は権利者の個人的な権利ではなく、機関としての権利（droit-fonction）であり、個人の利益ではなく会社の利益に従って行使しなければならないのであり、それゆえに、個人的な契約により、これを制限したり排除したりすることはできない、専属性（personalité）を有する権利であると論じる。それは、株式の部分移譲に関する規定（商法典二二八—三〇条六項）が、投資証書とは異なり、議決権証書だけを単独で譲渡できない旨を定めていることからも明らかであるとする。[23]

有効説は、これについても、droit-fonctionという概念そのものがフランス法では認知されておらず、いたずらに論争を混乱させるだけであり、[24] 民法典一八四四条も議決権が社員権の基本的性格を有するものである旨を明示するものの、権利者の手では自由にならないものであるとは示しておらず、一時的で限定的な放棄は有効であると主張している。[25]

さらに、有効説の中には、議決権はもはや株式の基本的性格としての位置付けが希薄になったと主張するものもある。すなわち、もともと、物的会社における議決権は人的会社における議決権とはその性格を異にしていた。人的会社においては、決議に際してしばしば全員一致が要求され、実質的には拒否権の発動と同じ効果を挙げることができるほど、一議決権の重みは大きい。しかし、多数決原理が支配する物的会社においては、一議決権はそれほどの重要性を持つものではなく、従って、株主（社員）の個人的な判断で自由に処分できるはずのものである。さらに、ほとんどの株主が議決権の行使に無関心であるという現実、および多様な株式を立法者が作り出すことにより（例えば、投資証書と議決権証書に分割された株式・商法典二二八―三〇条乃至二二八―三五条、議決権なき株式・商法典二二八―十一条二項、二二八―十二条乃至二二八―二〇条）、議決権が株式の基本的性格であるという意味が希薄となり、その存在意義を小さくしてしまったこと、ならびに投資合同基金（fonds communs de placement）や可変資本制の証券投資会社（sociétés d'investissement à capital variable）などの集団的資金調達技術が発展し、個人投資家の割合が急速に減少し、彼らの議決権も企業内での重要性を失ってしまったことなどから、議決権は、もはや、社員概念の基本ではなくなったというものである。[26] さらには、社員とは、会社に出資をし、議決権とは別の一定の参加権を享受する者であるという極論まで存在する。[27] しかし、さすがに、議決権の全面的かつ恒久的排除は、社員資格を疑わしいものにするとして、有効説の中からも批判されている。[28]

(2)　商法典二四二―九条本文および三号

同規定は、「一定の方向への議決権行使または決議に参加しないことの見返りとして、利益供与に合意、保証、または約束させた者、同様に、このような利益供与に合意し、保証し、約束した者」を、「二年間の懲役および六万フランの罰金、またはそのいずれか一方を課す」と定めている。この規定は、議決権契約を無効とする説にとって、有利な根拠となっている。

しかし、有効説は、当該規定の曖昧さを批判する。すなわち、同条は、株主が一定の方向への議決権行使の見返りとして認識している「利益」について定義をしていない。もし、ここに言うところの「利益」がすべての反対給付を含むとすれば、すべての議決権契約が禁止の対象となるであろう。しかし、その解釈はあまりにも広すぎると言わなければならない。同条の定める「利益」は、「影響力の不正な取引に関する報酬」の意味でなければならない。単に、株主がある方向に議決権行使することを、会社の利益のため(同時に自分自身の利益のため)であると理解している場合には、同条に言うところの「利益」には該当せず、議決権契約も有効となると解している。[29]

さらに、この規定は、株式会社および株式合資会社(二四三一一条により準用される)の株主総会だけを対象としており、民事会社および上記二社以外の商事会社の社員総会、ならびに取締役会または監査役会内での収賄契約については対象外となっているとして不均衡感を抱く意見もある。[30]

2　有効説に有利な規定

商法に関する最近の改正法は、議決権契約を結果として有効と解さざるを得ないものがある。例えば、二三三一三条は、支配会社・被支配会社に関して、「ある会社が、他の会社の社員または株主と締結した合意によって、他の会社の議決権の過半数を単独で確保できる場合、ある会社は、他の会社を支配しているものと看做す」旨を定めている。また、共同支配につき、二三三一一六条三項は、「共同支配とは、一定数の社員または株主が他の会社の支配を共同して行うことであり、その場合、議決権の行使は、これらの者の合意によってなされる」と定めている。これらの規定は、企業グループ内における議決権契約の有効性が前提となっているものと考えられる。

さらに、二三三一一〇条は、「ある会社に関して共同の政策を実行するために、議決権の取得もしくは譲渡を目的とする合意、または議決権行使を目的とする合意を締結した者は、協力社員と看做す」として「協力株式」(action de concert) について定めている。この協力株式は、競争法上も刑罰規定上も違法な株式ではない。この株式が、議決権の取得、譲渡または行使を対象としている以上は、議決権契約は原則として有効と考えざるを得ない。[31]

3　判例の状況

議決権契約の有効性に関して、判例の動向は、半世紀前からほぼ一貫している。すなわち、会社の利益またはグループの利益に基づく契約は有効であり、[32] 反対に、これらに反する場合には、株主の自由な議決権行使の妨害であるという理由で、契約は無効とされてきた。[33] しかし、徐々に好意的傾向を強くしてきていることは確かのようである。[34] 現在では、この議決権契約の有効性が推定され、無効を主張する者は、この契約が会社の利益に反する旨を立証しなければならないとする判決まで現れている。[35]

いずれにせよ、この会社の利益という基準は、柔軟性という点では優れているが、裁判所に大幅な裁量権を委ねており、不都合であるといえる。特に、最近になって頻繁に利用される企業グループ内での議決権契約を判断するに当たっては、グループ全体の利益を考慮すべきなのか、または親会社の利益を考慮すべきなのかが、明確にされていないという問題点も指摘されている。[36]

4　持株会社 (sociétés de portefeuille, société holding) の有効性

(1)　有効性をめぐる判例の変遷

持株会社とは、企業グループのピラミッドの最高位または中程に位置し、その資産（証券資産）は、グループの一つまたは複数の会社の証券だけで構成される会社をいい、株式等を保有している他の会社の業務執行に介入し、支配することを目的として設立される。[37] 長年にわたって、フランスの裁判所は、持株会社に冷淡な態度を取り続けて来た。その理由は、持株会社は、一人または複数の社員に、第三者たる被支配会社に関する決定について協

議することを義務付ける目的だけで設立される、見せかけの会社という性質を有するとか[38]、持株会社に被支配会社の証券を出資した社員の議決権が侵害されるというものであった[39]。つまり、そこには、禁止されている議決権契約が存在すると判断して、持株会社を無効と結論付けていたのである。

一九八〇年代になると、裁判所の判決は、持株会社に好意的なものに変化する。その契機となった事例は、危機に瀕した会社を再建するために、三人の株主が会社の株式の七五%を譲り受け、共同経営を確実なものとするため、この株式を出資して持株会社を設立したもので、裁判所は、設立に利用されている法技術が適法であり、一見して、禁止されている議決権契約と同一視することはできないとして、この会社の有効性を肯定した。そして、法人格のベールを剝ぐべきであると主張するものは、会社の架空性を立証しなければならないと述べた[40]。それは、法人格の濫用または持株会社の設立に不正の目的があることを立証することである[41]。

しかし、この見解は、裁判所全体が一致して採用したものではなかった。その後の Lustucru 事件をめぐる裁判所の判決の変遷は興味深いものがある。これは、パスタメーカー二社が関係を強化するために、それぞれ自社株を七〇%出資して持株会社を設立し、二社を代表する同数の取締役によって取締役会を構成し、取締役会の決定は全員一致による旨を合意したものである。後に、両者は仲違いをし、その一方が、議決権契約の性質を有することを主張して、持株会社の無効判決を求めた。第二審裁判所は、第一審の判決を変更し、二つの株主グループ間の持株会社の設立は、議決権に対する構造的侵害であり、この事実をもって無効となると判断した[42]。

破毀院は、この取り決めは、議決権に対する侵害ではなく、その会社が持株会社であるという事実だけをもってその架空性を認定するには不十分であると判示し、原審判決を破棄差戻した[43]。このときの移送裁判所であるパリ控訴院は、持株会社の設立は、被支配会社の元の株主が、持株会社において、その有する資本の割合で持株会社の活動に参加し続ける限り、これらの者の議決権を侵害するものではないとして、破毀院の立場を再確認した[44]。

この判決を不服として新たな上告がなされたが、破毀院は、この上告を却下した。[45]

⑵　違法な持株会社に対する制裁

①　利益供与罪の適用

持株会社が社員の議決権を侵害する目的で設立された場合に、利益の授受があったときは、前述の商法典二四二―九条（利益供与に関する罪）が適用される可能性がある。

②　設立無効

商法典二三五―一条一項は、会社の設立無効は、同法の明文規定または契約無効を定める規定だけが、これを生じさせることができると定めている。ところが、同法は、社員から議決権を奪うことを無効原因としてはいない。すると、違法な持株会社の設立を無効とするためには、契約法に依拠しなければならず、非常に特殊な会社設立契約の動機の違法性に求めなければならない。すなわち、会社の設立契約が不正の目的に基づいている場合である。[46] 商法に関して言えば、不正の目的とは、特定の権利を侵害する目的で会社を設立する場合、または強行規定を脱法するために会社を設立する場合が該当する。[47] しかし、攻撃しようとする会社の設立に参加した社員は、自ら違法性を主張する権利を有しない[48]と解されるので、現実には、議決権侵害を理由として持株会社の設立を無効とすることは、かなり困難ではなかろうか。

③　会社の存続期間終了前の解散判決

民法典一八四四―七条五号は、社員間に生じる不和が会社の活動を妨害する場合には、社員の要求に基づき、裁判官は解散を宣告することができると定めている。しかし、社員間の不和が会社への参加意思を喪失させ、これによって会社の活動が麻痺状態にある場合に限って、裁判官は解散判決を宣告することができると解されており、[49] しかも、不和を生ぜしめた張本人には、解散を求める理由はないとされている[50]ので、持株会社によって議

決権を侵害されたとして解散を求める社員は、不和の源でないことが必要である。(51)

(19) Y. Guyon, op. cit., p. 362.

(20) P. Merle, Sociétés commerciales, 3^{e}éd. n°314.

(21) 商法典は、議決権なき優先配当株式、名簿に登録しない無記名株式、自己株式、特別利害関係人などにつき、議決権を排除している。

(22) Y. Guyon, op. cit., p. 365.

(23) R. David, Le caractère social du droit de vote, Jounal des sociétés（以下、Jour. soc. と略す）, 1929, p. 400. D. Schmid, Les droits de la minorité dans la société anonyme, p. 421. なお、この立場を採る判例として、破毀院審理部一九四一年六月二三日判決、Jour. soc, 1943, 209.

(24) R. Roblot et M. Germain, op. cit., t. I, n°1242.

(25) Y. Guyon, op. cit., p. 365.

(26) D. Velardocchi-flores, op. cit., p. 109.

(27) A. Viandier, La notion d'associé, 1978. n°191 et s.

(28) D. Velardocchi-flores, op. cit., p. 109.

(29) R. Roblot et M. Germain, op. cit., n°1245. Y. Guyon, op. cit., pp. 365 et 366.

(30) D. Velardocchi-flores, op. cit., pp. 109 et 110.

(31) Y. Guyon, op. cit., p. 366.

(32) 一九五四年一二月一七日パリ控訴院判決、GP, 1955, I. 149. 一九五四年八月一日パリ商事裁判所判決、Revue des Sociétés（以下、Rev. Soc. と略す）, 1974, 685. 一九八一年五月四日パリ商事裁判所判決、RJC, 1982, 7.

(33) 一九六〇年五月四日パリ控訴院判決、D, 1960, 637. 一九六二年五月二四日ドゥエ控訴院判決、JCP, 1962, II, 12871.

(34) P. Didier, Droit commercial, t. II. p. 177.

(35) 一九八三年一二月一九日破毀院商事部判決、Bulletin des arrêts de la Cour de cassation, Chambres civiles（以下、Bull. civ. と略す）, IV n°353, p. 305. 一九八一年五月四日パリ商事裁判所判決、RJC, 1982, 2.
(36) Y. Guyon, op. cit., p. 367.
(37) M. Cozian et A. Viandier, op. cit., p. 607.
(38) 一九六〇年六月一〇日破毀院商事部判決、D. 1961. p. 18. これは、ある株式会社の二つの株主グループが、その会社を支配するために、持株会社として有限会社を設立したが、会社の唯一の目的が出資者による議決権行使であるとの理由で、その有限会社を無効としたものである。
(39) 一九五一年一一月二一日パリ控訴院判決、S., 1952, 2, p. 105. これは、ある株式会社の株式を保有している三兄弟が、その支配権を管理するために、保有持株を出資して有限会社を設立したが、これを無効としたものである。三兄弟は有限会社の平等な共同管理者であり、多数決による決定を望まない場合には、共同決定の撤回を認める定款の規定を定めていたにもかかわらず、この有限会社は、前記株式会社における議決権行使の自由を侵害するものであると判示した。
(40) 一九八〇年一〇月二〇日パリ控訴院判決、JCP, 1981, II, 19602.
(41) D. Velardocchi-flores, op. cit., pp. 113 et 114.
(42) 一九八四年五月一八日エクサンプロバンス控訴院判決、Rev. soc. 1984, p. 799.
(43) 一九八五年七月二日破毀院商事部判決、Bulletin d'information des sociétés（以下、Bull. Joly と略す）, 1986, p. 229.
(44) 一九八六年六月一八日パリ控訴院判決、Rev. soc. 1986, p. 422.
(45) 一九八七年二月二四日破毀院判決、D. 1987, p. 599.
(46) D. Velardocchi-flores, op. cit., p. 115.
(47) 違法な目的を理由に会社設立契約の無効を宣告したものとして、一九七〇年一月一九日破毀院判決、D. 1970, p. 479. がある。

(48) D. Velardocchi-flores, op. cit., p. 115.
(49) 一九七〇年二月一六日破毀院商事部判決、Bull. civ., 1970, IV, p. 56.
(50) 一九六四年二月二五日破毀院商事部判決、Bull. civ., 1964, III, p. 85.
(51) D. Velardocchi-flores, op. cit., p. 116.

四　有効性の基準

議決権契約については、学説・判例の多くが原則として、これを有効と認めているが、すべての場合に有効とするわけではない。議決権契約が有効であると認められるためにはいかなる要件を満たさなければならないのか。以下、その有効性の基準となるべきものについて検討して行きたい。

1　総会に参加する権利の保障

議決権契約が社員の議決権を完全に剝奪することとなる場合には、前述の議決権証書の単独での非譲渡性に照らして、無効と解される。判例は、議決権が完全に譲渡された場合[52]、および議決権の代理行使の委任が撤回不能である場合[53]につき、契約の無効を宣言している。

ところで、株主があらかじめ参集し、そこで決定した方向に議決権行使することを協定することは、必ずしも無効とはならないが、判例は、それが包括的かつ恒久的な協定である場合には、これを無効としている。例えば、社員の議決権数を制限する定款の規定を、会社の全存続期間を通じて絶対に変更しない旨の社員間の合意[54]や、会社の合併または定款の変更に関して絶対に妨害しない旨の社員と業務執行者との合意[55]を無効としている。これに対して、解散決議および営業譲渡に関して締結された、代表取締役と一部株主との議決権協定は、特定の議案につき一定方向に議決権行使する旨の合意であり有効であると判示している[56]。

また、あらかじめ参集した集会において議決権行使の方向を決定する場合、その合意の効力について、それが多数決によってなされた場合には、当事者が議決権に関する自由を有することができないことを理由に、これを否定し、それが全員一致によってなされた場合には、これを肯定している。(57)

判例は、また、議決権契約の具体的内容が当事者に認識されていることを要求している。すなわち、盲従的な協定を認めず、議案を十分に検討した後に一定方向へ議決権行使する旨の合意をすることは、非難するに当たらないとしている。(58)

次に、会社指揮者の選任に関する議決権契約に関して、判例は、社員から選択の自由が完全に奪われている場合、例えば、株式の一部を譲渡した株主が、それまで株主総会で有していた影響力を維持し、取締役に選任されるための合意、(59)あるいは特定の社員グループ間でのみ役員のポストを配分するための合意(60)は、株主に認められている自由な選択権の侵害であるとして、これを無効としている。

しかし、一方で、ある特定の資格を有する者（特定の株主グループに属する者など）から指揮者を選任するという合意については、指揮者選択の自由が制限されてはいるが完全に剝奪されてはいないとして、判例は、これを是認している。(61)これらの判例は、企業結合に関する事例であり、裁判所は、会社が安定した企業活動を展開できるようにとの配慮から、企業結合関連の法の不備を補うものとして、議決権契約に好意的な態度を示している。(62)

最近の事例としては、A・B二つの会社が、ある会社Dの支配を確実なものとするため、共同子会社Cを設立し、これをDの持株会社とし、C（共同子会社・持株会社）およびD（孫会社・被支配会社）両社の社長および副社長の選任方法、それぞれの取締役の半数ずつを両社の提案に基づいて決定することを合意したものがある。裁判所は、この議決権契約は、Cの活動に関してA・B二社だけの平等な社員が締結したものであり、その決定は全員一致によってのみ可能であること、どちらの当事者も他方の意思によって強制された事実はなく、議決権侵害も存在しなかったことを理由に、この契約を有効とした。また、この契約が、孫会社Dの決定に関して、その社員Cではない A B が直接かかわることの是非が問われたが、裁判所は、持株会社の社員が、孫会社の多数派株主として、いかなる方向で議決権を行使するかを決定することは正当であると判示した。(63) この判決は、企業結合におけるパートナー間のバランスの取れた関係を確保するための契約の有効性を確認した正当なものであると評価されている。(64)

さらに、一九八五年の改正により商法典に追加された二三三―一六条一項は、共同支配をなす会社は計算書類の連結が義務付けられると定め、三項で共同支配とは、限定された数の社員または株主により共同で運営され、会社の決定が社員または株主の合意によってなされる企業支配権の分掌であると定め、共同子会社の存在については、間接的ながら立法が承認したことになる。

2 会社の利益

議決権契約は、会社の利益に合致するときに有効とされる。商法典二三三―三条一項も、ある会社が、他の会社の社員または株主と締結した合意によって、他の会社の議決権の過半数を単独で行使でき、かつその合意がその会社の利益に反しない場合に、会社支配が存在する旨を定めている。学説も、会社の利益に照らして、議決権契約の有効性を判断している。(65)

判例も、会社の利益に基づく場合には、議決権契約を有効とするが、会社の利益として、具体的に、会社の良好な運営に資するとか、(66) 会社の再建を可能にするなどを挙げている。(67) 反対に、会社の利益に反する議決権契約は、これを無効としている。(68)

(52) 一九三三年四月七日破毀院民事部判決、Recueil Dalloz périodique, 1933, I, p. 153. 裁判所は、株式から分離して議決権のみを譲渡することを認めなかった。一九二八年三月八日セーヌ商事裁判所判決、S., 1930, II, p. 21. も同旨。

(53) 一九三八年一月一二日セーヌ商事裁判所判決、D. 1938, II, p. 124. 一九七四年六月一七日破毀院商事部判決、GP, 1975, I, p. 127.

(54) 一九三三年二月二二日パリ控訴院判決、DH, 1933, p. 258. J-J. Daigre et M. S-Dupon, op. cit., p. 36.

(55) 一九六三年一月二四日セーヌ商事裁判所判決、RJC 1963, p. 106.

(56) 一九二〇年一二月一九日セーヌ商事裁判所判決、Journ. soc. 1932, p. 275.

(57) 前掲・一九六三年一月二四日セーヌ商事裁判所判決（注55参照）。

(58) 一九三一年一〇月二八日レンヌ控訴院判決、S. 1932, p. 220. 一九三三年二月二二日パリ控訴院判決、Journ. soc. 1934, p. 223.

(59) 一九五〇年三月一四日破毀院判決、S. 1950, I, p. 174. 一九五〇年四月二四日破毀院判決、Bull. civ., n°139, p. 97.

(60) 一九六二年五月二四日ドゥェ控訴院判決、D. 1962, p. 638. これは、資本金に対する持分割合を超えて、少数派グループに取締役数を割り当てた契約を無効としたものである。この判決を不服として上告されたが、却下された（一九六六年六月四日破毀院商事部判決、Bull. civ., n°284, p. 255)。なお、一九六三年三月八日破毀院商事部判決、JCP, 1963-II-13282. も同旨。

(61) 一九七七年三月一〇日アミアン控訴院判決、Rev. soc., 1978, p. 258. 一九五四年一二月一七日パリ控訴院判決、GP 1955, I, p. 149. これは、二つのライバル関係にある両グループから役員を選任することを定める定款規定を、総会における選択権が依然として残されているとして有効としたものである。

(62) Y. Guyon, op. cit., p. 309. このほか、一九七四年八月一日パリ商事裁判所判決、Rev. soc., 1974, p. 685. 一九八一年五月四日パリ商事裁判所判決、RJC 1982, p. 7. などがある。

(63) 一九九一年二月一二日パリ商事裁判所即決審理判決、Bull. Joly 1991, p. 592.

(64) D. Velardocchi-flores, op. cit., p. 112.
(65) G. Ripert et R. Roblot, Traité de droit commercial, 12^{e}éd., 1986, T. II, n°1247. J-J. Daigre et M. Sentilles-Dupon, op. cit., p. 36.
(66) 一九三八年一月一一日セーヌ商事裁判所判決、Journ. soc., 1938, p. 301.
(67) 一九八一年三月四日パリ商事裁判所判決、RJC 1982, p. 7. 一九八〇年一〇月二〇日パリ控訴院判決、JCP 1981, II, 19602.
(68) 前掲・一九六二年五月二四日ドゥェ控訴院判決(注60参照)。

五　議決権契約の効果

議決権契約が締結されて、これに基づく議決権行使がなされるわけであるが、この場合の決議の効力あるいは契約通りの方向へ議決権行使を強制できるかという問題が生じる。議決権契約が有効であり、かつその契約に沿った履行がなされた場合、および、反対に、議決権契約が無効であり、かつその契約が無視され履行されなかった場合には、全く問題は生じない(69)。

ところが、違法な議決権契約に基づく決議がなされた場合、および有効な議決権契約の不履行の場合に問題が生じる。以下、この問題につき検討を試みたいと思う。

1　違法な議決権契約に基づく決議の有効性

議決権契約を禁止する一九三七年のデクレ・ロワの影響下では、契約内容のいかんによっては、契約自体が違法となり、無効となるために、それに基づいてなされた決議は無効であった。このような場合に、裁判所は、違法な契約によって形成された多数派は、偽りの多数派であり、決議は社員の自由な議決権行使の結果ではなかったから、とその理由を説明していた[70]。それでは、現行法の下ではどのように考えるべきであろうか。

議決権契約自体の有効性に関しては、前述のごとく、現行法は何も定めてはいない。ただ、議決権契約については罰則が定められておらず、このことは、議決権契約の禁止がある程度実効性を失ってしまったものと考えられる[71]。そこで、議決権契約が有効であるか否かは、契約の内容次第であるということができる。

一方、商法典二三五―一条二項および民法典一八四四―一〇条三項は、決議の無効は、それらの法律の強行規定に違反する場合に生じるとして、決議の無効に関して厳格な制度を設けている。このことから、結局、違法な議決権契約に基づいてなされた決議は、強行規定に違反して無効となると言わざるを得ないだろう[72]。ただ、違法な契約に基づく議決権数を控除しても、法の定める多数決を満たしている場合には、裁判所は、この決議自体を無効とする可能性は少ないと思われる[73]。

また、議決権契約が違法で無効となるのは、強行規定に違反する場合であり、契約が議決権契約以外の条項を含む場合には、契約全体も無効となる（民法典一一七二条）。しかし、裁判所は、時として議決権契約の部分だけを記載なきものと看做すに止めている[74]。その理由は、契約を全体として見たときに、議決権契約が付随的な部分を占めるにすぎず、かつ、契約の一部として他から切り離すことが可能であるというものであった。

さらに、株式会社および株式合資会社については、前述のごとく、利益供与罪が定められている（商法典二四二―九条、二四三―一条）。

2　有効な議決権契約の不履行の場合

議決権契約が有効であるのに、当事者がこれを遵守しなかった場合には、その相手方は、民法典一一四二条に基づき、作為または不作為による義務違反を理由として、損害賠償を請求することができるが、これが唯一の制裁である。しかし、契約不履行により被害者が被った損害額の算定は、非常に困難である。なぜなら、契約の目的は、安定多数派を組織することであったり、企業再編成の手立てを用意することであったりし、これが首尾よく実現しなかったとしても、その実損害を算定、立証することは難しく、特に契約目的が複雑な場合には、なおさらである。(75)

次に、契約当事者たる株主が契約条項を遵守しないことが明らかになった場合、もう一方の当事者は、契約履行の強制を求める訴訟を提起することができるであろうか。これを肯定する学説もある。(76) ただ、この請求がなされた場合、これに先行して、総会の延期を目的とする急速審理手続きが取られることになり、結果として、会社の活動を滞らせることになるのではないかという懸念もある。しかし、議決権契約は、会社の利益に合致する場合にのみ有効なのであるから、その履行もまた会社にとって利益となるはずである。したがって、総会の一時的な延期も、全体としてみれば、会社にとって利益のある措置と言えると思われる。(77)

また、あらかじめ契約において、契約遵守を監督する管理人（séquestre）または監督者（contrôleur）を選任しておくことはできないとされている。(78)

一方、議決権契約に反する方向へ議決権が行使されても、それ自体は有効であり、決議の無効を主張することはできない。(79) こうした定款外の契約は、会社に対抗することができないのであるから、当然の結論である。(80) そこで、議決権契約に実効性を持たせるために、さまざまの工夫が凝らされてきた。たとえば、株主組合(syndicat de blocage) を結成して、無記名株式を組合のリーダーに委ね、組合員全員の名においてこれらの議決権を行使することは、容易かつ確実な方法であった。しかし、一九八一年一二月三〇日の法律第八一—一一六〇号の九四条IIによって導入された、無記名株式の帳簿への登録およびそれにともなう株券の消滅により、現在では、この方法はもはや利用できなくなった。(81)

また、議決権の委任契約も、いつでもこれが撤回可能であるため実効性は確実ではない。もし、これを撤回不能なものとして契約すれば、委任の撤回自由を定める民法典二〇〇四条に違反して、契約自体が無効となってしまう。あるいは、議決権契約に違約条項を定めるとしても、それが一見して明白に行き過ぎである場合には、民法典一一五二条二項により、記載なきものと看做される。

結局、議決権契約の実効性を確保するために、現在は、株主による金額欄白地の小切手の交付または保証金の預託など、合法的な手続を利用しているが、これらは、株主にとって不利益であり、かつ危険でさえある問題の多い方法と言えるであろう(82)。

(69) J. Hémard, F. Terré et P. Mabilat, Sociétés commerciales, 1978, t. II, n°175. Y. Guyon, op. cit., p. 369.
(70) 一九六〇年六月一〇日破毀院民事部判決、Rev. soc., 1961, p. 34.
(71) Y. Guyon, op. cit., p. 369.
(72) Y. Guyon, ibid.
(73) 一九七〇年一一月一六日パリ商事裁判所判決、JCP 1971, II, 16823.
(74) 一九七四年八月一日パリ商事裁判所判決、Rev. soc., 1974, p. 685.
(75) Y. Guyon, op. cit., p. 370.
(76) P. Merle, Observation à la Rev. soc., 1993, p. 403. Y. Guyon, ibid.
(77) ドイツでは、長い逡巡の後に、この強制履行を認めている（Hauptmann, Le droit de vote des actionnaires en droits français et allemand, thèse Nancy 1986, p. 533.）。
(78) 一九七二年一月一〇日破毀院商事部判決、JCP, 1972, II, 17134.
(79) J. Hémard, F. Terré et P. Mabilat, op. cit., n°221. 一九九一年二月一二日パリ商事裁判所判決、Bull Joly, 1991, 209, p. 592.

(80) P. Merle, Sociétés commerciales, op. cit., n°314. Y. Guyon, op. cit., p. 371.
(81) D. Velardocchi-flores, op. cit. pp. 105 et 106. Y. Guyon, ibid.
(82) R. Roblot et M. Germain, op. cit., n°1248. Y. Guyon, ibid.

六　今後の展望

以上、検討したように、議決権契約は場合によって非常に有効であるにもかかわらず、その有効性および実効性は、いずれも保障されておらず、この契約をめぐるフランスの現状は好ましいとは言いがたい。だからといって、立法による全面的な解決が望まれているかというと必ずしもそうではないようである[83]。むしろ、法定するとしても、議決権契約は会社またはグループの利益に合致する場合に限り有効であると定めるにとどめ、会社の利益の基準を明示すべきであろう。すなわち、期限が限定され、かつ一定の事項(例えば、資金調達、新社員加入の承認・不承認、有力社員間の権限分掌など）に関して締結されている場合には、会社の利益に合致しているが、それ以外の場合には、争いが生じたとき、当事者が、会社またはグループの利益に反しないことを立証したときには有効であると定めることも可能であろうと主張されている[84]。いずれにしても、包括的な事項に関し、無期限で締結される契約は、一方の当事者が他方に盲目的な白紙委任状を与え、しかも、いかなる監督権も有しないのであるから、会社にとって有害な契約であり、無効となる。

ところで、一九九四年一月四日の法律によって導入された簡略型株式会社(société par actions simplifiée, SAS)制度[85]においては、この議決権契約の問題は解決されている。この会社においては、定款に大幅な裁量権を委ねており、例えば、総会の決議事項、決議の方法（書面決議または持回決議も可）および決議要件（定足数および多数要件など）を定款によって定めることができる（商法典二二七―九条一項）。そのため、定款外の議決権契約を締結する必要性がなく、その有効性を懸念することもないわけである。

結局、議決権契約については、前述のように必要最低限の立法化を行い、後は判例の柔軟さに期待することが、最も妥当な途であろうと思われる。企業を取り巻く状況は目まぐるしく変化しており、こうした分野においては、法律はたちまち現実から乖離してしまう虞れがあるため、判例の方がより的確に状況に対応できると主張されている。[86]

(83)　パリ商工会議所により、一九八九年一一月に採択された会社法に関する諮問案は、一九六六年の会社法に一七七―二条を追加して、議決権契約は、会社の決定に参加する社員の権利を包括的に剝奪しないこと、および、会社の利益に反しないことを条件としてその有効性を認め、また、一定の目的に限定され、一定の期限があることを要求していた。しかし、この法案は、議会において採択されることはなかった。

(84)　Y. Guyon, op. cit., pp. 372 et 373.

(85)　簡略型株式会社については、拙稿「フランス会社法における簡略型株式会社」早稲田法学第七三巻第三号（一九九八年）三三九頁以下参照。また、詳細な文献として、井上治行「フランスにおける簡易株式制会社法の成立過程」富士論叢第四〇巻第二号（一九九五年）三一頁以下、同「簡易株式制会社の設立」富士論叢第四三巻第二号七五頁以下、同「フランスにおける簡易株式制会社の成立と展望」早稲田法学七三巻一号（一九九七年）四九頁以下等がある。

(86)　Y. Guyon, op. cit., pp. 372 et 373.

おわりに

議決権契約は、我が国においても、決して珍しいものではなく、経営の安定を確保するため、あるいは、少数株主が大株主や経営陣に対抗するために利用されている。[87]そして、この契約の有効性について論争もあるが、現在では、契約自体をすべて不当なものとして無効と解すべきではないという有効説が多数説であるといえよう。ただ、会社法および定款の規定について違法または脱法行為があるとき、および公序良俗違反があるときには、かかる契約は無効となると解されている[88]。例えば、利益供与禁止規定(商二九四条ノ二)、総会毎の代理権授与規定(同二三九条三項)、会社の自己株式の議決権停止規定(同二四一条二項)の趣旨に反する場合や議決権行使の濫用がある場合には無効となるであろう[89]。

こうした考え方は、実質的にフランスにおける有効性の基準に関する考察と基本的には同じである。ただ、フランスでは多くの判例が積み重ねられて、学説の正当性を裏付けている点が我が国の状況とは異なるところである。

また、契約の強制履行の可能性についても同様に、議論が分かれているが、これを消極的に解する者が多数であるようだが[90]、フランスでは積極説も多い[91]。株主総会における株主の議決権行使については、株主の任意性の保障が重要視される。一方で、会社の利益もまた尊重に値する。この二つをいかに調整するかが、この問題解決のポイントであろう。

議決権契約は、会社内部で一定の経営方針を安定して持続させるために、または企業グループ内で効率的にある企業を管理するために、現在も非常に有効な手段であり、今後もますます重要性を増すと考えられる。しかし、両国共にこれに関する明文の規定を欠くために、その契約が不安定な状況にあることは共通している。フランスでは、立法の可能性についても論議が行われているが、我が国でも、今後、立法化の可能性を含めて、この問題につき活発な議論が展開されることが望まれる。

(87) 菱田・前掲一二九頁。土肥・前掲「議決権拘束契約の効果と執行可能性(1)」八三頁。
(88) 菱田・前掲一五三頁以下。土肥・前掲八六頁以下。

(89) 菱田・前掲一五五頁。土肥・前掲九〇頁。
(90) 菱田・前掲一五八以下。
(91) P. Merle, Observation à la Rev. soc., op. cit., p. 403. Y. Guyon, op. cit., p. 370.

10　株式の共同相続に伴う株主権の行使

河内隆史

はじめに

わが国では、有限会社はもちろん株式会社においても同族会社が多数にのぼり、会社をめぐる紛争の相当数が同族間の争いでしめられている。特に創業者や事実上のオーナーの死亡により、複数の相続人間で遺産の分割や会社の支配をめぐり深刻な対立が生ずることは必ずしも珍しいことではない。むしろ同族会社の場合、会社法上の争いという形をとりながら、実際には相続争いであるケースの方が圧倒的に多いといっても過言ではない。遺言があっても、遺留分や遺言の効力などをめぐって争いが生じることもあるが、法定相続の場合に紛争が生じると、親族間で相当に深刻な事態に発展する場合がある。相続財産のかなりの部分を同族会社の株式が構成しているときは、相続人間の対立のために会社の後継者がなかなか決まらず、会社の事業経営そのものに重大な支障が生じることもある。

商法上、株式が相続の対象となる旨の明文の規定はないが、株式会社よりも閉鎖性の強い合資会社において持分の相続が認められることや(商法一六一条)、有限会社でも相続による社員数の変更について規定していることから(有限会社法八条二項)、株式についても相続が認められることは一般に承認されている。そして、通説である社員権説のもとでは、共益権も自益権と密接不可分の関係において全体として株主の法律上の地位としての株式に包含され、株式の相続により一体として相続人に承継されることになる。(1)

後述するように、株式の共同相続の場合、判例・多数説は準共有となることを肯定しているが、商法二〇三条二項は、株式が数人の共有に属するときには、共有者は「株主ノ権利ヲ行使スベキ者一人」(以下においては「権利行使者」という)を定めることを要する旨を規定している。権利行使者の指定及び通知を欠く場合には、株式の共同相続人は、基本的に株式の権利を行使することができないが、共同相続人間に深刻な相続争いが生じた場合には、この権利行使者の指定が容易に行われないため、株式の権利の行使が不可能になることも珍くしない。特に同族会社においては、発行済株式総数の全部又は大部分が共同相続の対象となる場合が多いので、権利行使者の指定が行われないときは、会社の運営にも支障を来すことになり、重大な問題を引き起こす。同条項の解釈をめぐっては、これまでにも多くの優れた論考が発表されており、とりわけ権利行使者はどのような方法で指定すべきかについて、学説は鋭く対立している。また権利行使者の指定を欠く場合には、共同相続人はいっさい株式の権利を行使することができないのか、被相続人が発行済株式会社の総数を保有していた場合には、株主権を行使できる者がまったくいないことになるが、どのように解すべきなのか等々の問題もある。平成になって、同条項に関する最高裁判所の判断が相次いで示されており、本稿において改めてこの問題について考えてみたい。

一　株式の共同相続

共同相続について、民法八九八条は、「相続人が数人あるときは、相続財産は、その共有に属する」と規定し、民法八九九条は、「各共同相続は、その相続分に応じて被相続人の権利義務を承継する」と規定する。そこで判例は、相続人が数人ある場合に、相続財産中に金銭その他の可分債権があるときは、可分債権は相続開始とともに当然に共同相続人間で分割され、各共同相続人が相続分に応じてこれを承継することを認めている(2)。

それでは株式についても可分債権と同様に解すべきであろうか。この点について、判例・通説は、株式は遺産分割が終了するまでは分割帰属せず、各相続人の相続分に応じて共同相続人の準共有に属するとする（準共有説）(3)。その論拠は、第一に、社員権の内容は多岐にわたり、権利というよりは地位というべきであるから、金銭債権のような可分債権と同視することは困難であること、第二に、可分債権の取り扱いをしても整除できない端数については準共有関係を承認せざるを得ないこと、第三に、株券が複数の株式を表象し株券も複数である場合に、各相続人の取得した株式がいずれの株券に化体されているのか確定できないことなどである。なお社員権説によれば、株式は株主権又は株主たる地位であり、所有権以外の財産権であるから、共有ではなく準共有である（民法二六四条）。

それに対して、共同相続が開始した場合、株式も相続分に応じて当然に分割されるとする学説もある（当然分割説）(4)。その論拠は、株式は均一な割合的単位たる社員の地位であるから（持分複数主義）、被相続人が複数株式を有していた場合には、相続株式は可分であり、整除できない端数についてのみ準共有関係を生ずると解すればよいこと、当然分割を認めれば、商法二〇三条二項の権利行使者の選定が不要となり、無用の混乱を避けられることなどである。

また株券を発行していない会社では準共有説のあげる第三の問題は生じないこと、第二の問題も端数分についてのみ株式の準共有を認めれば足りることを論拠に、相続財産が株式以外のものも含み遺産分割協議が整わないときは、遺産の株式すべてについて準共有関係が生じるが、相続財産が株式のみの場合には、各相続人の相続分で整除しうる株式数は単独保有となり、株券が発行されている場合には、各相続人は自己の分割相続した分の株券の引き渡しを株券の占有者に対して請求できるという見解もある。(5)

確かに、第二の問題については、相続の対象である株式が整除できないとしても、端数について準共有関係を認めれば足りることであって、対象株式全体を準共有とする必然性はないともいえよう。また第三の問題は、株券が発行されていなければもちろん生じないが、株券が発行されている場合でも、会社に対して該当する株券の分割を請求することは認められると解されるので、株式が整除できない場合と同様な解決が可能であろう。したがって、準共有説のあげる第一の論拠が重要である。(6) 株式の内容が単なる経済的価値にとどまるならば、複数持分主義のもとで株式も可分なものと解することもでき、上場会社などの投資・投機株主にとっては、株式も可分債権と実質的には異ならないであろう。しかし、株式には会社の管理運営や支配に関与する共益権も含まれており、これには保有株式数に関係なく行使できる単独株主権がある一方で、会社支配との関係では、発行済株式総数の六〇パーセントの株式を保有しているから会社を六割支配しているということではなく、いわゆる経営支配株式を取得することによって全面的支配が可能になる。株式の相続をめぐる紛争は、ほとんどの場合、経営支配株式が相続の対象となった結果、相続人間における会社の支配権争奪が問題となったケースである。(7) このような株式の性質を考えると、共同相続の場合に株式の当然分割を認めるのは適当とはいえない。なお経営支配株式の帰属をめぐる紛争は、ほとんど同族会社で生じるものと考えられるが、同族会社すなわち小規模閉鎖会社というわけではない。また今後敵対的M＆Aが活発になってくると、ここでも経営支配株式をめぐる紛争は激烈なものとなるであろうが、M＆Aに株式の共同相続が絡んでくるケースはほとんど予想できないのではなかろうか。その意味でこれは、同族会社に特有の問題ということができるであろう。

二 株式の共有と権利行使者の指定

(一) 権利行使者の指定と通知

株式の準共有については、民法の共有の規定が準用されることになるので、共有物の変更・処分については共有者全員の同意が必要であり(民法二五一条)、管理行為については各共有者の持分の価格に従ってその過半数をもって決することになるが(民法二五二条)、商法は特別規定を設けて、株式が数人の共有に属するときには、共有者は権利行使者一人を定めることを要する旨を規定している(商法二〇三条二項)。株式の共有者が権利行使者を指定しない場合には、会社は共有者の中の任意の一人に対して通知・催告をすれば足りる(同条三項)。

判例・通説は、権利行使者を指定したうえでこれを会社に通知しなければならないと解している。[8] 同条項は、会社の事務処理上の便宜のために、会社に対する関係において株主の権利を行使すべき共有者の代表者を定めることを求める規定と解されるから、会社に権利行使者が通知されなければその目的を達成できないので、会社への通知を要するのは当然である。しかし、権利行使者は株主名簿に記載される必要はないと解する。[9]

(二) 権利行使者の資格

権利行使者は共同相続人の中から規定されるのが通常であろうが、その資格について商法は何ら規定しておらず、共同相続人の中から規定する必要があるとする見解[10]と、共同相続人以外の第三者を指定することも可能であるとする見解[11]が対立している。共同相続人間に紛争が生じているときは、共同相続人ではない中立の第三者を権利行使者とするのが適当な場合もあるであろう。あるいは共同相続人が全員国外に居住しているなど、共同相続人中の誰かによる株主権行使に支障があるときには、共同相続人の中から権利行使者を指定し、権利行使者が代理人を選任するという迂遠な方法によらずに、共同相続人が第三者の中から権利行使者を指定することを認めてもよいのではなかろうか。

権利行使者が誰になるかによって、議決権などの共益権の行使について利益相反が生じる可能性があるので、権利行使者の指定行為が利益相反を生じうることは否定できない。この点に関連して、最高裁昭和五二年一一月八日判決（民集三一巻六号八四七頁）は、株主が死亡して、その妻と未成年を含む数人の子がその株式を共同相続したが、名義書換を経ておらず、株券も所在不明となっていたときに、会社が株式譲渡を制限する旨の定款変更決議をし、商法三五〇条所定の株券提出公告・通知をしたので、妻と子は商法三七八条所定の異議催告公告を求め、妻を権利行使者と定めたのに対して、会社が権利行使者の指定が民法八二六条の利益相反行為に当たると主張した事案について、「株式が未成年の子とその親権者を含む数人の共有に属する場合において、親権者が未成年の子を代理して商法二〇三条二項にいう『株主ノ権利ヲ行使スベキ者』を指定する行為は、その者を親権者自身と指定するときであっても、利益相反行為にあたるものではない。」と判示している。異議催告公告請求権は株券交付請求権に関連する自益権と解され、共同相続人間に利益相反が生じるとは考えられないが、未成年の子の財産は親権者の管理下におかれ、親権者が代理人として株主権を行使するのが通常であるから、親権者が未成年の子と共有する株式について権利行使者となることは利益相反にならないと解される[12]。

（三） 権利行使者の指定方法

商法二〇三条二項の権利行使者の指定方法については、共有者の全員一致によるべきとする全員一致説[13]、持分価格に従って過半数で定めるべきとする過半数説[14]、及び権利行使者に付与される権限の内容によって指定方法が異なるとする折衷説[15]とが対立する。

全員一致説の論拠としては、権利行使者の指定行為は権利行使者に広汎かつ重要な権限を包括的に付与する財産管理委託行為ないし共有物の処分行為に準ずる行為と解すべきであること、過半数で選任された権利行使者が自己の裁量で相続した全株式について権利行使できるとすると、共同相続人間に経営権をめぐる争いがある場合に少数派の利益が無視されることがあげられている。過半数説は論拠として、権利行使者の指定行為は共有物の管理行為であるから、民法二五二条により持分価格に従って過半数で定めるべきであること、全員一致を要求するときは、一人でも反対すれば共有者は誰も権利行使ができなくなること、その結果、会社の運営は支障を来すおそれがあることをあげている。折衷説は、権利行使者に裁量権を与えない場合には、共同相続人の過半数で選任できるが、権利行使者に裁量権を与える場合には、共同相続人の全員一致で選任しなければならないとする。

従来、下級審判例は、全員一致説に立つもの[16]と、過半数説に立つもの[17]が対立していた。それに対し、最高裁平成九年一月二八日第三小法廷判決（金融・商事判例一〇一九号二〇頁）は、商法二〇三条二項を準用する有限会社の持分の準共有に関する事案について、社員の権利を行使すべき者は共有持分の価格に従い過半数をもって定めることができる旨を判示し、「準共有者の全員が一致しなければ権利行使者を指定することができないとすると、準共有者のうちの一人でも反対すれば全員の社員権の行使が不可能となるのみならず、会社の運営にも支障を来すおそれがあり、会社の事務処理の便宜を考慮して設けられた右規定の趣旨にも反する結果となる」ことを理由にあげている。

さらに、最高裁平成一一年一二月一四日第三小法廷判決（金融・商事判例一〇八七号一五頁）も、「株式を共有する数人の者が株主総会において議決権を行使するに当たっては、商法二〇三条二項の定めるところにより、右株式につき『株主ノ権利ヲ行使スベキ者一人』（以下『権利行使者』という。）を指定して会社に通知し、この権利行使者において議決権を行使することを要するのであるから、権利行使者の指定及び会社に対する通知を欠くときには、共有者全員が議決権を共同して行使する場合を除き、会社の側から議決権の行使を認めることは許されないと解するのが相当である。なお、共有者間において権利行使者を指定するに当たっては、持分の価格に従いその過半数をもってこれを決することができると解すべきであるが（最高裁平成五年(オ)第一九三九年同九年一月二八日第三小法廷判決・裁判集民事一八一号八三頁参照）、このことは右説示に反するものではない。」と判示して、権利行使者の指定について過半数説に立つことを明らかにした。最高裁の平成九年判決の判旨は事案の解決に直接関係しない傍論であることから、判旨の一人歩きを警戒する見方もあるが[18]、平成一一年判決が改めて平成九年判決を引用して過半数説に立ったことにより、最高裁は商法二〇三条二項の権利行使者の指定方法について過半数説で固まったと考えられる[19]。

以上のような権利行使者の指定方法に関する学説・判例の対立は、権利行使者の権限をどのように理解するかと密接に関連すると考えられる。この点の認識は折衷説に最もよく示されており、権利行使者の指定によって包括的な裁量権を付与すると理解するならば、共有物の処分行為に等しい行為であり、少数持分者の不利益を無視できないから、指定方法は厳格に解さざるを得ず、全員一致によるべきことになる。それに対して、権利行使者は会社との関係で共有者を代表する者にすぎず、共有物の処分権限まで付与されるわけではないと理解するならば、権利行使者の指定について全員一致まで要求する必要はないと解することができるであろう。

商法二〇三条二項の趣旨については、株式が数人によって共有されている場合、その行使が画一的に明確化されていないと極めて不便であるという会社の事務処理の便宜を図った規定と解される。そして権利行使者の指定は共有者内部の問題であり、権利行使者は共有者が会社に対して権利行使するための窓口と考えられる。そうだとすれば、一旦指定された権利行使者といえども、他の共有者に相談しないですべての権利を行使できる包括的な権限を付与されるのではなく、権利行使に当たっては共有者に相談すべきである。

他方では、少数株主権や利益配当請求権・残余財産分配請求権などは株式数の確定が権利行使に不可欠であるので、権利行使者による一本化が不可欠であるが、会社の事務処理上の困難をもたらさない種類の権利であれば、権利行使者を通さないで共有者が直接行使することも認められるべきではなかろうか(21)。このように解すれば、少数持分者の利益保護もある程度図ることができる。また権利行使者の指定が共有者の全員一致でなければならないとすると、一人でも反対すれば共有者は誰も権利行使ができなくなり、相続対象株式が発行済株式の総数又は大部分を占めている場合は、会社の運営に重大な支障を来すことも確かである。したがって、権利行使者の指定行為は共有物の管理行為と見て、過半数説によるべきであろう(22)。

(四)　権利行使者の解任

権利行使者の解任についても議論があり、選任について全員一致説をとるとともに、解任は各相続人が単独でできるとする見解(23)、同じく全員一致説に立ちつつ、解任については多数決で足りるとする見解(24)、選任につき全員一致説をとりつつ、民法五四四条一項により解任も共有者全員一致の同意を要求する見解(25)、選任と同様に解任についても過半数説に立つ見解(26)、選任における折衷説の立場から、権利行使者に裁量権を与えない場合には共同相続人の過半数で解任できるが、権利行使者に裁量権を与える場合には共同相続人の一人の請求で解任できるとする見解がある(27)。また前掲高松高判昭五二・五・一二は、選任につき過半数説をとるとともに、共同相続人五人中二人が代表者選任決議を解除したとしても、他の相続人の同意を得ている旨の主張・立証がないから、代表者の地位に消長を来さないと判示しており、過半数説に立つと解される。

選任について共有者の全員一致を要するならば、共有者中の一人の信頼でも失った場合に、そのまま権利行使者にしておくのは不適切であるから、解任は各相続人が単独でできると解するのが論理的には一貫する。しかし、それではせっかく全員で選んだ権利行使者の地位が不安定となる。権利行使者からすれば、共有者間に意見の対立があるのに株主権を行使すれば、解任されることになるから、一人でも反対があれば権利行使を躊躇せざるを得ず、結局、共有者全員が事実上株主権を行使できない事態が頻繁に生じかねない。反対に、他の共有者全員の同意がなければ解任できないとすれば、大半の共有者の信頼を失っている権利行使者に株主権の行使を委ねざるを得ない。したがって、権利行使者の解任は、単独でできる保存行為と解するのも、全員一致の必要な処分行為と解するのも適当ではなく、選任と同様に多数決でできると解すべきであろう。

（五）　権利行使者の権限

多数決で権利行使者が選任されると、前述したように、共同相続人間に経営権をめぐる争いがある場合に少数派の利益が無視されるという批判がある。例えば、議決権をみると、権利行使者が共有株式の議決権を独断で行使できるならば、少数派の利益が無視されるおそれは強い。しかし、権利行使者は株式の共有者を代表して権利を行使する権限を有するにすぎないので、まったく独断で議決権の行使が認められるのではなく、実質的な権利者である共有者と権利行使の方向について協議し、他の共有者の意思を尊重すべきである。もっとも権利行使者が総会において共有者間の合意に反する議決権行使をしたとしても、共有者間の合意は内部関係にすぎないので、決議の効力には影響せず、権利行使者の債務不履行責任が生じるにすぎず（最高裁昭和五三年四月一四日第一小法廷判決民集三二巻三号六〇一頁参照)、共有者の利益保護として限界があることは否めない。共有者間に意見の対立がある場合、権利行使者による議決権の不統一行使(商法二三九条ノ二)を認めることも考えられるが、株式の共有である以上、共有物全体について単一の意思の表れとして議決権が行使されるし、有限会社法には議決権の不統一行為に関する規定がなく、株式会社との権衡を失するので、現状ではこれを認めるのは難しいであろう。(28)

それに対して、権利行使者が少数派の利益を無視して違法・不正な行為に加担したり、その是正を怠っているような場合には、権利行使者による監督是正権の行使は期待できない。したがって、会社訴訟提起権などの監督是正権については、権利行使者によらずに各共有者が行使できるものと解すべきである。決議取消の訴えなどは一株の株式を有すれば提起できるものであるから、株式の共同相続人は、相続分の割合で一株以上の株主であることが明らかであれば、右訴えを提起できるとする学説もある。(29)共有名義への名義書換請求については、株式の保存行為であるから、共有者が単独でなし得ると解される。(30)この場合、株券に戸籍抄本の添付を求める見解もあるが、株券による資格授与的効力は株式流通の保護のためであるから、名義書換請求者は相続の事実を証明する必要はあるものの、株券の呈示は必要ないと解する。(31)

三　権利行使者の指定・通知を欠く場合の株主の権利の行使

商法二〇三条二項による権利行使者の指定及び通知を欠く場合、株式の共同相続人は株主の権利を行使することができない。ここで「株主の権利」とは、利益配当請求権、議決権はもちろん、決議取消・無効確認・不存在確認の訴えの提起等のいわゆる監督是正権、各種の少数株主権など株主としての一切の権利を含み、権利行使者の指定・通知を欠く株式の共同相続人が提起した訴えは原告適格を欠き、却下を免れないと解されている。(32)

ところで権利行使者の通知を欠く場合、株主の権利の行使はまったく例外がなく許されないのであろうか。まず会社の側から共有者による株主の権利の行使を認めることができるか否かについて、通説は、会社側からあえて株主の権利行使を認めることは差し支えないとするが、商法二〇三条二項は、株式が数人によって共有されている場合に、権利行使が明確に一本化されていないと極めて不便であるという会社の事務処理の便宜を考慮して定められた規定と解されるので、このような取り扱いも認められるべきである[33]。しかし、どのような形でこのような取り扱いが認められるのであろうか。

前掲最高裁平成一一年一二月一四日判決は、発行済株式総数の八割を占める株式について相続争いがある場合に、全相続人と全株主ないしその代理人が出席した総会において、議長となった次男が法定相続分に従って各相続人に議決権の行使を認める旨述べ、長男がこれに反対したにもかかわらず強行された総会決議の取消の訴えについて、権利行使者の指定及び会社に対する通知を欠くときには、共有者全員が議決権を共同して行使する場合を除き、会社の側から議決権の行使を認めることは許されないと判示している。

権利行使者の指定・通知を欠く場合に、会社の側から議決権の行使を認めることができるか否かについて、多数説は、共有者全員による共同した権利行使のみが許されると解している[34]。これに対して、少数説は、多数説によると総会への全員出席と全員一致が要求され、総会の開催が困難になり会社運営に支障が生ずるという理由から、主として同族会社における経営支配株式の共同相続を念頭に置いて、法定相続分に応じた議決権の個別行使を認めている。少数説はさらに、議決権行使が株式の内容を変更するような場合(合併、営業譲渡、解散など)は処分行為ととらえ、全員一致による行使を要するが、それ以外の議案に関する議決権行使は相続分に応じた個別の議決権行使が認められるとする見解[35]と、会社が認める以上、議案の内容のいかんを問わず、出席した共同相続人が相続分に応じた議決権の行使ができるとする見解[36]に分かれている。

確かに、合併、営業譲渡、解散などの会社の存立にかかわる重要事項については、決議の結果、相続財産である株式自体に大きな変更が生じるので、各共同相続人が単独で議決権を行使できる保存行為ということはできない。しかし、それ以外の事項であっても、議決権行使の結果、程度の如何にかかわらず株式の内容や価値に変動が生じると考えられる。取締役や監査役の選任・解任が会社経営のあり方に決定的な影響を及ぼすのはもちろん、計算書類の承認、自己株式の取得、役員報酬などにしても、あるいは会社財産に影響を生じ、あるいは少数派株主の利益を制限する可能性がある。特に共同相続人間に対立のある同族会社では、少数派に対する圧迫の手段となるおそれがある。したがって、議決権については、議題の如何にかかわらず、単独での行使は認めるべきではない。

判例をみると、権利行使者の指定及び通知を欠く場合には、株式の共同相続人は株主の権利を行使することができないが、特段の事情があれば、権利行使が認められるとしており、学説も一般にこれを支持している。それではどのような場合に特段の事情が認められるのであろうか。

最高裁平成二年一二月四日第三小法廷判決（民集四四巻九号一一六五頁）は、被相続人が発行済株式の総数を保有していた会社でその全株式が共同相続されたが、権利行使者の指定及び会社への通知を欠いていた場合に、株式の共同相続人が決議不存在確認の訴え又は合併無効の訴えの原告適格を有するかが争われた事案に関する。最高裁は、「共同相続人が準共有株主としての地位に基づいて株主総会の決議不存在確認の訴えを提起する場合も、……権利行使者としての指定を受けてその旨を会社に通知していないときは、特段の事情がない限り、原告適格を有しない」としたうえで、「株式を準共有する共同相続人間において権利行使者の指定及び会社に対する通知を欠く場合であっても、右株式が会社の発行済株式の全部に相当し、共同相続人のうちの一人を取締役に選任する旨の株主総会決議がされたとしてその旨登記されている本件のようなときは、前述の特段の事情が存在し、他の共同相続人は、右決議の不存在確認の訴えにつき原告適格を有する」と判示した。その理由は、「商法二〇三条二項は、会社と株主との関係において会社の事務処理の便宜を考慮した規定であるところ、本件に見られるような場合には、会社は、本来、右訴訟において、発行済株式総数の全部を準共有する共同相続人により権利行使者の指定及び会社に対する通知が履践されたことを前提として株主総会の開催及びその総会における決議の成立を主張・立証すべき立場にあり、それにもかかわらず、他方、右手続の欠缺を主張して、訴えを提起した当該共同相続人の原告適格を争うということは、右株主総会の瑕疵を自認し、また、本案における自己の立場を否定するものにほかならず、右規定の趣旨を同一訴訟手続内で恣意的に使い分けるものとして、訴訟上の防御権を濫用し著しく信義側に反して許されない」点にある。

次に最高裁平成三年二月一九日第三小法廷判決（金融・商事判例八七六号三頁）は、被相続人が合併当事会社のそれぞれ四〇パーセント及び六三パーセントの株式を保有していた場合に、権利行使者の指定を欠く共同相続人の一人が合併無効の訴えの原告適格を有するかが問題となった事案であるが、「共同相続人が準共有株主としての地位に基づいて同法四一五条による合併無効の訴えを提起する場合も、……権利行使者としての指定を受けてその旨を会社に通知していないときは、特段の事情がない限り、原告適格を有しない」としたうえで、その場合でも「共同相続人の準共有に係る株式が双方又は一方の会社の発行済株式総数の過半数を占めているのに合併契約書の承認決議がされたことを前提として合併の登記がされている本件のようなときは、前述の特段の事情が存在し、共同相続人は、右決議の不存在を原因とする合併無効の訴えにつき原告適格を有する」と判示し、平成二年判決と同様に訴訟上の防御権の濫用を理由に掲げている。

それに対して、前掲最高裁平成九年一月二八日判決は、有限会社の全持分を保有していた社員の死亡直前に臨時社員総会を開催し、内妻を代表取締役に選任する旨の決議をしたとして、その旨の登記を経由したのに対し、本妻と子二人が権利行使者の指定及び通知のないまま、決議不存在確認の訴えを提起した事案であるが、原告らが一〇分の九の法定相続分を有していたにもかかわらず、特段の事情が認められずに訴えが却下された。

平成二年及び平成三年判決では、相続開始後に開催された株主総会における決議が争われたので、権利行使者の指定及び通知が履践されたことを前提として株主総会の決議の成立を主張・立証すべきであるのに、権利行使者の指定及び通知がないことを前提として原告適格を否定しようとするのは、訴訟上の防御権を濫用し著しく信義側に反すると判示された。それに対して、平成九年判決では、相続開始前に行われたとされる社員総会の決議の不存在が争われており、その段階ではそもそも権利行使者の指定は行われたはずがないので、相続開始後に提起された決議不存在確認の訴えについて権利行使者の指定がないという抗弁を認めても何らの矛盾も生じない。[37]もっとも会社訴訟の場合には会社をめぐる利害関係者が多数かつ多様であり、決議不存在確認の訴えや合併無効の訴えなどでは、請求認容判決に対世効があるので（商法二五二条・四一六条・一〇九条）、二当事者間の公平妥当な解決をめざす信義側による解決は、他の利害関係者の利益を損ねるおそれがあるという批判[38]は説得力がある。そこで閉鎖会社における経営支配株式の共同相続人に限って特段の事情の存否が考慮されるとの見解[39]や、共同相続人間に利害対立があって、遺産分割も権利行使者の指定もできない状態を特段の事情として、商法二〇三条二項の解釈に織り込むことを示唆する見解もある。[40]

ところでそもそも権利行使者の指定・通知がないときは、すべての株主権の行使が認められないと解すべきであろうか。決議不存在確認の訴えは、判例・通説によれば、確認の利益があれば株主でなくても誰でも提起できるので、平成二年及び平成九年判決の事案の場合、権利行使者の指定・通知を欠くからといって直ちに原告適格を欠くことにはならないはずである。[41]むしろ決議不存在確認の訴えや決議無効確認の訴えについては、特段の事情の有無にかかわらず、権利行使者の指定がなくても共同相続人の原告適格が認められるべきである。

また前述のように、決議取消の訴えなどは一株の株式を有すれば提起できるものであるから、株式の共同相続人は、相続分の割合で一株以上の株主であることが明らかであれば、右訴えを提起することができるとする見解もある。違法な状態・行為を是正するのは保存行為と考えるべきことを理由に[42]、あるいは総会決議訴訟の提起権のように防衛的色彩が強い株主権は広めに認めるべきことを理由に[43]、共同相続人が単独で行使できるとする見解もある。さらに会社訴訟一般について、共同相続による株式の準共有者に提訴権を認める解釈の検討の必要性が主張されている[44]。大株主や経営者による違法・不正な行為によって会社が重大な不利益を被った結果、株式の大幅な減価を生じても、特に決議取消の訴えのように提訴期間が制限されているときには、相続をめぐる争いの決着がついた段階では回復不可能になっていることが十分にありうる。したがって、会社側による訴訟上の防御権の濫用がないときであっても、新株発行無効の訴え、会社分割無効の訴え、資本減少無効の訴え、合併無効の訴えなどについても同様に、訴えの利益のある限り、共同相続人による単独行使を認めるべきであろう。

結語

権利行使者の制度は、多数の株主が参加しており、株主の無名性が強い大規模会社では、会社が株主権を行使すべき者を把握するために必要な制度といえるが、同族会社や小規模閉鎖会社においては、株主の個性も強く、会社は株主に関する相続開始の事実を容易に把握できるであろう。したがって、権利行使者制度の必要性もそれほど大きくはないかもしれない。相続人間の対立により権利行使者を指定できず、会社経営の停滞を招くといった事態は本来商法の予想を超えるものであろう。したがって、定款に株式譲渡制限の定めがある株式会社や有限会社のような閉鎖会社では、商法二〇三条二項の適用除外を主張する立法論もその意味では理解できる[45]。とりわけ社員数が限定され、定型的に閉鎖会社である有限会社の場合（有限会社法八条・一九条）、権利行使者のような制度を置く必要性はあまり感じられない。しかし、会社が相続の事実を容易に把握できたり、あるいは積極的に把握しようとするのは、そのような閉鎖会社の場合に限らない。公開会社であっても、特に経営支配株式を有するような大株主の動向には、普段から会社は相当な注意を払っているであろうし、会社としても大株主に関する相続の事実の把握は容易であろう。そうすると会社の規模や閉鎖性の有無によって権利行使者制度の適用を異にすることが妥当か、あるいは一律に排除せずに、定款自治にゆだねることはどうか、なお検討したい。

権利行使者の指定は持分価格の過半数でできると解すれば、多数決で権利行使者を指定できるので、会社運営上の支障は回避することができる。それとともに権利行使者の権限を、会社の事務処理上の困難をもたらさない種類の権利については、権利行使者を通さないでも共有者の行使を認めるべきであろう。それにより、少数持分権者の利益保護もある程度は図ることができると考える。

企業承継の問題は、企業の所有・支配をいかに円滑に次世代に引き継ぐかということであり、相続法の分野で解決するのが本来の筋道であろう。その意味で、同族会社における株式の共同相続を契機とした権利行使者の指定をめぐる問題は、均分相続制度の矛盾が会社法の分野に持ち込まれたものといえよう。[46]

（1）　最大判昭四五・七・一五民集二四巻七号八〇四頁。
（2）　最判昭二九・四・八民集八巻四号八一九頁、最判昭五〇・三・六民集二九巻三号二〇三頁。
（3）　最判昭和四五・一・二二民集二四巻一号一頁、最判昭五二・一一・八民集三一巻六号八四七頁、徳島地判昭四六・一・一九下民集二二巻一＝二号一八頁、東京高判四八・九・一七高民集二六巻三号二八八頁、大阪地判昭六一・五・七判例時報一二四三号一二二頁など多数。
（4）　出口正義「株式の共同相続と商法二〇三条二項の適用に関する一考察」筑波法政一二号七三頁（『株主権の法理』（文眞堂）所収）。

(5) 永井和之「商法二〇三条二項の意義」戸田修三古稀『現代企業法学の課題と展開』二〇八頁(文眞堂)。
(6) 青竹正一「株式・有限会社持分の共同相続と社員権の行使(1)」判例評論四九一号四頁(判例時報一六九一号一六六頁)(『閉鎖会社紛争の新展開』(信山社)所収)。
(7) 大野正道「株式持分の相続準共有と権利行使者の法的地位」鴻常夫還暦『八十年代商事法の諸相』二三六頁(有斐閣)(『企業承継法の研究』(信山社)所収)。
(8) 大隅健一郎=今井宏『会社法論第三版』三三四頁(有斐閣)、北沢正啓『会社法第六版』一三五頁(青林書院)、上柳克郎ほか編『新版注釈会社法(4)』五一頁[米津昭子](有斐閣)など。
(9) 青竹正一「株式有限会社持分の共同相続と社員権の行使(4)完」判例評論四九四号七頁(判例時報一七〇〇号一八五頁)(『閉鎖会社紛争の新展開』(信山社)所収)。
(10) 大隅=前掲三三四頁、米津・前掲五一頁、松田二郎=鈴木忠一『條解株式会社法上』一一三頁(弘文堂)。
(11) 大野・前掲二五八頁、木内宜彦・判例評論三二六号五五頁(判例時報一一八〇号二一七頁)(『企業法学の理論』(新青出版)所収)。
(12) 大隅=今井・前掲三三四頁、上田宏・会社判例百選第三版四一頁、神崎克郎・民商法雑誌七九巻三号二三頁。
(13) 田中誠二・三全訂会社法詳論上巻三〇四頁、江頭憲治郎『株式会社・有限会社法』一〇三頁(有斐閣)、大野・前掲二五七頁、木内・前掲五五頁、久留島隆「会社持分の共同相続と権利行使者の選任・解任」法学研究四七巻三号六四頁、西島梅治・判例評論一五二号四一頁(判例時報六四〇号一四七頁)、畑肇・私法リマークス一九九二年〈上〉一〇五頁、尾崎安央・法律のひろば四五巻一一号六三頁。
(14) 米津・前掲五〇頁、永井・前掲二一二頁、出口・前掲八一頁、青竹正一「株式・有限会社持分の共同相続と社員権の行使(3)」判例評論四九三号四頁(判例時報一六九七号一六六頁)(『閉鎖会社紛争の新展開』(信山社)所収)、青木英夫・金融・商事判例八八三号四四頁、平手勇治・判例タイムズ三六七号六〇頁、榎木恭博・最高裁判所判例解説民事篇昭和五三年度一七六頁、小林俊明・ジュリスト九二一号一〇一頁、片木晴彦・判例評論四六六号六四頁(判例時報一六一五号二二四頁)、荒谷裕子・平成九年度重要判例解説一〇一頁(ジュリスト一一三五号)、前

田雅弘・私法リマークス一九九八年〈下〉一〇四頁。
(15)　田中啓一・ジュリスト五五四号一〇九頁。
(16)　前掲徳島地判昭和四六・一・一九。
(17)　高松高判昭五二・五・一二民集三二巻三号六〇九頁、東京地判昭和六〇・六・四判例時報一一六〇号一四五頁。
(18)　大野正道「商法二〇三条二項と最高裁第三小法廷判決」判例タイムズ九三七号七七頁（『中小会社法の研究』（信山社）所収）。
(19)　片木晴彦・平成一一年度重要判例解説（ジュリスト一一七九号）九九頁。
(20)　永井・前掲二一五頁、大杉謙一・法学協会雑誌一〇九巻五号一〇九頁。
(21)　河内隆史・金融・商事判例一一〇一号六五頁。
(22)　田中誠・前掲三〇五頁、西島・前掲四一頁、前掲徳島地判昭和四六・一・一九。
(23)　大野・前掲注(7)二五七頁。
(24)　久留島・前掲六五頁。
(25)　青竹・前掲注(14)六頁。
(26)　田中啓・前掲一一〇頁。
(27)　大隅＝今井・前掲五五頁、龍田節・前掲一一七頁、青竹正一「株式・有限会社持分の共同相続と社員権の行使(4)・完」判例評論四九四号九頁（判例時報一七〇〇号一八七頁）（『閉鎖会社紛争の新展開』（信山社）所収）。反対、永井・前掲二一九頁、青木・前掲四六頁、田中啓・前掲一〇九頁、出口正義・会社判例百選第五版二〇一頁。
(28)　田中誠・前掲三〇五頁。
(29)　田中誠・前掲三〇五頁、永井・前掲二一六頁、青竹・前掲注(28)八頁。
(30)　山田泰彦「株式の共同相続と相続株主の株主権」早稲田法学六九巻四号一九六頁、青竹・前掲注(22)六頁。
(31)　大隅＝今井・前掲二八〇頁、米津・前掲五一頁。決議取消の訴えについて、前掲東京高判四八・九・一七、東京地判昭四五・一一・一九下民集二一巻一一＝一二号一四四七頁。

(33) 大隅＝今井・前掲三三四頁、米津・五二頁ほか多数。否定説として田中誠二ほか『コンメンタール会社法〔再全訂〕』四七〇頁、松田＝鈴木・前掲一一四頁、小室直人＝上野泰夫・民商法雑誌六三巻四号九七頁)。
(34) 大隅＝今井・前掲三三四頁、米津・前掲五一頁、片木・前掲注(19)一〇〇頁、永井・前掲二一五頁、吉本健一・判例評論三九七号五八頁〔判例時報一四〇六号一八八頁〕、畑・前掲一〇五頁、青木・前掲四六頁、柳川俊一・昭和四五年度最判解民事篇二二二頁、榎本恭博・昭和五三年度最判解民事篇一七八頁など。前掲徳島地判昭四六・一・一九。
(35) 山田泰・前掲一九一頁、青竹正一「株式・有限会社持分の共同相続と社員権の行使再論(下)」判例評論四九七号一〇頁（判例時報一七〇九号一八八頁）(『閉鎖会社紛争の新展開』(信山社) 所収)。
(36) 田中啓・前掲一〇九頁、山田摂子「株式の共同相続」判例タイムズ七八九号九頁。
(37) 柴田和史・会社判例百選〔第六版〕一九一頁。
(38) 吉本・前掲五八頁。
(39) 大野正道・会社判例百選〔第六版〕二四頁。
(40) 吉本・前掲五八頁。
(41) 吉本・前掲五八頁、中島弘雅・民商法雑誌一〇六巻三号三六五頁、青竹正一「株式・有限会社持分の共同相続と社員権の行使(2)」判例評論四九二号六頁（判例時報一六九四号一六八頁）(『閉鎖会社紛争の新展開』(信山社) 所収)・前掲五頁、河内・前掲六六頁。
(42) 山田摂・前掲八頁。
(43) 大杉・前掲九一五頁。
(44) 吉本・前掲五八頁。
(45) 込山芳行「同族的小規模閉鎖会社における株式の共同相続」保住昭一古稀『企業社会と商事法』一六一頁〔北樹出版〕。
(46) 尾崎・前掲六三頁。

11　役員退職慰労金贈呈議案の決議方法

宇田一明

一　取締役の報酬規整の根拠と報酬の意義

1　本稿の視野

名目はともかく取締役が受け取る金銭その他は、違法でない限りは、会社、会社債権者及び株主等の利害関係者を害することはない。取締役の行為は、一般的抽象的には善管注意義務及び忠実義務に反しないようにとの規整がなされ（商法二五四条三項・二五四条ノ三）、中でも利害関係者を害する可能性が高くしたがって不正が生じやすく、また合法、違法を明確に画することが微妙な行為等を規整する必要から、具体的に、競業避止規整、会社との取引規整及び利益相反取引規整等の内容（商法二六四条・二六五条等）を明文化した。本稿で取り上げる取締役への退職慰労金の支給に当たり、いわゆる手盛りあるいは闇取引（以下、「手盛り」とする）が行われている場合には、それが商法二六九条の規整対象である「報酬」に当たるか否かを問わず、利害関係者を害する可能性がある場合には何らかの規整をしなければならない。この意味で、商法二六九条の対象である報酬に当たるか否かにつき見解が分かれている、使用人兼務のいわゆる平取締役の俸給等について、取締役とは名ばかりであるという実態を認めその実質は使用人であるとしても、使用人として受領する俸給等が商法二六九条の報酬に含まれるか否かを考える場合には、その支給が手盛りの可能性を含むものであって（例えば、使用人分の給与等を高額にし、他方で取締役としての報酬を少額にすることにより商法二六九条の規整を骨抜きにできることになる）、他の規定で規整できない場合には、商法二六九条の対象に含めて規整しなければならないということになろう。

さて、本稿のタイトルは「役員退職慰労金……」であるから、監査役の退職慰労金贈呈議案の決議方法についても論ずる必要があることになる。しかし、取締役の報酬規整は取締役が業務執行に関わって受け取る金銭その他につき生ずるであろう手盛りを防止するための規定であるが、監査役は業務執行権を有しないからこの意味の手盛りの生ずる余地はない。すなわち監査役の報酬規整の目的は、取締役の報酬規整の目的とは根本的に異なり、監査役の地位の独立性を保持させるために、監査役の報酬の決定が業務執行の意思決定機関及び対外的執行機関である取締役会及び代表取締役の意思に左右されることのないようにとの目的で規定されたものである(1)。そこで、例えそれが取締役の報酬決議方法と同一であったとしても、異なる規整目的のものを役員として括って論ずることは避けなければならないと考える。そこで、本稿では専ら取締役のそれを検討する。

ところで、取締役の報酬の決議方法は、日本における会社の有り様を反映して、この方法ならば商法二六九条の趣旨を逸脱しないないし脱法にはならないであろうという観点から思考され、訴訟においてもこのような方向で争われてきた関係で、ややもすると焦点を外す議論になりかねない。そこで手続規定であり本来簡明な内容の筈の商法二六九条の研究に当たっては、立法趣旨を再確認しこれを基本に据えて議論の整理をしつつ検討しなければならないと考える。

なお、諸文献を網羅する紙幅はなく、引用等については最小限に止めることとした。(2)

2　商法二六九条の意義と報酬規整の現状

(1)　商法二六九条の意義

商法二六九条は取締役の報酬の決定手続につき、「取締役ガ受クベキ報酬ハ定款ニ其ノ額ヲ定メザリシトキハ株主総会ノ決議ヲ以テ之ヲ定ム」と規定している。(3) しかし、定款で報酬を定めることにした場合には報酬額の変更の必要が生じた場合、その都度株主総会（以下、「総会」とする）の特別決議により決めなければならないため、実際には総会で決定する会社がほとんどである。(4) 総会では普通決議で足るというメリットもあるからである。(5)

さて、商法が二六九条のような規定を設けた理由如何につき、見解が分かれている。一つは、総会で取締役に選任された者と任用契約を締結するのは会社であること、会社と取締役との間の報酬支給に関する契約は、会社と取締役間の取引に含まれると解することができ、他に規定がなければ、取締役会の承認を得る必要があることになるが、取締役の報酬の決定を取締役会の決議に委ねることになれば、自己または同僚の報酬を自分たちが決めることになって手盛りが行われる危険があり、この弊害を防止するために商法は政策的にこの権限を総会に付与したとするものである。一般に、政策規定説と呼ばれ、多数説・判例の立場である。(6) 他方、取締役の報酬決定権限は取締役を選任する機関である総会にあること、具体的には取締役任用契約の内容の一つは確かに報酬契約であるが、報酬内容は取締役を選任する際に総会が取締役に選びたいと思う者に示す就任条件の一つであって(取締役会が報酬支給原案を作るにしても)、取締役は総会で選任するものであるから、総会に報酬決定権限があるのは当然の事理に過ぎないと説明する。一般に、非政策規定説と称されている。(7)

いずれの説によるべきか。政策規定説は、報酬決定権限は本来取締役会又は代表取締役に属するとしているかのようである。しかし、① 取締役の選任は総会権限に属することは商法二五四条一項が明文をもって規定していること、② 報酬は総会が取締役に委任した業務執行事項の遂行の善し悪しを評価して支給するものであるから、報酬の提供者であり報酬の決定権者は業務を委任した総会であることは自明であること、③ 選任されるべき人物側からすれば与えられる報酬額は就任を決める要素の一つであるから、総会が取締役にしたいと考える人物の選任決議をする際には、取締役の就任条件の一つである報酬額は既に取締役会が内々に提示して取締役になろうとする者に承諾を得ておき、その後に総会で最終的に取締役を選任する関係にあるから、非政策規定説によるべきである。(8) そこで、商法二六九条は総会で額を決議させることにより、取締役会に額の決定を一任させないという趣旨の規定ではなく、(9) 元来、総会権限に属する報酬決定権限を「手盛り」防止の趣旨を貫徹化するために明文をもって規定化したものと考えるべきであろう。

(2)　報酬規整の現状と規整の原点

商法二六九条は手続的規定であり、しかも文言上は極めて簡明であって多種の解釈の生ずる余地の少ない規定であるにもかかわらず、後述のように、判例・多数説が日本の会社の実状を尊重し肯定的姿勢で対して来た関係で、一義的な筈の商法二六九条の解釈がきわめて複雑になり、規整の原点を見失いかねない状況にあると言っても過言ではなかろう。そこで、私は、こういう場合にこそ規整の原点に立ち返り、規整目的は何かから考察を進めるべきであると考える。

日本における取締役の職務執行の対価は、一般に、毎月定額で支払われる俸給、特定の時期に支払われる賞与と退職慰労金（弔慰金を含む。以下、「退職慰労金」とする）の三形態であり、これは使用人に支払われる給与、賞与及び退職金という三本立ての支給形態と整合的である。このことは日本における役員の地位が使用人の昇進の最終ステップであることを示し、役員の地位の脆弱性を表すものととらえてもよかろうし、また、諸外国にはない使用人兼務取締役という存在は取締役の地位の脆弱性を表す一証左とも言えよう。(10) 支給総額の低さも指摘されている。(11) しかし、取締役の地位が脆弱であるから取締役の報酬規整を緩めるべきであるという議論が生まれるとすればそれは本末転倒である。取締役の地位の脆弱性は、例えば取締役が義務違反をおかした場合に、その取締役が真に取締役としての権利や権限を与えられ行使できる者であったか否かが検討される際に問題になるのであって、(12) 取締役の地位が脆弱であることから規整も曖昧でよいということには決してならないからである。

3　委任契約とその有償性

取締役の報酬に関しては、法文上無償と規定されていることから（商法二五四条三項、民法六四八条一項）、多数説・判例は取締役は特約がなければ会社に対して報酬を請求できないとする。(13) そこで実務では、会社は取締役と明示的に又は黙示的に報酬を支給するとの特約を含んだ任用契約を締結している。実は、無償とみようが有償とみようが、具体的な報酬請求権は報酬額が定款又は総会決議で定められない限りは発生しないから、実際上の結果には変わりがないように思われるかもしれない。しかし、例えば総会が報酬を支給しないという決議をした場合には、有償を原則とする場合であれば支給されないことに関して訴訟等によりその救済を求めることが可能であるが、無償が原則であればこのような救済の途は閉ざされてしまうからである。(14) 私は、行為の有償性を前提とする商法の基本理念から商法二六九条は当然に支払うことを前提とした規定であり、(15) 有償性を規定しなかったこ

とに立法の不備はないと考える者である。(16)

4　報酬の意義・範囲と決議方法の概要

(1)　報酬の意義・範囲

商法二六九条は手盛り防止の趣旨で設けられた規定であるから、手盛りの可能性のあるものはすべてこれに含まれると考えなければ規整の実は上がらない。年俸・月俸・現物給付等支給の名目や形式等のいかんを問わない。金銭で支払われるもの、例えば俸給・賞与・功労金・退職慰労金・弔慰金等や、それ以外の名目で支払われるもの、例えば会社の負担においてする取締役の終身支給型の年金、社宅の無償又は低額供与、会社の負担においてする取締役の社交団体会費、取締役を被保険者及び保険金受取人とする生命保険契約の会社による保険料の支払い、取締役に対する会社資産の贈与や低額譲渡、低利又は無利子貸与、サービスの提供等も当然に報酬に含まれる。アメリカではストック・オプションその他の業績連動型報酬も登場しているようである。(17)

ところで、多数説・判例は賞与は報酬に含まないとし、また、使用人兼務取締役が受け取る使用人分についてはそれが使用人分として明確である場合にはこの使用人分は報酬に含まないとしている。

では、総会が報酬に関する一部始終を決定すべきか。この点についても見解が分かれている。報酬の決定方法につき、多数説・判例は手盛り防止の趣旨が確保されているのであれば、必ずしもすべてを総会で決定しなければならないものではなく、例えば総会の決議で取締役の報酬総額を決定し、個々の取締役への報酬額の配分は取締役会又は代表取締役に委任してもよく、したがって総額を変更する必要が生じたときにだけ、定款の変更か総会の決議でその枠を変更すればよいとしている。(18)この処理方法ないしは考え方は現実の取り扱いを尊重したものと評してよかろう。すなわち、現実の通常の取り扱いは、総会終了後の取締役会において、代表取締役の選任、業務担当取締役の決定、使用人兼務取締役の決定、取締役の常勤・非常勤の決定等がなされ、この選任及び決定にもとづき、それぞれの職務に応じた報酬額を決定するという手順をとるために、総会では取締役の報酬総額を定め、あるいは、貨幣価値の変動に対応し、併せて毎期の報酬額の改定手続を避けるために、スライド・アップ制を勘案して報酬の限度額のみを定めるといった方法が通常行われており、右述の役職者の選任及び決定がすべて総会終了後の取締役会において行われるため、それぞれの職務に応じた報酬額の決定の手順のすべてを総会において処理することは、事柄の性質上極めて困難である（また、必ずしも適当であるとは言い切れないともされる）という実態があるからである。(19)

しかし、総会が有する報酬決定権限を取締役会又は代表取締役に授権できるわけではない。報酬は株主が業務執行を取締役に委任しその対価として株主が取締役に支給するものであって、取締役の業務執行の対価の額を取締役自らが決められる筋のものではないからである。(20)総額を総会が決定し、具体的な支給額については総会が決めた一定の基準にしたがって取締役会又は代表取締役が決定するという方法も手盛りの余地が残る。結局、一部始終を総会が決定しなければ手盛りは防止できない。

ところで、昭和五七年施行のいわゆる参考書類規則では、商法特例法上の大会社であって株主が一、〇〇〇人以上の会社では、総会の招集通知に添付する参考書類上に、取締役又は監査役の報酬額の算定基準又は改定する場合はその理由等を記載しなければならないこと、又、議案が取締役又は監査役の報酬を総額をもって定めるものであるときは、取締役又は監査役の員数をも記載しなければならない（商法特例法二一条の二、参考書類規則三条一項六号・同三条五項）と規定した。また、すべての株式会社の附属明細書には、取締役に現に支払った報酬額及び監査役に支払った報酬額を記載しなければならないと規定し（計算書類規則四七条一項一一号）、これにしたがって、実際には、大会社では、日本公認会計士協会が定める附属明細書ひな型が示すところ等にしたがい、総会決議による報酬限度額や支給人数をも記載している。[21] 私は、参考書類規則の規定の趣旨に勿論賛成であるが、総会の形骸化がもたらす株主の会社への帰属意識の欠如を払拭するためにもディスクロージャーを促進すべきであると考える。そこで、私は報酬額の算定基準とともに各取締役、各監査役に支払う具体的な報酬額をも参考書類に明記すべきであること（具体的な支給額を一人一人書くとすれば「参考」の文言は妥当性を欠くことにもなろう）、しかも、私は、この規定はすべての会社に適用されるべき必要があると考える。手盛り防止の観点からはこの規整はあらゆる企業に共通の規整内容であって、適用を大会社及び株式会社に限定する理由はまったくないと考えるからである。

(2) 賞与の報酬性とその決議方法

賞与は取締役の功労に報いるための褒章金としての性質があり報酬とは異なる性質を有するとの理由から、多数説・判例は賞与は報酬に含まないと解している。[22] すなわち、報酬は会社の利益の有無に関係なく定期的または営業年度内に支給されること、いったんその額について総会が決議していればその変更の必要がない限り、必ずしも毎年の定時総会でこれを決議する必要はないこと、報酬は経費から支給されること、これに対して、賞与は取締役が会社の業績を延ばし会社に利益をもたらした功労に報いるために支給されるものであって、利益のあるときにのみ、かつその支給は利益金の中から毎決算期の定時総会における利益処分案の承認決議にもとづき（商法二八一条一項四号・二八三条一項）、支給されるものであるからであるとする。確かに、報酬は費目としては経費から、賞与は費目としては利益金から支出されるという違いはあっても、いずれも総会の決議によって決定する必要があるから、総会で個々人に支給する具体的な額を決定するのであれば手盛りの危険はなく規整の実は保たれる。それ故に、利益処分案に明確に取締役分と監査役分とを分けて別個に額を定めて決議に至れば手盛りは回避できるから、多数説・判例の見解にしたがっても問題はないことにはなる。

しかし、私は、実態からみて賞与の支給も職務執行の対価支給の一態様に過ぎない[23]と考える。すなわち、賞与は、例えば使用人が労働の対価として受け取る給与とは名称を異にしまた給与とは異なる時期に実質的には給与の一態様として支給されるものと観念できるのと同様、取締役が受ける賞与も支給時期を変えまた名称を変えて支給される報酬に他ならない実質があると考えるからである。ただし、現実には右述のとおり費目が異なるから、異なる手続きにより決定するが、私見ではいずれも個々人への支給額は総会の決議で決めることになるから、手盛りは生じないことになる。

(3)　使用人兼務取締役の「報酬」の報酬性とその決議方法

いわゆる業務執行取締役の報酬がすべて取締役の受くべき報酬に含まれることには異論はない。しかし、業務執行権限がないいわゆる平取締役が使用人を兼ねる場合すなわち使用人兼務取締役の場合に、使用人として受領する俸給等が商法二六九条の報酬に含まれると解すべきか否かは問題であり説が分かれている。

多数説は、使用人への俸給の支払いは商法二六五条にいう会社と取締役の「取引」に当たるが、一般的には使用人としての給与等は給与表等により体系的に額が明確に示されており、また、法人税法上も損金算入が認められているから(法人税法三五条)、商法二六九条の適用はなく、使用人分については定款又は総会決議による定めを要しないとしている。[24]確かに、実態は、使用人（多くは部長であるが、支店長、工場長等の場合もある）を兼務している場合の取締役の肩書は名誉的なものであって日常は使用人として勤務しているから切り離すべきかもしれない。しかし、取締役の肩書は名誉的なものであっても、使用人が課長、部長というように使用人としての責任が重くなればなるほど、使用人としての職務を行うときにもその肩書性は実質化するのであって、従業員の地位と取締役たる地位は使用人としての責任の重さに比例して切り離しては考えられなくなって行くものであろう。また、多数説の主張を貫けば、例えば使用人分の給与等を高額にし、他方で取締役としての報酬を少額にすることにより商法二六九条の規整を潜脱でき、手盛りは避けがたいと考えられる。それ故、私は使用人分も一体として商法二六九条の適用を受けると解する説(25)に賛成したい。

なお、総会で取締役としての報酬額を決定する際には別に使用人分を支給する旨を明らかにすることを要し、これが明らかにされていないときには使用人分は支給すべきではないとの考え方(26)もある。しかし、先にも述べたように、使用人としての地位が高い使用人が業務を行う場合には取締役としての職務とを分離できないのであって、分離できると観念すること自体奇異であると言っても過言ではなかろう。

二　退職慰労金の報酬性とその決議方法

1　退職慰労金の報酬性

取締役が退任したときに支給される退職慰労金は、退任取締役の何を評価して支払われるものであろうか。純粋に職務執行の対価の後払いのそれであるとすれば商法二六九条が適用されることになるが、そのように純粋なものではなく、在任中の功労に報いる面も加味され、また近未来の「自己」の場合をも想定して決める性質のものであろうから(特に、弔慰金の支給は当事者の死後だけに、会社の現実の業況等をも反映した一義的には表現できない複雑な内容のものとなろう)、純粋に職務執行の対価の後払いとは言えないことから、同条の直接適用には親しまず、同条を準用又は類推して適用すべきもの(27)と考えてもよいかもしれない。しかし、私は、多数説・判例が述べるように、特に在任中の功労の面を評価するにしても、それは右述の通り、功労の要素だけでは決まらず、しかもそもそも会社への貢献が可能であるためには在任すること、そしてその在任中の職務執行を奇貨として評価が行われるものに他ならないから、商法二六九条を直接適用すべきであると考える。(28)

この点につき、退職慰労金の特殊性から、商法二六九条の適用、準用又は類推適用の対象とすべきではなく、したがって総会の決議を経て決定しなくてもよいとする説もある。その理由は、① 通常の報酬は取締役全員が自分達で決めて自分達がもらうのはまずいという関係があるのに対し、退職慰労金は退任した特定の取締役に対して他の取締役が退任した取締役の出席していない取締役会で決めて贈呈するものであり、この点に通常の報酬と退職慰労金との根本的差異を認めざるを得ないとの理由、(29) ② 退職慰労金は過去の業務執行の対価として支給されるものであるので、その金額の決定に関しては考慮すべき要素は確定しており、裁量の幅が狭く基準を逸脱するおそれが少ないからとの理由、(30) ③ 多数説・判例は、退職慰労金の場合には個々の役員の報酬を総会で定めなければならないものとするのに対して、通常の役員報酬については総会の決議で役員報酬の合計額を定めればよく、個々の役員の報酬を決定することは必要ではないと主張するように、多数説・判例の主張は矛盾するとの理由等(31)がそれである。

多数説・判例は退職慰労金は役員報酬に含まれる(32)と考えている。私も同様に考えることは既に述べた。退職慰労金は在任中の取締役の職務執行の対価的要素と在任中の功労に報いる面等々が陰に陽に結び付いた当該取締役に対する「評価」を表現したものと考えられるが、功労も株主から職務執行を委任されなければ生じないわけであるから、職務執行が基盤となって生ずると考えるべきであろう。実際にはあらゆる要素を総合した「評価」が退職慰労金の額として表現されることになる。そこで、私は、右にも述べたように① 対価的要素と功労的要素とが化合しており分別はできないが、その発生する基盤が職務執行にあること、② 退任したとはいえ当の取締役は元は仲間であった者であって、その者の退職慰労金を取締役会が決定できるとすれば実質的には取締役仲間が自分達で決めて自分達がこれを受領すると観念できること、③ 取締役会の決定者であるメンバーもやがては退職慰労金受給者になることから手盛りの陰は実質的に払拭できないこと等の理由から、退職慰労金の決定には商法二六九条の適用をもって律する必要があると考える。(33)

2　退職慰労金の決議方法

現況は次のようである。(34) 実務、学説及び判例は、退職慰労金は報酬の一種と考えている。そこで少なくとも金額の最高限度を総会で定めなければならないとしてきていたが、実務では、報酬は定款又は株主総会の決議でその総額又は最高限度額を定めるのに対して、退職慰労金については退職が個別的に生じ報酬と同じ決定方法を採ると特定の退職者の慰労金の額が公開されることになり、これは避けるべきであるとのわが国の慣行を考慮して、(35) 総会の決議で具体的な金額、支給期日、支払方法等の決定を取締役会に一任するという総会の決議は商法二六九条に反するものではないと最高裁（昭和三九・一二・一一民集一八巻一〇号二一四三頁）が判決して以来今日まで、主流の議論はこの路線上で行われている。次いで、昭和四四年最高裁は「……退職慰労金は、それが在職中の職務執行の対価であるときは、商法二六九条……にいう報酬に含まれるものと解されるところ、同条が、報酬は定款にその額を定めないときは総会の決議をもってこれを定めるべきことを要求した同条の立法趣旨に照らすと、総会の決議により、右報酬の金額などの決定をすべて無条件に取締役会に一任することは許されないというべきであるが、これと異なり、総会の決議において、明示的もしくは黙示的に、その支給に関する基準を示し、具体的な金額、支払期日、支払方法などは右基準によって定めるべきものとして、その決定を取締役会に任せることは差し支えなく、かような決議をもって無効と解すべきではない」とし（昭和四四・一〇・二八判時五七七号九二頁）、更に、昭和五八年最高裁は、功労加算のない平取締役の退職慰労金につき、総会から一任されたその金額、支払時期及び支払方法の決定を代表取締役に一任する取締役会の決議も無効ではないとしたから（昭和五八・二・二二判時一〇七六号一四〇頁）、流れないし方向としては一定の条件下では必ずしも総会ですべてを決することを要しないとする考え方が今日定着したものと言ってよかろう。

私は、後述のとおり、総会自身で退職慰労金の具体的金額を決めなければ手盛りの弊害は除去できないと考えており、それ故に、総会の席でその支給基準を明示し、具体的な金額・支払時期や支払方法等についても総会に提案して、一切を総会で決めるべきであると考える者である。また、株主が支給状態を知り得る状態になっていれば、取締役が更に代表取締役に一任してもよいとの右昭和五八年最高裁判決の考え方も採らない。なぜなら、退職慰労金額の判定にとって重要な要素と考えられるのは当該取締役の勤続年数、担当業務の内容、功績の軽重等であろうが、これらの裁定基準その他についても総会に開陳され、これを総会が承認し、これにもとづいて総会でその報酬額を具体的に決議しない限りは透明性が欠けるし、法が総会で決議せよとした趣旨は没却されることになるからである[36]。また、退職慰労金の支給基準が社内に確立されており、しかもその基準の内容が株主に知られているか又は容易に知り得る状態にある場合には取締役会への一任を認めてもよいとの考え方もある[37]。これは前掲昭和四八年最高裁判旨と同旨と言ってよかろう。すなわち、当該会社においては、慣行及び内規によって一定の支給基準が確立されており、その支給基準は株主にも推知しうべきものであり、総会決議はその支給基準の範囲内で退職者各自の在職中の功績、退職事由等種々の事情を考慮して相当な金額を支給すべきものとする趣旨であったとして、そのような事実関係のもとでは、決議は無効であるとは言えないとしたものである。同旨の学説もある[38]。しかし、一定の慣行及び内規にもとづく一定の支給基準があるのであれば、何故株主に熟知させ、決議の資料にしないのか、支給基準の「推知」では透明性は確保できない。総会が意思決定をする際には情報のすべてが開示されることが禍根を残さない決定を生む。もちろん、退職慰労金の支払時期や支払方法についてもその額と同時に総会の決議に当たって開示されていなければならない(39)。

では、多数説・判例が何故このような考え方を採るのか。その背景にある諸事由はともかく、私はおそらく「退職者の個別的な支給額が公表されることは避けるべきである」、「所得の公開を憚かる我国の慣行」を尊重するからではないかと考える。しかし、例えば会社したがって株主にとっては貢献しなかった取締役ではあっても、取締役仲間では貢献が大であるといった取締役もあろう。複数の取締役が責任をとるべきところを一人の取締役が内々に全責任をかぶるつまり詰め腹を切るといった、いわばやくざまがいの責任のとり方をする場合もあろう。こうした場合には、表面的には当該取締役は会社に不利益を与えているから貢献度は低いかマイナスであって総会決議により額を決めるとすればこの者の退職慰労金額は低く査定されるかゼロに決まることになろうが、取締役会又は代表取締役がその額を決めることになればその額は必然的に高額になろう。額を総会で決めるとすれば総会開催日以前に額は「会議の目的たる事項」の中身として株主に通知され公表されるから（商法二三二条二項）、右述のような内実があれば総会屋等にこれを追及されることにもなるため、これを回避する手段として個別的な支給額の公表を避けたいのであろう(40)。こうした拙職の指摘が当たっているとすれば、多数説・判例は結果として取締役による不正を容認することになろう。こうした謗りを免れるためには、多数説・判例の考え方を支持する論者は、不正を阻止する手段・方策を早急に提示し、実践すべきである(41)。

なお、いわゆる参考書類規則三条六項は、株主が一、〇〇〇人以上の大会社は、総会の議案が取締役又は監査役の退職慰労金に関する場合であって、退職慰労金額を一定の基準に従って決定することを取締役等に一任するものであるときには、招集通知に添付する参考書類にその基準の内容を記載するか、その基準を記載した書面を本店に備えおいて株主の閲覧に供しなければならないと規定するに至っている。株主の利益保護の趣旨である。しかし、既に述べたように（参考書類規則と「報酬」一般への適用に関する議論、立法論等は既に本稿「一」の「4」の

（1）に詳述した）、例え詳細な一定の基準に従うにしてもそこにはどうしても裁量が入る。また、私は同僚だった取締役の退職慰労金を同僚が決めることができるという事自体に問題を感ずる。疑惑がないとすればわざわざ疑惑を持ち込むような方法は避けるべきではなかろうか。

ところで、東京エレクトロンは一九九九年六月の総会で五名の役員の報酬額を開示した。（同時に、二〇〇〇年七月以降に行使できるストックオプションの数も公表している）。①決定の透明度を高めるため、②役員が担う責任を鮮明な形として示すため、③経営者が持つべき緊張感を役員に植え付けるため、④取締役会改革推進のため、⑤コーポレートガバナンスの基盤作りのため等の理由が考えられよう。(42)ただ、開示の原点は、同社東社長が述べられている通り、「株主に対して経営者の報酬額を開示して、評価してもらう」ことにある。(43)本論文執筆の原点と共通である。

（1）　前田庸『会社法入門（第五版）』（有斐閣・一九九七年）四一二頁等。

（2）　文献の引用に網羅性があり、立法論をも含む示唆に富む研究書には、大賀祥充『会社役員退職慰労金の法理』（広島修道大学総合研究所・一九八九年）がある。実務誌（アンケートによる統計や座談会、諸外国との比較を含む）には、稲葉威雄外『附属明細書の事例分析』別冊商事法務八一号（一九八五年）、阿部一正外『役員報酬の現状と課題』（商事法務研究会・一九九七年）、近藤光男外『取締役の責任のとり方』（別冊商事法務二一〇号（一九九八年）があり、また、注釈書で詳しいものは、星川長七『注釈会社法（四）』（大森忠夫＝矢沢惇外編）（有斐閣・一九七五年）五二七頁、浜田道代『新版注釈会社法（六）』（上柳克郎＝鴻常夫＝竹内昭夫外編）（有斐閣・一九八七年）三八五頁等がある。

（3）　ところで、昭和五六年改正商法（法七二）は商法二七九条一項において、監査役の報酬の決定方法についても取締役のそれと同様、「監査役ノ報酬ハ定款ニ其ノ額ヲ定メザリシトキハ株主総会ノ決議ヲ以テ之ヲ定ム」と規定するに至った。

取締役及び監査役の報酬に関する規定は、旧商法（一八九〇年・明治二三年・法三二）一九六条がまず規定し、現行の二六九条の規定はいわゆる新商法（一八九九年・明治三二年・法四八）の一七九条の「取締役カ受クベキ報酬ハ定款ニ其額ヲ定メザリシトキハ株主総会ノ決議ヲ以テ之ヲ定ム」に由来し、一八九条で当規定が監査役に準用されていた。その後、一九三八年（昭和一三年）の商法改正（法七二）により現行二六九条のように改正され、これが二八〇条で監査役に準用されていた。そして、一九八一年（昭和五六年）の商法改正（法七四）は、二八〇条による二六九条の監査役への準用を止めて、新たに二七九条の規定を設けて、取締役の報酬と監査役のそれとを区別して決定しなければならないこととした。

（4）河本一郎『現代会社法（新訂第七版）』（商事法務研究会・一九九五年）三九七頁以下、大武泰南『株式会社読本』（中央経済社・一九九四年）一五九頁等。

（5）永井和之『会社法』（有斐閣・一九九六年）二〇三頁等。

（6）前田庸・前掲（一）三四三頁等。

（7）定塚英一「取締役の報酬の決定について」司法研修所創立一五周年記念論文集・上巻（一九六二年）一五二頁、山口幸五郎『会社取締役制度の法的構造』（成文堂・一九七三年）七三頁、篠田四郎「役員報酬の規制―いわゆる政策説（手盛り防止論）に対する批判」名城法学三五巻三号（一九八六年）五五頁、浜田道代・前掲（2）三八六頁、大賀祥充・前掲（二）三〇頁、永井和之・前掲（5）二〇三頁、西脇敏男「株主総会が取締役の退職慰労金について一定の基準に基づいて支払うことを決議し、その具体的金額・方法等については取締役会に一任する旨の定めをした場合、取締役会は『取締役の在職中に会社に与えた損害』を考慮して支給額を算定することができるか」金商一〇六九号（一九九九年）五五頁以下等。

（8）同旨、西脇敏男・前掲（7）五八頁以下。なお、西脇教授は、同五九頁で、各個取締役の報酬決定は報酬決定の手続過程を透明化するためにも総会で決めるべきであるとされる。私も手続過程自体をガラス張りにしなければ手盛り防止はできないと考える。しかるに、教授は同五九頁においてその支給額は常に具体的金額が明示されなくとも、社内規定によって株主が認識しうる程度にされればよいとされる。教授の透明化の主張はこの点で齟齬があろう。社内規定と株主との関係は自明ではなく、また、株主が認識し得る程度如何も分明ではない。株主が自ら選んだ者に支給する報酬を株主が各取締役毎に査定・決定するのは筋であるから、総会にて取締役各人への支給額が常に具体的に明示されなければならないと考える者である。

(9)　浜田道代・前掲（2）三八六頁、西脇敏男・前掲（7）五八頁以下等。

(10)　近藤光男外・前掲（2）三七頁以下。同誌二一頁以下の座談会「第二・取締役の経営責任のとり方」の三七頁以下で、或る出席者は、使用人兼務取締役は「サラリーマンをずうっとやってきて従業員との延長線上にあり」とし、別の出席者は「経理部長からぱっと監査役に切りかわったものですから、もう自分で自分が変わったのが実に強烈にわかった……、監査役になった途端にだれからも指示を受けなくなってしまったのですね。『あっ、身分が変わった』と自分でわかるのですね」と述べ、三八頁では、或る出席者は「例えば、営業本部長と取締役でない本部長とある場合に、たまたまこの取締役に付いたと。しかし仕事そのものは一緒なのですね」と述べ、別の出席者は「従来やってきたのと同じ部長としての仕事の上にもう一つ取締役としての仕事が乗っかったという自覚ですね。しかし、それはその人の日常生活から見たらごくわずかに過ぎない。月に一回か、あるいは二回開かれる取締役会に出たときだけ取締役としての意識を持つ。そして、出席した取締役会におけるボードメンバーとしての役割を果たす。そこでそういう自覚が生まれるということなのだろうと思うのですね。」と述べている。取締役の地位の脆弱性がよく表現されている。

(11)　阿部一正外・前掲（2）三〇頁では、座談会の中で、例えばアメリカの平均的な報酬の年額は一五〇万ドル（一・六億円～一・七億円）、日本の場合には三、〇〇〇万円～五、〇〇〇万円の範囲に収まること、額につき、司会者は同三一頁で、学説上報酬問題は種々議論があるが、「何か、実態から少しずれた観念的な議論ではないのか、疑問を感じてきました。」と発言されている。この発言は報酬規整の観点からは本末転倒の類いの発言と言えよう。

(12)　自己が属するコンピューター事業部（プログラマー等の人材を養成し派遣する事業）の従業員に自己が設立しようとする同業会社の取締役や従業員になるように勧誘した取締役の行為は忠実義務に反するとした判決がある（東京地判昭和六三年三月三〇日判時一二七二号二三頁）。特に、控訴審（東京高判平成元年一〇月二六日金商八三五号二三頁)では、実質は取締役として遇されてはいなかったとの主張をほぼ認める判決をしている。宇田一明「取締役の独立と忠実義務—日本設備事件」『昭和六三年度重要判例解説』(有斐閣・一九八九年)九九頁以下参照。

(13) 例えば、大阪地判昭和四三・三・一四金商一〇二号一二頁、東京地判平成三・七・一九金商八九〇号三五頁等。

(14) 減額決議が争われた事例は二例しかなく、総会が減額決議をしたことが争われた事例は東京地判昭和六二・三・二六金商七七六号三五頁があり、一任を受けた取締役会の減額決議が争われた事例は東京高判平成九・八・二六判タ九六八号二三九頁(最近の評釈として、井上健一「代表取締役に対する退職慰労金不支給の株主総会決議」ジュリ一一六二号(一九九九年)一四七頁)がある。総会で行った不支給決議が争われた事例は東京高判平成九・一二・四判時一六五七号一四一頁(最近の評釈として、西脇敏男・前掲(7)五五頁)があるのみである。

(15) 西脇敏男・前掲(7)五八頁等。取締役の行為は商人の行為そのものではないが商人である会社の機関構成員の、しかも業務執行・対外執行に拘わる行為であるから飛躍はあるが実質的に商人の行為とみてよかろう。例えば、商人の行為が事務管理として行われるときであり他人がその行為を法律上承認しなければならない場合にも報酬請求権が認められている(大判昭和八・九・二九民集一二巻二三七九頁)ことはその一証左であろう。

(16) なお、有償性の根拠づけに関し、例えば、機関が所有と経営に分離されるに至った段階では有償が前提であるとする説(星川長七・前掲(二)五二八頁等)、任用契約には明示的なまたは黙示的な報酬付与の特約が包含されているとする説(大隅健一郎＝今井宏『新版会社法論(中)I』(有斐閣・一九八三年)一六五頁等、取締役の職務の専門性や職務違反に対する民事責任や刑事責任等の責任の重大性にその根拠を求める説(高田源清「取締役・監査役の報酬決定の方法」企業会計一〇巻三号(一九五八年)四六頁)等や、敢えて有償性の根拠を求めるならば実務では報酬を受け取るのが原則になっていることに求めるとする説(前田庸・前掲(1)三四三頁)もある。いずれも一面的な指摘と言えよう。

(17) 阿部一正他・前掲(二)二三頁。

(18) 最判昭和六〇・三・二六判時一一五九号一五〇頁。例えば、大武泰南・前掲(4)一五九頁、永井和之・前掲(五)二〇三頁。しかし、私は委任できないと考えるからこれに反対である。後述する。

(19)　大賀祥充・前掲（2）四二頁・五四頁注（76）及び一五一頁以下。

(20)　総会が報酬決定権限を取締役会に授権することを阻止できないという議論を認めるとすれば、手盛りの弊害を阻止する必要が残るから、商法二六九条は基本的には非政策規定説にもとづき根拠づけるべきである。しかし、取締役会への安易な授権を阻止するという意味での政策的配慮を考えるときには政策規定説の主張も意味を持ち得るとする考え方がある（奥島孝康『事例で学ぶ会社法入門』（日本評論社・一九九四年）一五三頁以下）。私はそもそも報酬決定権限は総会の専権事項であり、授権に親しまないと考える。

(21)　稲葉威雄外・前掲（2）八八頁以下。同八九頁以下では、報酬枠（限度総額）の記載の仕方、使用人兼務役員の使用人給与相当額の支給についての記載状況、利益処分による役員賞与の記載状況等々のアンケート結果等が掲載されており、参考となる。調査の結果、報酬限度額につき、総会決議による報酬枠を記載している会社は五〇社中四九社、うち月額方式が四〇社、年額方式は九社であるとされている（同誌九二頁）。

(22)　星川長七・前掲（2）五三一頁、前田庸・前掲（1）三四五頁等、大阪高判昭和四三・三・一四金商一〇二号一二頁、東京地判昭和五六・一二・一五金商六四八号二六頁。

(23)　例えば、浜田道代・前掲（2）三九四頁、坂田圭三『現代会社法（第二版）』（中央経済社・一九九三年）三七一頁。大判大正一三・一一・一三判例集報一商二九三。なお、実務上も賞与は報酬の一部だと考えられている。例えば、阿部一正外・前掲（2）三頁。

(24)　東京高判昭和五九・六・二六判時一一二二号一六〇頁、最判昭和六〇・三・二六判時一一五九号一五〇頁、大隅健一郎＝今井宏・前掲（16）一五三頁、北沢正啓『会社法（第五版）』（青林書院・一九九八年）三七九頁等。

(25)　星川長七・前掲（二）五三二頁以下、奥島孝康・前掲（20）一五六頁等。

(26)　大隅健一郎＝今井宏・前掲（16）一五三頁等。

(27)　星川長七・前掲（2）五三一頁、服部栄三「役員の退職慰労金と株主総会の決議」判時四一三号（判評八二号）（一九六五年）一一九頁、加美和照「最近の役員退職慰労金・賞与をめぐる諸問題」商事法務九〇五号（一九八一年）二三頁。

(28) 矢沢惇「取締役の報酬の法的規制」商事法務一一六号(一九六一年)六頁、鴻常夫「役員の退職慰労金」商法の判例(第三版)(有斐閣・一九七七年)九五頁、中村一彦『会社法判例の研究』(信山社・一九九九年)二九六頁。最判昭和三九・一二・一一民集一八巻一〇号二一四三頁、最判昭和四四・一〇・二八判時五七七号九二頁、最判昭和四八・一一・二六判時七二二号九四頁、最判昭和五八・二・二二金商六七一号三頁等。

(29) 鈴木竹雄「退職慰労金の特殊性」商事法務四八四号(一九六九年)三頁、北沢正啓・前掲(24)三八一頁、服部栄三・前掲(27)一一八頁等。

(30) 水田耕一「役員の退職慰労金と株主総会におけるその決議の仕方」商事法務三四四号(一九六五年)四頁。

(31) 佐藤庸「取締役の退職慰労金について」成蹊法学六号(一九六九年)一二九頁。

(32) 最判昭和三九・一二・一一民集一八巻一〇号二一四三頁、最判昭和四四・一〇・二八判時五七七号九二頁、最判昭和四八・一一・二六判時七二二号九四頁、矢沢惇・前掲(28)九頁、鴻常夫・前掲(28)九七頁、龍田節「取締役の退職慰労金と株主総会決議」法学論叢八五巻二号(一九七〇年)九四頁、酒巻俊雄「役員の報酬・賞与・退職慰労金の決定方法」商法の争点(第二版)(有斐閣・一九八三年)一四四頁、神崎克郎「役員の報酬・退職慰労金」会社判例百選(第六版)(有斐閣・一九九八年)一〇八頁等。

(33) 丸山修平『株式会社法概論(三訂版)』(中央経済社・一九九九年)二四〇頁は、退職慰労金は報酬であると判断することも可能であるが、むしろ退職慰労金が報酬に含まれないとすることによって「お手盛り防止」という立法趣旨が全うされなくなる虞れのあることを重視すべきであろうとされる。

(34) 北沢正啓・前掲(24)三八〇頁以下を土台にした。

(35) 退職慰労金の個別の具体的金額の公表に関しては、例えば、所得の公開を憚る我国の慣行から具体的金額等を総会という公開の場で決めることはごく稀であるとの説明(例えば、商事法務研究会編『新訂版株主総会ハンドブック』(商事法務研究会・一九九一年)六三一頁)、取締役の功績の評価を公開の場で論議することを避けようとする実務の要請も、一概に不合理とは言えないとの説明(加美和照『会社法の現代的課題』(勁草書房・一九九一年)一七四頁)が一般になされている。しかし、この慣行なるものは日本及び日本の会社の体質の一端をよく表現しており、総会屋等のアウトローの暗躍を許す根拠の一つにもなっていることに意を用いるべきである。猛省すべきである。こうした慣行を少しずつ打破していくことが〝人治〟ではなく〝法治〟による日本社会の形成を促す蟻の一穴だと認識すべきである。

(36) 例えば、最判昭和三九・一二・一一民集一八巻一〇号二一四三頁、最判昭和四八・一一・二六判時七二二号九四頁。

(37) 大阪地判昭和四四・三・二六下民集二〇巻三・四号一四六頁、最判昭和四八・一一・二六の第一審判決。

(38) 同旨の見解は大隅健一郎＝今井宏・前掲（16）一五一頁、河本一郎・前掲（4）三七九頁。

(39) 東京地判平成六・一二・二〇金商九九四号三五頁は、支給すべき具体的金額、時期、方法等を取締役会に一任した事例であるが、取締役は退職慰労金の支給を決する取締役会を開催せず放置し、その後、原告に対して退職慰労金の支給を行わないことを可決した事例である。事例の研究については、例えば、中村一彦・前掲（28）三〇五頁等がある。

(40) 龍田節「役員報酬」続判例展望（別冊ジュリスト三九号）（一九七三年）一七八頁、大賀祥充・前掲（2）二九頁以下、中村一彦・前掲（28）三一五頁。なお、阿部一正外・前掲（2）一一頁では、座談会中で、「……会社のほうは、個人のプランバシーという面から……ただどこまで本来の意味でプライバシーかは別にして……。個人一人ひとりの収入、資産に係る点はできたら開示したくないということで悩んでいるのが実態ではないかと考えます。……」との発言がある。

(41) 中村一彦・前掲（28）三一五頁では、経営者の自覚・遵法精神の問題でもあるが、立法論としては退職慰労金の決定を総会の専決事項とし、具体的金額等の取締役会への一任を認めない方向で、商法改正を検討する必要があるのではなかろうかとされる。同感である。私は、極言すれば、日本社会全体がインサイダー取引を許容しているのではないかとも考えている。なお、中尾英俊『日本社会と法』（日本評論社・一九九四年）七頁以下では、ヨーロッパ近代法からみた日本民族の性格にもとづく日本の法慣習の特質（四つ）の一つとして、集団の維持を希望するが故に、集団の和に最上の価値をおき、そのため自己主張しないとの点を掲げる。同感である。これを私流に表現すれば、日本では法治の形は採るものの、その内実は人治による支配が行われる社会であると言えるのではないかと考える。

なお、本文及び注（19）において述べたが、総会で報酬の一部始終を決定することは困難であるし、同時に必ずしも適当ではないとする大賀祥充教授は、立法論としては、個々の取締役の経営上の資質評価をなすための重要な判断資料としての個々の取締役の報酬額は、「『情報開示』側面から、より詳細な規制をすることが考えられる」とされる。同書一五二頁。同様の立法論は、篠田四郎・前掲（7）八二頁、佐藤庸・前掲（31）一二九頁、吉川栄一「取締役報酬の開示規制」修道法学七巻二号（一九八五年）一〇頁等が展開されている。

（42）　水野裕司「（経営の視点）役員報酬額開示の意義」日本経済新聞一九九九年六月一三日号参照。

（43）　東哲郎「役員報酬を開示した理由（インタビュー）」取締役の法務一九九九年一一月二五日号五八頁以下。ソニーや帝人等でも東京エレクトロンのような「各役員の報酬額をいくらにすべきかを話し合う委員会（報酬委員会）」が設けられてきており、時代は少しづつ動いていることを感ずる者である。

（一九九九年一〇月四日稿）

12 株主総会決議の瑕疵

石山卓磨

はじめに

株主総会の決議が有効であるためには、本来、その成立手続および決議内容がすべて法令・定款に適合していなければならない。したがって、いずれかに法的瑕疵が存する場合には、法論理的にいって当該決議は本来的には無効とならざるをえないはずである。しかし、総会決議をめぐっては、その性質上、株主や第三者など多数の利害関係人が関係しており、また、当該決議を前提にして対外的・対内的に多数の法律関係が重畳的に展開してくることにもなるため、法律関係の画一的処理および瑕疵の主張の可及的制限が強く要請されてくる。そのため、わが商法では、一般原則にいくつかの修正を加えた特殊な訴訟手続として、決議取消の訴え・決議不存在確認の訴・決議無効確認の訴えを定めるとともに、対世的効力・遡及効排除・提訴権者や提訴期間の制限など特別な法規制を設けている。そして、これらの規制は創立総会・種類株主総会についてもほぼ同様にあてはまる。

そこで、以下、本稿においては、商法が定める株主総会決議の瑕疵に関するこれらの法規制を、近時の判例状況をまじえつつ、概観することにしたい。

一　総会決議の瑕疵をめぐる訴訟手続の沿革

最初に株主総会決議の瑕疵をめぐるわが商法上の訴訟手続の沿革を瞥見しておこう。最初の商法法案であるロエスエル草案および旧商法（明治二三年法三二）では、株主総会決議の瑕疵に関する規定は設けられていなかった。ついで明治三二年商法一六三条（現二四七条の前身）は、第一項「総会招集ノ手続又ハ其決議ノ方法カ法令又ハ定款ニ反スルトキハ株主ハ其決議ノ無効ノ宣告ヲ裁判所ニ請求スルコトヲ得」、第二項「前項ノ請求ハ決議ノ日ヨリ一ケ月内ニ之ヲ為スコトヲ要ス」、第三項「取締役又ハ監査役ニ非サル株主カ第一項ノ請求ヲ為シタルトキハ其株券ヲ供託シ且会社ノ請求ニ因リ相当ノ担保ヲ供スルコトヲ要ス」、と規定していた。この規定においては「決議ノ無効ノ宣告」の意義に関し、宣告によってはじめて決議が無効と扱われることになるのか[(1)]（つまり取消の訴えなのか）、宣告を待つまでもなく決議は最初から当然に無効なのかという点で解釈が分かれたため、明治四四年の商法改正では、第一項が「総会招集ノ手続又ハ其決議ノ方法カ法令又ハ定款ニ反スルトキハ株主、取締役又ハ監査役ハ訴ヲ以テノミ其決議ノ無効ヲ主張スルコトヲ得」と改められた。すなわち、総会の招集・決議に関する手続上の瑕疵については訴え以外の方法では争いえないことが明らかにされたのであり、さらに昭和一三年の商法改正では、一六三条の決議無効宣告の訴えが現二四七条の「決議ノ取消」を請求する訴えに改められた。また、同改正では、決議の内容が法令または定款に違反する決議に関する決議無効確認の訴え（旧二五二条）および不当決議取消・変更の訴え（旧二五三条、昭和五六年改正で削除）に関する規定が新設された。

昭和二五年の商法改正では、決議取消訴訟の提訴期間が三ケ月に伸長される反面、裁判所による裁量棄却規定（旧二五一条）が削除され、監査役は総会決議取消訴権を有さないことになった。最後に、昭和五六年の商法改正では、それまで決議無効原因とされていた決議内容の定款違反が、会社内部の自治規則違反にすぎず瑕疵が軽微なことから、決議取消原因に改められた。(2) そして、総会決議に特別利害関係を有する株主から議決権を排除していた二三九条旧五項が削除されるとともに、かわりに後述する二四七条一項三号の取消事由が追加された。さらに、二五二条には決議無効確認の訴えとならんで決議不存在確認の訴えも規定されるにいたった。

（1）　大判明治三五・七・四民録八輯七巻一九頁、同三六・四・六民録九輯三八三頁などは前説をとっていた。明治三二年商法一六三条の基本的立場は、瑕疵ある総会決議は原則としてすべて無効であるが、会社事務の渋滞を防ぐ趣旨で、特に手続上瑕疵ある決議に限り無効を争う期間に制限を設けるというものであった（岩原紳作・新版注釈会社法(5)（有斐閣、昭和六一年）三一二頁）。

（2）　この改正により、決議内容の瑕疵は決議の無効とし、決議手続の瑕疵は決議の取消とするというそれまでの形式的な分け方から、株式会社の本質的要請や公的利益の要請に基づく規定に対する違反か否かによって扱いを異にする立場に変更されたことになる（岩原・前掲）。

二　決議取消の訴え

1　決議取消の訴えの原因

決議取消の訴えの原因としては、(1) 総会招集の手続またはその決議の方法が法令もしくは定款に違反しまたは著しく不公正な場合、(2) 決議の内容が定款に違反する場合、および、(3) 当該決議に関し特別の利害関係を有する株主が議決権を行使したことにより著しく不当な決議がなされた場合が該当し、株主・取締役・監査役は訴えをもって当該決議の取消を請求することができる（商二四七条一項）。

(1)は、(イ)招集手続違反（これには、招集権限の瑕疵・招集通知の瑕疵・招集場所の瑕疵などがある）、(ロ)決議方法違反（これには、総会運営の瑕疵・累積投票請求権行使の妨害・議決権行使の妨害・議決方法の瑕疵・決議成立要件の瑕疵などがある）、(ハ)招集手続または決議方法における著しい不公正、からなる。

(イ)としては、有効な取締役会の決議なしに代表取締役が招集した場合（最判昭和四六・三・一八民集二五巻二号一八三頁）、一部の株主に対する招集通知もれ（最判昭和四二・九・二八民集二一巻七号一九七〇頁）、招集通知期間の不遵守（大判昭和一〇・七・一五民集一四巻一四〇一頁、最判昭和四四・一二・一八裁判集民九七号七九九頁、前掲最判昭和四六・三・一八）、などがある。なお近時の判例によれば、会社側が、株主の提案権行使の提案理由の添付別表が制限字数四〇〇字（参考書類規則四条参照）を超えていることを理由にこれを参考書類に記載しなかったとしても招集手続に瑕疵があるとはいえない。(3) また、招集権者による株主総会の招集手続を欠く場合であっても、株主全員がその開催に同意して出席したいわゆる全員出席総会において、株主総会の権限に属する事項につき決議がなされたときには、右決議は有効に成立する。なぜなら、商法が、招集権者による招集手続を必要としている趣旨は、全株主に対し、会議体としての機関である株主総会の開催と会議の目的たる事項を知らせることによって、これに対する出席の機会を与えるとともにその議事および議決に参加するための準備の機会を与えることを目的とするものであり、全員出席総会の場合はこの目的がすでに達成されているからである（最判昭和四六・六・二四民集二五巻四号五九六頁……一人会社事例）。そして、「株主の作成にかかる委任状に基づいて選任された代理人が出席することにより株主全員が出席したことになる右総会において決議がされたときには、右株主が会議の目的たる事項を了知して委任状を作成したものであり、かつ当該決議が右会議の目的たる事項の範囲内のものである限り、右決議は、有効に成立する」と解されている（最判昭和六〇・一二・二〇民集三九巻八号一八六九頁）[4]。(ロ)に該当する例としては、定款で議長と定められた者以外の者が正当な理由なく議長をつとめた場合（大判昭和六・九・二九新聞三三二〇号一五頁）、株主またはその代理人でない者が決議に加わった場合（最判昭和三〇・一〇・二〇民集九巻一一号一六五七頁）などがある。(ハ)に該当する例としては、会社ゴロを雇い入れ、暴行強迫をもって株主の議決権行使を妨げた場合（大決昭和四・一二・一六新聞三〇八二号九頁）や、ことさらに株主の出席困難な時間や場所に総会を招集した場合（通説）、やむをえない事情がないまま総会当日に総会の開催場所を万全の策を講ずることなく変更した場合（大阪地判昭和二七・七・一下民集三巻七号九〇九頁）や、野次・怒号で騒然とした超満員の総会場で、株主の発言・議長不信任動議を無視した議長が、議決権代理行使の委任状を携えた総務部長や多数の従業員株主の賛成の声と拍手で議題を可決した場合（最判昭和四八・四・二七）[5]などがある。

なお、総会当日の株主に対する会社側の対応に関し、以下のような場合には決議取消事由にはあたらないとした判例がある（福岡地判平成三・五・一四判時一三九二号一二六頁、判タ七六九号二一六頁）[6]。すなわち、非株主が総会に入場しようとする蓋然性があり、現実に多数の非株主を含む原告株主グループがひとかたまりになって入場しようとした状況下では、会社には入場資格を確認する必要があるのであって、その方法として、議決権行使書面の提示を求め、提示者と書面上の名義人の同一性に疑義が生じたときに、提示者に氏名・住所・持株数等を質問して株主本人か否かを確認するのは相当な方法であるというものである。そして、会場でみだりに横断幕を張ったり、ゼッケン着用やビラ・チラシの配布行為がなされると、議場の平穏が乱され、円滑な議事進行の妨害となるので、これらのものが持ち込まれる可能性が十分に考えられる状況下において、バッグを一時的に預けるよう要請し、これに応じない場合に、バッグの中にこれらのものが入っていないことを確認しようとすることは不当ではない。また、会場内で不特定の株主が不規則に写真撮影を行うことはプライバシーの問題から株主相互の不快感や軋轢の原因となりかねず、議場の平穏を乱す恐れがあるほか、自由な質議討論の妨げになりかねないので、会社が会場へのカメラの持込みを禁止することは議事運営権の裁量の範囲内にとどまる、というものである。さらに、最高裁（最判平成八・一一・一二資料商事一五三号一七一頁）[7]は、従業員株主らを他の株主より先に会場に入場させて株主席の前方に着席させることは適切な措置とはいえないが、原告株主が具体的に株主権の行使(動議の提出)を妨げられていないならば、会社は不法行為責任を負わない旨判示している。なお、下級審判例中には、「従業員株主らの協力を得て株主総会の議事を進行させる場合、一般の株主の利益について配慮することが不可欠であり、右従業員株主らの協力を得て一方的に株主総会の議事を進行させ、これにより株主の質問の機会などが全く奪われてしまうような場合には、取締役ないし取締役会に認められた業務執行権の範囲を越え、決議の方法が著しく不公正であるという場合もあり得る」と判示するものもある（大阪地判平成一〇・三・一八判タ九七七号二三〇頁）。その他、総会運営の瑕疵に関しては、近時、会社役員の説明義務に関する判例が多く出ている。たとえば、株主から質問事項の事前送付があっても当該株主が株主総会の場で実際に当該事項について質問しない限り質問があったとはいえず、説明義務は生じないものとするもの（東京地判平成四・一二・二四判時一四五二号一二七頁・判タ八三三号二五〇頁）[8]などであるが、説明義務についてはここでは詳述しない。[9]

(2)としては、定款所定の定員を超える数の取締役が選任された場合などが該当しよう（大判昭和一五・一〇・九評論三〇商一一三（昭和五六年改正前なので無効とされた））。

(3)における特別利害関係人に関しては、昭和五六年改正前二三九条五項により、この者に議決権行使を認めると他の株主の利益を害してでも自己の利益をはかろうとして議決権を行使するおそれがあるとして、一般予防的に議決権の行使が否定されていた。そして、この議決権排除の結果、他の株主が議決権を濫用して著しく不当な決議が成立した場合に対し、決議取消または変更の訴えが設けられていた(削除前二五三条)。しかし、株主が自己の利益のために議決権を行使するのは当然のことであり、単に議決権行使の公正がそこなわれるとのおそれだけで議決権を否定するのは株式会社制度の趣旨に合致しないことから、同改正ではこの議決権の行使が認められ、特別利害関係人が会社や他の株主の利益を犠牲にして自己の利益のみを追求する目的で議決権を行使した結果、著しく不当な決議がなされた場合には、新たな取消事由になるものとされるにいたった（二四七条一項三号）。この場合、特別利害関係人の範囲であるが、従来、議決権行使が否定されていたときにはなるべく狭く解すべきものとされていたが[10]、現行法下においてはこの必要はなく、むしろ広く解して実質的に不当な決議が成立することのないようになすべきであるとの解釈が多数説である[11]。なお日本住宅金融株式会社が「特定住宅金融専門会社の債権債務の処理の促進等に関する特別措置法」の成立を受けて、定時総会において、本法に基づき設立される債権処理会社に営業の全部を譲渡し解散することを定めるべく定款変更の決議をなした事案では、当該総会において議決権を行使した同社の母体銀行九行が特別利害関係人に該当するとして当該決議の取消が求められた。しかし、判例は、商法二四七条一項三号にいう「特別の利害関係」を、当該株主総会決議の内容について、株主としての資格を離れた個人的な利害関係（利益又は不利益を受ける関係）を有することと解し、本件母体銀行はこれに該当しないと解している（最判平成一〇・一二・八資料商事一七八号七五頁）。

2　決議取消の訴えの当事者

商法は、決議取消の訴えの提訴権者として、株主・取締役・監査役・管理人・清算人を法定している（商二四七条一項・三九八条二項・四三〇条二項）。解釈上、破産管財人や更正管財人にも提訴権が認められるかという問題があるが、学説上、否定説が有力である[12]。この株主は、決議当時株主であったことも、また、総会に出席し決議に反対したことも必要でなく、訴え提起時に株主であればよい。ただし、訴え提起時から判決確定時まで継続して株主たる資格を保持し続けなければならない。なお、判例は、仮名により名義書換を受けた株式の取得者が総会決議取消の訴を提起した事案で、この者の当事者適格を否定している。すなわち、株主名簿上の株主の氏名・住所はこれらにより客観的に株主を特定することのできる内容のものでなければならず、そこでの氏名は原則として戸籍上の氏名と解され、例外として、株主が自己の氏名としてこれと異なる氏名を長期間にわたり一般的に使用し、その結果、社会生活上、それが当該株主の氏名として一般的に通用している場合にかぎり、その氏名(通称)もここにいう氏名にあたる、としている(最判平成三・一二・二〇資料商事九九号二七頁)[13]。

訴訟係属中に原告たる株主が持株全部を譲渡し株主資格を失った場合、訴訟は当然に終了し、株主譲受人が原告の地位を承継するものではない。他面、相続・合併などの包括承継の場合には、原告の地位は承継人に承継される。株主が自己に対する招集手続の瑕疵についてのみならず、他の株主に対する招集手続の瑕疵を理由に取消を主張できるかについては、否定説もあるが[14]、肯定するのが判例(最判昭和四二・九・二八民集二一巻七号一九七〇頁)[15]・多数説である。否定説は、提訴権者たる株主は、全株主のために任務を負う取締役(清算人)・監査役と違い、自分にとっての手続的瑕疵を問題にすることができるだけであると解するのに対して、多数説は、招集手続に瑕疵ある場合の決議取消の訴の制度は手続の瑕疵それ自体に対する非難というよりはむしろその瑕疵のために公正な決議の成立が妨げられたかもしれないという意味での抗議を認める制度であり、決議の公正について利害関係をもつ他の株主からも申し立てることができると解する。その株主が適法な招集通知をうけて総会に出席していたならば決議の結果は変ったかもしれず、このような可能性がある以上、他の株主にも決議の効力を否認する利益があるというわけである。

決議取消訴権は議決権を有することが前提になっているので、無議決権株主・単位未満株主・端株主・親会社株式を有する子会社(商二一一条ノ二・二四一条三項)・一定の株式相互保有関係にある会社(商二四一条三項)はこの訴権を有さない。一方、任期満了・辞任により取締役を退任した者は、後任者が選任されるまで留任義務を負うが（商二五八条一項）、この義務を負担するかぎり決議取消訴権を有する。また当該総会で解任された取締役や監査役も当該決議の取消により地位を回復する可能性があるので、取消訴権を有するものと解されている。[16] なお、資本金一億円以下の株式会社の監査役はこの取消訴権を有さない（商特二五条）。

3　決議取消の訴えの手続

株主総会の決議取消の訴えは、決議の日から三ヶ月以内に提起することを要する（商二四八条一項）。この期間を経過した場合にはもはや決議取消原因たる瑕疵を理由に当該決議の効力を争うことはできない。では、この期間経過後においても、なお新たな取消原因を追加主張することはできるのであろうか。学説は肯定説と否定説に分かれている。肯定説は、商法が提訴期間を限定したのは決議の取消自体の主張を制限する趣旨であり、提訴権者とりわけ少数株主の資料収集の困難をも考慮して新たな取消事由の主張は制限されないと解する。[17] 一方、多数説である否定説は、取消原因たる瑕疵は比較的軽微であるから決議の効力をできるだけ早く明確にして法的安定性をはかるべきであると解し、[18] 最高裁も、「新たな取消事由の追加主張を時期に遅れない限り無制限に許すとすれば、会社は当該決議が取り消されるか否かについて予測を立てることが困難となり、決議の執行が不安定になるといわざるを得」ず、「瑕疵のある決議の効力を早期に明確にさせる」という規定趣旨が失われるとして否定説に立っている（最判昭五一・一二・二四民集三〇巻一一号一〇七六頁）。[19] また、決議から三ヶ月以内に決議無効確認の訴えが提起されたが、三ヶ月経過後に、決議取消の訴えに切り替えられた場合については、「総会決議の無効確認を求める訴において決議無効原因として主張された瑕疵が決議取消原因に該当しており、しかも、決議取消訴訟の原告適格、出訴期間等の要件をみたしているときは、たとえ決議取消の主張が出訴期間経過後にされたとしても、なお決議無効確認訴訟提起時から提起されていたものと同様に扱うのを相当」とする旨判示されている（最判昭和五四・一一・一六民集三三巻七〇九頁）。[20]

決議取消の訴えは、会社本店所在地の地方裁判所の専属管轄であり（商二四七条二項・八八条）、口頭弁論は提訴期間経過後でなければ開始できず（商二四八条二項）、数個の訴えが同時に係属する場合には、弁論および裁判を併合することが必要とされている（商二四七条二項・一〇五条三項）。

株主が決議取消の訴えを提起した場合には、その者が同時に取締役または監査役である場合を除き、裁判所は会社の請求により相当の担保を提供すべきことを命ずることができる（商二四九条一項）。これは濫訴防止によるものであり、会社が裁判所にこの請求をなすにあたっては、株主の訴えの提起が悪意によるものであることを疎明しなければならない（同二項）。なお、判例（最判昭和三六・一一・二四民集一五巻一〇号二五八三頁）・通説は、決議取消の訴えの被告は当該会社にかぎられると解する。[21]

4　決議取消の訴えの利益

決議取消の訴えは形成の訴えであるから、所定の要件をみたすかぎりは訴えの利益があるのが常態である。しかし、たとえば、役員選任決議の取消の訴えの係属中にその決議にもとづき選任された取締役が任期満了などで退任し、後任者が新たに選任されて当該取締役が現存しなくなったような場合には、「特別の事情がないかぎり、決議取消の訴えは実益なきに帰し、訴えの利益を欠くに至る」ので、訴えは不適法となり却下されるものと解されている（最判昭和四五・四・二民集二四巻四号二二三頁）。[22]

では、株主が説明義務違反を理由に退職慰労金贈呈決議（第一の決議）の取消を訴え、第一審で勝訴し、会社が控訴中に、あらためて再決議がなされた場合はいかに対処すべきか。この点、従来の下級審には、この場合の再決議は、第一の決議が取り消された場合に備えての予備的なものであり、これは、第一の決議が取り消されてはじめて将来に向けて発効する条件付決議であると解するものが多かった（大阪地判昭和五三・三・二九金判五五七号二五頁など）。しかし、近時、最高裁は、再決議に対し取消の訴が提起されなかった場合には、第一の決議に対する訴訟は訴の利益を失う旨の判決を下している（最判平成四・一〇・二九民集四六巻七号二五八〇頁）。[23] この場合には、再決議それ自体に総会招集手続および決議方法に瑕疵がないことのみならず、第一の決議に存した決議取消の原因たる瑕疵が再決議において実質上治癒されていることが必要と解されている。[24]

5　決議取消の訴えの裁量棄却

たとえ総会の招集手続または決議方法が法令または定款に違反していても、その違反事実が重大なものでなく、かつ、決議に影響を及ぼさないものと認められるときは、裁判所は決議取消の訴えを棄却することができる（商二五一条）。この裁判所の裁量棄却権限については、昭和二五年改正前までは明文の規定があったが、同年改正で削除された経緯がある。[25] しかし、だからといって裁判所の裁量棄却権限が全く否定されたわけではなく、それ以降の判例の蓄積に立脚し、[26] 同五六年改正では、濫訴の防止を目的として、新たに二五一条が復活した。裁量棄却の典型例としては、議長が投票数の計算を間違った場合などが考えられるが、瑕疵が軽微であり、その瑕疵が決議の結果に影響を及ぼさないものでないかぎり、裁判所は棄却できない。

なお、小規模閉鎖会社一般においては総会の招集手続が遵守されていないのが常態であるが、このような状況下自己の利益を守るためだけに突然総会の瑕疵を主張する株主に関しては（鹿児島地判昭和六二・七・二九判時一二五九号一二二頁）、悪意や反公共性が認められるかぎり株主権の濫用を理由にして訴えを却下できるものと解されている。[27]

6　取消判決の効果

（1）　対世的効力

原告の勝訴した取消判決が確定した場合、その判決は当事者のみならず広く第三者に対しても効力を有し（商二四七条二項・一〇九条一項）、当事者でなかった株主や取締役・監査役も当該判決に拘束される。一方、原告の敗訴した棄却判決が確定したにすぎない場合には、その効力は第三者に及ばない。もっとも実際上、判決確定時には三ヶ月の提訴期間が経過しているのが通常であろうから、その場合には他の者が再び提訴する余地はないことになる。敗訴した原告に悪意または重大な過失があったときは、会社に対し連帯して損害賠償の責を負わなければならない（商二四七条二項・一〇九条二項）。

（2）　遡　及　効

決議取消判決をはじめ後述する無効・不存在確認判決に遡及効があるか否かは重大な問題である。この点、通説は、遡及効を否定する旨が明定されている会社設立無効・新株発行無効・合併無効の各判決の場合（商四二八条三項・二八〇条ノ一七・四一五条三項・一一〇条・三六条三項）と異なり、この種の規定がない以上、原則にかえり遡及効が肯定され、当該決議は最初にさかのぼって無効になると解している。[28]最高裁も、たとえば、計算書類承認決議取消の訴えに関し、計算書類の承認決議が取り消されたときは、「右決議は既往に遡って無効となり、右計算書類等は未確定となるから、それを前提とする次期以降の計算書類等の記載内容も不確定なものになる」ので、あらためて取り消された期の計算書類等の承認決議を行わなければならない旨判示している（最判昭和五八・六・七民集三七巻五号五一七頁）。[29]

ところで、通説によれば、当該決議にもとづいてなされた諸々の行為の効果が本来的に無効になることから、既往関係の処理にあたっては他にいかなる論理的措置を施すべきかが問題になってくる。この点、通説は、売買・

貸借など本来総会決議を有効要件としない行為は決議の無効により何ら影響を受けないが、利益配当・定款変更・資本減少・営業譲渡・取締役および監査役の選任などの場合は無効とならざるをえず、外観的事実を信頼した第三者の利益が害されることになるので、この場合には、不実登記規定（商一四条）をはじめ、その他の善意の第三者保護規定（民一〇九条・一一〇条・一一二条、商二六二条など）を適用ないし類推適用して善意の第三者保護をはかるべきものと解している。しかし、それでも既存の法秩序維持は十分ではない。外観保護規定に依拠して会社側が善意の相手方に対して無効の主張をなすことを禁じても、相手方が無効を主張することまでは禁ずることはできず、法律関係は依然として不安定だからである。

そこで、解決策の一つとして、筆者は、取締役の選任決議の取消の場合には、アメリカ会社法上の判例法理である事実上の取締役理論（de facto director doctrine）の導入により、既往関係の処理をはかるべきものと主張してきた。すなわち、取締役の選任に瑕疵があろうとも、①取締役としての外観と、②取締役としての継続的職務執行、の二要件が充足されれば、公序（public policy）すなわちこの場合は既成事実尊重の理念にもとづきその者を法律上の取締役と同一に扱い、その者がなした各種の対内的・対外的な業務執行行為は、相手方の善意・悪意を問わずに有効とする、というものである。[30] 立法論としては、役員の選任決議の取消・無効の結果に関しても不遡及効を明定することが望ましい。

（3）札幌高判平成九・一・二八資料版商事一五五号一〇七頁。本件解説、阪埜光男・判タ九四八号（会社判例と実務・理論）二八頁。この判例では、招集通知や議決権行使書面上、取締役会提案の議案を「会社提案」と表記することは適法であり（参考書類規則三条表題参照）、賛否の記載のない議決権行使書面を、会社が取締役提案の議案については賛成、株主提案の議案については反対と扱うことも適法としている（同七条参照）。

（4）本件解説、丸山秀平・（別冊ジュリスト）会社判例百選［第六版］五四頁、大野正道・判タ九四八号六五頁。

(5) 本件特集「株主総会決議無効と既往関係の処理」企業法研究二一九輯二頁参照。本件では、①計算書類承認の件、②取締役改選の件、③監査役改選の件、④退職慰労金贈呈の件の決議が強行されている。総会終了後一〇年をへて、①②③の決議取消、④の決議無効確認が確定したが、各案件の既往関係をいかに処理すべきかという深刻な問題が提起された。

(6) 本件解説、下山祐樹・判タ九四八号四三頁。

(7) 本件解説、玉虫誠「株主総会と従業員株主」判タ九四八号三二頁。

(8) 本件解説、吉田清見「株主の説明請求と株主総会議長の議事進行権」判タ九七五号(会社判例と実務・理論Ⅱ)六七頁。

(9) 会社役員説明義務に関する近時の主要判例としては、たとえば、会社側のなす一括説明を適法とする判例(東京高判昭和六一・二・一九判時一二〇七号一二〇頁・判タ五八八号九六頁、最判昭和六一・九・二五金法一一四〇号二三頁)、株主による「総会のあり方」あるいは「取締役の責任問題について」の発言は、議題と関係なく、説明義務は発生しないとする判例(東京地判昭和六二・一・一三判時一二三四号一四三頁)、退職慰労金の支給基準に関する説明範囲に関する判例(東京地判昭和六三・一・二八判タ六五八号五二頁、判時一二六三号三頁)、損益計算書中の販売費および一般管理費とりわけ交際費・会費の内訳の説明に関する判例(大阪地判平成元・四・五資料版商事六一号一五頁)、などがある。

(10) 取締役解任決議における当該取締役が株主であったり(最判昭和四二・三・一四民集二一巻二号三七八頁)、営業の譲受会社の代表取締役が譲渡会社の株主であっても(最判昭和四二・七・二五民集二一巻六号一六六九頁)、特別利害関係人にはあたらないと判示されていた。

(11) 不当な合併比率を定めた合併契約書が相手方会社の議決権行使により承認された場合には取消事由に該当すると解される(鈴木竹雄=竹内昭夫・会社法〔第三版〕(有斐閣、平成六年)二三五頁、河本一郎・現代会社法〔新訂第八版〕(商事法務研究会、平成一一年)三六〇頁)。

(12) 岩原・前掲三三四頁は、その理由として、商法の明文上、破産管財人に原告適格が認められているのは、会社債権者保護手続が設けられている減資無効の訴えと合併無効の訴えの場合のみであり（商三八〇条二項、四一五条二項）、破産の場合には株主には残余財産分配請求権はなく、管財人が株主利益を代表することはあまり考えられない、また、更正管財人が、会社内部関係者にのみかかわる総会の瑕疵につき株主を代表して主張することを認める必要があるか疑問である、とする。

(13)　本件解説、庄子良男・判タ九四八号四七頁。

(14)　鈴木＝竹内・前掲二五八頁。

(15)　本件解説、伊沢和平・会社判例百選［第六版］六六頁。

(16)　岩原・前掲三三三頁。

(17)　西原寛一・商事法研究三巻（有斐閣、昭和四三年）二五九頁、古瀬村邦夫・会社判例百選［第五版］（有斐閣、平成四年）七四頁、龍田　節「判批」商事法務四二九号一六頁。

(18)　大隅健一郎＝今井　宏・会社法論中巻［第三版］（有斐閣、平成四年）一二六頁、鈴木＝竹内・前掲、北沢正啓・会社法［第五版］（青林書院、平成一〇年）三四六頁。

(19)　本件解説、小塚荘一郎・会社判例百選［第六版］六八頁。

(20)　本件解説、梅津昭彦・会社判例百選［第六版］八〇頁。

(21)　岩原・前掲三三九頁。なお、取締役選任決議取消訴訟については当該被選任者を、それ以外の決議の取消訴訟では代表取締役を被告にすべきであるとするものに、谷口安平「団体をめぐる紛争と当事者適格」ジュリスト五〇〇号三二六頁。

(22)　本件解説、野田博・会社判例百選［第六版］七〇頁。なお、本件判旨は、「株主総会決議取消の訴は、単にその訴を提起した者の個人的利益のためのみのものでなく、会社企業自体の利益のためにするものであ」り、この会社企業自体の利益のためにするものであることの立証がない以上、訴えの利益ありとする「特別事情」は認められないとしている。しかし、この訴権は株主の利益保護のために認められた権利であり（竹内昭夫・判例商法Ｉ（有斐閣、昭和五一年）一八七頁）、この場合の「特別事情」の立証責任を原告に負わせる解釈は妥当でないと解されてい

る（鴻常夫・会社判例百選〔新版〕（有斐閣、昭和四五年）一一二頁）。

本件判旨と同旨の近時の下級審判例として、京都地判平成元・四・二〇判タ七〇一号二二六頁・金判八二八号三〇頁（本件解説、豊泉貫太郎・判タ九七五号七五頁）。

(23) 本件解説、西尾幸夫・判タ九四八号三七頁。

(24) 大隅健一郎＝今井宏・前掲一三〇頁。

(25) 旧二五一条は「決議取消ノ訴ノ提起アリタル場合ニ於テ決議ノ内容会社ノ現況其ノ他一切ノ事情ヲ斟酌シテ其ノ取消ヲ不適当ト認ムルトキハ裁判所ハ請求ヲ棄却スルコトヲ得」と定めていた。しかし、昭和二五年の商法改正において、この規定は裁判所にあまりに自由・広範な裁量権を認めるもののように解されるおそれがあるとして削除された。

(26) 決議取消請求が裁量棄却された最高裁判例としては、①非株主二名に招集通知が発せられ、特別利害関係を有する多数株主が決議に参加したが、賛成票が反対票に比してはるかに多数であった事例（最判昭和三〇・一〇・二〇民集九巻一一号一六五七頁）、②発行済株式総数八〇万株中、五五万余株を有する出席株主全員一致で成立した決議に関し、定款に反して非株主が二千株の議決権を代理行使し、四千株を有する株主一名に対し招集通知もれがあった事例（最判昭和三七・八・三〇判時三一一号二七頁）、③原告である一株主に対する招集通知期間が法定期間より六日足りなかったが、総会開催を熟知了承していたその株主があえて総会に出席しなかった事例(最判昭和五五・六・一六判時九七八号一一二頁、石山卓磨「判批」ひろば三四巻三号・判旨に反対）などがある。

逆に、裁量棄却されなかった事例としては、④招集通知には取締役増員の件と記載されていたのに、総会では取締役解任が決議された事例（最判昭和三一・一一・一五民集一〇巻一一号一四二三頁）、⑤七、七〇〇株の譲渡にもとづく名義書換請求を会社が不当拒絶し、二〇名の株主に招集通知を発せず株主総会を開き、約八万対二万株の賛成多数で決議が成立した事例（最判昭和四二・九・二八民集二一巻七号一九七〇頁）、⑥招集通知期間に著しい不足があり、決議の一部に関し招集通知に議題が記載されていなかった事例（最判昭和四四・一二・一八裁判集（民）九七号七九九頁）、⑦発行済株式総数二一万二〇〇株の会社の臨時総会で、一〇万六、七五〇株の出席株主全員一致で会社解散等が決議されたが、総会の招集を決議した取締役会には取締役総数七名中二名しか出席しておらず、招集通知は法定の招集期間に二日遅れて発送されていた事例（最判昭和四六・三・一八民集二五巻二号一八三頁〔本件解説、岩原紳作・会社判例百選［第六版］七六頁〕）、⑧総会の招集通知に営業譲渡の要領の記載が欠けていた事例（最判平成七・三・九判時一五二九号一五三頁・判タ八七七号一七六頁〔本件解説、瀬谷ゆり子・判タ九七五号七一頁〕）。

①②③⑤では決議の結果に対する影響の有無が、④⑧では瑕疵の軽重が、⑥⑦では両者の基準が問題とされた。

(27)　森本滋・会社法〔第二版〕（有信堂、平成七年）二一七頁。

(28)　逆に遡及効を否定する立場として、石井照久・株主総会の研究（有斐閣、昭三三）一二七頁以下がある。株主総会決議を、①それ自体完了的意味を有する個別的事項の決定に関するものと、②当該決議を前提にして諸般の社団的あるいは取引的行為が進展するような内容の決議に区分し、①については取消・無効の効果として遡及効を認めるが、②については「法的確実の要請」なる価値判断にもとづき一般的に遡及効を否定する。不遡及効を認める根拠に「法的確実の要請」を指摘するのみでは根拠薄弱である。

(29)　本件解説、小林登・会社判例百選［第六版］七二頁。

ある期の計算書類等の承認決議が取り消されて無効になると、それを前提とする後続期の各計算書類は、連鎖的にすべて違法・無効となり、再度各期に関しあらためて承認決議をなす必要があるのか否かが問題となる。学説は分かれるが、本件判旨に関しては、後続期の各計算書類が連鎖的にすべて違法・無効となるのではなく、前年度の計算書類が未確定となったことに関連する範囲で後続年度の計算書類が不確定となり、その完全な適法化を図るために、改めて問題の期の計算書類等の承認決議をなす必要があるとの趣旨と解されている（塩崎勤「判批」法曹時報三八巻六号一四四二頁）。

(30)　石山卓磨・事実上の取締役理論とその展開（成文堂、昭和五九年）一四五頁以下参照。

三　決議無効確認の訴え

決議の内容が法令に違反する場合は決議無効確認の訴えによることになる（商二五二条）。具体的な事例としては、資本減少決議において減資方法が株主平等の原則に反する場合（大判昭和六・七・二民集一〇巻五四八頁）などがあるが、決議の内容には瑕疵がなく、単に決議をなす動機ないし目的に公序良俗違反があるにすぎない場合には決議は有効とされている（最判昭和三五・一・一二商事一六七号一八頁）。

決議無効確認の訴えの場合、提訴権者や提訴期間に制限はなく、誰でも、いつでも、訴えの利益が存するかぎり提起しうることになる。専属管轄（商八八条）・弁論および裁判の併合（商一〇五条三項）・訴えの公告（同四項）・判決の対世効（商一〇九条一項）・敗訴原告の賠償責任（同二項）・株主の担保提供（商二四九条）・登記（商二五〇条）に関する定めは決議取消の訴えの場合と同様である。なお、決議無効原因が存する場合、その無効の主張方法が訴訟に限定されるか否かに関しては、判例・学説とも肯定説と否定説に分かれている。

四　決議不存在確認の訴え

決議取消の訴えと決議無効の訴えはいずれも総会の決議が存在する場合に提起されるものであるが、決議それ自体が不存在の場合には、決議不存在確認の訴えを提起すべきことになる（商二五二条）。この種の訴訟類型に関しては従来明文規定がなかったのであるが、判例（最判昭和三八・八・八・三民集一七巻八三二頁、同昭和四五・七・九民集二四巻七五五頁）・学説はつとに認めており、昭和五六年改正においてこれが明文で認められるにいたった。具体的な事例としては、招集通知もれが著しく、招集通知も口頭によるものであった場合（最判昭和三三・一〇・三民集一二巻三〇五三頁）、招集権者の招集によらないで総会が開催された場合（最判昭和四五・八・二〇民集二四巻一三〇五頁)、総会が全然開催されていないにもかかわらず議事録および登記簿上決議があったかのように記載されている場合（最判昭和三八・八・八民集一七巻八三二頁）などがある。

近時の判例としては、株主総会の取締役選任決議不存在の場合、それに引き続いて開催された取締役会において右決議に基づく者が代表取締役として選任され、この者が取締役会の招集決定に基づき招集した株主総会において取締役を選任する決議をなしたとしても、「その決議は、いわゆる全員出席総会においてされたなど特段の事情がない限り、法律上存在しないものといわざるを得ない」としたもの（最判昭和平成二・四・一七民集四四巻三号五二六頁）[31]や、原告取締役を解任したとされる株主総会がかりに不存在であったとしても任期満了により原告はもはや取締役ではなくなっている時点においても、解任されていなければ原告が留任義務により取締役としての地位を保有することになる以上、当該株主総会の不存在確認を求める訴えの利益が認められるとしたもの（東京高判平成七・三・三〇金判九八五号二〇頁）[32]がある。

なお、専属管轄その他一切の定めは決議無効確認の訴えの場合と同様である。

(31)　本件解説、早川勝・会社判例百選（第六版）七八頁。

(32)　本件解説、田邊光政・判タ九七五号八二頁。

五　合併等総会決議の瑕疵に関する訴えと合併等の無効の訴えとの関係

合併・減資の株主総会決議（商四〇八条一項、三七五条一項）に関する取消・無効確認・不存在確認の訴えと合併・減資無効の訴え（商四一五条一項、三八〇条一項）との関係に関する学説は、吸収説と併存説に大別される。[33]吸収説は、合併・減資決議は合併・減資手続の一要素にすぎず、合併・減資決議の瑕疵は当然に合併・減資無効の結果をもたらすことを理由とするもので、合併・減資決議の瑕疵に関する訴えは合併・減資無効の訴えに吸収されると解するが、さらに以下のように解釈が分かれている。すなわち、（イ）合併・減資決議の瑕疵に関する訴えは最初から合併・減資無効の訴えに吸収されており、決議取消事由は決議後三ヶ月以内に合併無効の訴え等として争わなければならないとする解釈[34]と、（ロ）合併等の効力発生前は決議取消の訴え等を提起できるが、効力発生後は提起できず、継続中の決議取消訴訟等は当然にあるいは訴えの変更により合併等の無効訴訟に移行すべきであるとする解釈である。[35]これに対して、併存説は、それぞれの要件をみたすかぎり、合併等の効力発生時期と関係なく、合併決議取消等の訴えと合併等無効の訴えの双方を提起できると解するものであるが、さらに以下のように解釈が分かれている。すなわち、（ハ）合併等の効力発生後は決議取消等の訴えでも合併等の無効の訴えでもいずれでも提起することができ、決議取消等の判決が確定すれば、別に合併無効等の訴えによらないで、当然に合併等の効力も無効になるとする解釈[36]と、（ニ）合併等の決議の手続上の瑕疵を理由とする場合は、合併等の無効の訴えとは原因を異にするから、その実質に従い決議取消等の訴えによるべきであるとする解釈[37]である。最高裁は（ロ）説に立つ。[38]

（33）　新株発行無効の訴え（商二八〇条ノ一五）に関しても、商法二八〇条ノ二第二項（株主総会の特別決議による第三者に対する新株の有利価額発行）の特別決議に瑕疵ある場合にはそれが新株発行の無効原因になると解する少数説の立場や、定款の規定により新株の発行を株主総会の権限事項としたときには（商二八〇条ノ二第一項但書）、新株発行の総会決議の瑕疵は新株発行の無効原因になると解する立場でも、同様の問題が生ずる。

（34）　松田二郎・会社法概論（岩波書店、昭和四三年）一九四頁。

（35）　田中誠二・三全訂会社法詳論上巻（勁草書房、平成五年）五六六頁、鈴木=竹内・前掲二六四頁、北沢・前掲六七七頁。鈴木=竹内は、（イ）説に対しては、合併等の効力発生前にも決議取消の訴えを否定すべき理由はないとし、併存説に対しては、決議の瑕疵は合併・減資無効の一事由であるから、合併無効の訴え等において主張すべきであるところ、これとは別の決議取消・無効確認の訴えを認めながら、その判決により当然に合併・減資の無効を来すとするのは疑問であるとする。さらに、合併決議の取消・無効の判決に合併無効判決についての不遡及効（商四一六条一項・一一〇条）を認めることも問題とする（前掲二六五頁）。

(36)　大隅・全訂会社法論中巻（有斐閣、昭和三四年）二九二頁。ただし、大隅=今井・新版会社法論中巻II（有斐閣、昭和五八年）五四六頁では（ロ）説に変更されている。

(37)　西原「判批」民商四七巻二号三一一頁

(38)　最判昭和三七・一・一九民集一六巻一号七六頁（株主以外の者に新株引受権を付与する総会決議の取消の訴えと新株が発行された場合の事例）、同昭和四〇・六・二九民集一九巻四号一〇四五頁（新株発行決議無効確認の訴えと新株発行無効の訴えとの関係に関する事例）。

13
役員選任決議の繰り返しと先行決議の訴えの利益
――瑕疵連鎖説を中心に――

松嶋隆弘

はじめに

取締役選任に関する株主総会決議の効力を争う訴訟の審理中に、当該取締役の任期が到来し、新取締役の選任決議がなされるということは、小規模会社の内紛の事案において実務上よくみられる。当該訴訟が上告審まで争われると、取締役の任期が二年と短いことから、取締役選任決議が数度に及び、それぞれの後行の総会決議についてもその効力が争われることになる。このように取締役の選任が繰り返され、それぞれの取締役選任決議の効力が争われる場合には、後行決議において新取締役が選任されたことにより、先行決議の効力を争う訴えの利益が消滅するかどうかが問題となる(1)。

この問題については、従来から株主総会決議取消の訴えをめぐって議論がなされてきた。しかし、このことは決議取消の訴えの場合に限らない。とりわけ株主総会決議不存在の訴えの場合において、もっとも深刻に問題が生じる。また、株主総会決議不存在の訴えの場合には、従前議論されてきた株主総会決議取消の訴えの場合では必ずしも十分に意識されていない理論的な問題がある。すなわち、先行決議の瑕疵が後行決議に影響を及ぼすかどうかということである。そして、近時株主総会不存在の訴えにつき、この点を争点とし、先行決議の瑕疵は後行決議に影響を及ぼすとする(以下、この見解を「瑕疵連鎖説」という)、二つの最高裁判決が現れた。最高裁平成二年四月一七日判決(民集四四巻三号五二六頁、以下「平成二年判決」という)[2]、最高裁平成一一年三月二五日判決(民集五三巻三号五八〇頁、以下「平成一一年判決」という。)である[3]。そこで、本稿では、従来の議論を整理するとともに、右の最高裁判決を手がかりとして、この問題についての私見の確立に努めたい。

一　株主総会決議取消の訴えの場合

1　先行決議の訴えの利益の存否に関しては、従来株主総会決議取消の訴えを念頭に議論がなされてきた。この点に関するリーディングケースたる判例は、最高裁昭和四五年四月二日判決(民集二四巻四号二二三頁、以下「昭和四五年判決」という。)である[4]。これは、先行決議の取消の訴えが係属中、右決議に基づいて選任された役員が全て退任し、後行決議によって役員が新たに選任されたという事案である。この事案においては、後行決議につき、その決議の効力が争われているわけではない。したがって、先行決議の瑕疵が後行決議に影響するかについては、判断が示されてはいない。昭和四五年判決の判旨は次のとおりである。

「形成の訴えは、法律の規定する要件を充たすかぎり、訴の利益の存するのが通常であるけれども、その後の事情の変化により、その利益を欠くに至る場合がある……。しかして、株主総会決議取消の訴は形成の訴であるが、役員選任の総会決議取消の訴が係属中、その決議に基づいて選任された取締役ら役員が全て任期満了により退任し、その後の株主総会の決議によって取締役ら役員が新たに選任され、その結果、取消を求める選任決議に基づく取締役ら役員がもはや現存しなくなったときは、右の場合に該当するものとして、特別の事情のない限り、決議取消の訴えは実益なきに帰し、訴の利益を欠くに至るものと解するを相当とする。

叙上の見地に立って、本件につきかかる特別事情が存するか否かを見るに、原審の認定したところによれば、Xらの取消を求める株主総会の決議によって選任された取締役らは、いずれもすべて任期満了して退任しているというのであるところ、所論は、取消し得べき決議に基づいて選任された取締役の在任中の行為について会社の受けた損害を回復するためには、今なお当該決議取消の利益があるものと主張し、そのいうところは、本件取消の訴えは、会社の利益のためにすると主張するものと解されるところがある。しかして、株主総会決議取消の訴は、単にその訴を提起した者の個人的利益のためのみのものでなく、会社企業自体の利益のためにするものであるが、Xは、右のごとき主張をするにもかかわらず本件取消の訴が会社のためにすることについて何等の立証をしない以上、本件について特別事情を認めるに由なく、結局本件の訴は、訴の利益を欠くに至ったものと認める外はない。」

2　このように、昭和四五年判決は、先行決議の効力を争う訴えについての訴えの利益を否定した。そして、学説は、訴えの利益を欠くとする昭和四五年判決の結論を支持するものが多数である。学説上大きく争われているのは、結論の当否よりも、訴えの利益を否定する結論をどう理屈づけるかである。この問題は、株主総会決議取消判決の遡及効を制限するかという問題と関連する。すなわち、決議取消判決の遡及効を否定する見解(これを「遡及効否定説」という)からは、昭和四五年判決の結論がすっきりと導き出される。この考え方によると、選任決議の取消は、あたかもそのときに解任決議が成立するのと同様の効果を生ずることになる。したがって、すでに当該役員が退任している以上、特別事情の有無を問うまでもなく、訴えの利益は認められないことになる。(5) ただ、昭和四五年判決は、特別の事情の存在を問題としている。このことからすると本判決は、少なくともこの考え方をとってはいない。

では、伝統的な遡及効を肯定する立場を前提とするとどうなるか。この立場に立つと、訴えの実益を簡単に否定するわけにはいかず、より詳細な具体的検討が必要となる。この点、通説は、決議が取り消されても当該取締役の行為の効力が否定されるべきでなく、取締役としてなした行為につき当然に責任を負うものでもないこと、さらに支払われた報酬も当然に不当利得となるわけではないこと等を理由とし、これらのことからすると、もはや先行取消決議に関しては、実益なきに帰したとして、訴えの利益を否定すべきであると説く。(6)

なお、学説の中には、昭和四五年判決に反対し、訴えの利益を肯定する見解もある。肯定説は、どちらかというと手続法学者から有力に主張されているように見受けられる。そのうちのいくつかをあげよう。まず、昭和四五年判決のフレームワークを維持しつつ、手続法的観点を加える見解がある。この説は、先行取消決議に関する訴訟の審理がかなり進んだ段階で後行決議がなされた場合には、むしろ本案判決をしたほうが、原告や会社による取締役の責任追及の手助けになり、訴訟経済に適うので、訴えの利益を肯定すべきであると説く。(7) また、訴えの利益の概念自体を捉えなおそうとする見解も主張されている。(8) この説は、訴えの利益は個別的・具体的利益でなく、会社構成員とくに株主が株主として有する会社運営の適法性を確保するための一般的利益である、と説く。この説からは当該役員が退任した後も、取消判決は宣言的機能を有するとして、訴えの利益は肯定されることになる。これらの考え方が、取消判決の遡及効の可否についていかなる態度をとるかは必ずしも明らかではない。ただ、これらの考え方がもっぱら訴訟法的考察によるものであることからすると、遡及効を一切否定するという趣旨ではないと思われる。

3　以上のことを先行決議の瑕疵の後行決議への影響という観点から整理してみる。まず、遡及効否定説をとると、先行決議の瑕疵は後行決議へ承継されない。だが、そのような解釈をとらない限り、先行決議の瑕疵は、あくまでも原則としてではあるものの、後行決議へ影響を与えるということになる。従って遡及効を肯定する伝統的見解は、瑕疵連鎖説になじむ。もっとも、この点は、決議取消の訴えにおいては、理論的に問題になるだけである。先行決議の瑕疵が後行決議に影響を与えうるかどうかという問題は、結論的には大きな違いをもたらさない。どうしてかというと、決議取消の訴えは、その瑕疵の軽微性に鑑み、請求認容判決が確定するまでは有効として取り扱われ、出訴期間の制限があるため（商法二四八条一項）、決議取消の訴えの場合には、先行決議の瑕疵にもかかわらず、後行決議が適法に成立するという場合が十分に考えられるからである。

二　株主総会決議不存在の訴えの場合

1　先行決議の瑕疵の後行決議への影響の可否が、結論に違いをもたらすのは、決議不存在の訴えの場合である。[9][10]決議不存在の訴えは、有効な決議が事後的にその効力を否定される取消の場合と異なり、はじめから決議自体が不存在であるし、しかも出訴期間の制限もないからである。決議不存在の訴えの場合、先行決議の訴えの利益の存否を考えるにあたり、この問題を検討しないわけにいかない。そして近時、この点に関する最高裁判決がだされている。ここで、裁判例を紹介しよう。

この問題についての下級審裁判例をみると、これまでに、①その後の役員選任決議は、連鎖的に不存在となるもの（東京地裁昭和四三年三月二九日判決・判時五二八号七八頁）、②当初の不存在決議によって選任された取締役ら及び右取締役らが関与して開かれた取締役会で選任された代表取締役は、その資格を欠くが、その資格がある者として登記されていること等を理由に、その後の役員選任決議は、総会のその他の招集手続や構成などに瑕疵がないときは有効と解すべきとするもの（大阪高裁昭和四六年一一月三〇日判決・判時六六〇号八四頁）などがある。

そして、最高裁の判断は、平成二年判決により一応明らかにされた。これは、代表取締役Aの取締役辞任届の偽造と併せて、その後任取締役にBが選任された旨の不存在の総会決議が作出された上、Aに代えてBを加えた新構成による取締役会の決議に基づくものとして、平取締役であったCが代表取締役に就任したという事案である。まさに小規模会社における内紛の典型事例といってよい。平成二年判決は、この事案につき、次のごとく判示し、先行決議の瑕疵の後行決議へ影響を肯定する。

「取締役を選任する旨の株主総会の決議が存在するものとはいえない場合においては、当該取締役によって構成される取締役会は正当な取締役会とはいえず、かつ、その取締役会で選任された代表取締役も正当に選任されたものではなく……、株主総会の招集権限を有しないから、このような取締役会の招集決定に基づき、このような代表取締役が招集した株主総会において新たに取締役を選任する旨の決議がなされたとしても、その決議は、いわゆる全員出席総会においてされたなど特段の事情がないかぎり……、法律上存在しないものといわざるを得ない。したがって、この瑕疵が継続する限り、以後の株主総会において新たに取締役を選任することはできないものと解される。」

ただ、平成二年判決に関しては、その射程距離が必ずしも明確ではなく、さまざまな議論がある。それには、いくつか理由がある。ひとつには、この種の事案においては、もっぱら取締役・代表取締役の辞任が無効といえるかに争点が集中しがちであり、商法二五八条一項に基づく取締役の権利義務が問題となること（従って、新たな取締役が選任されたかが重要な争点となること）が、十分に意識されていなかったということがあろう。[11] 取締役には任期があるのだから、任期満了後は同項に基づく取締役の権利義務が問題となりうることは、よく考えれば自明のはずだが、この点は実務上の盲点だった。また、もうひとつには、瑕疵連鎖説をとる平成二年判決の結論が、後に述べる学説の一般的な傾向に沿うものではないということもある。[12] 現に、学説の中には、平成二年判決につき、株主総会・取締役会ともに全く開催されたことがなく、単に議事録の作成を司法書士任せにしていたという特殊事情を強調し、その射程距離を限定しようとする見解などが主張されている。[13] しかし小規模閉鎖会社における右のような事情は、必ずしも「特殊」であるとは思われず、そのような事情で平成二年判決の射程距離を限定しようとする試みが成功しているとはいいがたいと考える。

思うに、平成二年判決がその射程距離に議論の余地を残しているのは、それらの法律問題だけではなく、その事実関係にもよるところが大きいと考えられる。すなわち、平成二年判決の事案においては、取締役選任決議が不存在である場合、任期満了となった旧取締役、旧代表取締役が、新取締役、新代表取締役が新たに選任されるまで引き続き取締役（商法二五八条一項）、代表取締役（同法二六一条三項、二五八条一項）としての権利義務をそれぞれ有するという前提のもとに、それらの者によりなされた取締役会決議において旧代表取締役が解任、新代表取締役が選任されている。そして、この事件の上告審においては、これらの者の代表取締役・取締役としての地位をめぐる確認請求の本案の問題のみが争われたにすぎない。[14] したがって、このような事実関係からすると、平成二年判決の右判旨部分はあくまでも前提としての判断にすぎないのである。その意味では、平成二年判決で瑕疵連鎖説をとる最高裁の態度が明確になったとはいいがたかった。

2　ただ、右平成二年判決後も、瑕疵連鎖説をとる最高裁判決が続いた。まず、このような瑕疵の連鎖は、最高裁平成五年三月二日判決（民集四七巻四号二八三三頁、以下「平成五年判決」という。[15]）により、中小企業等協同組合法による事業協同組合の役員選任に係る総会決議の不存在確認の事案についても妥当する旨判示された。ただ、平成五年判決は直接的に株式会社を対象とした判断ではなかったので、株主総会決議不存在の訴えに関する、最高裁の判断が待たれていた。そして、そのようなところに平成一一年判決があらわれた。平成一一年判決の事案は、役員選任決議の繰り返しがなされているところ、先行決議及び後行決議の不存在が争われたというものである。まさに、先行決議の瑕疵が後行決議へと連鎖するかが問われた事案である。平成一一年判決は、平成二年判決を引用し、以下のように判示する。

「取締役及び監査役を選任する株主総会決議が存在しないことの確認を求める訴訟の係属中に、後の株主総会決議が適法に行われ、新たに取締役等が選任されたときは、特別の事情のない限り、先の株主総会決議の不存在確認を求める訴えの利益は消滅すると解される。

しかし、取締役を選任する先の株主総会の決議が存在するものとはいえない場合においては、その総会で選任されたと称する取締役によって構成される取締役会の招集決定に基づき右取締役会で選任された代表取締役が招集した後の株主総会において新たに取締役を選任する決議がされたとしても、その決議は、いわゆる全員出席総会においてされたなどの特段の事情がない限り、法律上存在しないものといわざるを得ず、この瑕疵が継続する限り、以後の株主総会において新たに取締役を選任することはできないこととなる……。右は、後にされた決議が監査役を選任するものであっても、同様である。

そうすると、右のような事情の下で瑕疵が継続すると主張されている場合においては、後行決議の存否を決するためには先行決議の存否が先決問題となり、その判断をすることが不可欠である。先行決議と後行決議がこのような関係にある場合において、先行決議の不存在確認を求める訴えに後行決議の不存在確認を求める訴えが併合されているときは、後者について確認の利益があることはもとより、前者についても、民訴法一四五条一項の法意に照らし、当然に確認の利益が存するものとして、決議の存否の判断に既判力を及ぼし、紛争の根源を絶つことができるものと解すべきである。」

先行決議の瑕疵の後行決議への影響を認める結論自体、すでに平成二年判決に現れているところであり、それ自体特段目新しいものではない。しかし、前に述べたとおり平成二年判決におけるその部分の判断はあくまでも前提についての判断であるにすぎない。これに対し平成一一年判決は、役員選任の総会決議が積み重ねられてきたという事実のもとに、先行決議と後行決議のそれぞれの効力が争われたという事案である。このような事案のもとでは、後行決議の効力を考えるにあたり、同判決の前記引用部分の判旨は本質的意味を有している。したがって、先行決議の瑕疵の後行決議への影響を認める最高裁判所の態度は、ここにおいて明らかになったといってよい。この点が平成一一年判決の意義の一つである。(16) そしてこのように瑕疵の連鎖を認めると、さらに新たな理論的問題が生じてくる。すなわち、先行決議の効力を争う訴えが訴えの利益を有するために、後行決議の効力を争う訴えに併合されていることを要するか否かである。この点も平成二年判決において最高裁判所の判断が示されておらず、理論的に問題が残されていた。平成一一年判決は、上記のように「併合されているときは」先行決議に関する確認の利益を認める。しかし、同判決の右部分をどのように理解すべきかに関し、考え方は分かれている。

三　検　討

1　次に、これらの点について検討する。以上のところから明らかなとおり、検討のポイントは、(1)先行決議の瑕疵の後行決議への影響を認めるか、(2)（(1)につき肯定した場合）先行決議の効力を争う訴えが訴えの利益を有するために、後行決議の効力を争う訴えに併合されていることを要するか否か、の二点である。まず(1)につき、検討する。

この点に関し、すでに述べたとおり、平成二年、一一年判決は、瑕疵連鎖説に立ち、先行決議の瑕疵の後行決議への影響を肯定する。この瑕疵連鎖説の根拠は、大要次のとおりに整理できよう。後行決議は、先行決議によって選任された取締役により構成される取締役会が、原則としてその株主総会の招集を決定し(商法二三一条)、その取締役会で選出された代表取締役により招集手続がなされるものである。このようなことからすると、先行決議が不存在である場合、先行決議において選出された取締役は無権限者であると評価せざるをえないから、取締役選出を内容とする両決議の瑕疵は連鎖せざるをえない、と。これに対し学説の多くは、先行の取締役選任決議が不存在であっても、代表取締役として登記され、その外観を備えている者によって後行の総会が招集され、他に手続・内容上の瑕疵がないときは、後行の総会でなされた決議の効力には影響はなく、後行決議は有効とすべきである、と主張する。[17] ただ、その理論的根拠については種々である。主要なものとして、取締役選任決議不存在確認の判決の遡及効を否定するもの[18]、不実登記に関する商法一四条を類推適用しようとするもの[19]、代表取締役としての登記がある以上、外観に代表取締役の資格があるとするもの[20]、事実上の取締役の法理を参照し、既成事実の尊重・法的安定の要請にその理由を求めるしかないとするもの[21]などがある。このように、学説は分かれているが、ごく大雑把にいうと、学説は概ねこの問題を株主総会決議取消判決の既往関係の処理の問題[22]とパラレルに解決しようとしているように見受けられる。[23]

2　以上のとおり、一見瑕疵連鎖説をとる判例と瑕疵の遮断を志向する学説は、大きく対立しているようにもみられうる。確かに、学説の中でも取締役選任決議不存在確認の判決につき遡及効否定説をとればそのようにいえる。しかし、この考えをとらない場合には、全体のスキームについてそう大きな違いはないように思われる。すなわち、右の遡及効否定説以外の学説は、遡及効を前提としつつ、何らかの外観法理や事実上の取締役の理論等でもって、遡及効から生じる不都合を部分的に是正しようと考える。他方、瑕疵連鎖説も決議の遡及効を前提とする。加えて瑕疵連鎖説といえども、後に述べるとおり、外観法理の適用を否定するものではない。このようなことからすると、遡及効を前提とするかぎり、瑕疵連鎖説とそれを批判する学説との間の距離は一般に考えられているほど隔たってはいないのである。両者の間の違いは、基本的なスタンスとして、瑕疵の連鎖の結果生じる複雑な法律関係を好ましいものとして考えるかという、「理念的」なものであるにすぎない。現に、瑕疵連鎖説に対する学説からの一番大きな批判は、会社をめぐる法律関係が収拾のつかない混乱に陥るという点である。

結局、この問題におけるポイントは、① 遡及効を否定するかどうかという問題と、② 瑕疵の連鎖の結果生じる複雑な法律関係をどうみるかという価値判断の二点に集約できる。

まず、①については、それ自体一つの大きなテーマであり、本稿で詳しく取り扱えるものではない。また、現時点における筆者にはその能力もない。ただ、感想めいたものを述べるとすると、遡及効否定説は、遡及効を否定する根拠条文がない以上あくまでも立法論であり、解釈論としては採用困難ではないかと思っている。遡及効を前提としても部分的に生じる不都合は外観法理や事実上の取締役理論などの別の理屈を用いて解決可能である。(24)問題は、②である。確かに、学説が主張するとおり、瑕疵連鎖説が法的安定性に欠ける側面を有することは否定できない。しかし、すでに述べたとおり、遡及効否定説をとらないかぎり、全体のスキームとしてみて、瑕疵連鎖説とそれを批判する学説との間にあまり大きな違いはない。法的安定性というのであれば、遡及効否定説をとるべきであるし、遡及効否定説によらないかぎり、多かれ少なかれ法的には不安定性であるというしかない。そして、現時点において遡及効否定説は解釈論としてはとるべきでないことは簡単にではあるが、前に述べた。要は、瑕疵連鎖説への評価は、法的に不安定である状態に対する評価に尽きるといってよい。

そして、この点に関し、私はむしろ積極的に瑕疵連鎖説を妥当として評価したいと考える。以下の理由からである。本稿で検討の対象とする役員の選任の繰り返しという問題は、大会社ではなくもっぱら小規模閉鎖会社の内紛事例においてままみられる現象である。このような事案において、瑕疵の連鎖を否定すると、たとえ不当な方法によるものであれ、一度後行決議がなされれば、先行決議の瑕疵は全てシャットアウトされることになってしまう。この結論は、まさに既成事実尊重・法的安定性確保の名の下に「やった者勝ち」「勝てば官軍」を認めるものであり、到底承認できるものではない。小規模閉鎖会社において、大規模会社と同じように法的安定性、取引の安全を強調することで、かえって正義から遠ざかってしまうということは、すでにこのような会社における支配権争奪のための新株発行事例などを念頭に指摘されている。[25] ここでも同じことが妥当するのである。抜本的な解決としては、大小会社区分立法などの立法的是正によらなければならないのであるが、大多数の会社が中小会社である日本において、このような中小会社における不正義を解釈論としても見過ごしておくことはできないと考える。[26] したがって、このような事案においては、むしろ、原則として瑕疵の連鎖を肯定するほうが正義に適うと考える。その上で取締役選任決議の外観を信じた者に対しては、商法一四条、二六二条、民法一〇九条、一一〇条、一一二条等の外観法理規定の適用・類推適用により、必要に応じ保護を図れば足りる。[27] このようなことから、瑕疵連鎖説は妥当であり、この点に関する平成二、一一年判決の述べるところは支持されるものと考える。

3　次に、問題となるのは、(2)である。この点に関しては、すでに述べたような事情から平成二年判決においては争点とならなかった。平成一一年判決の判旨をみると、「先行決議の不存在確認を求める訴えに後行決議の不存在確認を求める訴えが併合されているときは、後者について確認の利益があることはもとより、前者についても、民訴法一四五条一項の法意に照らし、当然に確認の利益が存する」と表現されている。問題は右判旨部分をどうみるかである。

一つの考え方として、この「併合されているときは」という部分に着目し、後行決議を争う訴えと併合されていることが、先行決議についての訴えの利益を認める要件であると捉える見解もある[28]。しかし、右部分にそこまで強い意味をもたせて、この判決を読むべきではないだろう。というのも、併合の要否は、平成一一年判決においても主要な争点とはなっていないからである。そもそも同判決の事案においては、先行決議と後行決議とが併合されているので、この点に関する解釈論的差異が結論に違いをもたらさないのである。したがって、右部分は単に事例に即しての判断にすぎず、併合を要件とする趣旨ではないと思われる。

そして、私は、解釈論としても、併合を要件とすべきではないと考える。もしも併合を要件とすると、事実上、原告に後行決議についての起訴を強制することになる。なぜならば、被告会社はいつでも後行決議により、先行決議に関する訴えの利益を消滅させることができるため、原告としては、これに対抗する必要があるためである。このように原告に対し、起訴に関するコストを課すことは処分権主義の大きな例外となりうるので、慎重に解すべきである[29]。いずれにせよ、併合の要否に関する今後の最高裁の判断が待たれる。

結びに代えて

以上のとおり、最高裁のとる瑕疵連鎖説が支持しうることについて論じた。ただ、この問題を解決するためには、瑕疵連鎖説だけでなくまだまだ検討しなければならない課題が多い。それらは他日を期すしかない。ただ、本稿により、今後検討すべきいくつかの問題点が明らかになったと考える。それらを最後に思いつくままあげて、結びに代えることにしたい。

まず第一に、取消・無効・不存在判決後の既往関係の処理に関する問題をあげたい。本稿において遡及効否定説は、若干の感想めいた言及をなした以外に直接検討の対象となってはいない。むしろ本稿では、遡及効を肯定する伝統的立場を一応前提として、訴えの利益の問題を考察した。しかし、これまでの検討でもう明らかなとおり、決議取消の訴えの場合でも決議不存在の訴えの場合でも遡及効否定説をとるかどうかで大きく結論が分かれうる。決議取消の訴えの場合でも決議無効・不存在の訴えの場合でも、既往関係の処理をどうすべきかは従前から議論されてきた大きな問題である。この点についての自説の確立は、今後の検討課題としたい。

第二に、小規模閉鎖会社における法的安全性、取引の安全をどのように考えるかという問題を指摘したい。本稿では、瑕疵連鎖説をとる判例と、それに対し会社をめぐる法律関係が収拾のつかない混乱に陥るとして批判的な学説との間の対立を指摘した。この問題に限らず、小規模閉鎖会社の内紛事例においてどこまで法的安全性、取引の安全を強調するかは一つの問題である。私は、これまで小規模閉鎖会社における支配権争奪のための新株発行の問題を中心に研究に取り組んできた。[30] そして、その結果、小規模閉鎖会社においては、法的安全性、取引の安全を過度に強調することは正義に反する結果になる場合がありうる、と考えるに至った。その意味でも、平成二、一一年判決の態度は、このような私見とも適合するものであり、支持しうるものと解される。ただ、そのような結論が会社法、商法のシステム全体の中でどのように位置付けられるかまでの展望を持ち合わせているわけではない。今後の研究の積み重ねの中で、そのような展望を持ちうるように努めたい。

最後に、決議不存在の訴えの機能ということにつき、指摘したい。平成二年、一一年判決の結論は、決議不存在判決の場合を決議取消判決（や決議無効判決）のそれから切り離し、決議不存在判決に対し、より当事者の救済のための機能を付加していると理解できないだろうか。このような理解は、決議不存在判決における瑕疵の重大性ということからしても根拠付けられよう。すなわち、瑕疵の極めて重大な不存在の場合においては、その瑕疵の重大性に鑑み、取消・無効の場合に要求される取引の安全よりも当事者の救済が優先されうるということである。昭和五六年改正前においては、不存在の訴えに関する明文規定がなかったので、判例・学説は決議無効の訴えの規定をいわば類推適用するがごとくにして利用して、救済を与えてきた。[31]また昭和五六年改正は、無効と不存在を同一条文で規定したので、無効と不存在との区別について、あまり意識がなされなかった。しかし、このような不存在の固有の機能に鑑みれば、むしろ取消・無効とは意識して区別する必要があると思われる。そしてこの問題が、表面化するのは新株発行不存在の訴えについてである。新株発行不存在の訴えにつき、近時最高裁は、同訴えを新株発行無効の訴え（商法二八〇条ノ一五）とパラレルに認めるに至った（最高裁平成九年一月二八日判決民集五一巻一号四〇頁）。[32]しかし、そのような理解では出訴期間などについても新株発行無効と同じに考えられてしまい（新株発行不存在の訴えの出訴期間につき、新株発行無効の訴えの出訴期間制限の規定を準用すべきとするものとして、高松高判平成一二年一月二〇日判時一七二〇号一六七頁）、[33]かえって新株発行不存在の訴えを認めようとした意義を減じてしまうのである。今後は、これらの場合をも念頭におき、商法上の不存在の訴えの果たすべき役割についても考えていきたい。

（1）　このことは監査役についても同様に問題となる。

（2）　平成二年判決の評釈としては、倉吉敬・最高裁判所判例解説民事編平成二年度一四五頁及び同書一五九頁に掲げられているものを参照

（3）　本判決に関する評釈としては、次のものがある。上原敏夫・判時一六九一号二〇四頁、畑肇・法教二三一号九六頁、本間靖規・民商一二一巻四・五号（平成一二年）一五八頁、八木一洋・ジュリ一一六四号一二七頁、山口和男・判タ一〇三六号二一八頁、吉本健一・阪大法学五〇巻四号一三五頁、拙稿・判タ一〇四八号一八〇頁

（4）　その後の事情の変化により訴えの利益を欠く場合があるということは、昭和四五年判決が引用する最高裁昭和三七年一月一九日判決（民集一六巻一号七六頁、以下昭和三七年判決）がすでに明らかにしている。その意味では、昭和四五年判決は、単に昭和三七年判決の立場を踏襲し、その後の事情により訴えの利益を欠く特別事情の一例を

加えるものではある。しかし昭和四五年判決は、それのみに留まるものではない。昭和四五年判決においては、昭和三七年判決よりも突っ込んだ検討がなされている。すなわち、昭和四五年判決は、特別事情がない限り訴えは実益を欠くと判示し、その特別事情の内容、証明責任にまで判断を下している。昭和四五年判決をこの問題に関するリーディング・ケースと述べた理由は以上の点にある。

(5) 前田雅弘「決議取消の訴における訴の利益の消滅」北沢正啓・浜田道代編『商法の争点Ⅰ』(平成五年) 一二四頁

(6) 竹内昭夫『判例商法Ⅰ』(昭和五一年) 一八七頁

(7) 新堂幸司『株主総会決議取消の訴え』上柳克郎・鴻常夫・竹内昭夫編『会社法演習Ⅱ』(昭和五八年) 八八頁

(8) 中島弘雅「株主総会決議訴訟の機能と訴えの利益 (三・完)」民商九九巻六号 (平成元年) 六〇〜六二頁

(9) 通説は、株主総会決議取消の訴え、無効確認の訴え、不存在確認の訴えをそれぞれ別個独立の訴えと解している。これに対して、これら株主総会の決議を争う訴訟はいずれも決議の効力を否定する宣言を求める点で共通であり、同一決議につき訴訟物は一個であるとする見解もある (霜島甲一「総会決議の取消・無効を主張する訴訟の訴訟物」鈴木忠一・三ヶ月章監修『実務民事訴訟法講座5』(昭和四四年) 三頁以下)。この見解によれば、その訴えの性質は形成の訴えと確認の訴えの複合形態として把握されることになる。この問題についていかなる見解をとるべきかは、究極的には訴訟物論にもかかわる問題である。さしあたり本稿では、右通説を前提として検討をすすめることとする。

(10) なお、理論的には決議不存在の訴えの場合だけでなく、決議無効の訴えの場合も問題となりうる。しかし、決議無効の訴えの場合には、その法的性質について争いがあり、これを取消と同様に形成の訴えと解する見解も有力である (松田二郎「いわゆる株主総会決議無効確認の訴えについて」岩松還暦記念 (昭和三一年) 一八九頁以下)。この見解によれば、無効の主張は取消と同様に扱われることになる。この見解によれば、決議無効の訴えの場合は、決議取消の訴えの場合と同様に扱われることになろう。いずれにせよ、決議無効の訴えについては、右の説をとれば、(出訴期間の点を除いて) 決議取消の訴えの場合と同じに、右の説をとらなければ、決議不存在の訴えの場合と同じに考えればよいと思われる。このようなことから、本稿では、決議無効の訴えの場合は直接には取り扱わないことにする。

(11)　倉吉・前掲書一五三頁
(12)　栗山徳子「取締役選任決議の不存在と確認の利益」奥島還暦記念『近代企業法の形成と展開』（平成一一年）三一八頁
(13)　小島孝・平成二年重要判例解説九五頁
(14)　平成二年判決の事案では、先行決議の不存在確認も求められており、原審判決はその請求を認容していた。しかし、上告人（被告）の提出した上告理由書がこの点の原審の判断を問題とはせず、本文記載のように、代表取締役・取締役としての地位をめぐる確認請求の本案の問題のみが争われたため、上告審の判断対象とはならなかった。上原・前掲評釈二〇五頁
(15)　平成五年判決の評釈としては、滝澤孝臣・最高裁判所判例解説民事編平成五年度(上)三四〇頁及び同書三六七頁に掲げられているものを参照
(16)　これまでみたとおり、平成二年判決、平成一一年判決により、株主総会決議不存在の訴えの場合には、先行決議の瑕疵が後行決議に影響を与える結果、先行決議に関する訴えの利益（確認の利益）は、全員出席総会においてされたなどの「特段の事情」がないかぎり、消滅しないということが明らかにされた。この結論は、原則として株主総会決議取消の訴えの場合において訴えの利益の消滅を認める昭和四五年判決の結論とは逆である。そこで、昭和四五年判決との関係における、平成二、一一年判決の位置付けが問題となる。一つの考え方として、平成二、一一年判決は、形式的には決議不存在の訴えに関しても、原則として昭和四五年判決と同様の考え方が妥当することを明らかにした上で、「特別の事情」を認めたものと理解することもできる。確かに、決議取消の訴えと決議不存在の訴えとは、前者が形成の訴え、後者が確認の訴えであり、法的性質を異にするが、両者の違いは、結局のところ瑕疵の軽微の程度の問題にすぎず、法的性質の違いを理由に、訴えの利益に関し、両者をとりたてて区別する必要はない。また、すでに述べたとおり、遡及効を肯定するかぎり、昭和四五年判決の結論は平成二、一一年判決のと

る瑕疵連鎖説となじむ。これらのことから考えると、右のような理解もできなくはない。しかし、そのように平成二、一一年判決を、昭和四五年判決の延長線上に単純に位置づけるべきではないと思われる。決議不存在の訴えに関して、平成二、一一年判決判決は、前に述べたとおり、先行決議の訴えの利益は消滅しないとしており、これによると、決議取消の訴えの場合とは全く逆の結論になるからである。また、前に述べたとおり、決議取消の訴えの場合は、出訴期間の制限があること、遡及効を制限する解釈論上の試みも数多く主張されていることから、先行決議の瑕疵にもかかわらず、後行決議が適法に成立しうる。これに対し、決議不存在の訴えの場合には、出訴期間の制限もなく、不存在とは、はじめから決議が存在しないということなので、先行決議の瑕疵にもかかわらず後行決議が適法に成立しうるということは、瑕疵連鎖説を前提とするかぎり、あまり考えられない。したがって、平成二、一一年判決は、昭和四五年判決とはその事案を異にしていると理解すべきである(上原・前掲評釈二〇七頁)。平成一一年判決が昭和四五年判決を直接引用していないというのも、このような文脈で理解すべきである(もっとも、このような考えは、瑕疵連鎖説を前提として成り立つものではある。)。

(17) 前田重行「新版注釈会社法(5)」(昭和六一年)三七頁及び小島孝・同書四〇三頁

(18) 石井照久『株主総会の研究』(昭和三三年)一四九頁及び二四七頁、前田・前掲書三八頁、北沢正啓『会社法(第五版)』(平成一〇年)三四九頁

(19) 松田二郎＝鈴木忠一『条解株式会社法上』(昭和二六年)一八五頁

(20) 大隅健一郎＝今井宏『会社法論中巻』(平成四年)一六頁

(21) 今井宏・判時一一四二号二一一頁、竹内・前掲書一九一頁。なお、事実上の取締役理論による解決については、石山卓磨『事実上の取締役理論とその展開』(昭和五九年)一六六頁以下を参照

(22) 坂田桂三『現代会社法(第四版)』(平成一一年)三六〇頁

(23) 例えば、不存在の株主総会決議によって選任された旨の登記がなされている取締役の招集した株主総会は、当然に無効でなく、決議取消の訴えに服するにすぎないと解するものとして、神崎克郎・商事法務五四七号一九頁

(24) 取引の相手方の保護については外観法理で十分対処可能である。また、計算書類に関しては、対内的問題なの

で、外観法理で対処困難だが、事実上の取締役理論により解決することができる。その他に、決議の効力が否定された場合の申告の効力が問題となるが、判例はこの場合における申告の効力を有効とする（この問題については、松嶋隆弘＝松嶋康尚「株主総会決議の瑕疵と申告の効力に関する一考察―法人税法七四条一項に規定する「確定した決算」の意義―」日本法学六六巻（平成一二年）三号五九一頁以下を参照されたい。）。

(25) この点については、著しく不公正な方法によりなされた新株発行の効力に関する最高裁判決（最高裁平成六年七月一四日判決判時一五一二号一七八頁）を素材に検討したことがある。坂田桂三＝松嶋隆弘・日本法学六一巻二号二〇七頁を参照

(26) 倉吉・前掲書一五四頁

(27) 倉吉・前掲書一五七頁

(28) 倉吉・前掲書一五六頁、本間・前掲六六八頁

(29) 上原・前掲二〇七頁、八木・一三〇頁

(30) 拙稿「公示義務違反の新株発行に関する最高裁判例と残された問題」日本法学六五巻四号（平成一一年）四〇五頁以下

(31) 元木伸『商法などの一部を改正する法律の解説（新法解説叢書10）』（平成二年）三〇六頁

(32) この判決の評釈として、拙稿・司法研究所紀要一〇巻（平成一一年）一六七頁及びそこに引用されているものを参照

(33) この判決の評釈として、拙稿・司法研究所紀要一二巻（平成一三年）二一七頁を参照

14　アメリカ法上の株主総会

栗山徳子

はじめに

アメリカ会社法は、各州の会社制定法およびコモン・ローの他、公開会社については一九三三年証券法（Securities Act of 1933）および一九三四年証券取引所法（Securities Exchange Act of 1934）による規制があり、これら連邦法に基づく証券取引委員会（Securities and Exchange Commission；SEC）規則による規制もある。さらにまた、上場会社については、証券取引所の定めるルールによる規制もある。(1)

本稿では、一九八四年改定模範会社法（Revised Model Business Corporation Act）の他、多くのビッグ・ビジネスが準拠法としているデラウェア会社法(Delaware General Corporation Law)、ニューヨーク会社法(New York Business Corporation Law）およびカリフォルニア会社法（California General Corporation Law）を中心に、アメ

リカ会社法上の株主総会制度を概観する。(2)

アメリカの伝統的な会社形態は、会社の最終的所有者である株主を基礎に、三層構造をとる。まず、株主は株主総会を構成し、その構成員として、取締役を選任し、取締役は取締役会を構成して、役員を選任する。改定模範会社法を例にとると、当初、取締役会は自ら業務を執行するとされていたが、(3) その後の改正で、必ずしも実際に執行する必要はなく、取締役会権限は、各種の常設委員会や取締役会が選任する最高経営責任者(cheif executive officer)、社長(president)、副社長(vice president)などの役員に委譲することができるとされ、実際にも委譲されている。なお、アメリカ会社法には、わが国におけるような監査役制度はなく、取締役会の置く常設委員会の一つとして、社外取締役のみで構成される監査委員会を設けて、会計監査人や内部監査人などの行う監査のプロセスを監督するほか、監査委員会自らも、役員など経営陣の業務執行を監視する。

このような体制の下で、株主総会(shareholders'meeting)の法定の権限は、わが国のそれと比べたとき、かなり限定的なものとなっている。しかし、現実の会社運営の中では、総会決議事項と法定されていない事項でも、さまざまな理由や慣行により、決議のために株主総会にかけられている。わが国でも、目下検討中の会社法の抜本改正の中で、株主総会権限の縮小化が検討課題の一つとされているが、アメリカ会社法上の株主総会の権限範囲の限定的法定制度は参考の一つとなろう。

一　株主総会の権限

1　取締役の選任・解任

株主総会の権限事項のうち最も重要なものは、取締役の選任である。年次株主総会は、取締役選任のために招集される。取締役の数は、改定模範会社法では一名以上で、具体的には、基本定款（articles of incorporation）または附属定款（bylaws）で定められた、またはこれらにより定めることのできる数を置く（八・〇三条(a)項）。基本定款または附属定款では、取締役の最低数と最高数を定めることもできる（同条(c)項）。わが国では、最低数は法定されているが（商法二五五条）、通常、定款で最高数を定めており、改定模範会社法でも、同様な制度が用意されている。デラウェア会社法でもほぼ同様で、基本定款（certificate of incorporation）に定めがないときは、附属定款（bylaws）によりまたは附属定款に定める方法により、その数を定める（一四一条(b)項）。ニューヨーク会社法では、株主が三人未満の場合は、取締役の最低数は株主数と同数で、それ以外の場合には、最低三人とされているが、この制限の範囲内では、附属定款（bylaws）などにより、その数を定めることができる（七〇二条(a)項）。カリフォルニア会社法では、取締役の数は最低三人とされているが、株主が一人の会社では最低一人、二人の会社では最低二人にすることができる（二一二条(a)項）。

取締役の任期は、一般に、任期差（staggered terms）が設けられていない限り一年で、毎年次株主総会で選任される（改定模範会社法八・〇三条(d)項、デラウェア会社法一四一条(d)項、ニューヨーク会社法七〇三条(a)項、カリフォルニア会社法三〇一条(a)項）。なお、株主総会での取締役選任については、通常の決議方法により、基本定款に定めるときのみ累積投票が認められるとするものが多い（改定模範会社法七・二八条(b)項、デラウェア会社法二一四条、ニューヨーク会社法六一八条）。もっとも、カリフォルニア会社法では、株主が一人でも、株主総会前に会社に累積投票によるべき旨を通知したときは、累積投票によるとされている（七〇八条(b)項）。

取締役の解任については、改定模範会社法は、訴訟手続による解任を定めるほか（八・〇九条）、株主総会決議による解任を定めており、それによれば、基本定款で解任に正当事由を求めていないときは、正当事由の有無にかかわらず株主総会で解任できる（八・〇八条(a)項）。なお、取締役の解任を議題とするときは、その旨を招集通知に記載することが必要とされている(八・〇八条(d)項)。デラウェア会社法では、取締役が組分けされていない会社および累積投票によらない会社では、正当事由の有無にかかわらず、株主総会で解任できるとされている(一四一条(k)項)。ニューヨーク会社法では、原則として正当事由あるときに解任できるとされているが(七〇六条(a)項)、基本定款または附属定款に定めのあるときは、正当事由は必要とされない(七〇六条(b)項)。カリフォルニア会社法では、原則として、株主総会で、正当事由なしに解任できる(三〇三条(a)項)。

2 基本定款の修正

基本定款(articles of incorporation, certificate of incorporation)は、会社の商号、目的、登録された事務所の所在地など、わが国会社法の定款の絶対的記載事項に当たるような事項を定める。基本定款の修正(amendment)は、一般に、取締役会の提案により、株主総会の特別決議により行われる(改定模範会社法一〇・〇三条(a)項、(b)項、(d)項、デラウェア会社法二四二条(b)項(1)号、ニューヨーク会社法八〇三条(a)項、カリフォルニア会社法九〇二条(a)項、一五二条)。株式に種類のある場合に、ある種類の株式に不利益な影響を与える修正をするには、その種類株主総会の承認も必要とされる(デラウェア会社法二四二条(b)項(1)号、(2)号)。なお、ニューヨーク会社法では、① 会社事務所の所在地の特定・変更、② 州務長官が送達をうけた会社に対する令状の謄本の郵送先の特定・変更、③ 登記された代理人の指名・取消・変更、その者の住所の特定・変更については、株主総会決議によらず、取締役会決議または取締役会の委譲をうけた委員会の決定により行うことができるとされている(八〇三条(b)項)。カリフォルニア会社法では、① 一九二九年八月一四日以前に設立された会社については、会社の存続期間の延長・永久化、② 一種類の株式のみ発行する会社の株式分割、および③ 最初の取締役の氏名・宛先と最初の代理人の氏名・宛先の削除は、取締役会決議のみで行うことができるとされている(九〇二条(a)〜(d)項)。

3　合併・会社資産の売却・解散等の基礎的事項の変更

合併は（改定模範会社法では株式交換も）、会社の存立に関わる重要事項として、一般に、取締役会が承認した上で株主総会に提案し、株主総会の特別決議を得ることが必要とされている（改定模範会社法一一・〇三条(a)項、(e)項、デラウェア会社法二五一条(b)項、(c)項、ニューヨーク会社法九〇三条(a)項(2)号、カリフォルニア会社法一二〇一条(a)項、一五二条）。わが国の営業譲渡に当たる会社資産の全部または実質上全部の売却、賃貸、交換なども、会社の存立に関わる重要事項として、取締役会が提案し、株主総会の特別決議による承認を得なければならない（改定模範会社法一二・〇二条(a)項、(e)項、デラウェア会社法二七一条(a)項、ニューヨーク会社法九〇九条(a)項、カリフォルニア会社法一〇〇一条(a)項(2)号、一五二条）。株主総会決議を必要とする、"会社資産の全部または実質上全部"の売却であるか否かは、結局のところ判例により決める以外ないが、会社法上は、会社の実際行う営業の通常または通例の過程にない場合とされている（改定模範会社法一二・〇二条(a)項、ニューヨーク会社法九〇九条(a)項柱書、カリフォルニア会社法一〇〇一条(a)項(2)号）。

解散は、会社の存立自体に関わる事項であり、株主総会の特別決議を得なければならないとされている（改定模範会社法一四・〇二条(a)項、(e)項、デラウェア会社法二七五条(a)項、(b)項、ニューヨーク会社法一〇〇一条、カリフォルニア会社法一九〇〇条(a)項）。

4　その他の事項

改定模範会社法によれば、附属定款の修正・廃止権限は、株主総会に留保されていないかぎり、原則的には取締役会に属するが（一〇・二〇条(a)項）、その場合でも、株主総会は修正・廃止できるとされている（同条(b)項）。デラウェア会社法（一〇九条(a)項）、ニューヨーク会社法（六〇一条(a)項）、およびカリフォルニア会社法（二一一条）

も、それぞれほぼ同様の定めをしている。しかし、株主にとり不利益で、経営者に利益な修正――例えば、乗っ取り防止対策規定の新設など――は、株主総会で修正した場合には、経営者の利益を図るものであるという非難を回避できるため、株主総会に諮ることがある。その他、一定の条件を充たした役員報酬計画は、株主総会の承認をえたときは、一九三四年証券取引所法一六条(b)項による短期売買による利益の禁止の適用を免れるため、やはり株主総会決議にかけられることが多いといわれている。会計監査役の選任も、株主総会決議に付されることが多いようである。

二　株主総会の招集

1　年次株主総会と特別株主総会

わが国の定時株主総会および臨時株主総会に当たるものが、年次株主総会（annual meeting）と特別株主総会（special meeting）である。改定模範会社法によれば、年次株主総会は、毎年、附属定款に定められた時に、または附属定款にしたがい定めた時に、開催される(七・〇一条(a)項)。デラウェア会社法等の各州会社法もほぼ同様の規定を、それぞれ置いている(デラウェア会社法二一一条(b)項、ニューヨーク会社法六〇二条(b)項、カリフォルニア会社法六〇〇条(b)項)。年次株主総会の議題として法定されているのは取締役の選任であるが(デラウェア会社法二一一条(b)項、ニューヨーク会社法六〇二条(b)項、カリフォルニア会社法六〇〇条(b)項)、もちろんそれ以外の事項も審議にかけ、決議することができる。附属定款では、一般に、年次株主総会の日時および場所を定めているが、開催日は「六月の第二月曜日」などのように定められる。

特別株主総会は、改定模範会社法によれば、取締役会または基本定款もしくは附属定款所定の者が招集するとき、および提案される事項(issue)につき議決権のある株式の一〇％以上を有する株主が、特別株主総会の目的を記載した書面により請求するときに開催される（七・〇二条(a)項(2)号）。後者は、わが国の少数株主による総会招集請求（商法二三七条一項）に当たるものであるが、株式の保有比率が極めて高いことと、株式の保有期間の要件がないという相違がある。また、少数株主による株主総会招集請求の日より三〇日以内に招集されなかったときは、その株主の申し立てにより、裁判所は株主総会の開催を命ずることができるとされている（七・〇三条(a)項(2)号）。これも、わが国会社法では、裁判所の許可を得て、株主自ら株主総会を招集するとされているのと異なる（商法二三七条二項参照）。デラウェア会社法およびニューヨーク会社法でも、取締役会、基本定款または附属定款で定める者に招集権が与えられている（デラウェア会社法二一一条(d)項、ニューヨーク会社法六〇二条(c)項）。両州の会社法では、少数株主による招集請求は、定款の定めによることになる。これに対し、カリフォルニア会社法では、取締役会、取締役会長、社長、その総会で議決権を行使できる株式の一〇％以上の株式を有する株主、または基本定款もしくは附属定款所定の者が招集できるとしており（六〇〇条(d)項）、他州の規定とは多少異なっている。

2　裁判所の命令による総会

年次株主総会は取締役の選任を会議の主目的としているので、年次株主総会が開催されないときに備え、裁判所の命令による開催の制度が置かれている。まず、改定模範会社法では、年次株主総会が、会計年度終了後六ヵ月内か、または最後の年次株主総会後一五ヵ月内のいずれか早い方の期間内に開催されなかったときは、年次株主総会に参加する権利を有する株主の申し立てにより、また株主が株主総会の招集請求をしたにもかかわらず、請求後三〇日以内に特別株主総会の招集通知がなされなかったとき、もしくは特別株主総会が招集通知にしたがい開催されなかったときは、株主総会の招集請求をした株主の申し立てにより、それぞれ裁判所は、略式手続により株主総会開催の命令を出すことができる（七・〇三条(a)項）。デラウェア会社法は、年次株主総会が指定された日の後三〇日以内に開催されないとき、または会社成立もしくは最後の年次株主総会後一三ヵ月以内に開催されないときは、裁判所は、株主または取締役の申し立てにより、株主総会開催を略式手続により命ずることができるとしている（二一一条(c)項）。ニューヨーク会社法およびカリフォルニア会社法も、それぞれ裁判所の命令による株主総会開催の規定を置いている（ニューヨーク会社法六一九条、カリフォルニア会社法六〇〇条(c)項）。

3　招集手続

(a)　招集場所　わが国会社法では、株主総会開催の場所は、本店所在地もしくはその隣接地、または定款所定地とされている（商法二三三条）。アメリカ会社法では、一般に、設立準拠州の内外を問わず、附属定款によりまたは附属定款に基づき定める場所において開催され、附属定款に場所に関する定めがないときは、会社の主たる事務所において開催するとされている（改定模範法七・〇一条(b)項、デラウェア会社法二一一条(a)項、ニューヨーク会社法六〇二条(a)項、カリフォルニア会社法六〇〇条(a)項）。

(b)　招集通知　わが国会社法によれば、定時株主総会または臨時株主総会を問わず、各株主に、会議の目的たる事項を記載した書面による招集通知を、会日の二週間前に送付しなければならない（商法二三二条）。これは、株主に出席と準備の機会を保障するためとされている。わが国の定時株主総会では、会議の目的たる事項としては、営業報告書の報告とその他の計算書類の承認が法定されているだけで（商法二八三条一項）、取締役の選任は、通常、二年の任期切れ毎に一斉に行われるので、定時株主総会で取締役の選任が行われないこともあり、また計算書類の承認以外の事項が議題とされるのが一般的である。そこで、これら株主総会の目的事項につき予め株主に知らせておく必要があり、とくに株主数の多い公開会社では、株主に議題を通知する必要がある。

これに対し、アメリカ会社法では、取締役の任期は一年とされ、毎年次株主総会で改選され（実際には、任期差のある取締役会制度をとり、毎年取締役の二分の一または三分の一を改選することが多い）、会社法でも、既述のように、取締役の選任が年次株主総会の議題であると法定されているので、年次株主総会については、取締役の選任が議題のときは、招集通知に議題を記載することは不要とされている。取締役選任以外の議題は、会社または株主が、年次株主総会の場で提出することが、実際にも行われているようである。招集通知および議題の記載について、まず、改定模範会社法では、年次株主総会および特別株主総会ともに、会日の最低一〇日、最高六〇日前に、開催日時および場所を記載した招集通知を株主に送付しなければならず、また年次株主総会の招集通知には、改定模範会社法または基本定款に別段の定めがないかぎり、会議の目的を記載する必要はないが、特別株主総会については記載しなければならないとされている（七・〇五条(a)〜(c)項）。各州の会社法の定めもほぼ同様である（デラウェア会社法二二二条(a)項、(b)項、ニューヨーク会社法六〇五条(a)項（通知は会日の最低一〇日前、最高五〇日前に送付すべきとされている）、カリフォルニア会社法六〇一条(a)項（年次株主総会については、株主総会提出事項を、特別株主総会については、株主総会で処理される事項の一般的性質を示さなければならないとされている））。

もっとも、特別決議事項である合併、会社資産の全部または実質的全部の売却、解散などを株主総会の目的とするときは、わが国会社法におけると同様、多くの場合、招集通知に議題とその議案の要領を記載することなどが必要とされている。まず、基本定款の修正では、改定模範会社法では、基本定款の修正が審議される旨、修正の謄本またはその要約を、招集通知に記載するか、添付するかしなければならない（改定模範会社法一〇・〇三条(d)項）。デラウェア会社法でも、招集通知に修正内容の全部か簡単な要約を記載しなければならないとされている（二四二条(b)項(1)号）。合併については、議決権の有無を問わず、各株主に、改定模範会社法では会議の目的を通知しなければならず（一一・〇三条(d)項。株式交換についても同じ。）、デラウェア会社法では、日時、場所および目的を通知しなければならず、通知には、契約書の謄本またはその要約を含めなければならない(二五一条(c)項)。ニューヨーク会社法では、通知とともに合併計画書の謄本または計画の重要事項の概説書を添付しなければならないとされている(九〇三条(a)項(1)号)。会社資産の全部または実質上全部の売却等では、改定模範会社法およびニューヨーク会社法(九〇九条(a)項(2)号)では、議決権の有無を問わず、各株主に総会の通知をしなければならず、改定模範会社法(一二・〇二条(d)項)では、取引の説明を通知に記載するか添付することを要するとされている。また、デラウェア会社法では、招集通知にそのような審議が行われる旨を記載しなければならないとされている(二七一条(a)項)。解散については、改定模範会社法では、議決権の有無を問わず、各株主に会議の目的を通知しなければならないとされ(一四・〇二条(d)項)、デラウェア会社法では、議決権のある株主に通知しなければならないとされている(二七五条(a)項)。

招集通知に関して、アメリカ会社法とわが国会社法とで、もう一つ異なっているのは、アメリカ会社法には招集通知の放棄制度が明文化されていることである。改定模範会社法によれば、会日の日時の前後を問わず、招集通知をうける権利を有する株主は、署名のある書面により、通知を放棄することができ、また招集通知が欠缺する場合に、総会の開催または議事の開始に異議を述べないときは、その瑕疵は治癒され、さらに招集通知に記載のない事項が提出されたときに、その審議に異議を述べないときは、異議の放棄になるとされている(七・〇六条)。各州の会社法も、一般に、同様の定めを置いている(デラウェア会社法二二九条、ニューヨーク会社法六〇六条、カリフォルニア会社法六〇一条(e)項)。

三　総会の議事と決議

1　議　長

議長に関する明文規定はなく、多くの場合、基本定款か附属定款で定めている。実際には、附属定款によることが多いと思われる。議長資格については、特別な制限はなく、株主であることを要求しないのが一般である。

2　議題・議案の提出

通常、議題（purpose）は会社が提出する。特に、取締役選任については、後述のように、株主は提案できず、会社しか提案できない。招集通知への記載の要否は、既述の通りである。

(a)　株主の提案権　株主には提案権があるが、形式的要件および実質的要件ともに、昭和五六年改正に際して導入されたわが国の提案権制度とは異なるところがある。まず、株主提案は、一九三四年証券取引所法一四条(a)項に基づき、証券取引委員会が定めた委任状規則（Proxy Rule 14a-8）が扱っている。それによると、提案資格として、株主は、提案（proposal）提出の最低一年前から、市場価格で最低二千ドル以上[4]または最低一％以上の株式を有していなければならず、また、その株式を株主総会終了時まで持っていなければならない（規則一四a－8(b)(1)）。提案が定時株主総会においてなされるとき、株主は、前年度の年次株主総会の委任状説明書(proxy statement)の日付の今年の応答日の一二〇日以上前に会社に提出しなければならない（規則一四a－8(e)(2)）。提案株主の氏名、住所、持株数は、委任状説明書に記載しても、しなくてもよいとされており、氏名等の記載をしないときは、口頭または書面による請求があれば、何人に対しても、開示する旨を委任状説明書に記載すべきとされている（規則一四a—8(ℓ)(1)。もっとも、実際には、記載する例が多いといわれている。株主が提案するには、株主自らまたは代理人が株主総会に出席しなければならない点は(規則一四a—8(h)(1)、わが国会社法と同様である。正当事由なしに欠席して、提案を株主総会に提出しなかったとき、会社は、その後二年の間に開催される株主総会のための委任状勧誘資料に、その株主の提案を記載しないことができる(規則一四a—8(h)(3))。

株主から、提案の請求がされたとき、会社は、提案が委任状説明書の記載除外事由に該当しないかぎり、株主提案を委任状説明書に記載しなければならず、さらに委任状用紙(form of proxy)に株主提案を示し、賛否(棄権を含む)が記載できるようにしなければならない(規則一四a—8(a))。提案株主は、他の株主の支持を得るために提案を含め五〇〇字の提案理由を、委任状説明書に記載するよう請求することができる(規則一四a—8(d))。提案は一つしか認められず(規則一四a—8(c))、また提案理由は五〇〇字を超えることができず(規則一四a—8(d))、これらを超えるとき、会社は、制限の範囲内に収めるよう提案株主に指示でき、株主は、会社からの通知後一四日以内にこれに応じなければならない(規則一四a—8(f)(1))。

(b) 提案拒否事由　提案を拒否し、委任状説明書および委任状用紙への提案および提案理由の記載を除外できる事由には、以下の一三がある(規則一四a—8(i))。これらは、わが国会社法所定の拒否事由と共通するものもあるが、取締役選任に関する提案が認められないこと、会社提案への反対提案も認められないこと、再提出の要件が厳しく、かつ詳細であることなど、大きな相違点もいくつかある。

(1) 州法上不適切な場合：当該会社設立の法域法上、提案が株主の決議に不適切な議題である場合。注記：州法によっては、取締役会に一定の行為をするよう命ずる提案は、株主提案としては不適切な議題となるが、取締役会にかかる行為をするよう推奨しまたは懇請する提案は適切となることがある。

(2) 法に違反する場合：実行すると、会社が遵守すべき州法、連邦法、または外国法に違反することとなる提案である場合。注記：本規定は、外国法の遵守が州法または連邦法違反となる場合には、外国法違反となることを提案拒否の理由の基礎にしない。

(3)　委任状規則違反の場合：提案または提案理由が、ＳＥＣの委任状規則に反する場合、委任状勧誘資料に重大な虚偽または判断を誤らせるような記述をすることを禁止する規則一四ａ－９に反する場合も同様である。

(4)　個人的苦情に関する場合：個人的利益に関する場合：提案が、会社その他の者に対する個人的請求を実現し、もしくは遺恨の解消に関連しているとき、または提案株主のみの利益を図ろうとする場合。

(5)　会社事業との重大な関連性がない場合：最終の会計年度末の総資産額の五％未満でかつ純利益および総売上高の五％未満にしかならず、その他会社の事業に重大な関係のない事業運営上の提案の場合。

(6)　会社の権能／権限を欠く場合：会社に実行権能または権限がない事項に関わる提案の場合。

(7)　経営機能に関する場合：会社の通常の事業運営上の事項に関わる提案の場合。

(8)　選任に関する場合：取締役会またはこれに類する統治機関の構成員の選任に関する提案の場合。

(9)　反対提案の場合：会社提案に直接的に反対する提案の場合。注記：本条により、提案拒否の理由書をＳＥＣに提出する場合には、会社提案との対立点を明記しなければならない。

(10)　実質的に処理済の場合：実質的に処理されて議論の余地のなくなった提案の場合。

(11)　重複提案の場合：他の株主による提案と実質的に重複し、既に委任状資料に含まれている提案の場合。

(12)　再提案の場合：過去五年以内に、委任状資料に記載された提案と実質的に同一事項の提案の場合には、以下の場合には、最後の提案後三年以内に開催される株主総会の委任状資料には記載しないことができる。

(i)　過去五年以内に一度だけ提案され、議決権の三％未満の賛成しか得られなかった場合。

(ii)　過去五年以内に二度提案され、二度目の提案のときに議決権の六％未満の賛成しか得られなかった場合。

(iii) 過去五年以内に三度以上提案され、最後の提案のときに議決権の一〇%未満の賛成しか得られなかった場合。

⒀ 特定額の利益配当に関する場合：金銭配当または株式配当に関する具体的提案である場合。

3 取締役の説明義務

わが国会社法の役員の説明義務（商法二三七条ノ三）は、わが国の株主総会に特有な事情から明文化されたものであり、アメリカの州会社法には、もちろんこのような義務を定めた規定はない。しかし、株主が議決権を行使する前提として、議案についての理解が必要なことはいうまでもない。そこで、アメリカの株主総会においても、当然議長から提案理由の説明が行われ、また議案についての株主からの質問に対し、議長が説明あるいは会社としての見解の表明を行っている。また、用意した議案の承認後、議題とは関係なく、株主から会社経営上の事項についての質問をうけて、議長が回答することも行われている[5]。

四 株主総会決議

1 一株一議決権の原則と例外

わが国会社法では、一株一議決権が原則とされているが（商法二四一条一項。平成一三年会社法改正により単元株制度が採用され、単元株採用会社では、一単元一議決権とされる）、アメリカの各州会社法では、議決権数をどうするかは、原則として会社の自由とされている。しかし、現在は、基本定款に別段の定めがないかぎり、普通株式一株に一議決権というのが州法上一般的である。まず、改定模範会社法では、基本定款に別段の定めがないかぎり、各社外株式は、種類のいかんを問わず、一株一議決権とされている（七・二一条(a)項）。デラウェア会社法でも、基本定款が、決議事項により、一個より多いかまたは少ない議決権を与えている場合を除き、一株一議決権とされている（二一二条(a)項）。ニューヨーク会社法およびカリフォルニア会社法にも、改定模範会社法とほぼ同様の規定が置かれている（ニューヨーク会社法六一二条(a)項、カリフォルニア会社法七〇〇条(a)項）。

株式に議決権が与えられない場合としては、自己株式がある。改定模範会社法およびカリフォルニア会社法は、社外株式（outstanding share）は一個の議決権を有すると定めて（改定模範会社法七・二一条(a)項、カリフォルニア会社法七〇〇条(a)項）、自己株式には議決権のないことを示している。また、ニューヨーク会社法は金庫株（treasury shares）は、デラウェア会社法は自己株式（shares of its own capital stock belonging to the corporation）は、議決権がないと定めている（ニューヨーク会社法六一二条(b)項、デラウェア会社法一六〇条(c)項）。つぎに、相互保有株式については、一般に、A会社が、B会社の取締役の選任決議で行使できるB会社株式の過半数を有するとき、B会社は、その有するA会社株式について議決権を行使できないとしている（改定模範会社法七・二一条(b)項、デラウェア会社法一六〇条(c)項、ニューヨーク会社法六一二条(b)項）。この点、カリフォルニア会社法では、子会社は、その有する親会社株式につき、議決権を行使できないとしている（七〇三条(b)項）。同法では、この場合の子会社を、二五％を超える株式を、他の会社により直接に、または一つもしくは複数の会社により間接に、保有されている会社としている（一八九条(b)項）。

2　議決権の行使方法

いうまでもなく、株主は、自らまたは代理人により議決権を行使できる。議決権の売買は、コモンローにより禁止される。また、わが国におけるような書面投票制度は採用されていない。まず、改定模範会社法では、代理権の授与は、代理人の任命書（appointment form）に署名して、総務担当役員等所定の者に提出したときに効力を生じ、その代理権授与は、任命書にそれより長い期間を定めないときは、一一ヵ月間有効とされている（七・二二条(a)～(c)項）。ニューヨーク会社法もほぼ同様で、代理権の授与は委任状（proxy）により行い、委任状は、それに別段の定めがないかぎり、一一ヵ月間有効であるとされている（六〇九条(a)項、(b)項）。書面による授権が必要とされていることは、わが国会社法における と同様である（商法二三九条二項但書）。しかし、わが国会社法では、代理権の授与は株主総会毎になすべきものとされているので（商法二三九条三項）、次の定時株主総会前に臨時株主総会が開催されるときは、改めて代理権を授与することが必要であるが、改定模範会社法やニューヨーク会社法では、代理権授与は一一ヵ月間有効とされているので、次の年次株主総会では新たな任命書あるいは委任状が必要であるが、この間に開催される臨時株主総会では必要とされないという相違がある。なお、カリフォルニア会社法も同様で、委任状による授権が必要とされるが、代理権授与の有効期間は一一カ月とされ、これを超えることは認められない（カリフォルニア会社法七〇五条(a)項、(b)項）。これに対し、デラウェア会社法では、委任状にそれより長い期間を定めないかぎり、代理権授与は三年間有効とされている（二一二条(b)項）。

わが国会社法では、代理権の授与は自由に撤回でき、委任状に撤回できない旨の表示がある場合でも同様とされている。(6) アメリカ会社法でも、原則的には同様であるが、代理権が株式に関する利益と結びついているときは（coupled with an interest）、撤回できない（irrevocable）とされている。何が代理権を撤回できないものとする株式と結びついた〝利益〟であるかは、必ずしも明確でなく、各州会社法は、具体的場合を明定したり、定義づけをしたり、あるいは広義なものとするなどの工夫をしている。このうち、デラウェア会社法は、利益と結びついた場合を広義なものとしている。すなわち、委任状に撤回できない旨の記載がなされ、法的に撤回できないとするに足るだけの利益と結びついているときには撤回できず、その場合の利益は、株式自体に対するものでも、会社一般に対する利益に関するものでもよいとしている(二一二条(e)項)。これに対し、改定模範会社法は、どのような代理人が利益と結びついているかを明示的に定めるやり方をとっている(七・二二条(d)項)。すなわち、撤回しえない旨の記載のある任命書を保有する、(1)質権者、(2)株式を買受けもしくは買受契約を締結した者、(3)代理権授与を条件に会社に信用を付与した者、(4)雇用契約上、代理権授与が条件となっている従業員、(5)七・三一条に基づく議決権契約（voting agreement）の当事者、である。ニューヨーク会社法およびカリフォルニア会社法は、(3)については、会社に対する信用供与が代理権授与の見返りである旨、信用供与額および信用供与者の氏名が、委任状に記載されていること、(4)については、代理権が雇用契約の対価である旨、従業員(役員)の氏名および雇用契約期間が、委任状に記載されている役員（officer）と定められている（ニューヨーク会社法六〇九条(f)項、カリフォルニア会社法七〇五条(e)項。なお、カリフォルニア会社法では、(3)について、信用付与額の記載は必要とされていない)。

この点に関するカリフォルニアの判例に、次のようなものがある。それによれば、三人の個人が、鉄道会社の株式四万二千株を均等な割合で購入し、その株式を五年間プールし、議決権は三人の過半数の意思に従い、全ての株主総会で一体として行使するという合意をした。このうちの一人がプールを脱退し、株主総会で、自己名義の株式につき自ら議決権を行使しようとした。カリフォルニア最高裁は、この合意は、三人のうちの誰かが合意に従って議決権を行使しない場合には、残る他の者がその者の議決権を行使できるという合意を黙示的に含んでいると判示し、他の二人に、プールされている株式全部についての議決権行使を認めた[7]。この判断は、議決権をプールする契約が、カリフォルニア会社法七〇六条の定める議決権契約（voting agreement）とされ、二人の株主を、議決権契約に基づき指名された者と解したものである。

3　委任状の勧誘

アメリカの州会社法でも、後述のように、株主総会には定足数の出席が求められており、そのためにも、また株主の株主総会決議への参加を促すためにも、株主に議決権行使の機会を保障することが必要である。わが国商法特例法では、いわゆる大会社の株主に書面投票制度を用意している（商特二一条ノ三）。これに対し、アメリカ会社法では、議決権の代理行使のための委任状勧誘制度によっている。この委任状勧誘制度とわが国の商法特例法が採用する書面投票制度との違いは、委任状勧誘制度は州会社法上の制度ではなく、連邦法に基づく規則によることである。すなわち、一九三四年証券取引所法一四条(a)項に基づき証券取引委員会が定める委任状規則一四Aが、委任状の勧誘につき定めている。同規則の主たる目的は、議決権の代理行使を勧誘する決議事項についての正確かつ適切な情報開示にあり、委任状とその関係書類の作成、届出、株主への送付につき、詳細な規定が置かれている。なお、委任状勧誘規則は、会社が株主に対し行う場合と株主が他の株主に対し行う場合とを扱うが、以下では、会社から株主に対し行う場合について略述する。

まず、委任状の勧誘に当たり、会社は、株主に対し、委任状説明書（proxy statement）を勧誘前または勧誘時に送付しなければならない（規則一四a—3(a)）。この委任状説明書は、勧誘開始の最低一〇日前に、調査をうけるために、SECに提出しなければならない（規則一四a—6(a)）。委任状説明書の内容については、書式一四A（Schedule一四A）等に詳細な定めが置かれている。

会社が、取締役選任の年次株主総会に関して委任状説明書を送付する場合には、株主に対し、会社の業績を記載した年次報告書（annual report）を、事前にまたは委任状説明書に添付するかして送付しなければならない（規則一四a—3(b)）。委任状説明書には委任状用紙（form of proxy）も添付する。

4　会社支配のための議決権行使上の工夫

(a)　議決権契約（voting agreement）

二人以上の株主が、特定の議案について、議決権を共同の単位（unit）として行使することを約する契約をいう。議決権行使を共同するので、議決権共同契約(pooling agreement)ともいう。とくに、閉鎖会社で[8]、これにより取締役選任を有利に運んで会社の支配権を維持したり、あるいは累積投票が採用されている場合に、議決権行使の効果を最大化したりするために利用される。

改定模範会社法は、契約書に署名すること、議決権信託の規定は適用されないこと、および特定履行が可能なことのみを要件と定めるが（七・三一条）、これは議決権契約に関するコモン・ローを明文化したものである[9]。議決権契約は、多くの州会社法で認められており、それによれば、契約に当たり、各当事者は契約書を作成して署名することが必要とされている(デラウェア会社法二一八条(c)項、ニューヨーク会社法六二〇条(a)項、カリフォルニア会社法七〇六条(a)項)。契約期間については、改定模範会社法、ニューヨーク会社法およびカリフォルニア会社法では規定がないが、デラウェア会社法では、最長一〇年とされており、さらに、契約満了前二年以内に、最長一〇年まで延長できるとされている（デラウェア会社法二一八条(c)項）。

プールされた議決権をどのように行使するかは、議決権契約中に定めることも、株主総会ごとに協議し、合意に達したところによるとすることもできるが、通常は、契約中に当事者の過半数ないしはそれ以外の方法によって当事者が決定したところに従い行使すると定めることが多い。実際の議決権行使は代理人に委ねることができ、改定模範会社法（七・二二条(d)項(5)号）、ニューヨーク会社法（六〇九条(f)項(5)号）およびカルフォルニア会社法（七〇五条(e)項(5)号）では、この代理権は撤回できないものと定められている。

(b)　議決権信託（voting trust）

議決権信託とは、一人または数人の株主が、受託者（複数人でもよい）に株式を信託的に譲渡し、契約の所定期間あるいは信託設定の目的達成まで、議決権その他の権利を行使させる制度である。委託者たる株主は、株券と引き換えに議決権信託証書（voting trust certificate）の交付を受け、受託者が受けた利益配当は信託株数に応じて委託者たる実質株主に分配される。一般に、議決権の委譲方法には代理権の付与があるが、代理権は、利益と結びついた場合を除き、原則的に自由に撤回できるとされているので、〝撤回できない代理権〟を実現する工夫といわれている。[10] 出現当初は、撤回しえない代理権を設定するものであるとか、代理権の存続期間に関する制定法上の制限に違反するものであるとかの反対を受けた。また、議決権を株式の所有権から切り離すものであるとか、会社法に内在する基本原則に反し、違法であるとかの判決が出されることもあった。議決権信託は一九〇一年にニューヨーク会社法で初めて明文化されたが、多くの州会社法は一九二六年以降になり明文化した。

州会社法の議決権信託規定は、一般に、その有効要件を、信託の合意は書面によること、その謄本を会社に提出すること、および信託期間を一〇年と定めている。改定模範会社法も同様で、議決権信託を設定するには、株主が議決権信託契約書に署名し、株式を受託者（trustee or trustees）に移転することが必要である（七・三〇条(a)項）。そして、受託者は、信託の設定により受益的持分の所有者となった株主の名称・宛先の一覧表、および各所有者が信託に付した株式数と種類を記載した一覧表を、信託契約書の謄本とともに、会社の主たる事務所に提出しなければならない（同条同項）。信託に付された株式が受託者名義で登録された日が、議決権信託の効力発生日で、一〇年間有効とされる（七・三〇条(b)項）。議決権信託の当事者の全部または一部は、受託者の書面による同意を得て、最長一〇年間信託期間を延長できる（七・三〇条(c)項）。この点、デラウェア会社法は、議決権受託者（自然人に限らず、会社でもよいと明文上認めている）に移転された株式の株券または株券のない株式は、会社に提出され廃棄され、それに代えて新株券または株券のない株式が、議決権受託者に発行されるとするなど、より詳細な規定を置いている（二一八条(a)項、(b)項）。しかし、信託期間は、同様に一〇年間有効とされ、一〇年間の延長も、同様にできるとしている（同条同項）。ニューヨーク会社法（六二一条）およびカリフォルニア会社法（七〇六条）も、同様な定めをしている。また、これら三州の会社法は、議決権信託契約と議決権契約とを、同一条文に収めていることでも共通している。

5 決　議

(a) 普通決議

定足数については、一般に、議決権のある株式の過半数とされ、基本定款でその三分の一まで軽減できるとされている。もっとも、改定模範会社法では、基本定款または同法に別段の定めがないかぎり、議決権のある株式の過半数が定足数を構成するとしているが、基本定款で軽減することは認めず、加重することのみを認めている（七・二五条(a)項、七・二七条(a)項）。これに対し、デラウェア会社法は、議決権のある株式の過半数を定足数とし、基本定款または附属定款で三分の一まで軽減できるとしている（二一六条柱書、同条(1)号）。カリフォルニア会社法も同様であるが、基本定款で三分の一まで軽減することは認めるが、閉鎖会社の場合を除き、加重は認めない旨明定している（六〇二条(a)項）。ニューヨーク会社法も、議決権のある株式の過半数という原則と三分の一までの軽減の限度については、デラウェア会社法と同様であるが（六〇八条(a)項、(b)項）、特定の決議事項についての加重を認めている点で異なる（六一六条）。

株主総会は定足数の出席がないと会議を開催し決議することができないが、株主総会成立後の株主の退席が定足数の充足にどう影響するかにつき、改定模範会社法（七・二五条(b)項）、ニューヨーク会社法（六〇八条(c)項）およびカリフォルニア会社法（六〇二条(b)項）は、株主総会成立の効力に影響を及ぼさないないとしている。これは、決議の成立を阻むために退席することを配慮したものである。デラウェア会社法にはこのような規定がないが、裁判所は、定足数の充足後に株主が退席しても、定足数不足とはならないとしている。(11) 決議の成立に必要な多数については、一般に、出席株主の議決権の過半数とされている。改定模範会社法は、基本定款および同法に別段の定めがないかぎり、過半数とするとしており(七・二五条(c)項)、デラウェア会社法も(二一六条(2)号)、カリフォルニア会社法(六〇二条(a)項)も、ニューヨーク会社法(六一四条(b)項)も、同様である。

しかし、既述のように、取締役選任決議は、基本定款で別段の定めをすることを認めるか否かの違いを除けば、改定模範会社法および三州の会社法では、定足数を満たした株主総会で、多数を得た順に選任されると定められている(改定模範会社法七・二八条(a)項、デラウェア会社法二一六条(3)号、ニューヨーク会社法六一四条(a)項、カリフォルニア会社法七〇八条(c)項)。

(b) 特別決議

会社の基礎的変更をもたらす事項など重要事項は、わが国会社法同様、特別決議事項とされているが、その決議要件は、わが国会社法よりもかなり厳格なものとされている。すなわち、議決権を有する全社外株式の過半数が決議の成立に必要な多数とされている。まず、取締役解任は、わが国会社法と同様に、特別決議事項とされ、デラウェア会社法では、取締役選任につき議決権を有する株式の過半数で(一四一条(k)項)、ニューヨーク会社法は、議決権を有する株式の過半数で(七〇六条(a)項、六一四条(b)項)、カリフォルニア会社法も、議決権を有する株式の過半数で(三〇三条(a)項、一五二条)、行うとされている。これに対し、改定模範会社法は、賛成票が反対票を超えるときに解任できるとしている(八・〇八条(c)項)。なお、累積投票により選任されている取締役の解任では、累積投票でその取締役を選任するに足るだけの反対票があるときは、解任できないとされている(改定模範会社法八・〇八条(c)項、デラウェア会社法一四一条(k)項(2)号(正当事由があれば、この場合も解任できる)、ニューヨーク会社法七〇六条(c)項(1)号、カリフォルニア会社法三〇三条(a)項(1)号)。

合併、会社資産の全部または実質的全部の売却（賃貸・交換なども)、会社の解散などの決議も、一般に、議決権のある社外株式の過半数の賛成が必要とされている（改定模範会社法一一・〇三条(e)項、一二・〇二条(e)項、一四・〇二条(e)項、デラウェア会社法二五一条(c)項、二七一条(a)項、二七五条(b)項、カリフォルニア会社法一二〇一条(a)項、一〇〇一条(a)項(2)号、一五二条、一九〇〇条(a)項)。しかし、ニューヨーク会社法は、これら決議については、社外株式の三分の二以上の賛成としており(九〇三条(a)項(2)号、九〇九条(a)項(3)号、一〇〇一条)、いわば特殊決議というべき一層厳格な要件を課している。

(c) 書面決議

改定模範会社法およびほとんどの州会社法は、株主総会を開催せず、株主の書面による同意をもって株主総会決議とする、いわゆる書面決議を認めている。改定模範会社法では、議決権のある株式を有する株主の全員一致の書面による同意により行うとしており（七・〇四条(a)項)、ニューヨーク会社法も同様である（六一五条(a)項)。これに対し、デラウェア会社法は、基本定款に別段の定めがない限り、議決権のある全株主が出席し、議決した場合に、株主総会で承認するのに必要であるのと同数の議決権を有する株主の書面による同意があればよいとしており（二二八条(a)項)[12]、カリフォルニア会社法も同様である（六〇三条(a)項)。

改定模範会社法では、株主総会で、合併・株式交換、会社資産の全部または実質的全部の売却、解散などの決議をするには、議決権のない株主にも会議の目的を通知したり、一定資料を添付することを要求している(一一・〇三条(d)項、一二・〇二条(d)項、一四・〇二条(d)項)。このような場合には、書面投票がなされる最低一〇日前に、書面投票が行われる行為について、議決権のない株主に対し、株主総会決議が行われる場合と同様の通知をしなければならない（七・〇四条(d)項)。また、デラウェア会社法（二二八条(d)項）およびカリフォルニア会社法（六〇三条

(b)項(2)号)は、書面決議をしたときは、その旨を、書面による同意をしなかった株主に対し、速やかに通知しなければならないとしている。さらに、カリフォルニア会社法では、総務担当役員(secretary)が、書面決議の成立に必要な同意を受けるまでは、株主は同意を撤回できるとされている(六〇三条(c)項)[13]。

おわりに

アメリカの各州会社法の株主総会制度について概観してきたが、わが国会社法と比較するとき、その大きな違いは、まず第一に、決議事項の範囲であろう。利益配当、取締役の報酬は決議事項とされておらず、決議事項はかなり限定されている。もっとも、本年四月一八日に法務省民事局より公表されたいわゆる『中間試案』では、商法特例法上の大会社では、現在の貸借対照表および損益計算書の取扱いと同様、一定の場合には、利益処分案は株主総会の報告事項とする旨の提案がされており[14]、提案通りの改正がなされれば、定時株主総会の主要な決議事項が一つ減ることになる。これに対し、アメリカの株主総会では、年次株主総会の議題の中心が取締役の選任とされ、あとは、特別決議事項があれば、それが提案される。もっとも、実際には、株主の承認を得ておくと、会社運営がスムースに行くという事項は、株主総会の承認を得ているようではあるが。第二の相違点は、決議要件である。わが国会社法におけるより定足数の要件が厳格であり、議決権数の三分の一までの軽減しか認めない州会社法が多い。また、特別決議の要件も同様に厳格で、一般に社外株式の過半数とされている。わが国では、現在発行済株式総数の過半数とされている特別決議の定足数(商法三四三条)を、中間試案では、発行済株式総数の三分の一まで軽減することを認めようとしており[15]、要件の差は大きくなる方向にある。また、これまで、アメリカの州会社法では認められていたが、わが国株式会社では認められていなかった書面決議が、中間試案では導

入が提案されており、その要件は、改定模範会社法およびニューヨーク会社法と同様、総株主の同意によるとされている。(16)

なお、一〇月五日に内閣が国会に提出した「商法等の一部を改正する法律案等」では、新たに、すべての株式会社について、取締役会の決議により、書面投票制度または電子投票制度を採用することを認めている。

（1） 例えば、ニューヨーク証券取引所（New York Securities Exchange：NYSE）については、Listed Company Mannualの中の第三章にコーポレート・ガバナンスに関する規定があり、第四章に株主総会と委任状に関する規定がある。本稿では、これらについては、紙幅の関係もあり、原則的には触れない。

（2） アメリカ会社法上の株主総会については、大阪証券代行㈱代行部編『アメリカの株主総会』（昭和六〇年六月二七日、商事法務研究会）、森本滋監修・大阪証券代行㈱代行部編『株主総会のあり方』（昭和六一年八月一六日、商事法務研究会）、ディビッド・G・リット「米国における株主総会」商事法務一三〇〇号三八頁、黒沼悦郎「アメリカにおける株主総会に関する規整」商事法務一五八四号九頁などの文献がある。

（3） 一九五〇年および一九六〇年模範会社法三三条は、「The business and affairs of a corporation shall be managed by a board of directors.」とされていたが、一九六九年改正で、「except as may be otherwise provided in the articles of incorporation.」という文言が付加された。これは、閉鎖会社が実務慣行を取り入れることができるようにすることと、同族会社やjoint venturesの会社経営に弾力性を持たせることを目的としていた。その後、さらに、一九七四年の改定で、現行の八・〇一条(b)項に移され、「All corporate powers shall be exercised by or under the authority of, and the business and affairs of the corporation managed under the direction of, its board of directors, subject to any limitation set forth in the articles of incorporation.」とされた。

（4） 一九九八年の改定前は、この金額は千ドルとされていた。時価が変動する中で、千ドルをどう評価するかについては、森田章・商事法務九八八号一一頁参照。

（5） アメリカの会社の総会の実際については、少し古くは、前掲注（2）大阪証券代行㈱代行部編『株主総会のあり方』(商事法務研究会)を、比較的新しいものについては、河崎栄一『米国のコーポレート・ガバナンスの潮流』(海外事業活動関連協議会編)一〇六頁、佐野角夫・同書一二一頁参照。

(6) 大隅＝今井・会社法論中巻〔第三巻〕六三頁、菱田政宏・新版注釈会社法(5)一九三頁。

(7) Smith v. San Francisco & N.P. RY., 47 P. 582 (Cal. 1897).

(8) カルフォルニア会社法七〇六条(a)項は、閉鎖会社についてのみ認め、閉鎖会社でなくなったときは、契約は終了するとしている。

(9) Hmilton, The Law of Corporations (5th ed.), 279.

(10) Rohrlich, Law and Practice in Corporate Control, 69; Ballantine, On Corporations, 424.

(11) Duffy v. Loft, Inc., 151A. 223 (Del. Ch.), aff'd, 152A. 849 (Del. 1930).

(12) 解散については株主の全員一致の書面による同意が必要とされている(二七五条(c)項)。

(13) デラウェア会社法では明文はないが、判例は、議決権の代理行使のための委任状と同一の原則の下に扱われるとし、自由に撤回できるとしている(Pabst Brewing Co. v. Jacobs, 549 F. Supp. 1068 (D. DEL. 1982)。

(14) 会社の機関関係――第十八　商法特例法上の大会社の利益処分案等の確定等一。

(15) 会社の機関関係――第十　株主総会等の特別決議の定足数の緩和一2。

(16) 会社の機関関係――第十二　株主総会招集手続の簡素化等三。

15　イギリス法上の株主総会

中村信男

はじめに

イギリス法上、株式会社の管理運営権限は株主総会（general meeting）と取締役（会）（the directors）に配分されている。現行イギリス会社法の主法（the principal act）たる一九八五年会社法（the Companies Act 1985）（以下、括弧内では八五会と略称）が定款変更、資本減少など一定の事項を株主総会の専決事項と定めるほか、上場会社（listed company）ではそれ以外に上場規則によって重要な営業・資産の取得・処分、取締役長期インセンティブ報酬制度なども総会決議を要する事項とされているが、その他の事項、殊に会社の業務執行に関する権限の配分は基本的に定款自治に委ねられている。[1] 実際には、会社の附属定款（the articles of association）を以って取締役(会)に業務執行権限を集中させるのが一般的である。[2] それでも、現行法上、株主総会は基本定款(the memorandum of association)・附属定款の変更(八五会四条一項、九条一項)をはじめとする重要事項の決定権や、取締役の選任権[3]（一九八五年会社（付表A乃至F）規則・付表A七三条）・解任権（八五会三〇三条）を有することから、理念的には会社の重要事項に関する意思決定機能と取締役に対するモニタリング機能とを発揮することが期待されてきた。殊に年次株主総会は、会社の経営全般にかかる討議が行われることで、株主と会社経営者間または株主相互間のコミュニケーションの場としても機能しうるものと想定されてきた。[4]

しかし、イギリスにあっても、第一に、公開会社（public company）、とりわけ上場会社の株主総会は一般的に形骸化し、所期の役割を果たしていないとされている。第二に、私会社（private company）では株主が同時に取締役であるのが常態であるため、年次株主総会を毎年開催することはもとより、そもそも株主の意思決定が求められる場合に会議体としての株主総会を開催することの必要性に疑問が呈されてきた。

こうした問題意識を背景に、近時イギリスでは株主総会制度の見直しが行われている。第一に、イギリス会社法は公開会社と私会社とで株主総会の招集・運営等にかかる規制を区分し、私会社に関して書面決議の許容、年次株主総会そのものの省略など手続・要件の簡素合理化を容認する。第二は主に大規模公開会社の株主総会を念頭においたものであるが、イギリス会社法制の主務官庁たる貿易産業省（Department of Trade and Industry）が一九八五年会社法制定以来の会社法抜本改正の一環として、公開会社における年次株主総会の省略許容をはじめ招集通知・議決権の代理行使などの電子化、議決権行使の代理人の権限拡大などを提案しており、すでに招集通知などの電子化は実現している。ちなみに、ロンドン証券取引所は、イギリスの公開会社におけるコーポレート・ガバナンスの改善を目的として公表されたキャドバリー委員会報告書などを受け、一九九八年六月に統合規範

(the Combined Code) を策定・公表し、その遵守を同取引所上場会社に求めているが、その中でも年次株主総会改善のための方策が示されている。[5] もとより、これは現行法の枠内における制度運用のあり方を工夫し年次株主総会の効果的利用を図ろうとする努力であるが、こうしたイギリスの株主総会法制における規制区分と一連の制度見直しの努力は、わが国における株主総会制度改革にとっても有益な示唆を与えることであろう。以下、イギリス法上の株主総会制度を、その運営面を中心に最近の制度改正の動向も踏まえながら概観していこう。

一 イギリス法における株主総会の態様と年次株主総会の見直し

(1) 株主総会の態様―年次株主総会と臨時株主総会

イギリス法上、株主総会の態様は、年次株主総会(annual general meeting) と臨時株主総会(extraordinary general meeting) とに二分される。

年次株主総会は、後述の適用免除選択決議 (elective resolution) によりその開催省略を選択した私会社を除くすべての株式会社において毎年開催することを要し、招集通知において年次株主総会である旨を明示しなければならないものである(八五会三六六条一項)。その開催時期は各会社の裁量に委ねられているが、年次株主総会間の間隔は一五ヶ月を超えることができない (同条三項)。但し、会社成立後最初の年次株主総会は、これを会社成立の日から一八ヶ月以内に開催すればよく、それにより成立後二年間は年次株主総会が開催されたものと見なされて、その間は年次株主総会の招集を要しないこととなる (同項)。現行会社法は年次株主総会において付議すべき事項を特に規定していないが、実務上は会社がその附属定款を以って、年次計算書類・報告書 (annual accounts and reports) の受領、配当宣言 (declaration of dividends) および取締役・会計監査役の選任を年次株主総会の通常付議事項（ordinary business）とし、それ以外の事項を特別付議事項（special business）と定めた上で、前者を毎年、年次株主総会に上程するのが一般的である。[6]

これに対し、臨時株主総会とは、年次株主総会以外の株主総会の総称である（付表A三六条）。会社の附属定款では、取締役（会）がその裁量で臨時株主総会を招集できる旨を定めるのが通常であるが（付表A三七条参照）、それ以外に、会社法上、第一に、公開会社にあっては、その純資産が払込済株式資本（called-up share capital）の二分の一以下となった場合は、取締役会が臨時株主総会を招集し所要の措置を講じなければならない（八五会一四二条一項）。第二に、所定の要件を満たした株主からの請求がある場合（同法三六八条、付表A三七条）のほか、辞任する会計監査役がその辞任に関し必要と判断して取締役会に臨時株主総会の招集を請求した場合も（同法三九二A条）、取締役会は臨時株主総会の招集手続をとらなければならないとされる。

なお、年次株主総会と臨時株主総会とは、後者の緊急性に鑑みて招集通知期間に差が設けられており、年次株主総会を招集するには、決議事項の如何を問わず会日の二一日前までに招集通知を行うことを要する（同法三六九条一項a号）。他方、臨時株主総会を招集するには、普通決議または臨時決議事項が上程されるときは会日の一四日前までに、特別決議事項が上程されるときは会日の二一日前までに、それぞれ招集通知を行うことを要する（同項b号）。

(2) 公開会社における年次株主総会の見直し

① イギリスにおける公開会社の年次株主総会の実態とその背景

イギリスでも、公開会社の年次株主総会の形骸化がほぼ共通認識となっている。[7] 第一に、イギリスでは保険会社や年金基金などの機関投資家が公開会社とりわけ上場会社の発行済株式総数の七〇ないし八〇％を保有し、会社経営に対する影響力を保持しているとされているが、機関投資家は、会社が年次株主総会前に別途開催する機関投資家向けの個別会合において、年次株主総会の付議事項について会社側から十分な情報提供を受けて態度を決めておいた上で、年次株主総会には総会議長を代理人とする委任状を提出するのが一般的である。それゆえ、ほとんどの上場会社では実際上、年次株主総会前に決議の結果が大方判明していることから、機関投資家が独自の法人代表者を総会に出席させることは稀であるとされている。

第二に、一般個人株主はノミニー名義で株式を保有することが少なくない上に、たとえ株主名簿上の株主であっても、会社経営に対する関心の稀薄さゆえに総会に出席することはほとんどないとされている。

第三に、総会に出席する株主の実体は、社会問題や環境問題に対する企業の責任を追及しようとする者が少なくないことから、年次株主総会が、そのような目的から株主となった者たちのデモンストレーションの場と化しているともいわれている。そのため、イギリスの公開会社の年次株主総会は、出席株主と取締役との討議に基づく会社意思決定の場としても、株主による取締役のコントロールないしアカウンタビリティー追及の場としても機能しておらず、時間と金の浪費とまで酷評されているのである(8)。

② 公開会社における年次株主総会の見直し

こうした年次株主総会の実態を踏まえ、イギリスでは、公開会社の年次株主総会のあり方の見直しが議論されている。そこでは、公開会社に現行法と同様に年次株主総会の開催を義務づけた上で、機関株主と個人株主の総会への参加を促す措置を講ずることによって総会の形骸化を是正するか、それとも公開会社にも私会社と同様に一定の要件のもと、年次株主総会の開催省略の選択を認めた上で、その代替策を講じることとするのか、が問題とされている(9)。

このうち前者のアプローチに立つのが、キャドバリー委員会報告書・ハンペル委員会報告書および統合規範と、いわゆるマイナース・レポートである。キャドバリー委員会報告書では、機関株主（institutional shareholder）に対し年次株主総会での積極的な議決権行使を奨励し、また株主と取締役会とがともに年次株主総会の実効性を高めて、株主に対する取締役会のアカウンタビリティーを向上させるよう努力すべきであるとした上で、そのための具体的方策として、株主が予め会社に質問状を提出できるようにするために会社が質問用紙を年次報告書とともに送付したり、総会で提起された問題の要旨を株主総会後に株主全員に配布したりすることなどを提案する。[10]後継委員会にあたるハンペル委員会の報告書でも、年次株主総会の開催を前提に、その実効性を確保するための具体策を提示している。[11]これらを受けてロンドン証券取引所が策定・公表した統合規範でも、取締役会の責務として、株主とりわけ個人株主の参加を促すべく年次株主総会を活用すべきであるとした上で、そのような観点から、内容の異なる複数の議題・議案をそれぞれ分離して付議すべきことや、年次株主総会において株主からの質問に答えるために監査委員会・報酬委員会・指名委員会の各委員長を総会に出席させること、機関株主は熟慮のうえ議決権を行使すべき責任を負うことなどを勧告するものである。[12]

また、シティーと産業界とが合同で、イギリスの産業界と機関株主との関係を改善し英国経済の発展とこれへの長期投資を促すための方策を検討すべく、ポール・マイナース（Paul Myners）氏を委員長としてワーキング・グループ（マイナース委員会）を設置したが、そこでも、年次株主総会を毎年開催することを公開会社に要求した上で、主要株主にとって年次株主総会出席が有意義となるような改善策を講ずることを提案する。すなわち、(a)会社は株主に質問書を事前に提出するよう促すこと、(b)特定の株主の利害のみに関わる質問に関しては、株主総会後に関連する取締役に回答させることとして、その回答を利害関係ある一切の株主の利用に供するものとすること、(c)会社は年次株主総会で最新の営業報告を行うこと、(d)年次株主総会以外でも株主からの質問に答えるようにすることが、その骨子である。[13]

これに対し、貿易産業省は、一九九九年に公表した会社法改正のための諮問文書「競争力ある経済に向けた現代的会社法：株主総会および株主とのコミュニケーション」において、公開会社の年次株主総会の実態に関する前記認識より、一方では、公開会社において、議決権総数の九〇％にあたる議決権を有する株主の賛成を条件に年次株主総会の開催を省略できることとした上で、省略が選択された場合でも、臨時株主総会との対比から、例えば議決権ある株式の総数の一〇％を超える株式を有する株主からの請求があったときは、原則に戻り年次株主総会を開催すべきこととすることの是非に関し意見照会を行っている。[14] これと関連して、同諮問文書では、年次株主総会省略の場合の株主による会社意思決定の手段として、郵便または情報通信技術を利用した議決権行使とその手続・効果などを会社法に明定することや、十分な情報を株主が利用できるようにするための詳細な法規制を設けることなどを併せ提案する。[15] その一方で、貿易産業省は、年次株主総会の開催を原則として要求する立場を維持するため、その活性化策として、例えば、招集通知期間の伸長、招集通知の記載事項の充実、上場会社における株主の議決権行使方法につき挙手（show of hands）による一人一議決権の原則を廃止し一株一議決権の投票を基本とすること、株主提案権の合理化・改善、議決権行使の代理人の権限拡充などを提案していた。[16]

その後、貿易産業省は、二〇〇〇年三月に公表した諮問文書「競争力ある経済に向けた現代的会社法：その枠組みの構築」において、公開会社における年次株主総会の省略選択の容認を時期尚早としながらも、それがＩＴ化の進展により実現しうることを示唆し、然るべき時期に貿易産業大臣が定める命令により、公開会社にあっても適切な代替措置を講じることで年次株主総会の開催を省略できることとすべきであると提案した。[17] これに次いで同年一一月に公表された諮問文書「競争力ある経済に向けた現代的会社法：その構造の完成」で同省は、昨今の技術革新から、現実に年次株主総会を開催しなくとも同様の目的を達成できる技術・手段が考案される可能性が高いことなどを理由に、公開会社が年次株主総会の開催を省略できることとする会社法改正を改めて提案している。[18] その一方で、こうした提案と株主総会への株主の参加促進策とは二律背反ではないとの立場から、情報通信技術の利用による複数の会場を利用した年次株主総会の開催・運営の容認とその場合の手続・ルールの明確化、議決権行使の代理人の権限拡充、議決権行使の電子化なども併せ提案している。公開会社における年次株主総会省略の選択容認については賛成意見が多数を占めるとのことであるから[19]、今後その方向での会社法改正が実現する可能性は大きいであろうが、いずれにせよ公開会社の株主総会制度そのものを根本的に見直そうとする立法提案として注目に値しよう。

二　株主総会の決議事項

(1)　株主総会と取締役会間の権限配分

イギリス法上、株主総会の権限の範囲は、会社法その他の関連立法と当該会社の附属定款を以って画される。制定法では、基本定款と附属定款の変更（八五会四条・九条）、商号の変更（同法二八条）、株主の新株引受権の排除（同法九五条）、株式資本の増加・減少（同法一二一条・一三五条）、自己株式取得への私会社による金融援助の承認（同法一五五条四項）、自己株式取得の承認（同法一六四条・一六六条）、取締役の解任（同法三〇三条一項）、会計監査役の選任・解任（同法三八五条二項・三九一条一項）・報酬の決定（同法三九〇A条一項）、任意清算（一九八六年支払不能法八四条一項）などが株主総会の専決事項とされている。このほか、会社の業務執行に関しては、その権限配分が附属定款の定めに委ねられており、通常は取締役（会）（the directors）に全般的な業務執行権限が付与されているが、その場合も、一般的な附属定款の定めによると、取締役（会）は株主総会の特別決議による指示には従うことを要するとされているし、私会社のように所有と経営の一致する会社にあっては、附属定款を以って株主総会に業務執行権限を留保することもできると解されている[20]。また、上場会社では、上場規則により、ストック・

オプションなど取締役に対する長期インセンティブ報酬制度の採用、一定額の営業・資産の取得・処分などが総会決議事項として留保されているが、ともかく、それらは制定法または附属定款（あるいは上場規則）を以って普通決議事項と臨時決議事項または特別決議事項の三つに分類されている。

なお、現在進行中のイギリス会社法改正作業においては、総会の権限の一部見直しが検討されている。現時点では、会計監査役の報酬の決定を総会決議事項から外す一方、会計監査役が会社との契約を以って対会社責任と対第三者責任を制限できることとした上で、それに対する株主総会の承認を要することとする旨の提案が貿易産業省から提示されている。(21)

(2)　総会決議事項

イギリス法における株主総会決議の態様は、普通決議、臨時決議および特別決議の三つに分類される。法律上、臨時決議と特別決議とされているものについて定款により要件を緩和することは認められないが、反面、普通決議事項につき附属定款を以って要件を加重することは妨げないとされている。(22)

①　普通決議

普通決議（ordinary resolution）とは、議決権ある出席株主の議決権の過半数を以って行われる決議をいい、総会決議事項は、制定法または附属定款に別段の定めのない限り、普通決議によるものとされている。取締役・会計監査役の選任（付表A七八条・八五会二九二条、同法三八四条二項・三八五条）・解任（同法三〇三条、三九一条一項）、取締役（会）への新株発行権限の授権（同法八〇条一項a号。なお、この授権は附属定款の定めによることもできる。同項b号）、自己株式の市場取得の承認（同法一六六条一項）、取締役・会計監査役の報酬（fee）の決定（付表A八二条、八五会三九〇A条一項）、年次計算書類・報告書の受領（同法二四一条一項）、配当宣言（付表A一〇二条。中間配当は、附属定款により取締役（会）の権限とされている。付表A一〇三条）、上場会社における取締役向け長期インセンティブ報酬プラン（上場規則一三・一三条、一三・一三A条）などがこれに該当する。

このうち取締役の選任については各候補者ごとに株主の信任を問う機会を確保するため、公開会社では、当該総会の出席株主全員の同意がない限り、複数の取締役の選任を一括して行うことは許されず、これに違反した決議は無効とされる（八五会二九二条一項・二項）。また、会計監査役の任期は、年次計算書類が提出される次の株主総会の終結の時までとされている（なお、最初の会計監査役は計算書類の提出が行われる最初の株主総会の終結の時まで）（同法三八五条二項・三項）。イギリス法では、わが国の商法におけるような任期の自動更新制が認められていないので、会社（会計監査役の選任免除を選択した私会社を除く）は、任期満了の度ごとに会計監査役を改めて選任しなければならない（同条二項）。

② 特別通知を要する普通決議

普通決議事項のうち、以下の事項が株主総会に付議される場合は、その提案者（株主）は会社に対し、その事項を当該総会において提案する意思がある旨の特別通知（special notice）を行わなければならず、この特別通知を欠くときは当該決議の効力が生じない（八五会三七九条一項）。現行会社法では、(ア)取締役の解任またはそれと併せて行う後任取締役の選任（同法三〇三条二項）、(イ)会計監査役の解任（同法三九一A条一項a号）、(ウ)退任する会計監査役以外の者を候補者とする会計監査役の選任（同項b号）、(エ)公開会社または公開会社の従属会社たる私会社において法定の定年七〇歳（同法二九三条一項）に達した者の取締役選任（同条五項）、(オ)会計監査役の欠員補充または取締役（会）が欠員補充のため留任させた退任会計監査役の再任（同法三八八条三項a号・b号）が、それぞれ提案者による特別通知を要する普通決議事項として法定されている。このいずれかの事項を株主総会において提案する者は、当該総会の会日の二八日前までに会社に対し特別通知を行うことを要し、この通知を受けた会社は、当該総会の会日の二一日前までに、総会の招集通知と同時に且つ同様の方法で株主に通知するか、それが実行できないときは新聞公告または附属定款所定のその他の方法を以って株主に知らせなければならないのである（同法三七九条三項）。このように会社に対する特別通知が必要とされる趣旨は主として、会社取締役または会計監査役に対し、株主総会に提案される自らの解任または不再任議案に対する自己弁明または反論の機会を保障することにあるとされているので、株主総会の決議を以ってしても、また基本定款または附属定款を以ってしても、この通知期間を短縮したり通知要件を省略したりすることはできないと解されている。(23)

なお、会社法の規定の文言からは、右事項に関しては、所定の特別通知を行えば単独株主であっても提案権を行使できるかのように読める。しかし、右の手続は、あくまで所定の持株要件を充足した少数株主が株主総会の招集請求ないし自力招集権または株主提案権を行使する場合における当該事項の提案にかかる手続を定めたに過ぎないものであって、単独株主に株主提案権等を付与するものではないとされている。(24)

③　臨時決議

臨時決議（extraordinary resolution）とは、株主総会において議決権を有する株主の議決権の四分の三以上の多数を以って行うことを要し、且つ、総会の招集通知に臨時決議である旨の記載のある決議をいう（八五会三七八条一項）。会社の任意清算（一九八六年支払不能法八四条一項c号）、種類株主の権利の変更（八五会一二五条二項）などがこれに該当する。この決議要件は特別決議（special resolution）と同じであるが、招集通知期間が異なる。特別決議は、それが上程される総会が年次株主総会であると臨時株主総会であるとを問わず、常に会日の二一日前までの招集通知を要する（同法三七八条二項）のに対し、臨時決議は、年次株主総会に上程されるときは会日の二一日前までに、臨時株主総会に上程されるときは会日の一四日前までにそれぞれ招集通知を株主に発するものとされている。

④　特別決議

特別決議（special resolution）とは、株主総会において議決権を有する株主の議決権の四分の三以上の多数を以って行う決議であり、株主総会の会日の二一日前までに株主に対し招集通知を発することと要するとともに、その招集通知には特別決議である旨が記載され、且つ、付議される決議の内容を正確に明記しなければならないとされている（八五会三七八条二項）。現行法では、例えば、会社の目的条項の変更（同法四条）、附属定款の変更（同法九条一項）、会社の商号変更（同法二八条一項）、取締役の目的外行為の追認・免責（同法三五条三項）、自己株式の市場外買付（同法一六四条）、株主の新株引受権の排除（同法九五条）、資本減少（同法一三五条一項）、企業再編の手段として行われる営業または資産の全部または一部の譲渡（一九八六年支払不能法一一〇条）などが特別決議事項として法定されている。

なお、特別決議と臨時決議はいずれの決議要件も同じであること、現行法における両者の区別も招集通知期間と招集通知に記載される決議の種類名の違いに過ぎず、実質面で差異がないことから、臨時決議を廃止して特別決議に一本化すべきことが提案されている。(25)

三　株主総会の招集と株主の議決権行使

(1)　株主総会の招集

①　招集権者

(a)　取締役（会）による総会招集　イギリスのコモンローによれば、総会の招集が会社の業務執行の一環であるとの立場から、附属定款に明文の定めがなくとも、原則として取締役会が年次株主総会と臨時株主総会の招集権を有するものとされている。(26)これを受け、通常、会社の附属定款ではその旨を確認的に規定している（付表A三七条参照）。ともかく、取締役(会)は、法律または定款所定の手続を履践して株主総会の招集を行うことを要するが、その際、会社の附属定款に、取締役会の決議を書面決議の方法で行うことができる旨の定めがあるときは、株主総会の招集も、会議体の形をとらない取締役全員の署名による決定を以って行うことができる。(27)

(b) 株主の総会招集等請求権　これに対し、イギリス会社法でも、株主の総会招集請求権・自力招集権が法定されているが、イギリス法の大きな特徴は、年次株主総会と臨時株主総会とで権利行使の要件を区別する点である。

第一に、現行法では、後述の適用免除選択決議を採択した私会社を除くすべての株式会社に毎年の開催が義務付けられている年次株主総会について、これが招集・開催されない場合には、単独株主が貿易産業大臣に対して年次株主総会の招集命令を発するよう請求することができ、これを受けて貿易産業大臣は、その適当と思量する日時・場所を指定して年次株主総会の招集を会社に命じることができるとされている（八五会三六七条一項）。この命令が遵守されない場合は、当該会社および有責役員が科料に処せられる(同条三項)ので、これによって招集命令の実効性が担保されると考えたのであろうか、会社がこの命令に従わない場合における招集命令請求株主の自力招集権は法定されていない。なお、会社側がこの命令に従って年次株主総会の招集を行ったとしても、欠席戦術がとられると定足数不足により流会とされてしまい、制度趣旨が没却される。そこで、現行法では、株主の請求に基づき貿易産業大臣が年次株主総会の招集を命じる場合に、本人としてまたは代理人を通じて出席する株主が一人であっても、定足数を充足するものと見なす旨の命令を併せ行うことができると定めている（同条二項）。

他方、第二に、臨時株主総会の招集請求権は少数株主権とされており、現行法では、当該会社の払込済株式資本（paid-up share capital）の一〇分の一以上にあたる、議決権ある株式を有する二人以上の株主が、取締役（会）に対し臨時株主総会の招集を請求することができるとされている(同法三六八条一項・二項a号、付表A三七条)。当該株主は、イギリス法上の総会定足数要件との関係上、二人以上であることを要する（三六八条二項a号参照）ほか、請求に際し、会議の目的事項を記載し署名した書面を会社の登録事務所（registered office）に提出することを要する（同条三項）。この請求が適法になされた場合は、取締役（会）は直ちに臨時株主総会の招集手続をとらなければならず（同条一項）、具体的には、請求の日から二一日以内に臨時株主総会の招集通知を株主に対して発するとともに、その会日を招集通知の日から二八日以内の日としなければならないとされている（同条四項・八項参照）。[28]しかし、このいずれかの要件が遵守されないときは、請求株主が全員で、または請求株主のうち全員の保有する議決権の過半数を有する者が、臨時株主総会を自力招集することができる（同条四項・八項）。その際、当該株主は総会の自力招集にかかる合理的費用の償還を会社に請求でき、会社も株主に対して支払った費用の額を懈怠ある取締役の報酬額から差し引くことができる（同条六項）。その一方で、当該株主は招集請求の日から三ヶ月以内に総会を招集・開催することを要し、この期間の経過により自力招集権は消滅する（同条四項）。なお、この臨時株主総会の決議事項は、株主の招集請求において明記された事項に限られる。[29]

(c)　辞任する会計監査役の臨時総会招集請求権　第三に、会計監査役は任期満了前に何時でも会社の登録事務所に宛てた書面を以って辞任することができるが（八五会三九二条一項）、その際、当該会計監査役の辞任通知（notice of resignation）に辞任理由が併記されており、これを当該会計監査役が株主に知らせる必要があると判断したときは、署名ある書面を以って、当該理由の説明を受け検討するための臨時株主総会を直ちに招集するよう請求することができる（同法三九二A条一項・二項）。この場合、取締役（会）は、請求の日から二一日以内に、招集通知の日から二八日以内の日を会日とする臨時株主総会を招集しなければならず、これに違反したときは科料に処せられる（同条五項）。

これと併せて、辞任する会計監査役は、会社に対し、当該会計監査役の請求に基づいて招集される株主総会の前か、または、辞任しなければ当該会計監査役の任期が満了することとなったであろう株主総会もしくは当該会計監査役の辞任による欠員を補充するための提案が行われる株主総会の前に、当該会計監査役の辞任理由を記載した書面を株主全員に送付するよう請求することができ（同条三項）、会社は、その事実を臨時株主総会の招集通知に明示するとともに、招集通知を受けるべきすべての株主に対し当該理由を記載した書面の写しを送付しなければならない（同条四項）。会社が右書面を受領した時点が、それを総会の会日前までに株主に送付するのに間に合わないときはこの限りではない（同項）が、かかる事由または会社の懈怠のいずれかにより右書面の写しが株主に送付されなかったときは、当該会計監査役は、取締役（会）に対しその書面を総会で読み上げるよう請求することができる（同条六項）。

(d)　裁判所の招集権　　このほか、第四に、何らかの理由により会社法または附属定款所定の方法で株主総会が招集・開催できない場合は、裁判所は、その決定または取締役もしくは議決権ある株主の請求により、裁判所の適当と思量する方法で株主総会の招集を命ずることができる（同法三七一条一項）。なお、裁判所は、この招集命令に際しその適当と思量する附随命令を行うこともでき、それにより、株主一人の出席を以って定足数と見なす旨を命ずることができるとされている（同条二項）。

②　招集通知

(a)　招集通知を受くべき者の範囲　　株主総会を開催し決議を有効に行うためには、イギリス法上も、所定の招集権者が招集通知（notice of meeting）を発することを要するが、附属定款に別段の定めのない限り、議決権の有無を問わずすべての株主名簿上の株主に招集通知を発すべきものとされている（八五会三七〇条一項・二項、付表A三八条を参照）(30)。イギリス法が総会での議決権を、招集通知を受領する権利の前提とは考えておらず、招集通知を株主間のコミュニケーションまたは株主に対する情報開示の手段としても捉えているからなのであろう。ただ、実務上は、附属定款を以って、無議決権優先株主などの議決権なき株主に対し招集通知を発することを要しない旨を定めることが少なくない。[31] ちなみに、会社は権利行使者を確定するため、一年間に三〇日を超えない限り、会社の登録事務所の存在する地域において流通している新聞に公告をした上で、株主名簿を閉鎖することができる（同法三五八条）。このほか、招集通知は、総会出席権・意見陳述権（同法三九〇条一項b号・c号）を有する会計監査役にもこれを発することを要し（同項a号）、取締役にもこれを発しなければならない（付表A三八条）。

なお、附属定款では招集通知の方法について規定を置くのが一般的である。付表Aによれば、招集通知はこれを株主本人に直接交付するか、または、株主名簿に記載された株主の住所に宛てて郵送し、もしくは、その住所に届けてもよいとされている(付表A一一二条)。また、株主名簿記載の住所が英国国内にない株主が、通知の宛て先として英国国内の住所を会社に通知している場合は、その英国内の住所において通知を受けることができるが、そのような通知をしていない外国居住株主は会社から一切の通知を受けることができないものとされている（同条）。

(b)　招集通知期間とその短縮　　現行会社法は、招集通知期間を株主総会の態様と決議の態様とに応じて区別しており、まず年次株主総会については会日の二一日前、臨時株主総会については一四日前までに招集通知を発すべきものと定めている（八五会三六九条一項a号・b号ii）。第二に、株主総会決議のうち特別決議については、会日の二一日前に招集通知を発することを要するとされているため(同法三七八条二項)、臨時株主総会において特別決議事項が上程される場合は、二一日前までに招集通知を発しなければならないこととなる。

いずれにせよ、この期間は、通知の日と会日を除いて算定するものと解されているが[32]、現行法の文言では休日も算入されることとなる。そこで、公開会社のコーポレート・ガバナンス強化の観点から、ロンドン証券取引所上場会社に遵守が求められている統合規範では、この期間を二〇営業日前と改め、株主に実質的な熟慮期間を確保しようとする。これに対し、貿易産業省は、株主総会の招集通知期間を統一しすべての株主総会について会日の一四日前までとする旨の会社法改正提案を公表しているが、統合規範の定めが実務慣行化していることも踏まえ、年次株主総会の招集通知期間を短縮することとなった場合も、これよりも長い招集通知期間を要求する上場規則または統合規範の適用を妨げない旨を併せて明らかにしている。(33)

ともあれ、招集通知は株主に到達することを要するが、その有無が争いとなった場合における会社の免責のため、実務上は、附属定款を以って、招集通知の方法を定めた上で、所定の方法が履践されている限り招集通知が適正に発せられた旨を併せ規定するのが一般的である。(34) 付表Aでは、「招集通知が封入された封書の宛て先が正しく、郵便料金前払いで投函されたことの証明は、招集通知が発せられたことの最終的証明となり、招集通知は、それが投函されてから四八時間の経過を以って到達したものと見なす」と定めており（一一五条）、これがイギリスにおける実務の一般的扱いとされている。

他方、こうした招集通知期間の法定が結局、株主の準備時間と出席機会の確保を目的とすることから、第一に、年次株主総会については、当該総会において議決権を行使することのできる株主全員の同意があるときは、その招集通知期間を短縮することができる（八五会三六九条三項a号）。第二に、臨時株主総会それ自体の招集通知期間と特別決議を付議する臨時株主総会の招集通知期間についても、当該総会の出席権と議決権とを有する株主の過半数の同意があり、その株式が出席権・議決権ある株式の額面（nominal value）の九五％以上に相当するときは、これを短縮することができるが（同法三六九条三項b号・四項、三七八条三項前段）、私会社ではこの九五％という要件を、適用免除選択決議を以って九〇％にまで引き下げることができるとされている（三六九条四項後段、三七八条三項後段）。ともあれ、招集通知期間短縮に対する同意は、その旨の明示の同意でなければならず、それゆえ株主が単に全員一致または九五％の多数を以って決議に賛成したからといって当然に招集通知期間の短縮に対し同意したこととはならないとされる一方、この同意は総会の開催前に書面または口頭で行っても構わないとされているので、総会に出席しない株主も事前の同意を与えることができる。(35)

(c) 招集通知の記載事項　イギリス法上、株主総会の招集通知には、年次株主総会の場合はその旨、株主総会の日時・場所、および、会議の目的事項とその種類のほか、総会出席権と議決権を有する株主は代理人(proxy)を選任することができる旨と、その代理人は当該会社の株主であることを要しない旨とを記載しなければならないとされている(付表A三八条)。もっとも、イギリス会社法では、年次株主総会の招集通知に年次株主総会である旨を記載しなければならないことと、臨時決議・特別決議である場合はその旨を記載すべきこととを定めるにとどまり(八五会三六六条一項、三七八条一項・二項)、それ以外の必要記載事項を直接明記する規定は存しない。具体的な記載事項はこれを付表Aが標準的に規定しているだけであるため、法の不備が指摘されている。そのような観点から、貿易産業省は、当初、取締役会または株主の提案する議題・議案の原文(text)と通常人にも分かりやすい表現による提案理由説明とを招集通知に記載すべきこととする旨を会社法において明定することを提案していた。(36) この提案の趣旨には大方の賛成が得られたが、招集通知の記載事項を法定するよりも、これをむしろ最善慣行規範(Code of Best Practice)または実務ガイドラインに委ねた方が適当であるとの意見が多数を占めたため、その後、貿易産業省は会社法による招集通知記載事項の法定を提案せず、これを実務における最善慣行規範に委ねることとしている。(37)

ちなみに、招集通知に記載すべき会議の目的事項は、臨時決議もしくは特別決議事項に該当する場合、特別通知を要する普通決議事項に該当する場合、または、株主提案である場合は、それぞれ原則としてその内容を正確に全文掲載することを要するが、反面、内容を損なわない限り形式的な文言の相違は問題とされない。(38) また、取締役が決議に利害関係を有する場合は、招集通知にその旨が明示されなければならず、これに違反してなされた決議は無効とされるほか、取締役に利益をもたらすこととなる総会決議ではその程度を明示することを要すると解されている(39)。

なお、実務ではしばしば、招集通知に、当該総会の付議事項に関する取締役会としての意見を説明し、株主に対し取締役（会）の勧告に従った議決権の行使を勧誘する趣意書（circulars）が添付されることがある。取締役（会）がこれを会社の費用で送付することは、それが株主への情報提供を目的とし株主全体の利益を考えたものである以上、適法とされているが、他方、株主提案権行使によるものでない限り、取締役（会）の政策に反対する株主グループからその意見を表明するための趣意書の送付を求められても、取締役（会）はこれに応じる義務がないとされている(40)。

③　株主提案権

イギリス法でも、株主総会の招集権限が原則として取締役（会）に帰属せしめられているが、これに対する例外として、株主提案権が法定されている。すなわち、請求の日において当該総会において議決権を有する株主の議決権総数の二〇分の一に相当する議決権を有する株主、または、一人当たりの平均払込額が一〇〇ポンド以上の払込済株式を有する一〇〇名以上の株主は、署名のある書面を以って、(ア)年次株主総会の招集通知に当該株主の提案にかかる議案を記載すること、または、(イ)年次株主総会と臨時株主総会とを問わず、すべての株主総会に付議される一切の議題・議案または当該総会で取り扱われるその他の議事に関する一、〇〇〇字以内の意見書を、招集通知を受くべき株主全員に送付することを、会社に請求することができる（八五会三七六条一項・二項、三七七条一項a号）。(ア)の請求に関しては、それが総会決議事項の範囲内に限られることはもちろん、株主提案を行う年次株主総会の会日の六週間前までに会社の登録事務所に宛てた書面を以って請求しなければならない（同号ⅰ）。これに対し、(イ)の請求の場合は、当該総会の会日の一週間前までに当該書面を会社の登録事務所に提出すれば足りるが（同号ii）、いずれの請求であれ、当該株主は、会社が株主提案を株主全員に通知するための費用をまかなうに足りる金額を会社に供託しなければならない（同項b号）。この点については、会社が株主に対して送付することを要する年次計算書類・報告書に株主の提案または意見を同封するための期限として取締役（会）の設定した日までに、株主から書面による請求があったときには、会社は株主の提案・意見を無償で株主全員に通知しなければならないとする旨の提案が貿易産業省から示されている。この提案は大方の支持を得ているとのことである[41]ので、来る会社法改正で実現の運びとなろう。ともあれ、適法な株主提案権の行使を受けた取締役(会)は、株主の提案内容を記載した通知または株主の意見書を、株主総会への出席権を有するすべての株主に対して、当該総会の招集通知と同様の方法で且つ同時に送るか、これに間に合わないときは、総会の招集通知発送後にそれと同様の方法で可及的速やかに送ることを要する（同法三七六条三項・五項）。

なお、裁判所が、会社または侵害を受けたと主張する者の申立てに基づき、株主提案権（前記(イ)の請求）が他人への名誉毀損を目的として濫用されていると判断する場合、会社は株主の請求を拒絶することができ、裁判所は申立てにかかる会社の費用の全部または一部の償還を当該株主に命じることができる。もっとも、議題・議案提案（前記(ア)の請求）については、もっぱら総会の権限の範囲内という制限のみがあるだけで、日本法のように泡沫提案が拒絶事由とされていない。この点、貿易産業省は、当初、同一の総会において株主提案と同一の提案が行われる場合または株主提案にかかる議題・議案が総会で否決されてから五年を経過していない場合に、会社がこれを拒絶しうる旨を新たに法定することを提案していた[42]が、コンセンサスを得られなかったため、泡沫提案を拒絶事由として法定することを見送り、その取扱の如何を附属定款の定めに委ねることとする旨を表明している。[43]

(2) 株主総会における議決権とその行使方法

① 定足数

イギリス法上は、株主総会は、普通決議・臨時決議・特別決議のいずれを行う場合でも、定足数として、附属定款に別段の定めがない限り、議決権ある二人以上の株主が自ら出席することを要するとされている（八五会三七〇条一項・四項）。議決権なき株主はもちろん、代理人も定足数として算入されないこととなるが、定足数に関するこうした会社法の定めは、附属定款に別段の定めがない限り代理人はこれを定足数に算入しないとする判例法ルールを受けたものである。しかし、これでは総会の開催・運営に支障をきたすおそれがあるため、実務上は、附属定款を以って、株主本人が二人以上出席する場合のほか、二人以上の代理人が出席する場合も、定足数を満たす旨を規定するのが一般的であるとされている[44]（付表A四〇条）。法人代表者（corporate representative）は、株主総会に関しては株主本人として扱われるため（同法三七五条二項）、原則として定足数に算入される。

ともかく所定の定足数要件を満たすだけの株主（または代理人）が出席しなければ、株主総会においていかなる議事も行うことができないが（付表A四〇条）、一九四八年会社法では総会開催時に定足数要件が充足されていることを要求しているに過ぎなかったので（一九四八年会社法付表A五四条）、開会時に定足数を満たすだけの株主が出席していれば、議事の途中で出席者が定足数を下回っても、なお総会は有効に成立し決議を行えるとされていた。しかし、これでは、イギリス法の原則とされる、出席株主の一人一議決権による多数決の実質が失われることを懸念したのか、現行会社法では総会を通して定足数要件が充足されていることを要求している。それゆえ、開催時刻から三〇分を経過しても定足数を満たさない場合、または、総会の途中で定足数不足となった場合は、当該総会を延期するものとされている（付表A四一条）。

なお、イギリス法上は、持株数の多少を問わず株主総会に一人の株主しか出席しない場合は、定足数を欠き株主総会が成立しないとされているため[45]、第一に、貿易産業大臣の命令により年次株主総会が招集された場合、または裁判所が株主総会（年次総会または臨時総会）の招集を会社に命じた場合に、欠席戦術がとられて出席株主が一人しかいないときは、定足数不足で総会そのものが成立しないこととなり、主務官庁または裁判所の後見による総会招集を認めた法の趣旨が没却される。そこで、前述のように、会社法では、貿易産業大臣または裁判所が総会招集命令に際し、株主一人が自らまたは代理人を通じて出席すれば、これを定足数とする旨の命令を行うことができるとされ、欠席戦術による流会という姑息な手段に対する法的措置が講じられているのである(八五会三六七条二項、三七一条二項)。

他方、現行会社法上のこうした扱いは、少数株主が自力招集する臨時株主総会について規定されていない。これは、招集請求を行う要件として、所定の持株要件を充足する二人以上の株主によることとされているためなのであろう。また、イギリス会社法では、少数株主が総会を自力招集する場合、日本法とは異なり裁判所の関与を受けず、所定の要件さえ満たせば当然に少数株主の判断を以って総会の招集を行える仕組みとなっていることから、貿易産業大臣または裁判所の命令という公権的判断による総会招集の場合とは異なった扱いとされているのであろう。しかし、自力招集権については、所要の議決権を保有していれば請求株主の一人が臨時株主総会を自力招集できるとされていながら(同法三六八条四項)、他の株主全員が欠席戦術をとると、結局、定足数不足により所期の決議を成立させることができなくなる。これは法の不備ともいえるが、実務における法運用によりその是正が図られている。すなわち、この場合に当該株主は、その申し立てにより裁判所に総会を招集してもらうことができ、その際、裁判所は上述のように一人の株主の出席を以って定足数を満たす旨の命令を併せ発することができることから、これにより事実上、欠席戦術対策は図れるのであろう[45]。

第二に、イギリスでは一九九二年の会社法改正により私会社に一定の要件のもと一人会社が認められることとなったが[46]、それに合わせて、一人会社の株主総会はその一人の株主(本人または代理人)が出席すれば定足数を満たす旨の規定が新設されている(同法三七〇A条)。

② 株主による議決権の行使とその方法

(a) 挙手による決議と一人一議決権の原則　法律または定款に別段の定めがない限り、株主は株主総会における会社意思の決定に携わるものとして、総会における議決権を有している。わが国では、株式会社について一株一議決権原則（日商二四一条一項）のもと資本多数決が行われるが、イギリス法上はやや事情が異なる。

すなわち、一九八五年会社法では、株式会社において株主は一株または株式一〇ポンドごとに一個の議決権を有すると定められ[47]、株式会社以外の会社ではその社員は一人一議決権とされているが（同法三七〇条六項）、株式会社にあっても、附属定款に別段の定めのない限り、株主の議決権の行使はまずこれを挙手（show of hands）によって行うとするのがコモンロー原則である[48]。この場合、株主の議決権は、その持株数の多少にかかわらず一人一議決権とされており（付表A五四条）、代理人は挙手による採決には参加できない。そして、出席株主の挙手による議決権行使の結果を総会議長が宣言し、これを株主総会の議事録に記入し署名すると、当該決議は確定する（付表A四七条）。このようにイギリス会社法が株式会社についても総会における株主の議決権を原則として一人一議決権とするのは、実はイギリス会社法が会社制度（company）を営利法人のみならず非営利法人・公益法人の組織形態としても用いていることから（八五会三〇条三項参照）、会社法上の原則として団体の一般法理を原型のまま維持していることによる。沿革的にかつてイギリスでは、株主が現在と異なり会社経営に関する知識も経験も備えた富裕層であり、大株主として総会に出席し経営に参画していたことから[49]、総会における議決権の行使が挙手による一人一議決権とされても出資に見合う多数決の実質を伴ったのであろうし、結果において不都合もなかったのであろう。

なお、イギリスの総会実務では、実質的に内容の異なる複数の議案を一括上程し採決すること（bundling of different proposals）が慣行化してきたが、これが株主総会決議への株主意思の反映を阻害しかねないとの批判が強いことから、統合規範は上場会社に対し、かかる実務を見直し個別採決の方法を採用するよう求めている（統合規範第二部C二・二）。

(b) 株主の投票請求権　挙手による決議の結果が議長から宣言された後に、株主が総会決議を投票（poll）すなわち資本多数決の方式で改めて行うよう請求した場合は、挙手による決議は効力を失い、一株一議決権による多数決が行われる。(50) これを投票請求権といい、コモンロー上すべての株主にこの権利が認められている。また、挙手による決議には原則として議決権を行使できないとされる代理人も、この投票請求権を行使することができるとされているし、(51) 附属定款では総会議長にも投票請求権を付与するのが通例である（付表A四六条a号）。前述のように、団体の一般原則である一人一議決権の挙手による多数決が、株式会社では必ずしも資本の多数を出資した者の意思を反映しない場合のあることを考えた修正措置である。

もっとも、この権利は総会運営上の問題として附属定款の定めによりこれを制限できると解されているが、(52) それが無制限に認められると公正な多数決の実現を妨げる。そこで、会社法は、総会議長の選任と総会延期の決議を除くいかなる総会決議についても投票請求権を排除する旨の定款規定を無効と定めるとともに、五人以上の議決権ある株主、総議決権の一〇％以上を有する株主または議決権ある払込済株式の総額の一〇％以上を有する株主からの投票請求まで制限する旨の規定も無効とする（八五会三七三条一項）。これを受け、付表Aでは、議長または二名以上の株主による請求、総議決権の一〇％を有する株主もしくは議決権ある払込済株式の総額の一〇％以上を有する株主からの請求があるときは、挙手による決議は無効とされて投票による決議を行うことを要する旨を定めており（付表A四六条）、これが実務の一般的な取扱なのであろう。他方、私会社では、これをコモンローの原則に戻し、附属定款を以って、一人の株主または代理人が投票請求を行うことができる旨を定めるのが通例とされている。

いずれにせよ、会社の附属定款に、付表A四六条のように、投票請求はこれを挙手による決議の前または挙手による決議の結果を議長が宣言する前に行うことができる旨が定められている場合は、投票請求は挙手による決議の前にも行うことができ、議長は最初から投票による方法によって採決をすることもできると解されている[53]。これに対し、挙手による決議の後に投票請求がなされて資本多数決が行われる場合において、それを直ちに行うかまたは後日改めて行うかは、やはり附属定款の定めによるものとされている。附属定款に、投票はこれを総会議長の指示に従って行う旨の定めがあるときは、議長の判断により、その場で直ちに投票を実施しても構わないし、後日改めて継続会の場で投票を行うこととしてもよい。実際には、附属定款にこうした定めが置かれるのが一般的であるが（付表A四九条参照）、通常は後者の処理が行われており、その場合、投票請求の行われた株主総会に出席していなかった株主も継続会で投票に参加できる。他方、附属定款に投票はこれを直ちに行う旨の定めがあるときは、議長は可及的速やかに出席株主による投票を実施しなければならない[54]。

ちなみに、挙手による採決には議決権の代理行使分が算入されないことから、総会に出席する株主またはその代理人からすれば、挙手の場合に除外される代理人による議決権行使の賛否の比率は、投票請求を行うかどうかの判断にとって有用情報となるが、現行法上は、議長が代理行使分の賛否の票数・割合を総会で開示することが要求されているわけではない。そこで、公開会社におけるコーポレート・ガバナンス改革の一環としてこの点の是正を図るべきことが提言され[55]、現在、統合規範では、会社側が挙手による採決の後に各議案ごとの委任状の数と各議案に対する委任状による賛成・反対の票差を明示すべきこととし、そのような取扱を公開会社に勧告している（統合規範第二部C二・一）。

なお、実務では、投票の場合には、株主名と保有株式数の記入欄・署名欄および各議案に対する賛否の記入欄のある投票カード（poll card）を用いて採決を行うのが通例であるが、その際、附属定款の定めがあれば総会の判断または議長の判断で、投票の結果を検査し集計する開票検査人（scrutineer）を選ぶこともでき、現にそれが行われている[56]。また、名簿上の株主が複数の実質株主のためのノミニーであるときは、投票の際に各委託者の指示に従い議決権を不統一行使することもできる（八五会三七四条）。

③　議決権の代理行使

(a)　議決権の代理行使の保障　イギリス法上も、株主は代理人（proxy）によって議決権を行使することができる。現行法ではこれが強行法的に保障されているうえ、代理人の資格は株主に限定されない旨が明文で定められている（八五会三七二条一項）。これを受け、現行会社法では、会社は株主総会の招集通知に、株主は議決権の行使を代理人を通じて行うことができる旨と、代理人は当該会社の株主である必要がない旨を明記しなければならないとされている（同条三項）。招集通知にその記載を欠く場合も決議の効力には影響を及ぼさないが、取締役および秘書役は科料の制裁に処せられる（同条四項）。

ところで、イギリスのコモンローでは、会社定款など団体の根本規則に特段の定めがないかぎり、団体一般の法理として、法人の構成員がその議決権を代理人に行使させることができないとされていたこともあって[57]、一九四七年以前は株式会社についても、附属定款に明文の定めがない限り、株主は議決権の代理行使が認められないとされていたほか、代理行使を認める場合も多くの会社が、附属定款を以って代理人の資格を当該会社の株主に限定していたとされている[58]。しかも、当時の会社法では委任状の提出期限の設定についてことさら制限をしなかったので、それを各会社が附属定款を以って総会の開催時刻の相当時間前に設定するところとなり、結果的に株主の代理人選定の機会を大きく制約することとなった。そのため、株主も、取締役会が会社の費用で行う委任状勧誘において指名された者（総会議長）を代理人とせざるをえなかったといわれている。このように委任状ないし議決権の代理行使が株主の利益よりも会社取締役の地位強化の手段として濫用される弊害が生じ、株主総会の経営者支配を招く結果となった[59]。そこで、これを問題視した、一九二九年会社統括法改正のためのコーエン委員会の勧告を受け、一九四七年の会社法改正の際に、株式会社については、議決権の代理行使の機会を株主の権利として強行法的に保障するとともに、弊害の少なくなかった代理人の資格制限についても、会社法の明文を以って、代理人は当該会社の株主に限らない旨を明言することとなり、それが今日にいたっている[60]。なお、一九四八年会社統括法の見直しを任務としたジェンキンズ委員会では、総会における議決権代理行使の機会の法的保障を株式会社以外の会社にも拡充すべきことを勧告していたが[61]、これは実現していない（八五会三七二条二項a号参照）。

ともあれ、株主は誰を代理人として選んでも構わないが、イギリスの株式会社（特に公開会社）の総会実務では、取締役会が株主に対し総会議長を代理人として授権することを勧誘し、株主が、取締役会会長が兼務するのが通常であるとされる株主総会議長[62]を議決権行使の代理人とした上で、委任状（proxy form）の賛否欄への記載を通じて議決権行使について指示をするのが一般的であるといわれている[63]。なお、取締役会が会社の費用で特定の者を議決権行使の代理人として選任するよう株主に勧誘する場合は、原則として、総会出席権と議決権のあるすべての株主に対して委任状の勧誘をしなければならない（同条六項）。

(b)　代理人の権限　　株主の議決権行使の代理人は、株主総会の場において株主のために行使できる権利が制限されている。公開会社にあっては、代理人は、議決権行使を委託された株主総会への出席権と、投票請求権および投票の場合における議決権を行使することを認められているが、反面、附属定款に別段の定めがない限り、総会における発言権と挙手による決議における議決権が認められないとされている（八五会三七二条一項・二項c号）。他方、私会社においては、代理人は、総会出席権と投票請求権および投票の場合における議決権が認められるほか、公開会社と異なり、総会での発言権も行使できるが、やはり、附属定款に別段の定めがない限り、挙手による決議における議決権は制限されている（同条一項・二項c号）。ともあれ、こうした制限は、前述のようにイギリス会社法が公益法人を含む団体一般を対象として会社（company）という組織形態を規定している関係上、法人は原則としてその構成員本人だけが総会に出席して議決権を行使することができるとするコモンロー原則の影響を受けたものなのであろう。[64]

もっとも、この点については既に、コーヘン委員会報告書で代理人の発言権制限を撤廃すべきことが勧告され、[65]ジェンキンズ委員会報告書も同旨の勧告を行っていた。[66]一九八九年にも貿易産業省は公開会社の株主総会における株主の代理人の発言権の制限撤廃を提案しているが、これには、実務における総会運営の問題として、代理人から発言を求める申出があり、これに対し異議がなければ、議長の判断で代理人に発言をさせることができるとの理由により、多くの会社が反対したため、発言権制限の撤廃は見送られた。しかし、貿易産業省は、その後もさらに、公開会社における株主の代理人の発言権制限を廃止する旨の提案を行っている。[67]

これに対し、挙手による決議の場合の代理人の議決権行使の制限については、その廃止を求める提案がこれまでなされなかった。しかし、貿易産業省は近時、大規模公開会社では株主本人が年次株主総会に出席することが少ないだけに、自ら出席した株主のみの挙手による決議では多くの株主の意向が総会決議に十分に反映されにくくなることを理由として、挙手による決議の際も代理人に議決権を行使させるべきであるとの提案を行っている。[68]

(c)　議決権の代理行使における株主意思の確保　イギリスでは、会社の附属定款を以って二種類の委任状用紙の様式を定めている。第一は、議決権行使にかかる具体的な指示を明示せず、もっぱら特定の株主総会における議決権の代理行使を包括的に委託する旨の委任状（ordinary form）であり（付表A六〇条）、第二は、各議案に対する賛否の指示の記載欄がある委任状（two way proxy form）である（同六一条）。後者の委任状を使えば株主の意思が総会決議に的確に反映されることとなるため、上場会社は上場規則によりこの様式の委任状を用いることを義務付けられているほか、現在では会社がこのタイプの委任状を株主に交付するのが実務の一般的な取扱とな

っている。(69)

なお、イギリス法では、わが国と異なり、株主の書面投票が会社法上の仕組みとして制度化されていないが、前述のように、株主が株主総会議長を代理人とした上で、これに各議案ごとの賛否の記載欄ある委任状の記載を通じて議決権行使にかかる指示を明示すれば、実質的に書面投票（postal voting）を行ったに等しくなる。(70) しかし、議決権の代理行使は、代理人が総会に出席し株主の指示通りの議決権行使を行わない限り、株主の意思が総会決議に反映されない点で、総会決議に株主の意思を直接反映させることのできる書面投票とは大きく異なる。(71) また、これと関連して、現実に会社すなわち取締役会指名の代理人が株主の意向を的確に総会決議に反映させるかどうかを疑問視し、取締役から独立した者を代理人とするような措置を法律上講ずるべきであるとの立法論も唱えられている。(72) もとより、こうした提言の是非は、イギリスにおいて株主総会議長など会社（取締役会）指名の者を代理人とした上で賛否の記載なしに提出される委任状の割合やその場合の処理方法（会社提案に賛成と見なすのか、棄権とするのかなど）の実態を踏まえて判断する必要があろうが、右立法論は英国株主協会（United Kingdom Shareholders' Association）の会長の提言であるだけに、実態認識に基づいた問題提起なのであろう。後述のように、書面投票制度の導入が立法論として提案される所以でもある。

(d) 代理行使の要件　株主の委託を受けて代理人が議決権を代理行使するための要件として、附属定款では、本人が委任状に署名するか、または法人株主が代理人を利用するときは権限を有する者が委任状に社印（seal）を押捺しもしくは署名することを要するものとする（付表A六〇条・六一条参照）とともに、いずれの場合も委任状を総会の開催時刻の一定時間前までに会社または招集通知ないし委任状用紙所定の場所に提出することを要すると定めるのが一般的であり、これらの要件を満たさない委任状は無効とされる（付表A六二条）。

ちなみに、委任状提出期限については、これを総会開催日時より相当前に設定すると、それが株主による代理人選定と熟慮の機会を奪う結果となる。前述のように、一九二九年会社法のもとでは提出期限を制限する規定がなかったため、現に附属定款を以って総会の会日の七日ないし一〇日前までに会社に委任状を提出すべき旨を定め、会社法が議決権の代理行使を株主に認めた趣旨をまったく没却するような弊害が少なくなかったことから、現行イギリス会社法では、委任状の提出期限を総会の開催時間前の四八時間以内に制限し、それよりも前に設定することを禁止している。(73) これを受け、実務では、総会開催時刻のちょうど四八時間前までに委任状を提出するよう附属定款で定めるのが一般的である（付表A六二条参照）。

(e) 委託の撤回　議決権の代理行使に関しては、株主が一旦与えた議決権行使の代理権を撤回できるかどうかが問題とされている。イギリスのコモンローでは、衡平法上のモーゲージ権者（equitable mortgagee）または名義書換未了の株式譲受人が議決権行使の代理人とされるなど代理人が自己の利益を確保する手段として名簿上の株主の代理人となり議決権を行使するケースのように、有価約因（valuable consideration）として代理権が付与された場合を除き、株主は何時でも議決権行使の委託を撤回でき、その際、新たに別の者を代理人として選任することもできると解されている。(74) また、株主が代理人を選び授権した後に自ら株主総会に出席し議決権を行使することもできるとされており、その場合は黙示の委託撤回があったものとして扱われ、株主本人による議決権行使の方が優先してカウントされることとなる。(75) さらに、株主の死亡、破産または精神障害（unsound mind）の場合は、それにより代理人の権限は消滅するが、いずれにせよ附属定款では、会社が株主による委託の撤回または株主の死亡・破産もしくは精神障害による代理権の消滅について当該総会前に通知を受けない限り、会社が代理人による議決権行使を認めても免責される旨を定めることが少なくない（付表A六三条）。

ちなみに、株主が議決権行使に関し内容的に矛盾する複数の委任状を作成し会社に提出している場合、議長または開票検査人はいずれを有効な委任状として扱えばよいのか。イギリス法上は最新委任状優先のルール（latest arriving rule) が確立しているが、郵便の到達日時や委任状記載の日付が時間の先後関係を判断する決定的基準となりうるかどうかが必ずしも明らかでないため、この場合の処理方法をできる限り附属定款に定めておくことが望ましいとされており、次のような対応策が示されている。第一に、委任状に日付がある場合は、最新の日付のあるものを優先する。第二に、日付がない場合は、最新の署名があると判断されるものを有効な委任状として扱う。第三に、日付がなく、しかもいずれが最新の署名のある委任状であるかの判断がつかないときは、いずれの委任状も無効として扱い、当該株主にかかる議決権の代理行使をすべて認めない。第四に、新しい委任状が所定の期限までに会社に提出されなかった場合も先の委任状を撤回する効力を有するから、当該総会が延会とされたとき、または一株一議決権による投票が日を改めて行われるときは、時期に遅れた新しい委任状が延会または投票において優先する。第五に、最初の委任状が撤回不可とされる場合は、当該代理人が権利行使を主張する限り、その後交付された委任状ではなく、当初の委任状を優先すべきである、と(76)。

④　書面投票の可否

イギリス法上、株主総会における株主の議決権行使の方法については、基本的に当該会社の附属定款の定めによるとされているから、定款に明文の定めがある場合は、株主は書面投票（voting by polling paperまたはpostal voting)を行うこともできると解されている(77)。実務上は、株式会社において株主の書面投票を許容する定款規定を置くことは極めて稀であるとされているが、保証有限責任会社（company limited by guaraantee）として設立される職業団体にあってはこの種の定めを定款に置くことも珍しくないとされている(78)。

ところで、イギリスでは株主の書面投票が会社法上の制度として規定されていないことに対し、かつてジェンキンズ委員会が、総会に出席しない株主の議決権行使の機会確保の手段として書面投票制度の導入の是非を検討したことがあったが、この制度導入により株主総会が却って討議の場としての実質を失いかねないことを理由に、その制度化の勧告を見送った経緯がある。[79] 近時も、ハンペル委員会報告書が、公開会社の年次株主総会の実情を踏まえて、公開会社ではすべての株主総会決議について書面投票制度を導入すべきかどうかを検討しているが、やはりその導入が年次株主総会開催の意義を否定しかねず、現段階では時期尚早として提案を見送っている。[80] おそらく、団体法の一般原則に則り株主総会についても株主本人の挙手による決議を採決の原則的方法とするイギリス法からすれば、株主本人が出席せずして決議に参加する書面投票は認めにくかったのであろうし、株主総会における議論こそ株主意思の形成の前提条件として必要であるとの認識なのであろう。ただ、イギリス会社法自体が二〇〇〇年一二月の改正で議決権行使委任状の電子的通信方法による提出を認めるに至ったうえ、貿易産業省が公開会社における年次株主総会省略の可能性を立法論として示唆していることを勘案すると、政府が今後も、会議の実質が失われることを理由に書面投票の制度化を見送るとも思えない。その意味では、比較的近い将来にイギリス会社法が明文を以って株主総会における書面投票制度を導入することとなるのではなかろうか。[81]

⑤ 法人代表者

イギリス法は、法人たる株主または債権者もしくは社債権者としての権利を行使する者として法人代表者(corporate representative) という制度を定めている。すなわち、会社法にいう会社を含めた法人が他の法人の構成員または債権者・社債権者である場合、取締役会その他の権限ある機関の決議を以って、当該法人の代表者として相応しいと判断する者を法人代表者として選任することができ(八五会三七五条一項)、この法人代表者は、株主等としての権利行使においては、代理人 (proxy) としてではなく本人そのものとして扱われる (同条二項)。したがって、法人代表者は、株主総会においては、代理人とは異なり挙手による決議の際も議決権を行使することができるし、公開会社の総会においては発言することもできる。

もっとも、法人代表者による法人株主のための議決権行使も代理行使にほかならないが、株主が自然人の場合と法人の場合とでこうした違いがあるのは、前者における議決権の代理行使が、株主が総会に欠席する場合の例外措置であるのに対し、法人については当然、自然人を使った議決権等の代理行使が不可避であるという本来的な差異によるものなのであろう（法人擬制説的）。ただ、現行法では、法人株主が同一の株主総会について複数の法人代表者（multiple representatives）を選ぶことを認めていないため（同法三七五条参照）、複数の委託者から委託を受けノミニーとして株式を保有し株主名簿に登録されている法人株主（custodian）が、議決権行使などに対し実質的な利害関係を有する委託者（beneficial owner）を法人代表者として総会に出席させようとする場合、すべての委託者にそうした便宜を提供できない憾みがある。そこで、英国年金基金協会（National Association of Pension Funds）は政府に、会社法を改正して法人株主が複数の法人代表者を選任できることとするよう提言しており、貿易産業省も概ねこの提案を支持している[82]。

(3)　株主の質問権

株主が議決権の行使を行う場合に十分な情報が必要であることはいうまでもない。したがって、会社法には明文の規定こそないが、イギリス法上、株主は当然に株主総会の会議の目的たる事項に関し質問権を有するものとされている[83]。コモンローによれば、株主の質問権の範囲は株主総会に上程される事項に関するものに限定される[84]が、実務上は、それが比較的広範に捉えられているようであり、株主は年次株主総会において会社の過去の業績、会社の成果および将来の業績予測（intended future performance）について質問を行うことができるものとする旨の最善慣行ガイドラインが公表されている[85]。イギリス法では、株主総会は年次計算書類・報告書の提出を受けるだけであり、その確定権を有するわけではないため、年次株主総会の最大の目的は任期満了に伴う取締役の選任ともいえる。それだけに、殊に年次株主総会は取締役に対する株主の信任が問われる場でもあることから、株主が会社の経営業績や今後の経営方針・業績予測にまで及ぶ広範な説明を取締役に求めることができるとされているのであろう。

なお、株主の質問権法定の要否が議論されているが、貿易産業省はこれを実務における最善慣行に委ねることとする旨の意見を表明している。[86] これと関連して、統合規範では、取締役会会長（chairman of the board）の責務として、監査委員会（audit committee）と報酬委員会（remuneration committee）および指名委員会（nomination committee）の各委員長を年次株主総会に出席させ株主からの質問に対して説明を行わせるよう要求しており、[87] 総会における株主の質問権の実質化を図るための努力が払われている。

(4) 議事録の作成・備置・閲覧と総会決議の公示・登記

株主総会決議が行われた場合、すべての株式会社は、欠席株主にも総会の審議の状況と結果がわかるほどの詳しさを以って議事の経過と要領を記載した、総会議長の署名のある議事録（minutes）を作成しなければならず、附属定款にその旨の明文の定めがあるときは、議事録が記載事項に関する最終的な証拠となる（八五会三八二条一項・二項）。その上で、当該会社は、議事録を編綴[88]して登録事務所に備え置き、これを株主の閲覧に供さなければならない。株主は営業時間内であればこれを無償で閲覧することができるほか、所定の費用を支払えば、七日以内に議事録の写しを交付してもらうこともできる（同法三八三条一項・二項）。ちなみに、株主による閲覧または謄写請求権の行使を会社が拒絶したときは、会社およびすべての有責役員が科料に処せられるほか、当該株主は、会社が株主の議事録閲覧・謄写請求に応じることを命ずる裁判所の命令を得ることができる（同条四項・五項）。なお、私会社において後述の書面決議（written resolution）が行われた場合も、議事録の作成・備置が要求され、株主の閲覧・謄写請求に供される点は変わらない（同法三八二A条一項・三項）。また、一人私会社の株主がその意思決定を以って株主総会決議に代えた場合は、書面決議の方法によらない限り、当該決定の内容を記載した書面を会社に提出しなければならない（同法三八二B条一項）。

ちなみに、株主総会決議のうち一定のものについては、決議後一五日以内に会社がその内容を記載した書面を会社登記官に届け出るとともに、当該決議後に交付されるすべての附属定款の写しに添付しなければならない（同法三八〇条一項・二項）。対象となる決議は、特別決議・臨時決議、後述する適用免除選択決議（elective resolution）またはその措置を撤回する決議、種類株主総会決議、新株または新株引受権付社債・転換社債の発行権限を取締役会に授権し、またはこれを変更・撤回・更新する普通決議、会社による自己株式の市場買付を取締役会に授権し、またはこれを変更・撤回・更新する普通決議、一九八六年支払不能法に基づく任意清算の決議である（八五会三八〇条四項a～d・f・h・i号）。当該決議の届出があったときは、会社登記官はこれを登記簿に記載しなければならない（同条一項）。

四　私会社の特例

(1)　会社法上の要件・手続の免除を選択する決議

イギリス法上の株式会社の一形態である私会社（private company）は、株主が少数であるうえに取締役を兼ねることが一般的であり、それゆえ株主は公開会社における と異なり会社経営に関与しているのが常態であるとされている。(89) これを踏まえ、一九八九年の会社法改正では、私会社について会社運営の簡素化・弾力化が一層推し進められることとなった。(90) その第一が、会社法上の要件・手続の免除を選択する適用免除選択決議（elective resolution）であり、私会社は株主全員一致の決議を以って会社法上要求される若干の要件・手続の適用免除を選択することができる（八五会三七九A条一項）。この決議に際しては、二一日前の通知（株主全員の同意があれば短縮可能）と、その通知においてかかる決議を行う旨をその内容とともに明示することが必要とされるが（同条一項・二項)、この決議により適用免除を選択できるのは、以下の事項である。

(ア) 第一に、イギリス法上、取締役会の新株発行権限は株主総会決議または附属定款により授権されるものであるとともに(同法八〇条一項)、その期間は五年を超えることを得ないが(同条四項)、適用免除選択決議によれば、私会社ではこの授権期間を無期限または期限付きで延長することができる(同法八〇A条一項・二項)。

(イ) 第二に、私会社は適用免除選択決議により、年次計算書類・報告書を株主総会に提出すべき義務(同法二四一条一項)の免除を受けることができる(同法二五二条)。但し、この場合も、年次計算書類・報告書の写しは毎営業年度ごとに、右決議がなければ株主総会に提出され株主・債権者に送付されていなければならない最終期限の日より二八日以上前に当該会社の株主・社債権者にこれを送付しなければならず、その際、株主に対しては、年次計算書類・報告書の総会提出を請求することのできる権利が各株主に留保されている旨を併せ通知しなければならない(同法二五三条一項)。ちなみに、年次計算書類・報告書の送付後二八日内は、当該会社の株主または会計監査役(選任されている場合)は書面を以って、年次計算書類・報告書の提出を受けることを目的とする株主総会の招集を会社に請求できる(同条二項)。その場合、取締役会は、請求後二一日以内に、招集通知の日より二八日以内の日を会日とする株主総会を招集することを要し、これを懈怠すると、請求した株主または会計監査役が三ヶ月以内であれば、株主総会を自力招集することができる(同条三項・四項・六項)。

(ウ) 第三に、私会社は適用免除選択決議により年次株主総会の開催義務(同法三六六条一項)の免除を受けることができる(同法三六六A条一項)。但し、各株主は単独株主権として、当該年度末の三ヶ月前までであれば年次株主総会の招集を請求することができ、その場合、会社はその年度内に年次株主総会を招集しなければならない(同条三項・四項、三六六条一項)。

(エ) 第四に、臨時株主総会それ自体と特別決議を目的とする臨時総会の招集通知期間は、当該総会への出席権と議決権ある株式の九五％以上の株式を有する株主の同意があるときはこれを短縮できるが（同法三六九条三項b号・四項a号）、この要件を、適用免除選択決議を以って九〇％を下らない範囲で引き下げることができる（同条四項後段、三七八条三項後段）。

(オ)　第五に、会計監査役の選任されている私会社は毎年、会計監査役を年次計算書類・報告書が提出される株主総会において選任することを要するが、適用免除選択決議によってこの手続を省略し、会計監査役の任期を自動更新させることができる（同法三八六条一項・二項）。

なお、この適用免除選択決議の制度は、もともと所有と経営が一致する中小規模の私会社を主たる対象として導入されたが、このほかにもベンチャー・キャピタルなど機関投資家が発行済株式総数の大半を保有しながら、自己の利益確保の必要がある場合を除き会社経営に影響力を行使しようとしない場合や、合弁企業、親子会社・企業グループにおける従属会社管理にとっても有用性を発揮しうるとされており、その機能領域の拡大可能性が示唆されている。[91]　その際、とりわけ年次計算書類・報告書の総会提出義務の免除と年次株主総会の開催省略措置とを併用することが実務上有益であるとされている。[92]　わが国でも「商法・有限会社法改正試案」（法務省、昭六一）の二2(注)1において、親子会社や合弁会社などのように親会社や大株主による経営指揮・監督のもと組織的な経営管理が行われている場合における子会社等の経営管理機構のあり方について、その実体に見合った特別の取扱いを認めることが立法論として提案されていた。それだけに、こうした射程を持つイギリス会社法上の私会社向け特例は、わが国の会社法制にとっても示唆に富む立法措置といえよう。

(2)　書面決議

イギリスのコモンローでは、総会に出席し議決権を行使し得る株主全員の同意があれば、総会決議にかかるすべての手続要件は遵守されたものと見なすこととする法理（unanimous consent rule）が認められてきた。しかし、

Re Barry Artist Ltd ［1985］ 1 W.L.R. 1305において、Nourse判事が、総会の特別決議と裁判所の承認とが要求される資本減少につき、株主全員の同意を以って株主総会の決議に代えた場合には裁判所としては承認を与えるつもりがない旨を判示したことから、上記法理の適用範囲をめぐり解釈上の疑義が生じた[93]。そこで、一九八九年会社法はこうした解釈上の疑義を取り除き、すべての私会社がほとんどあらゆる総会決議事項を会議体によらずに決定できるようにするため、総株主の同意があれば、取締役・会計監査役の解任決議を除き、書面決議によることができるものとした（八五会三八一A条、同法第一五附則一条）。

なお、貿易産業省は現在この要件の緩和を提案しているが[94]、この措置はあくまで株主総会の開催省略を認めるにとどまるものであるから、決議前または決議に際し必要書面の交付もしくは備置または総会での必要事項の開示が併せ要求されている決議事項（株主の新株引受権の排除決議（八五会九五条五項）、自己株式取得にかかる金融援助の承認決議（同法一五五条）、自己株式の市場外買付等の承認決議（同法一六四条・一六五条・一六七条）、資本減少を伴う株式償還または株式消却の承認決議（同法一七三条）、五年を超える取締役の任用契約・業務担当契約の承認決議（同法三一九条）、取締役の職務遂行費用の償還に対する承認決議（同法三三七条））に関しては、当該手続の遵守が求められる（同法第一五A附則二条二項）。総会での必要書類の閲覧・必要事項の開示は、これを事前の書類交付を以って行うものとされる。

また、書面決議を行う場合、それと同時かまたはその前に、取締役または秘書役が、会計監査役に対し決議内容の写しを送付するかまたはその内容を通知しなければならない（同法三八一B条一項）ほか、株主に対する書面交付が要求されるときはその写しを会計監査役に交付することも必要となる（同法三九〇条二項）。書面決議が行われた場合も、議事録を作成することを要するほか（同法三八二A条一項）、特別決議・臨時決議または適用免除選択決議を書面決議によって行ったときは、その内容を登記しなければならない（三八〇条一項）

五　イギリス法における株主総会のＩＴ化

(1)　法改正の経緯と目的

イギリスでは、企業活動における情報通信技術（ＩＴ）またはエレクトロニクス技術の利用が急速に進展・普及しているが、こうした状況を背景に貿易産業省は一九九九年三月五日に「電子通信：一九八五年会社法の改正」と題する諮問文書を公表し[95]、一九八五年会社法を改正して、会社が株主に交付することを要する一切の文書を、株主との合意に基づきインターネットやファクスなどの電子的通信方法により送信できるようにすべきかどうか、株主が議決権の代理行使にかかる委任状を電子的通信方法により提出することができる旨を規定すべきかどうか、さらに、会社庁（Companies House）での会社設立手続等を電子的通信方法によって行えるようにすべきかどうかに関して意見照会を行った[96]。その結果、この構想を支持する意見が圧倒的多数であったことから、同省はその起草にかかる電子通信法案（Electronic Communications Bill）に、政府ないし貿易産業大臣がこうした構想を推進する上でその妨げとなる法的障害を解消できる一般的権限を盛り込むこととし、同法案が成立すれば、この権限を行使して所要の会社法改正を実施するための省令（an Order amending the Companies Act 1985）を公布することとした[97]。そこで、貿易産業省は、同法案の議会審議中に、諮問文書「会社にかかる電子通信：電子通信法案に基づく省令」[98]を公表して省令案を提示し、意見照会を行った上で、二〇〇〇年五月二五日における電子通信法の成立を受け、同法八条および九条による権限に基づいて同年一二月二一日に「一九八五年会社法に関する二〇〇〇年（電子通信）令」[99]を制定し翌二二日から施行することとなった（以下、電令と略称）。

この改正により、会社設立および再登記、会社登記官への書面交付、年次計算書類・報告書の送付、株主総会の招集通知、委任状提出など会社法上要求される一定の文書・情報の提供が書面によらず電話・ファクスまたはインターネットという電子的通信方法により行えることとなった。もっとも、改正前も実務ではすでに一部の会社が株主に対して発する招集通知や株主による委任状提出等にインターネット・ファクス・電話の利用を認めており、改正前会社法のもとでもこうした取扱いが可能であるとする学説[100]も有力であったが、解釈上の疑義を取り除き法的安定を図るため、貿易産業省は右改正を実施したものである。ちなみに、右省令は会社が書面の提出に代えて電子的通信方法によることができる旨を大枠として定めるにとどまっている。そこで、貿易産業省は、特に株主総会の招集通知・年次計算書類等の送付および委任状提出を電子化した場合の具体的な手続や処理方法について実務指針を策定・公表するよう英国勅許秘書役・事務局長協会（Institute of Chartered Secretaries & Administrators）に付託した。これを受け同協会（以下、ＩＣＳＡと略称）は、意見照会を経て「最善慣行ガイド：株主との電子通信」[101]を公表し（以下、ガイドと略称・引用）、これに従った処理を各会社に勧告している。

(2)　二〇〇〇年会社法改正に基づく株主総会運営のＩＴ化

①　招集通知の電子化

(ア)　招集通知の電子化　従来イギリス会社法では、株主総会の招集通知を書面で行うことを要求していたが（改正前八五会三六九条）、今回の会社法改正では招集通知を電子的通信方法により送ることができる旨が明記された。第一に、会社は、株主との個別の合意があることを条件として、書面に代えて、株主から通知を受けた招集通知受領のための専用アドレスに対して電子的通信方法を用いて招集通知を送信することができる（電令一八条二項・八五会三六九条四A項）。第二に、会社は所定の招集通知期間の初日から総会終結の日まで会社のウェブサイト（web site）上に招集通知を掲示した上で、会社と株主間の合意を以って、当該株主が当該ウェブサイト上に掲示された招集通知にアクセスできることとし、その旨と当該サイトのアドレスおよび当該サイト上における招集通知の掲示場所ならびにそのアクセス方法を、当該株主と会社間において合意した方法で所定の期日までに通知した場合は、書面による招集通知が発せられた場合と同等に扱われる。この場合、株主にはウェブサイト上で招集通知を見読できる旨の通知（notification of availability）のみが行われることとなるが、この通知には、株主総会の招集通知に関するものである旨と、当該株主総会の会場・日時、および、年次株主総会と臨時株主総会との別を明示しなければならない（電令一八条二項・八五会三六九条四B項・四C項）。

ちなみに、利用可能な電子的通信方法の態様について、改正法はこれを二〇〇〇年電子通信法にいう電子的通信方法と定義付けており、電話とファクスおよびインターネット（Eメール）、さらにCD－ROMやカセットテープの送付をも含むとしている（電令二九条二項・電子通信法一五条一項）が、実際には電話・ファクス・インターネットが用いられよう。ただ、受け手のキャパシティと時間効率のほかインターネットにおけるウィルス感染の危険を考えて、会社は招集通知等をウェブサイト上で見読できる旨のEメールを、当該会社のウェブサイトに簡単にリンクできる（ガイド・七・三（パラグラフ番号：以下同じ））ようにして送るだけとし、株主がそれを通じて招集通知等を見読する方法がとられることとなろう（ガイド・三・一一、三・一二参照）[102]。ともあれ、いずれの方法によるかは会社と各株主間の合意に基づく任意選択とされているから、電子的通信方法の利用に同意しない株主については、年次計算書類・報告書の送付、議決権の代理行使にかかる委任状の提出も含め書面によることとなる[103]。

なお、今回の改正では、附属定款に書面による招集通知との定めがあるときも、会社は附属定款の変更を行わずに電子的通信方法を利用できることが認められている。付表Aでも右改正にあわせて関連規定が、電子的通信方法を含むものと改正されているので、附属定款を以って付表Aの規定を修正または排除していない会社は改正付表Aの適用を受けて電子的通信方法を利用できるものとされている（電令一八条二項・三二条一項・第一附則一条・六条、八五会三六九条四E項・四F項）。

(イ) 電子的通信方法利用の勧誘と方法の選択・登録　電子的通信方法の導入に際しては、実際には会社が電子的通信方法を利用できる環境を整備した上で、各株主に対し会社からの招集通知その他の文書の送付手段として書面による方法と電子的通信方法とを選択枝として示してそのいずれかを選択するよう勧誘し（ガイド・四・五参照）、これに対する各株主の同意を取り付けることとなる。その際、会社は、最初は、どのような文書がどのような方法で利用できるのかに関する詳細と、それぞれの方法を利用するにあたっての手続とを説明した書面を、各株主宛てに郵送すべきものとされ（ガイド・四・四）、書面の送付を受けている株主に対しては、少なくとも毎年一回は、年次株主総会の招集通知の際に電子的通信方法の利用勧誘を継続して行うことを奨励されている（ガイド・四・八）。いずれにせよ、この利用勧誘文書には、株主が電子的通信方法として選択した方法の登録手続に関する説明と、登録内容の通知用の電話番号・ファクス番号またはEメール・アドレスまたは直接登録が行えるウェブサイトのアドレスとを明記すべきものとされている（ガイド・五・一）。また、新たに株主名簿上の株主となった者に対しては、その都度、会社が電子的通信方法の利用選択の機会を提供することとなるが、その際、株主名簿の名義書換後三ヶ月以内に、当該会社の株主向け電子的通信の方針を記載した文書とともに上記内容の勧誘文書を送るべきであると勧告されている（ガイド・五・三）。

株主が電子的通信方法の利用を選択しこれを招集通知と年次計算書類・報告書の送信方法として会社に登録する場合、電話とファクスの場合は一連の番号、インターネットの場合はEメール・アドレスとなるが、ともかく法律上これが、会社が株主宛てに書類・文書を送るべき住所（address）として扱われ（電令一八条二項、八五会三六九条四G項）、会社がこの届出住所に宛てて所定の方法で通知等を行えば免責されるものである（電令三二条二項・同第一附則八条、改正付表A一一五条）。ちなみに、株主の地名表示としての住所は株主名簿の必要記載事項とされているが（八五会三五二条二項a号）、電子的通信用に株主から提供された番号またはEメール・アドレスと、会社が株主のセキュリティおよび本人確認用に交付した株主番号は、株主名簿の記載事項には含めず閲覧の対象としないこととされている（ガイド一四・五）。

(ウ)　電子的通信方法による通知の発出・到達証明　会社からの通知等の手段として株主が電子的通信方法の利用を選択した場合、会社は、免責を受けるためにも招集通知を所定の方法により発出したことを証明できるようにしておく必要があるとされている。たとえば、電話の場合、会社は電話連絡をしたすべての株主に関する通信内容と通信日時とを証拠用の記録として保存すべきものとされ（ガイド・八・六）、ファクスが利用された場合は、会社は通信記録を通知等の発出証明として保管すべきものとされる（同・八・七）。他方、Eメールの場合、会社は、Eメールを送付した株主の総数と各受領者を記録するシステムを稼動させることを推奨されているが（ガイド・八・八）、現在、相手方にEメールが到達したこと、さらには相手方が届いたEメールを開いたことまでも分かる自動確認システムがあるので、実務上はこれを利用することになろう。(104)

なお、会社が株主との合意に基づく電子的通信方法によっては所要の通知等を送信することができなかった場合（例えば、サーバ故障、通信故障等）は、四八時間以内に再度、同様の方法で送信を試みることとし、それでも送信不能であるときは、その理由と必要事項を記載した書面を株主に対して送付すべきものとされている（ガイド・八・一〇）。いずれにせよ、会社は、株主が登録・通知した郵便住所など専用アドレスに宛てて通知等を発出することで免責されることとなるほか、不達であることが会社側に判明しないときは、通知等の発出時間から四八時間の経過を以って相手方に到達したものと見なされる（電令第一附則八条、付表A一一五条）。

②　年次計算書類・報告書の電子送達

現行法では、会社は、前記の適用免除選択決議によらない限り、年次株主総会の会日の二一日前までに各株主・社債権者に対し年次計算書類・報告書の謄本を送付しなければならない（八五会二三八条）。実務上、これらの書類は株主には年次株主総会の招集通知とともに送付されるのが一般的であるが、今回の改正では、会社は株主との合意に基づき、所定の電子的通信方法を利用して年次計算書類・報告書を送信することができ、それを以って「謄本の送付（郵送）」に代えることができることとなった（電令一二条、八五会二三八条四A項）。実際には、会社のウェブサイト上に年次計算書類等を掲示する方式がとられることとなろうが、この方式による場合は、招集通知の場合と同様、会社は年次株主総会の会日より二一日以上前の日から総会終結の日まで会社のウェブサイト上に年次計算書類・報告書を掲示した上で、株主が当該ウェブサイト上に掲示された年次計算書類・報告書を見読できることとし、その旨と当該サイトのアドレスおよび当該サイト上における年次計算書類等の掲示場所ならびにそのアクセス方法を、当該株主と会社間において合意した方法で当該総会の会日の二一日以上前に通知（Eメール）すれば、所要の手続が履践されたこととなる（電令一二条、八五会二三八条四B項）。

このほか、すべての株主・社債権者は会社の最終の年次計算書類・取締役報告書・会計監査役報告書の謄本を無償で送付するよう会社に請求できるが（八五会二三九条）、この場合も、会社は、株主等が会社に通知した専用アドレスに宛てて電子的通信方法によって当該書類を送信することができる（電令一三条、八五会二三九条二A項）。

③　委任状提出等の電子化

(ア)　委任状提出等の電子化　　今回の会社法改正では、株主は議決権の代理行使に関し、代理人の選任と各議案に対する賛否の指示を、会社から通知された専用のインターネット・アドレスまたはファクスもしくは電話番号に宛てた電子的通信方法によっても行うことができることとなった（電令一九条一項・二項、八五会三七二条二A項・二B項）。現実にこうした手段を採用できるのは比較的規模の大きな会社であろうが、現行法では、株主総会を開催することとなるすべての株式会社においてこの仕組みを採択できるものとしている。また、会社が議決権代理行使の委託の方法の一つとして電子的通信方法を導入している場合、これを利用する株主は、招集通知と年次計算書類・報告書を電子的通信方法により受領している株主に限定されるわけではなく、書面でこれら書類を受ける株主も電子的通信方法により議決権の代理行使を行うことができる。そのため、会社は、そのウェブサイト上に電子委任状サイト（electronic proxy form）を設け、そこに、(i)委任状を送信すべきアドレスないし番号、(ii)電子的通信方法を用いて送信される委任状は、会社がそのために用意したアドレス等に宛てて送信された場合に限り有効となる旨の注意書き、および、(iii)可能な場合は、所定の本人確認手続を履践することを条件に、電話により議決権行使の委託が行える旨の通知も記載すべきであるとされている（ガイド・一〇・二）。

ちなみに、電子的通信方法による委任状の提出は議決権行使という法効果と関連するため、株主のなりすましや無権利者の介入を防ぐため、株主本人であることを確認する手続が必要となる。会社法自体はこれを定めていないが、ＩＣＳＡのガイドでは、会社はすべての株主に対し、当該株主専用の識別手段（株主番号またはパスワードとユーザーＩＤ）を配布し、株主はこれを使って専用ウェブサイトへのログオン、オンライン上の委任状サイトへの記入、ダウンロードした委任状への記入などを行うとともに、電話の場合はこれを本人確認の手段として用いることとするよう勧告している（ガイド・一〇・四）。この識別手段もやはり、株主のＥメール・アドレスなどと同様、株主名簿の記載事項とはされない（ガイド・一四・四）。なお、電子的通信方法による委任状提出の場合も、書面による場合と同様、代理人に対し投票（poll）請求権を付与する旨の授権を含むものと見なされる（電令二〇条、八五会三七三条二項の改正）が、電子的通信方法による議決権代理行使の委託・指示は招集通知等の交付と同様、暗号化しなければならない必要性が認められないとされており、ハッカーによる改ざんに対するセキュリティさえ確保されていれば十分と考えられている（ガイド・一三・二―一三・五）。

ともあれ、株主がこうした専用識別手段を用いて本人確認手続を済ませた上で、インターネットその他の電子的通信方法を用いて議決権行使の委託を有効に行うには、書面による場合と同様、所定の期限までに上記手続を完了させておくことが必要となる。また、書面による場合と同様、株主本人は、原則として、総会で代理人が議決権の代理行使をするまでの間は委託を撤回することができるが、問題はその場合の処理方法である。第一に、電子的通信方法により議決権行使の委託または指示を行った株主が同じ方法でそれを撤回し、新たな委託・指示を行う場合には、着信履歴が登録・表示・保存されるし、通常は最新のものが上書されることであろうから、あまり問題はない。第二に、電子的通信方法を用いて議決権行使の委託または指示を行った株主が、郵送書面を以って委託・指示を撤回し新たな委託・指示を行う場合も、書面の到達の方が時間的に遅いことから、判例法ルールである最新委任状優先ルールにより処理することができよう。これに対し、第三に、当初は郵送した委任状用紙によって議決権行使の委託・指示を行った株主が、後日、電子的通信方法を以って委託等の撤回をした場合は、後者の方が先着することもあろう。その場合、会社に返送されてきた委任状用紙に日付の記載がなければ、いずれを最新委任状と認めるかの判断に窮することとなる。この点は、前述のように、各会社の附属定款を以って、手段を基準に電子的通信方法による委任状または郵送された委任状のいずれを優先させるかを定めざるを得ないこととなろうが、その際の優先順位については、イギリス法が書面と電子的通信方法とを選択的手段として捉えていることから、最終的には実務上の対応として各会社の判断に委ねられるべき問題であろう。

(イ) 議決権代理行使の方法としての電子的通信方法―現行法下における限界　新たに認められることとなった議決権代理行使の委託の電子化も、現行会社法のもとでは結局、株主からの授権ないし議決権行使の指示を電子的通信方法によって行うことを認めるものにすぎない。したがって、第一に、当該株主の意思を総会決議に反映させるためには、現に代理人が総会に出席しなければならないこととなる。イギリスの総会実務で一般慣行とされているように、株主が総会議長を代理人として指名すれば、代理人欠席による議決権行使の遮断という問題は生じないが、それ以外の者を代理人とした場合は、代理人は少なくとも総会に出席することを要するので、その限りで議決権代理行使の電子化といっても、その効用は限られたものとなりかねないであろう。また、議長による議決権の代理行使の場合も、株主の意思を正確に総会決議に反映させるかどうかは、必ずしも確かではない。その意味で、こうした電子的通信方法の利用は、わが国において構想されているように書面投票制度において行われるべきであろう。もっとも、貿易産業省はこうした問題を認識してか、その会社法改正構想において、電子的通信方法を用いた株主の直接的な議決権行使を認める旨の提案を行っており、(105)これが実現すれば右問題は立法的に解消されることとなる。

第二に、前述のように、イギリスでは、株主総会の決議がまず出席株主の挙手（一人一議決権）によって行われた上で、その後これに対し投票請求権が行使されて初めて一株一議決権による決議が行われることとなるが、議決権行使の代理人は挙手による決議には参加できず、投票請求権を行使してようやく代理行使の機会を与えられるものとされている。電子的通信方法を用いた議決権行使も、現行法下では代理行使の形をとるだけに、代理人が挙手による決議に異議を申し立てて投票を請求しない限り、総会決議に株主の意思が反映されず、その限りで、イギリスの電子化措置には限界が指摘されよう。ただ、この点についても、現在、貿易産業省が、議決権行使代理人についても挙手による決議に参加できるものとする旨の会社法改正提案を打ち出しており、これが実現すれば、右不都合も是正されることとなる。

⑤　私会社における利用

このほか、私会社については、第一に、適用免除選択決議によって年次計算書類・報告書の株主総会への提出義務の免除を受けている私会社において、株主（単独株主権）または会計監査役（選任されている場合）が年次計算書類・報告書の提出を受けることを目的とする株主総会の招集を請求する場合（八五会二五三条二項）、第二に、適用免除選択決議により年次株主総会の開催義務の免除（八五会三六六A条一項）を受けている私会社において株主が単独株主権として年次株主総会の招集を請求する場合（同条三項）はそれぞれ、当該請求を電子的通信方法によって行うことができるものとされた（電令一五条二項、八五会二五三条二A項。電令一七条一項・二項、八五会三六六A条三A項）。いずれの場合も、株主等が、会社が株主から通知・請求等を受けるために用意したアドレスないし番号（会社の専用ウェブサイト・アドレスもしくはEメール・アドレスまたはファクスもしくは電話番号）に宛てて所定の期間内に電子的通信方法により招集請求をすれば、書面による請求と同様の法的効果が発生する（八五会二五三条二A項・三項a号b、同項b号、四項、三六六A条四項）。

(3)　株主提案権電子化の可否

なお、今回の改正の過程においては、株主提案権の行使について電子的通信方法の利用を認めるかどうかも、併せ議論されていた。私会社においては、総会招集請求などの方法として書面の提出によらず電子的通信方法を利用できることとされているだけに、株主提案権についても同様の取扱が理論的には可能であろう。しかし、少数株主権であるうえに通知費用の会社への供託を要する株主提案権については、複数の提案株主の本人確認における困難その他の問題を勘案し電子化を認めるに至っていない[106]。

結びに代えて――今後の展望

イギリス法における株主総会制度の改善・見直しのうち、私会社に関する手当ては相当程度実現されたということができる。もともとイギリス法自体が株式会社の管理運営機構については、こと会社内部の経営方式に関する限り、会社の実体に即した広範な定款自治を認めてきた経緯がある。現行法は、こうした規制の弾力性・柔軟性を私会社の株主総会制度について一層具体化させ、その特質に対応した法的枠組みを提供しているのであろう。

これにより、株主総会法制においても、公開会社と私会社間の規制面の区分が一層明確になったものである。とはいえ、これも私会社規制の一環として制度整備が行われてきたというにすぎず、公開会社の株主総会法制がいまだ整備ないし見直しの過程にあることを忘れてはならない。その面での制度改正が併せ行われて、初めて公開会社と私会社における株主総会法制の区分が実現することとなる。その意味で、イギリス法における株主総会制度改革は、今後は公開会社を主たる対象とし、コーポレート・ガバナンス全体の中での株主総会のあり方と権限、運営方法の見直しを中心課題として進められることとなるであろう。

この点、貿易産業省の構想では、公開会社にあっても年次株主総会の開催省略を認める方向での会社法改正を検討しているが、それが実現すれば、省略を選択した公開会社にあっては、株主相互間または株主と会社ないし会社経営者との間におけるコミュニケーションの方法にも大きな変化がもたらされることとなろう（インターネットを用いて随時行う会社からの情報提供ないし開示と株主の説明請求に対する回答など）。

他方、年次株主総会を開催することとした公開会社にあっては、近時のコーポレート・ガバナンス改革の一環として、会社法上も総会運営ルールの大幅な見直しが行われることとなろう。しかも、二〇〇〇年の会社法改正で明文を以って認められることとなった株主の議決権代理行使の電子化が今後さらに株主の直接的な議決権行使にまで及ぶこととなれば、株主総会のあり方を大きく変える契機ともなると思われる。もっとも、その際、株主総会は依然、出席株主間および株主と取締役間の討議に基づいて株主としての意思を形成していく場であるとの観念を維持する限り、こうした議決権行使の電子化も、少なくとも定足数を満たすだけの株主の出席する会議体としての株主総会が開催されていることを前提に、欠席株主の意向を反映させるための手段として把握されることとなるのであろう。現在、株主総会そのものの電子化も議論されているが、この立場では、株主総会の電子化といっても結局、本会場において現実に株主と取締役等の出席する会議体を開催した上で、これと第二会場などのサテライト会場とを双方向の動画付通信手段で接続するものとなろうし、これは現行法下でも行えると解されているので、その確認にとどまる。これに対し、公開会社の株主総会の実情を踏まえ、そこでの意思決定のためには必ずしも株主が一堂に会する必要がなく、十分な情報開示と説明がなされることを条件として各株主から個別に意思を確認し、それを集約したものを以って株主総会の決議と捉えるものとする、極めて割り切った考え方もあり得る。こうした立場に立てば、議決権行使電子化の普及・利用の度合いにもよるが、会議体としての株主総会をまったく招集・開催することなく、株主意思の決定を行うこと（いわゆるヴァーチャル総会）まで可能となるであろう。もとより、この問題は、公開会社のコーポレート・ガバナンスの全体的な枠組みの中で株主総会にどのような役割や位置付けを与えるのかというテーマとも密接に関わっているが、具体的な実現時期の如何は別としても、将来的にイギリス法は後者のアプローチにおいて株主総会そのものの姿を、その運営ルールも含め大きく変容させることになるのではなかろうか。

（1） J.H.Farrar & B.M.Hannigan, Farrar's Company Law, 4th ed., 1998, pp. 363-365., David Impey, Company Meetings, 24th ed., 1999, p. 5.

（2） 付表A（Table A）七〇条参照。ちなみに、付表Aとは、会社の管理運営にかかる具体的な手続・方法等を定める附属定款規定の雛型を定めたものであって、会社がその附属定款を以って付表Aの定めを排除または修正しない限り、自動的に当該会社の附属定款規定として適用される仕組みとなっている（八五会八条二項、一九八五年会社（付表A乃至F）規則二条）。

（3） イギリス会社法では、原則として取締役の選任権が株主総会に帰属するとされている。付表Aでもそれを前提とした定めを置いているし、実際上もそうした扱いが一般的であるが、附属定款に別段の定めを置くことで、例えば、大口債権者などに取締役の指名権・選任権を付与することもできるとされている。Palmer's Company Law, 25th ed., 1992, para. 8.006., J.H.Farrar & B.M.Hannigan, supra note 1, at 329-330.

（4）Department of Trade and Industry (hereinafter referred to as "DTI"), Modern Company Law For a Competitive Economy: Company General Meetings and Shareholder Communication, October 1999 (URN 99/1144), para. 17.

（5）キャドバリー委員会報告書（Report of the Committee on the Financial Aspects of Corporate Governance (1992) (hereinafter referred to as "Cadbury Report")）に始まるイギリスにおける公開会社のコーポレート・ガバナンス改革の背景・経緯と概要については、同報告書とグリーンブリー委員会報告書（Directors' Remuneration: Report of a Study Group chaired by Sir Richard Greenbury (1995) (hereinafter referred to as "Greenbury Report")）、ハンペル委員会報告書（Committee on Corporate Governance: Final Report (1998) (hereinafter referred to as "Hampel Report")）および統合規範（Committee on Corporate Governance: the Combined Code (1998) (hereinafter referred to as "Combined Code")）の翻訳も収録する日本コーポレート・ガバナンス・フォーラム編『コーポレート・ガバナンス―英国の企業改革―』（二〇〇一年、商事法務研究会）を参照。なお、イギリス法上の株主総会制度については、北村雅史「イギリス会社法における株主総会に関する規整」商事法務一五八四号一八頁以下の参照。

（6）J.H.Farrar & B.M.Hannigan, supra note 1, at 310., Robert R Pennington, Company Law, 7th ed., p. 836. 上場規則によれば、自己株式取得または現金配当に代わる証書配当（scrip dividend）の取締役会への授権も、年次株主総会の通常付議事項とされている。ともかく、こうした区別を行う法的実益は、年次株主総会がもっぱらこの通常付議事項のみを扱うものとして招集された場合に、その招集通知には当該総会において付議すべき事項を明示する必要がないことと、株主としても、事前の通知なしに総会で通常付議事項に関する動議を提出できることにあるとされている（Pennington, ibid., p. 837)。

なお、現在進行中の会社法改正作業では当初、少なくとも年次計算書類・取締役報告書・会計監査役報告書の提出と会計監査役の選任、退任取締役の再任・新任取締役の選任、ならびに、取締役（会）の選任した仮取締役の承認はこれを年次株主総会において付議すべき事項として法定することが提案されていた（DTI, supra note 4, at para. 35)。しかし、この提案に対しては、年次総会で処理すべき事項をどのように決するかはこれを各会社の判断に委ねる方が適当であるとの意見が少なくなかったため、貿易産業省はその後、右提案を取り下げ、代わりにこの問題を実務ガイドラインにおいて規定すべき旨を提案している。DTI, Modern Company Law For a Competitive Economy: Completing the Structure, November 2000 (URN 00/1335), paras. 5.26-5.27.

(7) City/Industry Working Group, Developing a Winning Partnership (hereinafter referred to as "Myners Report"), September 1996 (URN 95/551), p. 12., J.H.Farrar & B.M.Hannigan, supra note 1, at 300., DTI, supra note 4, at para. 19.

(8) Myners Report, ibid., p. 12., DTI, ibid., paras. 20-22.なお、Paul L. Davies, Gower's Principles of Modern Company Law, 6th ed., 1997, p. 562.は、機関投資家は経営者との個別交渉が不調に終わった場合には最後の手段として年次株主総会での株主権行使に踏み切ることで取締役への影響力を確保できるのであるから、その意味で、年次株主総会を時間と金の浪費と断じるのは早計であると批判する。同旨、Mark Stock, Timothy Copnell & Christopher Wicks, The Combined Code: A Practical Guide, 1999, p. 121.

(9) Myners Report, ibid., p. 12., DTI, ibid., para. 23.

(10) Cadbury Report, supra note 5, at paras. 6.8, 6.11.

(11) Hampel Report, supra note 5, at paras. 5.13-5.22.

(12) Combined Code, supra note 5, at Pt.1: C2•E1, Pt.2: C.2-C.2.4•E.1-E.1.3.

(13) Myners Report, supra note 7, at pp. 12-13.

(14) DTI, supra note 4, at para. 26.

(15) DTI, ibid., para. 25.

(16) DTI, ibid., paras. 28-50.

(17) DTI, Modern Company Law For a Competitive Economy: Developing the Framework, March 2000 (URN 00/656), paras. 4.25-4.27.なお、総株主の同意があれば、公開会社でも年次株主総会を省略することは妨げない

とするが、これは主として公開会社の形態をとる完全子会社を想定した提案である（para. 4.28）。

(18) DTI, supra note 6, at paras. 5.18-5.19.

(19) DTI, ibid., para. 5.19.

(20) David Impey, supra note 1, at 6.

(21) DTI, supra note 6, at paras. 5.27-5.28, 6.89, 6.98.

(22) Pennington, supra note 6, at 832.

(23) Pennington, ibid., p. 834.

(24) Pennington, ibid., p. 834., Palmer, supra note 3, at para. 7.510.

(25) Board of Trade, Report of the Company Law Committee (hereinafter referred to as "Jenkins Report"), June 1962 (Cmnd. 1749), paras. 461, 468 (e)., DTI, supra note 4, at para. 52., DTI, supra note 6, at para. 5.37.

(26) Pennington, supra note 6, at 824.

(27) Palmer, supra note 3, at para. 7.410.

(28) イギリスの一九四八年会社法までは、招集通知の日から二八日以内という会日の期限が法定されていなかったため、請求を受けた取締役が、招集通知は遅滞なく発しながら、臨時株主総会の会日を相当先の日と設定することで遅延戦術をとることもできた。これを防止するために会社法を改正して会日の期限を法定すべきことが勧告され（Jenkins Report, supra note 25, at para. 458）、現行法のような定めとされた。Palmer, ibid, para. 7.406.

(29) Palmer, ibid., para. 7.406.

(30) Pennington, supra note 6, at 830., J.H.Farrar & B.M.Hannigan, supra note 1, at 813.なお、イギリスにおいてロンドン証券取引所上場株券について一九九六年から導入されている株券振替決済方式のCRESTシステムのもとでは、対象株式の譲渡は、オンライン上のデータの交換のみによって行われ、株券が不要とされている。このシステムには一九九五年有価証券の非券面化に関する規則（the Uncertificated Securities Regulations 1995）

が適用されるが、上場会社は当該会社の株式の譲渡に関し、附属定款の定めまたは取締役会の決議を以ってこのシステムに加入することができるとされている（同規則一五条一項・一六条二項）。取締役会決議による場合は、株主総会の普通決議を以ってこれを覆すことができ（同条六項ａ号）、また附属定款の定めによりCRESTシステムに参加している会社の株主も株券の発行を受けるかどうかについて選択権を確保されている。ともあれ、このシステムが利用される場合には、株主名簿上はノミニー名義とされ実質株主と一致しないことが多くなるため、株主総会の時点で実質的な株主である者の意思が総会決議に反映されにくくなる。

そこで、イギリスでは、CRESTシステム参加会社が、株主総会の招集通知を受くべき株主を確定する方法として、招集通知を発する日から遡って二一日以内の日を基準日として定めることを認めつつ（同規則三四条三項・四項）、その一方で、実質的な利害関係を有する株主として総会に出席し議決権を行使することを望む者の利益をできる限り確保するため、当該会社が、総会の招集通知において、株主総会に出席し議決権を行使するために株主名簿の名義書換を了しておくべき期限を設け（同条一項）、その時点までに株主名簿上の株主として登録があれば、それが招集通知の発送後であっても、当該株主に議決権の行使をさせることとしている。その際、なるべく総会の会日時点で実質的な株主である者に権利行使をさせようという趣旨であろうか、右の名義書換を了すべき期限は、当該総会の開催日時の前四八時間以内に設定しなければならないとされている（同項）。おそらく、この者は、招集通知の発送先確定の段階で株主名簿に登録されていたノミニーから招集通知など関係の必要書類を交付してもらうのであろうが、この点にかかる会社の免責を目的としてか、株主名簿上の株主に対し会社から招集通知等が発せられた後に株式譲渡を受け名義書換を了した譲受人は譲渡人の受けた通知に拘束されるとの定めを置くのが通例となっている（付表Ａ一一四条）。

(31)　David Impey, supra note 1, at 36.

(32)　付表Ａでは、clear daysという文言を使用していることがその理由である。Pennington, supra note 6, at 832. Mayson, French & Ryan on Company Law, 17th ed., 2000, pp. 234, 401.

(33)　DTI, supra note 17, at para. 4.44., DTI, supra note 6, at para. 5.30.

(34)　Palmer, supra note 3, at para. 7.503.

(35) Pennington, supra note 6, at 833.
(36) DTI, supra note 4, at para. 41.
(37) DTI, supra note 17, at para. 4.45.
(38) Pennington, supra note 6, at 835-836.
(39) Pennington, ibid., p. 837.
(40) Pennington, ibid., pp. 839-840. なお、上場会社の取締役会が趣意書を株主に送る場合は、決議事項に関する明確かつ適切な説明と、株主が合理的な意思決定を行うに必要なすべての情報のほか、趣意書に示された提案内容が株主全体の最善の利益に合致するかどうかの取締役会としての意見も含め、株主としてとるべき対応に関する取締役会からの勧告を趣意書に明記しなければならないとされている（上場規則一四・一条）。
(41) DTI, supra note 4, at para. 49., DTI, supra note 17, at para. 4.51., DTI, supra note 6, at paras. 5.34-5.35.
(42) DTI, supra note 4, at para. 49.
(43) DTI, supra note 17, at para. 4.53.
(44) Pennington, supra note 6, at 845.
(45) Pennington, ibid., p. 846.
(45) Pennington, ibid., p. 846.
(46) The Companies (Single Member Private Limited Companies) Regulations 1992.
(47) なお、株主の議決権については、附属定款を以って複数議決権株式を定めることもできるとされているが、上場会社は上場規則によりこれが禁止されている。
(48) Palmer, supra note 3, at para. 7.610.
(49) Board of Trade, Report of the Committee on Company Law Amendment (hereinafter referred to as "Cohen Report"), June 1945 (Cmd. 6659), para. 124.

(50) Palmer, supra note 3, at para. 7.612. 付表A五四条参照。

(51) Palmer, ibid., para. 7.611.

(52) Pennington, supra note 6, at 851.

(53) Pennington, ibid., p. 851.

(54) Palmer, supra note 3, at para. 7.612., Pennington, ibid., p. 853.

(55) Hampel Report, supra note 5, at para. 5.14 (b).

(56) Palmer, supra note 3, at para. 7.612.

(57) Harben v. Phillips (1883) 23Ch.D. 36.

(58) Cohen Report, supra note 49, at para. 133., A.B. Levy, Private Corporations and Their Control Part II, 1950, p. 652., Paul L. Davies, supra note 8, at 579.

(59) A.B. Levy, ibid., pp. 652-654.

(60) Palmer, supra note 3, at para. 7.613.

(61) Jenkins Report, supra note 25, at paras. 462, 468 (f).

(62) 付表A四二条。 Palmer, supra note 3, at para. 7.606.

(63) Mayson, French & Ryan, supra note 30, at 408.

(64) Harben v. Phillips (1883) 23Ch.D. 22, 36.

(65) Cohen Report, supra note 49, at para. 133.

(66) Jenkins Report, supra note 25, at paras. 463, 468 (g).

(67) DTI, Shareholder Communications at the Annual General Meeting, April 1996 (URN 96/685), paras. 4.12, 4.15., DTI, supra note 4, at para. 50.

(68) DTI, supra note 4, at paras. 45, 50., DTI, supra note 6, at para. 5.36.

(69) Pennington, supra note 6, at 854.

(70) Pennington, ibid., p. 854.

(71) Pennington, ibid., p. 854.

(72) Donald B Butcher, “Reform of the General Meetings”, in Saleem Sheikh & William Rees eds., Corporate Governance and Corporate Control, 1995, ch. 11, p. 236.

(73) A.B. Levy, supra note 58, at 652., Pennington, supra note 6, at 838.

(74) Palmer, supra note 3, at para. 7.615., Pennington, ibid., p. 839., David Impey, supra note 1, at 79.

(75) Cousins v. International Brick Company, Limited ［1931］ 2 Ch. 90, C.A., Palmer, ibid., para. 7.615., Pennington, ibid., p. 839., David Impey, ibid., p. 80.

(76) David Impey, ibid., pp. 79-80.

(77) L.C.B. Gower, Principles of Modern Company Law, 3rd ed., 1969, pp. 494-495., Palmer, supra note 3, at para. 7.612., Pennington, supra note 6, at 854., McMillan v. Le Roi Mining Company, Limited ［1906］ 1 Ch. 331.この事件では、当該会社の附属定款に書面投票を認める旨の定めがなかったため、書面による議決権行使が無効と判示されている。

(78) Gower, ibid., p. 494.

(79) Jenkins Report, supra note 25, at para. 460.

(80) Hampel Report, supra note 5, at para. 5.14.

(81) イギリス会社法における書面投票の制度化の可能性・必要性はすでにガワー教授が唱えておられたが（Gower, supra note 77, at 494-495.）、現在、貿易産業省も議決権行使の電子化が議決権の代理行使に代替することを示唆している。DTI, supra note 4, at para. 46.

(82) DTI, supra note 67, at paras. 4.2-4.11.

(83) J.H.Farrar & B.M.Hannigan, supra note 1, at 310., DTI, ibid., para. 3.2.

(84) J.H.Farrar & B.M.Hannigan, ibid., p. 310., DTI, ibid., para. 3.2.

(85) Institute of Chartered Secretaries and Administrators (hereinafter referred to as "ICSA"), A Guide to Best Practice for Annual General Meetings, 1996, Section 2.6.

(86) DTI, supra note 67, at para. 3.12.

(87) Combined Code, supra note 5, at Pt.2: C.2.3.

(88) 議事録は、これを製本するか、または、偽造などに対する適切な防止策が講じられていればルーズ・リーフ形式としても構わないし（一九八五年会社法七二二条一項・二項）、コンピュータにデータとして保存することも認められる（同法七二三条）。

(89) Pennington, supra note 6, at 997. なお、イギリス法上の私会社制度については、酒巻俊雄「イギリス法上の私会社制度の変容」酒巻俊雄・奥島孝康ほか著『現代英米会社法の諸相（長濱洋一教授還暦記念）』（一九九六年、成文堂）一頁以下を参照。

(90) 改正の経緯と改正法の詳細については、砂田太士「書面決議制度と任意選択制度—英国会社法における私会社規制の緩和」福岡大学法学論叢三六巻一・二・三号九三頁以下を参照。

(91) Pennington, supra note 6, at 1020-1021., 砂田・前掲（注90）一〇九—一一〇頁。

(92) Palmer, supra note 3, at para. 7.405.

(93) Palmer, ibid., para. 7.715.

(94) DTI, supra note 6, at para. 2.11.

(95) DTI, Electronic Communication: Change to the Companies Act 1985, March 1999 (at http://www.dti.gov.uk/CII/elec/elec_com.html).

(96) DTI, ibid., para. 2.1.

(97) DTI, Summary of Responses to the Consultative Letter on Electronic Communication: Change to the Companies Act 1985, para. 1.1. (at http://www.dti.gov.uk/cld/elecsumm.html).

(98) DTI, Electronic Communications for Companies: An Order Under the Electronic Communications Bill,

February 2000 (URN 00/626).

(99) The Companies Act 1985 (Electronic Communications) Order 2000. イギリス法における株主総会のＩＴ化については、拙稿「イギリス法における株主総会ＩＴ化の概観と日本法への示唆」中央三井信託銀行証券代行部・証券代行研究第七号を参照。

(100) David Impey, supra note 1, at 126., Verdun Edgtton, "Appointment of proxies by electronic communication: do companies have to wait for enabling legislation?", The Company Lawyer Vol. 21 No. 10, p. 295.

(101) ICSA, Electronic Communications with Shareholders, 2000.

(102) ICSA, Electronic Communications for Companies: A Discussion on Best Practice (A Consultative Document), 1 March, 2000, para. 26.

(103) DTI, supra note 98, at para. 6.

(104) ICSA, para. 49.

(105) DTI, supra note 17, at para. 4.59., DTI, supra note 6, at para. 5.39., ICSA, para. 9.2.

(106) DTI, supra note 97, at para. 2.5.

〔付記〕 本稿脱稿後に、DTI, Modern Company Law For a Competitive Economy: Final Report Vol. I・Vol. II, July 2001 (URN 01/942・01/943) に接した。

16 中国法上の株主総会と企業制度の改革

李　黎明

はじめに

中国における企業制度の改革は、企業財産にかかわる国家と企業の権利関係を中心に、工場長・経理責任制[1]、経営請負責任制[2]等の実験を経て、一九九四年の「中華人民共和国会社法」（以下会社法）の施行を契機に、新しい段階に入った。いわゆる現代企業制度を確立するために、中国企業の株式制導入改革[3]が推進されたのである。この中華人民共和国初の会社法には、内外から大きな期待がよせられている。しかし一方では、施行から五年の歳月が経ったいま、なぜ株式制を導入した企業の状況が一向に改善されないのか、なぜ外国で成功した会社制度が中国ではあまり効果を発揮しないのかなど、困惑と疑問の声が出ているのも確かである。

市場経済制をとる国とは違い、中国における株式制導入は計画経済体制下の国有企業制度に対する改革であり、国有企業の組織形態の変更である。それゆえ、中国の会社法も、四〇年余り推進してきた社会主義公有制を原点とし、計画経済から市場経済への移行を背景とする独特の性格を持つものとなった。したがって、諸外国の一般的な会社法とはその内容規定にしても、実施態様にしても異ならざるを得ないのである。たとえば株主総会に関する諸問題についても中国会社法を取り巻く中国特有の社会制度を考慮する必要があり、単に会社法整備だけで問題は解決されるものではないといえる。

本稿では、与えられた題目と紙幅の範囲内で、まず最近の株主総会をめぐる中国国内の研究を紹介する。次に、中国会社法の特質および関連する機関構造の分析を通して、中国会社法および中国企業の実像と虚像を明らかにすることを試みる。そして最後に、今後の中国企業を取り巻く法整備と制度改革のあり方について私見を述べてみたい。

（1）　工場長・経理責任制とは、国が企業の生産指揮、経営管理等を工場長・経理に委任し、責任を負わせる一種の企業経営管理制度である。詳細は一九八六年の「全民所有制工业企业厂长工作条例」に規定されている。中国では、経理とは支配人のことを指す。

（2）　経営請負責任制とは、企業の国有的性格の不変を前提に、契約をもって、企業が政府からその経営管理を請け負い、責任をもって国への上納利潤額を確保する一種の企業経営管理制度である。一九八八年、「全民所有制工業企業承包企業経営責任制暫行条例」が公布、施行された。

（3）　株式制導入改革は、厳格に言えば伝統的な国有企業の会社形態への組織変更であり、会社化である。

一　中国の株主総会をめぐる研究

周知のごとく、中国ではこれまで生産手段の社会主義公有制を堅持してきた。現在でも外資系企業を除く国内企業、特に大企業はすべて国有企業であるといっても過言ではない。それゆえ、中国における国有企業の株式制改革は、実際のところ、従来の制度下における国有企業を、とりあえず株式会社に改組してしまうというところから着手されている。すなわち、国有企業の財産を評価して国家の純投資額を確定し、国が後述の国有株式を保有して国有株主になるというだけの改革にすぎない。つまり、従来の国有企業制度から新会社制度への転換は、国有財産〜国有株式〜国有株主〜株主総会という関係性を結節点とすることによって実現したのである。企業制度改革の難関はこの点にあった。こうした中国における株式会社発生の特殊性が、株主総会についての研究を複雑なものとしているのであろう。この方面の研究は比較的少ないのが現状である。

このような現状ではあるが、これまでの研究の中で具体的な問題点または立法課題としてよく指摘されるところをごく簡単にまとめてみたい。その内容は、主に国有株主は大株主であり、支配株主であるとの現実をふまえて、個人株主つまり小株主の権利を保護するために論じられるものが中心である。

1　会社法三七条では、有限会社の社員総会は社員全員から構成されると規定しているのに対し、一〇二条では、株式会社の株主総会は株主から構成されると規定されている。すなわち、一〇二条は株式会社の株主総会には株主全員の参加が必要ではない、と解釈できる。この規定は実際的に小株主の株主総会における議決権を事実上考慮せず、大株主に有利なものとなっている。現に株主総会においては、故意に小株主を排除する例が少なくない。たとえば、珠海の恒通集団株式会社の一九九五年の株主総会では一万株以上の株式を保有することを株主総会参加の資格とした。また杭州大自然実業株式会社の規定によると、一〇万株以上を保有する株主が株主総会に参加する資格を有するとしていた。一〇二条の規定が、小株主の共益権の喪失を意味すると理解されているのはこのためである。もちろん小株主に議決権があったとしても、その行使によって会社の決議が影響を受けると考えるのは現実的ではない。しかし、小株主が総会に出席して意見を述べ、質問することによって、経営者に世論的圧力を加えることができる。中国の現状から見れば、この点が非常に重要であると考えられる。(1)

2　株主総会の開催について、定足数が定められていないこともよく指摘されるところである。会社法の前身である「株式会社規範意見」には、株主総会の定足数が定められているのに対し、現行会社法においては定足数の規定が削除されているのである。これは立法上の疎漏ではなく、大株主と経営者の会社支配に便宜を図るものであると指摘する意見もある。(2)一方で定足数について、比較法的検討をもとに現実に適した法規定を考えようとする意見もある。(3)

3　累積投票制をはじめ、大株主の議決権を制限する諸制度を会社法に盛り込むべきであるという意見が多く見られる。例を挙げると、有効に大株主の議決権を制限するために、株主の保有する株式数が一定基準を超えた場合、その超過する部分の議決権を八割引きか七割引きにするという意見や、(4)議決権累退制（たとえば、持株が一〇〇〇株以下であれば、一株一票にして、一〇〇〇株以上五〇〇〇株以下であれば、二株につき一票の議決権とし、さらに五〇〇〇株以上一〇〇〇〇株以下の場合は三株につき一票の議決権とする。そのかわり利益配当の際、議決権の制限に対する適当な補償をする。）の採用を主張するもの、(5)国有株をすべて優先株にして利益配当を優先させる代わりに、議決権を全面的に制限する、との意見もある。

4　議決権行使の方法を多様化すべきであるという意見である。現行会社法によると議決権を行使する方法は二通りある。一つは株主が自ら総会に出席し、議決権を行使する方法であり、もう一つは議決権の代理行使である（一〇八条）。これ以外に、書面投票制度も整備する必要がある。現実に一部の株式会社の総会はすでに書面投票の方法を採用しているが、まだ会社法にも、その他の法令にも規定されていないので、その適法性が問われている。今後会社法を改正する際、書面投票について、盛り込まれることが予想される。目下、書面投票制度および書面投票監督制度について詳細な研究が続けられている。(6)

5　瑕疵ある株主総会決議に対する株主の救済に関しては、中国会社法は一一一条をもって規定しているだけで、日本法のように株主総会決議取消しの訴え、決議無効の訴え、決議不存在の訴えを定めておらず、ごく原則的に、株主総会、董事会（取締役会）の決議が、法律、行政法規に違反し、株主の適法な権益を侵害した場合、株主は人民法院に当該違法行為と侵害行為の差し止めを求める訴えを提起することができると規定するのみである。この条文は提訴権者の持ち株比率を規定していないから、小株主でも提訴する権利があると解釈すべきであるが、手続き上のことは全く言及していないので、その実効性は疑問視されている。

以上、現に中国会社法上の株主総会に関する研究をごく簡単に紹介したが、その多くの問題については、まだ十分な研究がなされていないのが現状である。

（1）　史際春　国有企業法論（中国法制出版社一九九七年）三六八頁。
（2）　史際春　前掲三七三頁。
（3）　陈康华「论股东大会召开的障碍排除」法学一九九九年第一期。
（4）　張遠忠「再论少数股东权的法律保护」経済和法一九九八年第一期。
（5）　卢浄框・王詢・于立「政企分離与株式制企業中的国有股权」経済研究一九九三年第八期。
（6）　王保樹「株式会社組織機構的法的実態考察与立法課題」法学研究一九九八年第二期。

二　中国会社法の特質と株主総会

結論から言えば、中国会社法の特質は、公有制を堅持しようとするところにある。換言すれば、中国で推進されている株式制は、企業財政の公有性を堅持する会社制度であると言える。[1]

これは経済体制改革をリードする経済学者によって提起された政策であって、基本的には法的な観点に立つものではない。よって法的見地からみれば、不明確ではあるが、会社法においてはそれを反映する規定が多く、全体的な株式制改革案もそれを基礎にして作られたものであるとされている。

ここで、中国会社法の特質について、具体的にその株式構造を通じて見てみたい。

中国では、ほとんどの株式会社が、従来の国有企業から変更されたものであるから、発行する株式をその保有者の性格によって、「国家株」(国家の名義で投資を行う政府部門または機関が、株式制を導入する企業における国有資産を評価し、出資とすることによって受け取る株式)、法人株(法人が所有する株式、そのほとんどは、国有企業が自主的に使用できる国有資産をもって、他の株式会社に出資することによって形成された株であるから、法人株のほとんどが国有法人株と称される)、個人株(一般の自然人個人が保有する株)とに分けられる。そのうち、国家株と国有法人株は、究極的には国家所有であるから、国有資産株と総称されるが、一般的には国有株と略称される。[2]

厳密に言えば、これは株式の分類ではないが、公有制を堅持する国策に結びつくと、大きな意義がある。すなわち、国家株と国有法人株は、国の直接投資または国有企業の投資によって形成される株式であるから、公的な性格を持つものとして認識されている。会社の発行する株式総数のうち、この二種類の株式の占める割合を絶対多数に保つことで、その会社の公有性という性格が保証されるという考え方である。それゆえ、現に中国の株式会社においては国家株、国家法人株、個人株という三者の比率については、行政手段で制限され、国家株と国有法人株の譲渡や、個人株の増加についても、当然厳しく制限されている。一九九四年に国家国有資産管理局と国家経済体制改革委員会が共同で「株式会社国有株権管理暫定弁法」（股倘有限公司国有股权管理暂行办法）を公布したが、その一一条では国有企業を株式制に変更する場合、国家株または国有法人株の支配的地位を保証すると明記している。さらに、会社の国有株権の支配は絶対的支配と相対的支配とがあり、絶対的支配は、国有株権の持ち株比率が会社の発行済株式総数の五〇パーセント以上、相対的支配は三〇パーセント以上五〇パーセント以下であるとされ、株式の分散で相対的支配の場合でも国は株式会社に対して支配的な影響力を有すると規定されている。

また一九九五年「株式会社の利益分配と新株発行に関する緊急通知」（关于在股份有限公司分红及送配股时维护国有股权益的紧急通知）、一九九六年の「株式会社国有株権管理を規範化する問題に関する通知」（关于规范股份有限公司国有股权管理有关问题的通知）、一九九七年の「株式会社国有株主の権利行使に関する規範意見」（股份有限公司国有股东行使股权行为规范意见）等においても、国有株について全面的かつ詳細に定められている。[(3)] 陝西省における株式会社六二社の株式構造に関する実態調査によると、国有資産管理機構の投資からなる国家株が発行済み株式総数の平均三八パーセントを占めており、六〇パーセント強を占めるものもある。また、国有企業の出資からなる国有法人株は発行済み株式総数の四〇パーセント以上を占めている。つまり、いわゆる国有株（国家株と国有法人株の総称）が発行済み株式総数の七〇～八〇パーセントを占めているわけである。[(4)] 株式会社の発行済み株式のうち国有株が高い比率を占めることで、国は公有制を維持することができ、これによって社会主義体制についても堅持することができると思われるのである。

総じて中国会社法は、かかる公有制概念のもとで施行され、大株主（国有株主）を有利にし、国家の利益を重んじる色彩が強いといわざるを得ない。会社法四条には「会社における国有資産の所有権は国家に属するものとする」との規定がある。この法規定の効果を一般的に会社法理論から考えれば、理解に難しいところではあるが、中国の株式制導入の理念とその背景を結びつけて考えると、それほど奇妙なものではないだろう。(5)

こうした会社法上の大株主(国有株主)は絶対的な支配力を持つものであるから、株主総会の運営にも影響するはずである。また、前述の会社法一〇二条のような規定のもとでは小株主の株主総会に出席する余地が奪われてしまうといっても過言ではない。確かに多くの株主総会の開催通知を見ると、一万株または一〇万株以上保有することが総会出席条件とされているものが多い。むしろ大株主しか株主総会に出席できないのが常識であるかのごとくである。一九九五年四月一四日の中国証券報の記事によると、大多数の会社が株主総会に参加する株主の資格をその持ち株数で決めている。たとえば、山西汾酒は五万株以上株式を保有する株主がはじめて株主総会に参加する資格があるとする。他にも一万株から一〇万株までの「株主の価格」をあらかじめ決めている会社が多数存在する。しかしどれほどの株主がそのような資格を持つかというと、同記事によると、九四年の年末まで、上海、深圳の証券取引所に上場する会社の発行済み株式総数のうち、個人株主の平均持ち株数がわずか一八〇〇株で、会社の決める出席基準に達する株主は一〇パーセント未満である。すなわち、九〇パーセント以上の個人株主の株主総会に出席する権利が奪われているのである。

以前、五年間株式投資を行っているという知人に、「株主総会に出席したことがあるか」と尋ねたことがある。彼女は「私のようなものは株主ではない」と答えた。つづけて、「株を買っているあなたが株主でなければ誰が株主になるんだ」と聞いたところ、彼女は少し考えながら、「私の利用する証券会社が株主なのでしょう」と回答した。わたしはこのエピソードがある意味非常に象徴的なものであると考えている。

零細株主が会社の運営に関心を持たなくなり、総会に出席しなくなるのは、株式分散に起因する株主総会の形骸化として、諸外国ではよく論じられている。しかし、中国の場合、それとは違って株式会社の発行する株式がほとど国有株であり、分散と言うよりむしろ国有株主に集中しているのである。つまり中国の場合、株式未分散による株主総会の形骸化の結果を招いているのである。

（1）　厉以宁　中国経済改革与股份制（北京大学出版社一九九二年第一版、一九九七年再版）二九、三〇、三三頁。

（2）　国家国有資産管理局、国家経済体制改革委員会「股份制试点企业国有資产管理暂行规定」第三条。「股份有限公司国有股权管理暂行弁法」第二条。

（3）　ここに記すものは、国家国有資産管理局単独で、または国家経済体制改革委員会と共同で公布する行政規定であるが、他の国家機関による同類の行政規定もある。

（4）　迟福林主编　国企股份制改造实例（外文出版社一九九八年）。

（5）　会社法四条に反論する意見が多く見られる。柳経纬「法人财产权辨析—兼坪公司法第四条」、吴建斌「我国公司中国家股股权法律地位探析—兼论公司法第四条的完善」迟福林主编　国企改革与产权（外文出版社一九九八年）二六七、二七九頁。

三　中国会社の機関構成と株主総会

現行会社法のもとでは、株主総会によって選出される董事会（取締役会に相当する）が、最高意思決定機関であり、董事長が会社の代表機関である。董事会では、また経理（意味上では支配人）という下位の業務執行機関を選出するのである。[1] かような二層式制の業務執行機関構造が、中国会社機関構成上の一大特徴といえよう。さらに、株主の代表と従業員の代表からなる監事会（監査役会に相当する）もあり、董事会と同列的な存在である。中国会社の機関構成は、コーポレート・ガバナンスの観点から見ると、いわば二元制かつ二層制の機関構造となっているのであろう。

このような機関構造で、まず問題となるのは董事長の法定代表権と経理の業務執行権との乖離であろう。現行会社法は、董事長を唯一の法定代表者と定めながら（一一三条二項）、職権としては、董事会決議実施状況の検査、会社の株券および社債への署名、株主総会の主催および董事会の招集・主宰（一一四条一項）の三項目しか定めていない。これに対し、経理は上述した董事長の三項目以外の業務執行上のすべての職務を負う（一一九条一項）にもかかわらず、法定代表権がない。つまり法定代表権のあるものには日常の業務執行権がなく、日常業務のすべてを執行しなければならない者には、法定代表権がない。このような会社法上の矛盾が、会社実務に多大な困惑と障害をもたらしているのである。

しかし、ここでは本文の題目と関連のある問題のみに絞って論ずることにしよう。第一に現行会社法において董事会の職権を株主総会と混同させられるような問題が潜在していることについてである。たとえば、董事会への出席についても、株主総会の議決権の代理行使と同じく委任状による出席が認められている（一一八条一項）。第二に、董事会は定時株主総会の年一回よりわずかに多い、年二回以上開催すべしと定められている（一一六条）ことについてである。年に二回しか開催しない董事会では、業務についての意思決定を行うには回数が少なすぎる。したがって董事会および董事長は本当の意味での会社の業務執行機関および対外的な代表機関というよりも株主総会の常設機関のようなもので、中国政治における全国人民代表大会（株主総会）と常務委員会（董事会）の関係のごとくである。董事会が株主総会閉会期間中、総会の職権を行使する常設権力機関であり、董事長は対内的に株主総会、董事会及び常務董事会の主席として、対外的に会社を代表するものであると言う説もある。(2)

現行会社法の機関設置は、かような考え方の影響をうけつつ、従来の企業制度の伝統、慣習にも関係している。沿革を見てみよう。まず工場長・経理責任制の実施によって、中国における「経理」は一企業の経営者、総責任者として歴史的に馴染まれてきた。その後「中国合弁法」（中外合資経营企业法）の公布にしたがって、董事が各合弁当事者に派遣され、出資者と経営者の二重身分をもつ機関として登場することになった。これに対し現行会社法は、各国の法制を参考にして、出資者を株主と称し、董事を業務執行機関の構成員とした。その際、中国企業社会に根づいた経理はその下位の業務執行機関と位置づけられたのである。中国における会社機関構成の背景には、各国の会社法上の機関構成を参照しつつも、中国従来の工場長・経理責任制という企業制度、慣習を継承したという事情があるのである。(3) さらには、会社機関に対する偏った考え方の影響もあろう。前述の現行会社法の機関機構における董事会と株主総会の機能混同の結果、董事会が株主総会にかわるような存在となり、株主総会は実質的に骨抜きにされることになった。それゆえ、董事会は事実上会社の万能機関となり、董事長が君主の地位につく結果となったのである。最近、董事長をはじめとする経営陣の不祥事が次々と摘発された事例が、まさにこれを裏付けるものであったといえよう。(4)

他方、株主により選出される董事は、当然その株主の代理人であるとの認識が中国では一般的に存在することも指摘したい。現行会社法においても、董事会は株主総会に対して責任を負う（一一二条二項）との規定があるし、大株主つまり国家株主の選出する董事は、大株主の利益つまり国家利益の代表者として働くよう一般的に要請されている。これにしたがった論説もよく見られ、このような董事のことを素直に「株権董事」と呼ぶ者もある。(5)

これに関連して、現実的な問題となるのは、現に推進している株式制改革において、国有株主権を行使する主体が不統一かつ不明確な存在である、すなわち国有株としての主体がまだ法的には確立していないことである。従来の企業制度においては、各レベルの政府が国を代表して直接企業の経営者つまり工場長または経理を指定し、企業の生産経営も直接管理するのであった。すべての企業が、自己のいわゆる「政府主管部門」に所属し、すべてにおいてその指示によって運営されるのであった。これはまさに「政企不分」（政府と企業が一体となる）の現象であり、「所有と経営の未分離」である。これが無責任経営、生産の盲目、また効率の低下など中国企業の病理現象であると指摘され、「政企分開」、「所有と経営の分離」という目標を目指して、中国企業の改革がスタートしたのである。

にもかかわらず、徹底的な政企分開などが実現されていないうえに、分開させようという努力の結果、国有財産を代表する主体が不統一かつ不明確になったという新しい問題も出てきたわけである。すると、国有株主が幻の存在となったり、または「株権董事」と呼ぶように国有株主の一部の権限が董事に吸収されたりするのも現実である。また一部では、従来のように各レベルの政府行政部門が、国の代わりに経営に干渉、介入し董事の人事についても指名、選任、派遣など様々な方法で行われている。これはすでに争いのない事実として知られている。したがって、かような会社の経営者が、その政府行政部門に指示をもらったり、報告したりするのも一般的な現象としてよく見られることである。これらは、もともと従来の企業社会では馴染まれたやり方であるため、抵抗が少なく、違和感もなく、従来の中国社会の慣習法が自然に今日の会社制度に生き残っているようにもみえる。

陝西省における六二社の株式会社に対する調査によると、一六社の上場会社を除きその大部分は株主総会が設置されていないか、またはあってもないような存在である[6]。このような事情のもとでは、董事会にせよ、董事長にせよ、当然株主総会よりその政府行政部門の意思を考慮し、政府に対して責任を負うことを余儀なくされる。確かに九七年に施行された新刑法には、国有株のある会社の経営者の収賄について、国家公務員の収賄と同様とみなし処罰する、という規定が設けられている（同法一六三条三項、三八五条、三八六条）。というのは、国有株のある会社の経営者（董事・経理・監事等）が国家公務員の性格を依然有するものとされるからである。かような刑法の規定については議論する余地があると思うが、こうしたところに現在中国における株式会社の特徴および会社法の特質が如実に反映されているといえよう。

要するに、中国会社機関の構成およびそれに関連する独特かつ複雑な事情により、大株主（国有株主）から選出される董事がその株主の権限を代行する余地があるわけである。とくに実在の強硬な政府行政部門と幻の存在たる国有株主に直面する董事会は、会社の重大事項について、株主総会を通しても、ただ形式的な過程にすぎず、実質的には政府行政部門の管理支配に従わなければならないのである。この意味で、株主総会が空洞化され、形骸化となったといっても過言ではなかろう。

（1）　中国の会社用語では、董事とは取締役、董事会とは取締役会のことであるが、董事長については取締役会会長と訳する例もあるし、代表取締役と訳す例もある。唯一の法定代表機関とされることから、董事長が代表取締役にあたるといえる。経理については社長と訳すのもあるし、支配人と訳すのもある。もともと中国において、同じく総経理といってもその職務上、会社によって社長に近いものもあるし、支配人に近いものもある。そのようなわけで董事長や経理についても、原語のまま使用した方がよいと考える。

（2）　薄越亮　董事必備（中国物質出版社、一九九二年）八二頁、八三頁。

（3）　詳細は、王保樹「股份公司組織機構的法的実態考察与立法課題」法学研究一九九八年第二期参照。

（4）　長江動力集団会社の董事長兼総経理于志安事件もその一つである。于志安は、五〇年代の全国労働模範であり、八〇年代に毎年一〇〇万元の赤字を出す国有企業を、利潤一億元以上に達するモデル企業に変えた成績を持つ企業家であった。企業の株式制改革とともに彼は長江集団会社の株主、董事長、総経理に就任した。一九九五年、于志安は長江動力集団のフィリピンにある子会社を売却し、その数千万米ドルの国有財産を持って外国に亡命した。何玉長著　国有公司産権結構与治理結構（上海財経大学出版社、一九九七年）二〇三頁。

（5）　邓栄霖主編　現代企業制度—国有公司化改造（中国人民大学出版社一九九五年）二四六頁。

（6）　遅福林主編　国企股份制改造実例（外文出版社一九九八年）八五頁。

四　中国会社制度の整備と企業制度の改革

現行会社法においては、各国の会社法制を参考とし、会社の設立から、解散まで、原則的に会社らしく制度づくりをしているが、中国における社会的イデオロギーと従来の国有企業制度の理念を反映した内容も散在している。例えば社会主義精神文明の建設（一四条）、従業員権益の保護（一五条）などを会社の義務とするのが、まさに中国的な定め方であろう。また、中国企業社会の慣習を継続するところもある。前述の機関構成のほかに、行政責任を規定する条文（第一〇章法律責任）が多く盛り込まれるのも、その現れである。

結局、株式構成、機関構成から見ても、行政管理的色彩から見ても、中国の会社法がただちに私法に属するとは言いきれず、ある意味では、公法的な性格を持っているものと言わざるを得ない。しかしながら、中国の企業社会を客観的かつ全面的に考えると、現行会社法が中国現時点における企業制度の改革ないし企業社会の活動をそのまま反映する法とも言えるのではなかろうか。

とはいっても、株式制改革および会社法をめぐる諸問題、矛盾等が多数存在することも否定できない。原因が多岐にわたって複雑ではあるが、企業の株式制導入の目的について、政府、経済界および学界の間で未だ意見の統一がなされていないことも、この問題を難しくする原因の一つであると考える。

政府は、国家所有に基づく企業の経営方式を変更することによって、国有財産または国有企業の効率的な運営を目的とするのである。いいかえれば、所有制を変更せずに、財産または利益の増大を会社制度に求めようとするのである。これに対し、企業は主に株式会社の資金調達機能を重視し、株式発行の手段で市場から資金を調達し、これを自主的に運用することを目指している。経済体制改革を提唱する学者は、会社制度を全般的に確立することがすなわち現代企業制度を確立することであると論説し、株式制の導入は企業制度改革のために必要であり、帰結でもあると考えられている。

このことについてもう少し説明する。政府は会社制度を利用し、一応所有と経営を分離することによって、効率的な企業運営を期待するのみである。換言すれば、政府は、企業に対する政府の支配権、主導権を放棄する気がなく、むしろ会社のしくみを通じ、国有大株主の地位を生かし、国家所有のもとで会社を支配しようとするのである。だから、中国で言う所有と経営の分離は、日本における所有と支配の議論とは、次元の違う論題である。

企業は従来の組織形態から株式会社に組織変更する積極性と最大の理由が、資金集めにある。現在の株式会社の実体を考察すると、企業は株式会社に変更されても、会社法制ないし会社経営のメカニズムの改善に無関心であり、いかに新株を発行するかについてのみ力を入れていることがわかる。新株を発行するには、国務院の証券管理部門などの許可が必要とされている（会社法一三九条）ことから、多くの株式会社が自社の株主に対して新株を発行するという方法をとるのである。しかし、これは中国では、株主の新株引受権という認識より、むしろ株主の新株引受義務として理解されている(1)。中国では、株式市場で流通する株式の量が極めて少ないので、株式市場が形成されたばかりの頃には、個人株式はそのわずかな利潤の配当よりも、むしろ新株を引き受け、その株を売買することにより、投機的な収入を得ることを期待していた。会社も国の株式公開発行に対する制限を回避する目的もあって、かかる個人株主の心理を利用し、年々株主に新株を発行するようになった。しかし、個人株主の購買力には限界もあり、とくに、近年の株式市場の低迷により、個人株主は株式の売買では利益を得ることができなくなり、株式の引受けも一転して負担となった。ところが、株主のいやがる中を、会社側が強引に自社の株主に新株を発行しようとしたため、新株引受けはまさに一種の義務のように理解されるにいたったわけである。かような理解の下で、株主は新株引受けについて決定権を有しながら国有株式の流通不能を理由に新株を引き受けない大株主つまり国有株主が、決定権のない小株主つまり個人株主に新株引受けを強いることが不公平だと指摘されている。結局、大株主が得をし、小株主が損をするという結果となる。これも中国の株式会社における新株発行の混乱をもたらす重要な原因の一つである。

経済体制改革の先頭に立って、従来の企業形態を会社形態に変更させ、株式制の導入を唱えてきた学者の功労を忘れてはいけないが、そのほとんどが経済関係の学者であるため、株式制に関する論議の多くは、会社法理論ないし会社制度の枠外でなされているのである。会社法制が中国では新しい法制度なので、それに関する研究が未熟であり、研究する学者も少ないのが事実である。とくに、理論と現実とを結びつけた、効果のある研究成果は稀である。というのも、中国の株式制または会社法の研究は、会社法上のある制度または理論をとりあげ、これのみを研究するだけでは、あまり効果がなく、少なくとも関連する問題についても解決策を捻出しなければ実効性がないと考えるからである。一例を株主代表訴訟に関する研究にみてみよう。最近、株主代表訴訟という制度を紹介し、導入することを主張する論文が多く見受けられる。現行会社法一一一条の株主の提訴権に関する規定では不十分であることは言うまでもないが、会社法には、会社債の発行について、株主総会の決議をもって、国務院証券管理部門の許可を申請するというような規定（一六四条、一七二条）がある。もし、その不許可によって、会社の利益が損なわれたとすれば、誰が責任を負うのか、会社経営者の善管義務または忠実義務が問われ、株主代表訴訟の対象となるのか、それとも行政部門の職員が、もしくは政府、国家そのものが責任を負うのか。被管理者が管理者のかわりに責任を負うとすれが、それはまさに計画経済立法の慣例によるものであろう。この慣例を是正しなければ、外国法上の株主代表訴訟制度をそのまま導入したとしても、機能しないか、またはその意義が半減するのではなかろうか。もう一例を、法人格否認の法理に関する研究にみよう。法人格否認の法理を紹介する論文が多くなったが、会社法理論上わりあい新味な理論を紹介することに止まり、中国の現実の外で議論しているような論文が少なくない。法人格否認の法理が適用される場合として、第一に、法人格が全くの形骸にすぎない場合、第二に、法人格が法律の適用を回避するために濫用される場合との二つの場合が挙げられる。前者の構成要件としては、単独株主または親会社等が、会社または子会社を完全に支配している事実を必要としている。その事実の裏付けとなる会社財産や業務活動の混同、株主総会や董事会も開催されない等の事情が決め手である。しかし、親会社（ほとんど国有大会社）の子会社に対する管理を一方的に強調する現在の中国企業社会では、法人格の否認の法理がどれだけ適用されるかは疑問であろう。例えば、対外貿易経済合作部「親会社の子会社財務に対する管理を強めることに関する規定」(関於加強母公司対子公司財務管理的規定)をみると、親会社が国家財務制度にしたがい、子会社の利益分配と賃金の分配を決定するものとしている。親会社が子会社の重要財務事項を決定する権限を有し、子会社の具体的な情況に基づき、実効性のある財務管理方法を制定するものとしている（第八条)。さらに、親会社が子会社の対外投資方向と投資規模を統轄し、それを親会社の発展計画と合致させるものである。……（二五条)。かように企業制度改革中にできた親子会社は、管理と被管理の関係にある。すなわち、国家が親会社を通して子会社を管理するという趣旨は最初からあったわけである。かような環境の中では、法人格否認の法理を適用する余地があるか、もしあるとしても、この法理とはきっと似ても似つかないこととなろう。

要するに、中国における株式制の導入は、政府、企業界および理論界の努力で実現されたのであるが、三者の発想が必ずしも一致していないため、会社法制においても、会社運営においても、様々な問題と矛盾が起きるわけである。

企業制度改革は中国経済体制改革の最も核心的な内容としてなされた。そして企業制度改革の最後の一環として、株式制が導入された。これでいわゆる現代的企業制度が中国において確立されうるし、市場経済も中国では完全に展開されうると、多くの人々が確信し、唱えていたのである。しかし、前例のない改革であるため、始めから終わりまで、計画どおりに進めるのは不可能であり、現実的にもそれほど楽観的なものではない。今後、企業制度改革がどういう方向へ前進するか注目されている。

企業制度改革実務または法規定における個々の問題を検討するものが少なくない中、より問題の根本的な解決策を考察する研究が、最近出てきた。その有力な一つは国有資産を株式に変えず、債権にするとの提案であった。いわゆる国有財産の債権化によって、「政企不分」の難問が根本的に解決できるし、国家は債権者としてその持っている債権および利息の回収も保証されうるとの論説である。(2) これは一つの案として検討されるべきであるが、ここでは、根本的な解決案または企業制度改革の方向性について私見を述べてみたい。

結論をさきに一言で言うならば、中国のすべての企業をその性格から、国有企業と民間企業のように二種類に分けることである。これは別に新しい考え方ではないが、中国の実情を踏まえながら、国際経済社会にも通用する企業制度をつくるには、一つの案として十分に検討に値すると考える。

中国企業社会の問題については、ただちに企業の全人民所有制（国有制）を堅持しているからだとか、法整備の足りないためであるとか言われるが、そう一概に言うような簡単な問題ではない。実際のところ、当面中国において全人民所有制は、どの国よりも必要とする理由がある。そういうところで、国有性格を持つ完全な国家所有の企業は、組織形態が会社であろうと何であろうと、とにかく国民全員のために国が責任を持って運用するものとすべきである。一般的に国民生活と緊密な関係のある産業および営利目的ではない、社会性の強い産業（鉄道、電力、水道、軍事産業）は国有企業でまかなう。これ以外のすべての業種においては、完全な民営化を推進すべきだと考える。すなわち、ごく一部の特殊な大企業が国有企業として残されるほか、現にある国有美容室、国有農産物小売店のようなサービス業に属する小国有企業から、生産業における何万人もの従業員を有する一般的な国有企業まで全部民営化するという考え方である。当然、日本の公団、公社または市営の会社のような公的な企業もなければならないが、本稿では改革後の企業設置の題目ではないため、省略することにした。

実は、中小企業の民営化については、一九九七年の中国共産党第十五回全国代表大会においては「抓大放小」（この方針に対する理解が多少違うところがあるが、主な意味は、大企業をしっかりと掌握し、小企業を手放すこと）という方針が出され、それにしたがって地方政府がその管轄の小企業を売却することを試みた。しかしその売却価格が驚くほど安かったり、無償贈与する話までも出てきたりしたから、関係する政府部門が一転してかような売買を制限するような態度をとったのである。このことを説明するため、一例をみよう。沈陽市大東区政府に所属する「沈陽微電機工場」は、債務超過の国有企業であった。一九九八年に沈陽市産権取引センターで競売にかけられ、元工場長の程文に一元（一四円）の価格で落札された。しかも、操業一ヵ月で何十万元の利益を得たという。その後、大東区政府が、競売参加者が一人しかいなかったので、競売は無効であり、この企業を政府の手に返還するべきであると要求した。これに対し、競売センターの関係者はこの競売自体が適法なものであると説明し、買主もこの取引のすべてが適法であり、自分の企業として生産を続けると主張した。かような対立をしているうちに、政府関係部門がこの企業へ送電を停止させたのである。この事件は、一九九八年一一月一一日の中央テレビ経済三〇分という番組で報道されたが、その時には、まだ結論が出ていなかった。これと類似する事件が各地に出ているようである。なぜ国有中小企業の価格がそんなに安いのかと言うと、実は国有企業はたいてい債務が多く、しかも普通に調べてもなかなかわからない潜在的なものも多いからである。それ故、国有企業が買主の少ない市場において、安売りに出されたのもしかたのないことであった。現在、国有中小企業を完全に民営化するための売却を禁止するような明文規定はないが、安く売ることが判断されていることから、その数は少なくなっている。

国有中小企業の完全民営化つまり売却には賛成であるが、具体的な方法としては、全国レベルの独立の政府機構を設置し、民営化しようとする企業に対しまず清算手続を取るべきである。たとえ債務超過があっても、それはいままで国有企業時代にできた債務であるから、国がそれを負担すべきであると考える。清算手続を通じ、債務負担がなくなった国有企業は、はじめて正確な市場価格がつけられるはずである。一般企業も完全に民営化されてからはじめて真の意味での会社となり、会社法の制度基準に従えるし、国際経済社会に参入して自由競争できるようになると考える。

中国においては、国有企業のことをぬきにして企業制度の整備が考えられないし、一方従来の国有企業体制のままでは、とても国際経済の舞台にあがれない。今後の改革方針ないし企業制度づくりとしては、完全な国有企業と純粋な民間企業という両論を設置し、相互補完の関係でともに中国の企業社会の担い手とすることである。それと同時に、国有企業を規制する国有企業法または特殊会社法：民間企業を対象とする一般会社法という二本の軌道をしっかりと整備する。この二輪車が軌道に乗せられる日は、中国における現代企業制度が確立される日と言えよう。

とはいっても、成功するまでには、まだ時間と努力が必要である。いままでの中国企業制度が、国の行政管理制度、金融制度、医療制度、福祉制度などと切っても切れない関係にあったため、かような一連の改革をしなければ、企業改革の成功はおぼつかない。幸いに、昨年から行政改革をはじめ、一連の改革がはじまった。これで、中国における現代企業制度の確立は間違いのないこととなろう。

(1) 一九九五年一一月三日金融時報「配股熱的冷思考」。
(2) 張維迎著・企業理論与中国企業改革（北京大学出版社一九九九年）六七頁以下。

結　び

現行会社法のように、国有会社と民間会社を一つの法律で規定するのはもともと無理である。ただし、現行会社法の制定は旧企業体制から新企業体制への転換期における妥協的、過渡的な法整備と言えるだろう。それゆえ、中国会社法は、その特質の下で独特の内容をもったものとなるのであり、中国の会社も、会社らしからぬ一面をもつようになるのである。株主総会の形骸化という見慣れた問題は、各国法上において、風土による差があっても、基本的には同質の問題のようである。それに対し、中国における株主総会の形骸化は、それらとは随分様相を異にする。

結論を言うならば、国有企業法または特殊会社法とは別に立法化すれば、中国法における国家所有に関する多くの問題は自動的に解消されることになる。その時になってはじめて、株主総会をはじめとする一般会社法上の問題を国際的に論じたり、学問的に交流したりするのがより自然となろう。

17 韓国法上の株主総会
――その運営の実態と問題点――

王　舜　模

一　株主総会をめぐる法の変遷

韓国の現行商法典は一九六二年の制定にかかるものであるが、株式会社の機関構造は、およそ五〇年間も日本の商法がそのまま適用されてきたという歴史的な経緯(1)もあって、日本法上の機関構造とその出発点をともにするばかりでなく、基本的体制にもあまり異なるところはなかった。すなわち、一九四五年に日本から解放されるまで、日本の植民地政策の一環として発布された「朝鮮民事令」（明治四五年、政令第七号）第一条に基づいて明治三二年の商法典が適用されたが、それ以降も朝鮮戦争など国内外情勢の混乱に巻き込まれて独自の商法制定の夢を実現することができず、依然として日本の昭和一三年改正商法が韓国語に訳され適用された（韓国ではこれを依用商法という)。

そして漸く成立した韓国の制定商法は、大陸法に立脚する依用商法に英米法上の各種制度を継受した点にその特徴があるといわれているが、その実質は日本の昭和二五年改正商法の反映とみられるものである。したがって、制定法上の機関構造そのものも、日本の伝統的な機関構造を基礎にして、権限の再配分を行ったものにすぎなかった。これを、株主総会についてみると、従来の万能性を修正し商法または定款に規定のある事項に限って決議できる(商三六一条)とされ、その権限の大幅な縮小がなされる一方、取締役制度が取締役会と代表取締役に二分化され、前者が業務執行の意思決定と執行行為の監督を、また後者が業務の執行と代表行為を担当することになった。監査役の権限は会計監査のみに限定された。他方、株主の地位強化という観点から、株式の自由譲渡性の確保、株主の各種の監督是正権の新設などがなされた。

その後、韓国経済の急成長に伴い商法自体にも現状に適合しえなくなった部分が生じたり予想外の弊害が続出するなどして、改正の必要性が各界から強く要望されるようになった。これを受けて成立したのが、一九八四年改正商法である。同改正では、株式会社制度の濫用による不実企業の排除および防止対策として株式会社の最低資本金(五、〇〇〇万ウォン)を法定するなど、会社実務に多大な反響を呼んだ多くの規定が設けられた。機関構造の面においても、監査役の権限を会計監査権に加えて業務監査権まで拡大するとともに(商四一二条)、取締役会の業務監督権を明文化する修正が加えられた(商三九三条)。これによって、株式会社の通常的な運営を担当する機関として、会社の基本的事項に関する意思決定機関としての株主総会、業務執行に関する意思決定機関としての取締役会および業務執行ならびに代表機関としての代表取締役、さらに業務・会計監査機関としての監査役という体制が確立されることとなった。(2) そのほかに、株主総会に関連するものとして、議決権の不統一行使の制度(商三六八条の二)および基準日制度(商四一八条二項)を採用する一方、総会屋の活動を根絶するために、株主の権利行使に関する一切の利益供与を禁止する規定が設けられた(商四六七条の二)。もっとも、発行済株式総数の四〇％以上の株式保有をもって親子会社関係を認定して、子会社による親会社株式の取得を原則的に禁止するとともに(商三四二条の二)、会社、親会社および子会社、または子会社が他の会社の発行済株式総数の一〇分の一以上を保有する場合、その他の会社が有している会社または親会社の株式に対する議決権行使を排除する措置がとられた(商三六九条三項)。また、監査役の監視機能を強化するために、その任期を従来の一年から二年に延長するとともに、取締役会出席権・意見陳述権(商三九一条の二)などが与えられた。他方、取締役の任期も従来の二年から三年に延長され(商三八三条二項)、総会の決議事項であった準備金の資本組入れの承認が取締役会の決議事項に移管された(商四六一条一項)。

一九八四年の改正後まもなく、同改正法は、急成長に伴う企業社会の変化と国際化・開放化の進展に的確に対応できないことを理由として、改正の必要性が各界より指摘された。こうした観点より一九九五年の商法改正がなされたが、株式会社の設立手続の簡素化や定款をもってする株式譲渡制限の許容など、多くの改善策が講じられた。このうち、会社機関に関しては、総会運営の合理化と監査役の地位の強化に重点が置かれていた。すなわち、前者については、株主総会の成立を容易ならしめるために、普通決議および特別決議における定足数要件を撤廃し(商三六八条一項、四三四条一項)、三年間所在不明の株主に対しては招集通知を省略できるとの規定を新設した(商三六三条一項)。また、吸収合併の場合、報告総会に代えて公告をもってなすことを認めるとともに(商五二六条三項)、消滅会社の総株主の同意があるか、その会社の発行済株式総数を合併後の存続会社が所有している場合には、消滅会社は承認総会に代えて取締役会の承認で足りる旨の規定を新設した(商五二二条一項但書)。後者については、監査役の任期を二年から三年に延長して取締役の任期との均衡をはかり(商四一〇条)、株主総会招集請求権(商四一二条の三)、子会社調査権(商四一二条の四)、監査役解任に関する意見陳述権(商四〇九条の二)などを法定した。また、取締役が会社に著しい損害を及ぼす虞のある事実を発見したときには、監査役に報告すべき義務を定めた（商四一二条の二）。権限配分の面では、株主総会の決議事項であった取締役の競業承認が取締役会の決議事項に移管された（商三九七条一項）。

その後一九九七年に入りいくつかの韓国屈指の財閥企業が倒産するや、これらの下請を行ってきた数千数万ともいわれる中小企業が相次いで倒産する事態が発生した。そのうえに、史上初ともいわれる金融および証券市場の混乱が到来し、遂に一九九七年一二月三日にはＩＭＦ（国際通貨基金）による救済金融を受けることになった。こうした国の経済危機を克服するために、一九九八年一二月二八日に緊急対策の一環として商法改正がなされた。[3]この改正は多分に、ＩＭＦの管理体制のもとで、ＩＭＦとの合意事項を実行に移すために、[4]企業の構造調整ないし構造改革に焦点をおいて行われたものである。同改正では、合併制度の改善および会社分割制度の導入の他に、[5]会社機関についても注目すべき修正が加えられた。取締役および取締役会に関しては、取締役の忠実義務を明文化するとともに（商三八二の三）、業務執行を指図する者などいわゆる広義の事実上の取締役につきその責任を問いうる根拠規定を新設した（商四〇一条の二）。もっとも、資本金五億ウォン未満の会社に対しては、従来三人以上の取締役の選任を要求していた規定を改め、一人または二人の取締役をおくことも認めた（商三八三条一項）。この措置は、株式会社の八〇％以上を占める中小会社に対して取締役会の設置を任意化する趣旨であり、この限りで日本の昭和二五年改正前の機関構造に戻ることを意味する。株主総会に関しては、少数株主の地位を強化するために、株主提案権（商三六三条の二）および累積投票制度（商三八二条の二）を導入するとともに、代表訴訟提起権、会計帳簿閲覧請求権などの少数株主権の行使要件を緩和した。上記の簡易合併制度については、その適用範囲を「発行済株式総数の一〇〇分の九〇以上を合併後の存続会社が所有している場合」に拡大した（商五二七条の二）。また、日本の一九九七年改正商法に倣って比較的規模の小さい吸収合併について、存続会社は株主総会の承認を省略できるといういわゆる小規模合併制度を導入した（商五二七条の三）。

以上で、韓国会社法上の機関構造および総会をめぐる法の変遷過程について概観してみた。その間、三回にわたる商法改正を通じて会社機関に関する多くの改善策が講じられてきたが、その大半は、その時々の企業環境の変化に対応するための独自な措置というより、日本の改正商法を踏襲するような形で採り入れられたものである。ただ、上場会社などについては、当面の課題を迅速に解決するために、証取法や「株式会社の外部監査に関する法律」などの特別法あるいは大統領令など各種の法令をもって対応して来たが、この点、日本法と大きく相違するものと思われる。

二　株主総会の運営実態と問題点

以下では、株主総会に関連する商法および証取法などの規制のもとで、上場会社の総会が実際にどのように運営されているかを検討しその問題点を摘示することにしたい。ここで取り上げる運営実態は、韓国上場会社協議会が一九九一年と一九九三年の二回にわたって、全上場会社にアンケートを送りこれに回答した会社を対象に作成した資料(6)に基づくものである。

(1)　招集手続に関する事項

株主総会を招集するには、会日の二週間前に各株主に対して書面をもって通知を発送しなければならないが（商三六三条）、上場会社の場合、発行済株式総数の一〇〇分の一以下を有する株主に対しては、日刊新聞の公告をもって通知に代えることができるとされている（証取法一九一条の一〇）。この規定に基づいて公告をなした会社は、回答会社全体の二一・二%を占めるが、その他の大部分の会社は招集通知を発送している。公告に切り替えた理由としては、株主数の増加により発送作業がほぼ不可能であること(五六・九%)、議案の要領など添付書類の省略ができること(二二・四%)、発送費用が節約できること(一七・三%)などがあげられている。韓国商法には、招集通知に添付すべき書類につき何ら規定も置かれていないので(商四四九条参照)、総会当日に財務諸表などの参考資料を各株主に配布するのが通例であるが、総会開催前に各株主に送付したと回答した会社も二〇・一%を占めている。招集通知を発送する際には、通常、各株主に出席状と委任状を同封しているが、出席株主および代理人の確認方法としては、発送された出席状または委任状用紙のみを確認して入場させる会社が最も多く(五一・八%で)、出席状または委任状に押捺されている印影を対照するか(一六・八%)、両方を併用する(三一・〇%)方法をとる会社もある。総会場で出席状を所持していない場合の処理方法としては、株主名簿と対照し本人であることを確認してから入場させる会社は六四・九%を占めているが、そのほかの会社は、事実上本人確認が困難であるとの理由で、株主の氏名、住所、および株式数を記載させるだけで入場させるか(一九・〇%)、あるいは原則的に入場を拒否する会社もかなりみられる(一四・二%)。委任状に捺印のない場合の処理方法としては、不適格とみなして欠席処理した会社が五五・八%ある反面、所持人が株主の家族または会社の役職員である場合には代理人出席として処理するか(二〇・〇%)、委任状を所持していることだけで代理人の資格を認める(一七・三%)会社もあるとされる。

(2) 総会開催のための準備状況

総会の議事進行のための準備期間については、会社ごとに区々であるが、六日から一〇日以内のところに集中しており(二三・〇%)、五日以内と答えた会社も一三・五%ある。また、回答会社のすべてが、事前に議事進行の計画を立てて予行演習を一回以上行っており、三回以上行った会社も一〇・二％に及んでいる。

(3)　議事進行に関する事項

まず、定時総会の所要時間についてみると、三〇分から四〇分以内に終わった会社が最も多く(三八・七％)、三〇分以内と答えた会社も二八・一％あるが、一時間以上は僅か六・二％に過ぎない。全回答会社の一社当り平均所要時間は四四・三分で、非常に短時間に終わっているが、最近こうした傾向は一層顕著になっているようである。(7) 議事進行過程での株主の発言状況をみると、発言した株主数は、一社当り平均六・四名であるが、そのなかで発言が予定されていた従業員株主が三・七名、事前交渉によるいわゆる特殊株主が一・三名で、予想外の発言は殆んどなく、約八〇％が脚本通りのものであったとされる。付議議案の件数は一社当り平均五・二件であるが、これを一社当りの所要時間である四四・三分に当ててみると、およそ一件当りの処理時間は八・五分しかかかっていないという計算になるが、議長の挨拶時間などを除けばその処理時間はもっと短くなるであろう。もっとも、一件当り発言した株主数は一・二名に過ぎず、株主一人当り平均発言時間が五分以内と回答した会社が八七・二％にも及ぶので、付議議案に対する株主の質問や討議はほとんど行われなかったものと推測される。韓国の場合、総会の議長の権限などにつき商法には明文の規定がないが、証取法上、総会の議長には、会議場で故意に議事進行を妨害するための発言をするなど秩序を乱す者に対して、その発言の停止、取消または退場を命じ、また議事進行を円滑ならしめるために必要ありと認められる場合には、株主の発言の時間および回数を制限する権限が与えられている(証取法一九一条の九)。調査によれば、実際に総会場で騒ぎを立てるなど秩序を乱す株主があったと答えた会社は一一・三％に達している。こうした者に対する措置として、反対意見を提示するか(三六・九％)、あるいは会場の外に誘引して(二六・三％)、説得したと答えた会社が大部分であるが、退場を命じたか(一〇・五%)、発言権を剝奪した場合(五・三%)も少なからずあったという。議事進行と関連して、付議議案に対して修正動議が提出された会社はわずか五・一%に過ぎず、その内容は、配当率変更に関するものが最も多かった(三五・七%)。

韓国の場合、監査役を選任する際に、発行済株式総数の一〇〇分の三を超える株式を有する株主はその超える株式につき議決権を行使することができないとされているが(商四〇九条二項)、総会場でその議決権制限株式数を正確に計算しないで議事録に記載したと回答した会社は三七・六%にも達している。また、取締役または監査役を選任する際に、議長が事前に内定されていた候補者を口頭で推薦する会社が大部分であり(八八・三%)、総会場で株主が推薦する会社はほとんどない(〇・七%)。しかも、付議議案につき正式の表決(議決定足数または賛成・反対株式数の実地確認)をしたことがあると答えた会社は、全回答会社の僅か〇・四%にすぎないので、その他のすべての会社は、反対株式数または出席株式数のみを計算したか、満場一致で議案を通過させたことになろう。

(4) その他の事項

総会開催のための所要経費については、大部分の会社が二、〇〇〇万ウォン以下であるが(六九・三%)、その大半が五〇〇万ウォンから一、〇〇〇万ウォン以下のところに集中しており、五〇〇万ウォン以下の会社も一三・一%もあった。総会屋対策経費については、正確な統計は見られないが、ある新聞報道(8)によれば、各会社別に約一〇名ほどの総会屋を確保しており、その動員費用は一社当り約五〇〇万から一、〇〇〇万ウォンぐらいかかるといわれている。とすると、総会開催のための所要経費と総会屋対策費用がほぼ同額ということになろう。

総会の運営上最大の関心事項とされているものとして、定足数の確保(五六・八%)、総会屋の発言や不当な要求(二一・二%)、付議議案の修正提案(六・八%)があげられている。もっとも、回答会社自らが総会運営上の問題点として挙げている事項をみると、ここでもやはり、定足数確保が最も多く(五九・四%)、総会屋の金銭要求などの横暴が一九・八%に及んでいる。そのほかにも、総会業務の複雑化や関連経費の負担(四・〇%)、出席状・委任状の印鑑照合による本人確認の困難(二・〇%)、総会の議事進行の未熟(二・〇%)、株主に配布するお土産代の負担など、総会運営上の経費あるいは業務負担などをあげる会社もあるが、総会に関する株主の無関心(一・〇%)あるいは株主総会の形骸化(二・九%)を指摘する会社もなくもない。ここで指摘されている定足数確保の問題は、後述するように、この実態調査の翌年に行われた一九九二年の証取法改正および一九九五年の商法改正により、ほとんど解決されている。しかし、総会屋に関する問題は、一九九三年の実態調査[9]でも明らかにされているように、益々深刻化していく状況にある。

三　株主総会の形骸化の原因

以上で概観した総会運営の実態からも明らかなように、韓国における株主総会の形骸化は相当深刻な状況にあるといわなければならない。こうした形骸化をもたらした原因については、次のように、程度の差こそあれ日本の場合とほぼ同様なことが指摘されている。

すなわち、第一に、会社が大規模化するにつれ、一般株主ないし零細株主の地位が相対的に低下していることである。一九九七年末現在の上場会社における株式分布状況[10]をみると、個人株主が保有している株式数は、上場株式総数(八、九五五、一六六、二二九株)の三九・七九%に過ぎないが、株主数は総株主数(一、三三九、三九一名)の九九・四九%を占めている。しかも、一〇、〇〇〇株以上を保有するいわゆる大株主(総株主数の二・二三%)が、上場株式総数の七六・二二%を保有しているのに対して、五〇〇株未満を保有する零細株主(総株主数の六八・三三%）は株式総数の二・八四%を保有しているに過ぎない。したがって、総株主数の僅か〇・五%に過ぎない法人株主が総株式数の過半数を所有しており、個人株主総数の約三%を占める大株主が会社を支配しているということになる。こうした状況下では、零細株主は総会に出席しても決議に及ぼす影響力はほとんどないので、総会に出席する意欲も関心も持たないはずであろう。それに、韓国の場合には、会社情報の開示が十分に行われていないばかりでなく、配当性向率[11]が非常に低いので、一般株主の投資目的はもっぱら短期売買差益の獲得に置かれており、ここ数年間、株価の暴落とともに、一般株主の会社離れ現象が目立っている。[12]

第二に、法人株主の持株率が段々増大していることである。現代の株式会社における法人株主化現象は、大きく分けて二つの様相を帯びて現われるが、その一つは、大衆投資家に分散されている株式が機関投資家に集中する場合であり、もう一つは、株式の相互持合により系列会社に株式が集中する場合である。一九九一年末現在の所有者別の持株率[13]をみると、個人株主六二・九六%、政府および政府管理企業九・九六%、銀行六・五二%、証券会社三・一四%、投資信託会社〇・五三%、保険会社四・〇二%、総合金融および信用金庫〇・一一%、その他の法人一八・六三%、外国人二・四九%となっている。当時、銀行、保険会社などの機関投資家の持株率は合わせて一四・二一%であったが、年々増加し一九九七年末現在、二一・九九%に及んでいる。上記のその他の法人の持株率は、その大半が系列会社間の株式持合によるものと思われるが、これも一時減少したものの、一九九七年現在で二二・八一%に増加している。これに反比例して、個人株主の持株率は年々減少して一九九七年末現在では三九・七九%になっている。このように、個人株主の持株率は著しく減少している反面、機関投資家を含む法人株主の持株率は、ほぼ過半数を占める状況であり、韓国にもすでに法人株主化現象が一つの社会問題として浮かび上がっているように思われる。通常、こうした法人株主は、会社の経営者と密接な関係を持ちつつ、経営者地位の確保と安定を助長する役割を果たす傾向があるので、法人株主に経営者をコントロールする、いわば株主としての監督機能を一般的に期待することは、もはや困難であろう。もっとも、韓国では少数の支配株主、つまり財閥およびその家族の持株率がおよそ一五％にも及んでいるといわれているので、(14)上記の法人株主の持株率と合わせてみると、安定株主の持株率は常に半数を超えることとなり、支配株主の思うままに、株主総会の決議を支配することができるものと推察される。

第三に、株式の分散が拡大するにつれ、一般株主が総会に出席すること自体、非常に困難な状況にあることである。つまり、遠隔地にある一般株主に対して、時間と費用をかけてまで総会に出席することを期待することは、それ以上のインセンティブがない限り困難である。しかも、会社による委任状勧誘が行われるとしても、議題に関する判断資料として十分な会社情報が開示されるわけでもなく、自分の意思がそのまま総会に反映されるという保障もないので、その勧誘に応じないか、あるいは白紙委任状を返送してしまうのが通常である。現在、書面投票制度の導入などが慎重に検討されているが、(15)一般株主の総会への積極的な参加を誘導するための方策が講じられるべきであろう。

第四に、総会屋が総会運営に直接または間接的に関与し、その形骸化を促していることである。韓国の企業社会に総会屋がいつ出現して、どのぐらいの規模で、いかなる活動をしているかについては、正確な情報は得られない。ただ、総会屋は一時その姿を消したかのようにもみられた時期はあったが、一九八〇年代の半ばより再び現われ、深刻な社会問題となっていることは間違いない。(16)大多数の上場会社が、総会を短時間内に無事終了させるために、総会屋に金銭的利益を供与するということが公然の事実となっているとの指摘がなされている。(17)こうした総会屋と会社との不健全な取引を根絶するために、一九八四年の商法改正では利益供与禁止に関する日本商法二九四条の二と全く同様の規定が設けられたが(商四六八条の二)、その実効性のいかんについては非常に懐疑的であり、この規定に関する判例も皆無である。最後に、経営者自らが総会運営に非常に消極的であり、不誠実であることも指摘されている。

四　株主総会の運営をめぐる重要問題

以上の概観で明らかなように、韓国における株主総会の運営には、多くの問題点が山積しているが、以下では、日本法との比較の上で相異なる点あるいは特に重要な論点とされているものをいくつか取り上げて、今後の韓国法のとるべき方向性を検討してみることにしたい。

(1)　定足数要件の廃止

従来より韓国の商法は、総会の決議方法につき日本法とほぼ同様の体制をとってきた。すなわち、通常の普通決議は、商法または定款に別段の定めある場合を除いては、発行済株式総数の過半数に当たる株式を有する株主が出席しその議決権の過半数をもってなすことを要するが(旧商三六八条一項)、取締役の選任決議については、定款の規定によってもこの要件を緩和ないし加重することはできないとされていた(旧商三八四条)。また、特別決議は、発行済株式総数の過半数に当たる株式を有する株主が出席しその議決権の三分の二以上の多数をもってなされべきものとされていた(旧商四三四条一項)。しかし、一九九五年の改正商法は、総会の成立要件である定足数要件を撤廃しながら、普通決議は、商法または定款に別段の定めのある場合を除いては、出席した株主の議決権の過半数および発行済株式総数の四分の一以上の多数をもって、そして特別決議は、出席した株主の議決権の三分の二以上および発行済株式総数の三分の一以上の多数をもってなされるべきものと、それぞれの要件を改めた。それだけでなく、上記の取締役の選任決議に関する商法三八四条まで削除してしまった。

こうした措置の背景には、前にも触れたように、資本市場の急成長にともなう一般株主数の急増により総会の手続や運営に大きな変化がもたらされたという事情がある。すなわち、一九八〇年代に入り上場証券の取引量が急増し、より簡便な譲渡方法が必要となった。そこで一九八七年の証取法改正では、いわゆる期末継続預託制度を導入するなど、一九八四年に成立した日本の「株券等の保管および振替に関する法律」に倣って、株券振替決済制度の大幅な見直しがなされた。特に同改正で導入したいわゆる直接方式の下では、実質株主名簿に記載された株主も直接総会に出席し議決権を行使することが保障されるようになったが(旧証取法一七四条の七、一七四条の八)、この実質株主の大多数が零細株主あるいは投機株主であり、通常彼らは会社の運営に何ら関心を持っていないので、総会の成立要件を満たすことの困難さ上場会社の間では相当深刻な問題として浮かび上がったわけである。しかも、日本法と比較してみると次のような相違点が指摘されよう。まず、韓国にも証取法上、委任状勧誘制度が設けられているが、委任状の返送率が非常に低く、書面投票制度は導入されていなかった。それに、普通決議については、商法上定款による定足数の緩和が認められていたにも拘わらず、原始定款でこうした措置を採っていた会社は殆んどなく、定款変更をするための特別決議の定足数は定款によっても緩和することができないと解されていたので、定款変更自体が容易ではなかったという事情がある。

したがって、こうした問題を解決するための最も端的な方法が、総会の定足数要件を緩和ないし廃止することであり、これを立法をもって実現したわけである。こうした措置については、当然ながら商法学者の猛烈な反対意見が出されていた。

まず、普通決議に関する限り、定足数に関する原則が変っただけであって、定款による要件の変更が可能であるので、改正法のもとでも根本的な変化はないともいえそうである[18]。しかし、この点については前述したように、上場会社における個人株主の持株率[19]は約四〇％であるが、そのなかの五〇％ぐらいを財閥などの支配株主が保有しているので、現行法の下では、零細株主が定款を変更し改正前の過半数要件に戻そうとしても、事実上不可能である。のみならず、現行法上、発行済株式総数の四分の一に当たる株式を有する株主が出席し全員の意見が一致すれば決議できるわけであるが、果たしてこの四分の一に当たる株式を有する株主に対して株主全員に対する代表性を認めることができるかという疑問とともに、これは立法の中立性を害する措置であるという指摘もなされている。[20] 実に、現在の株主総会の運営実態をみると、株主の平均出席率が発行済株式総数の六三・四％であり、財閥などの支配株主が稼動可能な持株率は、三〇ないし三五％であるとされる。[21] したがって、改正前には零細株主の協力なしには、過半数の要件を満すことができなかったが、現行法の下では、支配株主の思うままに決議することが可能になったともいえよう。これは結局、株主総会の形骸化傾向を加速するものといわざるを得ない。

もっとも、一九九二年の証取法の改正では、上記の直接方式を原則としながら、証券預託院（日本の保管振替機関に該当する）の名義に書き換えられている株式を所有する実質株主が、総会の会日の五日前までに預託院に対してその議決権を直接行使するか否かの意思表示をしない場合には、預託院がその議決権を行使することができるが、ただし、会議の目的たる事項が営業の譲渡、合併、会社の継続などの場合には、その限りでないという旨の規定が設けられた（証取法一七四条の六第五項）。現在、上場証券の半数以上が証券預託院の名義に書き換えられているので、定足数要件だけが問題なら、もはやこうした商法改正は大した意味を持たないものとなっているが、結果的には、上記の合併、営業の譲渡のような特別決議を要する事項について、定足数要件を緩和するための措置であったと評価されよう。[22]

いずれにせよ、上記のような一連の措置が、上場会社における総会の成立を容易ならしめ総会の運営に便宜を与えるためとはいえ、実際にはその意図をはるかに超えて乱用されており、少数の大株主による会社支配を正当化し、株主総会の形骸化ないし無機能化に拍車をかけたという批判を免れることはできない。また、全株式会社数の九九%以上を占めている非上場株式会社においては、今後、内部紛争による支配権争奪や基本的組織の変更等が問題とされる場合には、すくなからぬ副作用が起こりうる可能性があるものと思われる。

(2) 株主総会招集通知の省略

商法三六三条によれば、総会を招集する際には、会日より二週間前に各株主に対して書面をもって通知しなければならないが、但し、その通知が株主名簿上の株主の住所に継続して三年間到達しない時には、その通知を省略できるとされている。この但書は、実務上の不便を解消するため一九九五年の商法改正で設けられたものであるが、総会の招集通知のところに定められているので、その他の通知や催告には適用されないのかどうかという問題とともに、三年という期間が株主保護という面で果たして適切であるかどうかという問題をめぐって議論がなされている。

もっとも、前にも言及したように、証取法一九一条の一〇では商法の特例として、上場会社等が総会を招集するときには、発行済株式総数の一〇〇分の一以下を所有する株主には会日より二週間前に総会を開催する旨および会議の目的たる事項を二つ以上の日刊新聞紙に二回以上公告することにより、通知に代えることができるとされている。この措置も、多分に上場会社に便宜を与えるためのものであったと思われるが、一般株主の総会出席を実質的に制限しようとする意図も読み取れるので、株主平等の原則との関連で再検討を要するものと思われる。もっとも、商法上総会通知に添付すべき書類につき何らの定めもない韓国法の立場からすれば、通知自体、公告と別段異なることなく特別な意味をもたないとの認識で、さほどの反響もないまま採り入れられたのかもしれない。しかし、この点は、商法上の計算書類および監査報告書のほか(日本商法二八三条二項)、株主の数が一、〇〇〇人以上の商法特例法上の大会社の場合には、議決権の行使につき参考となるべき事項を記載した書類を通知に添付しなければならない日本法の立場と比較してみても、一般株主の保護という面で大きな隔たりがあり、今後、開示の充実化ないし株主総会の活性化をはかるうえで、必ず改善されるべきものと思われる。

(3) 無議決権株式

会社が数種の株式を発行する場合には、定款の規定により、利益配当に関する優先的内容のある種類の株式について議決権のないものとすることができるが、この株式の総数は発行済株式総数の四分の一を超えてはならないとされ(商三七〇条)、日本商法二四二条と全く同趣旨の規定が設けられている。ところで、一九八七年には企業の公開および有償増資を促進し、株式の幅広い分散を誘導するという趣旨で「資本市場育成に関する法律」[23](法律第三九四六号)が制定された。その目的において、上場会社および公開のために株式を募集または売り出す会社に対しては、議決権なき株式の発行限度を発行済株式総数の二分の一まで拡大する特例が設けられた(旧同法七条)。これをきっかけに議決権なき株式の発行件数は年々増加し、一九八九年には一〇二件で総額六兆九、八二二億ウォンに達するようになった。これは同年の有償増資による総資金調達金額(二七四件、総額一一兆一、二四五億ウォン)の六二・七%にも及ぶものである[24]。しかし、当時上場会社の間でこれほど人気絶頂であった議決権なき株式とは、その大部分が普通株の配当率より僅か一%の追加配当額が加算される、いわゆる一%無議決権優先株であった。したがって、会社の支配株主にとっては、僅かな費用で経営権の安定を維持できるばかりでなく、既述したように、当時上場会社において深刻な問題とされていた、総会成立のための定足数確保にも役に立つという、いわば一石二鳥の効果を得ることができた。しかし一九九〇年に入り、こうした無議決権優先株については、これを保有する株主は、普通株主と同順位の配当を受け同順位の危険を負担するので、決して商法が予定している本来の配当優先株を有する株主ではなく、これより議決権を剝奪することは違法行為に当たるという理論的批判[25]

とともに、実務上増資の際に大量の無議決権優先株を引き受けた大株主が、これを集中的に売却することによって株価の暴落を加速させ、結局株式市場の萎縮をもたらしたという批判の声が高まるようになった。そこで政府は、一九九〇年三月に改善策を発表し、こうした無議決権優先株の発行に歯止めをかけた。そして、一九九〇年の一五件（総額五兆六、〇一七億ウォン）を最後に、こうした優先株を発行する会社はほとんどなくなっている。[26] また、一九九三年の「資本市場育成に関する法律」改正では、議決権のない株式の発行限度が従来通り発行済株式総数の四分の一に戻され、さらに、一九九五年の商法改正では、利益配当に関し優先的内容がある種類の株式については、定款にその最低配当率を定めなければならないとの規定が設けられた（商三四四条二項）。もっとも、一九九七年四月の「資本市場育成に関する法律」の廃止に伴い、同法律に商法の特例として定められていた大部分の規定が証取法に吸収されるようになったが、証取法一九一条の二では、上場会社等が外国で株式を発行する場合、または国民経済上重要な産業を営む会社が金融監督委員会の承認を得た場合には、発行済株式総数の二分の一まで議決権なき株式を発行することができるとの規定が設けられている。条件付きとはいえ、こうした措置の妥当性いかんについては、今後慎重な検討がなされるべきものと思われる。

(4) 少数株主の地位の強化

(a) 少数株主権の行使要件の緩和

韓国の制定商法は、日本の昭和二五年改正商法に倣って、取締役会制度を導入しながら、これに対応し少数株主の地位を強化するために各種の監督是正権や情報収集権を導入した。しかし、現在までこれらの運用状況をみると、実務上活用された例はほとんどなく、判例も二、三件にすぎない。そこで一九九八年改正商法は、少数株主権の強化を通じて少数株主による効率的な経営監視が行われるよう誘導し、会社経営の透明性を確保するために、旧商法上一律的に「一〇〇分の五以上」となっていた少数株主権の行使要件をそれぞれの内容によって「一〇〇分の三」または「一〇〇分の一」に緩和する措置をとっている。もっとも、上場会社などについては、すでに証取法の規定により改正法の行使要件よりもっと緩和された基準[27]が採用されているので、改正法はもっぱら非上場会社を念頭においてその行使要件を調整したものと思われる。今回の改正で、「一〇〇分の三以上」になったのは、株主総会招集請求権（商三六六条一項）、取締役・監査役の解任請求権（商三八五条二項）、会計帳簿閲覧請求権（商四六六条一項）、業務および財産状態の検査請求権（商四六七条一項）、清算人の解任請求権（商五三九条一項）である。また「一〇〇分の一」になったのは、違法行為差止請求権（商四〇二条一項）、代表訴訟提起権（商四〇三条一項）であるが、特に後者については、提訴後、株主の保有株式が発行済株式総数の一〇〇分の一未満に減少した場合にも、株式を全く保有しなくなった場合を除いて、提訴の効力には何ら影響はないとされるとともに、当事者は裁判所の許可なしには訴の取下、請求の放棄・認諾・和解をなすことができないとされた。

以上のような少数株主の地位を強化しようとした改正法の基本方向については、何ら反対の意見を見ない。これはおそらく、昨今の経済危機をもたらした根本的原因は、少数の財閥による放漫経営とこれを可能ならしめた政経癒着という韓国企業社会の痼疾的慣行にあり、これを是正し経営上の透明性を確保させるためには、是非とも少数株主による監督是正権行使が保障されるべきものと一般に考えられているからであろう。実際にこの観点より、少数株主権の持株要件を改正法よりさらに緩和すべきであり、とくに代表訴訟提起権は単独株主権とすべきであると指摘する学者も多い。改正法の具体的内容についても、いくつかの問題点が指摘されている。例えば、代表訴訟提起権の持株要件を一〇〇分の一に緩和しながら、その前提的ないし予備的手段である会計帳簿閲覧請求権の要件を一〇〇分の三にしたのは、本末転倒であるとか[28]、代表訴訟提起後一株さえ保有していれば提訴の効力に影響はないと定めたのは、結果的には代表訴訟提起権を単独株主権にしたのと変わりなく、この点、ほかの少数株主権との均衡がとれていない[29]との指摘もなされている。あるいは、少数株主権の濫用を防止し、経営の安定を確保するためには、持株要件に加えて保有期間の要件なども採り入れるべきであったとの意見[30]もある。実際、少数株主の地位を強化し、会社経営の透明性を確保せしめる必要性は、いくら強調してもしすぎることはないと思われる。最近、多くの企業が連鎖倒産を余儀なくされている中で、市民運動団体を中心に少数株主権の行使も徐々に増加している。今後、その行使要件をさらに緩和するための立法措置も必要であろうが、解釈上もその活性化をもたらしうる理論構成が展開されるべきであろう。

(b)　株主提案権の新設

一九九八年改正商法は、株主による積極的な経営参加と監視機能の強化をはかるために、議決権を有する発行済株式総数の一〇〇分の三以上の株式を保有する株主に対して、株主総会の会日より六週間前に書面をもって総会の目的たる事項（議題または議案）を取締役に提案する権限を与えた（商三六三条の二第一・二項）。この提案がなされると、取締役会は、その内容が法令または定款に違反する場合を除いては、これを株主総会の目的事項にしなければならず、提案した株主の請求あるときには、株主総会においてその議案の内容を説明する機会を与えなければならないとされている（商三六三条の二第三項）。もっとも、この提案権は、一九九六年の証取法改正により採用され、すでに上場会社には適用されているが、その具体的内容においてはかなりの相違点がみられる。例えば、その行使要件については、六ヵ月前より引き続き発行済株式総数の一〇〇分の一以上（但し資本金一、〇〇〇億ウォン以上の会社の場合には一、〇〇〇分の五以上）を保有すべきものとなっており、いわゆる議案提案権については何ら規定を置いていないにも拘わらず、株主の提案を拒否しうる場合として、商法上の「その内容が法令または定款に違反する場合」のほか、大統領令をもって別に定める場合をあげている（証取法一九一条の一四）。これを受けて同法施行令（大統領令第一五六八七号、一九九八年二月二四日最終改正）八四条の二一第三項では、提案を拒否しうる場合を次のように定めている。すなわち、第一に、株主総会で決議すべきものでない事項、第二に、株主総会で否決された内容と同一の議案をそれが否決された日より三年以内に再び提案する場合、第三に、株主個人の苦情に関する事項、第四に、合併、営業譲渡または譲受、第三者に対する新株発行に関する事項、第五に、証取法一九一条の一三で定めている少数株主権（株主提案権を除いたすべての少数株主権）に関する事項、第六に、任期中の役員の解任に関する事項、第七に、会社にとって実現不可能な事項、総会の提案として上程する実益がないか、不適当な事項、および提案の理由が明らかに虚偽であるか、特定人の名誉毀損に当たる事項となっている場合である。

ともかく、商法上株主提案権が導入されたのは、一般株主の積極的な経営参加を誘導し総会の活性化をはかるという意味において、大いに歓迎すべきものと思われる。しかし、商法上採り入れられた行使要件については、それが非上場会社を対象としたものとはいえ、少数株主による総会招集請求権の持株要件との均衡上、これをさらに緩和すべきであるし、証取法上持株要件の他に保有期間の要件が定められているのに、商法上こうした要件が採用されなかったのは、立法上の不備といわなければならない。また、証取法上例示されている拒否事項を検討してみると、これらが議題提案権に関するものか、あるいは議案提案権に関するものかが判然とせず、また、その中には、法令または定款に違反する場合とは何ら関係のないものもあり、商法が提案権を認めた本来の趣旨に反するか、あるいは立法上の誤謬とみられるもの[31]もある。その意味で、これらの拒否事項を商法の解釈により採用するのは困難であり、速やかに見直されるべきものと思われる。

(c)　累積投票制度の導入

一九九八年改正商法は、少数株主の利益を代弁する取締役の選任を可能ならしめるために、累積投票制度を導入した。すなわち、二人以上の取締役の選任を目的とする総会の招集がある場合には、発行済株式総数の一〇〇分の三以上に該当する株式を有する株主は、定款で別段の定めある場合を除いて、会社に対して累積投票の方法によるべきことを請求することができる（商三八二条の二）とされている。この規定は、その請求権の行使要件を少数株主権とした点を除いては、日本商法二五六条の三とほぼ同様であり、当初この導入に反対する学者は日本における運用状況を例にあげている。[32] 実際にこの制度は、各会社にとって負担になることは確かであり、これを阻止するためのさまざまな工作が採られるであろう。たとえば、定款の規定をもってその行使を完全に排除すること、あるいは取締役の任期をずらすことによっても可能である。しかも、この制度の本場であるアメリカにおいてすらほとんど活用されていないという現状を考慮に入れると、その立法趣旨やこれにかける立法担当者の期待とは裏腹に、韓国においてもさほど機能しないものになるであろう。

(5) 取締役会の任意機関化にともなう権限配分

前述したように、一九九八年改正商法は、小規模の零細企業に至るまで三人以上の取締役の選任を強制してきた旧商法の非現実性を改善するために、資本金五億ウォン未満の会社に対しては一人または二人の取締役をおくことも認めている（商三八三条一項）。また、本規定により取締役が一人になった場合には、取締役会の存在を認める余地がなくなるので、その取締役が会社の代表取締役となるとともに、取締役会の決議事項の中で株主総会の招集権（商三六二条）、支配人の選任・解任権（商三六二条）等はその代表取締役が取締役会に代わって行使するが（商三八三条五項、六項）、その他の取締役会の決議事項は株主総会の決議事項とすべき旨の規定が設けられた（商三八三条四項）。

立法当時よりこの規定の新設については強力な反対意見[33]が出されていた。この見解によれば、「取締役会は、株式会社の第二の意思決定機関であるとともに監督機関であり、代表取締役を選任する機関でもある。取締役会制度の導入があったからこそ、株主総会の権限であった多数の事項が取締役会の権限に委譲されたという歴史的経緯がある。したがって、取締役会制度を存置しながら、取締役の員数を三人未満にすることは技術的に不可能である」との指摘とともに、「この規定によれば、株式会社に関する規定をその規模を基準に大・中・小に分類して、上場会社、資本金五億ウォン以上の非上場会社、資本金五億ウォン未満の非上場会社に区分して適用される結果になる。このような複雑な法律構造をもって外資誘致を期待することは、家の中の整理もせずに外国からのお客さんを招待することと変わりない」との批判も加えられている。

実際に韓国では、資本金五億ウォン未満の株式会社が約八〇%以上を占めているだけに、これらの会社について取締役会を任意機関化するということは、中小会社の機関構造を再編する大胆な措置ともいうべきであろう。本来、取締役会制度は、会社経営の効率を促進し、無責任な経営に対して株主の利益を保護すべきところにその存在意義があるといわれている。そうすると、一人または数人の株主が自ら経営に当っている中小会社に対しては、各会社がそれぞれの実体に応じて取締役会の設置いかんを選択できるようにすることもあながち不当とはいえまい。各会社の実体に応じて合理的な規制を加えることこそ家の中を整理・整頓することであり、名目的取締役の存在を放置しまたは量産する法律構造こそ海外からのお客さんに迷惑をかけることになるであろう。もっとも、改正法は、取締役会が設置されない場合の権限配分などについて、必ずしも明らかにされているわけではなく、ここで採用された資本金五億ウォンという区分規準について疑問がないわけではないが、この措置は、今後会社法全般にわたって展開されるべき大小会社区分立法の基本的方向を示しただけでなく、とにかく会社の実体に即した規制分化を部分的とはいえ実現したという点ではむしろ妥当な措置であったと評価したい。おそらく、今までもっぱら員数揃いのため名目上の取締役を置いていた大部分の中小会社は、こうした取締役を排除する措置を採るものと思われる。そして、取締役が一人になった場合には、取締役の各自執行・各自代表の原則が適用された旧商法上の機関構造に戻るわけであるが、結果的に意思決定機関としての株主総会の権限が拡大されることになった。今後の施行推移を見守りながら、浮かび上がってくる諸問題を見直していく体制が必要となろう。

(6)　株式の最低額面金額の引下げ

一九九八年改正商法は、合併の準備段階で当事会社の株価の格差を調節し、高価株の流通性を回復させるために、株式分割制度を導入する一方（商三二九条の二）、株式の分割を容易ならしめ、また新株発行を通じた資金調達に便宜を提供するために、一株の最低額面金額を従来の五千ウォンから一〇〇ウォン（約一〇円）に引き下げている（商三二九条四項）。しかし、上場会社などについては、一九九七年の証取法改正により改正商法と同内容の特則が適用されているので（証取法一九二条の二）、この措置は、特に非上場会社を念頭において採られたものと思われる。

この規定については立法当初より反対する見解が多かった。これによれば、現在、株券一枚の印刷費用が六三六ウォンであるので「一〇〇ウォン株」は非経済的であるばかりでなく、総会屋や従業員株主が一株しか所有せずに総会の会場を独り占めにしているなど、総会の運営実態を考慮にいれると、この措置は無用の困難をもたらすだけであると批判されている。[34] 同様の観点より、最低資本金制度のなかった一九六二年制定法上、最低額面金額が「五〇〇ウォン」であったことを想起すると、これ以下にまで引き下げるのは問題であり、どうしても引き下げるべき必要があるのなら、最低資本金の引下げあるいは廃止も同時に考慮すべきであったとの指摘もなされている。[35]

いずれにせよ、この規定が今後の株主総会の運営にどのような影響を与えるかについては、にわかに判断することはできないが、すでに指摘されているように、総会の形骸化を促進させる要素を内包していることは間違いないであろう。とはいえ、上場会社に関する限り、こうした問題は、証取法の改正によって既に生じているものというべきであり、決して商法改正に伴う新しい問題ではない。改正理由としてあげられている、株式の分割を容易ならしめるとか、資金調達に便宜を提供するということは、本来株式の流通や新株発行による資金調達を予定していない非上場会社にとっては、何ら意味のないものであろう。むしろ、こうした閉鎖的会社に対しては、株券の印刷費用負担を減らし、ひいては非友好的な第三者の介入を自ら排除できるようにするためにも、株券の絶対的不発行の制度を導入する必要があろう。他方、上場会社のような大規模な公開会社に対しては、現行法上、新株発行の際に額面未満発行を厳しく制限していることだけが問題ならば、一〇〇ウォン株を認めるよりは、むしろ無額面株式制度の導入が積極的に検討されるべきであったと思われる。現行法上、株式の額面価額は、さして重要な意味を持つものでもなく、むしろ、額面主義に基づく利益配当の硬直化をもたらし、健全な資本市場の育成を阻害する一因であったことを想起すると、会社収益に相応する利益配当を定着させ、一般株主の投資意欲を高めるという意味においても、こうした措置を採る必要があると思われる。[36]

結びにかえて

以上の概観からも明らかなように、韓国における株主総会の形骸化現象は、日本以上に深刻な状況にあり、もはや意思決定の場としての機能はいうまでもなく、企業内容の開示の場、ないしは経営者の信任を問う場としての機能さえにも疑いが持たれるところである。これまで、数回にわたる商法・証取法の改正を通じて総会の形骸化を防止しその活性化をはかるべく、機関相互間の権限の再配分を行うとともに、総会の運営にできる限り株主の意思を反映させるための措置と、総会屋などのいわゆる特殊株主を排除するための一連の措置も講じられてきた。しかし、こうした改善策はいずれもさしたる効果をあげることはできず、それぞれの実効性いかんが大きく問われているのが現状といえよう。もっとも、権限配分の面においては、会社運営の効率化・合理化をはかるためとはいえ、総会そのものの権限はむしろ縮小される傾向にあり、最近の商法改正で採り入れられた定足数要件の廃止、招集通知に代わる公告の許容、無議決権株式の発行限度の拡大、および株式の額面引下げなどにも、実際にはその形骸化を促進する要因が内包されている。一方で、総会の活性化をはかるための一連の措置を採りながら、他方でその権限を縮小し、形骸化の要因を拡大していくということは、一見相反するように思われる。こうした現状については、今日の総会をめぐる韓国の現実と会社運営の合理化・効率化の要請に即した措置としてやむをえないことと受け止めるべきかもしれない。しかし現行法上、株主総会は、会社にとって最も基本的な重要事項に関する決定権、例えば、定款変更・合併・分割・営業の譲渡・資本の減少・解散・決算確定・利益処分などを決定する権限を有しており、取締役・監査役の選任・解任もその専管事項とされているので、依然として最高機関たることにかわりなく、それを株式会社制度にとって不可欠のものとして位置づけている以上、総会をめぐる現実をいつまでも容認する姿勢をとるべきではなかろう。むしろ、今後の対策としては、こうした現状をもたらした根本的原因である、韓国特有の財閥による会社支配構造や、系列会社間の株式相互保有に伴う法人株主化、さらには一般株主の会社離れなどに対する抜本的改革がなされるべきであろう。最近、韓国においては、史上初ともいわれる国家倒産の経済危機を経験しながら、大規模企業集団をはじめ社会全般にわたる構造調整作業が断行されている。その目的において、例えば、企業集団の財務状況を明らかにさせるための結合財務諸表制度、社外取締役・監査役制度および会社分割制度の導入の他に、外部監査人の責任を強化し、支配株主などのいわゆる影の取締役などの責任を認めるための根拠規定を設けるなど、商法を含む企業関連法の見直しが急速に進められている。かような企業構造作業がどれほどの成果をおさめ、所期の目的を達成できるか、直ちに断定することはできないが、現在、かなりの可視的な実績が現われており、肯定的な評価もなされていることは事実である。こうした改革により株式会社制度をめぐる基礎的構造条件が整備されることを前提とするならば、総会の運営に株主の意思をより的確に反映させるために、前回の改正で見送られた書面投票制度の導入や、株主の質問権ないし取締役の説明義務の明文化などの措置が同時に行われるべきものと思われる。

幸に、韓国では最近の経済危機を経験しながら、放漫経営をしてきた経営者の責任を問うための少数株主権の行使が段々と増えつつあり、市民運動団体を中心に経営監視団が形成されその活動範囲を広げるなど、株主総会の活性化に向けての新たな動きが広がってきている。今後、こうした動きが、経営者のみならず一般株主の総会運営に対する基本認識の転換につながって、総会の意思決定の場としての本来の機能が復活されるのなら、これ以上望ましいことはなかろうが、少なくとも、企業内容の開示の場ないし経営者の信任を問う場としての存在意義が認められ、その機能を果たすことができるように、立法的手当はいうまでもなく、法解釈においてもそうした方向での議論が展開されるべきものと思われる。

(1) この点の概要については、王舜模「韓国会社法の改正」商事法務一〇一六号七二頁以下。

(2) 韓国では、取締役、代表取締役、取締役会、監査役という用語を使わずに、理事、代表理事、理事会、監事と呼んでいるが、それぞれの権限や機能に違いはないので、以下では、便宜上、取締役、代表取締役、取締役会、監査役という用語を用いることにする。

(3) 韓国政府は、一九九八年二月六日にＩＭＦとの合意事項を実行に移すため「非常経済対策委員会」を開き、企業構造調整のための緊急対策を公表した。そのなかで商法との関連性をもつものとして、第一に、企業経営の透明性を高めるために、企業集団の財務状況を表す結合財務諸表を早期に制度化するとともに、外部監査人および会計関係人の責任を強化すること、第二に、企業の支配構造を改善するために、社外取締役および社外監査役制度を導入するとともに、経営者の責任を強化する一方、少数株主権の行使要件を緩和すること、第三に、企業間のM&Aを活性化するために、会社分割制度を導入し、また合併手続の簡素化をはかることなどがあげられている。このうち、第一の結合財務諸表制度は、一九九八年一月八日の「株式会社の外部監査に関する法律」（法律第五四九七号）の改正で導入されていたが、同法の改正で指定された時期より一年繰り上げて翌年の一月一日より実施されることになった。外部監査人などの責任強化も、同法の改正で罰則規定を強化するという形で行われた。第二の社外取締役および監査役制度は、一九九八年二月一四日に韓国証券取引所の内部規則である「有価証券上場規程」の改正により導入され、既に施行されている。同規程には、その実効性を担保するために、上場会社は取締役総数の四分の一以上（最低一人以上）の社外取締役を選任しなければ、上場廃止を命じられる旨の規定が設けられた（同規定四八条の五、三七条一項四号）。もっとも、社外監査役については、その選任を当分の間は強制せず勧告するという形にとどまっている（同規程四八条の六）。その結果、残されていた経営者の責任強化、少数株主の地位強化、合併制度の見直し、および会社分割制度の導入などが一九九八年の改正商法に盛り込まれることとなった。

（4）　この救済金融諒解覚書（Korea-Memorandum on Economic Program）には、韓国における昨今の金融危機の根本的原因を明らかにし、国際的信頼を回復せしめるとともに、再び持続的な成長をはからせるために、韓国側が今後三年間で遂行すべき政策課題が網羅されている。これは、経済政策目標、および金融部門構造調整、貿易・資本自由化に関するものの他、商法との関連において重要な意味を持つ企業支配構造および企業構造に関するものにも及ぶ膨大な内容になっている。

（5）　現在、韓国で推進されている企業構造調整とは、競争力を失った個別企業の退出および統廃合を意味するが、金融機関のビッグ・バンあるいは財閥企業間のビッグ・ディル（事業交換）という言葉に象徴されるように、その主たる標的とされているのは、金融機関と大規模企業集団、とくに財閥傘下の系列企業である。そのための法改正の基本的方向は、企業の支配構造の先進化および企業経営の透明化に置かれている。

（6）　南庄祐「上場会社株主総会運営現況と分析」上場協二四号、一九九一（秋季号）、韓国上場会社協議会、一五六頁以下。この資料は、韓国上場会社協議会が一九九一年五月に全上場会社六八六社に質問状を送り、これに回答した二七四社を対象に作成されたものである。但し、運営実態の変化状況を確認するために必要な場合には、一九九三年四月に、同協議会が同じ要領で実施した資料（「株主総会の運営に関する設問分析結果」、上場二二一号、韓国上場会社協議会、一九九三・五、一五―二四頁）を参考にした。

（7） 前記の一九九三年の調査によれば、平均所要時間は三八・五分となっており、四〇分以内の会社は七四・九％を占めており、二〇分以内の会社も六・九％ある（前掲、上場二二一号一八頁）。

（8） 日曜新聞、一九九二年五月三一日、五二―三頁。

（9） 同調査では、総会運営上の問題点として、総会屋の発言または不当な要求と答えた会社が、回答会社全体の二二・七％にも及んでいる（前掲、上場二二一号二四頁）。

（10） この統計は、「株式」、三六五号、一九九九年一月、証券取引所、六〇―四頁参照。

（11） 上場会社の平均配当性向率は、一九九四年に二八・九％であったが、九五年に一七・九％、九六年に一八・二％である。証券統計年譜、一九九六、証券取引所、一三四―五頁。

（12） 一九九一年に上場会社の総株主数は、約二一五万名でピークであったが、年々減少し一九九七年末には、約一三三万名に減少している。

（13） 前掲（注10）、株式、五八―九頁。

（14） 李泰魯＝李哲松・会社法講義（第七版、一九九九）三八二頁。また、韓国の公正取引委員会の調査によれば、三〇大財閥企業における支配株主の持株率は、一九九四年に九・七％、九五年に一〇・五％、九七年に八・五％となっている。

（15） 鄭浩烈＝権奇範「実質株主制導入および上場会社株主総会の法的問題に関する研究」亜洲社会科学論叢第四号、一九九〇・一二、三九―四〇頁。同教授は、書面投票制度の導入にともなう問題点として、第一に、総会運営が、例えば、付議議案が修正される場合の処理のように、硬直化すること、第二に、議案に関する事前情報開示が要求されるので、会社の費用負担が重くなること、第三に、投票用紙が白紙で返送された場合の処理が困難であることをあげながらも、これらの問題点は、十分克服できるものであり、この制度の長所を否定するような重要な問題ではないと指摘される。

(16) 南庄祐、前掲(注6)、一七二頁。

(17) 日曜新聞、前掲(注8)、五二—三頁。

(18) 鄭東潤＝梁承圭＝李範燦他・商法改正案解説（韓国上場会社協議会、一九九五）一一七頁。

(19) 一九九一年の上場株式の分布状況をみると、個人株主四四・四七％、政府および政府管理企業九・九六％、銀行八・九二％、証券会社四・九二％、投資信託会社七・六八％、保険会社五・五四％、その他の法人一五・四九％、外国人二・四九％となっている。一九九七年には、個人株主が三九・七九％、政府および政府管理企業六・五九％、銀行九・四二％、証券会社二・一一％、投資信託会社二・六六％、保険会社六・三四％、その他の法人二二・八一％、外国人九・一一％となっている。株式、前掲(注10)、六〇—四頁。

(20) 李哲松「九五年改正商法の衡平性」新世紀会社法の展開（李炳泰教授華甲記念、一九九六）四—五頁。

(21) 李哲松「現代会社の所有と支配概念の変化」（法経済研究(1)、韓国開発研究院、一九九二）一六二頁。

(22) 李哲松、前掲(注20)、五—六頁。

(23) この法律は一九九七年に廃止されたが、商法の特例に該当する大部分の規定は、証取法に移管された。

(24) 株式、前掲(注19)、五七頁。

(25) 李哲松「所謂一％無議決権優先株の法的評価」、証券、六五号、一九九〇・九、二五頁以下。同教授は、「商法三七〇条一項でいう優先配当とは、「優先順位」の配当を意味するのであって、決して有利な配当を意味するものではない。一般に配当優先株につき議決権を剝奪しうる根拠は、普通株主に先立って確定率ないし確定額の配当をうけるので、その地位が債権者と同じように会社の経営成果に対する危険を負担しないという点にある。したがって、普通株より有利な配当を受けても普通株に優先して配当される株式ではない限り、議決権を剝奪すべきではない」という。

(26) ただ、一九九四年に一件あるだけである。

(27) 証取法は、代表訴訟提起権につき六ヶ月間引き続き発行済株式総数の一〇、〇〇〇分の五以上を保有すべきことを要件としており（同法一九一条の一三第一項）、取締役・監査役の解任請求権、違法行為差止請求権、清算人の解任請求権については、六ヶ月間引き続き発行済株式総数の一、〇〇〇分の五以上(但し、特に大統領令で定められている大会社には一〇、〇〇〇分の二五）とし（同法一九一条の一三第二項）、帳簿閲覧請求権、株主提案権については、六ヶ月間引き続き発行済株式総数の一、〇〇〇分の一以上(但し、特に大統領令で定められている大会社には一〇、〇〇〇分の五）としており（同法一九一条の一三第三項、一九一条の一四）、総会招集請求権、業務・財産状態検査のための検査役選任請求権については、六ヶ月間引き続き発行済株式総数の一、〇〇〇分の三以上(但し、特に大統領令で定められている大会社には一〇、〇〇〇分の一五）を保有すべきことをそれぞれ要件としている(同法一九一条の一三第四項)。

(28) 金星泰「会社法改正論議の現段階(2)」、考試界、一九九八年八月号、一二八―九頁。

(29) 崔基元「ＩＭＦを克服するための商法改正方向」一〇頁。この論文は、崔教授（ソウル大学）が商法改正要綱案に対する緊急提言および私案を広く知らせるために、全国の商法研究者一人一人に送った冊子に掲載されている。全二二頁に及ぶ。

(30) 金星泰、前掲(注28)、一二七頁。

(31) 李泰魯＝李哲松・前掲(注14)、四〇〇―一頁。

(32) 崔基元・前掲(注29)、一一―二頁。

(33) 崔基元・前掲(注29)、一三―四頁。

(34) 崔基元・前掲(注29)、九頁。

(35) 崔基元・前掲(注29)、九頁。

(36) 最近の経済危機状況下で、上場会社の株価は暴落しそのほとんどが額面以下になっているが、商法上、新株発行の際の額面未満発行は厳しく制限されているので、新株発行を通じた資金調達は事実上不可能となっている。すなわち、商法四一七条によれば、会社成立の日から二年以上経過していることと、総会の特別決議によること、および、裁判所の認可を得ることが要件となっている。そこで、一九九八年の証取法改正では、上場会社が新株発行をなす際には、総会の特別決議のみで額面未満発行を認める措置が採られた（同法一九一条の一五）。

18　イギリスの上場会社における取締役の報酬規制と実務の対応

大久保拓也

はじめに

取締役等業務執行者に対する報酬規制は、日本だけではなく、世界各国において議論されている問題である。日本では、取締役・監査役計一一名に総額七億七五〇〇万ドル（約八三〇億円）の損害賠償を命じた大和銀行株主代表訴訟事件一審判決（大阪地判平成一二年九月二〇日判例時報一七二一号三頁）以降、株主代表訴訟制度の見直しを求める声が強まっている。(1)そこで、取締役の責任は、株主総会の特別決議により取締役の報酬の二年分を限度として軽減することができるものとする、という商法の改正提案が示されている。(2)この議論とのかかわりにおいて、報酬の開示規制の見直しが求められるであろうから、(3)取締役の報酬規制を検討する必要性は高まっているといえよう。

他方、イギリスにおいては取締役に対する高額報酬の付与が問題とされた。そこで、コーポレート・ガバナンス委員会が設けられ、この問題について検討を行い、取締役の報酬等についてさまざまな勧告を出している。その諸勧告は、上場規則によって上場会社の遵守を求めている。そのため、実務では取締役の報酬政策について上場規則の改正を通じて見直しを行ってきているものと思われる。

そこで本稿では、まず、イギリスの上場会社における報酬規制について概説する。次に、上場会社はどのような報酬政策を行っているのか、また、報酬規制に対して実務はどのように対応しているのかについて、検討することにしたい。

（1） 日本経済新聞平成一二年九月二一日付朝刊二・三面。

（2） 自由民主党政務調査会法務部会商法に関する小委員会は、株主代表訴訟制度の見直しとともに、取締役の会社に対する損害賠償責任を取締役の報酬の二年分を限度に軽減することを提案している（第五①、自由民主党政務調査会法務部会商法に関する小委員会「企業統治に関する商法等の改正案要綱（平成一一年四月一五日）」商事法務一五二四号（一九九九年）三八頁）。この提案に対して、公明党も、取締役の報酬の意義を明確にする等の修正を求める商法等改正案を公表している（公明党「企業統治に関する商法等の改正案（中間取りまとめ・平成一三年三月一日）」商事法務一五八九号（二〇〇一年）四五〜四六頁）。

（3） 酒巻俊雄「新たな企業法制と監査役」監査役四一八号（一九九九年）二五〜二七頁。

一　取締役の報酬規制の概要とコーポレート・ガバナンス論

(1)　取締役（director）に支給される報酬はどのような形態をとってもさしつかえなく、その総額は、定款の文言や取締役の任用契約にもとづくものとされている。[4] そのため、取締役の報酬は、その業務執行形態によって異なる。すなわち、常勤で会社の業務執行を行う取締役（例えば、業務執行取締役（executive director））の報酬は、給与、賞与、年金、株式オプション等の形で支給されるのに対して、取締役会には出席するが、会社事業を経営することには参加しない非常勤取締役（例えば、非業務執行取締役（non-executive director））は、年額もしくは取締役会出席毎または会社事業にささげた時間に応じて支給される実費（fee）を支給されるようである。(5) イギリスの現行会社法（一九八五年会社法（Companies Act 1985）、以下、会社法という）の会社法附則A表（Table A）八二条は、取締役は会社が株主総会の通常決議によって決定することのできる報酬をえる権利をあたえられるものとし、その決議において別段の定めがなされない限り、その報酬は日単位で生ずるものとみなされる旨を定める。また、同附則A表八四条は、業務執行取締役その他の業務執行職が取締役会によって任命された場合において、それらの者が行った業務執行に対して、取締役が適切と考える報酬を与えることができる旨を定めている。したがって、非業務執行取締役に支給される実費については株主総会が決議することができるが、業務執行取締役の報酬については取締役会で決するため株主総会は関与できないことになる。

さらに、会社法三一二条は、地位喪失に対する補償（compensation for loss of office）のためのまたはその職務の退任に配慮しもしくはそれに関連した支払を会社の取締役にすることは、提案された支払（その総額を含む）の明細書が株主に開示され、その提案が会社によって承認されなければ、会社に対しては法律上有効ではない、と規定して、取締役がその地位を喪失した場合の補償について規定をおいている。また、会社法は、取締役等の報酬その他の利益については、附則に定める一定の事項に関する情報を会社の年次計算書類（annual accounts）の注記に記載するものとするとして、報酬の開示を求めている（同法二三二条等）(6)。

しかし、株主は、会社法に定める報酬開示規制によって年次計算書類から情報を収集することができるが、取締役の報酬総額が著しく高額であることや取締役会長（chairman）や最高業務執行取締役（chief executive）の報酬が極めて高額であること等を株主総会において訴えること以上にその情報についてはなにもすることはできない、とされている。(7)

(4) イギリス法における取締役の報酬規制については、山田威「取締役の報酬規制について(1)」稲置学園創立六〇周年記念論文集・金沢経済大学論集二六巻一・二号（一九九二年）二一七～二三七頁、伊藤靖史「業績連動型報酬と取締役の報酬規制（二・完）―アメリカ及びイギリスの報酬規制改革を参考に」民商法雑誌一一六巻三号（一九九七年）六一～八〇頁、弥永真生「イギリスにおける取締役報酬の規制」代行リポート一二一号（一九九八年）一～一〇頁。また、拙稿「イギリス法における取締役の報酬規制」日本大学大学院法学研究年報二九号（一九九九年）一八六～一九〇頁をも参照。

(5) Robert R. Pennington, Company Law, 7th ed. (1995) p. 747.

(6) 報酬の開示については、一九八五年会社法第六附則およびこれを改正した一九九七年会社の会計（取締役の報酬開示）規制がある。これは、取締役の報酬の合計額が二〇万ポンドを超えるときには、もっとも高額の報酬を支給された取締役については、その額を開示しなければならない等、かなり厳格に報酬の開示を求めている。これについては、拙稿・前掲註(4)一八九頁、一九七～一九八頁。

(7) Gower's Principles of Modern Company Law, 6th ed. (1997) p. 630.

(2) このように、イギリスにおいては、取締役の報酬規制について制定法上は十分な規制をおいていなかったために、特に近年民営化された公益事業会社の取締役の報酬水準が高額であると抗議がおこったようである。(8) この取締役の高額報酬問題等の取締役の報酬規制を改善するためにコーポレート・ガバナンスに関する議論が展開された。その成果として、一九九二年一二月に「コーポレート・ガバナンスの企業財務的側面に関する委員会報告書」(Report of the Committee on the Financial Aspects of Corporate Governance：キャドバリー委員会報告書)、一九九五年七月に「取締役の報酬」(Directors' Remuneration：グリーンブリー委員会報告書)、一九九八年一月に「コーポレート・ガバナンス委員会―最終報告書―」(Committee on Corporate Governance -Final Report-：ハンペル委員会報告書）が公表されている。(9) これらの報告書は、それぞれ模範実務規程（Code of Best Practice）を作成しており、一九九八年六月には、それを取りまとめた統合規程（the Combined Code）が発表されている。(10) この統合規程は、上場継続義務となっており、一九九八年一二月三一日以降に到来する会計期間において、会社によって発表される年次報告書（annual report）および年次計算書類に対して適用されている（上場規則一二・四三A条）。(11) 上場規則違反は、上場規則による制裁を受けるほか（同規則一・八条～一・一〇条）、二〇〇〇年金融サービスおよび市場法（Financial Services and Market Act 2000）が二〇〇〇年六月一四日に制定され（二〇〇一年七月末施行予定）、ここにおいても上場規則違反に対する制裁を定めている（九一条一～三項）。(12) したがって、上場会社は統合規程についてもよりいっそう遵守することが求められることになるといえよう。

このように、キャドバリー委員会報告書等の諸勧告や統合規程の作成によって、取締役の報酬規制は強まったと考えられる。それでは、これらによって実際に取締役の報酬に対する統制はどの程度改善されたのであろうか。上場会社では、上場規則という自主規制により取締役の報酬規制の改善が図られている。(13) そこで、三においては、上場会社における報酬規制と実務の動向を、統合規程の遵守状況等に関するアンケート調査にもとづいて分析・検討することにしたい。

なお、イギリスでは、会社法改正が審議されている。(14) その中でも、取締役の報酬規制については、イギリス通商産業省（Department of Trade and Industry, DTI）が、「取締役の報酬」(Directors' Remuneration）という諮問文書を発表している。(15) この通商産業省の諮問文書を踏まえて取締役の報酬について検討した諮問文書はまだ出されていない。しかし、この諮問文書において通商産業省が提案した事項は重要であるから、この諮問文書の提案についても考慮しつつ取締役の報酬について検討することにしたい。

(8) Ibid., p. 632.

(9) Report of the Committee on the Financial Aspects of Corporate Governance, 1 Dec. 1992 (1992), Directors' Remuneration -Report of a Study Group chaired by Sir Richard Greenbury, 17 Jul. 1995- (1995), Committee on Corporate Governance -Final Report, 28 Jan. 1998- (1997). これらについては、拙稿・前掲註(4)一九〇〜二〇三頁および二二六〜二三二頁で引用した文献を参照。また、これらの委員会報告書は、日本コーポレート・ガバナンス・フォーラム編『コーポレート・ガバナンス—英国の企業改革』(二〇〇一年)二五七〜四一三頁に訳出されている。

(10) Committee on Corporate Governance—the Combined Code Jun. 1998—(1998). 統合規程の翻訳は、日本コーポレート・ガバナンス・フォーラム編・前掲註(9)四一四〜四二七頁。また、統合規程を中心としてイギリスの公開会社の取締役会について検討した文献として、河村賢治「英国公開会社における取締役会の機能—統合コード(The Combined Code)を中心に—」早稲田法学七六巻二号(二〇〇〇年)二三一〜二六六頁。

(11) 統合規程の遵守を求める上場規則一二・四三A条については、拙稿・前掲注(4)二〇二〜二〇三頁および注(64)(65)。

(12) 二〇〇〇年五月一日に、金融サービス機構(Financial Services Authority, 以下、FSAという)の上場規則(FSA, The Listing Rules (2000))が施行され、上場規則の制定機関であるイギリスの上場管理機関(UK Listing Authority)がロンドン証券取引所からFSAに委譲された(これは、ロンドン証券取引所が公開会社となったことと関係している)。そのため、現在、ロンドン証券取引所に上場するには、FSAの上場許可とロンドン証券取引所による取引許可の両方を受けなければならないこととなった(FSA, The Listng Rules, 3.14A)。この記述については、河村賢治「英国上場規則における公開会社法—特に取締役・取締役会に関して—」早稲田法学七六巻四号(二〇〇一年)一二九〜一三四頁に拠った。金融サービスおよび市場法については、北村雅史「英国における金融規制・監督システムの改革—金融サービス・市場法草案を中心に」故宮川知法教授追悼号・法学雑誌四五巻三・四号(一九九九年)三二〜五六頁、河村賢治「英国金融サービスおよび市場法案の概要と近時の展開」国際商事法務二七巻八号（一九九九年）八九七～九一五頁。

(13)　イギリスにおいて、法規制ではなく、自主規制による遵守を求めることの利点については、関孝哉「英国コーポレート・ガバナンスの展開(上)―エイドリアン・キャドバリー卿に聞く―」取締役の法務七五号（二〇〇〇年）四〇頁、同「コーポレート・ガバナンス規範に対する英国企業の対応とディスクロージャー」商事法務一五七〇号（二〇〇〇年）二〇頁。

(14)　イギリスにおける会社法改正作業の概要については、伊藤靖史「イギリスにおける会社法改正の動向」商事法務一五六八号（二〇〇〇年）五〇～五七頁、中村信男「英国における会社法見直しの動きと今後のコーポレート・ガバナンス」日本コーポレート・ガバナンス・フォーラム編『コーポレート・ガバナンス―英国の企業改革』（二〇〇一年）八四～一〇一頁。

(15)　DTI, Directors' Remuneration―A Consultative Document, 30 Jul. 1999 (URN 99/923)（以下、DTI, Directors' Remunerationという）. これを、http://www.dit.gov.uk/cld/condocs.htm#bより入手した（一九九九年九月二五日）。この諮問文書は、プライスウォーターハウスクーパース（PricewaterhouseCoopers）というイギリスの大手会計事務所による現行模範実務規程の枠組みに関する上場会社の遵守状況の検討結果にもとづいて作成されている。これについては、拙稿・前掲註（4）二〇四～二一九頁参照。

二　上場会社における取締役の報酬規制に対する実務の対応

一(2)で述べたように、上場会社は、上場規則によって、統合規程を遵守することが求められている。この統合規程は、取締役の報酬についても定めている（統合規程B節）。そこで、上場会社はこれをどの程度遵守しているのか、また、取締役の報酬政策にはどのような変化が現れているのかについて検討することは有益であろう。

上場会社がどの程度統合規程ひいてはコーポレート・ガバナンス委員会の勧告にしたがっているのか、また、どの程度会社の企業統治が改善されたのか等について、機関投資家のためにコーポレート・ガバナンス問題を検討しているPIRC（年金・投資調査コンサルタント（Pensions & Investment Research Consultants Limited））は、これまでに上場会社の委任状決議の動向等に関するさまざまな調査報告を行っている。最近、PIRCは、「コーポレート・ガバナンス二〇〇〇―フィナンシャルタイムズ全株価指数におけるコーポレート・ガバナンスの傾向と構造に関するPIRCの年次調査―」（以下、PIRCの調査という）を公表した（二〇〇〇年一一月）[16]。これは、二〇〇〇年一月一日～九月三〇日までに株主総会を開催したフィナンシャルタイムズ全株価指数のすべての会社と三年間にPIRCが入手したデータにもとづいており、その基本となるサンプルは五〇三社からえられたものである。この調査は、委任状決議に関する調査や統合規程の遵守状況に関する調査等、PIRCがこれまでに別途行ってきた調査報告を集約したものでもある。ここでは、この調査報告を検討しながら、統合規程の遵守状況等、イギリスの上場会社における取締役の報酬政策の実態について検討することにしたい。

(16) PIRC, Corporate Governance 2000 -PIRC's Annual Review of Corporate Governance Trends and Structures in the FTSE All Share Index- (2000)（以下、PIRC, Corporate Governance 2000という）p. 10.

(1) 上場会社における取締役の報酬に関する一般的傾向

① ここでは、上場会社における取締役の報酬の一般的な傾向について概観する[17]。まず、取締役の報酬全体の構成について述べる。非業務執行取締役の報酬は、一(1)で述べたように、実費が支給されるようである[18]。これに対して、業務執行者への報酬の構成は、PIRCの調査によれば、給与や現物給付等から構成されており、ここ数年来の一般的な傾向は、取締役の報酬パッケージ全体の構成について、確定された報酬の支給から変動のありうる報酬の支給（賞与等）へとシフトしている、とされている。

次に、取締役の報酬の傾向をみることにする。PIRCの調査によれば、すべての会社において、業務執行取締役に対する平均的な給与の上昇は、インフレや経済全体における所得の上昇よりも早い、と分析されている。[19]換言すれば、業務執行取締役と労働者の格差は広がっている、ということになろう。もっとも、現金報酬全体が上昇したというよりも、実質的には、現金賞与の上昇が著しかったようである。FTSE100については、現金報酬（年度賞与は含むが、株式オプションや年金は含まない）の平均は、二〇〇〇年では一一・六％上昇した、とされている（MidCapは一四・一％、SmallCapは八・四％の上昇）。また、FTSE100における最高業務執行取締役については、平均賃金が七・三％増加し、現金所得の総額が一七％増加した、としている。

さらに、報酬の構成についてみると、ＰＩＲＣの調査によれば、FTSE100の取締役は、報酬のうち現金賞与の割合が高いとされており（三五％）、給与は現金報酬の五八％である（これに対して、MidCapやSmallCapの取締役の給与は約六七％である）。一般的には、多くの取締役は、このほかに、毎年の給与に匹敵する株式評価益を受け取っている、とされている。したがって、業務執行取締役に対する報酬は、履行目的の達成と株価の動きに依存していると考えられる。もっとも、どの程度株式評価益を受け取っているのか等、細部については明確にされていないようである。

したがって、株式評価益等、報奨計画に関する開示規制は十分に行われていないことが問題となろう。これは、開示が会社によってさまざまな形で行われていることや株式評価益を評価するための共通の会計モデルが欠如していたために、報酬全体を計算するうえで、株式評価益について比較可能な基礎を作ることができなかったことに原因があると考えられている。そこで、株式オプションの評価益に関して、会社に対し、ブラック＝スコールズ・モデル（Black-Scholes model）にもとづく適正価格方式を用いた算定方法を示し、これによって株式オプションの評価益を統一的に評価しようとする動きもみられるようである。[20]しかし、株式オプション算定の統一的なモデルをつくることについては、ハイテク企業や株式評価益が高い会社による反対があり、このようなモデルが受け入れられるか否かについてはさらに検討してゆく必要があることになろう。

② 一(2)で述べたように、上場会社は統合規程を遵守する義務がある。そこで、統合規程全体の遵守状況についてみることにする。[21] まず、株主等に開示することが求められている事項である。PIRCの調査によれば、開示がもっともよくなされているのは、開示に関する事項(毎年、株主に対する取締役会の報酬報告書の中で報酬委員会の構成員の氏名が列挙されること(同規程B・二・三)等)や上場規則によって遵守することが求められている事項[22]である。これは、遵守していないことを開示することは実務上望ましくないであろうから、そのような事項の遵守について、実務上迅速に対応した結果であると思われる。

これに比べてあまり遵守されていないのは、構造に関する事項、特に取締役の独立性や契約政策に関するものである。すなわち、四分の一~五分の一の会社は、いぜんとして取締役会または取締役会付委員会において十分な数や割合の独立取締役をおかなければならないという取締役会の構造に関する基本的な要求を遵守していない、とされている。このように、上場規則により遵守することが求められているにもかかわらず、十分遵守されていない事項があるということは、注目に値するであろう。

③ 上場会社における報酬の一般的傾向は以上のとおりである。すなわち、上場会社における取締役の報酬は全体的に上昇している。その原因と考えられるのは、確定された報酬の支給から変動のありうる報酬の支給へと報酬の支給形態が転換してきていることである。変動のありうる報酬の支給については、開示や計算方法が統一されていないため、取締役がどの位報酬を受け取っているか明確にならないのである。そこで、明確な基準を設定する必要があるが、これには反対も強いようである。また、統合規程は、報酬支給の透明性を確保するため上場規則によって遵守されることが求められている。しかし、構造に関する事項という重要な事項が十分に遵守されていない、という点が問題となろう。

そこで、上場会社においては、統合規程のどの規程を十分に遵守していないのか、また、統合規程の報酬に関する部分の中で、遵守が不十分なことによって問題とされる点等について検討することが必要であろう。これを検討することで、上場会社における取締役の報酬政策の実態がさらに明らかになると考えられるからである。本稿では、このうち、報酬委員会、任用契約、取締役の地位喪失に対する補償、取締役の報酬に対する株主の関与について取り上げることにしたい。

(17)　PIRC, Corporate Governance 2000, pp. 22-24.

(18)　キャドバリー委員会報告書は、非業務執行取締役が株式オプション政策や年金受給権をもつことは望ましくはない、としている (para. 4. 13)。また、ハンペル委員会報告書もこれに賛成する（ただし、非業務執行取締役に報酬の一部を株式（株式オプションではない）で支払うことは有益である、としている (para. 4. 8)。このことから、非業務執行取締役の報酬を、実費以外のもので支給することは望ましくはない、と考えられているようである。

(19)　ＰＩＲＣの調査によれば、一九九九〜二〇〇〇年では、業務執行取締役の給与の平均は、FTSE100では六・七%、MidCapでは五・六%、SmallCapでは八・〇%上昇している、とされる。また、業務執行取締役に対する基本給与は、FTSE100では約三六万ポンド、MidCapでは約二三万ポンド、SmallCapでは約一七万ポンドとされている (PIRC, Corporate Governance 2000, p. 23)。

(20)　G4＋1（オーストリア、カナダ、ニュージーランド、イギリス、アメリカ合衆国の会計基準設定機関の構成員および国際会計基準委員会（IASC）の構成員から構成される作業部会）が、株式を基礎とする報酬の会計上の取扱いについて検討している (Kimberley Crook (princimpal author), 'Accounting for Share-Based Payment', FASB No. 211-A (2000))。ブラック＝スコールズ・モデルについては、Fisher Black & Mron Scholes, 'The Pricing of Options and Corporate Liabilities', Journal of Political Economy, Vol. 81 No. 3 (1973) pp. 637-654, 味村治監修／大和証券株式会社法務部・事業開発部編『一問一答ストック・オプションの実務―付・利益消却特例法』別冊商事法務二〇四号（一九九八年）一六六〜一六七頁。

(21) PIRC, Corporate Governance 2000, pp. 11-12.
(22) ロンドン証券取引所上場会社が上場規則一二・四三A条を遵守している状況について検討した調査においても、同条の求める開示事項はいずれも遵守されている、としている(柏木薫「英国の展開に学ぶ取締役報酬のあり方」日本コーポレート・ガバナンス・フォーラム編『コーポレート・ガバナンス—英国の企業改革』(二〇〇一年)一二八～一二九頁、一三二～一三五頁)。

(2) 上場会社における報酬委員会

一(1)で述べたように、取締役のうち業務執行取締役の報酬は、取締役会で決定するものとされている。そのため、取締役自身が自己の報酬を決定するということになるから、お手盛りの危険性があると考えられる。そこで、統合規程B.二.一は、業務執行取締役の報酬を業務執行取締役自らが決定することを回避するため、取締役会は、独立非業務執行取締役からなる報酬委員会を設置するものとする、と報酬委員会の設置を求めている。この報酬委員会は、経営者から独立し、かつ、独立性をもった判断を行うことを実質的に妨げかねない一切の事業その他の関係を有していない非業務執行取締役のみによって構成されるものとする、と定める(同規程B.二.二)。報酬委員会の役割は、合意された付託事項の範囲内で[23]、業務執行取締役の報酬についての会社の枠組みやそれにかかる費用について取締役会に勧告すること、年金受給権および一切の補償の支払を含む各業務執行取締役に対する具体的な報酬パッケージを決定すること等である(同規程B.二.一)。

このように、統合規程は、報酬委員会は独立非業務執行取締役によって構成されることを求めているのであるから、非業務執行取締役の数、その独立性、報酬委員会の構成等はどのようになっているのか、その実態について検討する必要があろう。そこで、これらを順次検討することにしたい[24]。なお、会社法は、報酬委員会について何ら規定をおいてはいない。

①　報酬委員会を検討するにあたって、まず、上場会社における取締役会の規模と構成について概観する。[25] PIRCの調査によれば、フィナンシャルタイムズ全株価指数におけるイギリスの取締役会は、平均九・二人の取締役を有する、とされている。そのうち、FTSE100は平均一二人、SmallCapは平均七・六人の取締役を有する、とされている。取締役会の規模は、数年来あまり変化がないようである。[26] 統合規程D・三・一は、監査委員会にスタッフをおく最低限の数として、取締役会には少なくとも三人の非業務執行取締役をおくことを求めている。PIRCの調査によれば、これを遵守している会社は九三％である。これに対して、五・五％の会社は非業務執行取締役が三人よりも少ない、とされている。したがって、ほとんどの会社はこの規程を遵守しているが、上場会社の中でも小規模な会社ほどこの規程を遵守できていないようである。[27]

次に、取締役の独立性について述べる。[28] 統合規程A・三・二は、非業務執行取締役の過半数は経営者から独立していること、取締役会には非業務執行取締役の独立性について見解をもつことを要求している。各会社で独立性の基準が異なるためか、PIRCの調査によれば、取締役の独立性が明確に認められるのは、八九・三％にすぎない。また、非業務執行取締役が取締役会の過半数を占めている会社は、八七・九％である、としている。

さらに、統合規程A・三・一は、取締役会の三分の一は非業務執行取締役であることを求めている。この規程および、非業務執行取締役の過半数が取締役会の見解における独立性があることを求める同規程A・三・二、という二つの要求を遵守している会社は、PIRCの調査によれば、全体として八二・三％である。換言すれば、約一五％の会社が、会社自体の評価によっても、非業務執行者の数と独立性という統合規程の要求を満たしていない、ということになる。

このように、取締役の人数はそれほど多くはなく、その中で非業務執行取締役は少なくとも三名以上は選任されているようである。ただし、独立性に関する規程については、まだ十分に遵守されているということはできないといえよう。これに関連して、ＰＩＲＣの調査によれば、非業務執行取締役の過半数が独立取締役ではない会社の割合は年々減少しているが、まだ約三分の一（二九・五％）は過半数が独立取締役ではない、とされている。これは、規模の小さい会社ほどそうである（FTSE100は二〇・五％にすぎないのに対して、SmallCapは三三・九％である）。

②　それでは次に、報酬委員会の構成について検討する。ＰＩＲＣの調査によれば、全株価指数の中で、たった一社のみが報酬委員会を設置していない、とされている。したがって、上場会社においては、ほとんどすべての会社が報酬委員会を設置しているということができる。また、統合規程Ｂ．二．二は、報酬委員会は独立非業務執行取締役のみから構成されることを求めている。これについて、取締役会自体の評価で（同規定Ａ．三．二）、委員の全員が独立性を有すると考えられるのは、七四・二％とされている。この規程の遵守状況は、会社自身が取締役の独立性についてより厳密な評価をしたため、若干下落したとされている。このため、報酬委員会自体の独立性の評価も六九・七％と若干下落した、としている。これに対して、ＰＩＲＣの基準[29]によれば、報酬委員会の約七〇％は独立取締役が過半数を占めているとしている。逆に、報酬委員会の中に、ＰＩＲＣの独立性の基準を満たす独立取締役を有していない会社は、六％以下にすぎないとしている。そして、ＰＩＲＣの基準によれば、報酬委員会のうち三分の一が完全に独立性を有している、とする。

このように、取締役会自体の評価だけではなく、非業務執行取締役の独立性についてより厳密な評価基準をもつＰＩＲＣの評価基準においても、報酬委員会の三割近くが独立性に関する統合規程を遵守していないことになるのである。報酬委員会については、一(2)で述べた通商産業省の取締役の報酬に関する諮問文書においても同様の議論がある。それによれば、上場会社については報酬委員会の設置は行われているのであるから、取締役会長が報酬委員会の構成員となることを禁止するなど、報酬委員会の独立性をより高めるように統合規程を強化する

措置について検討することも一考に価しよう。(30)

③ 以上、取締役会全体の構成と報酬委員会の構成について述べてきた。取締役の数はそれほど多くはないにもかかわらず、取締役会の中には少なくとも三名の非業務執行取締役が選任されているものの、その独立性はまだ十分ではないようである。取締役の報酬に関して、報酬委員会については、ほとんどの会社が設置している点は評価できる。しかし、これについても構成員の独立性はまだ十分であるとはいえないようである。そのため、お手盛りの危険性は残されているから、より一層統合規程の遵守を求めてゆく等改善の余地があると思われる。

(23) 統合規程自体は、委員会の役割等を網羅的に定めているわけではない。そこで、実務上委員会の委託事項についてのモデルが示されている。報酬委員会の付託事項のモデルについては、河村・前掲註(10)二五六～二五七頁。

(24) PIRC, Corporate Governance 2000, pp. 12-14, 16-20.

(25) イギリスの取締役制度については、石山卓磨「イギリスの取締役制度」加美和照編著『取締役の権限と責任―法的地位の総合分析―』（一九九四年）三八一～三九二頁参照。

(26) 一九九三～一九九六年では、取締役会は平均九・八～九・九人の取締役によって構成されていた、とされており（PIRC, Non-Executive Directors in FTSE 350 Companies: Assessing Independence—A PIRC Research Report—(1998)（以下、PIRC, Non-Executive Directorsという）p. 20）、現在と大きな違いはみられないようである。

(27) もっとも、キャドバリー委員会報告書が報告された一九九二年以降、非業務執行取締役をおいている会社が多く、その数が三名よりも少ない会社数も減少している、とされている（ibid., p. 21）。

(28) 統合規程は、非業務執行取締役の独立性について明確な指標を示していない。そこで一般的には、かつて業務執行職にあった者、会社の従業員である者、会社と長期的な関係があること等は、独立性がないことの指標となる、と考えられている（Mark Stock (et al.), The Combined Code—a Practical Guide—(1999) p. 80）。

(29) ＰＩＲＣの独立性の評価基準は、過去一〇年以内に当該会社で業務執行取締役の職にあったこと、一〇年以上の間取締役であったこと等である（PIRC, Non-Executive Directors, pp. 29-32)。

（30） DTI, Directors' Remuneration, para. 3.16. 拙稿・前掲注（4）二二一頁参照。

(3) 任用契約と取締役の地位喪失に対する補償

① まず、任用契約[31]について述べる[32]。会社法三一九条は、会社は一定の条件の下でのみ解任することができるが、解任通告によって解任することができない期間である、五年を超えて取締役を継続的に任用するという合意を定めた任用契約の条項について、会社は事前に株主総会によって承認されなければ任用契約に組み込むことはできず、これに反する合意を組み込んだ任用契約の条項は、これに反する部分について無効とする、と定めている。その開示について、同法は、すべての会社は、任用契約の謄本（任用契約が文書化されていないときは基本定款）を、会社の登録事務所、株主名簿保管地、主たる営業地に保持し、株主の閲覧に供するものとする、と定めている（同法三一八条一項、七項）。これに違反するときには、会社およびその会社の全役員は、罰金を課される（同条八項）。これに対して、統合規程B・一・七は、解任通告期間もしくは契約期間を一年以下と定めまたは一年以下にまで短縮することには有力な根拠があり、取締役会はこれを一つの目標とすべきであるが、しかし、それを直ちに達成することができないことがありうることを認識すべきである、としている。

このように、統合規程により、上場会社は、すべての取締役について一年以下の契約を結ぶという目標を設定する政策をもつことが要求されているのである。ＰＩＲＣの調査によれば、この政策をもっているのは、一九九九年の五一・二％から二〇〇〇年では五七・三％へと著しく改善した、とされている（最も遵守していないのは、FTSE100の四九・四％である）。この遵守水準は、すべての会社で高くなっているとされる。

また、これは、契約期間の問題にも反映している。機関投資家達の意見は、業務執行取締役の任用契約は一年とすべきであるということに一致しているようである。ＰＩＲＣの調査によれば、一年以下の任用契約は、一九九九年の五八％から二〇〇〇年では六九％になっている。二年の任用契約は、これに対応して四〇％から二九％へと減少している。なお、三年の任用契約は、ほんのわずかであるが残っているとされている。さらに、ＰＩＲＣの調査によれば、契約期間は、一般に大きい会社ほど長い、とされている。FTSE350においては、取締役の五六％が一年以下、四二％が二年の契約期間を結んでいる、という。一九九四年には三年の契約期間が約四五％、一年が約三〇％であったのであるから、今では、任用契約は従来の三年から一年へと転換し、一年が標準となったといえよう。

さらに、取締役の任用契約については、上場規則にも規定がある。すなわち、上場規則一六・九条は、各取締役の任用契約の謄本は、会社の登記事務所および年次総会開催中は開催地において、株主に限らずいかなる者も閲覧できるようにしなければならない、と定める。(33) この規則によって開示しなければならない事項は、給与その他の給付を含む取締役の報酬のすべての明細、任用契約の早期終了時に支払うべき補償に関する一切の条項、等である（同一六・一一条）。

② 次に、地位喪失に対する補償について検討する。(34) 一(1)で述べたように、会社法三一二条は、地位喪失に対する補償を取締役に支払うことは、その支払の明細書を株主に開示し、会社によってそれに関する提案が承認されなければ、法律上有効に行うことはできない、と定めている。

地位喪失に対する補償について特に問題となるのは、これが取締役死亡後に支給される場合である。すなわち、故取締役に地位喪失に対する補償を過大に支給したことが、失敗であるか否かという問題でる。これは、株主は、取締役が株主の価値を低下させる業務執行を行った後で、多額の報酬をもち出されることを望まないからである。

地位喪失に対する補償は、解任通告期間と結びついているため、取締役の契約期間を制限する動きがあったとされている。しかしながら、ＰＩＲＣの調査によれば、契約期間は減少しているにもかかわらず、故取締役に支払われた地位喪失に対する補償は、過去二年間にわたって上昇している、とされている。この上昇は、取締役の報酬の増加と歩調をあわせているだけではなく、それを上回ってさえいるのである。地位喪失に対する補償の平均総額は、給与の約一二〇％、現金による報酬全体の九〇％を示している、という。この傾向は、株式評価益や年金支給のような現金以外の給付からなる評価益が含まれていたためである、等と説明されている。

ＰＩＲＣの調査によれば、約定賠償額の規定を使用することが増加している、とされている(FTSE100では四〇%、MidCapでは二九%、SmallCapでは一一%)。しかし、その契約について詳細に記載していない会社が多いということには、注意を払う必要があろう。なお、ほとんどの場合、約定賠償額の支払いは、一回の報酬に相当する、とされている。

③　以上、任用契約と地位喪失に対する補償について述べてきた。両者は密接な関係があり、契約期間が長ければ補償の額も多額になるため解任することが難しくなるから、コーポレート・ガバナンス委員会の勧告や統合規程（模範実務規程）によって、契約期間は従来の三年から一年へと減少してきている。しかし、地位喪失に対する補償の支払いは、契約期間が減少しているにもかかわらず、上昇しているようである。

任用契約および地位喪失に対する補償について、通商産業省は**一**(2)で述べた取締役の報酬に関する諮問文書において検討している。そこでは、任用契約の情報を、株主に対する取締役会の報酬報告書の一部として開示するように要求すること等の改正提案を行っている。[35] この諮問文書に対する意見答申はまだ出されてはいない。ただし、二〇〇〇年一一月に公表された「競争力ある経済に向けた現代的会社法―その構造の完成―」という新しい諮問文書[36]では、任用契約および地位喪失に対する補償について改正案を出している。そこで、これについて概説することにしたい。

まず、この諮問文書は、会社法三一八条の改正案として、株主は、実費を支払って取締役の雇用契約（または、それが文書化されていないときはときは基本定款）の謄本をとることを請求する権限を有するものとする、と提案している。これは、閲覧だけではなく複写をとることを認めることによって、株主の権利強化をはかろうというものであろう。また、会社法三一九条の改正案として、地位喪失に対して取締役に一年分の報酬を超える金額を与えるという契約上の合意は、株主総会による事前の承認がない限り、違法であるものとし、かつ、そのようにして支払われた一切の金額も会社によって取り戻すことができるものとする、と提案する。さらに、契約違反に対する損害賠償の支払いは、一年という制限を超えるものは認められてはならない、と提案している。これは、任用契約に対する規制を強化する提案ということができよう。

このように、任用契約や地位喪失に対する補償をどのようにすべきかについては、これらの諮問文書で検討されている事項を踏まえてさらに考察する必要があろう。

(31) 取締役の任用契約とは、一年以上の解任通告期間もしくは契約期間をもつ、または、一年分の給与および現物給付と同額もしくはそれを超える額の終任補償をあらかじめ定めた規定をもつ、証券発行者である取締役と会社の契約である、と定義づけられている（上場規則による定義）。任用契約については、河村・前掲注(12)「英国上場規則における公開会社法」一三九～一四三頁。
(32) PIRC, Corporate Governance 2000, pp. 13, 25-26.
(33) Richard Hough, 'Continuing Obligations' in Maurice Button & Kate Hathley (eds.), A Practitioner's Guide to the Financial Services Authority Listing Rules 2000/2001 ed. (2000) p. 164.
(34) PIRC, Corporate Governance 2000, pp. 24-25.
(35) DTI, Directors' Remuneration, para. 6.13. 拙稿・前掲注(4)二二五頁参照。
(36) DTI, Modern Company Law for a Competitive Economy: Complementing the Structure -a Consultation Document from the Company Law Review Steering Group-, Nov. 2000 (URN 00/1335), paras. 4.17-4.20. こ

の諮問文書の概要については、中村・前掲注(14)九六〜九九頁、「英国の会社法改正の最新の動向とEU統一会社法」商事法務一五八八号（二〇〇一年）四〇〜四一頁参照。

(4) 取締役の報酬規制に対する株主の関与

① ＰＩＲＣの調査によれば、委任状決議に対する反対票が多いのは取締役の報酬についてである。[37] したがっ[38]て、投資家によるコーポレート・ガバナンスの関心がもっともあらわれるのは報酬に関する問題についてである、といえよう。

もっとも、取締役の報酬を直接株主が決定することには、反対が強いようである。[39] 統合規程Ｂ．三．五は、株主に対する取締役会の年次報酬報告書は、年次株主総会の通常議案とすることを要しない、しかし、取締役会は、毎年、年次総会がその報告書に記載された政策の承認を求められなければならないというような状況があるか否かを検討し、取締役会としての結論を議事録に記録するものとする、と定める。したがって、株主が取締役の報酬政策全体を決議することは認めていないのである。[40] ただし、すべての新たな長期報奨計画の承認を与えるために、特別に株主総会が招集されるものとする、と定められている(同規程Ｂ．三．四)。つまり、長期報奨計画については、株主総会の決議を求めているのである。

これに対して、一(2)で述べた通商産業省の取締役の報酬に関する諮問文書は、報酬委員会報告書や報酬政策の決議に含めて、取締役の報酬の承認に株主の監視と関与が増えることとなる、さまざまな提案を行っている。[41] その中には、株主に取締役会の報酬報告書を毎年決議させるという請求を上場会社に要求する、というものもある。しかしながら、ＰＩＲＣの調査によれば、三％(一六社)のみが、年次株主総会の決議において取締役の報酬について株主の承認を求めることを提案したにすぎない。[42] これらのうち六社は、報酬委員会報告書の承認に関わるものであり、残りは報酬政策の承認を求めるものである。したがって、自発的に取締役の報酬について株主の承認を求めている会社はほとんどないのが現状である。

②　そこで、この問題については、一(2)で述べた通商産業省の諮問文書の提案を踏まえたさらなる諮問文書の発表が待たれるところである。もっとも、この諮問文書が出されたころとは状況が異なってきており、取締役の報酬規制の見直しについてこの諮問文書を作成した当初の政治的な勢い[43]はなくなったとする意見もみられる。したがって、この諮問文書のように報酬の決定について株主の関与を求める提案がどこまで受け入れられるのかについて注目しておく必要があろう。

取締役の報酬について、この諮問文書（一九九九年）が出された後の二〇〇〇年の株主総会シーズンでは、会社経営者は、「太った猫（fat cat）」という見出しの記事で攻撃されたようである。つまり、取締役はその地位を利用して不当な利益をえている、というのである。これについては、グリーンブリー委員会報告書を作成したグリーンブリー卿の意見が注目されよう。[44]すなわち、①トップ企業の経営者の報酬が低すぎるということは望ましくはなく、②会社が国際的になれば報酬も国際水準にあわせるべきであるとする一方で、③報酬規制の透明性を改善して情報を開示することは重要である、と述べている。これは、一方では経営能力の高い経営者に対しては適正額の報酬を付与する必要があり、他方では不当に多額の報酬が支給されることがないように報酬の開示を通じて報酬規制の透明性の確保を図る必要があるとするのである。この見解は妥当であろう。そこで、このような観点から取締役の報酬規制に対する株主の関与について検討する必要性は高いと考える。

(37)　取締役の報酬は、委任状決議の中でもっとも争いの多い問題である（PIRC, Corporate Governance 2000, p. 43)。すなわち、一〇％以上の反対票を受けた決議のうちの半分は、報酬の問題に関係している、とされている（もっとも、九五％近くは賛成票である）。報奨計画は、それ以外の決議類型よりも多くの反対票を受けている。その次に反対票が多い決議類型は、報酬政策または報酬委員会報告書の承認についてである。また、取締役の契約期間についても株主の関心は高く、反対または棄権票が多いようである。同様に、一九九八～一九九九年の調査においても、反対票の上位三位はすべて報酬に関連するものであった（PIRC, Proxy Voting Trends 1999 (1999) p. 18）。

(38) イギリスにおける機関投資家のコーポレート・ガバナンス活動の実効性と限界については、上田亮子「英国のコーポレート・ガバナンスにおける機関投資家の役割―その実効性と限界―」国際商事法務二九巻一号（二〇〇一年）三二～四〇頁。

(39) イギリスにおいて株主に具体的な報酬水準を承認させることは妥当ではない、とする理由については、拙稿・前掲注(4)二一七頁。

(40) 取締役会の年次報酬報告書は、議事日程の標準議案とすることを要しない、とする規程の理由については、グリーンブリー委員会報告書 paras., 5.28-5.32. ハンペル委員会も、会社の政策の一面のみについて株主に承認を求めることは適当ではないとして、この領域における同委員会報告書の提案を支持している（paras., 4.21）。

(41) DTI, Directors' Remuneration, paras. 7.16-7.22. 拙稿・前掲注(4)二一七～二一八頁。

(42) PIRC, Corporate Governance 2000, p. 26.

(43) 取締役の報酬について検討したグリーンブリー委員会報告書を作成したグリーンブリー卿は、この報告書を作成する背景として、①民営化企業の取締役の報酬が多すぎたという問題と、②解任されたにもかかわらず、（長期間の任用契約を結んでいたため）多額の退職金を受領した取締役がいたという問題があったことを挙げている（関孝哉「英国コーポレート・ガバナンスの展開㈥―リチャード・グリーンブリー卿に聞く―」取締役の法務七六号（二〇〇〇年）六三～六四頁）。

(44) 関・前掲注(43)六五～六九頁。

おわりに

(1)　以上、イギリスの上場会社における取締役の報酬規制について述べてきた。上場会社の報酬規制については、会社法や規則による法規制のほか、上場規則の遵守が求められている。上場規則によって、統合規程の遵守も求められているのであるが、構造に関する規程は遵守されていない等、統合規程は必ずしもすべて遵守されているわけではないようである。

さらに、上場会社の取締役の報酬は、全体的に上昇しており、地位喪失に対する補償の支払いも増えている（ただし、任用契約の契約期間は三年から一年に減少しているのであるが）、という傾向があるとされている。また、取締役の高額報酬が問題となったことから、取締役の報酬規制に対する株主の関与について検討されているが、関与させることには慎重な声が強いようである。むしろ報酬の開示等、透明性の確保を目指すべきである、とする意見もみうけられる。

(2)　報酬規制については、付与される報酬を妥当なものにするために、報酬の決定機関をどのようにすべきか、また、報酬の透明性を高めるために、報酬の開示を推し進めることが問題となる。[45] ①　報酬を決定する機関について、イギリスの上場会社においては、株主に取締役の報酬の決定を委ねるのではなく、独立非業務執行取締役からなる報酬委員会によって行われることが求められている。これは、業務執行取締役が自己の報酬を決定するというお手盛りを防止するためである。ただし、取締役の報酬について株主が直接関与することには消極的であり、株主に対しては、報酬の開示を厳格にすることで、報酬決定の透明性を高めようとしている。そこで、②　法令や上場規則等により取締役に対する報酬を詳細に開示することを求めている。取締役の報酬の細目や報酬額等が実際に開示されていることは、ＰＩＲＣの調査からも明かである（ただし、株式オプション等、報奨計画については開示が十分になされていない）。十分開示されていることによって、株主は、会社の報酬政策や支給額等がどのように行われているのかを検討できるのである。

日本においては、一で述べたように取締役の責任軽減が議論されていることに関連して、報酬の開示規制の見直しが求められることになると思われる。しかし、日本では役員の報酬を個別的に開示することには抵抗が強いとされている。(46) そこで、イギリスの上場会社におけるように、報酬の開示規制を強化し、報酬の決定に対して透明性を高めることが求められよう。

現在、イギリスでは会社法改正作業が行われており、その中で報酬規制の見直しもなされるであろう。したがって、日本における会社役員の報酬規制のあり方を検討するためにも、イギリス法における取締役の報酬規制について、実務の対応を踏まえつつ、さらに検討する必要があろう。

(45)　日本における報酬の決定や開示については、拙稿・前掲注(4)一八四〜一八五頁、二二〇〜二二三頁。

(46)　河村貢「はしがき」北澤正啓ほか『役員退職慰労金一問一答（新版）』別冊商事法務二三〇号（平成一二年）一頁。

〔平成一三年三月三一日稿〕

〔追記〕　法務省民事局参事官室が、平成一三年四月一八日付で各界に意見照会した「商法等の一部を改正する法律案要綱中間試案」において、取締役の報酬規制について改正提案を示している（第十三、商事法務一五九七号（二〇〇一年）三八頁）。それによれば、この提案は、取締役の報酬として、商法二六九条の規定にかかわらず、ストック・オプションについては株主総会で内容を定めることをもって足りることとする代わりに、その報酬を相当とする理由を開示しなければならない、としている。

また、一で述べた日本における取締役の責任軽減については、平成一三年五月三〇日に、取締役の責任を一定額を限度として免除する法案が国会に提出されている(これについては、「企業統治関係商法改正法案の国会提出―監査役制度の強化・株主代表訴訟の見直し」商事法務一五九七号（二〇〇一年）四～一八頁)。この法案によれば、取締役の二六六条一項五号の責任は、その職務を行うにつき善意・無重過失のときには、株主総会の決議、または、定款の規定にもとづいて取締役会の決議により、取締役が報酬その他の職務執行の対価として受けまたは受けるべき財産上の利益の額の営業年度毎の合計額中最も高い額の二年分に相当する額や新株引受権付与方式のストック・オプションによってえた利益等を限度として免除することができるものとする、としている。さらに、株主総会の決議によって取締役の責任を免除するためには、株主総会において、取締役が責任を負う限度額やその算定の根拠等を開示しなければならない、としている。

これらの改正提案とのかかわりからも、報酬規制や報酬の開示規制について、比較法的考察をふまえてさらに検討してゆく必要があろう。

19　取締役会における特別利害関係人

酒巻俊之

一　株主総会・取締役会における特別利害関係人規定の変遷

1　株主総会・取締役会における特別利害関係人規定の相違

会議を開いて議事を決定する場合に、議題によっては会議体の構成員としての立場と個人の利害とが対立し、公正な議決権の行使がなされうるか懸念される状況がある。こうした場合、儀礼として議題に関係のある構成員はその決定に参加しないという方法がある。

しかしながら、事前に議決権を排除するということは、個人の権利を剝奪するということであり、単なる懸念のみで個人の正当な権利を剝奪することには問題がある。そこで、こうした者の議決権行使の結果、著しく不当な決議がなされた場合には、これらの者の議決権行使を決議の取消・無効原因とすることで、決議の公正を担保するという方法も考えられる。

現行商法二四七条一項の規定は、「左ノ場合ニ於テハ株主、取締役又ハ監査役ハ訴ヲ以テ総会ノ決議ノ取消ヲ請求スルコトヲ得」と規定し、株主総会決議取消の訴えの要件を列挙するが、三号において、「決議ニ付特別ノ利害関係ヲ有スル株主ガ議決権ヲ行使シタルコトニ因リテ著シク不当ナル決議ガ為サレタルトキ」として、株主総会における特別利害関係人の多数決濫用となる議決権行使を取消原因に挙げている。

これに対し、現行商法二六〇条ノ二第二項は、取締役会の決議方法について、「前項ノ決議ニ付特別ノ利害関係ヲ有スル取締役ハ決議ニ参加スルコトヲ得ズ」と規定する。このように、株主総会の規定が、原則として事後的な救済を図るものであるのに対し、取締役会の規定は、事前排除の規定となっている。

こうした全く異なる対応は、現在では、それぞれの機関の特性を反映したものと解されている。

株主はもともと自己のために株式を有しており、自己の利益を図ることは許容されてしかるべきこと、株主の議決権は本質的な権利であり、資本多数決の原則からも、単に公正な議決権行使を期待できないという理由だけで、議決権を排除するのは不当であり、特別利害関係を有する株主を除いた議決権行使の結果として、少数株主が決定権を握ることになれば資本多数決の原理を揺るがすことになるからである。

これに対し、取締役は、会社から経営の委任を受けた者である。会社に対し、善管注意義務・忠実義務を負っており、もとより、会社の利益を犠牲にして、自己等の利益を図ることは許されるものではない。

しかし、これらの規定は、当初からこのような規定がされてきた訳ではない。昭和五六年の商法改正以前は、株主総会の特別利害関係人の規定も、「総会ノ決議ニ付特別ノ利害関係ヲ有スル者ハ議決権ヲ行使スルコトヲ得ズ」（昭和五六年改正前商法二三九条五項）とする事前排除の規定であり、昭和五六年改正前商法二六〇条ノ二第二項は、取締役会につき、この株主総会に対する規定を準用するにすぎなかった。

2　昭和五六年商法改正前における対応

ロエスレル草案や旧商法時代には、そもそも瑕疵ある株主総会決議の効力についてすら何らの規定も置かれていなかった。わが国で初めて株主総会における特別利害関係人の議決権行使排除規定が置かれたのは、明治三二年のことであり、民法六六条「社団法人ト或社員トノ関係ニ付キ議決ヲ為ス場合ニ於テハ其社員ハ表決権ヲ有セス」の規定に倣い、一八九七年ドイツ商法二五二条三項の影響の下、商法一六一条四項に「総会ノ決議ニ付キ特別ノ利害関係ヲ有スル者ハ其議決権ヲ行フコトヲ得ス」と規定された。その後の昭和一三年の商法改正による商法二三九条四項は、「其」という文字が議決権の代理行使に疑問を抱かせるとの懸念から削除され文言が整理されたものの、昭和一三年改正前商法一六一条四項をほとんどそのまま引き継ぎ、「総会ノ決議ニ付特別ノ利害関係ヲ有スル者ハ議決権ヲ行使スルコトヲ得ズ」と規定するものであった。この規定は、昭和二五年の商法改正により、そのまま昭和五六年改正前商法二三九条五項となっている。

このような条文を設けた立法趣旨は、「議決権は株主の自由な判断によって行使されうるが、正当な「株主としての利益追求のため」という限界があり、会社制度は株主が会社の営業活動を通じて他の株主とともにその経済的利得を獲得せんとするものである以上、株主はその議決権を行使するにあたっては、「株主としてでない利益」のために、株主としての利益に反し、また他の株主の株主としての利益を犠牲にして、これを行使することは許されないところ、株主が総会の決議につき株主たる資格と関係ない純個人的利益を有する場合には、これを度外視して「株主としての利益」に基づいた議決権行使を期待することは困難であると考えられることから、このような株主の議決権を事前に排除することにした(1)」等の説明がなされている。

しかし、こうした特別利害関係を有する株主の議決権を事前に排除して、株主総会の決議が行われた結果、残りの株主によって、排除された株主の「株主としての利益」を害する著しく不当な決議がなされることもありうる。そこで、昭和一三年の商法改正時には、昭和五六年改正前商法二五三条を同時に設けて、「株主ガ第二百三十九条第四項(昭和二五年改正以降第五項)ノ規定ニ依リ議決権ヲ行使スルコトヲ得ザリシ場合ニ於テ決議ガ著シク不当ニシテ其ノ株主ガ議決権ヲ行使シタルトキハ之ヲ阻止スルコトヲ得ベカリシモノナルニ於テハ其ノ株主ハ訴ヲ以テ決議ノ取消又ハ変更ヲ請求スルコトヲ得」と定め、特別利害関係株主の議決権の排除が、著しく不当な決議の成立要因であった場合には、その不当決議の取消または変更の訴えを提起できるものとして、排除された株主の「株主としての利益」を保護していた。

一方、取締役会における特別利害関係人の規定は、昭和二五年の商法改正により、取締役会が法定されたときに同時に設けられた。この昭和五六年改正前商法二六〇条ノ二第二項は、株主総会における特別利害関係人の規定である昭和五六年改正前商法二三九条五項と「総会ノ決議ニ付テハ第二三九条第五項ノ規定ニ依リテ行使スルコトヲ得ザル議決権ノ数ハ出席シタル株主ノ議決権ノ数ニ之ヲ算入セズ」とする昭和五六年改正前商法二四〇条二項の規定を同時に準用するものであった。

なお、こうした対応については、昭和五六年商法改正前から、株主総会と取締役会とでは会議体としての性質が異なり、特別利害関係の内容が異なるにもかかわらず、単純に準用することには問題があるとの批判があった(2)。

3　昭和五六年商法改正における対応

株主総会における特別利害関係の規定である昭和五六年改正前商法二三九条五項に対しては、理論的根拠が明白でないこと、資本多数決原理と矛盾すること、少数派株主保護は多数決濫用の法理によって図るべきであることなどから(3)、改正直前には、改正を前提にして、特別利害関係人の範囲をできるだけ狭く解する個人法説(4)が、学説・判例とも主流になり、この制度の全廃を求める立法論(5)も含めて、その改正にはほとんど異論がみられなかった。しかし、現行法では、株式会社の機関に関する改正試案[6]においてみられた多数決濫用の場合の決議取消の規定が削除されており、そのうえ、事前の議決権排除を完全に廃して、事後的救済規定だけを置くといった、単純な位置付けの変更については異論が多かった[8]。現に平成六年・九年の商法改正時に、自己株式の取得の場合に商法二〇四条ノ三ノ二第三項および平成一三年改正前商法二一〇条ノ二第七項・二一〇条ノ三第三項・二一二条ノ二第四項として会社と相対取引をする特定の株主を特別利害関係人とする議決権排除制度を限定的に復活させた[9]。しかし、平成一三年の改正では、自己株式の取得が目的制限なく自由とされたため商法二一〇条ノ二第七項・二一〇条ノ三第三項・二一二条ノ二第四項の規定は削除されたが、これらの規定は商法二一〇条二項二号・五項による特定の株主から買受けるときは特別利害関係人として議決権が排除される旨の規定に引き継がれている。このように現行法上は事前の限定的な議決権行使の排除と、柔軟な事後的救済の組合せという対応がとられており、株主総会の場合も必ずしも事後的救済のみでは足りないという実態を反映したものというべきであろう[10]。

他方、昭和五六年商法改正に際しては、取締役会の特別利害関係人の規定である昭和五六年改正前商法二六〇条ノ二第二項が準用していた昭和五六年改正前商法二三九条五項が削除されてしまったため、取締役会の特別利害関係人に対しても新たに規定する必要が生じた。ところが、取締役会に対しては、取締役は株主総会における株主と違い、株主総会より委任を受けて会社の経営にあたる存在であるため、自己の利益を図ることは許容されるべきものではなく、事前に特別利害関係人の範囲を限定し、議決権行使を排除するという方法が望ましいとの意見が多かったが、結局、現行の一般的な事前排除規定に落ち着いたという経緯がある。なお、前述の株式会社の機関に関する改正試案においては、「六1ａ（六２ａにおいて準用する場合を含む。）の承認又は代表取締役の解任の決議においては、承認を受ける取締役又は当該代表取締役は、取締役会において議決権を行使することができない。」（第二、**四**、**3**）とする特別利害関係人にあたる事例を限定列挙するものであった。これを現行商法二六〇条ノ二第二項は、取締役会の決議方法について、「前項ノ決議ニ付特別ノ利害関係ヲ有スル取締役ハ決議ニ参加スルコトヲ得ズ」とする規定に改めたため、従前のように、取締役会に参加して意見を述べることはできるが、議決権を行使できないと解釈するのか、そもそも当該決議については、議決権の行使の排除にとどまらず出席権・発言権も有しないものとして取締役会を一時退席しなければならないのか等の議論を生むことになった（後述）。

二　個別の事例の検討

ところで、どのような場合に取締役会における特別利害関係人にあたるかについては、現行商法二六〇条ノ二第二項は昭和五六年商法改正時に、具体的な事例を列挙しなかったため、解釈によらざるをえないことになる。前述の「株式会社の機関に関する改正試案」においては、特に競業避止規制および取締役会社間の取引の承認を受ける取締役、そして、代表取締役の解任決議における当該代表取締役を限定列挙していたが（試案第二、**四**、**3**）、その範囲をめぐって疑義が示されたことから、結局、その内容は学説・判例に委ねられた。

(1)　競業および取締役会社間の取引の承認を受ける取締役

取締役会において競業および取締役会社間の取引の承認を受ける当該取締役が、特別利害関係人にあたることについては、「株式会社の機関に関する改正試案」においても列挙される事例であり、取締役会における特別利害関係人の最も典型的な例にあたると解されている(11)。

これに対し、自己取引原因取締役と特別利害関係取締役とを区別し、例えば「取締役が第三者会社（株式会社）の代表者として会社と取引する場合には、その取締役（自己取引原因取締役）の行為によって権利義務を負うのは当該取締役ではなくて第三者会社であり、また、第三者が会社である場合には、それが個人である場合と異なり、その取引によって当該取締役が経済上特殊な影響を受けるべき関係にあるともいえない。けだし、当該取締役の行為は第三者会社の機関としてなすものであり、その第三者会社・取締役間の関係は報酬等についても商法上種々の規制を受けるのであって、純粋の個人的関係とは異なるものと考えられるからである。」として、このような場合には、特別利害関係人にはあたらないとする説がある。[12] しかし、この説に対しては、この者が会社の支配株主かこれに近い大株主の場合には、当然に利害関係を有するし、そうでなくても代表訴訟等の問題が起こりうるため、個人的利益かどうかはともかく、利害の抵触は起こり、これを回避するために、一律に特別利害関係人として扱うことが実務上も安全であるとの指摘があり、[13] 特別利害関係人として扱うことに問題はないであろう。

なお、他社の債務保証を承認する取締役会決議において、他社の代表取締役を兼ねている者は特別利害関係人にあたるとした判例がある。[14] 取締役会社間の取引の承認に準じて解することのできるケースである。

(2)　代表取締役の解任決議の対象となる取締役

株主総会における取締役の解任決議の対象となる当該株主については、ある決議が特定の株主にのみ特別な個人的利害関係を生じる場合、その特定の株主を特別利害関係人と捉える特別利害関係説[15]や、決議の公正維持の観点から、決議によって権利義務の得喪を生ずる者のように、法律上特別の利害関係を有する者を特別利害関係人と捉える法律上の利害関係説[16]に立てば取締役の解任決議の対象となる当該株主は特別利害関係人になるが、特別利害関係説に立つ判例は、明治から昭和初期といった比較的古い時代のものに多く、[17] 法律上の利害関係説に立つものも極少数であり、[18] 昭和五六年の改正が近づくにつれ、改正を前提として特別利害関係人の範囲をできる限り狭く捉えようとする観点から個人法説が学説・判例とも主流になっていった。個人法説は、特別利害関係を、特定の株主がその株主たる地位を離れて有する、いわば会社外の個人的な利害関係を指すものであるとする説である。この説によれば、取締役の選任・解任のような社団法上の行為においては、特別利害関係は生じないことになる。[19]

これに対し、昭和五六年改正前の判例である最判昭和四四・三・二八民集二三巻三号六四五頁は、「代表取締役は、会社の業務を執行・主宰し、かつ会社を代表する権限を有するものであって（商法二六一条三項・七八条）、会社の経営、支配に大きな権限と影響力を有し、したがって、本人の意思に反してこれを代表取締役の地位から排除することの当否が論ぜられる場合においては当該代表取締役に対し、一切の私心を去って、会社に対して負担する忠実義務（商法二五四条三項・二五四条ノ二参照）に従い公正に議決権を行使することは必ずしも期待できず、かえって、自己個人の利益を図って行動することすらあり得るのである。それゆえ、かかる忠実義務違反を予防し、取締役会の決議の公正を担保するため、個人として重大な利害関係を有する者として、当該取締役の議決権の行使を禁止するのが相当だからである。」と判示し、取締役会の代表取締役解任決議における当該代表取締役を特別利害関係人と認定している。この判決は、株主総会における取締役解任決議の対象となる当該株主について個人法説を採り、特別利害関係人にあたらないと解し、個人法説の優位を決定づけたといわれる最判昭和四二・三・一四民集二一巻二号三七八頁の後だけに、最高裁が、株主総会と取締役会について、会議体としての性質が異なることや、資本多数決が働く局面と忠実義務が働く局面との違いに着目し、特別利害関係の内容も異なることを肯定した判決として注目を浴びた。近時の判例もこの立場を踏襲している。[20]

昭和五六年の商法改正以前からも、代表取締役の解任決議における当該代表取締役は特別利害関係人にあたるとする学説が多い。[21]これに対し、代表取締役の地位を確保するということは支配権・経営権の問題であり、忠実義務以前の問題として、株主総会における取締役の選任・解任の場合と同様に解すべきであるとする説がある。[22]しかし、代表取締役解任決議案件は、支配権の争奪の場合だけでなく、取締役会における代表取締役に対する監督権の行使として、不正・違法な業務執行を理由としても提案される可能性がある。[23]否定説の中にも後者の場合は特別利害関係人にあたると解するものがあり[24]、実務上の混乱を回避するために、いずれかに割り切らねばならないとすれば、特別利害関係人にあたるとすることが妥当であろう[25]。また、支配の問題であっても、権限配分の問題として、業務執行者の選任・解任についての判断は監督機関としての取締役会に完全に一任するのが望ましく、特別利害関係という形ではあっても、ここに結果的に執行機関と監督機関の分離が生ずる点は評価できるとする見解もある[26]。

前述のように株式会社の機関に関する改正試案においては、代表取締役解任決議における当該代表取締役は、前掲最判の立場をうけて特別利害関係にあたる場合として列挙された経緯からも、現行規定のもとでも、当該代表取締役は別利害関係人にあたると解するのが素直であろう。また、代表取締役の地位を確保するということは支配権・経営権の問題であるとの立場から、例えば二派に分かれて勢力を争っているという場合には、一票を行使できるのが当然であると解するも、解任理由が経営方針であるか能力であるかの違いで、特別利害関係人になるか否かが決まるのでは、実務上混乱を来たすとの立場から、現状を肯定する立場もみられる[27]。この点に限らず、会議体において決議が堂々巡りになり、法定の要求にすら答えられない状況には、これを打破する解釈が必要であろう。

(3) 小会社における会社と取締役間の訴えについての会社代表者選任決議における訴訟の相手方たる取締役「株式会社の機関に関する改正試案」で列挙された事例ではないものの、小会社における会社と取締役との間の訴えについての会社代表者選任決議（商特二四条一項）における訴訟の相手方たる取締役が当該特別利害関係人にあたることについては、特に異論は見あたらない[28]。この事例が訴訟上の自己取引とされることからも当然であろう。これが列挙されなかったのは、実務上、「株主総会は、前項の規定にかかわらず、会社を代表すべき者を定めることができる。」（商特二四条二項）との規定が置かれているため、特に問題となることはなかったためと思われる。

(4) 代表取締役の選任における候補者となる取締役

代表取締役の選任の場合に、選任の対象者となる取締役は、特別利害関係人にあたるかという問題がある。そもそも民法六六条の解釈においても、特別利害関係は、法人と社員との対立関係がある場合に生ずるものだとして、一般に役員選挙などの自選投票はこの制限には触れないと解している。(29) 株主総会においては、特に候補者を定めていない場合は、全株主が対象となり、株主からは取締役等を選任できないことになってしまうことから、ここに特別利害関係人の概念を持ち込むことができないのは当然であろう。

同様に、取締役会における代表取締役の選任決議についても、当該代表取締役は、特別利害関係人にあたらないと解するのが一般である。(30)

しかし、特定の候補者がいる場合はどうであろうか。特定の者を取締役に選任する株主総会決議の場合には、この者は特別利害関係にあたり、議決権を行使できないとする判例がある。すなわち、佐賀地判昭和三四・二・一九下民集一〇巻二号三二三頁は、「元来商法第二百三十九条第五項所定の特別に利害関係を有するものとは特定の者を取締役に選任する件として議題にのせられた場合その者は特別の利害関係人となるが」と判示する一方、「一般的に「取締役選任之件」として、議題で議事の進行に当って事実上取締役の候補者となっている株主があってもその場合は他の者に投票することも可能であるから同条の特別利害関係人には当らない。」と判示し、特定の者を取締役に選任する場合には、この者は特別利害関係人にあたるが、事実上の候補者の場合には、特別利害関係は問題にならないと解している。このように前述の特別利害関係説の立場では、特定の候補者を対象とした信任投票の場合に、特別利害関係人にあたると解するのが一般である。(31)

これに対し、昭和五六年の商法改正前の通説といえる個人法説は、株主はもともと自己のために株式を有しており自己の利益を図ることは許容されてしかるべきこと、特別利害関係を有する株主を除いた議決権行使の結果として少数株主が決定権を握ることになれば資本多数決の原理を揺るがすことになることなどから、本来は、現行のように事後的救済によるべきだとして、特別利害関係の範囲を極力狭く捉えようとの発想から、取締役の選任については、どのような場合もその候補者は、特別利害関係人にあたらないとの立場を採った。佐賀地判に先立つ名古屋高判昭和三二・六・一七下民集八巻六号一一二〇頁、後の大津地決昭和三六・九・二五下民集一二巻九号二三六三頁、福岡高判昭和五〇・一・三〇判時七九六号九六頁［傍論］、最判昭和五三・四・一四民集三二巻三号六〇一頁［有限会社の社員総会］といった判例も、取締役選任の候補者は、事実上の候補者であるときも、議案で候補者として指名された特定の候補者がいる場合にも、特別利害関係にあたらないと判示しており、昭和五六年の商法改正以前の通説・判例といえる。個人法説の立場からは、代表取締役の地位を確保するということも支配権・経営権の問題であり、どのような場合も代表取締役の選任候補者たる取締役は特別利害関係人にあたらないと考えることができる。

しかし、昭和五六年商法改正後の現行商法二四七条一項三号の「特別利害関係人」の概念は、「著しく不当な決議」という要件にさらに絞りをかけるものであるから、その範囲を事前に狭く解する必要はないと解する立場が一般である。(32) 現行法では、株主総会における取締役の選任決議については、当該株主を特別利害関係人と捉える方が安全であり、特別利害関係人にあたると解しても問題は生じない。

取締役会における代表取締役の選任に関しても同様に解する余地があろう。特別利害関係説の立場からは、株主総会における佐賀地判昭和三四・二・一九のように信任投票の場合には、候補者たる取締役は特別利害関係人にあたると解する余地がある。さらに取締役会決議においては、株主総会における個人法説の出る幕がないとの見方もある。

こうした学説の立場と別に、株主総会における特別利害関係人と取締役会における特別利害関係人の規定の違いは、重大な結果の相違をもたらすことが看過されてはならない。株主総会における特別利害関係人の規定が、事後的救済措置を採るのに対し、取締役会における特別利害関係人の規定は、議事への参加を事前に排除する措置である。常に一定の規模の人数（大体において少人数）で形成される取締役会においては、資本多数決を採る株主総会と違い、各取締役の一票は非常に重要な意味をもつ（例えば、最低員数の三人で組織される取締役会において、賛否同数の場合には、当該取締役の一票によらなければ何も決せられない）。しかも、取締役会では事前に信任投票たる議案が提出されていても、その議案に不都合を感じれば、他の取締役が議案の変更を求めることが容易である。そのため、株主総会における取締役の選任・解任、取締役会における代表取締役解任の場合との整合性の問題は生じるものの、現行法の適用の問題としては、特別利害関係人にあたると解することはかえって実務上の混乱を生じると考えられる。このように解しても代表取締役の候補者となる取締役は、もともと株主総会で選任された取締役であるから、著しく不適当な者が代表取締役に選任されることは制度上防がれている。

(5)　譲渡制限株式の譲渡当事者たる取締役

株式譲渡制限の定めのある会社において、会社の取締役が譲渡承認を求める場合、その決議において譲渡当事者たる取締役は特別利害関係人にあたるかという問題がある。この場合でも、譲渡制限株式の譲渡当事者である取締役が買受人の場合と売渡人の場合とでは性質が違い、それぞれの場合を検討する必要が考えられる。

取締役が買受人となるケースで問題になるのは、特定の者の持株数が増えることによって会社の支配の比率が変わることである。このような場合に特別利害関係人にあたらないと解する説は、そもそも取締役会における譲渡承認の趣旨は、会社にとって好ましくない者が株主となることを防止し、もって会社の業務運営の円滑を期するためのものであるから、当該会社の取締役たる人物はこれに該当するものではないと主張する。(33) こうした見解

について、社員間の譲渡は自由であり承認を要しない有限会社との整合性からも支持する見解がある。(34)

これに対し、特別利害関係人にあたると解する説は、実際には、ある取締役が多数の株式を取得することにより、会社の運営が阻害されるという結果が生じることもあることを指摘する。(35)

また、一般的には、特別利害関係人に該当するとしても、買受人（先買権者）の指定を受けた場合には、特別利害関係人には該当しないと解する説がある。こうした対処は、買受人（先買権者）の指定を受ける場合は、好んで買う訳ではなく、やむを得ず買受人（先買権者）に指定されたためであると説明する。(36) さらに欠席しているのに買受人（先買権者）に指定されるというのは問題があるという指摘もある。(37) ただし、こうした対処については、やむを得ずではなく、仕組むこともできるとの指摘もあり、(38) 現実問題として、事前に本人の了承を得るのが普通であり、本人の承認がなく買受人に指定されても、本人の了解を得なければ意味をなさないことから、特別に対処する必要はないであろう。

売渡人の場合に問題になるのが、予定された譲受人は、会社にとって好ましくない者であるが、高く買ってくれるので自分としては売りたいというケースである。取締役が負った忠実義務・善管注意義務との関係では当然に問題になろう。閉鎖会社における投下資本の回収の手段はできうる限り保障されるべきものであるが、商法二〇四条ノ二第三項により、会社が譲渡の相手方を承認しないときには、取締役会は他に買受人を指定しなければならず、他の買受人を指定できない場合には、譲渡を承認したことになること、平成六年の改正により買受の相手方に会社を指定することもできるようになっていること（商法二〇四条ノ三ノ二第一項）、この際に、株主と会社の間で譲渡価格について協議ができるようになっており、また、協議が調わないときには、裁判所に対し、価格の決定を請求することができることなど（商法二〇四条ノ四）を勘案すると、投下資本の回収の手段は保障されていると考えることができる。

このように、譲渡制限株式の譲渡当事者については、買受人の場合のみを問題にするもの(39)、むしろ売渡人の場合に問題ありとするもの(40)、双方問題ありとするもの(41)、なしとするもの(42)など学説も多岐に分かれる。

結局、特別利害関係人とすべきケースかどうかは個別に判断するしかないが、現行法下で実務上の混乱を回避するためには、一律に特別利害関係人にあたるとして処理することが、法律関係も安定するであろう。しかし、この場合には、取締役全員が特別利害関係人となる場合の対応が必要である。

(6) 新株引受権の付与対象となる取締役

新株の第三者割当に際し、特定の取締役に新株引受権を付与する取締役会決議において、付与対象となる取締役は特別利害関係人にあたると解される。新株引受権を与えることは、その行使を想定しており、行使されれば、譲渡制限株式の買受人の場合と同様に、特定の者の持株数が増えて支配比率が変動するからである。この際の新株引受価格決定決議についても同様である(43)。取締役会の権限内でなされる特定の取締役に対する新株引受権付社債（ワラント債）の割当（公募に応募する場合を除く）も、こうしたものの利用を含むストックオプションも新株引受権の付与という点で同様に解される(44)。

ただ新株発行は一度なされてしまうと、新株発行無効の訴えを定めた商法二八〇条ノ一五は無効原因を法定していないため、特別利害関係ある取締役が参加した取締役会決議にもとづく新株発行の効力がどうなるかは解釈に委ねられることになるという問題がある。そして、瑕疵ある取締役会決議による新株発行も、取締役会の決議を欠く代表取締役による新株発行も(45)、さらに株主総会決議の瑕疵の場合まで、資金調達の必要性や動的安全の保護を理由として、新株発行が有効とされる余地がある。しかも、最判平成六・七・一四判時一五一二号一七二頁は、閉鎖会社の代表取締役が、取締役会の決議を欠き、また著しく不公正な方法によって発行された新株を現に保有するといった明らかな支配権奪取を目的としたケースまで有効と解しており、このような対応がなされれば、新株引受権の付与対象となる取締役を特別利害関係人と解する意義は極めて薄くなってしまう。

(7) 取締役の報酬の配分を定める取締役会決議におけるその支給を受ける取締役

取締役等の報酬額を定める株主総会決議（商法二六九条）においては、これを会社一般の問題として該当しないとする説もあるが、(46) 報酬額の決定自体は株主としての利益と取締役等としての個人的な利益が相反する事項であり、株主として有する利益に基づいて議決権を行使するとはいいえないから、当該取締役等は、特別利害関係人にあたると解する見解もある。(47) さらに取締役全員に対する報酬総額を定める場合は、全取締役が特別利害関係人になると解する説も主張されている。(48)

しかし、総会で報酬の総額または限度額が定められた後の、取締役会における各人の配分決議においては、一般に特別利害関係は問題にならないとされる。これは、株主総会で、総額が決められている以上、会社と取締役の対立は解消したと見られるからである。(49)

これに対し、自己の報酬を決定する決議にあたっては、当該取締役は特別利害関係人として議決権も行使できないし、また取締役全員の報酬を一度で決める場合には、全員一致の賛成が必要であるとする説がある。(50) この説は、こうした場合、会社・取締役間の利害の対立はないとしても、取締役相互の間には利害の衝突があることを理由とする。(51)

退職慰労金が取締役の報酬に含まれるか否かは議論があるが、一般には、その支給対象となる元取締役は既に取締役としての地位を退き、議決権も有しないので特別利害関係人の問題は生じない。(52) 当該取締役の在職中に決定され、しかも一定の支給基準等が示されていないお手盛りの弊害があるケースだけを問題にすればよいものと考えられる。

三　その他の問題

1　特別利害関係人の取締役会への出席

昭和五六年改正前商法二六〇条ノ二第二項が準用していた昭和五六年改正前商法二三九条五項は､｢総会ノ決議ニ付特別ノ利害関係ヲ有スル者ハ議決権ヲ行使スルコトヲ得ズ｣と規定し、同時に準用する昭和五六年改正前商法二四〇条二項は「総会ノ決議ニ付テハ第二三九条第五項ノ規定ニ依リテ行使スルコトヲ得ザル議決権ノ数ハ出席シタル株主ノ議決権ノ数ニ之ヲ算入セズ」と規定していた。したがって、特別利害関係を有する取締役は、決議に必要な出席取締役の過半数には算入されない。しかし、取締役会の定足数を算定するに際しては、特別利害関係を有する取締役の員数を控除して算定する訳ではなく、[53]また、その定足数は会議中を通して維持されなければならず、[54]当然にそのような取締役も決議に出席し意見を述べることは許されるものと解されていた。[55]そのため、特別利害関係人が出席しないと定足数を欠く場合や、定足数ぎりぎりで開催されている取締役会において特別利害関係人が途中退出することにより決議が不成立になる場合には、特別利害関係人による欠席戦術が採られる可能性があった。

これに対し、現行商法二六〇条ノ二第二項は、取締役会の決議方法について、「前項ノ決議ニ付特別ノ利害関係ヲ有スル取締役ハ決議ニ参加スルコトヲ得ズ」と規定するとともに、三項で「前項ノ規定ニ依リテ決議ニ参加スルコトヲ得ザル取締役ノ数ハ第一項ノ取締役ノ数ニ之ヲ算入セズ」と規定し、特別利害関係を有する取締役を定足数から排除している。このため、現行法下では、特別利害関係を有する取締役は、従前と同じように総会に出席して意見を述べることができるのかどうかという議論を生ずることになった。

特別利害関係を有する取締役にも取締役会に出席する権利および意見陳述権が認められるとする説[56]は、実務上、意見陳述が認められる場合が多いこと、特別利害関係を有する取締役にも招集通知をなすことが求められていることなどを理由とする[57]。

一方、これを認めるべきでないとする説は、議題につき議決権の行使を排除されている者が、その議題につき自ら意見を陳述してその成否に影響を与える権利が認められるとすることは不都合であるから、意見陳述権はないと解すべきであり、そうだとすると、その議題の審議中は取締役会の席にとどまる権利も有しないと解すべきであるとか[58]、「自己取引の承認を求める取締役は、当該議案について特別利害関係人に該当するから、決議に参加できないし（商法二六〇条ノ二第二項）、取締役会の定足数にも算入されない（同条三項）。したがって、特別利害関係人たる取締役は、当該議案に関し、議決権を行使し得ないのはもとより、取締役会の定足数に算入されないことから、取締役会への出席権もないというべきであって、結局、取締役会の構成員から除外されると解するのが相当である。」などと説明している[59]。また、取締役会に提出された議案は、取締役会の経営政策的判断を求めるものであり、特に当人の意見陳述の機会を保障する必要のない内容であるとの指摘もある[60]。

意見陳述権を認める説が、その根拠とする招集通知は、特別利害関係を有する取締役は、当該決議につき議決権の行使が認められないにすぎず、その他の決議については、出席・意見陳述・議決権の行使が認められるばかりか、義務をも有するものとする。また、その他の決議がなされない場合でも、会社の経営を委任された取締役として、どのような決議がなされるか知る権利・義務を有するためとも解している。結局、経営の受任者であり、善管注意義務・忠実義務を有する取締役は、株主と違い個人としての権利行使を認める余地は少ないから、法定の取締役会への出席権を有する取締役・監査役以外の者が取締役会で説明・意見陳述することがあるように、他の取締役会の構成員が当該取締役の出席・意見陳述を認める場合は問題がないが[61]、他の取締役会の構成員が商法二六〇条ノ二第三項を理由に、当該取締役の出席・意見陳述を拒むこともできるとの見解が有力に主張されている。[62] このことは基本的には否定説の立場を妥当とすることであろう。

2　特別利害関係人と議長

取締役会において特別利害関係を有する取締役が、その議事の進行をなす議長となることができるかどうかも議論がある。株主総会の議長について、東京地判昭和二八・九・二判タ三三号三五頁は、「議長は、その地位において議事の整理にあたるも、議決に加わり、その結果を左右するをえないものである。」として、特別利害関係を有する取締役といえども議決権を行使しない限り、議長を回避するを要しないとの立場を採った。学説も、決議の公正さに配慮する限りは、特別利害関係を有する者も議長となりうると解するのが一般である。[63] また、昭和五六年商法改正前の判例である名古屋地判昭和四九・一一・一四訟月二一巻三号五七五頁は、特別利害関係を有する取締役が議長となり決議に加わっていても、同人を除く他の取締役全員が承認している以上、決議は無効ではないと判示している。

これに対し、福岡地判平成五・九・三〇判時一五〇三号一四二頁は「もともと、議長の権限行使は、審議の過程全体に影響を及ぼすから、不公正な議事を導くこともあり得るのであり、解任の決議の対象となる代表取締役は、特別利害関係人として議決権を失い、これに従い当該決議に関しては議長としての権限も当然に喪失するとみるべきであるから、議長を交代したことは相当であ」ると判示し、株主総会における議長とは全く異なる見解を採っている。昭和五六年以降の判例は、一貫して、同様に解しており、[64] さらに東京地判平成七・九・二〇判タ九二四号二七一頁は、[65] より積極的に特別利害関係人が取締役会の議長として議事を主宰したこと自体が決議の無効事由にあたるとの立場を採っている。これらの判例は「決議の公正」確保に重点をおいたものといえるが、前掲東京地判平成七・九・二〇はさらに会議体の構成員から除外される者が当該決議の議長となるのはおかしいとも指摘している。実際に、株主総会の議長は会議体の構成員以外の者が議長になっても差し支えないとの建前になっているのに対し、取締役会の議長に取締役以外の者がなることは考えにくいとの指摘があり[66]妥当であろう。これに対し、あえて議長職から排除しなくとも、不公正な事情が認められない場合が多いとの指摘もあるが[67]、こうした考え方は、特別利害関係人が自己の利益と会社の利益が相反する問題に、必ずしも自己の利益を図るとは言い切れないとの指摘と共通するものであろう[68]。しかし、そもそも特別利害関係人の規定の趣旨は、一般に「決議の公正の確保」にあると言われており、決議の公正確保の障害となる懸念をできうる限り排除することが望ましい。しかも、取締役会の議長職には、株主の正当な権利のような重要な権利を考慮する必要もなく、会社の利益とも関係がない。さらに株主総会の議長に比べ、はるかに議長の裁量の幅・比重が大きく、閉鎖的な会議であるため、どのような影響力が行使されるか不明である[69]。こうした事情を考慮すると、逆にあえて議長であることを認める必要もなく、議決権の事前排除がなされる取締役会における特別利害関係人が議長となれるとすることはかえって問題があろう。実務的にも当該決議の間は議長職を外れればよいだけである。なお、いくつかの判例は決議の手続上の瑕疵が軽微であって、かつ決議の結果に影響を及ぼさない場合には、無効とするほどのことはないと判断しており[70]、単に特別利害関係人が議長であっただけで、あきらかに不公正な事情が認められない場合にはこうした救済がなされるべきである。

なお、前述の特別利害関係人の取締役会への出席権・意見陳述権を認める立場では、特別利害関係人といえども議長の地位を回避しなくてよいとする結論が導かれる場合が多いと思われるが、同一の立場でも、特別利害関係人は当該決議の議長にはなれないと解する説も主張されている[71]。取締役会の議事に関する議長の裁量の大きさを考慮したものであろう。

3　取締役の全員が特別利害関係人となる場合

事前の議決権排除の規定をとる商法二六〇条ノ二第二項の規定だけでは、譲渡制限株式の譲渡承認、新株引受権の付与決定、取締役の報酬決定の場合などに取締役全員が特別利害関係人となり決議ができないケースが考えられる。こうした場合には特別利害関係を考慮しないという対応も考えられるが、報酬の配分決議以外のケースでは取締役ではない株主の利益が害される虞がある。この場合に株主総会で新たに取締役を選任し直すということは現実的ではないので、予め株主総会の了承を得ておくか、議案を株主総会に付議するという対応が考えられよう。[72] このように対処しても株主総会における特別利害関係人の規定は事後的救済をとるため、たとえ取締役会の構成員と完全に一致しても問題はない。なお、ほとんどの取締役が特別利害関係人となる場合もこうした対応が考えられる。[73]

（1）　菱田政宏・注釈会社法(4)増補版七九頁。
（2）　戸塚登「取締役の解任決議と特別利害関係」法時四〇巻三号一〇四頁以下。
（3）　安井威興「特別利害関係株主の議決権行使と不当決議」法学研究六〇巻一二号二〇八頁。
（4）　田中耕太郎「合併決議に於ける当事会社議決権の排除」商法学　特殊問題　上　二五七～三〇九頁、大隅健一郎「いわゆる株主の共益権について」会社法の諸問題［増補版］一一八～一一九頁。
（5）　龍田節「株主の議決権の排除」法学論叢六四巻三号四三頁以下、特に八四頁。
（6）　昭和五三年一二月二五日法務省民事局参事官室・商事八二四号六頁以下参照。
（7）　第一、**四**、**1**、a、ハ。
（8）　岩原紳作・新版注釈会社法(5)三二六～三二七頁、出口正義「株主の議決権制限の法理」上智法学論集一九巻一号一四四頁、福岡博之「議長等・特別利害関係」金判五七二号四六頁、神田秀樹「資本多数決と株主間の利害調整（五・完）」法協九九巻二号二八六頁以下。

(9) 平成一三年改正前商法二一〇条ノ二第七項(平成六年法)「第二項第二号ニ定ムルトキハ同項ノ決議ハ第三百四十三条ノ規定ニ依リ之ヲ為スコトヲ要ス此ノ場合ニ於テハ第二百四条ノ三ノ二第三項及第四項ノ規定ヲ準用ス」(取締役・使用人に譲渡するための自己株式取得)、平成一三年改正前商法二一〇条ノ三第三項（平成六年法）「第一項ノ規定ニ依リ株式ヲ買受クルニハ第三百四十三条ニ定ムル決議ニ依ルコトヲ要ス此ノ場合ニ於テハ第二百四条ノ三ノ二第三項及第四項ノ規定ヲ準用ス」（株式譲渡制限会社の株主の相続人からの自己株式取得）、平成一三年改正前商法二一二条ノ二第四項(平成九年法)「第二百十条ノ二第六項乃至第十項ノ規定ハ第一項ノ規定ニ依リ株式ヲ買受クル場合又ハ同項ノ決議ニ之ヲ準用ス」（定時総会の決議による自己株式の買受消却）。

(10) 株主総会における個別の事例の整理・検討は、拙稿「株主総会・取締役会における特別利害関係人(1)」奈良法学一三巻三・四号二七〇頁以下を参照されたい。

(11) 通説・判例である。堀口亘・新注釈会社法(6)一一五頁、東京地判昭和五一・六・二二金法八〇七号三二頁。

(12) 田代有嗣・親子会社の法律二二九頁以下。

(13) 別冊商事法務二〇〇号　条解・会社法の研究7　取締役(2)八〇頁以下［江頭憲治郎・稲葉威雄・阿部一正・熊谷一雄・発言］。

(14) 大阪地判昭和五七・一二・二四判タ五〇六号一九二頁。

(15) 間運吉・株主の権利と義務二三頁以下、田中誠二「株主の議決権に就て」法協四三巻八号三四頁以下。

(16) 松本烝治・日本会社法論二六〇頁以下、河村鉄也・株主総会の研究一七九頁。

(17) 東京地判昭和八・七・一七法律新聞三五八七号一三頁、東京地判大正一五・五・二一法律新報八五号二五頁以下、松山地判年月日不明法律新聞七九八号二四頁。

(18) 横浜地判昭和四〇・一二・一四民集二一巻二号三八二頁。

(19) 田中(耕)・前掲書二八五〜二八八頁、大隅・前掲一一八〜一一九頁、東京高判昭和四一・五・一七民集二一巻二号三八六頁、最判昭和四二・三・一四民集二一巻二号三七八頁。

(20) 東京地判昭和四五・三・一四金法五七九号三二頁、東京地判昭和六三・八・二三金判八一六号一八頁、東京地判平成二・四・二〇判タ七六五号二三三頁、福岡地判平成五・九・二〇判時一五〇三号一四二頁、名古屋地判平成九・六・一八金判一〇二七号二一頁。

(21) 大浜信泉「取締役と取締役会」株式会社法講座Ⅲ一〇五九頁、田中（誠）・三全訂会社法詳論上六〇〇頁。

(22) 龍田「代表取締役の解任に関する取締役会の決議についてその代表取締役は特別利害関係人にあたるか」民商六二巻一号一二一頁、河本一郎・現代会社法［新訂第八版］三七七頁注1、北沢正啓・会社法［第六版］三九〇頁、森本滋・会社法［第二版］二三一頁。

(23) 永井和之・会社法［第三版］一七七頁注2。

(24) 森本・前掲書二三一頁注12。

(25) 前掲・別冊商事二〇〇号八三頁［江頭・発言］。

(26) 上村達男「取締役会の招集・運営をめぐる諸問題」商事一〇四〇号五三四頁。

(27) 前掲・別冊商事二〇〇号八三頁［森本・発言］。

(28) 北沢・前掲書三八九頁、堀口・前掲書一一五頁。

(29) 鳩山秀夫・［増訂改版］日本民法総論二〇一頁、我妻栄・［新訂］民法総則一七九頁。

(30) 堀口・前掲書一一五頁、北沢・前掲書三八九頁。

(31) 間・株主総会論一三四～一三五頁。

(32) 現に近時の判例である東京地判平成九・六・一七資料版商事一六一号一八五頁は、特別利害関係説に立っている。

(33) 黒木学・商事六五五号二二頁。

(34) 前掲・別冊商事二〇〇号八三～八五頁参照。

(35) 元木伸・譲渡制限付株式の実務一九六頁。

(36) 別冊商事法務一二四号　条解・会社法の研究2　株式(1)一〇八頁［中西敏和・発言］。

(37) 前掲・別冊商事二〇〇号八四頁［稲葉・発言］。

(38)　前掲・別冊商事二〇〇号八四頁［阿部・発言］。
(39)　前掲・別冊商事法務一二四号一〇八頁。
(40)　前掲・別冊商事二〇〇号八四頁［江頭・発言］、黒木・前掲二二頁。
(41)　味村治・商事三八五号五頁。
(42)　有限会社法の規定と比較して双方問題なしとする方がバランスがよいとの意見も唱えられている。前掲別冊商事二〇〇号八三～八五頁参照。
(43)　ただし、取締役全員に新株引受権を与える場合、全員が特別利害関係人になって決議ができないのではないかとの指摘がある＝前掲別冊商事二〇〇号八四頁［熊谷・発言］。こうした場合には、特別利害関係を考慮しないという対応か、決議案を株主総会に付議するか（本来、株主総会の権限を委譲されたものと考えることもできる）、または事前に株主総会の了承を得るなどの対応が考えられよう。
(44)　前掲・別冊商事二〇〇号八六頁以下。
(45)　最判昭和三六・三・三一民集一五巻三号六四五頁。
(46)　鳥賀陽・前掲書二二五頁。
(47)　大森忠夫「議決権」株式会社法講座三巻九〇七～九一〇頁、間・株主総会論一三四頁、東京地判昭和四八・二・一六判タ二九一号二三二頁。
(48)　菱田政宏「特別利害関係人議決権排除」商経法論集X－1［神奈川大学］一一〇頁、田中（誠）・前掲書五七二頁注5、藤原俊雄「いわゆる特別利害関係人の範囲」静岡大学法経研究三九巻一号三二八頁。
(49)　北沢・前掲書三九〇～三九一頁、永井・前掲書一七七頁注2、森本・前掲書二三一頁注13、名古屋高金沢支判昭和二九・一一・二二下民集五巻一一号一九〇二頁。
(50)　田中（誠）・前掲書五七二頁注5、藤原・前掲三二八～三二九頁。
(51)　こうした考え方は、特別利害関係人の規定の趣旨をどのように捉えるかによるだろう。決議の公正さを確保するためのもの、会社の利益を保護するためのもの、多数決基礎の欠如、除斥法理、自己契約法理などの説が唱えられている。詳しくは、龍田・前掲議決権の排除七三頁以下、菱田・前掲商経法論集九三頁以下参照。
(52) 否定説・北沢・前掲書三七七頁以下。
(53) 最判昭和四一・八・二六民集二〇巻六号一二八九頁。
(54) 前掲・最判昭和四一・八・二六、北沢・前掲書三八七頁、森本・前掲書二三〇頁、反対、大浜・前掲一〇五九頁。
(55) 神崎克郎・商法II（会社法）［第三版］二八二頁、昭和五六年改正前商法二三九条五項を準用する中小企業協同組合に関し、最判昭和五四・二・二三判タ三八三号九二頁。
(56) 神崎・前掲書二八二頁、永井・前掲書一七七頁注2、森本・前掲書二三一頁注11、河本・前掲書三七七頁注1。
(57) 東京地判昭和四〇・一二・一六判タ一八八号一六〇頁、最判昭和五六・四・二四判時一〇〇一号一一〇頁、東京地判昭和六三・八・二三金判八一六号一八頁。
(58) 前田庸・会社法入門［第四版］三五六頁以下、北沢・前掲書三九一頁、河村貢「取締役会の権限およびその決議をめぐる諸問題」商法と商業登記・味村最高裁判事退官記念論文集二六六・二六九〜二七〇頁、渋谷光子「利益相反行為の規制」民商八五巻五号四〇頁。
(59) 東京地判平成七・九・二〇判タ九二四号二七一頁。
(60) 上村・前掲一六頁。
(61) 一定の場合に特別利害関係人が取締役会において開示義務を負うことは、解釈の妨げにならない。北沢・前掲書三九一頁、河村・前掲二七一頁。
(62) 前掲・別冊商事二〇〇号九二〜九三頁［江頭・森本・発言、他］、河村・前掲二七二頁。
(63) 前田・前掲書二七六頁以下、森本・前掲書二〇八頁。
(64) 東京地判平成二・四・二〇判タ七六五号二二三頁、東京高判平成三・七・一七商事一三〇八号一七〇三頁、最判平成四・九・一〇資料版商事一〇二号一四三頁、なお、河内隆史「判批」金判八七五号四六頁以下参照。
(65) 控訴審の東京高判平成八・二・八資料版商事一五一号一四二頁もこれを支持、なお、拙稿「判批」奈良法学巻一〇巻一号四五頁以下参照。
(66)　前掲・別冊商事二〇〇号九三頁［稲葉・発言］、河村・前掲二七〇～二七二頁。
(67)　前掲・別冊商事二〇〇号八九～九五頁［森本・発言］。
(68)　大森・前掲九〇八頁。
(69)　丸山秀平「取締役会の議長と特別利害関係」［平成七年・八年判決判批］金商一〇〇八号四三頁は、「結果的に満場一致で取締役会が終了したとしても、議長の影響力下で、誰も文句をいわなかったとすれば、それでよいとはいえない。」と指摘する。河村・前掲二六六頁も同旨。
(70)　最判昭和四四・一二・二民集二三巻一二号二三九六頁、最判平成二・四・一七民集四四巻三号五二六頁、北沢・前掲書三九三頁、森本・前掲書二三二頁。
(71)　河本・前掲書三七七頁注1。
(72)　長谷部茂吉「取締役の全部または一部が特別利害関係を有する場合と取締役会の決議方法」金法二九九号一三六頁。
(73)　法務省昭和四五・三・二民事甲第八七六号民事局回答、法務省昭和六〇・三・一五民四第一六〇三号民事局第四課長回答では、三人の取締役のうち二名が特別利害関係人である場合などに、残り一名の者でも決議が成立するとしている。醍醐隆「取締役が特別利害関係を有する場合の取締役会の決議について」金法一〇九四号六頁以下参照。稲葉威雄・改正会社法二四一頁は、一名では会議体をなさないという理由でこれを否定的に解するが、一人会社の株主総会を考えれば一名による決議も成立すると考えられる。しかし、特に取締役会においては問題のあるケースも想定される。

20　現物出資の研究・拾遺

志村治美

はじめに

畏敬する中村一彦先生のアドバイスもあって、私が修士論文のテーマとして「株主有限出資義務」の問題に取り組み、その発展として『現物出資の研究』を中心に研究をすすめたのは、当時、日本が技術革新の波に巻き込まれていた一九六〇年代のことであった。その後、母校九州大学に学位請求論文として提出し、一九七五年四月に(株)有斐閣のご好意により、同論文を一書にまとめて世に問うて以来、二十六年の歳月を経た。

ところで同書は、本年一月、中国社会科学院法学研究所・前副所長、現清華大学法学院院長王保樹教授の指導のもとに干敏氏が中国語に全訳され、北京・法律出版社から出版された。それに先立って、もし加筆補正すべき点があればどうぞ、との問い合わせを受けた。確かに、同書の出版以来、四半世紀を経ており、この間の法律上あるいは経済状況の変化により、若干の加筆補正をなすべきか、とも考えたが、この問題の本質的な面においては何ら今日でも変質していないと考えたのと、さらに、中国に対しては、一九九三年一〇月二二～二四日に北京で開催された中国社会科学院主催「日中民商法と市場経済法律秩序」シンポジュウムで多数の日中の学者を前にして報告し、帰国後、その報告を「会社設立の際の資本と出資の規制関係―中国公司法立法によせて」(立命館法学第二三一・二三二合併号)と題して、日本語で執筆した。また日本商法の改正に際しても、現物出資手続きを、立法・運用の二面にわけて、この問題についての論文を執筆し、折にふれて二三執筆させて頂いていたし、また私自身の身辺が多忙なこともあって、折角のお申し出でを辞退し「中国語版によせて」と題する簡単な序文を書かせて頂いた。

しかし、身辺の雑事が片づいて落ち着いて考えてみると、現物出資に関しては、税務判例を除いても、その手続き面の簡易化を図る平成二年の商法改正と判例、また現物出資の概念規定に影響を及ぼした平成六年の法務省民事局通達、さらには平成一三年の法務省民事局参事官室による『商法等の一部を改正する法律案要綱中間試案』の意見照会における第二三「現物出資、財産引受及び事後設立の目的たる財産価格の証明」の問題等があり、その都度、私なりに意見は表明してきたが、これらを一つに纏めて検証することも有益ではないか、と思い直すようになってきた。そこで私の研究の出発に際しアドバイスを頂いた中村先生の古稀記念にあたり、初心に立ち返って、再度、検討を試みることとした。

一　平成二年の商法有限会社法の改正に先立つ提言について

昭和四九年の株式会社監査役制度の商法改正に引き続き、昭和五〇年六月に法務省民事局参事官室から各界に今後の会社法改正に関する意見照会が行われ、それを契機として昭和五六年の主として大会社を対象とする会社の機関、株式、計算・公開等に関する商法等の改正が行われた後、昭和五九年五月に法務省民事局参事官室から「大小（公開・非公開）会社区分立法及び合併に関する問題点」が公表され、広く意見照会が行われた。

これらの動きに触発されて、私も、会社の規制区分[1]をはじめ、会社の設立[2]や現物出資規制に対する立法論的・手続き的改善への提言[3]を試みた。そこでの私の基本的視座は、まず、規制の効果を挙げうるためには、規制の対象を絞ることが肝要であり、会社規制の分化の問題と同一平面上で構成されねばならない、とした上で、上場・公開会社の設立の場合を対象と限定した。そこでの出資者像を、その意図は財産引受つまり所有財産を売却して一度に対価を金銭で得るより、対価を株式で取得して、当該株式会社の支配資本を所有する支配者団の一員として登場することにあり、それはまた、いわゆる創業者利得の獲得に結合しょうとするにある。今一つは、いわゆる「見せ金」の資金調達が不可能なため、やむを得ず現物出資を行う場合が例外的にある[4]、ととらえた。それらに対する規制の方策として、一つは立法論上手直しすべき点を現行商法を前提とした上で指摘し、今一つは、運用レベルで改善しうべき点を提言したものであった。もっとも、この提言の当否はさておき、その枠組みがライフワークである現物出資の規制にのみ限定したのは不充分で、平成二年の商法・有限会社法の法改正のように、会社の設立規制の機能を中心に考察の枠を広げるべきであった、と現在では考えている。

二　平成二年の商法改正

1　ところで本稿は、平成二年の商法における株式会社設立規制の改正、特に中小会社にふさわしい設立手続きの合理化に関する問題をアドホックに採り上げて、考察の歩みを進めたい。まず、会社設立の際の発起人・社員の数を、従前の株式会社では七名以上、有限会社では二人以上を要すると定められていた(旧商一六五条、旧有六九条I項⑤号)が、名目的な発起人・社員を用意することによって、これの潜脱が極めて容易であり、実際上それが横行していたという現実認識[5]に基づき、会社の存続にあたっては、会社の構成員は一人で足りるとされ、それの法文の整備がなされた。正に設立については法と現実の乖離を埋めたものとして、また存続については判例(最高判昭和四六年六月二四日民集二五巻四号五九六頁)の法規化として学説が異論なく承認したのは、当然の事であろう。

2　ついで、発起設立における検査役の調査が、(i)発起人の検査に対する心理的不愉快、(ii)時間がかかる、(iii)費用がかかる、の理由から敬遠され、発起設立は利用されない原因となっているとの一般的、通説的理解に基づいて改正の必要性を指摘された。この点について、私は早くから実態調査[6]に基づいて、法規制の潜脱・無機能化の存在を指摘しそれの改善の必要性を訴えてきたが、平成二年の改正法は、発起設立にあたっても株式の払込は発起人が定めた銀行(信託会社)においてしなければならないもの(商一七〇条II項)とし、そのことにより金銭出資の履行を確保し、さらに現物出資の給付の確保のために取締役および監査役による給付の有無の調査を義務づけた(商一七三条ノ二第I項③号)。その点では私としては満足であるが、ただ現物出資が敬遠されている主な理由については、見解を異にする。[7]

3　さらに株式会社成立後、現物出資の目的の給付未済の場合に関するる大審院判例（大判昭和一三年一二月一四日民集一七巻二三号二三七一頁）および旧通説を改めて、給付に未済のある場合には取締役および監査役に価額塡補責任を課す（商一九二条第II項）こととした。この改正点については以下詳細に検討したい。すなわち株式会社成立後、現物出資の不履行による目的物の給付未済の場合に発起人が担保責任を負うか、については、昭和一三年の商法改正前に、大審院判例（大判昭和一三年一二月一四日民集一七巻二三号二三七一頁）があり、株式会社成立後、なお現物出資者が出資目的物の給付または第三者への対抗要件を具備させない場合でも発起人は払込担保責任（旧商一三六条）を負うものではない、と判示していた。

すでに当時の学説(8)および下級審判決(9)もこれを支持し、以下の理由から通説として確立していた。まず、形式的理由として、商法が明白に「払込」（商一七〇条I項・一七五条II項⑩号等）と現物出資の「給付」（商一七二条・一八〇条I項・一八四条I項等）との両文字を区別して使用していることから、商法一九二条II項にいう「払込」は金銭による払込のみを意味すること(10)、ついで実質的理由として、現物出資は他の者が代わって給付できない個性的なものであり(11)、かつ統一的な性格（それ自体一つのまとまった財産単位として出資の対象となる）ものであること(12)、を挙げる。

これに対して、現物出資の給付未済の場合にも発起人の担保責任を認めるべきであるとする少数説がある。その理由は、用語上は確かに障害があるが、株主や会社債権者の保護を定めた商法一九二条の見地からすれば、現物出資の場合を除外する理由はないこと(13)、また現物出資の目的物には、代替性を有する場合もありうること(14)、さらには有限会社では払込または給付未済の出資があるときは、会社成立当時の取締役および社員は連帯して、払込または給付未済財産の価額の支払いをなす義務を、金銭または現物出資と区別することなく負わされていること（有一五条）を挙げている(15)。

ところで通説は、現物出資の目的物を他人が代わって給付できない個性的なものと絶対視して出発する結果、現物出資者が目的物を給付しない以上、常に設立無効へと導かれ、後は、本判決の様に発起人の任務解怠による損害賠償責任（商一九三条）の問題になると考えていた。これに対し少数説は、現物出資のわずかな給付未済の場合も設立無効とするのは結果的にも不当だと考え、可能な限り、会社の資本充実を塡補して設立無効の招来を少なくし、株主、会社債権者の保護を図ろうとする。もっとも少数説の中にも、商法一九二条II項の責任の内容を金銭による払込責任のみとする立場もある。[16] しかし、この場合には、発起人が無過失、連帯責任を負う点で、通説の説く過失責任である損害賠償責任（商一九三条）に比し、より株主、会社債権者の保護に厚くなるとはいえ、会社の事業目的の遂行という点では支障をきたす場合がある。仮に損害賠償額をもって目的物を購入するとしても、発起人は払込責任を完了した以上、購入手続きは会社側の責任となり、目的物の危険負担や瑕疵担保等の問題を生じた場合は不十分である、と言わざるをえない。

そこで、私は、この少数説の延長線上に立って、現物出資の目的物の性質による区別に着目[17]し、より妥当な結果を導きたいと考える。つまり、現物出資の目的物は、その性質を、代替性、あるいは不代替性のもの、または必要性のもの、有益性のものに分かちうる。[18] そのような立場からすると、通説と決定的な差異が現れるのは、まず、出資の目的物が有益でかつ代替性を有する場合で、発起人は常に同価値の同種・同品等の財産を給付すべき責任を負うこととなる。ついで有益でありかつ不代替性の目的物の給付未済の場合にも、発起人に可能な限り、その所有または購入にかかる同価値の類似不代替性財産の給付責任または右の損害賠償額の支払い責任を課すことも可能である。もっとも必要かつ不代替性の財産の場合には給付不能であるから、当然会社は解散へと導かれるが、それでも損害賠償額の支払責任は残るから、株主、会社債権者への保護は通説より厚くなる。

確かに昭和一三年の商法改正の際に、立法者が用語上、給付と払込とを明確に区別したにもかかわらず、商法一九二条について、現物出資の目的物に代替のものがありうることに思いを致さなかったのは、立法上の不備と言わざるを得ない。それはそれとして商法一九二条は、株主や会社債権者の保護を目的とした資本充実の規定であるから、その根本趣旨に依拠して、給付未済の場合にも同条を適用すべきことになる。この意味をより明確化したのが、商法一九二条II項の新設である、と理解する。

以上の措置により、裁判所の選任による検査役の出資の有無に関する調査を廃止（商一七三条I項参照）することが可能になった。

4　会社がその成立後二年以内に、その成立前から存在する財産であって営業のために継続して使用すべきものを資本の二〇分の一以上の対価で取得する契約をする場合（事後設立）には、株主総会の特別決議による承認を必要としていた（商二四六条）。これは会社設立直後の右のような財産の取得行為により、変態設立に対する厳格な法規制を回避することを禁圧するためであった。しかし現実は、取締役会および株主総会の構成が、会社設立前の発起人および発起人の有する「支配」株式によって占められることが多く、株主総会による承認は全く形骸化しているのが実状であり、その結果、事後設立の実質的目的は没却されていた。そこで私は、ドイツでも一八八四年の第二株式法改正以来、わが国と同様の弊害発生をみており、そのためドイツでは現物出資の場合と同じく設立検査役による検査に服せしめることを紹介して、わが国にも事後設立の場合に検査役の調査に服せしめるべきであると提唱した[19]。幸い平成二年の改正法は、総会の決議に先立ち、取締役は事後設立の契約に関する調査をさせるため検査役の選任を裁判所に請求しなければならないものと定めた（商二四六条II項、有四〇条IV項）のは、喜ばしいことであった。

三　法務省民事局の通達による金銭債権が現物出資の目的物となりうるとの承認

1　平成二年の商法改正により最低資本金制度が採用され、それの施行が始まった平成五年十一月二十七日に、「借入金の資本組み入れ」（会社に対する金銭債権の現物出資）が可能との結論のもとに、五〇〇万円以下の会社に対する金銭債権の現物出資による増資の詳細な書式を掲載した『会社増資実務』と題する佐々木正己司法書士・税理士の著作になる実務書が刊行された。さらにその翌年三月に、著者は借入金の資本組み入れについての論文「会社に対する金銭債権は現物出資の目的とする事ができるか?」を発表し、次の様に記している。

「会社に対する貸付債権を『現物出資』させて新株を発行して資本金を増加させることができるならば、会社からみれば、資本金が増加し借入債務が減少するので、『負債の資本組み入れ』が行われたことと同じになる。」そして、「会社に対する債権が『現物出資』されたとしても、『混同』（民法五二九条）により貸借対照表に計上されている負債と同時に消滅してしまい、貸借対照表に資産として計上されない。……しかし、貸方の負債の減少を通じて、『正味財産』（商法上は『純資産額』）は増加するので、『会社に対する貸付金』も現物出資の目的とすることができる（新版注釈会社法（2）』一〇三〜一〇四頁、『新版注釈株式会社法（7）』三四頁、『注釈株式会社法上巻』三六三頁、『現物出資の研究』一六二頁）と言われている」[20]と。

この見解を仮に是認したとしても、この行為は、商法二〇〇条II項の払込相殺禁止規定に抵触しないか、が問題となるが、著者の佐々木氏は、①「払込」が必要なのは現金出資だけで、現物出資では「給付」であるから、商法二〇〇条II項の払込相殺禁止規定は、現物出資の手続きによる「負債の資本組み入れ」には適用がない。[21]②新株発行手続き上、現金出資と現物出資とはその手続きが異なる。「したがって、現金出資に依る新株発行に準用・

類推適用する必要はない。[22]」との大胆な解釈を提示された。これは司法書士としてまた税理士として、最低資本金に未到達の会社を何とかしてこれをクリヤーさせたい、との一念からの提案と思われる。

2　ところで、会社に対する債権が現物出資の目的物たりうるか？については、日本の学説、さらにスイス、アメリカの州法等でも既に是認されており[23]、何ら議論の余地はない。

問題は、商法二〇〇条II項との関係である。しかし、設立の場合は、まだ会社が成立していないから、会社に対する反対債権は存在せず、相殺の生ずる余地もない、と判例[24]は解しており、その通りである。

ついで、会社が既に存在している新株発行の場合については、検討を要する。つまり、払込相殺を禁ずるのは、現金による現実の払込を確実にするため、株式の払込は常に払込取扱銀行等になすべきことを規定しているから、相殺を許すことはできない、と有力説は説いている[25]。

しかし、払込取扱銀行での払込を強制するのは、払込義務の存在を前提にして、その義務をいかに履行するかの手続きの問題である。これに対して、相殺の主張は、払込義務そのものをこれによって消滅させる消滅事由の問題であるから、同一平面では論じられない[26]。

3　しかし、この問題について法務省当局の対応は、変転している。まず最初、株式会社の新株発行に際しては、会社側の相殺を承認するという考え方に立ち、その場合の意思表示の書面を添付すべきこととしていた(昭和二七・一・二三付民甲五一法務省民事局長回答)。その後、この見解を改め、株式引受人の株式払込債務と会社の債務との相殺は、会社あるいは両者の合意でも出来ないから、登記申請を受理すべきではないとの立場に変わった(昭和三九・一二・九付民甲三九一〇法務省民事局長通達)。この立場は、平成二年の最低資本金制度の施行の初期においても堅持され、商事法務・質疑応答欄「債権を現物出資の目的とすることの可否」[27]について、法務省民事局第四係長は、債権が「新株発行会社に対するものであった場合、このような会社に対する債権を現物出資の目的とすることができるかについては、『株主ハ払込ニ付相殺ヲ以テ会社ニ対抗スルコトヲ得ス』とする商法の規定（商二〇〇Ⅱ）」および「先の登記先例（昭和三九・一二・九民事甲第三九一〇号民事局長回答）に抵触するのではないかという点が問題となります」と答えていた。

ところがその後、複数の司法書士から、「借入金の資本組み入れ」の申請が各地の法務局に提出され、それへの照会がなされた結果、平成六年七月六日付の法務省民事局第四課長名で、「会社に対する金銭消費貸借に基づく金銭債権を現物出資の目的たる財産とすることができる」旨の通知（平成六年七月六日付法務省民四第四一九二号）が出され、適法と承認されることとなった。このことは、学説において理論上認められている現物出資の目的物としての金銭債権の適法性が、登記実務上においても承認された意義は大きい。

四　平成一三年四月のいわゆる「中間試案」における「第二十三　現物出資、財産引受および事後設立の目的たる財産の価格の証明」について

本年四月一八日に法制審議会会社法部会はこれまでの審議を取りまとめた「商法の一部を改正する法律案要綱中間試案」を公表し、法務省民事局参事官室の解説を付して、学界を始め各界に意見照会をおこなった。それによると、変態設立事項の目的物の価格証明につき、大要次の如く定めることの可否を問うている。まず、設立時に、1 発起設立の場合には、取締役は選任後、遅滞なく変態設立事項が相当であることについて、弁護士、公認会計士または監査法人の証明をうけることとし、一定の欠格事由のある者を排除し、証明を行った者の任務懈怠による損害賠償責任などを定めること、2 募集設立の場合は、発起人が変態設立事項につき弁護士等の証明を受けせしめ、後は発起設立の場合を準用し、証明書の創立総会に提出義務等。3 発起人、取締役及び証明を行った弁護士等の財産価格塡補責任、4 弁護士等の会社に対する責任についての株主代表訴訟の準用、5 事後設立の

場合の価格証明、6　新株発行時の現物出資の目的物の価格証明について、であった。

現物出資を始めとする財産引受、事後設立における出資目的物をどのように評価するかは、株式会社の資本形成とも係わって重大な問題である。この点につき、具体的に場合を分けて試問を作成されているご労苦は十分理解するが、私はこの評価の問題につき、別の角度から既に考察を試み[28]、それに基づいた立法提言[29]もなしているので、評価に係わっての基本的視角ないし疑問点を二三提示しておきたい。

まず、評価する場合の対象となる目的物には、大別して、少なくとも一応客観的な評価額が存在する目的物と、あくまで相対的な評価しかなしえない目的物とが存在することである。前者としては、取引所による相場が存在する株式を始めとする有価証券あるいは国税局による路線価格などによる不動産が考えられる。これに対して、無体財産権およびノウ・ハウの如き目的物が存在する。とくにノウ・ハウを出資目的物とする合弁会社の設立などの場合は、その対価は莫大な金額に上がり、しかもノウ・ハウは外部に対して秘密にされることが絶対条件であり、もしその内容が漏洩されると価値は失われてしまう。したがって、ノウ・ハウの出資者は、資料の提供を躊躇するし、もし提供がなくてもそれの欠如を発見して理解し評価しうる適格者を見いだすことが可能か、とう言う問題もある。それにもかかわらず、これまで社会的経済上、問題とならずに過ぎてきたのは、これまでの右肩上がりのクリーピング・インフレーションのお陰であった[30]。しかし現在、日本がいや世界が直面している長期経済不況の下では、評価額の低下による問題が発生することが予想される[31]。

ついで、出資目的物の評価者つまり検査役の資質も吟味しなければならない。中間試案によれば、弁護士が一義的に適任者として予定されている。勿論、弁護士を検査役として選出することを否定するものではない。しかし、目的物の性質によっては、司法書士、公認会計士、税理士さらには不動産鑑定士あるいは学識経験者も検査役の適格者として、その対象に含まれ得る。したがって、問題は誰を誰が指名するか、がポイントとなる。

とすると、絶対的評価額が求められないならば、目的物評価に対する取り組み方自体が検討課題として登場してくる。そこで私は、今まで、特許権・ノウハウ等の無体財産権の現物出資が多い東京地裁[32]の管轄下に学識経験者のグループを登録させて置き、変態設立事項の検査役選任の申し出があった場合、職権で適任者を任命することが考えられないであろうか。

その際、かかる第三者機関による出資目的物の調査は、評価額が過大または過少でない旨の主張立証ではなく、発起人が詐欺や意図的な評価方法をとらず、誠実に、適正な評価方法にしたがって評価額を算出したことを証明すればよく、それをもって十分と考える。つまり、評価額の過大過少の判定基準には、主観的な要素が入り易く、何人をしても満足せしめる純客観的な絶対額の算出は不可能だからである。[33] このような思考は、アメリカの株式引受人についてであるが、取締役が善意・誠実であったかぎり、その評価額は決定的効力をもっと言うGood faith ruleが認められ、一九三三年のイリノイ州事業法第一八条で採用されている。[34]

したがって、このような立場に立つかぎり、その評価・調査責任については、第三者機関である弁護士その他の検査役についての責任は、中間試案が示唆するような無過失責任は問うべきではなく、あくまで挙証責任が転換された過失責任に止めるべきであると考える。[35]

（1） 志村治美「実態調査から見た『大小会社区分案』」法律のひろば三九巻九号（昭和五九年八月）一五頁以下、志村治美「実態調査からみた『大小会社の区分案』」『大小会社区分立法の問題点検討』八三頁（ぎょうせい、昭和六〇年四月）。

（2） 志村治美「日本私法学会シンポジュウム資料・小規模・閉鎖会社の設立」商事法務九九四号（昭和五八年八月）三頁以下、志村治美「シンポジュウム小規模・閉鎖会社の立法（報告）」私法四六号（昭和五九年九月）一一七頁、志村治美「『試案』における大小会社区分の構成について」法律のひろば三九巻九号（昭和六一年九月）一六頁以下。

（3）　志村治美「現物出資規制の立法論的提言（以下、「前掲規制」と略す。）」大隅健一郎先生古稀記念『企業法の研究』八一頁以下（有斐閣、昭和五二年一月）。

（4）　志村「前掲規制」八七頁。

（5）　志村治美「福岡市における小規模株式会社の法的実態」西南学院大学商学論集一二巻四号一〇六頁以下、志村『現物出資の研究（以下、『前掲書』と略す）』二五一頁（有斐閣、昭和五〇年四月）において、私もすでに同様の事実を立証していた。

（6）　志村の昭和四〇年一〇月の福岡、昭和四八年の大阪における実態調査結果においても明らかである（志村『前掲書』二五七頁以下、二六七頁以下参照（有斐閣、昭和五〇年四月）、志村・前掲「シンポジュウム小規模・閉鎖会社の設立」商事法務九九四号六頁。ただ、通説が一般的な理由を述べていたのに対し、私は具体的な数字をもってこれの立証を試みた。

（7）　私は、現物出資が行われない主な理由の一つとして、当時の右肩上がりの物価上昇をを続ける経済事情を背景として、税法上に問題があると指摘した。つまり現物出資の目的物が不動産・船舶等の場合には、当時の所得税法三三、五八条による譲渡所得税が、出資者個人の取得原価と法人への出資価格との差額に対して課せられる。これに対して、金銭出資者には何の課税もないところから、取扱上の不均衡が生じており、これが税法に精通している者が関与している場合は何らかの示唆を与えている、と指摘した（志村『前掲書』二七二頁）。

（8）　本判決に賛成する評釈として、竹田省「判批」民商九巻五号九四三頁、鈴木竹雄「判批」判民昭和一三年度一四五事件、八木弘「判批」商事法判例（3）八七頁。同旨の学説として田中耕太郎・合名会社社員責任論四六二頁、大隅健一郎・会社法論一八六頁。なお、伊沢孝平「商法第百三十六条（現一九二条）論(1)～(3)完」法学一巻七、九、一一号三〇二頁は反対。また志村治美「判批」会社判例百選〔第四版〕（昭和五八年四月）三四・三五頁。

（9）　東京控訴院判昭和八年四月一三日新聞三五六四号一一頁。

（10）　田中誠二・再全訂会社法詳論（上）二二四頁、佐藤義雄「現物出資」京都産大法学五巻三号三〇頁）。

（11）　大隅健一郎＝今井宏・新版会社法論（上）二三一頁。

(12) 石井照久＝鴻常夫・会社法第一巻一四一頁。
(13) 小町谷操三「発起人の責任」株式会社法講座一巻二八五頁、国歳胤臣「商法第百九十二条と形式主義」松本古稀記念『会社法の諸問題』三一〇頁、佐藤庸「発起人の資本充実責任について」成蹊大政経論叢一一巻三—四号七八頁、鈴木竹雄・新版会社法〔全訂第二版〕七一頁。
(14) 伊沢孝平・注解新会社法三〇三頁、大塚市助「現物出資に関する若干の問題」私法一六号一〇六頁、平出慶道・株式会社の設立二八五頁。
(15) 菅原菊志・会社判例百選〔第二版〕四二頁。
(16) 前掲注(13)に掲げる先生方（前掲場所）および大谷禎男「商法等の一部を改正する法律の解説」商事法務一二二二号（平成二年七月一五日号）五頁。
(17) 現物出資の目的物の性質による区別を認める立場としては、大塚「前掲論文」一〇六頁、平出『前掲書』二八六頁、菅原「前掲論文」四二頁。
(18) 志村『前掲書』一七〇頁以下参照。
(19) 志村「前掲規制」九二頁以下。
(20) 佐々木正己「会社に対する金銭債権は現物出資の目的とすることができるか?」月報司法書士（一九九四年三月号一一二頁以下。
(21) 佐々木氏は、現物出資の目的となる財産を、「貸借対照表に資産としてかかげることが出来るものである限り、その種類をとわほない」とする大隅健一郎博士を代表的見解とする有力説に従っているので、貸借対照表の負債の部に計上される会社に対する債権は出資の目的物に含まれないことになる。そのため、氏は、縷々述べて正当化を試みる。
(22) 佐々木「前掲論文」三四頁。
(23) 通説または私の立場（志村治美「現物出資の目的物としての適格性」大森忠夫先生還暦記念『商法・保険法の諸問題』（有斐閣　昭和四七年）所収二六頁以下、志村『前掲書』一四〇頁以下）から出発するのであれば、何ら問題とならない。

(24) 大判昭和七年一二月二四日法学二巻七号一一五頁。

(25) 関俊彦執筆『新版注釈会社法（7）』二四〇頁。

(26) 同旨、米津昭子執筆『新版株式会社法（3）』三五頁。

(27) 商事法務一三二八号（一九九三年七月二五日号）三七頁。

(28) 志村治美「現物出資の目的物の評価と規制（以下、「前掲評価」と略す。）」『高田源清教授還暦記念・商法・経済法の諸問題』（評論社　昭和四七年）二三頁以下、同『前掲書』一六四頁以下。

(29) 志村「前掲規制」、同『前掲書』八一頁以下。

(30) 志村「前掲評価」、同『前掲書』一六六～一六八頁。

(31) この問題は歴史上、一九世紀末から二〇世紀初頭にかけてのアメリカの独占資本確立期に、水増し資本創出の問題として、また一九七〇年代から二〇世紀にかけての株式会社への組織変更の問題として現れた。もちろんこの期の問題は、アメリカでは各州の青空法により、ドイツでは一八八四年の一連の商法改正により、一応鎮静化してはいる。しかし、将来、いかなる深刻な世界的不況が到来しないとは確言できないであろう。その点では、平成二年の商法改正法が、定款記載の出資価格と時価との差額を発起人の塡補責任として課したことは（商一九二条ノ二）、適切な改正であったと評価する。

(32) いささか調査時期は古いが、私の集計によると、昭和三五～四四年までの間の東京昭和四二～四七年までの間の大阪、昭和二八～四〇年の間の福岡の各地方裁判所での現物出資目的物の検査役選任申請件数中、無体財産権は東京二四件、大阪一件、福岡〇件、機械については東京二〇件、大阪三件、福岡四件であった。なお、詳細は、志村　前掲「規制」、同『前掲書』九九頁注(12)参照。

(33) 志村「前掲評価」二四頁、特に三〇決頁以下、同『前掲書』一六四頁、特に一七〇頁以下。

(34) Ballantine, On Corporation (1946) p. 796: Dodd, Stock Watering (1930) p. 5ff.

(35) 同旨、内間裕「検査役調査・外国会社」ジュリスト一二〇六号（二〇〇一年八月一五日）九四頁

21

証券取引法上の基本概念に関する覚え書き

上村達男

はじめに

証券不祥事、金融ビッグバン、金融システム改革を経て、日本の資本市場法制はいよいよ本格的な制度改革を行わなければならない状況にある。平成一〇年の金融システム改革関連法は一大改正であり、その意義には大なるものがあるが、それは銀行・証券・保険の縦割りを前提とした改革であり、さらに横断的包括的法制としての金融サービス法の実現が目標とされていた。しかし金融サービス法は、集団投資スキームに関する若干の実務的な改革と私法ルールとされる金融商品販売法の制定を見たのみで、一頓挫を来している。

金融審議会は旧来の金融制度調査会、証券取引審議会、保険審議会が合体したものであるが、近時の問題意識は銀行と保険の不良債権問題、破綻問題等に特化されている模様であり、資本市場法制の話題はほぼ三年間欠落してきた。いわば証券取引審議会不在の状況が続いているように見える。

この間日本では不良債権問題といった不健康対応の間に、規制の緩和は一貫して進んでおり、経済学者の多くは資本市場法が既にそこそこ整備されているといった認識を疑わない向きが多く、こうした傾向は法律家の世界にまで波及している。しかしこの間英国では二〇〇〇年金融サービス市場法が制定され、業者法と市場法の一体化の方向と、規制厳格化の方向が示されている。資本市場の経験のほとんどない日本で規律の話が出ない中、この点で経験豊富な英国がさらなる規制の厳格化とルールの不断の見直しを行っていることはきわめて対照的である。アメリカでも、会社法、資本市場法の民法化理論ともいえる「法と経済学」の流行とは無関係のように、アナリストに対して厳しい規律を求める改革が行われ、資本市場法制改革はこれも日々進行している。

わが国としては、不健康対応が一段落した後の健康体対応ルールの整備を今から真剣に検討しておかないと取り返しのつかないことになるように思われる。健康が回復しても、自主的に規律の世界に立ち戻れるほど、日本の法制感覚は磨かれていないからである。そこで今なすべきことは、第一に英国の二〇〇〇年金融サービス市場法を十分に吸収した新たな、横断的包括的資本市場法制モデルを早急に構想しておくことであり。その際には、単に横断的法制であることを追求するだけでなく、現在の基本的な概念、体系自体を根本的に見直す新たな資本市場法制の体系を模索しなければならないように思われる。

本稿は中村一彦先生に献呈するにはきわめて不十分なものであるが、こうした観点から現行証券取引法上の基本概念見直しの視点（すなわち包括資本市場法上の基本概念の探求）を覚え書きとして示しておくことにする。

一　有価証券・取引概念

現行証券取引法上の取引客体概念は有価証券であり、紙としての証券の存在を前提にしているとみられる点で、資本市場における取引客体概念としては不便なものになっている。また取引概念も有価証券を前提に「売買」とされているため、指数取引やオプション取引のように、売買概念に馴染まない取引については、指数やオプションを有価証券概念に包摂することが不自然であることも相俟って、「有価証券の売買」と並んで「有価証券指数等先物取引」（証取二条一八項）、「有価証券オプション取引」（証取二条一九項）、「有価証券店頭指数等先渡取引」（証取二条二一項）、「有価証券店頭指数等スワップ取引」（証取二条二四項）といった取引の定義を別個に規定している。これにより現行証券取引法の条文は著しく長くなっており、きわめて理解しにくい法律となる大きな原因の一つをなしている。

この点、英国金融サービス市場法上の取引客体概念は、投資物件（investment）でありこれを取引（deal）するという発想であるため、基本法自体は一般に理解しやすい体裁を維持できている。日本でもこれに倣って、証券取引法上の取引客体概念を、投資物件・投資商品・金融商品（以下、投資物件で代表する）といった概念とし、取引概念も端的に取引とすることを検討すべきであろう。もっとも、従来より馴染んできた株券・社債等については、これらが法上の投資物件に該当することを前提に、従来同様「有価証券」の語を用いることは自由とすることが必要であろう。そのことで従来の扱いを維持しつつ新たな取引客体をも包摂することが可能となる。

これにより、証券取引法そのものは抽象的な概念によって構成される、従来とは異なった感覚の法律となるが、そうした新しい衣を纏った新しい法制を論理的に構築することが必要である。

英国金融サービス法は、時間をかけて新しい言葉を法律用語として作成した。銀行・証券等を横断する投資業(investment business)然り、集団投資スキーム(collective investment scheme)然りである。二〇〇一年金融サービス市場法は、横断的な不公正取引概念として市場阻害行為(market abuse)という概念も作り出した。もっとも英国は未だに会社をcompany(友達・仲間)および、share(細分化された均一の単位としての持分)をstock(かたまりとしての持分)と呼ぶなど、法律用語というものが予め存在していたわけではないから、法律用語とは事態が変われば作るべきものである。日本はまず法律用語ありきからスタートしているため、新たな事態に対応する法律用語が作れず、従来の用語の頭に「特別」「特例」「関連」といった語をつけることしかできないのが通例である。もとより横断的資本市場法制を新たに制定するに際して、急に俗語を用いることもできないが、少なくとも従来とは全く異なる概念を用いることに対する抵抗心を取り除いておくことが必要である。まさに法化時代の資本市場法制は、新たな法的思考の実験場にならざるを得ないのである。

二　投資者概念

英国二〇〇〇年金融サービス市場法は、取引主体概念を「消費者(consumer)」とした。これには理由がある。日本のように縦割り法制を維持している場合には、証券・銀行・保険の取引主体概念は、それぞれ投資者・預金者・保険契約者である。しかし後二者はいずれも契約締結後の当事者を想定する名称であるが、投資者は契約前のこれから「買おう」とする者をも対象とする名称である。このことから、一般に日本では投資者は「買う前」の状態を含むが、預金者は「買った後」の状況のみを指すため、両者は異なる意義を有するものと見られてきた。

しかし、このことは預金者・保険契約者の契約締結前の立場を全く想定してこなかったことに起因する。今日では、預金・保険性の金融商品の購入を勧誘し、その商品性を説明すべき多様な金融商品が輩出する状況にあり、これら金融商品購入前の者に対する法的責任を問題にしなければならない状況が多くなってきている。しかしそうした者を呼ぶ適当な名称が見あたらない。預金契約を締結しようとしてカウンターに座った者に対する説明義務を、いかなる者に対するいかなる根拠に基づく義務と呼ぶべきかが不明なのである。預金者・保険契約者に対する説明義務という観念はいかにも座りが悪い。判例は信義則（民法一条二項）を説明義務の根拠にしているが、これも実に苦しい構成である。

英国はきわめてあっさりとこれらの共通概念を消費者にしてしまった。消費者という概念は、買い物かごをぶら下げて歩いている者を含む概念であり、「買おうとする者」も「売ろうとする者」も含むため、預金や保険にも該当する。もっとも投資者という概念は、もともと「買おうとする者」（要は国民全部かもしれない）をも対象にする概念であるから、用語を変える必要はないのであるが、横断的概念であることを、敢えて優先させたものと思われる。

日本でも横断的法制を確立する際には、こうした用語をも案出する必要がある。法律上は例えば「取引当事者」といった概念を用いつつ、伝統的な証券取引に関しては一般に投資者の語を用いることを認め（もとより消費者の語を用いることも可能）、契約締結後については預金者・保険契約者・株主・社債権者といった語を使用する、といった対応が必要であろう。

三　有価証券報告書概念

有価証券の概念を例えば投資物件とする場合には、従来の例えば有価証券報告書は投資物件報告書ではなく、年次報告書（anual return, anual report）に修正することが必要であろう。もともと現行法が年次報告書だけを「有価証券」報告書という具合に取引対象概念を用いて表現しているのに対して、その他の継続開示書類は、半期報告書・臨時報告書という風に、開示時期によって概念を画しており、一貫性を欠いていたことの方に問題があり、このことは有価証券概念の変化と直結しない問題である。

いずれにせよ、有価証券報告書を年次報告書とすることで、他の金融商品にも使用可能な概念となる。現行法の下でも、資産流動化証券に対して有価証券報告書概念を用いているが、年次報告書であればファンドや運用型の保険商品にも通用する。

もっとも「年次報告」という発想は、計算単位ないし会計年度が一年の金融商品には適合的であるが、信託を利用した金融商品の場合には、信託の計算単位が開示の最低単位となるために、年次報告書概念には相応しくない。現行法上、いわゆる信託を利用した資産流動化証券については、信託の計算単位が有価証券報告書の提出単位とされ、概念上は二ケ月に一回の有価証券報告書もあり得ることになっている（特定有価証券開示府令二三条一項二号）。ただし、計算単位が六ケ月に満たない期間の場合には六ケ月に一度でよいとされているが、せっかく計算しているのに開示しないわけにいかず、その場合には二ケ月に一度の臨時報告書を提出すべきとされる（同府令二九条二項四号）。これにより、本来は資産流動化証券についても妥当する概念であるはずの臨時報告書が、「定期的な臨時」という奇妙な開示書類となっている。

こうしたことは、有価証券報告書を年次報告書にしても生ずる問題である。そこで法律上、金融商品に共通の基本的な情報開示書類の名称を、たとえば「基本報告書」ないし「会計単位報告書」といった用語としておいて、現実には株式会社のように会計年度が一年の金融商品については年次報告書の用語の使用を認め、さらに株式・社債のような伝統商品については従来通り、有価証券報告書の語の使用を認めるといった柔軟な対応がなされるべきであろう。

四　発行者概念

（一）　証券取引法上の情報開示義務者は、たとえば有価証券届出書については、募集・売出の「届出をしようとする発行者」（証取四条一項）が、有価証券報告書については「有価証券の発行者である会社」（証取二四条一項）とされ、要は当該有価証券の「発行者」とされている。これを受けて「発行者」とは、「有価証券を発行し、または発行しようとする者（内閣府令で定める有価証券については、内閣府令で定める者）をいうものとし、証券または証書に表示されるべき権利以外の権利で第二項の規定により有価証券とみなされるものについては、権利の種類ごとに内閣府令で定める者が内閣府令で定める時に当該権利を有価証券として発行するものとみなす」（証取二条五項）と定められている。

証券発行者が開示義務者であることは、株券のような有価証券を想定すればあまりに当然のことのように見える。しかし売出については第一に、売出を行う者は既発行有価証券の保有者であり、発行者概念と一致しない。この点につき従来より、売出を行おうというような者は、大株主であろうから発行会社に対して情報開示をもとめる力があると考えられるので発行者概念で良いと解されてきた。しかし売出に情報開示が求められるのは一億円以上の資金調達についてであるから、売出人が発行者に対して情報開示を求める現実の力があるというのは説明にならない。第二に売出は株券についてのみ行われるものではないから、株券以外の有価証券については、少なくとも概念上発行者に対する「株主としての支配機能」を発揮できる保証もない。

もっとも現行法上、開示が行われている場合の売出については証券取引法四条の届出を要しない(証取四条一項一号)から、売出人による開示は不要のように見えるが、届出は不要であっても「発行者が」目論見書を作成しなければならず(証取一三条一項後段)、これを「売出人が」交付しなければならないため(証取一五条二項)、やはり売出人が発行者に目論見書の作成を求められる関係になければ売出は出来ないことになる。

もともと有価証券の募集についても、参照方式適用会社のように、流通開示が整備されている場合には、有価証券届出書を提出するといっても、会社情報の開示は流通開示に委ねられ、募集情報のみを開示すれば足りる(証取五条四項)。募集情報のみの開示であれば、要は募集をする際には募集のことについて開示せよというにすぎないため、そうした情報開示の性格はすでに流通開示そのものとなっているのである。そのように考えると、売出についても流通市場が整備されている有価証券については、発行会社情報の開示は発行会社に委ね、売出情報の開示のみを行えば足りるのであるから、そこでの開示主体は売出人でよいことになる。

私見によると売出とは、公開買付の反対現象として、いわば「公開売付」とでもいうべき現象として把握されるべきであり、したがって公開買付の場合に買付者が買付情報の開示を行えば足りるように、売出についても流通開示が存在することを前提に、売出人が売出情報の開示を行えば足りると考えられるのである。このように売出を公開買付の反対現象と捉える場合には、公開買付同様(証取二七条の二第一項)売出も有価証券報告書を提出しなければならない会社についてのみ認めるべきものとなろう。

なおこのように考えると、NTT株の売出のように、新規に市場が創設されるような状況に売出概念は適合的ではなく、こうしたものは募集概念に包摂すべきである。現行法の募集・売出概念は、マーケットの状況と無縁な形式概念となっており、そのことが概念上の混乱をもたらしているように思われる。

かくして、売出概念との関係で単純に発行者を情報開示義務者としている状況は改められるべきであろう。

（二）　次に証券または証書を発行しない権利で有価証券とみなされるもの（証取二条二項）については、一定の信託受益権につき、信託の委託者が発行者とされている（定義府令八条三項）。証券または証書の形態を採っている場合には、発行者が明白であるために問題はないが、権利の場合には契約主体である信託の委託者を発行者とせざるを得なかったものと思われる。投資信託の場合には受益証書も投資証書も証券の形態を採っているため、通常の発行者でよいことになるが、この場合には通常の発行者が誰かは必ずしも明らかではない。そこで投資信託投資法人法はこうした証券の形態を採っている場合でも、受益証券については、委託者指図型投資信託にあっては委託者が、委託者非指図型投資信託にあっては受託者が発行者であることを謳っている（同法二条一二項）。このことが意味するところは、証券または証書の形態を採っているか否かという法形式が問題なのではなく、当該投資物件の発行を支配する者こそが情報開示義務者であること示しているように思われる。

他方証券化型証券の場合には、特定目的会社（SPC）という会社が優先出資証券その他の資産対応証券を発行することとされている（資産流動化法二条八項他）。その点で証券取引法の発行者概念を踏襲しているのであるが、いわゆる証券化ないし流動化の主導者は特定資産の原保有者たるオリジネーターであるから、本来はオリジネーターに対して情報開示義務を課することが望ましいはずである。特定目的信託の受益証券は信託の受益者が発行する者とされているが（同法二条一四項）、この場合も信託財産を委託する原委託者（同法一六三条）に開示義務を課しておく方が望ましいことに変わりはない。もとより特定目的会社にしても特定目的信託にしても、オリジネーターが発足時にはその運営を全面的に左右しうるのであるから、特定目的会社ないし受託者を開示義務者にしても現実にはさほどの相違はないかもしれない。しかし原資産保有者からの責任財産の切り離しの問題と、情報開示責任とは別個の問題であり、いやしくも情報開示に関する限り責任の分断を認めるべきではなく、こうした場合には、オリジネーターを情報開示義務者として把握することが望ましいように思われる。スキームが確実であれば、オリジネーターは原資産に関する責任を負担しない。しかしそのこととスキームの姿を正しく開示すべき責任とは別であり、後者を十分に果たすことが、真の資産の分離を可能とするように思われる。

(三) 以上のように考えると、証券取引法上の発行者概念は、私法的な発行概念に拠るべきではなく、「証券市場に当該投資物件を持ち込んだ者」というような実質概念とすべきであろう。株券の場合に発行会社が開示義務を負うのは、彼が証券市場に当該株券を持ち込んだ主体であるためであり、一定の信託の場合に委託者が開示義務を負うのも、資産流動化の場合にオリジネーターに開示義務を負わせるべきとするのも、いずれも同様の理由による。こうした発想に立つことにより、すべての資本市場法制上の投資物件に係る情報開示義務者を統一的に理解できることになろう。

五 証券業概念

(一) 現行法上証券業という概念は、八種の業態を包括する概念として定義されている(証取二条八項)。ブローカー、ディーラー、アンダーライター、セリング、PTS業、デリヴァティブ取引業等である。これらの業務の一個を行っても証券業、全部を行っても証券業とされる。そのうえで第一に、証券業は登録制の対象となる。証券会社とは証券業の登録を受けた株式会社である(証取二条九項)。PTS業等認可業務は、証券業でありながら、それのみを行うものを証券会社とは呼ばない。証券会社とは証取二八条の登録を受けた株式会社だからである。

したがって、認可業務は「証券会社が」営むことのできる証券業とされている。認可業務を行うものは、証券会社が営むから証券会社なのであり、証券業としての認可業務を営むから証券会社なのではないことになる。引受業は認可業務であるから、これのみを行う業者は証券会社ではないことになる。引受業といっても、要は自己のな名で又は自己の計算で投資物件を売る行為であるから、それ自体をディーリング業務とみることもできる。アメリカのアンダーライターは当然にディーリング業者としての登録を要する。日本でもディーラー登録を行った「証券会社」が引受業の認可を受けるという構造になっている。

登録申請書（証取二八条の二）には、法文上業務の種類は記載事項とされておらず、業務の内容は内閣府令上添付書類の記載事項にもなっていない（証券会社府令三条）。登録申請書の添付書類であるリスク管理方法記載書面になって初めて業務の内容を記載すべきとされる（証券会社府令二条）。ブローカーのみを行っている業者が、ディーラーも行おうとする場合には、それだけでは登録申請書の変更届も不要である（証取三〇条一項）。ここでもリスク管理方法記載書面上の業務の変更として届出を要するだけである（同条三項）。登録証券業については法律上最低資本金は定められていないが、登録拒否事由として資本金一億円に満たない会社が定められている（証取二八条の四第二号、政令一五条）。認可業については業態に応じて最低資本金が定められている（証取二九条の四第二号、政令一五条の二）。そのうえで、証券会社が営むことのできる付随業務（証取三四条）、届出業務（同条二項）等の業務も、また証券会社の禁止行為（証取四二条）も業態によって区別されない。他方で呑行為の禁止のように（証取三九条）、ブローカー業を前提とした規定は存在する。全体に個々の業態に即した規制になっていないが、この点は英国金融サービス市場法にならって、業態に共通の規制と個別業態向けの規制とを区別して行為規範を明確に示すことを工夫すべきであろう。これにより投資物件のディーリング業を行う者を、証券業と呼ぶ必要はなくなる。銀行や保険業者が行うことも全く自然なことだからである。そうなるとそうした業を行う者の名称は、法文上投資物件ディーラーと呼べば足り、すべての業に共通の規制を受ける局面では、単にその名称を投資業といった包括的な名称とすればよいことになる。英国二〇〇〇年金融サービス市場法は、ついにこれを規制業（regulated business）と呼ぶに至っている。規制対象業を規制業と呼び平然として規制目的を追及する姿勢には、見習うべきものがあるように思われる。

（二）　現行法は以上のように、一個の業務でも証券業、全部でも証券業としておりながら、銀行は証券業ができないという具合に一律に銀証分離規定を被せている（証取六五条）。この規定は銀行の業務範囲を証券取引法が画するという出過ぎた規定となっており、証券取引法上の有価証券概念と銀行法上の有価証券概念を別個のものとして把握すれば足りる問題と考えられるが（上村〈連載〉新体系・証券取引法第二回（企業会計五三巻五号九二頁））、それを別にしても銀行が「証券業の一切」ができないという観念自体が問題である。銀行が有価証券ないし投資物件のディーリングのみを行うことはよいが、ブローカーはいけないといった判断もありうるところ、現行法はそうした判断を行うこと自体を概念上予め禁じてしまっているのである。あるいは逆に取扱有価証券としては認めてよいが、一定の業務だけは禁ずべきといった判断も、特別の除外規定を設けない限りありえないことになる。

結局第一に、仮に取引客体概念を投資物件のような広範な概念にすれば、当然にそれに対応する業も、単なる証券業というような概念ではなく、より広範な概念となると共に、個々の業態は独立別個の規制対象としていくことが必要になるであろう。このことは第二に、現在の有価証券概念を前提にしても、業規制を証券業というような概念で括るべきではなく、個々の業態ごとに登録の対象とし、行為規制等についてもすべての投資業に共通の規制と、個々の業態に相応しい規定とを分けて規定し、そのうえで業態相互の利益相反規制を用意するといった対応が求められているといえよう。

22 手形抗弁の成立要件とその四分類について

庄子良男

本稿は、平成一一年一二月一一日ソウルの高麗大学法学部で開催された韓国経営法律学会での招待講演のために用意したものであるが、当日は、急遽、拙稿「手形行為の無因性と独立性」『日京洪裕碩教授停年紀年論文集・韓日商事法と信託法の諸問題』経営法律第一〇輯特別号、韓国経営法律学会三四七―三六三頁（一九九九年一二月）を取り上げることになったため、未発表のまま今に至った。内容的には、既に論じたところと重複するが、韓国学会の関心に沿うべく私見の骨子を要約的に述べようとしたものである。中村一彦先生の古稀をお祝いして執筆の機会が与えられたのを幸いにそのまま発表させていただくことにした（注と補遺は新たに加えた）。お許しいただければ幸いである。

はじめに

手形理論は、手形特有の法律行為論です。したがって手形理論は、一方では、手形行為の成立要件を確定することによって、正常な経過をたどる場合の手形行為の法律関係を説明します。その反面として、他方では、手形行為の成立要件（すなわち手形権利の行使要件）の一部を欠くときは、そこから手形抗弁が生じます。

この意味で、手形理論は、手形抗弁の成立要件を確定するものでもあります。要するに手形理論と抗弁理論は、論理的に表裏一体の関係にあります。これを私は「手形理論と抗弁理論の一体性」(1)と呼んでいます。この考え方の基礎となった手形抗弁の基礎理論として、私は「手形抗弁の四分類」(2)という考え方を展開してきました。

本日の報告では、この「手形抗弁の四分類」という考え方を中心に、現在の手形法学の基礎理論に関するいくつかの問題にも言及しつつ、私の考えを述べたいと思います。

一　手形抗弁の成立要件

手形抗弁は、手形債務者が手形所持人に主張して支払を拒みうる一切の事由をいいます。したがって一定の（権利行使）要件を充たした場合に手形権利を行使しうると考えると、手形抗弁は、それらの要件のいずれかを欠くことから生ずることになります。すなわち、手形抗弁の種類と分類は、手形権利行使要件の分析から導かれます。

この手形権利行使要件は、第一に（Ⅰ）手形債務負担要件と、第二に（Ⅱ）広義の手形権利取得要件とからなります。このうち第一の（Ⅰ）手形債務負担要件は、① 手形要件の具備と、② 個別的手形債務負担行為の有効性、からなります。また、第二の（II）広義の手形権利取得要件は、③手形権利移転行為の有効性と、④手形外の権利行使障害事由の不存在、からなります。（以下、**図表1**と**図表2**をご覧ください）

【図表1　手形抗弁の成立要件とその種類】

【手形権利行使要件】	【それを欠く場合】	【所持人が具備する要件】
①手形要件の具備	i　証券上の抗弁（排除不可能）	××××
②個別的手形債務負担行為の有効性	ii　有効性の抗弁（権利外観理論）	①×××
③手形権利移転行為の有効性	iii　無権利の抗弁（手一六条二項）	①②××
④手形外の権利行使障害事由の不存在	iv　狭義の人的抗弁（手一七条）	①②③×
＝手形権利の行使が可能	手形抗弁の不存在	①②③④

【図表2　手形抗弁の対抗範囲】

	【特定の債務者から対抗可能】	【全ての債務者から対抗可能】
【特定の所持人に対抗可能】	iv　狭義の人的抗弁	iii　無権利の抗弁
【全ての所持人に対抗可能】	ii　有効性の抗弁	i　証券上の抗弁

すなわち、第一の（I）手形債務負担要件としては、まず、①手形要件の具備によって基本手形が成立することが必要です。そしてそのうえで、署名を要件とする、②個別的な手形債務負担行為が有効に行われなければなりません。この二つの要件が備わることによって、手形行為者の手形債務とそれに対応する手形債権が成立しま

す。そしてこれらの手形債権債務は、手形に表章されることになります。

次に、第二の(II)広義の手形権利取得要件としては、以上によって成立した手形債権債務を表章する手形について、③手形権利移転行為が有効に行われることが必要です。これによって手形所持人は、手形債務者に対する手形債権を取得します。すなわち手形権利者となります。

なお、以上の①②③の要件は、手形行為（すなわち、手形債務負担行為と手形権利移転行為）の成立要件です。

しかし、実際に手形権利を行使するためには、さらに、手形外の法律関係、例えば、手形債務者との間で支払猶予の特約など、④手形外の権利行使障害事由が存在していないことが必要です。この最後の要件は、手形が、原因関係あるいは手形外の法律関係と経済的または実質的に一体をなしているにもかかわらず、法律的には別個独立の法律要件を構成しているために、それらの関係は手形外のものとされていることに基づくものです[3]。

要するに、手形債務者と手形所持人（手形債権者）の間に、手形権利行使要件として掲げた、以上の四つの要件が全部具わるときは、手形所持人は、手形上の権利を行使することができます。手形債務者に手形抗弁は存在しないからです。これに対して、これらの要件のうちのどれかが欠けているときは、手形債務者は手形所持人に対して支払を拒むことができます。この場合には、手形債務者に手形所持人に対する関係で手形抗弁が生ずるからです。

二　手形抗弁の四分類

その場合、手形権利行使要件として必要とされる四つの要件の中のどれが欠けるかに従って、手形債務者には、手形所持人に対する関係で、性質・効果・対抗範囲の異なる四つの種類の手形抗弁が成立します。

まず、①手形要件の具備を欠くときは、手形債務者に「i　証券上の抗弁」を生じます。この場合、基本手形は成立せず、手形の署名または交付契約が行われても、手形債務が成立する余地はありません。そのため手形所持人は手形権利行使要件のすべてを欠くことになります。証券上の抗弁は、証券の記載から明らかであるため、手形所持人からの善意の譲受人に対しても当然に対抗されます。この意味で証券上の抗弁は、排除不可能な抗弁、すなわち狭義の物的抗弁です。(4)

次に、①手形要件を具備する場合であっても、②個別的手形債務負担行為が有効に行われないときは、手形債務者に「ii　有効性の抗弁」を生じます。手形行為が偽造や無権代理によるものであるときは、これに該当します。この有効性の抗弁は、手形債務負担行為の瑕疵を主張するもので、広義の物的抗弁に相当します。そのため手形債務者はすべての手形所持人に対してこれを主張することができますが、その所持人からの譲受人に対しては、有効な手形行為が行われたという外観が存在し、手形債務者がこの外観を作出することについて帰責事由があり、手形譲受人がその外観を悪意・重過失なく信じたときは外観どおりの手形債権債務が手形債務者と手形譲受人の間に成立します。すなわち、手形債務者が手形所持人に対して有する有効性の抗弁は、その譲受人に対しては、いま述べたいわゆる権利外観理論の要件によって、排除されます。(5)

さらに、以上の①②の要件が具わる場合であっても、③手形権利移転行為が有効に行われないときは、手形債務者は手形所持人に対して「iii　無権利の抗弁」を有することになります。この場合、手形所持人は無権利者ですが、この者からの譲受人は、手形法一六条二項によって手形債権を善意取得することができます。すなわち、無権利の抗弁は、善意取得の要件によって排除されます。(6)

最後に、手形所持人が①②③の要件を備えて手形権利者となる場合であっても、例えば、支払猶予の特約や相殺の抗弁や権利濫用の抗弁が存在する場合など、④手形外の権利行使障害事由が存在する場合には、これらは「iv

狭義の人的抗弁」として対抗されることになります。この狭義の人的抗弁は、手形外の法律関係から生じており、その法律関係は、手形が譲渡されても、もとの当事者間にとどまるため、当然に譲受人に対して対抗できなくなります。例外として、手形譲受人が手形債務者を害する意思で手形を取得した場合にのみ、手形法一七条によって対抗されうることになります。[7] この手形法におけるいわゆる悪意の抗弁は、所持人じしんの悪性に基づくものであり、これもまた、手形外の権利行使障害事由をなす狭義の人的抗弁にあたるものです。

以上の四種類の手形抗弁は、その対抗範囲の違いとも対応しています。図表2に示すとおり、「i　証券上の抗弁」は、全ての債務者から全ての所持人に対抗でき、「ii　有効性の抗弁」は、特定の債務者から全ての所持人に対抗でき、「iii　無権利の抗弁」は、全ての債務者から特定の所持人に対抗でき、「iv　狭義の人的抗弁」は、特定の債務者から特定の所持人に対抗できるのです。

三　手形抗弁の四分類の注釈

手形抗弁の四分説によると、全ての手形抗弁は必ず以上に述べた4種類のどれかに該当します。それ以外の論理的可能性は存在しないからです。

手形抗弁の四分説は、創造説・契約説・発行説など全ての手形理論の立場に妥当します。どの立場でも、手形権利行使要件として掲げた四つの要件が必要だからです。

ただし個々の手形権利行使要件の内容は、前提とする手形理論によって異なります。例えば、② 個別的手形債務負担行為の内容は、契約説では手形授受の交付契約ですが、創造説では署名で足ります。③ 手形権利移転行為の内容は、手形権利移転行為無因論では裏書または交付ですが、手形権利移転行為有因論では、裏書または手形の交付のほか、原因行為の有効な成立と存在が必要となります。

この差異に対応して、各抗弁の具体的内容も、手形理論によって異なります。例えば、交付契約欠缺の抗弁は、契約説では有効性の抗弁ですが、創造説では無権利の抗弁となります。また、原因関係の無効・取消は、契約説では狭義の人的抗弁ですが、創造説では無権利の抗弁として性質決定がなされます。

しかしそれにもかかわらず、手形抗弁としてはつねに四種類の抗弁を区別することが可能です。有効性の抗弁という抗弁類型は、ドイツの新抗弁理論が最初に主張したものですが、新抗弁理論が前提とした契約説の立場においてのみならず、創造説や発行説の立場でも、当然に認められなければならないと考えられます。

四　手形抗弁の四分説に基づく分析と問題提起

従来の手形抗弁の分類をみると、まず、日本で有力な二段階手形行為説（前田庸教授）の立場では、手形抗弁として、「i 物的抗弁」と「iii 無権利の抗弁」と「iv 人的抗弁」の三種類を認めますが、「ii 有効性の抗弁」を認めていません(8)。それは手形債務負担行為について創造説をとり、権利外観理論の適用を否定するためです。しかし私は、創造説の立場でも権利外観理論の適用を肯定し、「ii 有効性の抗弁」を認めるべきであると考えます(9)。

次に、ドイツの新抗弁理論では、手形抗弁として、狭義の物的抗弁である「i 証券上の抗弁」と「ii 有効性の抗弁」と「iv 人的抗弁」の三種類を認めますが、「iii 無権利の抗弁」をあげていません(10)。無権利の抗弁を手形抗弁に含めない理由は、第一に、それが手形所有権の問題で手形債権の問題ではないとみるためであり、第二に、無権利の抗弁を人的抗弁の一種でその極限の場合であるとみるためです。しかし手形所有権がないという抗弁は、手形債権のレベルでは「iii 無権利の抗弁」ととらえるべきだと思います。

このように日本の二段階行為説やドイツの新抗弁理論が三種類の手形抗弁しか認めないのは、理論構成上の不徹底に原因があると考えられます。したがってどのような手形理論の立場でも、四種類の手形抗弁が区別されるべきであるといえると思います。

ところで、従来の解釈をみると、これらの四種類の手形抗弁のどれにもぴったりとはあてはまらない、中間的な性質の抗弁も認められてきています。しかしそれらは、理論化の不足を示していると考えられます。以下に主な例をあげると、次のとおりです。

例えば、約束手形の裏書の原因関係が消滅した場合に、被裏書人が手形を裏書人に返還せずに振出人に対して請求する場合に、判例[11]・通説は、手形債務者たる振出人に権利濫用の抗弁を認めています。この抗弁は、一般に「iv 人的抗弁」と解されていますが、対抗範囲の上では、「iii 無権利の抗弁」と同様に、全ての債務者がこれをその所持人に対抗できると解されています。すなわち、権利濫用の抗弁は、「iv 人的抗弁」と「iii 無権利の抗弁」の中間的な性質のものと構成されています。しかし、むしろ「iii 無権利の抗弁」と解するのが徹底しています。それを理論化したのが、いわゆる手形権利移転行為有因論です。

また、振出人と受取人の間、受取人と被裏書人の間のいずれにも原因関係が存在しない場合には、振出人は、受取人に対して有する人的抗弁を（抗弁制限のための固有の経済的利益を欠く）被裏書人に対しても対抗しうると解されています。[12] この二重無権の抗弁は「iv 人的抗弁」とされていますが、むしろ「iii 無権利の抗弁」と解すべきであると考えられます。[13]

手形行為の無権代理が行われた場合、債務者は「i 物的抗弁」を対抗しうると解されていますが、学説の中には、当事者間で表見代理のための客観的要件を備えるかどうかを問題とし、これを備える場合の無権代理の抗弁を「iv 人的抗弁」、備えない場合の無権代理の抗弁を「i 物的抗弁」と解する見解（服部栄三博士）が主張されていますが、[14] いずれの場合も正確には「ii　有効性の抗弁」と解すべきです。

契約説の立場に立って、交付契約無効の抗弁を、手形債務の存在を争う人的抗弁と解する見解（田辺光政教授）や、解釈上抗弁制限の効果が付与される人的抗弁（木内宜彦教授）と説明する見解は、これを人的抗弁の一種（ivまたはivとiiiの中間的なもの）とみていますが、人的抗弁とは異質の「ii　有効性の抗弁」と解すべきです。同様に、「ii　有効性の抗弁」を認めるべきではないとしつつ、これを権利外観理論の要件によって排除される「人的抗弁」であるとする見解（川村正幸教授）は、「ii　有効性の抗弁」の誤解に基づくものです。[15]

手形債務負担行為の意思表示に関連して、創造説の立場から、手形であることを認識しまたは認識すべくして署名することによって手形債務が成立すると解しつつ、詐欺・強迫などにより手形債務を負担する具体的意思を欠くことを知っていた相手方に対しては、その旨の一般悪意の抗弁を対抗しうるとの解釈が展開されています（鈴木竹雄博士）。最近の学説上は、これを「iii　無権利の抗弁」と解する立場が有力です[16]（前田庸教授、平出慶道教授、庄子旧説）。しかし、むしろこれを手形債務負担の意思表示に関わる抗弁とみて、「ii　有効性の抗弁」と解すべきであると思います。[17]

これと同じ性質のものに、手形法一〇条の白地補充権濫用の抗弁があります。これは、従来「iv　人的抗弁」または「iii　無権利の抗弁」と解されてきましたが、手形債務負担行為に関する抗弁として、「ii　有効性の抗弁」と解すべきであると思います。[18]

最後に、従来の二段階行為説によると、詐欺の抗弁などの意思表示の瑕疵を主張する抗弁（その他交付契約を無効とする抗弁）の性質については、振出や裏書の場合には、手形権利移転行為の瑕疵とみて「iii　無権利の抗弁」とするのに対して、引受や手形保証の場合には、手形権利移転行為の存在をそもそも認めない結果として、「iv　狭義の人的抗弁」と解されています（ほかにも、引受が最初の手形署名であるときは、引受にも手形権利移転行為があるとしたり、裏書にも手形権利移転行為のない場合があるなどの例外を認めており、そのつど意思表示の瑕疵の抗弁は、「iii 無権利の抗弁」とされたり、「iv 狭義の人的抗弁」とされたりする結果となっています)。このような解釈は、手形抗弁の解釈として不条理です。このような混乱は、手形理論の構成として、振出や裏書には手形債務負担行為と手形権利移転行為を認めるにもかかわらず、引受や手形保証には手形債務負担行為のみを認めて手形権利移転行為の存在を否定していることに基づくものです。手形債務負担行為が存在するすべての場合に手形権利移転行為の存在を認めるべきであり、それによって右の抗弁はつねに「iii 無権利の抗弁」と解すべきであると思います。(19)

今述べたのと同じ問題は、振出や裏書について契約説をとり、引受や手形保証について創造説または発行説をとる、契約説における通説的立場でも生じています。その矛盾を避けるためには、契約説は自己の立場を徹底しなければならないと考えられます。(20)

このように手形抗弁の四分説によると、個々の手形抗弁の性質を、前提となる手形理論の基礎のうえに、その効果や対抗範囲などとの関係でいっそう緻密に分析し検討することが可能になるほか、それをとおして手形理論じたいの問題点を浮き彫りにすることができると考えられます。

さらに手形抗弁の四分説によると、手形抗弁について展開されてきた既存の理論の妥当範囲が明らかになります。すなわち、例えば、イ「iv 狭義の人的抗弁」の制限は、手形行為の無因性のみによって完全に説明されうること。ロ いわゆる河本フォーミュラ(手形法一七条の「害意」は、手形所持人において手形債務者が満期に抗弁を対抗することが確実であることを認識して手形を取得した場合に認められること)が妥当するのは、「iv 狭義の人的抗弁」の場合に限られること、ハ 善意取得が妥当するのは「iii 無権利の抗弁」のみであること、ニ 最後に、権利外観理論は「ii 有効性の抗弁」についてのみ排除の原理として妥当すること。したがって、ホ「iv 狭義の人的抗弁」には、権利外観理論は妥当しえないこと。以上のような認識が手形抗弁の四分説から導かれます。(21)

なお、手形抗弁の四分説は、各抗弁の排除のための主観的要件の差異が、手形所持人（譲渡人）が具える権利行使要件の程度に比例することを示しています。このことから、「iv　狭義の人的抗弁」（手一七条の害意）と「iii　無権利の抗弁」（手一六条二項の悪意・重過失）とで主観的要件が異なっていることは、解釈論としても、立法論としても、妥当であると考えられます（解釈論として反対、伊沢和平教授。立法論として反対、前田庸教授[22]）。

以上に述べてきた手形抗弁の四分説は、手形抗弁の性質決定の基礎が手形行為の法律要件（手形理論）であることを前提としています。すなわち、手形理論と抗弁理論は表裏一体をなし、その意味で「手形理論と抗弁理論の一体性」ということがいえます。この一体性の帰結として、手形行為独立の原則が、手形債務者は自己の抗弁だけを主張することができ、他人の抗弁を援用することができないという、手形抗弁独立の原則が導かれます。

日本における手形法の理論は、これまで、手形理論を論ずるときは抗弁の問題を忘れ、抗弁の問題を論ずるときは手形理論の問題を無視してきました。このように本来一つの問題を異なる二つの問題として扱ってきたことに、すべての混乱の原因があります。その混乱を克服するには、手形理論じたいを一貫して構成すること、および、その手形理論を抗弁理論の領域に一貫して適用すること、が必要であると考えられます。以上が私の結論です。これで私の報告を終わります。

（1）　拙稿「二段階手形行為説の再構成」『手形抗弁論』（平成一〇年二月）二九二頁以下、拙稿「創造説の現代的課題」同四七一、五〇一頁、参照。最初に主張した論文は、拙稿「手形理論と手形抗弁理論――その歴史的展開と課題」同二五九頁以下、参照。

（2）　拙稿「手形抗弁の四分類」『手形抗弁論』一四七頁以下、拙稿「二段階手形行為説の再構成」同三〇六―三〇七頁、参照。

（3）　手形関係が原因関係とは別個独立の法律関係として構成されていることが、手形の無因性の意義である。この問題について、小橋一郎「手形の無因性」手形法小切手法講座1（昭和三九年一二月）四一頁以下、永井和之「手形行為の無因性と文言性」現代手形法小切手法講座第2巻（平成一二年一二月）二七頁以下、参照。手形の無因性を認める場合でも、当事者間で手形外の法律関係に基づく抗弁をどの範囲で認めるかについては、見解が分かれている。拙稿「手形法における交付合意論の機能と限界――ドイツ連邦通常裁判所の判例理論」『ドイツ手形法理論史（下）』（平成一三年七月）九六九頁以下、参照。

（4） 手形上の記載に基づく抗弁は、手形要件に関係しない場合であっても、その効力が認められる限り、狭義の物的抗弁としての対抗力が認められる。

（5） 拙稿「シュリックムの新抗弁理論」『手形抗弁論』三五一頁以下、三七〇頁、参照。

（6） 拙稿「無権利の抗弁と抗弁制限」『手形抗弁論』八三頁以下、参照。

（7） 前掲注(3)参照。

（8） 前田庸「手形法小切手法入門」（昭和五八年三月）一八三頁以下、一九一頁。

（9） 拙稿「創造説の現代的課題」『手形抗弁論』四八一頁以下、四八六頁。

（10） 前掲注(5)三五八頁、参照。

（11） 最判昭和四三・一二・二五民集二二巻一三号三五四八頁。龍田節「手形金の請求と権利の濫用」手形小切手判例百選〔第五版〕（平成九年七月）六四頁。

（12） 最判昭和四五・七・一六民集二四巻七号一〇七七頁。今泉恵子「振出・裏書の原因関係がともに消滅した場合と人的抗弁の対抗」手形小切手判例百選〔第五版〕六二頁。

（13） 拙稿「人的抗弁の個別性」『(共著) シンポジューム手形小切手法』（昭和五四年四月）三四〇頁以下、拙著『手形抗弁論』二三九頁以下、参照。

（14） 服部栄三「手形行為の代理」手形法小切手法講座1一五五頁以下、一九二頁以下。

（15） 拙稿・前掲注(5)三六六―三六七頁。

（16） 拙稿・前掲注(9)四八四頁。

（17） 以下【補遺・1】参照。

(18)　以下【補遺・2】参照。
(19)　拙稿「二段階手形行為説の再構成」前掲注(1)、拙稿・前掲注(9)四九二頁、参照。
(20)　拙稿・前掲注(9)五〇一頁。
(21)　拙稿「手形抗弁の四分類」前掲注(1)一七一―一七三頁。
(22)　拙稿「手形抗弁の四分類」前掲注(1)一七〇頁。

【補　遺】

本稿では、手形理論を抗弁理論の領域に一貫して適用すべきであると結論している。しかしこのことは、手形理論が抗弁理論を一方的に決定するだけの関係にあるのではなく、抗弁理論の側からも手形理論に働きかける可能性、すなわち、手形抗弁の解釈によって手形債務負担要件の内容を限定または修正する余地があることを否定するものではない。以下、その例を補遺として付記する。

【補遺・1】手形債務負担の意思表示の問題

鈴木竹雄博士は、創造説を基礎とする二段階手形行為説の立場から、手形債務は、① 手形要件を記載した書面を作成したうえで、② 手形であることを認識しまたは認識すべくして署名することによって成立すると解しつつ、錯誤・強迫などにより署名者が手形債務負担の具体的意思を欠くことを知っていた相手方に対しては、その旨の一般悪意の抗弁を対抗して支払を拒みうる、との解釈を主張された（鈴木竹雄『手形法小切手法新版』前田庸補訂（平成四年三月）一四二頁）。そしてこの一般悪意の抗弁は、手形法一七条但書の悪意の抗弁とは別の（前掲一四三頁注一五）、人的抗弁の一種（前掲二六三頁注二二）であると解されている。

しかしその後の学説は、手形であることを認識すべくして署名すれば、手形債務負担の意思表示は完全に成立するものとされる以上、署名者に具体的な手形債務負担の意思が欠けることを相手方が知って取得した場合であっても、そこにはもはや手形債務負担行為の瑕疵は存在せず、したがって鈴木博士のいわれるような一般悪意の抗弁を認める余地はないと主張して、これを手形権利移転行為の瑕疵を構成するものと位置づけ、無権利の抗弁と解すべきものとして反対している（前田『手形法小切手法入門』六三頁、平出慶道『手形法小切手法』（平成二年三月）一四八頁）。私もこの立場を主張してきた（『手形抗弁論』四八四頁）。しかし現在では、そのような解釈に疑問を感じ、鈴木博士の立場に立ち返って再構成すべきではないかと考えている。その理由は次のとおりである。

すなわち、手形であることを認識すべくして署名すれば、錯誤や強迫などによって手形債務を負担するという具体的な意思がなかった場合でも、手形債務負担の意思表示が確定的に成立するという解釈は、通常の意思表示の概念を超えるものであって、署名者にとって過酷である。この意思表示の概念は、おそらく権利外観理論の中から帰責事由の要件のみを取り出してそれをもって新たな意思表示の概念を構成したものと推測される。しかし創造説の立場では、一般に権利外観理論の補充的適用の余地を認めず、手形債務負担のレベルでは相手方の信頼という要素を問題としないため、手形債務者にとってそれだけ厳しい意思表示の要件となっている。そうすると錯誤や強迫などのために手形債務負担の具体的意思を欠くという抗弁を署名者に認めて悪意の相手方に対して対抗しうると構成するという鈴木博士の解釈は、このように厳しすぎる意思表示概念を緩和し当事者間の均衡を回復するために展開されたものとみるべきであろう。そのように考えると、この抗弁は、あくまでも手形債務負担要件の内容または程度を限定しようとするものにほかならないから、これを手形権利移転行為の問題とみて無権利の抗弁として性格づけることには無理がある。むしろ具体的な手形債務負担の意思を欠くという抗弁は、これを手形債務負担行為に関わる抗弁と位置づけ、したがってこれを有効性の抗弁と解するのが妥当であると考える。

このように考えると、手形債務負担行為の要件としては、手形であることを認識すべくして署名すれば足りると解して手形所持人の立証を容易にしつつ、手形抗弁の問題としては、手形債務負担の具体的意思を欠くことについて取得の際に所持人が悪意であるという有効性の抗弁を認めて、手形債務者の責任を限定すべきであることになる。なお、この抗弁は、権利外観理論の要件を具える善意の第三取得者に対する関係では排除されることになるが、その立証責任は、通常の有効性の抗弁の場合にはその排除を求める手形所持人の側に権利外観理論の要件が具備されたことの立証責任があるのとは異なり、手形署名者の側にあると解すべきであろう。

【補遺・2】白地補充権の法律構成の問題

1　右と同性質の問題として、手形法一〇条の白地補充権濫用の抗弁（不当補充の抗弁）がある。この抗弁は、一般には「iv　人的抗弁」または「iii　無権利の抗弁」と解されてきているが、しかしこの抗弁もまた、手形債務負担行為の瑕疵を主張する「ii　有効性の抗弁」と解すべきである（『手形抗弁論』二五六頁）。その法律構成は次のようになる。

すなわち、白地手形上の権利は白地手形であることを認識しまたは認識すべくして署名することによって成立する。白地手形に署名することによって条件つき手形権利とその条件を成就せしめる補充権とが成立する。補充権を手形上限定することはできないから、補充権そのものは、内容的な限定のない不可制限的な権利として表章されざるを得ない。その意味で手形に表章された補充権は内容的に無限定なものといわなければならない（抽象的補充権）。しかし現実の補充は、つねに当事者間で明示的または黙示的に補充権の範囲を限定する補充の合意に即して行われる。この補充の合意は手形外で行われざるをえないが、直接に手形上の補充権の範囲を限定し具体化するものであり、当事者間では手形上の補充権と手形外の補充の合意とが一体となって具体的な内容の補充権を構成している。この白地手形の授受の際に行われる補充の合意（具体的補充権）もまた、白地手形上の債務負担行為の内容に関わるものとして、有効性の抗弁事由を構成すると考えるべきである。

したがってこの合意に反する補充は、白地手形の直接の相手方がなしたときはもとより、第三取得者がなした場合にも、有効性の抗弁の基準に従って排除の可否が決定されるべきである。すなわち、直接の当事者が不当な補充をしたときは、当然に不当補充の抗弁が対抗されるが、補充ずみの白地手形（したがって完全手形）をその後に取得した者の保護は、手形法一〇条の規定に従って悪意・重過失を基準として判断すべきである。また、未補充白地手形の第三取得者が補充権の範囲を悪意・重過失なく信じて取得した上で補充したときについても、やはり同様に処理されるべきであろう。

このように考えると、手形法一〇条は有効性の抗弁の一場合を規定したものであって、悪意・重過失なきことを保護要件としているのは、有効性の抗弁を排除する基準となる権利外観理論の要件を規定したものと解すべきであろう。手形上に補充権が与えられたことの立証は、客観的に補充が予定されている証券に真正な署名がなされたという所持人の立証によって果たされるが、具体的に限定された補充権の内容とそれについての悪意・重過失の立証責任は、債務者の側にある（手一〇条）。通常の有効性の抗弁の場合とは立証責任が逆になっている点は、【補遺・1】に述べた場合と同様である。

2　なお、未完成の白地手形と完成されたが要件を欠くため不完全な無効手形とは、補充権の有無によって区別される。無効手形については、一般に手形法一〇条の類推適用は考えられていないが、基本的に白地手形と同様に解すべきではないかと思う。すなわち、補充前の無効手形に対しては、手形要件の欠缺により当然に「i 証券上の抗弁」が対抗されるが、この場合にも、署名者が手形であることを認識しまたは認識すべくして署名している限りでは、有効な手形の外観を作出するうえで帰責事由を充たしており、だれかが無権限で補充してしまうと有効な手形の外観を備えるに至るから、善意の第三者の保護を権利外観理論の適用によって図る必要がある。また、無効手形を白地手形と誤信して取得した善意の第三者もまた、手形法一〇条の類推適用により保護されるべきであろう。いずれの場合にも、白地手形と同様に、「ii　有効性の抗弁」とその排除が問題となる。

3　これと関連する問題として、要件の全部または一部を空白にした手形に署名したが交付前に盗難または紛失によって流通におかれてしまったときは（最判昭和三一・七・二〇民集一〇巻一〇二四頁は、手形法一〇条の法意に照らして悪意・重過失なき手形所持人を保護する）、私見によれば、手形上の（抽象的）補充権は署名によって既に存在するが、補充の合意は行われていないから具体的な補充権は与えられていない。したがって手形債務者は、すべての手形取得者に対して具体的な補充権の欠缺を「ii　有効性の抗弁」として対抗することができる。ただし手形法一〇条の直接適用により、所持人の悪意・重過失は手形債務者が立証しなければならない。このように解することによって、いわゆる白地手形の交付欠缺の場合における理論構成上の困難な問題を創造説の立場においても妥当に解決しうるのではないかと考える（河本一郎『白地手形』二六頁以下、とくに三一頁は、権利外観理論の補充的適用を認めない従来の創造説に対するご批判としては正当なものであるが、証券上に成立する抽象的補充権を証券外の補充の合意によって限定し、これを有効性の抗弁と構成することによって克服しうるように思われる）。

契約説をとる場合には、右の場合には補充権がそもそも与えられていないから白地手形ではなく、たんなる無効手形の問題にすぎないが、しかし補充後は、有効な手形の外観が成立し、また、補充前であっても、有効な白地手形の外観は成立している。したがっていずれの場合にも、署名によってこの外観を作出した者は、2　で述べたように、悪意・重過失なき善意の取得者に対しては、手形法一〇条の類推適用によって外観どおりの手形責任を負うと解すべきであろう。要するにこの問題は、契約説の立場でも、「ii　有効性の抗弁」の問題として処理されるべきである。

なお、拙稿「権利外観法理により被偽造者に約束手形の振出責任を認めた例」私法判例リマークス二〇〇〇〈下〉〔平成一一年度判例評論〕二一号、参照。

23 投資に対する外為法上の規制

河村博文

はじめに

対内・対外投資を規制する外為法は、国際会社法と密接な関係がある。近年、外国企業によるわが国企業の買収・合併が盛んに行われるようになった。(1) これは平成九年、金融システム改革(2)の先駆者として外国為替及び外国貿易管理法の抜本的改正が行われ（公布平成九年五月二三日法五九号、施行平成一〇年四月一日、以下、「外為法」と括弧を付して略す）、それに続く金融分野での規制緩和が行われたこと、他方では一九九五年（平成七年）六月一三日の対日投資会議声明をふまえた各種産業分野での規制緩和が行われたこと等の効果である。(3)「外為法」は、貿易取引（物の流れ）を規制する部分と資本取引（資金の流れ）を規制する部分とがある。資本取引（金銭貸借）を規制する部分が外国為替法である。投資は資本取引に含まれる。「外為法」は難解な法律である。その理由の第一は、委任立法であるため、「外為法」は基本的部分を規律するにとどまり、具体的規律は政令および省令に委ねられていること、第二に国際情勢の変動に対応するために基本方針の大転換が度々行われ、規制対象および規制方法がきわめて複雑となっていることにある。本論文は、複雑化した規制対象および規制方法を整理し、法律、政令および省令のすべてについて具体的規律を明らかにしたいと思う。[5]

[4]

(1) 旧大蔵省(現財務省)の対内外直接投資統計によると、九八年度(平成一〇年度)の日本の対外直接投資は、前年度比二四・五パーセント減の四〇七億四七〇〇万ドル、九九年度(平成一一年度)上期(四〜九月)は、前年同期比一七七・〇パーセント増の四六四億九二〇〇万ドルである。他方において九八年度の外国による対日直接投資は、前年度比八九・四パーセント増の一〇四億六九〇〇万ドル、九九年度上期(四〜九月)は前年同期比一六六・〇パーセント増の一一三億三八〇〇万ドルであった。対内・対外直接投資比率は、九六年度一対七・〇、九七年度一対九・八、九八年度一対三・九、九九年度上期一対四・一である(日本貿易振興会編・二〇〇〇年版 ジェトロ投資白書(日本貿易振興会 平成一二年)四八頁、五九頁)。間接投資については、平成一三年二月一四日の財務省発表の対内・対外証券投資状況によると、二〇〇〇年(平成一二年)の海外投資家による日本株式への投資は二三三九億円の売越し、日本債券への投資は一〇兆七六八億円の買越しである。他方において二〇〇〇年の国内投資家による海外株式への投資は二兆二、〇三〇億円の買越し、海外債券への投資は五兆二、五八六億円の買越しであった(日本経済新聞平成一三年二月一四日夕刊)。日本の対外・対内直接投資の実情ないし投資促進政策については、井上隆一郎編・外資誘致の時代―地域経済活性化を目指して―(日本貿易振興会 平成一〇年)八五頁以下、経済企画庁調整局対日投資対策室・対日M&Aの活性化をめざして(大蔵省印刷局 平成八年)二〇四頁以下、ジェトロセンサー二〇〇〇年二月号(特集 急増する対日直接投資)(平成一二年)一〇頁以下、通商白書(総論)平成一二年版(通商産業省 平成一二年)九七頁以下、一六九頁以下。

(2) 金融システム改革とは、平成八年一一月、当時の橋本首相が、東京市場をロンドン・ニューヨークなみの国際市場に整備すべく、フリー(市場原理が働く自由な市場)、フェア(透明で信頼できる市場)、グローバル(国際的で時代を先取りする市場）という三つの基本的考え方にもとづいて指示した金融システムの改革（日本版ビッグバン）をいう。具体的には、フリー（銀行・証券・保険分野への参入促進、証券・銀行の業務の拡大、手数料の自由化、為銀主義の撤廃）、フェア（ディスクロージャーの徹底等）、グローバル（会計制度の国際標準化等）である（外国為替貿易研究グループ編・逐条解説　改正外為法（通商産業調査会出版部　平成一〇年）四八頁以下。

（3）　対日投資会議については、経済企画庁調整局・前掲（1）二〇五頁以下、各産業分野における規制緩和の取組については、総務庁編・規制緩和白書（九九年版）（大蔵省印刷局　平成一一年）七七頁以下、橋本寿朗＝中川淳司編・規制緩和の政治経済学（有斐閣　平成一二年）一〇一頁以下、川口恭弘「業務分野規制の新展開」江頭憲治郎＝岩原紳作編・あたらしい金融システムと法（ジュリスト増刊　二〇〇〇―一一）一〇一頁以下（平成一二年）、川浜　昇「銀行業への異業種参入」前掲（ジュリ増刊　二〇〇〇―一一）九五頁。

（4）　外国為替の分野に関連する主要な政令・省令はつぎの通りである。〔政令〕　外国為替及び外国貿易法における主務大臣を定める政令（昭和五五年一〇月一一日政令二五九号、以下、主務政令という）、外国為替令（昭和五五年一〇月一一日政令二六〇号、以下、外為政令という）、対内直接投資等に関する政令（昭和五五年一〇月一一日政令二六一号、以下、対内投資政令という）、日本国とアメリカ合衆国との間の相互協力及び安全保障条約第六条に基づく施設及び区域並びに日本国における合衆国軍隊の地位に関する協定の実施に伴う外国為替令等の臨時特例に関する政令（昭和二七年四月二八日政令一二七号、以下、合衆国外為特例という）、日本国に於ける国際連合の軍隊の地位に関する協定の実施に伴う外国為替令等の臨時特例に関する政令（昭和二九年六月一日政令一二九号、以下、国連外為特例という）。〔省令〕　外国為替に関する省令（昭和五五年一一月一五日大蔵省令四四号、以下、外為省令という）、外国為替の取引等の報告に関する省令（平成一〇年三月一九日大蔵省令二九号、以下、報告省令という）、対内直接投資等に関する命令（昭和五五年一一月二〇日総理府・大蔵省・文部省・厚生省・農林水産省・通商産業省・運輸省・郵政省・労働省・建設省令一号、以下、対内投資命令という）。

（5）　参考文献は、前掲（1）～（3）にあげたもののほかに以下のものがある。外国為替論については、川本明人・外国為替の基礎知識（中央経済社　平成一一年）、木下悦二・外国為替論（有斐閣　平成三年）、黒田　巖編・わが国の金融制度（日本銀行金融研究所　平成七年）、式場正昭・外国為替の基礎（改訂版）（経済法令研究会　平成一〇年）、古海健一・ビジネスゼミナール外国為替入門（改訂二版）。「外為法」については、あさひ銀総合研究所編・新版　外為法実務ガイド（経済法令研究会　平成一〇年）、ヴェルナー・F・エプケ（山内惟介監修＝実川和子訳）国際外国為替法（上）（下）（中央大学出版部　平成七年）、神田秀樹「外国為替の意義と機能」鈴木禄弥＝竹内昭夫・金融取引法大系第三巻（為替・付随業務）一三一頁以下所収（有斐閣　昭和五八年）、湖島知高編・改正外国為替法Q＆A（財経詳報社　平成九年）、櫻井雅夫・国際投資法（有信堂　昭和六三年）、同・国際経済法（新版）（成文堂　平成九年）九九頁以下、一三一頁以下、澤田壽夫編・新国際取引ハンドブック（有斐閣　平成二年）二二頁以下、関　要＝渡邊敬之編・新しい外国為替管理法Q＆A（財経詳報社　昭和五七年改正版）（昭和五四年改正のもの）、高桑　昭＝江頭憲治郎編・国際取引法（第二版）（青林書院　平成五年）二五〇頁以下（飯田勝人）、二九四頁以下（濱田邦夫）、三六三頁以下（田中信幸）、四一四頁以下（中山高夫）、高月昭年・改正外為法―新法の要点と実務への影響（金融財政事情研究会　平成九年）、財部誠一＝織坂　濠・要説　改正外為法入門（フォレスト出版株式会社　平成一〇年）、福井博夫編・詳解　外国為替管理法（金融財政事情研究会　昭和五六年）、松井芳郎「海外直接投資の保護に関する日本の法政策」松井芳郎ほか編・国際取引と法（名古屋大学出版会　昭和六三年）四九頁以下、松下満雄・国際経済法（有斐閣　一九九六年）二七三頁以下、二九一頁以下、山根眞文「外為規制の今後のあり方」ジュリ一〇九五号一四九頁(平成八年)。外国企業の対日進出用としては、日本貿易振興会編・A Guide to Investment in Japan：外国企業のための対日投資Q＆A（日本貿易振興会　一九九九年）、同編・Setting up Enterprises in Japan (The 4th Edition)：対日投資ハンドブック（第四版）（日本貿易振興会　一九九九年）。前二書は、左頁には英文、右頁には翻訳を掲載している。

　本論文の執筆は、外国為替貿易研究グループ編・前掲(2)逐条解説　改正外為法およびあさひ銀総合研究所編・前掲新版　外為法実務ガイドに負うところが大きい。前者は、平成九年の「外為法」改正に直接携わった旧通商産業省（現経済産業省）法令担当者の共同執筆になるもので、豊富な資料を収めた詳細なコンメンタールである。後者は、国際業務を担当する実務家のために書かれたもので、実務に必要な事項はほぼ完全に網羅されている。

一　「外為法」変遷の概観

わが国における最初の外国為替管理法は、昭和七年の「資本逃避防止法」（昭和七年六月三〇日法一七号）である。しかし資本の海外流出や為替相場の下落を防止できなかったので、翌年の昭和八年、「外国為替管理法」（昭和八年三月二八日法二八号）が制定された。同法により投機的な為替売買は違法とされ、外国為替銀行制度（大蔵大臣に届け出た外国為替銀行の行う外国為替の売買や外国への送金は許可不要）が導入された。第二次大戦後の昭和二四年に新しく「外国為替及び外国貿易管理法」（昭和二四年一二月一日法二二八号）、翌昭和二五年には「外資に関する法律」（昭和二五年五月一〇日法一六三号）が制定され、現在の「外為法」の骨格が定まった。本法の特徴は、①為替管理と貿易管理とを同一の法制にとりこみ、対外取引によって獲得した外国為替を外国為替銀行に売却させ、政府の監督の下、外貨予算の範囲内で国民生活に必要不可欠な貨物輸入の支払にあてるということを基本としたこと、②支払段階での規制（禁止・制限）のほか、資本取引、役務取引もしくは貿易取引のような取引の段階での規制も対象としたこと、③外国為替銀行が認可制となり（昭和二九年に外国為替公認銀行となる）、取引の確認義務が課せられたこと等である。

昭和五二年以降、わが国の国際収支の黒字が増大し、対外経済関係が悪化した。そこで対外取引の規制緩和の努力を外国に表明するために、「外為法」の大改正を行った（公布昭和五四年一二月一八日法六五号、施行昭和五五年一二月一日）。改正法の特徴は、①対外取引の基本方針を原則禁止から原則自由へと移行させたこと、②対内直接投資および技術導入については、昭和四七年以降、自由化が進んだので、これらを規制していた外資法を廃止し、同法の規制対象を「外為法」に吸収したこと、③吸収された外資法が各事業大臣を含んでいたこと、および

「外為法」上、外国貿易の章が従来と同じく残されたことから、改正後の「外為法」は、各種の対外取引を総合的に調整する対外経済基本法としての性格を有することになったこと、④為銀制度（対外支払および外国為替取引は、外国為替公認銀行を通ずる限り自由であるが、為銀を通じない取引については許可や事前届出を課する制度）が維持されたことである。政府は、為銀からの情報収集により対外取引の実態の把握を的確に行うことができた。昭和六〇年頃から平成元年にかけて、わが国の対外直接投資は激増したが、対内直接投資の増加は微々たるものであった。そこで平成三年、「外為法」を改正して（公布平成三年四月二六日法四〇号、施行平成四年一月一日）、対内直接投資等および技術導入契約の締結等につき、従来の審査付事前届出制の代わりに原則として事後報告を要することとした。

一九八〇年（昭和五五年）代以降、情報・通信技術の発展に伴う金融・資本取引のグローバル化が進み、他方、欧州各国はEU統合にむけての内外取引の自由化を進展させたので、わが国の外国為替制度は相対的に規制色の強いものとなり、わが国の金融・資本市場は地盤沈下の傾向がみられるようになった。そこで平成九年、「外為法」の抜本的大改正が行われた（公布平成九年五月二三日、施行平成一〇年四月一日）。主たる改正点は、①外国為替に関する法体系を管理中心の枠組から自由中心の枠組に変更するため、法律の名称から「管理」を削除したこと、②企業・個人が自由に外国の企業・個人と資本取引や決済を行いうるよう、一部の直接投資や経済制裁等を除き、事前の許可・届出制を廃止したこと、③外国為替公認銀行制度を廃止し、あわせて指定証券会社制度（大蔵大臣の指定を受けた証券会社で、これを通ずる外貨証券の取引は届出不要とされた）および両替商制度（異種通貨の交換を業とする者で大蔵大臣の認可を必要とした）を廃止したこと、④統計内容充実のため事後報告制度を整備したこと、⑤国際情勢に対応した経済制裁等の機動的かつ効果的な実施のための制度を確保したこと、⑥対外直接投資につき、制限業種は別として、一般業種については事前届出制を廃止し、事後報告制としたこと等である。(1)

（1）　外国為替貿易研究・前掲（2）三―六五頁、八五五頁以下、あさひ銀総合研究所編・前掲（5）二頁以下。

二　外国為替法規制の概要

1　一般的説明

外国為替法[1]は、原則として居住者と非居住者間の、国境を超えた資金移動を規制する公法的取締法規である。例外として居住者間の外国通貨支払による取引および非居住者間の本邦通貨の表示または支払証券の発行がある（「外為法」二〇条四号・九号、七号―以下、「外為法」は条文のみを示す）。

a　居住性　「外為法」の適用対象である主体は、経済活動を行う地が、本邦か外国かによって区別され、国籍のいかんを問題としない。

b　国境を超えた資金の移動　平成九年改正前においては、国内における外貨取引はすべて「外為法」の規制対象とされていたが、九年改正によりこの規制は廃止されたので、「外為法」は原則として国境を超えた資金移動を規制対象とすることとなった。

c　公法的取締法規　法定された取引・行為は、財務大臣または経済産業大臣の許可・承認または届出が必要であり、違反者には刑罰または行政罰が科せられる。

2　「外為法」の適用対象

イ　主　体

a　一般的説明　「外為法」の適用対象である主体は、居住者および非居住者である。居住者とは、日本国内に住所または居所を有する自然人および日本国内に主たる事務所を有する法人をいう(六条一項五号)。非居住者とは、居住者以外の自然人および法人をいう(六条一項六号)。ただし非居住者の日本国内における支店、出張所その他の事務所は(法律上、代理権があるか否かにかかわらず)居住者とみなされる(六条一項五号後文)。実際には、居住性の判断が困難な場合が多い。かかる場合には、財務大臣の定めるところによる(六条二項、外為省令三条、旧大蔵省(現財務省)解釈通達六―一―五、六)[2]。

b　個　人　日本国内に住所または居所を有するか否かにより判断される。住所または居所については民法に規定があるが(民二一条、二二条)、「外為法」上は、生活の本拠概念のみではなく、「外為法」の目的に照らして、その者の経済活動がわが国の経済圏の領域内であるか否かという観点からも判断される。

i　日本人　日本人は、住所または居所を国内に有するものと推定される(居住者の推定)。外国に在る者でも、日本の在外公館(大使館、領事館)に勤務する目的で出国し、外国に滞在する者は居住者として扱われる。ただしつぎに掲げる者は、非居住者と推定される。①在外事務所(日本法人の海外支店等、現地法人、国際機関を含む)に勤務する目的で出国し、外国に滞在する者、②二年以上、外国に滞在する目的で出国し、外国に滞在するる者、③前①②以外で、わが国を出国後、外国に二年以上、滞在するにいたった者、④前①②③に掲げる者で(休暇等で一時帰国し)日本の滞在期間が六カ月未満の者。

家族の場合、居住者または非居住者と同居し、生活費がもっぱら居住者または非居住者の負担であるとき、本人の居住性の有無にしたがう。

ii　外国人　外国人は、住所または居所を日本国内に有しないものと推定される(非居住者の推定)。日本国内に在る者でも、外国政府また国際機関の公務を帯びる者、外交官または領事官(これらの随員、使用人であって、外国で任用・雇用された者を含む)は、非居住者として扱われる。

ただしつぎに掲げる者は、居住者と推定される。① 日本国内に在る事務所（在日支店、在日駐在員事務所、在日子会社）に勤務する者、② 日本国内に入国後、六ヵ月以上、滞在する者。

c 法人等（法人、権利能力なき団体、機関その他これに準ずるものをいう。ただしdに掲げるものを除く） 日本国内に主たる事務所を有するか否かにより判断される。

① 日本の在外公館は、居住者として扱う。

② 外国法人等の在日支店、在日出張所その他の事務所は、居住者として扱う。

③ 日本法人等の外国に在る支店、出張所その他の事務所は、非居住者として扱う。

④ 日本に在る外国政府の公館（使節団を含む）および国際機関（EU等）は、非居住者として扱う。

d 合衆国軍隊および国際連合の軍隊等（軍隊構成員、軍属およびその家族、軍人用販売機関、軍事施設、軍事銀行）は、非居住者である（合衆国外為特例三条、国連外為特例三条）。

ロ 取引ないし行為

a 一般的説明 「外為法」は、規制の行為類型として支払および支払の受領（第三章）、資本取引・役務取引（運送・保険・技術援助等の取引）および仲介貿易取引[3]（第四章）、対内直接投資および技術導入契約（第五章）および外国貿易（第六章）を定めている。支払に対する規制は、取引ないし行為にもとづく履行行為の時点におけるものであり、資本取引等、対内直接投資等および外国貿易に対する規制は、取引ないし行為の時点におけるものである。規制の原則は、取引ないし行為の時点の規制であり、それができない場合に支払の段階で規制することとされている。

外国貿易の規制は、物の移動に対する規制であって、資金移動の規制である資本取引および対内直接投資に対比させられる。対内直接投資は、資本取引の特別類型である。資本取引は、「外為法」の規制の中心をなすものである。

b　資本取引の意義　狭義の資本取引は（以下、（狭）資本取引という）、「外為法」二〇条一号〜一二号に定められている。（狭）資本取引に対内直接投資および対外直接投資を含めて広義の資本取引とよぶこととしたい（以下、単に資本取引というときは、広義の資本取引をさす）。資本取引は、物や役務の対価としてではなく、資金のみが国境を超えて移動する取引である。

i　経常取引との比較　物や役務の取引（経常取引）においても、その対価としての資金が国境を超えて移動するが、この場合には別に規定されているので（第五章三〇条、第六章）、資本取引には含まれない。例外として不動産に関する権利の取引は資本取引に含まれる（二〇条一〇号）。

ii　資本取引の特色　物や役務の対価の場合には、金額の大きさや支払い時期におのずから限度がある。しかし資本取引の場合、きわめて大量の資金が、しかも急激に移動する可能性がある。とくに短期の資金が大量にかつ急激に移動するときは、本邦通貨の為替相場を乱高下させたり、わが国の金融市場（銀行を中心とする短期資本市場）または資本市場（証券取引所等を中心とする長期資本市場）に悪影響を及ぼすおそれがある。そのため「外為法」は特別に規制を加えているのである。(4)資本取引は、有事の場合には、すべて許可義務の対象となる（二一条）。しかし平時の場合には、原則として財務大臣（日本銀行経由）に事後報告を要するが、政令（外為政令一八条の五）および省令（報告省令五条）によってかなりの取引は、報告不要とされている（五五条ノ三）。例外として審査付事前届出制の定めがある（五五条の三第二項・五五条ノ四・五五条ノ五・五五条ノ八）。

3　（狭）資本取引に対する法規制

イ　一般的説明

（狭）資本取引とは、「外為法」二〇条の一号ないし一二号に掲げる取引または行為である。

a　取引および行為の意義　取引とは、契約および契約の履行行為をいう。行為とは、相続や遺贈のように事実行為や単独行為をいう。

b　対内直接投資　これは資本取引の一種であるが、「外為法」五章（二六条〜二八条）に特別の規定がおかれているので、（狭）資本取引には含まれない。

c　対外直接投資　これは（狭）資本取引に含まれるが、特別の規定がある（二三条）。

ロ　有事規制および平時規制

（狭）資本取引に対する法規制には、有事規制と平時規制とがある。有事の場合、（狭）資本取引はすべて許可義務の対象となる。具体的には旧大蔵省（現財務省）告示により指定される。平時の場合には、事後報告を原則とするが、例外として事後報告不要および審査付事前届出を要するときがある。

a　有事規制

i　一般的説明　有事の場合には、（狭）資本取引に対して事前に許可を受ける義務を課すことができる。有事規制には、つぎの二つがある。

①　政治的有事規制（二一条一項・二四条一項）　これは国連安全保障理事会決議にもとづく経済制裁等がその例である。

②　経済的有事規制（二一条二項・二四条二項）　これはわが国の国際収支の均衡維持の困難、本邦通貨の安定、わが国と外国との間の大量の資金の移動によりわが国の金融市場および資本市場に悪影響を及ぼすこととなる場合等がその例である（一条参照）。

ii　政治的事由および経済的事由　「外為法」二一条一項・二項に定める政治的事由または経済的事由を生じ

た場合、財務大臣は、政令（外為政令一一条）に定めるところにより居住者または非居住者に対して許可を受ける義務を課することができる（二一条）。ただし特定資本取引[5]に該当するものは除かれる（二一条一項括弧）。

政治的事由につき、外国為替令一一条は、告示（平成一〇年大蔵省告示九九号〈外国為替及び外国貿易法第二一条第一項の規定に基づく大蔵大臣の許可をうけなければならない資本取引を指定する件〉、平成一〇年大蔵省告示二九四号、平成一〇年大蔵省告示三〇四号[6]）により、許可を受けなければならない資本取引を指定する。告示により指定された資本取引は、「外為法」二〇条一号・二号・六号・七号の資本取引および二号の内の対外直接投資（二三条二項）の内、一定の資本取引（告示により異なるが、例えば信託契約にもとづく債権の発生・変更または消滅に関する取引）が、わが国居住者と、イラク・リビア・アンゴラに住所・居所を有する自然人、イラク・リビア・アンゴラに主たる事務所を有する法人その他の団体（これらのものにより実質的に支配されている法人その他の団体）、ユーゴスラビア政府（ユーゴ中央銀行を含む）・セルビア政府との間でなされるものである。

経済的事由としての、国際収支の均衡維持および通貨の安定は、「外為法」の究極の目的である（一条参照）。財務大臣は、対外支払手段（外貨、外貨表示の手形・小切手・電子マネー等）の売買等、所要の措置を講ずることによって本邦通貨の外国為替相場の安定に努めるものとされている（七条三項）。財務大臣は、国際経済の事情に急激な変化があった場合、通貨の安定をはかるため緊急の必要があると認めるときは、政令（外為政令三条二項）で定めるところにより、政令で定める期間内（一月を超えない範囲内で旧大蔵大臣（現財務大臣）の定める期間、外為政令三条四項）に、取引、行為または支払等の停止を命ずることができる（九条）。

対外直接投資についても、有事規制の適用がある（二三条一一項・二一条一項および二項）。

b　平時規制

i　審査付事前届出

対外直接投資の内、つぎの制限業種に属するものを居住者が行おうとするときは、対外直接投資を行おうとする日前二カ月以内に財務大臣に届け出をしなければならない（二三条一項・四項）。外為政令一二条一項および外為省令二一条は、つぎのように具体的業種を定めている。①わが国経済の円滑な運営に著しい悪影響を及ぼすことになること（漁業、皮革または皮革製品の製造業）、②国際的な平和および安全を損なうことになること（武器の製造業、武器製造関連設備の製造業）、③公の秩序の維持を妨げることになること（麻薬の製造業）。

財務大臣は、居住者の届出後、二〇日間（不作為期間）の間に審査を行い、「外為法」二三条四項に定める事態を生じると認めたときは、対外直接投資の内容の変更または中止を勧告することができる（二三条四項）。制限業種につき審査付届出をしていたところ、当該資本取引に有事許可制が発動された場合、事前の届け出を許可の申請とみなして、有事規制の発動要件に照らして審査をやりなおすことになる。

ii　事後報告

居住者または非居住者が、つぎの「外為法」二〇条各号に定める（狭）資本取引を行うときは、原則として財務大臣に事後報告をしなければならない（五五条ノ三）。

事後報告を要するものは、「外為法」二〇条一号、二号（事前届出を要する対外直接投資は除く）、三号、四号（一般の商取引は除く）、五号、ならびに二号・五号および一一号に掲げる資本取引のうち居住者の対外直接投資に関するもの、六号のうち非居住者が日本国内で債券を発行する場合（サムライ債、ショーグン債）または居住者が外国で債券を発行する場合（ユーロ円債、外債）[7]、七号、八号、九号および一〇号の資本取引のうち非居住者による本邦不動産またはこれに関する権利の取得である。二〇条一一号の取引（外国本店と在日支店との資金の授受等）は事後報告を要しないし、一二号の政令の定めは現在のところ存在しない。

iii　事後報告不要

原則として事後報告を要する場合でも、政令(外為政令一八条ノ五第一項)の定めがあるときは、事後報告は不要である。同政令によればつぎの通りである。

a　小規模の資本取引　「外為法」五五条ノ三第一項一号から九号までに掲げる資本取引の内、大蔵省令(現財務省令)(外国為替の取引等の報告に関する省令五条一項、以下、報告省令という)で定める資本取引の区分に応じ大蔵省令で定める小規模のもの(居住者と非居住者間の預金契約等にもとづく債権の発生等に関する取引額が一億円相当額以下のもの、居住者による外国での証券の発行・募集等で一〇億円相当額未満のもの等)。

b　特定種類の取引　「外為法」五五条ノ三第一項四号に掲げる資本取引の内、居住者相互間の対外支払手段(外貨・外貨表示の手形小切手等)または債権の売買契約にもとづく債権の発生等に関する取引以外のもの(居住者相互間の外貨表示の預金契約・信託契約・金銭貸借契約および債務の保証契約)。

c　その他　報告省令五条二項で定める資本取引(外為政令一一条三項・一一条ノ三第二項(「外為法」二一条一項・二項にもとづき許可を要する資本取引につき許可を受ける義務を定める)にもとづき財務大臣の許可をえて行った取引、居住者と非居住者間の預金契約にもとづく債権の発生等に関する取引等)。

(1)　外国為替法は、「外為法」の内、資本取引を規制する部分を意味している。

外国為替とは、居住者と非居住者間に金銭の債権債務関係がある場合、現金の輸送によることなく、支払委託(為替手形、小切手、郵便為替、電信為替等)または債権譲渡の方法によって債権債務関係を消滅させることである(古海・前掲一(5)二四頁以下参照)。外国為替には、異種通貨の交換を必然的に伴い、その交換を外国為替取引ともいう。外国為替は、決済(金銭債務の履行)の方法に注目した概念であるが、資本取引は、物や役務の移動によることなく資金が移動するという、資金の移動原因に注目した概念である。

(2)　旧大蔵省(現財務省)解釈通達については、外国為替貿易研究・前掲一(2)一〇三頁参照。

(3)　仲介貿易取引とは、A国輸出業者とB国輸入業者とが直接取引を行わず、日本の居住者が輸出業者との間で購入契約を締結して契約当事者となり、他方、居住者は輸入業者との間でも売却契約を締結して契約当事者となり、貨物は直接、輸出国から輸入国に移動させる取引をいう（国際金融用語辞典（第五版）（ＢＳＩエデュケーション　平成一二年）参照）。

（4）　あさひ銀総合研究所・前掲一（5）五〇頁参照。

（5）　特定資本取引とは、「外為法」二〇条二号に掲げる資本取引（居住者と非居住者間の金銭貸借または債務の保証契約およびこれに準ずる取引または行為）の内、旧通商産業大臣（現経済産業大臣）の所管する資本取引である（「外為法」二四条）。一般には、資本取引は旧大蔵大臣（現財務大臣）の所管に属する。特定資本取引は、貨物の輸出入や鉱業権の移転等、経済産業大臣の所管に属する経常取引に付随してなされる資本取引である（あさひ銀総合研究所・前掲一（5）五七頁、外国為替貿易研究・前掲一（2）三七九頁以下、高月・前掲一（5）一四頁以下）。

（6）　平成一〇年大蔵省告示九九号、二九四号および三〇四号については、外国為替貿易研究・前掲一（2）三二三頁、一二五八頁、一二五九頁参照。

（7）　サムライ債とは、非居住者すなわち外国の政府、企業、国際機関（例えば世界銀行）等が、わが国債券市場において円建（円表示）で発行する債券をいう。ショーグン債とは、非居住者がわが国債券市場において外貨建で発行する債券をいう。ユーロ円債とは、日本企業が国外で発行する円建債券をいう。外債には、日本企業が外国市場で発行するものと、外国企業が日本市場で発行するものとを含む（前掲（3）国際金融用語辞典参照）。

三　投資に対する法規制

1　対内投資

イ　一般的説明

投資は、対内投資と対外投資とに分かれる。対内・対外投資は、さらに直接投資と間接投資とに分かれる。対内・対外投資に対する規制は、「外為法」が基本法である。

ロ　対内直接投資

a　対内直接投資の意義　これは一般には、外国所在の自然人・法人等がわが国企業に対する法律上・事実上の経営参加[1]を目的として投資を行うことをいう。しかし「外為法」上は、外国投資家[2]（主体）が対内直接投資となる行為（行為）をなすことをいう（二六条一項・二項）。対内直接投資に関しては、第四章の（狭）資本取引とは区別されて「外為法」第五章に定められているが、理論上は資本取引の一つである。

b　外国投資家となるもの

外国投資家[2]とは、つぎのように「外為法」二六条一項各号に掲げるもので、同条二項各号に掲げる対内直接投資を行うものをいう（二六条一項）。これは二六条一項各号に規定されていることのみで、「外為法」の適用があるのではないという趣旨である。また「者」ではなく「もの」と規定されているのは、権利能力なき団体が含まれているからである。

i　非居住者個人

ii　外国法人その他の団体（以下、外国法人等という）　外国法令にもとづいて設立された法人その他の団体または外国に主たる事務所を有する法人その他の団体[3]（EU・IMF等の国際機関）

iii　実質的外国会社　非居住者個人または外国法人等により直接または間接[4]に五〇パーセント以上の株式・持分を所有される内国会社（会社のみ）　これは内国会社であっても、非居住者個人または外国法人等によって支配されている会社は、「外為法」上、外国投資家となる資格を有するという意味である。

iv　実質的外国法人等　非居住者個人が全役員（取締役その他これに準ずる者）の過半数、または代表役員の過半数を占める内国法人その他の団体である。

c　対内直接投資等

i　非上場内国会社の株式・持分（有限会社の持分等）の取得（二六条二項一号）　①外国投資家から譲り受けるときは、外国投資家の株式・持分の取得の段階ですでに対内直接投資としての規制を受けているので、本号から除かれる。②また上場会社および店頭登録会社の株式は、同項三号に規定されているので除かれる（二六条二項一号括弧）。③対内直接投資の概念としては、非上場会社の株式・持分の保有比率いかんを問わない。しかし発行済株式総数または出資金額の一〇パーセント未満を取得する場合には、審査付事前届出または事後報告を要しない（対内直接投資政令三条一項三号、以下、対内投資政令という）、「外為法」二七条一項・五五条ノ五第一項）。④非居住者個人が、外国投資家に対して非公開会社（上場会社・店頭登録会社でない会社）の株式・持分を譲渡する場合には、通常、「外為法」の規制を受けない。しかし非居住者個人が、かつて居住者であり、その居住者当時に取得した株式・持分を外国投資家に譲渡する場合には、対内直接投資となる（二六条二項二号）。

ii　公開会社（上場会社・店頭登録会社）株式の取得（二六条二項三号）　取得した公開会社の株式数が、発行済株式総数の一〇パーセント以上にあたる場合、または自ら取得した株式の数に取得者（二六条一項一号〜四号）と特別の関係にあるもの（対内投資政令二条四項）が有する株式の数を合計したものが、発行済株式総数の一〇パーセント以上にあたる場合、対内直接投資となる（二六条二項三号、対内投資政令五条五項）。一〇パーセント未満の場合には（狭）資本取引とされる。

iii　会社の事業目的の変更（二六条二項四号）　発行済株式総数または出資金額総額の三分の一以上を占める株式数または出資金額を有するものが、会社の事業目的の実質的な変更に関して行う同意である。

iv　在日支店等の設置等（二六条二項五号）　在日の支店、工場その他の営業所（以下、在日支店等という）の設置または在日支店等の種類の変更（工場を支店に変更等）もしくは事業目的の実質的変更である。非居住者個人または外国法人等（二六条一項一号・二号）の行う政令（対内投資政令二条六項）で定める設置または変更に限る。同政令二条六項は、銀行業、外国保険会社事業、ガス事業、電気事業および外国証券会社事業につき、「外為法」二六条二項五号の適用がないとしている。したがって五号の適用があるのは、これ以外の事業である。

v　わが国法人（本邦に主たる事務所を有する法人）に対する期間一年超の金銭貸付（二六条二項六号）①金額は政令（対内投資政令二条七項）により一億円を下らない金額で主務省令（対内直接投資命令二条、以下、対内投資命令という）に定めるとする。対内投資命令二条に掲げる金額は、期間が一年超五年以下の場合、二億円相当額超が対内直接投資となり、五年超の場合、一億円相当額超二億円以下が対内直接投資となる。それ以外は(狭)資本取引である。②つぎの者による貸付は対内直接投資から除かれる（二六条二項六号括弧、対内投資政令二条八項）。銀行業者、その他政令（対内投資政令二条八項）で定める金融機関（信託業、保険業、証券業、国際復興開発銀行、アメリカ合衆国輸出入銀行等）。

vi　二六条二項各号のいずれかに準ずる行為として政令（対内投資政令二条九項）で定めるもの（二六条二項七号私募として外国投資家に対して国内で発行・募集される一年超の社債の取得や特殊法人（日本銀行等）の出資証券の取得は、対内直接投資となる。

ハ　対内直接投資に対する法規制

審査付事前届出、有事規制および事後報告とがある。

a　審査付事前届出　外国投資家は、「外為法」二六条二項の定める対内直接投資行為等の内、事前の審査が必要となる対内直接投資等に該当するおそれがあるものとして、政令（対内投資政令三条二項）で定めるものを行おうとするときは、政令（同政令三条三項・四項）で定めるところにより、あらかじめ当該対内直接投資等について、事業目的、金額、実行の時期その他の政令（同政令三条五項）で定める事項を財務大臣および事業所管大臣に届けなければならない（二七条一項）。届出は、対内直接投資等を行おうとする日前三月以内に、主務省令（対内投資命令三条五項）で定める手続により日本銀行経由で財務大臣および事業所管大臣に提出しなければならない（対内投資命令三条五項、対内投資政令三条三項）。

i　審査付事前届出の要件

対内投資政令三条二項で定めるものは、つぎのいずれかに該当するものである。

（一）業　種　①または②のいずれかに該当する業種として主務省令（対内投資命令三条三項）で定める対内直接投資等（同政令三条二項一号イロ）　①「国の安全保障に関する業種」（航空機、武器、火薬、原子力、宇宙開発に関するもの）および「公の秩序維持、公衆の安全の保護に関する業種」（麻薬製造、警備業、ワクチン製造業）（対内投資政令三条二項一号イ）　②わが国が経済協力開発機構の資本移動自由化規約二条ｂにもとづき自由化を留保している例外三業種[5]（農林水産、石油業、皮革および皮革製造業）　ただし①または②に該当する業種であっても、期間一年超の金銭貸付による対内直接投資（「外為法」二六条二項六号）の内、一〇億円相当額未満のものは、事前届出を要しない（対内投資政令三条二項一号括弧）。

（二）国・地域　対内直接投資等に関してわが国との間に条約等の国際約束のない国・地域の外国投資家による対内直接投資（同政令三条二項二号、「外為法」二七条三項二号）　主務省令（対内投資命令三条四項）で定める対内直接投資等は、同命令別表第一に掲げる国・地域以外の国の外国投資家（非居住者個人または外国法人等に限る）により行われるものであって、具体的にはイラク・リビア・朝鮮民主主義共和国等がそれに該当する。

（三）有事規制　外国為替令一一条一項（「外為法」二一条一項・二項に定める有事規制の方法を定める）による財務大臣の指定に関する資本取引のおそれがあるとして主務省令（対内投資命令）で定める対内直接投資等（対内投資政令三条二項三号）　現在かかる定めはない。

b　事後報告

前述の事前許可、審査付事前届出および事後報告を要しないものを除いて、原則として事後報告を要する（五五条ノ五第一項、対内投資政令六条ノ三、対内投資命令六条ノ二）。具体的には、対内直接投資命令別表第一に記載されている国・地域（一五五ヵ国・地域）の外国投資家が財務大臣および事業所管大臣が定める業種（大蔵大臣及び事業所管大臣が定める業種―平成六年三月七日付総理府・大蔵省告示一号）に該当する対日直接投資等を行う場合である。

つぎのものは事前届出および事後報告を要しない（二七条一項括弧、対内投資政令三条一項一号～八号）。

i　相続または遺贈による株式・持分（特殊法人等）の取得（対内投資政令三条一項一号）

ii　非上場会社の株式・持分を有する法人の合併により、存続法人または新設法人が当該株式・持分を取得する場合の当該取得（同項二号）

iii　非上場会社の株式・持分の取得が当該会社の発行済株式総数もしくは出資金額総額に占める割合が一〇パーセント未満であるか、または株式取得者がすでに取得した株式・持分の数と株式取得者と特別の関係にある者（対内投資政令二条四項、「外為法」二六条二項三号）の取得株式・持分の数とを合計した数が当該非上場会社の一〇パーセント未満である場合の株式の取得（同項三号）　ただし事前の審査付届出の要件（対内投資政令三条二項）に該当する場合は、事前の届出によるから除かれる。

iv　株式の分割・併合または転換により発行される新株の取得（同項四号）

v　上場会社・店頭登録会社が外国で株式を発行・募集する場合の、外国における当該株式の取得（同項五号）

vi　上場会社・店頭登録会社が外国で新株引受権付社債（新株引受権証券の発行を伴わないもの）を発行・募集した場合の新株引受権行使、または新株引受権証券に関する新株引受権行使による新株の取得（同項七号）

vii　そのほか主務省令（対内投資命令三条二項一号～四号）で定める行為（対内投資政令三条一項八号）　例えば組

織変更が行われた場合、組織変更前の株式・持分を所有するものが、組織変更後、前述株式・持分に代わる株式・持分を取得した場合の、当該株式・持分の取得等がある。

ニ　対内間接投資

証券の取得、金銭貸付で対内直接投資の要件をみたさない取引は、対内間接投資となる。対内間接投資は（狭）資本取引である（二〇条）。

i　居住者による非居住者に対する証券の譲渡（二〇条五号）　これは非居住者による居住者からの証券の取得である。例えば外国企業が日本企業の株式・持分、社債等を取得する場合で、対内直接投資の要件に該当しないときである。非居住者の一方的意思表示により非居住者が証券を取得する権利（オプション）を非居住者が取得する場合を含む（詳細は**2**ハ·i参照）。

ii　非居住者による居住者に対する金銭貸付（二〇条二号）　対内直接投資の要件をみたさないときである（詳細は**2**ハ·ii参照）。

iii　対内間接投資は、（狭）資本取引に対する法規制に従う。

2　対外投資

イ　一般的説明

対外投資には、直接投資と間接投資とがある。対外直接投資は、（狭）資本取引の一種であるが、「外為法」二三条に特別の規定がある。すなわち制限業種に関する対外直接投資は事前の審査付届出を要し、届出を行った者は、届出が受理された日から二〇日間（不作為期間）は、当該届出に関する直接投資を行ってはならない（二三条四項）。

ロ　対外直接投資

a　意　義　対外直接投資とは、つぎのものをいう（二三条二項、外為政令一二条四項、外為省令二三条）

i　居住者が、単独で、または自己と全額出資子会社もしくは共同出資・経営者（居住者と共同して経営に参加することを目的として株式・持分を取得する者）と合計して、外国法人の株式総数また出資金額の一〇パーセント以上を新規に取得する場合の、当該株式または持分の取得（外為省令二三条一項一号・二号）

ii　居住者が、単独で、または自己と全額出資子会社および共同出資・経営者と合計して、外国法人の株式・持分の一〇パーセント以上をすでに所有している場合、居住者がさらに外国法人の株式・持分を取得する場合の、当該株式または持分の取得、あるいは居住者の前述外国法人に対する期間一年超の金銭貸付（外為省令二三条二項）

iii　居住者が、自己とつぎの永続的な関係がある外国法人の発行する証券の取得、または居住者の当該外国法人に対する期間一年超の金銭貸付（外為政令一二条四項三号、外為省令二三条三項）　永続的な関係とは、①　役員の派遣、②　長期にわたる原材料の供給または製品の売買、③　重要な製造技術の提供をいう。

iv　外国に在る支店、工場その他の事業所（以下、支店等という）の設置または拡張に関する資金の支払（二三条二項）「外為法」二〇条一一号に定める資金の授受の内、支店等の設置また拡張資金の支払である（駐在員事務所は除く）。「外為法」上、支店等は独立採算により運営されるという前提にたっている。したがって支店等に対して資金が支払われた場合、行政上は、すべて設置または拡張にあたると解釈されている（大蔵省解釈通達二三―二）。

b　対外直接投資に対する法規制

i　有事規制　対外直接投資は、（狭）資本取引の一種である。すなわち証券の取得（二〇条五号）、金銭貸付（同二号）、支店等の設置・拡張（同一一号）の特別類型にほかならない。そこで（狭）資本取引に対して有事規制が発動される場合には、財務大臣の許可を受ける義務を生ずる（二三条一一号参照）。

ii 平時規制

これには審査付事前届出、事後報告および事後報告不要とがある。

① 審査付事前届出については前述した（二3ロbi）。なお審査付事前届出を要する対外直接投資について有事規制が課された場合、有事規制が優先するので、重複して審査付事前届出をなすを要しない。すでに事前届出がなされている場合には、当該届出は有事規制の許可に関する申請とみなされる（二三条一一号）。② 事後報告および事後報告不要については前述した（二3ロbii・iii）。

ハ 対外間接投資

i 居住者による非居住者からの証券の取得（二〇条五号） 居住者の一方的意思表示により居住者が証券を取得する権利（オプション）を居住者が取得する場合を含む。証券は、株式・持分、社債のみならず国庫証券や抵当証券等を含む広い概念であるが（六条一項一一号）、日本企業が外国企業の株式・持分、社債等を取得するときは、日本企業による対外間接投資（経営参加を目的とせず資産運用のための投資）となる。オプションは、証券の売買取引を成立させるか否かの選択権である（証取二条一五項）。オプションを取得した者は、オプションの権利行使をして一方的にその取引を成立させることもできるし、権利を放棄してその取引を不成立にすることもできる。相手方は、その選択にしたがわなければならない。

ii 居住者による非居住者に対する金銭貸付（二〇条二号） 例えば日本親会社が現地子会社に対して金銭貸付を行う場合である（対外直接投資に該当する場合は除く）。二〇条二号は「居住者と非居住者との間の金銭の貸借契約……に基づく債権の発生等に係る取引」と定めている。「債権の発生等に係る取引」とは、債権の発生、変更または消滅に係る取引を意味するが（二〇条一号参照）、具体的にはつぎのことを意味する。日本親会社が現地子会社に対して四〇〇〇万ドルの貸付契約を締結したとする。貸付行為として第一回二〇〇〇万ドル、第二回二〇〇〇万ドル交付した。これに対する返済行為として第一回～第四回に分けて、それぞれ一〇〇〇万ドル提供したとする。この場合、債権の発生に関しては、貸付契約の締結および二回にわたる貸付行為がそれぞれ独立した債権発生取引として扱われる。つぎに債権の消滅に関しては、四回の返済行為がそれぞれ独立した債権消滅取引となるのである。(6)

もっとも(狭)資本取引につき事後報告を要する場合、最初の金銭貸付契約全体の内容を報告すれば、その後の二回の分割貸付や四回の分割返済等、契約の履行行為については事後報告を不要としている(五五条ノ三第一項、外為政令一八条ノ五第一項三号、外国為替の取引等の報告に関する省令五条二項二号)。

iii 対外間接投資は、(狭)資本取引に対する法規制に従う。

(1) 法律上の経営参加とは、株式を取得する場合であり、事実上の経営参加とは、金銭貸付や社債の取得により事実上、会社に影響力を行使する場合である。

(2) 外国投資家には、外資系日本企業が含まれる。

(3) 一般に外国法人については設立準拠法主義をとっているが、国際機関のように条約等にもとづいて設立されている場合には、本拠地主義をとっている。

(4) 非居住者または外国法人等(甲)が、内国会社(乙)の株式(または持分)総数の五〇パーセントを有するとき、乙会社は外国投資家となる。乙会社が他の内国会社(丙)の株式等総数の一〇〇パーセントを有するとき、甲の丙会社に対する支配は五〇パーセント(五〇パーセント×一〇〇パーセント)として、丙会社は外国投資家となる。乙会社が丙会社の株式等総数の九〇パーセントを有するとき、甲の丙会社に対する支配は四五パーセント(五〇パーセント×九〇パーセント)であり、丙会社は外国投資家に該当しない。しかし甲が直接、丙会社の株式等総数の五パーセントを有するとき、甲の丙会社に対する間接支配四五パーセントに直接支配五パーセントを合計すると五〇パーセントとなり、丙会社は外国投資家に該当する（「外為法」二六条一項三号、対内投資政令二条一項・二項）。

（5） OECDの資本移動自由化規約上、わが国が自由化を留保していたのは、従来、四業種であったが、その内、鉱業については、平成一〇年四月一日から自由化され（事後報告で足りる）、自由化の例外は三業種となった（対内直接投資等に関する命令第三条第三項の規定に基づき大蔵大臣及び事業所管大臣が定める業種を定める件、平成一〇年三月総理府・大蔵省・文部省・厚生省・農林水産省・通商産業省・運輸省・郵政省・労働省・建設省告示一号）。

（6） 外国為替貿易研究・前掲一（2）二九二頁参照。

結び

最後に外為法と国際会社法との関係について触れておきたいと思う。外為法は、資金の流れ一般を規制するものであるから、規制の対象としては政府・公法人、個人または各種法人その他の団体等のすべてが登場する。しかし国際会社法との関係では、その内の会社のみが問題であり、資本取引の内でも投資のみが問題となるのである。ところで私見の構想する国際会社法とは、会社の法律関係について適用されるわが国抵触法によって選択指定された会社属人法（外国法または内国法）、わが国外国法人規定（民三六条等）、外国会社規定（商四七九―四八五条ノ二、有七六条等）および内国会社の渉外関係事項（例えば内国会社の外国人役員、海外子会社等）に適用されるわが国商法規定の総称である。

外国会社がわが国に駐在員事務所や在日支店を設置し、完全子会社や合弁会社を設立し、わが国企業に経営参加し、機関投資家としてわが国企業の株式や社債を取得する場合でも、商法上の規制としては債権者保護のための在日支店の登記があるのみであって（商四七九条二項）、営業活動を禁止・制限する規定はおかれていない。しかし民法三六条二項は、外国法人の私権享有や営業活動につき、内外人平等原則を前提としながらも法律や条約による制限はこの限りでないとしている（民二条参照）。さらに商法四八五条ノ二は、私権以外の公法上の権利享有を含めて、外国会社の法的地位につき内外会社の平等原則とその例外を定めている。例外すなわち権利享有ないし営業活動の禁止・制限は、法律によって定めることができる（商四八五条ノ二但書）。外為法上の規制は、資金の流れの規制という方法によって、外国会社の営業活動を規制するものにほかならない。したがって外為法による規制は、商法四八五条ノ二に包摂されるのである。

なおわが国企業が国外に支店の設置や子会社・合弁会社の設立等を行う場合には、わが国外為法の規制のみならず、現地国の外為法の規制をも受ける。したがって国際会社法の観念には、現地国の外為法をも包摂すると考える必要がある。

中村一彦先生の人となりと思索の足跡

志村治美

出会いとお人柄

「中村先生」と私が呼ぶと、「いやお互いに研究者なんだから、中村さんと呼んでくれ。」と、あのちょっと照れた顔で、即座に訂正された。それは今から四一年前の、昭和三四年(一九五九年)の爽やかな秋の日だった。その日は、中村先生が、文部省内地研究員として、勤務先の富山大学から、母校九州大学の恩師高田源清先生のもとにお出でになり、当時九州大学大学院法学研究科修士課程の院生であった私との最初の会話であった。でも、爾来今日に至るまで、私は、「中村先生」と呼び続けている。

どなたも認める所であるが、先生は、何時も目に笑みをたたえ、飾ることなく、どちらかと言えば純朴な自然体で誰れにも接しておられる。そのお人柄に甘えて、私は何でも相談を持ちかけた。個人的なことを述べさせていただくと、私の長女の結婚も、先生にお世話になった。もっとも、これは先生にとって唯一の見合いの成功例だそうであるが。また、修士論文のテーマについて、何を選ぶべきか、に迷っているときも、「一つのテーマに決めると、研究はそれを中心にぐるぐる回って行くから、なるべく大きな問題点を中心に据えた方がよいよ。」とアドバイスして下さった。この言葉は、単に他人に対するものだけではなく、先生ご自身の研究関心から滲み出たものであった。この言行一致こそが、私をして、「中村先生」と呼ばしめ、常に密かなる畏敬の念を抱かせる根源である。

一　中村先生の研究のルーツと姿勢

先生の研究の源流は、私たちの共通の師である、高田源清九州大学教授の『独裁主義株式会社法論』(一九三八年、同文館)に求められる。同書は、第二次世界大戦中は脚光を浴びたが、戦後は、書名の「独裁主義」と言う言葉が災いし、内容を良く知らない人々から非難されたことがある。だが、同書の内容は、経済界の実情が取締役中心になっていることを踏まえ、「株主総会中心の株式会社法は既に過去のものである。」との主張を展開したものので、ドイツの商法学者の文献を中心に、株式会社における各種利益群(株主、債権者、従業員、国家)の対立を考究し、取締役の民刑事責任の強化、監査役等の監査機能の強化を論じたものである。

同書に触発された中村先生は、アメリカの学者の文献、中でもA. A. Berle, Jr and G. C. Means. The Modern Corporation and Private Property, 1932を座右の書とし、特にコロンビア大学の会社法教授であったA. A.

Berle Jrの所説を熟読し、会社法の基礎理論構築の構想を練られている。

そのころ中村先生から九州大助手をしていた私に、当時、富山大学で憲法学を担当しておられた新田隆信助教授（後に教授）を最終調整者として、経済学における制度学派に属し、価値理論の法律的側面を鮮やかに解明したJohn R. Commons, Legal Foundations of Capitalism, 1924の分担翻訳のお勧めを受け、ご一緒に翻訳作業に従事したことが懐かしく思い出される。何しろ、同書の内容は法学、経済学を始め、政治学、哲学、心理学、倫理学等多岐にわたり、概念用語の訳出に難渋し、原語毎に仮訳を付け、その記載された頁数を記入したカードを作成し、その仮訳が矛盾しないか検証を試みた。その結果、統一した訳語が得られず、中学生でも知っている英単語のLiberty, Freedom等をリィバティ、フリーダムと片仮名で表示するなどして、その内容の厳密性を保った。結局、折からの大学紛争などが起こり、新田教授が急逝され、上巻のみがJ・R・コモンズ著『資本主義の法律的基礎』（一九六四年、コロナ社）として出版されるに止まった。しかし、この翻訳作業を通じて中村先生から、学問を志す者としての厳密な姿勢を身を以て教えて頂いた。

二　研究者としての登場―『株式会社支配の法的研究』

さて、一九五九年に中村先生は、九州大学での先輩で労働法担当の池田直視助教授と共著『株式会社支配の法的研究』（評論社）を出版され、同書の第二章　株主による支配、第三章　債権者による支配、第四章　取締役による支配を、分担執筆され、序論と結論は両者で意見調整をされている。同書の目的は、株式会社における最も重要な経済的支配現象を通じて、各利害関係集団に関する法律の諸問題を究明することにある。そこでの方法は、株式会社を人的（小規模）、資本的（中規模）、現代的（大規模）の三形態にわけて分析したところに特色がある。本書は、商法学者と労働法学者との共同研究として、珍しい業績であり、現在も洛陽の市価を高からしめている。

三　研究の開花―『経営者支配の法的研究』

一九五九年の、六ヶ月間の内地研究の間、取締役による支配に中心をあてて、広く経営学者の著作をも渉猟し研究された中村先生は、一九六〇年に助教授に昇任するとともに、その成果を世に問うべく、『経営者支配の法的研究』(評論社、一九六一年)を、上梓された。同書は経営学の通説に立ち、「所有と経営の分離論」で言う、分離とは一般株主ではなく、支配株主についての分離を指し、経営者が株主の支配から蟬脱すること(経営者支配)を意味する、と主張される。これは商法学の通説が、同じ「所有と経営の分離」を命題として掲げながら、内実は分離否定論に立っていることを指摘し、取締役による支配を中心とした株式会社法の解釈論と立法論とを展開したもので、当時の商法学界の主流派への敢然と立ち向かった挑戦であった。

同書は、その後、発表された論文を加え、学位請求論文「株式会社における経営者支配の研究」として提出され、一九七〇年、その業績を高く評価した母校・九州大学から法学博士の学位を授与されたのは、当然のことであった。

四　研究のコペルニクス的展開―『企業の社会的責任―法学的考察』

一九六八年、新潟大学に転勤(文部省用語では配置換え)された中村先生は、一年後に教授に昇進されたが、折からの全国的規模で燎原の火の如く燃え広がったいわゆる大学紛争に巻き込まれる。何事にも誠実に事に当たるお人柄は学部教員の全員一致で学部長事務取扱(いわゆる代行)、評議員に推され、大学行政に没入される。

時を同じくして、企業により惹起された公害問題や環境破壊問題が、社会問題として浮び上がってきた。これらの事象は、企業を研究対象とする商法学者にとって、避けて通ることが出来ないだけでなく、明確な解決指針を提示しなければならない課題でもある。この事を自覚した中村先生は、会社経営者を従来の第三者的立場から研究・分析するのではなく、自らを市民・消費者保護の立場に立つことをより鮮明にした視座から、幾多の企業の社会的責任を論じた論攷を精力的に公表された。これらの諸論文を一書にまとめたのが、『企業の社会的責任―その法学的考察』(同文館、一九七七年)であり、その後、会計学の領域に対する法学的アプローチや、独占禁止法と企業の社会的責任の関係を論じた論文を追加・収録した『改定・増補版』が一九八〇年に出版されている。

ところで、取締役の責任問題を、誰に対する責任か?、として追求してゆけば、株主以外の者に対する公共的義務ないし社会的責任の問題が必然的に登場してくるのであるから、いわゆる所有と経営の分離ないし経営者支配の研究を進めて行けば、究極的には、企業の社会的責任の問題に行き着く。その意味で、私がこれらの問題を一書に纏めたのは、当然の流れであった、と述懐しておられたことがあるが、自然の成り行きで行き着くか否かは個人的研究態度によって決まるのであるから、やはり、自己の意思によりこの問題に正面から取り組んだ先生の学問的姿勢が、社会的責任の問題までコペルニクス的展回を遂げさせた、と言うべきであろう。

五　研究の更なる発展
――『現代的企業法論』『現代会社法概論』『企業の社会的責任と会社法』――

研究面で止まる所を知らない中村先生は、企業の社会的責任という切り口を商法に導入すると、従来の商法理論に安住している訳には行かない。つまり、従来の商法(企業法)理論は、商法の技術性・合理性の故に、倫理に対しては無色であり、政治に対しては殆ど影響を受けない、と述べられて来た。また企業を巡る利害関係者の間の利益調整も、利益の等質性、立場の相互互換性を前提として構成されてきた。

これに対し、中村先生は、現代社会における現実の企業、特に大企業においては、大株主(多くは法人株主)と一般株主（多くは個人株主）の間の利益は異質な対立関係にあり、企業と従業員、巨大メーカーと消費者、公害企業と地域住民などとの間では、絶対に相互互換性など成立する余地はない、と考える。このような認識の上に立って、一九八二年に公刊したのが『現代的企業法論』（商事法務研究会）である。同書において、これからの企業法は、従来「商法」として扱われてきた法領域を中核とはするが、私企業にその規制が向けられている限り、通常「経済法」として扱われる法領域も含まれるもの、として構成されている。

この『現代的企業法論』で説いた新しい論理的構成を、会社法の教科書・体系書として纏めたのが『現代会社法概論』（同文館、一九八七年）、第五版、二〇〇〇年である。つまり、企業の社会的責任の理念を縦軸に、会社法を巡る人間（株主、債権者等）と会社法の周辺に登場する人間（投資者、従業員、消費者等）を横軸に据えて、社会に向かって開かれた体系になるよう同書は構成されている。なお、同書は、先生の新潟大学大学院での教え子である北京大学助教授李黎明さんにより、中国語に翻訳され、一九八九年に黒龍江省、ハルピン出版社より、出版されている。

さらに、『現代的企業法論』以後に発表した論文を収録したのが、『企業の社会的責任と会社法』（信山社、一九九七年）である。企業の社会的責任論を如何に抽象的に論じても、会社法の再構築と言う命題のために実りある成果を得られない、との思いから、企業の社会的責任論を如何にして、具体的事件や判例等に適用するか、との観点から考察を進めたのが本書である。また、コーポレート・ガバナンスを論じた論文は、企業の社会的責任を確保するために、如何になすべきかと言う問題を提示し、これも収録している。

この延長線上において、従来、会社法判例と言えば、その殆どが中小企業に関するものであったので、現代的問題ないし課題を抱える企業の事件を出来るだけ取り上げ、約三〇件を判例研究の対象としたのが『会社法判例の研究』（信山社、一九九九年）である。

むすびに代えて

中村先生がこれまで執筆されてこられた著書・翻訳書は、再版を除き初版本数だけでも二三冊を数え、多数の論文、および判例研究、それに加えて会社法に関するコンメンタール、書評等々の業績。この執筆に費やされたエネルギーは何処から生まれたのであろうか？

思うに、中村先生の飽くなき探求心とそれを支えるエネルギーの成せる業であることは言うまでもないことであろう。しかし、一時的な好奇心のみでは、持続的な研究には役立たないであろう。中村先生について一つだけ確信を持って言えることは、研究が趣味であり、それを支える要素として、特記すべきは、ピアニストの奥様との微笑ましいほどの家庭生活が基礎となっている。それ以外には飲酒、スポーツなどの研究に関係のないことは全てを捨象した完璧なまでの自己管理にある、と思える。ご趣味として唯一思い当たるのは、庭隅に植えたブドウの栽培をはじめとする植物の手入れである。ブドウ栽培に関しては秀逸で、お宅にお邪魔した翌朝、朝食のジュースをどの種類のブドウにするか、と問われたほどである。

最後に一言。中村先生、男性の平均寿命が、八〇歳台に迫ろうとする今日、古稀など気にせず、私たちの導きの星として、何時までも輝いていてください。

中村一彦先生 略歴および業績目録

略 歴

昭和 三年（一九二八年）
一〇月一日 佐賀県佐賀郡久保泉村大字川久保に生まれる。
昭和二〇年（一九四五年）
三月 佐賀県立佐賀中学校卒業
昭和二三年（一九四八年）
三月 長崎経済専門学校卒業
昭和二七年（一九五二年）
三月 九州大学法学部卒業
昭和三一年（一九五六年）
九月 九州大学大学院（旧制）法学研究科退学
一〇月 富山大学経済学部助手に採用される。
昭和三二年（一九五七年）
一月 富山大学経済学部専任講師に任ぜられる。
昭和三四年（一九五九年）
九月 文部省内地研究員を命じられ、九州大学法学部において商法を研究（昭和三五年三月まで）。
昭和三五年（一九六〇年）

二月　富山大学経済学部助教授に任ぜられる。

昭和四三年（一九六八年）

四月　新潟大学人文学部助教授に配置換えとなる。

昭和四四年（一九六九年）

一月　新潟大学人文学部教授に任ぜられる。

三月　新潟大学人文学部長事務取扱を命ぜられる（同年一二月まで）

新潟大学評議員に併任される（同年一二月まで）。

昭和四五年（一九七〇年）

三月　新潟大学評議員に併任される（昭和四六年三月まで）。

四月　法学博士の学位を授与される（論文名「株式会社における経営者支配の研究」九州大学）。

昭和四六年（一九七一年）

九月　連合王国、ドイツ連邦共和国、アメリカ合衆国およびオーストラリアの各国へ出張を命ぜられる

（同年一二月まで）。

昭和四七年（一九七二年）

一月　新潟大学評議員に併任される（昭和四八年三月まで）。

昭和五一年（一九七六年）

三月　新潟大学大学院法学研究科長を命ぜられる（昭和五三年二月まで）。

昭和五二年（一九七七年）

五月　新潟大学人文学部の名称変更に伴い、法文学部教授となる。

昭和五五年（一九八〇年）

四月　新潟大学に法学部が設置され、法学部長兼評議員に併任される（昭和五七年三月まで）。
昭和五七年（一九八二年）
四月　新潟大学法学部長兼評議員に併任される（昭和五九年三月まで）。
新潟大学法文学部長に併任される（昭和五八年三月まで）。
昭和五八年（一九八三年）
四月　新潟大学法文学部長に併任される（昭和五九年三月まで）。
昭和五九年（一九八四年）
四月　新潟大学評議員に併任される（昭和六一年三月まで）。
昭和六〇年（一九八五年）
七月　新潟大学法学部長事務代理を命ぜられる（同年八月まで）。
一一月　新潟県公害審査会委員に併任される（平成三年一〇月まで）。
昭和六二年（一九八七年）
四月　新潟県弁護士会懲戒委員会委員に併任される（平成三年三月まで）。
八月　新潟船員地方労働委員会委員に併任される（平成三年七月まで）。
平成　三年（一九九一年）
三月　新潟大学退官
四月　大東文化大学法学部教授に任ぜられる（現在まで）。
六月　新潟大学名誉教授の称号を授与される。
平成　四年（一九九二年）
九月　東京都企画審議室「企業市民調査研究会」委員（平成六年四月まで）

平成　七年（一九九五年）
　四月　大東文化大学大学院法学研究科委員会委員長（平成九年三月まで）
　その他、非常勤講師（金沢大学法学部、長岡短期大学、富山大学経済学部、中京大学大学院法学研究科、関東学園大学法学部等）、東北法学会理事、新潟大学法学会会長、新潟市総合計画審議会委員等を歴任

業績目録

〔単行本〕（著書・編著書・翻訳書等）

昭和三四年（一九五九年）
　一月　株式会社支配の法的研究〔池田直視氏と共著〕（評論社）
昭和三六年（一九六一年）
　一月　経営者支配の法的研究（評論社）
昭和三九年（一九六四年）
　四月　コモンズ著・資本主義の法律的基礎上巻〔新田隆信・志村治美両氏と共訳〕（コロナ社）
昭和四〇年（一九六五年）
　九月　株主の法律（同文館）
昭和四三年（一九六八年）
　四月　新版商法〔武市春男・船越栄一・河村博文各氏と共著〕（国元書房）

昭和五二年（一九七七年）
　九月　企業の社会的責任──法学的考察（同文舘）
昭和五三年（一九七八年）
　四月　会社法〔服部榮三・柿崎栄治両氏と共編著〕（同文舘）
　　　　会社設立の法律入門〔志村治美・正亀慶介・酒巻俊雄・畑肇・森田政夫各氏と共著〕（有斐閣）
昭和五四年（一九七九年）
　三月　企業責任の法律入門〔徳本鎮氏と共編著〕（有斐閣）
昭和五五年（一九八〇年）
　五月　企業の社会的責任──法学的考察〔改訂増補版〕（同文舘）
昭和五六年（一九八一年）
　四月　論点商法入門〔西島梅治氏と共編著〕（同文舘）
昭和五七年（一九八二年）
　五月　現代的企業法論（商事法務研究会）【会社法判例15】
昭和五八年（一九八三年）
　一月　企業と現代法──法学入門の一つの試み〔北野弘久氏と共編著〕（勁草書房）
　　　　論点商法入門〔改訂版〕〔西島梅治氏と共編著〕（同文舘）
昭和五九年（一九八四年）
　一一月　現代企業法総論〔企業法Ⅰ〕〔編著〕（同文舘）
昭和六〇年（一九八五年）
　二月　現代企業組織法〔企業法Ⅱ〕〔編著〕（同文舘）

昭和六一年（一九八六）
　三月　企業・現代社会・法〔志村治美氏と共編著〕（三嶺書房）
昭和六二年（一九八七年）
　四月　現代企業活動法〔企業法Ⅲ〕〔編著〕（同文舘）
　四月　現代会社法概論（同文舘）
　七月　現代企業証券法〔企業法Ⅳ〕〔編著〕（同文舘）
昭和六三年（一九八八年）
　一〇月　会社法基本判例〔柿崎栄治・加美和照・保住昭一各氏と共編著〕（同文舘）
平成　元年（一九八九年）
　一月　論点会社法〔西島梅治氏と共編著〕（同文舘）
平成　四年（一九九二年）
　五月　現代会社法概論〔改訂版〕（同文舘）
平成　七年（一九九五年）
　三月　現代会社法概論〔第三版〕（同文舘）
平成　八年（一九九六年）
　一二月　現代会社法概論〔第四版〕（同文舘）
平成　九年（一九九七年）
　一〇月　企業の社会的責任と会社法（信山社）（【社会的責任】と略）
平成一一年（一九九九年）
　二月　会社法判例の研究（信山社）（【会社法判例】と略）

平成一二年（二〇〇〇年）
一二月 現代会社法概論〔第五版〕（同文舘）

〔論 文 等〕

昭和三二年（一九五七年）
三月 会社の能力と目的との関係（富山大学紀要経済学部論集一二号）
昭和三三年（一九五八年）
三月 株主平等原則の再検討（富山大学紀要経済学部論集一三号）
昭和三四年（一九五九年）
三月 取締役の株主に対する責任（商事法務研究一三一号）
取締役の資格の変遷（経営セミナー一二七号）
三月 会社の利害関係者に対する取締役の義務（富山大学紀要・経済学部論集一四号）
五月 計算書類の確定と利益配当の決定（経営セミナー一二八号）
六月 取締役の解任制度（信託三九号）
八月 取締役の報酬の決定権者（富大経済論集五巻一号）
昭和三五年（一九六〇年）
七月 株式会社法における所有と経営の分離論（富大経済論集六巻一号）
昭和三六年（一九六一年）
三月 資格株排除説批判（富大経済論集六巻三・四号）
一〇月 議決権の代理行使と経営者支配（富大経済論集七巻二号）

昭和三七年（一九六二年）
一月　アメリカ会社法の判例(1)（富大経済論集七巻三号）
三月　アメリカ会社法の判例(2)（富大経済論集七巻四号）
資本減少〔高田源清編・演習株式会社法〕（ミネルヴァ書房）
五月　経営権の法的根拠(1)（北陸労研一四号）
七月　アメリカ会社法の判例(3)（富大経済論集八巻一号）
経営権の法的根拠(2)（北陸労研一五号）
一〇月　経営者支配と株式会社法（日本私法学会第二五回大会報告・私法二四号）
一一月　アメリカ会社法の判例(4)（富大経済論集八巻二号）
昭和三八年（一九六三年）
一月　株式会社法今後の課題（企業法研究九二輯）【社会的責任】
二月　アメリカ会社法の判例(5)（富大経済論集八巻三号）
四月　アメリカ会社法の判例(6)（富大経済論集九巻一号）
一〇月　アメリカ会社法の判例(7)（富大経済論集九巻三号）
昭和三九年（一九六四年）
一月　アメリカ会社法の判例(8)（富大経済論集九巻四号）
昭和四〇年（一九六五年）
三月　株式会社財団説をめぐって（富大経済論集一〇巻四号）
計算書類の決定と利益配当の決定（税経セミナー一〇巻三号）
一一月　経営者概念の法的吟味（北陸労研三五号）

昭和四一年（一九六六年）
二月　経営者の法的吟味(1)（富大経済論集一一巻三号）
三月　経営者の法的吟味(2)（富大経済論集一一巻四号）
一二月　株式会社法におけるゴーイング・コンサーンの理論（民商法雑誌五五巻三号）【社会的責任】
昭和四二年（一九六七年）
三月　経営者支配の法的手段に関する吟味（富大経済論集一二巻三・四合併号）
昭和四三年（一九六八年）
九月　長浜洋一監訳・ニューヨーク事業会社法〔書評〕（民商法雑誌五八巻六号）
商品取引における委せ玉と詐欺〔判例解説〕（証券・商品取引判例百選・別冊ジュリスト二〇号）
一〇月　社員権からの支配的権利の分離および社員資格と機関資格の分離（田中誠二先生古稀記念・現代商法学の諸問題）（千倉書房）
株主である取締役の解任決議と特別利害関係人〔判例批評〕（法政理論一巻一号）【会社法判例14】
昭和四四年（一九六九年）
二月　米国模範事業会社法(1)（法政理論一巻二号）
三月　手形の署名〔伊沢孝平先生還暦記念・判例手形法小切手法〕（商事法務研究会）
監査役制度改正問題（法律のひろば二二巻三号）
昭和四五年（一九七〇年）
二月　取締役会（商二五九条～二六〇条ノ二）〔服部榮三・星川長七編・別冊法学セミナー・基本法コンメンタール・商法II会社法〕（日本評論社）
三月　株式会社支配の諸類型に関する考察（法政理論二巻一・二合併号）

株式会社山下家具店事件〔判例解説〕（独禁法審決判例百選・別冊ジュリスト二六号）
四月　セメント協会事件〔判例批評〕（公正取引二三四号）
五月　代表取締役が取締役会の決議によらないで招集した株主総会の決議の効力ほか九項目〔服部榮三編・学説判例事典10会社法〕（東出版）
八月　代理人資格を株主に制限する定款規定と株主である会社の使用人の議決権行使〔判例批評〕（法政理論三巻一号）【会社法判例9】
一〇月　銀行振出の自己宛小切手の期限後譲渡と小切手法第二一条の適用の有無〔判例批評〕（法学三四巻三号）
一一月　会社の乗取り、ほか一〇項目〔田中誠二編・株式会社法辞典〕（同文舘）
昭和四六年（一九七一年）
七月　仲介企業〔中川善之助・服部榮三編・実用法律事典7商取引〕（第一法規）
九月　変造手形の原文言の立証責任と白地手形補充権濫用の立証責任〔判例批評〕（法学三五巻三号）
昭和四七年（一九七二年）
六月　議決権行使の代理人資格を株主に限定する定款規定の効力〔大森忠夫先生還暦記念・商法・保険法の諸問題〕（有斐閣）【社会的責任】
七月　銀行の手形印影照合の際の注意義務の程度等〔判例批評〕（民商法雑誌六六巻四号）
商法第二五五条〜第二五六条ノ四〔服部榮三・菅原菊志編・逐条判例会社法全書3〕（商事法務研究会）
八月　更生会社の管財人の手形行為と商法二六二条の類推適用（金融法務事情六五七号）【会社法判例19】
九月　現代株式会社における取締役の公共的義務〔高田源清先生還暦記念・商法経済法の諸問題〕（評論

社）
手形書替の場合旧手形は返却すべきか、その他〔星川長七・服部榮三・河本一郎編・手形小切手事故百科〕（金融財政事情研究会）
一〇月 企業環境と経営者の法的責任（金融法務事情六六三号）
昭和四八年（一九七三年）
四月 商法第六四条～第六七条〔逐条判例会社法全書1〕（商事法務研究会）
七月 取締役会の権限ほか三項目〔服部榮三・蓮井良憲編・ワークブック商法〕（有斐閣）
商法第二三二条～第二三〇条〔逐条判例会社法全書2〕（商事法務研究会）
割引手形の支払人の時効と買戻請求権（金融法務事情六八九号）
一二月 議決権行使の代理人資格を株主に限定する定款規定の効力についての再論（法政理論六巻一号）【社会的責任】
昭和四九年（一九七四年）
三月 商法第四三〇条～第四三三条〔逐条判例会社法5〕（商事法務研究会）
三月 株式会社がその取締役にあてて約束手形を振り出す行為と商法二六五条——仙石屋事件〔判例批評〕（法政理論六巻二・三合併号）【会社法判例20】
九月 現代社会における株式会社法改正の理念と方向（企業法研究二三二輯）【社会的責任】
一一月 会社から資金の返還を求められた取締役と商法二六五条違反の主張〔判例批評〕（法律のひろば二七巻一一号）【会社法判例21】
一二月 法定準備金を資本に組入れ、無償で新株を発行する場合、端株が生じてもさしつかえないか、その他〔星川長七・服部榮三・河本一郎編・会社法務事故百科〕（金融財政事情研究会）

昭和五〇年（一九七五年）
一月　企業の社会的責任論に対する法学からのアプローチ（法政理論七巻一・二合併号）
二月　議決権行使の代理人資格〔服部榮三編・セミナー法学全集12商法II会社〕（日本評論社）
昭和五一年（一九七六年）
二月　代表取締役〔戸田修三編・別冊法学セミナー基本判例シリーズ・判例商法II会社〕（日本評論社）
三月　株主運動と株主総会（産業経理三六巻四号）
企業の社会的責任と取締役会の構成（法政理論八巻二号）
東南アジアの投資法〔武市春男博士古稀記念・東南アジア法の研究〕（産学社）
四月　商品の先物取引において仲買人が委託者の指図に従う義務〔判例批評〕（判例評論二〇六号）
八月　企業の社会的責任に関する一般的規定（法政理論九巻一号）
一一月　株主運動と株主総会〔産業経理協会編・株主総会の運営〕（同友館）
昭和五二年（一九七七年）
一月　議決権行使の代理人の資格制限（法学セミナー二二巻一号）【会社法判例10】
三月　政治献金と企業の社会的責任（法政理論九巻三号）【会社法判例1】
五月　第二章株式会社第四節機関I総説・II株主総会〔酒巻俊雄・志村治美編・会社法〕（青林書院新社）
商法第二三三条〜第二四四条〔大隅健一郎・戸田修三・河本一郎編・判例コンメンタール11上商法I上〕（三省堂）
六月　経営者の社会的責任――その法的考察（民商法雑誌七六巻三号）
一一月　わが著者を語る――企業の社会的責任（出版ニュース一一月上旬号）
昭和五三年（一九七八年）

一月　責任ある企業社会は到来するか（商事法務七九一号）
六月　独占禁止法と企業の社会的責任（末川博先生追悼論集・法と権利三巻）（民商法雑誌七八巻臨時増刊号）
九月　銀行業法制・普通銀行（高田源清・蓮井良憲編・日本企業立法史）（法律文化社）
一二月　株主の性質（北沢正啓編・ジュリスト増刊商法の争点）

昭和五四年（一九七九年）

一月　株券発行前の株式譲渡（加藤勝郎編・ケーススタディ商法Ⅲ）（法学書院）
二月　森田章・現代企業の社会的責任（書評）（民商法雑誌七九巻五号）
三月　株主である地方公共団体、株式会社の職員、従業員による議決権の代理行使と総会決議取消の訴における取消事由の追加——直江津海陸運送事件（判例批評）（法政理論一一巻三号）【会社法判例11】
四月　検査役選任要求と株式保有要件（判例解説）（会社判例百選〈第三版〉別冊ジュリスト六三号）
　　　取締役に会社の業務執行一切を委せきりにしていた代表取締役について商法二六六条ノ三の責任を肯定した事例（判例批評）（法律のひろば三二巻四号）【会社法判例26】
七月　利益の供与の禁止（田中誠二監修・会社機関改正試案の研究）（金融・商事判例五七二号）
　　　服部榮三編・文献商法学上下（書評）（法律時報五一巻八号）
八月　検査役選任請求と少数株主権の要件保有の時期（加藤勝郎編・ケーススタディ商法Ⅳ）（法学書院）
一一月　会計学の領域に対する法学的アプローチ——企業の社会的責任の視点から（企業会計三一巻一一号）
　　　共同代表と当座預金払出しのための小切手振出権限の委任（判例批評）（金融・商事判例五八〇号）【会社法判例18】

昭和五五年（一九八〇年）

六月　商法第二〇条の商号「使用」の意味、ほか一六項目〔服部榮三編・商法総則商行為法——概説と基本判例所収〕（文眞堂）

昭和五六年（一九八一年）

三月　計算書類承認決議取消の訴と著しく不公正な決議方法——チッソ事件〔判例批評〕（法政理論一三巻三号）【会社法判例13】

一〇月　設立費用の法律関係、ほか八項目〔服部榮三編・会社法——概説と基本判例〕（文眞堂）

昭和五七年（一九八二年）

一月　商法二五九条～第二六〇条ノ四〔服部榮三・星川長七編・基本法コンメンタール・新版会社法Ｉ〕（日本評論社）

取締役の退職慰労金に関する株主総会決議を有効とした事例——味の素株式会社事件〔判例批評〕（法律のひろば三五巻一号）

二月　商号単一の原則、ほか三項目〔酒巻俊雄編・基本判例双書・商法総則商行為法〕（同文館）

三月　営業年度、ほか四六項目〔遠藤・川井・酒巻・竹下・中山編・民事法小辞典〕（一粒社）

四月　第四節機関Ｉ総説・II株主総会〔酒巻俊雄・志村治美編・改訂会社法〕（青林書院新社）

総会における役員退職慰労金の決め方（金融・商事判例六四〇号）

五月　現代的企業法の必要性〔吉永栄助先生古稀記念・進展する企業法・経済法〕（中央経済社）

七月　伝統的企業法論と現代的企業法論（金融・商事判例六四六号）

九月　改正会社法と企業の社会的責任〔田中誠二監修・改正会社法の研究〕（金融・商事判例六五一号）【社会的責任】

取締役会の権限、ほか四項目〔服部榮三・蓮井良憲編・ワークブック商法・新版〕(有斐閣)
一〇月 大企業の社会的責任〔本間輝雄・岩崎稜編・商法教室(2)会社法〕(法律文化社)
企業法学における総合と人間性(金融・商事判例六五三号)

昭和五八年(一九八三年)

一月 物理的ロボットと法律的ロボット(金融・商事判例六五九号)
三月 定款による取締役資格の制限の効力、ほか〔蓮井・堀口・酒巻編・学説判例商法Ⅱ会社法〕(学陽書房)
四月 株式会社が定款で株主総会における議決権行使の代理人の資格を株主に限定している場合と株主である主婦のための弁護士による議決権の代理行使の許否〔判例批評〕(金融・商事判例六六五号)
検査役選任要求と株式保有要件〔判例解説〕(別冊ジュリスト八〇号・会社判例百選〈第四版〉)【会社法判例12】
六月 商法二五七条一項但書にいう「正当の事由」がないとはいえないとされた事例〔判例批評〕(法律のひろば三六巻六号)【会社法判例16】
八月 新しい法学教育をめざして(法令ニュース四二七号)

昭和五九年(一九八四年)

四月 経営権、ほか四項目〔大隅・星川・吉永編・会社法務大辞典〕(中央経済社)
五月 株式会社企業観に関する若干の考察――企業の社会的責任との関連において〔田中誠二先生米寿記念・現代商事法の重要問題〕(経済法令研究会)【社会的責任】
株主の提案権と取締役等の説明義務、ほか〔星川・堀口・山口・酒巻編・会社法・法学演習講座六巻・改訂版所収〕(法学書院)

六月　初代法学部長の四年間〔公正取引四〇三号〕
　　　額面株式と無額面株式の転換〔蓮井良憲先生還暦記念・改正会社法の研究〕（法律文化社）【社会的責任】
八月　公開株式会社・非公開株式会社区分立法の問題点〔法律のひろば三七巻八号〕【社会的責任】
一〇月　選任取締役に贈呈する退職慰労金の額等の決定を取締役会に一任する株主総会の決議及び右の決定を更に取締役会長等に一任する取締役会の決議が無効とはいえないとされた事例──味の素株式会社事件〔判例批評〕（金融・商事判例七〇二号）【会社法判例24】
一一月　二つの第一勧銀事件について──株券分割請求訴訟〔金融法務事情一〇七四号〕
一二月　監査役の取締役会欠席等と任務懈怠〔商事法務一〇二九号〕
昭和六〇年（一九八五年）
四月　株主による額面株式と無額面株式との間の転換請求と株券提出の要否〔判例批評〕（法律のひろば三八巻四号）【会社法判例3】
　　　会社の機関に関する問題点検討〔北沢正啓・酒巻俊雄編・大小会社区分立法の問題点検討所収〕（ぎょうせい）
　　　株主から会社に対する株券分割請求が権利濫用にあたるとして棄却された事例──第一勧銀事件〔判例批評〕（金融・商事判例七一四号）【会社法判例2】
　　　株主の提案権〔酒巻俊雄・柿崎栄治編・基本問題セミナー会社法所収〕（一粒社）
七月　経営監査会議における監査役の役割〔商事法務一〇四九号〕
九月　会社の従業員を会員とする持株会に対する奨励金の支出が商法二九四条ノ二に違反しないとされた事例──熊谷組従業員持株会事件〔判例批評〕（金融・商事判例七二五号）【会社法判例29】

昭和六一年（一九八六年）
二月 新規事業への進出と定款の変更および監査役の対処方法（商事法務一〇六八号）
三月 一括回答方式等が取締役の説明義務に違反しないとされた事例——東京建物事件〔判例批評〕（法律のひろば三九巻三号）【会社法判例6】
五月 監査対象期間の途中で選任された監査役につき未就任期間を監査報告書に付記することの要否〔判例批評〕（金融・商事判例七四〇号）【会社法判例28】
七月 質問状に対する一括回答および取締役・監査役の説明義務の範囲——東京建物事件を中心として（産業経理四六巻二号）【社会的責任】
法人株主の従業員による議決権の代理行使（商事法務一〇八四号）【社会的責任】
監査役の営業報告請求権の行使と取締役等の報告許否（商事法務一〇八四号）
八月 商法第二五四条〜第二五八条〔戸田修三・蓮井良憲・元木伸編・注解会社法上〕（青林書院新社）
監査役の取締役会欠席等と任務懈怠・その他〔服部榮三監修・監査役の責任事例〕（商事法務研究会）
一二月 額面株式・無額面株式の転換と株券の交換〔判例解説〕〔北沢正啓編・法学ガイド13・商法Ⅱ会社法〕（日本評論社）
取締役の責任〔田中誠二監修・商法・有限会社法改正試案の研究〕（金融・商事判例七五五号）
昭和六二年（一九八七年）
二月 非常勤監査役の兼務数の限度（商事法務一一〇三号）
六月 横すべり監査役に関する諸問題——長谷川工務店事件最高裁判決を契機として（商事法務一一一二号）【社会的責任】
七月 株主提案権の行使に必要な持株要件、その他〔判例批評〕（法律のひろば四〇巻七号）【会社法判例

5】

一〇月　後発事象の監査報告書への記載と総会における報告〔商事法務一一二五号〕

一一月　株券、ほか四一項目〔味村治ほか編・監査役用語辞典〕（商事法務研究会）

昭和六三年（一九八八年）

五月　役員の退職慰労金贈呈議案に関する商法二三七条ノ三の説明義務の範囲――ブリヂストン事件〔判例批評〕（法律のひろば四一巻五号）【会社法判例8】

八月　株主の地位の多元化と株主権の社会的機能（法律時報六〇巻九号）【社会的責任】

九月　株主優待乗車券の無償交付と利益供与――土佐電気鉄道事件〔判例批評〕（金融・商事判例七九八号）【会社法判例30】

一二月　商品取引における委せ玉と外務員の詐欺〔判例解説〕（新証券・商品取引判例百選・別冊ジュリスト一〇〇号）

平成元年（一九八九年）

三月　法学の学び方〔わが人生論　佐賀編（中）〕（文教図書出版）

四月　弁護士である監査役と商法二七六条――神戸サンセンタープラザ事件を素材として（産業経理四巻一号）【社会的責任】

六月　監査役の兼任・報酬・賞与（別冊商事法務一一〇号）

平成二年（一九九〇年）

六月　株主名簿の閲覧請求が正当な理由がないとして却下された事例――リクルートコスモス事件〔判例批評〕（金融・商事判例八四二号）【会社法判例4】

一〇月　株主権の社会的機能――若干の判例を契機として〔服部榮三先生古稀記念・商法学における論争と

省察〕（商事法務研究会）

平成　三年（一九九一年）

三月　取締役の権限、ほか四項目〔服部・蓮井編・ワークブック商法・第三版〕（有斐閣）

商法二五五条〜二六〇条ノ四〔服部・星川編・基本法コンメンタール第四版会社法２〕（日本評論社）

四月　第四節機関Ⅰ総説・Ⅱ株主総会〔酒巻・志村編・新版会社法〕（青林書院新社）

学生から学んだこと（法紀一八号）

七月　株主の提案権〔酒巻・柿崎編・基本問題セミナー商法Ⅰ会社法（新版）〕（一粒社）

平成　四年（一九九二年）

一月　政治社会活動と企業の責任（自由と正義四三巻一号）【社会的責任】

強力無比座骨神経痛剤製薬会社・ねずみ取り専門の株式会社（税務弘報四〇巻一号）

商法二三七条ノ三に規定される取締役等の説明義務と株主からの書面による事前の質問に対する一括回答との関係――野村証券事件（判例批評）（金融・商事判例八八三号）【会社法判例７】

二月　盗賊会社・泥棒会社（税務弘報四〇巻二号）

三月　唐獅子株式会社・企業舎弟会社（税務弘報四〇巻三号）

四月　宿題ひきうけ株式会社・家庭教師派遣株式会社（税務弘報四〇巻四号）

五月　亜空間不動産株式会社・野菜収穫請負会社（税務弘報四〇巻五号）

六月　第三惑星ホラ株式会社・幽霊会社（税務弘報四〇巻六号）

七月　妖精配給会社・卵子提供会社（税務弘報四〇巻七号）

八月　山賊株式会社・高齢者福祉株式会社（税務弘報四〇巻八号）

九月　電力会社の原子力発電機の原子炉運転再開継続を命ずる取締役の行為と商法二七二条——東京電力事件〔判例批評〕（金融・商事判例八九八号）【会社法判例27】
人造人間株式会社・博士号授与株式会社（税務弘報四〇巻九号）
一〇月　ごきぶり商事会社・ダミー会社（税務弘報四〇巻一〇号）
一一月　支配人と表見支配人〔酒巻・柿崎編・基本問題セミナー・総則商行為法所収〕（一粒社）
ＨＯＹＨＯＹ商事株式会社・マンモス会社（税務弘報四〇巻一一号）
一二月　時間貯蓄銀行・担保不動産買い取り会社（税務弘報四〇巻一三号）

平成五年（一九九三年）

三月　新しい企業法の体系化をめざして（大東文化大学法学研究所報一三号）
五月　株式の性質（商法の争点Ⅰ・総則・会社・ジュリスト増刊号）
六月　企業市民活動の法的側面からの検討（企業市民活動の現状と課題・東京都企画審議室）
九月　株主代表訴訟をめぐる諸問題と監査役の対応（監査役一八巻一〇号）

平成六年（一九九四年）

三月　株式会社制度と市民参加（月刊自治研四一四号）【社会的責任】
四月　企業市民の課題と展望〔座談会〕（市民のススメ・東京都企画審議室）
五月　企業の社会的責任と会社法——取締役の社会的責任を中心に（判例タイムズ八三九号）【社会的責任】
九月　商法二五九条〜二六〇条ノ四〔服部榮三編・基本法コンメンタール・会社法２（第五版）〕（日本評論社）
一二月　損失補塡をした証券会社の取締役に対する代表訴訟が棄却された事例〔判例批評〕（判例タイムズ八五九号）【会社法判例22】

平成 七年（一九九五年）
二月 商法二六〇条二項一号にいう重要な財産の処分に当たるか否かの判断基準〔判例批評〕（私法判例リマークス一〇号一九九五㊤）（日本評論社）【会社法判例17】
八月 賄賂行為をした取締役の会社に対する責任〔判例批評〕（判例タイムズ八七九号）【会社法判例23】
一一月 取締役の社会的責任論の具体的適用――野村証券損失補塡事件を素材として〔田中誠二先生追悼論文集・企業の社会的役割と商事法〕（経済法令研究会）【社会的責任】

平成 八年（一九九六年）
一〇月 役員の報酬規制をめぐる問題点と各種事案の検討（判例タイムズ九一七号）【社会的責任】
一一月 株主総会が一任した退職慰労金の支給決定を怠った取締役の責任〔判例批評〕（金融・商事判例一〇〇二号）【会社法判例25】

平成 九年（一九九七年）
五月 株主の提案権〔酒巻・柿崎編・基本問題セミナー商法Ｉ会社法（第三版）〕（一粒社）
会社法・商法にビデオ授業（大東文化四八六号）

平成一〇年（一九九八年）
一〇月 持株会に対する奨励金の支払いと利益供与〔会社判例と実務・理論〕（判例タイムズ九四八号）
八月 役員の説明義務と株主の質問の意味〔会社判例と実務・理論II〕（判例タイムズ九七五号）
一〇月 商法二五九条～二六〇条ノ四〔服部榮三編・基本法コンメンタール会社法2（第六版）〕（日本評論社）

平成一一年（一九九九年）
二月 株主総会会場が二会場に分かれた場合の株主質問権、株主総会リハーサルに従業員株主が参加し

た場合の議事進行〔判例批評〕（判例タイムズ九八九号）

五月　従業員持株会と入会時および退会時についての特約の効力その他二編〔服部榮三編・平成会社判例一五〇集〕（商事法務研究会）

九月　企業の社会的責任とコーポレート・ガバナンス〔加藤・柿崎両先生古稀記念・社団と証券の法理（商事法研究会）

平成一二年（二〇〇〇年）

一二月　弁護士（非株主）による議決権の代理行使と商法二三九条二項〔判例批評〕（判例タイムズ一〇四二号）

平成一三年（二〇〇一年）

六月　証券会社の損失補塡に関する株主代表訴訟と商法二六六条一項五号にいう「法令」の意義〔判例批評〕（判例タイムズ一〇五七号）

九月　株主代表訴訟に勝訴した場合の株主が会社に対して支払請求できる弁護士報酬額〔平成一二年度主要民事判例解説〕（判例タイムズ一〇六五号）

商法二五九条～二六〇条ノ四〔服部編・基本法コンメンタール会社法2（第七版）〕（日本評論社）

現代企業法の理論と課題
——中村一彦先生古稀記念——

2002年（平成14年）4月1日　第1版第1刷発行
1862-0101

編　集　酒　巻　俊　雄
　　　　志　村　治　美
発行者　今　井　　　貴
発行所　株式会社　信　山　社
〒113-0033　東京都文京区本郷6-2-9-102
電　話 03（3818）1019
FAX 03（3818）0344
henshu@shinzansha.co.jp
Printed in Japan

印刷・製本／勝美印刷・大三製本
ISBN4-7972-1862-2 C3332
1911-0101-02-040-020
NDC分類 325-201

米国統一商事法典リース規定

伊藤　進・新美育文　編　五〇〇〇円

改正預金保険法・金融安定化法

新法シリーズ

信山社　編　二〇〇〇円

信山社刑事法辞典

三井誠・町野朔・曽根威彦・中森喜彦・吉岡一男・西田典之編

予六〇〇〇円

家事調停論

高野耕一　著　七〇〇〇円

外国法文献の調べ方

板寺太一郎著一二〇〇〇円

企業環境法

吉川栄一　著　三二〇〇円